ŒUVRES COMPLÈTES

DE

DIDEROT

CORRESPONDANCE GÉNÉRALE

II

APPENDICES

TABLE GÉNÉRALE ET ANALYTIQUE

ANCIENNE MAISON J. CLAYE
PARIS. — IMPRIMERIE A. QUANTIN ET Cie
RUE SAINT-BENOIT

ŒUVRES COMPLÈTES

DE

DIDEROT

REVUES SUR LES ÉDITIONS ORIGINALES

COMPRENANT CE QUI A ÉTÉ PUBLIÉ A DIVERSES ÉPOQUES

ET LES MANUSCRITS INÉDITS
CONSERVÉS A LA BIBLIOTHÈQUE DE L'ERMITAGE

NOTICES, NOTES, TABLE ANALYTIQUE

ÉTUDE SUR DIDEROT

PAR

J. ASSÉZAT ET MAURICE TOURNEUX

TOME VINGTIÈME

PARIS

GARNIER FRÈRES, LIBRAIRES-ÉDITEURS

6, RUE DES SAINTS-PÈRES, 6

1877

CORRESPONDANCE GÉNÉRALE

(FIN)

XLIV

A L'ABBÉ GAYET DE SANSALE,

CONSEILLER AU PARLEMENT ET DOCTEUR DE LA MAISON DE SORBONNE.

Paris, ce 1ᵉʳ août 1768.

Monsieur,

Il est de la dernière importance pour votre cliente qu'elle soit promptement jugée : elle n'est pas en état de supporter plus longtemps les dépenses du séjour de Paris.

Je ne puis, sans manquer à l'humanité et à la justice, m'empêcher de vous représenter :

1° Que les prétendues spoliations dont elle est accusée et dont elle s'est rendue suspecte ne peuvent jamais l'indemniser de la fatigue qu'elle a supportée dans la maison, des soins qu'elle a pris de son père et de sa mère, de la servitude dans laquelle elle a vécu pendant de longues années, d'un concours continu à conserver et augmenter le bien de la maison avec les parents, des dépenses qu'on faisait pour réparer les extravagances de ses frères, des insultes qu'elle a reçues, des peines qu'elle a souffertes de leur part. Elle aurait été cent fois mieux récompensée et cent fois moins malheureuse si elle eût été la servante et non la fille de la maison.

2° Que si l'on accordait à ses frères l'indemnité qu'ils demandent et qu'elle perdît son procès, elle serait absolument ruinée. Il est bien dur d'avoir servi toute sa vie, de n'avoir commis d'autre faute que celles auxquelles la férocité de ses frères la contraignait et de tomber dans la misère.

3° Que ses frères lui ont fait un tort réel en faisant saisir mal à propos des marchandises qui sont restées sur son compte. C'est, ce me semble, au saisissant à répondre des suites d'une saisie mal faite.

4° Que les violences qu'elle a essuyées de ses frères, brisant les portes pendant la nuit et s'introduisant chez elle, doivent entrer en considération, soit pour excuser les démarches inconsidérées de leur sœur, soit pour apprécier la sorte d'indemnité qui leur est due.

5° Que sur la connaissance que j'ai des pauvres ménages des ouvriers de province, je ne saurais vous dire le peu de valeur des spoliations possibles, fussent-elles réelles et démontrées.

6° Que l'ayant interrogée moi-même sur des draps et autres guenilles, en un mot sur la circonstance qui paraît la charger davantage, elle y a satisfait avec beaucoup d'ingénuité et de vraisemblance. Elle nomme ceux à qui ces effets appartiennent, et elle en motive l'emprunt par la nature de la maladie de sa mère, qui exigeait plus de linge qu'il n'y en avait à la maison.

7° Que moi qui connais un peu ce que c'est que le linge des ouvriers de province, je puis vous assurer qu'on n'en ferait pas ici des torchons de cuisine. Imaginez qu'une fille portait sur ses bras quatre paires de ces draps.

8° Que, quoique la maladie de sa mère eût été dispendieuse et longue, il se trouve plus de bien à sa mort qu'il n'y en avait à la mort du mari.

9° Que cette fille se trouve dans la position la plus effroyable ; que si elle perd son procès, elle sera réduite à la dernière extrémité, et que si elle le gagne, elle sera forcée de s'expatrier, à moins qu'elle ne veuille s'exposer à périr de la main de ses frères.

10° Que ses frères ont leur talent et que l'unique ressource de la sœur est d'entrer au service.

11° Qu'il ne lui restera pas seulement l'honneur intact, parce que la moindre indemnité l'accuse de vol.

12° Que s'il y a des cas où *intèrdum pœna justo juri recidit*, c'en est un que celui-ci. Quoi ! des méchants, des hommes injustes, me forceront à des fautes inconsidérées et ils se serviront ensuite de ces fautes pour me ruiner et me déshonorer ! Cela est bien dur.

Voilà, monsieur, les réflexions que je me suis permises depuis ma première lettre et à laquelle je joins celle-ci.

Je suis, avec respect, etc., etc.

XLV

AU MÊME.

Paris, ce 28 août 1768.

Monsieur,

J'ai l'honneur de vous réitérer que dans l'affaire de la demoiselle Desgrey et de ses frères, je suis de la plus rigoureuse impartialité ; mais comme cette qualité ne suffit pas pour être juste et que je ne me consolerais pas d'avoir induit un juge en erreur, quand même j'aurais été de la meilleure foi du monde, pour plus de sûreté je me suis adressé aux hommes de ma ville les plus honnêtes, les plus éclairés, et j'ai eu la satisfaction de voir que leur récit s'accordait exactement avec ce que j'avais pris la liberté de vous écrire. En voici le résumé. Il n'y a jamais eu de domestique dans la maison des père et mère. C'est cette fille qui en a fait les fonctions pénibles depuis qu'elle est au monde, et tant qu'ils ont vécu, leur équité l'en avait indemnisée par un petit commerce qu'ils autorisaient ; voilà l'origine de ce misérable pécule si envié par les frères ; voilà la cause de ces dépôts chez différents particuliers, dépôts qui ont changé autant de fois qu'ils ont été ou soupçonnés ou découverts par les frères dont on redoutait les violences et le ressentiment. Tandis que la fille passait sa vie et épuisait sa santé à seconder les efforts des père et mère pour faire le bien de la maison, elle était ruinée par la débauche, la dissipation et les extravagances des frères ; ils étaient sans mœurs ; ils se faisaient des affaires fâcheuses ; ils s'enrolèrent ; et c'était toujours aux dépens de la maison qu'ils se tiraient d'affaire. Pour les encourager à leur métier, le père, chez qui ils travaillaient, leur payait l'ouvrage qu'ils faisaient comme à des compagnons de boutique, et leur sœur, qui avait sur les bras toute la charge de la maison, n'en a jamais perçu aucun salaire. S'il y avait eu un état fidèle des dépenses faites pour la fille et pour les frères et qu'à la mort du père on eût fait le partage de la succession, de manière qu'ils eussent été tous égalisés, il ne serait rien resté pour les frères. Ceux-ci ont un bon métier qui peut les soutenir convenablement. Leur sœur n'a rien, pas même de la santé, et si elle a le malheur de succomber dans ce procès, elle n'a d'autres ressources que d'entrer en service. Elle aura été condamnée toute sa vie à la domesticité : domestique de ses père et mère tant qu'ils ont vécu, domestique chez des étrangers après leur mort. Mettez-vous pour un moment, monsieur, à la place des parents et jugez de leur intention, ou plutôt gardez celle de juge rempli d'intégrité et de commisération comme vous l'êtes et daignez seulement écouter ce que des parents, qui étaient la probité même, vous diront du fond de leur cercueil en faveur d'une enfant dont ils n'ont jamais eu que de la satisfaction et qui n'en fut jamais récompensée. Si j'avais à plaider sa cause, je ne manquerais pas de faire parler ici ces parents ; vous les entendriez et vous seriez ému de leur discours. Mais mon dessein n'est pas de vous toucher. Je me suis simplement proposé de vous dire la vérité. Il y a sans doute de l'indiscrétion dans quelques-unes des demandes de la demoiselle Desgrey ; mais c'est l'injustice, c'est la violence de ses frères qui l'ont occasionnée. Il y a du louche dans son mémoire et dans ses réponses ; mais c'est sa pusillanimité, son inexpérience, les mauvais conseils des gens d'affaires qui l'ont empêchée de dire franchement la vérité qui l'aurait bien mieux servie que tous leurs détours. Ils ont cru qu'il fallait opposer mensonge à mensonge. Les pauvres gens ! ils ne savent pas encore toute la force de la vérité. Les démarches en apparence les plus suspectes se réduisent à rien quand on a le courage de les avouer et d'en exposer les véritables motifs.

Ce qui achève de montrer la demoiselle Desgrey sous un coup d'œil peu favorable, c'est l'impossibilité de donner à ses réponses une force juridique en les appuyant par des témoignages étrangers. Comment des étrangers auraient-ils osé témoigner pour elle lorsqu'elle avait peine à trouver des gens de bien qui s'occupassent pour elle et des juges qui osassent prononcer en sa faveur? Soyez très-assuré, monsieur, que la juste terreur qu'on avait conçue du ressentiment des frères a mené toute cette affaire en province, et que la dissimulation habituelle des avocats et procureurs lui a fait prendre un tout à fait mauvais tour à Paris. Monsieur, que vous êtes à plaindre, destiné à prononcer sur l'honneur, la fortune et la vie des citoyens et à ne presque jamais entendre la vérité! Il faudrait presque aussi souvent faire justice des avocats que des parties. Toute ma vie, je regretterai de n'avoir pas embrassé cette profession. Je n'aurais peut-être pas montré au Palais un grand orateur, mais j'y aurais certainement montré un homme véridique.

En un mot, monsieur, toutes ces prétendues spoliations ne sont rien, mais rien du tout; toutes les preuves qu'on en apporte, que des fausses apparences fondées sur les démarches secrètes d'une enfant qui cherchait à sauver le peu de guenilles qui lui appartenaient et qui restaient à la maison, après la mort de sa mère. Son état indigent ne le prouve que trop; d'ailleurs elle a de la religion, des sentiments et de la probité, qualités qui répondent d'elle et dont les frères sont mal pourvus. Je l'ai tenue ici sur la sellette. Je l'ai interrogée, tournée, retournée; et la seule objection que j'ai eu à lui faire, c'est de n'avoir pas répondu à ses juges comme elle me répondait. Si les frères Desgrey succombent, comme je me le promettrais si je pouvais donner à leur chef la même conscience que j'ai, ils resteront dans leur état, et ils y seront bien s'ils reviennent de leurs folies. Si le jugement est défavorable à leur sœur, elle est ruinée et réduite à l'indigence. Que diraient ses père et mère s'il était possible de les ramener à la vie et de leur montrer le seul enfant qu'ils eussent raison de chérir écrasé, dépouillé et condamné à la hart et à la servitude!

Je ne sais si j'ai l'honneur de vous être connu; mais les premiers magistrats de ce pays-ci, des prélats même, aussi distingués dans l'Église par leurs vertus que par leur dignité, vous attesteraient que dans une affaire de la plus grande importance et qui me serait personnelle, rien au monde ne me déterminerait à m'écarter de la vérité. Il faut défendre ses opinions par ses mœurs; et moins les opinions sont populaires, plus il importe que les mœurs soient irrépréhensibles. Des colonnes de l'Église, dont j'ai l'honneur d'approcher, ont quelquefois juré sur ma seule parole. Je n'ose me flatter d'obtenir de vous le même degré de confiance; croyez, monsieur, que je me trompe, mais ne croyez pas que je mente.

Je suis avec un profond respect, etc.

La Destruction des Jésuites n'est pas de moi; elle est, je crois, d'un ami[1] qui sera trop flatté de vous l'offrir.

XLVI

A MADEMOISELLE LEGENDRE[2].

Août 1769.

Mademoiselle, j'ai l'honneur de vous saluer et de vous prier de donner au porteur un bel exemplaire de *Perse* : c'est pour un ami, souscripteur de *Térence*. Je vous remercie de l'exemplaire broché que vous avez eu la bonté de m'envoyer.

Si vous écrivez au cher abbé, joignez mes douceurs aux vôtres; cela ne gâtera rien.

Je suis avec respect, mademoiselle, votre très-humble et très-obéissant serviteur.

XLVII

A SARTINE[3].

13 octobre 1769.

Monsieur,

J'ai mille remerciements à vous faire : notre édition va son train et nous ne serons pas mutilés. Nous paraîtrons comme

---

1. D'Alembert. Voir plus haut la lettre où Diderot le remercie de lui avoir envoyé cette brochure.

2. Nièce de Mlle Volland; elle épousa peu après M. Digeon.

3. Publiée, ainsi que la suivante, dans la *Lettre de M. Luneau de Boisjermain à M. Diderot et Réponses à la lettre adressée aux sieurs Briasson et Le Breton,*

Dieu nous a faits; et c'est la chose la plus honnête et, comme la suite vous le prouvera, la chose en même temps la plus indifférente. Je vous l'ai dit cent fois, monsieur, et je vous ai toujours dit vrai, la plus belle page n'entrera jamais en comparaison, à mes yeux, avec votre satisfaction.

Mais j'ai à vous parler d'une bien autre chose. Quoi! les libraires prétendent que nous ne pouvons faire imprimer nos ouvrages à nos frais et dépens; que quand le roi et son ministre nous en auront accordé la permission, il faudra qu'ils soient les dépositaires de notre bien; que quand nous leur aurons confié nos livres à vendre, ils en mettront l'argent dans leur poche, nous payeront en livres de leurs fonds et feront ensuite saisir chez nous ces livres; que nous n'aurons pas la liberté de nous adresser à des commerçants de province; que nos amis, qui sont au loin, n'auront pas celle de s'adresser à nous! Jamais cela ne sera, et nous espérons que vous ferez bonne et prompte justice de ces prétentions aussi ridicules qu'elles sont injustes. Je n'insiste pas là-dessus, car je sais que vous nous estimez un peu plus que ces gens dont nous faisons la fortune, et qui nous ont condamnés à mâcher des feuilles de laurier. N'est-il pas bien étrange que j'aie travaillé trente ans pour les associés de l'*Encyclopédie*; que ma vie soit passée, qu'il leur reste deux millions et que je n'aie pas un sol? A les entendre, je suis trop heureux d'avoir vécu. J'ai l'honneur, etc.

XLVIII

A LUNEAU DE BOISJERMAIN.

1770.

Je suis tout aussi embarrassé que vous, monsieur, pour avoir les *Dialogues sur les grains*[1]; la distribution en est em-

---

par M. Diderot, 1er décembre 1771, in-4°; 32 p. imp. Simon; cette lettre fut portée à Sartine par Luneau, qui eut l'impudence d'avouer qu'il en avait auparavant gardé copie.

1. *Dialogue sur le commerce des blés* (par Galiani). Londres (Paris, Merlin), 1770, in-8.

pêchée, sans qu'on puisse deviner pourquoi. J'ai fait ce que j'ai pu pour en pourvoir mes amis, sans y réussir. J'avais un exemplaire de présent, et cet exemplaire court la ville et les champs. Voyez Merlin, c'est lui qui a le livre. J'ai une bien autre grâce à vous demander que vous ne me refuserez certainement pas : c'est de ne point faire mention dans vos *Mémoires* des sept derniers volumes de l'*Encyclopédie* charpentés. Le fait ne peut être su que par moi. Il est étranger à votre affaire. Je pense encore avoir des démêlés d'intérêts avec les associés. Cela pourrait les irriter et m'embarrasser. Ainsi j'attends de vous cette marque d'estime que je saurai bien vous rendre dans l'occasion. Si c'était un fait qui pût servir au fond de votre procès, je me garderais bien de vous en demander la suppression. Cette demande serait injuste. Je vous salue et vous embrasse de tout mon cœur. Si je puis me procurer les *Dialogues*, si mon exemplaire me revient, vous l'aurez sur-le-champ. *Vale iterum et litiga fortiter.*

XLIX

A SARTINE [1].

Paris, ce 10 mars 1770.

MONSIEUR,

Vous désirez savoir mon sentiment sur l'ouvrage que vous avez bien voulu me confier, et que je vous renvoie [2]. Le voici : Je le trouve dur, sec, plein d'humeur et pauvre d'idées. L'auteur ne me paraît ni assez pourvu d'expérience, ni assez fort de raisons pour briser son adversaire comme il se l'est promis. Il le calomnie en plusieurs endroits; il affecte de ne pas l'entendre, ou il ne l'entend pas en quelques autres. Ses réponses

---

1. Cette lettre, publiée sans nom de destinataire dans les *Mélanges* de Fayolle, est certainement adressée à Sartine, qui prenait volontiers Diderot comme censeur ainsi que le prouvent la fin même de cette lettre et la suivante.

2. Il s'agit de l'ouvrage qui a pour titre : *Réfutation du Dialogue sur le commerce des blés,* par Morellet, 1770, in-8.

aux principaux arguments qu'il attaque ne sont pas aussi victorieuses qu'il l'imagine; il y en a auxquels il ne répond point du tout. Il disjoint les idées; il aperçoit fort bien les inconvénients des vues de l'auteur, il n'aperçoit pas les inconvénients des siennes. Il attribue au chevalier ce que la vérité du dialogue exigeait qu'on mît dans la bouche de ses interlocuteurs, et il lui en fait un crime ou un ridicule. Tout cela est mal, et je vous proteste qu'à la place de l'abbé Galiani, je ne serais affligé de cette critique que parce que je me serais peut-être flatté d'un ton et d'un procédé plus honnêtes. Le caractère du réfutateur en sera un peu plus barbouillé; on n'en aura pas plus haute opinion de sa suffisance, et la question n'en sera pas plus éclaircie. Les dialogues conserveront toute la faveur qu'ils ont obtenue, et l'ouvrage dont il s'agit n'aura qu'augmenté le nombre des ouvrages économiques qu'on ne lit plus. La lutte contre un homme de génie qui connaît le monde et les hommes, le cœur humain, la nature de la société, l'action et la réaction des ressorts opposés qui la composent, la force de l'intérêt, la pente des esprits, la violence des passions, les vices des différents gouvernements, l'influence des plus petites causes, et les contre-coups des moindres effets dans une grande machine, est une lutte périlleuse, comme M. Turgot le savait bien, et comme M. l'abbé Morellet l'aura prouvé, après M. l'abbé Beaudeau, M. Dupont et M. de La Rivière.

l'abbé Galiani n'a pas besoin, pour paraître grand, que M. l'abbé Morellet se mesure avec lui. Le seul parti que la critique pourrait tirer de son travail, ce serait d'en faire une bonne lettre qu'il enverrait à celui qu'il appelait à Paris son ami. Il y aurait dans ce sacrifice moins à perdre qu'à gagner; car cet ouvrage passera sans faire la moindre sensation, malgré le nom et la célébrité de l'auteur, à qui il n'en restera qu'un petit vernis d'homme noir. Après s'être donné une entorse à un pied dans l'affaire de la Compagnie des Indes, il ne faudrait pas s'en donner une à l'autre pied dans celle des blés; car c'est sous peine de ne pouvoir plus marcher. Si l'abbé Morellet avait ceint le tablier dans la boutique de M. de Mirabeau, et qu'il eût été personnellement offensé, qu'aurait-il fait de pis? Je ne voudrais prendre ce ton amer qu'avec mon ennemi, encore ne serait-ce qu'en représailles. Je vois avec chagrin que les hommes de lettres font moins de cas de leur caractère moral que de leur talent littéraire. Cette réfutation nuira beaucoup à M. l'abbé Morellet, qui ne doit s'attendre ni à l'indulgence du public, ni à celle de ses amis ; et c'est ce que je me ferais un devoir de lui dire, si je pouvais m'en expliquer avec lui sans manquer à la confiance dont vous m'honorez. Je lui communiquerais aussi quelques endroits des lettres de l'abbé Galiani dont il n'aurait rien de mieux à faire que de justifier la bonne opinion. Voici, monsieur, comment le charmant Napolitain en parle dans la dernière que j'ai reçue : « Le cher abbé Morellet raisonne comme sa tête le mène ; mais il agit par principes ; ce qui fait que je l'aime de tout mon cœur, bien que ma tête n'aille pas comme la sienne, et que lui, de son côté, m'aime à la folie, bien qu'il me croie *machiavellino*. Au reste, son âme, qui est bonne, entraînera sa tête ; il finira par ne pas me répondre, et par m'aimer davantage. » D'où vous conclurez que le petit machiavéliste italien s'entend un peu mieux en procédés que le philosophe français ; mais, toute réflexion faite, je me persuade que l'abbé Morellet ne publiera pas ses guenillons recousus. Quoi qu'il en soit, comme censeur, je n'y vois rien qui doive en empêcher l'impression, sans même en excepter quelques paragraphes dont un examinateur précédent paraît s'être effarouché. Les économistes de profession sont bien d'une autre hardiesse, et la liberté, jointe au courage qu'ils ont de tout dire, est, à mon sens, un des principaux avantages de leur école. Je suis avec respect, etc.

L

AU MÊME.

Juin 1770.

Monsieur, j'ai fait ce que vous m'avez ordonné ; mais, pour remplir votre objet, il a fallu me montrer un peu, et exposer ce que j'avais ouï dire de la pièce[1], afin d'en faire parler les autres.

---

1. Comédie de Palissot, en trois actes et en vers, et dont le premier titre est *le Satirique*. L'auteur avait composé cette pièce dans le plus grand secret ; il avait

Il m'a paru qu'on prenait la chose assez froidement : quand on a embrassé un état, il en faut savoir supporter les dégoûts. Il leur a été impossible de concevoir une haute opinion du talent d'un homme malhonnête ; car celui-là est malhonnête qui calomnie publiquement, et qui dévoue, autant qu'il dépend de lui, à la haine générale de bons citoyens. Au reste, votre condescendance sur ce point sera toujours regardée comme une nécessité à laquelle vous n'aurez pu vous soustraire. Ils savent tous qu'ils ont mérité quelque considération de votre part, et ils redoutent plus pour vous les réflexions d'un public impartial que, pour eux, la méchanceté d'un poëte. Ce que vous pensez vous-même de la licence que cet exemple pourrait introduire ne leur a point échappé. Quant à moi, qui n'ai pas la peau fort tendre, et qui serais plus honteux d'un défaut que j'aurais que de cent vices que je n'aurais pas, et qui me seraient injustement reprochés, je vous réitère que si j'avais été le censeur du *Satirique*, j'aurais souri à toutes ces injures, n'en aurais fait effacer aucune, et les aurais regardées comme des coups d'épingle plus douloureux à la longue pour l'auteur que pour moi. Cet homme, quel qu'il soit, croit n'avoir aiguisé qu'un couteau à deux tranchants : il s'est trompé, il y en a trois ; et le tranchant qui coupe de son côté le blessera plus grièvement qu'il ne pense. Quelle est la morale de sa comédie ? c'est qu'il faut fermer sa porte à tout homme d'esprit sans principes et sans probité. On la lui appliquera, et le sort qui l'attend est le mépris et une demeure à côté de P...[1].

Je ne crois pas que la pièce soit de ce dernier ; on n'est pas un infâme assez intrépide pour se jouer soi-même et pour faire trophée de sa scélératesse. Si c'est M. de Rulhières, coupable de la même indignité que P..., il est plus vil que lui, puisqu'il s'en cache.

Au reste, monsieur, si l'auteur croit que quelques vers heureux suffisent pour soutenir un ouvrage dramatique, il en

---

même fait répandre que c'était une satire violente contre lui. Le maréchal de Richelieu protégeait l'auteur ; cependant le secret transpira, et le jour même où l'ouvrage devait être représenté, un ordre de M. de Sartine le fit supprimer. (Br.)

1. Diderot était encore alors dans l'erreur commune, puisqu'il inclinait à regarder Palissot comme étranger à cette pièce que, depuis, cet auteur a avouée et défendue avec chaleur. (Br.)

est encore à l'*A, B, C* du métier. Le sien est sans verve, sans génie, sans intérêt. Son Oronte est plat; ce n'est qu'une mince copie de l'Orgon de Molière dans le *Tartuffe*. Son Dorante aurait de belles et bonnes choses à dire qui le caractériseraient; mais l'auteur ne pouvait les trouver ni dans son cœur, ni dans son esprit : et ce personnage, prétendu philosophe, n'est pas même de l'étoffe d'un homme du monde. *Le Satirique*, faible contre-partie du *Méchant* de Gresset, n'en a ni la grâce ni la légèreté. Julie est une fille mal élevée qui conspire avec sa soubrette, bassement, et contre toute délicatesse d'une personne de son état, pour attirer le satirique dans un piége. Le satirique, qui se fie à ces deux femmes, est un sot. Dorante, qui souffre patiemment devant lui un coquin, qui a composé et mis sur son compte un libelle contre un tuteur honnête dont il aime la pupille, est un lâche. Cela est sans mouvement et sans chaleur, et tous ces personnages ne semblent agir que pour prouver que toute idée d'honnêteté est étrangère à l'auteur. Aussi suis-je persuadé qu'il y a tout à perdre pour lui, et qu'il ne lui restera que l'ignominie d'avoir fait des tirades contre des gens de bien; ce qui ne sera pas compensé par le très-mince et très passager succès d'une très-médiocre pièce. Je plains cet homme de déchirer ceux dont les conseils lui apprenaient peut-être à tirer un meilleur parti de son talent. Il ne tardera pas à dire, comme M. P..., qu'il n'est pas trop sûr d'être bien aise d'avoir fait cette pièce. Du moins, faudrait-il que sa satire fût gaie; mais elle est triste, et l'auteur ne sait pas le secret de nuire avec succès.

Il ne m'appartient pas, monsieur, de vous donner des conseils; mais, si vous pouvez faire en sorte qu'il ne soit pas dit qu'on ait deux fois, avec votre permission, insulté en public ceux de vos concitoyens qu'on honore dans toutes les parties de l'Europe, dont les ouvrages sont dévorés de près et au loin, que les étrangers révèrent, appellent et récompensent, qu'on citera, et qui concourront à la gloire du nom français quand vous ne serez plus, ni eux non plus; que les voyageurs se font un devoir de visiter à présent qu'ils sont, et qu'ils se font honneur d'avoir connus lorsqu'ils sont de retour dans leur patrie, je crois, monsieur, que vous ferez sagement. Il ne faut pas que des polissons fassent une tache à la plus belle magistrature, ni que la postérité, qui est toujours juste, reverse sur vous une petite portion du blâme qui devrait résider tout entier sur eux. Pourquoi leur serait-il permis de vous associer à leurs forfaits?

Les philosophes ne sont rien aujourd'hui, mais ils auront leur tour; on parlera d'eux, on fera l'histoire des persécutions qu'ils ont essuyées, de la manière indigne et plate dont ils ont été traités sur les théâtres publics; et si l'on vous nomme dans cette histoire, comme il n'en faut pas douter, il faut que ce soit avec éloge. Voilà mon avis, monsieur, et le voilà avec toute la franchise que vous attendez de moi; je crains que ces rimailleurs-là ne soient moins les ennemis des philosophes que les vôtres.

Je suis avec respect, etc.

LI

A GRIMM[1].

Juin 1770.

Monsieur le maître de la boutique du *Houx toujours vert*, vous rétractez-vous quelquefois? Eh bien! en voici une belle occasion. Dites, s'il vous plaît, à toutes vos augustes pratiques que c'est très-mal à propos que vous avez attribué l'incognito à la traduction des *Nuits d'Young* par M. Le Tourneur. Dites, sur ma parole, que cette traduction, pleine d'harmonie et de la plus grande richesse d'expression, une des plus difficiles à faire en toute langue, est une des mieux faites dans la nôtre. L'édition en a été épuisée en quatre mois, et l'on travaille à la seconde;

---

1. Grimm, en insérant cette lettre dans son « ordinaire » du 15 juin 1770, l'a fait précéder de la note que voici : « L'autre jour, en rentrant dans mon atelier, j'appris que Caton Diderot y était venu pendant mon absence et qu'il avait porté des yeux indiscrets sur une de mes feuilles précédentes. Je trouvai sur ma table la réprimande suivante dont ma conscience ne me permet pas de supprimer une syllabe et que je ferai même graver sur une table d'airain qui sera suspendue dans ma boutique pour me rappeler sans cesse la misère de mon métier. »

dites encore cela, car cela est vrai. Ajoutez qu'elle a été lue par nos petits-maîtres et nos petites-maîtresses, et que ce n'est pas sans un mérite rare qu'on fait lire des jérémiades à un peuple frivole et gai. Vous n'ignorez pas que la gloire qu'un auteur retire de son travail est la portion de son honoraire qu'il prise le plus; et voilà que vous en dépouillez M. Le Tourneur! et c'est vous qu'on appelle le *juste par excellence!* C'est vous qui commettez de pareilles iniquités! Mais le libraire Bleuet, qui s'est chargé de l'ouvrage, qui en a avancé les frais et l'honoraire à l'auteur, que vous a-t-il fait? Ternir la réputation d'un homme! sceller autant qu'il est en soi la porte d'un commerçant! Ah! monsieur Grimm, monsieur Grimm! votre conscience s'est chargée d'un pesant fardeau; et il n'y a qu'un moyen de s'en soulager, c'est de rendre incessamment à M. Le Tourneur la justice que vous lui devez. Si vous rentriez en vous-même ce soir, lorsque vous serez de retour de la Comédie-Italienne, où vous vous êtes laissé entraîner par Mᵐᵉ de Forbach, lorsque les sons de Grétry ne retentiront plus dans vos oreilles, et que votre imagination ne s'occupera plus du jeu de l'inimitable Caillot, lorsque tout étant en silence autour de vous, vous serez en état d'entendre la voix de votre conscience dans toute sa force, vous sentirez que vous faites un métier diablement scabreux pour une âme timorée.

LII

AU MÊME[1].

15 octobre 1770.

Tâchez d'entendre ce petit logogriphe.

Je vous avais écrit hier, mon ami; j'allai porter ma lettre à votre porte, où elle n'arriva pas. On en exigea la lecture. On jura que, quoi qu'elle contînt, on ne s'en offenserait pas; on s'en offensa, et elle fut déchirée.

---

1. Inédite. Communiquée par M. Dubrunfaut. Ce « petit logogriphe », comme l'appelle avec raison Diderot, a trait à sa passion momentanée pour Mᵐᵉ de Prunevaux.

Réjouissez-vous ; je touche au moment de ma liberté, de l'emploi de mon temps et d'un nouvel ordre de vie.

Je me suis bien tâté ; je ne souffre point ; je ne souffrirai point.

Je jurerais qu'elle fait son malheur ; mais je l'en ai prévenue ; et me voilà quitte envers elle et envers moi. J'en ai aussi parlé fortement à l'homme.

L'homme simple et doux m'a achevé sa confession depuis *Gloria Patri* jusqu'à *Amen.* Sur le billet qu'on lui avait écrit, il est accouru ; il a fait sa déclaration ; il a pleuré, on lui a permis les assiduités, aux conditions accoutumées qu'il serait bien sage, bien tranquille, et le reste ; il a promis, comme de raison, et puis vous devinez comme on est sûr de soi et de lui !... mais on est donc enfant toute la vie ?

C'est un plaisir comme je les encourage l'un à aller à toutes jambes vers l'autre, l'autre à aller à toutes jambes vers l'un, et comme ils y vont !

Et notre amie, à ce mot : « Mais il a des désirs... — Des désirs... des désirs... — Et oui, madame... — Ce n'est pas là notre arrangement... » Et puis la satisfaction qui perce par tous les points du visage... et puis votre ami qui en fait la remarque et qui le dit.

Si tout cela n'est pas à bonne fin avant quinze jours, le philosophe y perdra son latin.

Autre chose plus honnête (peut-être) et plus sûre. Il faut que j'aille là pourtant. Une éclipse subite marquerait. Il ne faut pas que je gêne. Et puis, moi philosophe, pourquoi ne venez-vous pas me voir ? Venez me voir. C'est l'enfant chéri qui parle ainsi. Est-ce pour moi ? Est-ce pour la mère ?

Si vous étiez bien sûr de moi, comme vous ririez !

Soyez-en sûr. Je ne suis ni injuste, ni fou ; et peut-être, un jour vous prouverai-je que je serais l'un et l'autre.

Je me vois expliqué. Je laisse l'amitié dans toute son étendue ; mais je veux absolument la restitution de mon temps ; on s'y oppose ; et l'on vous accepte pour juge. On imagine que apparemment vous me sacrifierez à des égards, à des bienséances *et cætera*. Je crois, mon ami, que vous n'en ferez rien. Je vous conjure de vous expliquer nettement et fortement là-dessus. Je veux avoir aussi ma chaise de paille ; et je l'ai priée plaisamment de me l'envoyer.

J'y dînai hier avec l'homme, comme vous pensez bien, et je fus fou à ravir, et je vous jure sans effort.

Bonjour. Je ferai tout mon possible pour vous voir encore une fois, dussé-je aller à la Briche.

Vestimenta suspendi mani deo,

Et ce qu'il y a d'heureux, c'est que j'en suis à mon dernier voyage.

LIII

AU MÊME.

Au Grandval, 21 octobre 1770.

Vous êtes, mon ami, très-fin, très-délié, mais pour cette fois je crois que je vois mieux que vous, parce que j'ai sur le nez d'autres besicles que les vôtres.

J'aime mieux la croire inconstante que malhonnête. Voyez M. l'Écuyer[1] s'installer entre la mère et la fille à Bourbonne; toutes les deux, convaincues qu'il en voulait à l'une ou à l'autre, cependant appeler ses visites; le retenir à souper tous les jours; retarder son retour, le mener à Vandœuvre où il n'est pas connu; à Châlons où il ne l'est pas davantage; lui permettre à Paris une cour assidue, accepter de lui et voiture et gibier dont j'ai mangé par parenthèse et que j'ai trouvé bon, attendre une déclaration, arranger une présentation au Louvre; accorder la permission d'écrire et par conséquent s'engager à répondre, etc.

Oh! ma foi, mon ami, si l'on a bien résolu de refuser à cet homme-là ce qu'il est aussi encouragé à demander, vous avouerez qu'on s'expose de gaieté de cœur à le rendre profondément malheureux; est-ce là le rôle qui convient à une femme aussi franche, aussi bonne, aussi honnête que notre amie[2]?

Et mon bonheur et ma tranquillité, que deviennent-ils dans

---

1. M. de Foissy, écuyer du duc de Chartres. V. le *Voyage à Bourbonne*.
2. Mme de Prunevaux.

le courant de cette menée? Si l'on avait projeté de me rendre fou, dites-moi ce qu'on pourrait faire de mieux?

Et son bonheur et sa tranquillité, que deviendront-ils, lorsqu'elle aura sous les yeux le spectacle assidu d'un malheureux qu'elle aura fait? Se donne-t-on ce passe-temps-là à l'âge de quarante-cinq ans?

Une femme qui ne veut pas aimer, et qui n'en a pas assez des visites journalières qu'on est libre de lui rendre chez elle, et qui s'arrange pour voir un homme dont elle est éperdument aimée trois fois la semaine dans une autre maison; et cette femme-là en use bien, et cette femme-là connaît le fond de son cœur? et cette femme-là garde quelque mesure avec son ami?

Convenez, mon ami, que je suis au moins traité très-légèrement, convenez qu'il n'y a dans cette conduite pas une ombre de délicatesse. Convenez qu'à ma place vous sentiriez comme moi. Convenez que vous en seriez bien autrement blessé que moi. Y a-t-il d'autres règles pour une femme que pour une maîtresse? Si votre femme se comportait ainsi, ne lui en diriez-vous pas un mot? Puisque l'étude et la pratique de la justice ont été le travail de votre vie, soyez juste.

Elle est sûre d'elle-même? Et qui le sait?

Quand elle serait sûre d'elle-même, n'a-t-elle aucun ménagement à garder avec moi? Je ne souffre point; je ne souffrirai pas; mais qui est-ce qui le lui a dit?

Y a-t-il une conduite pour les femmes et une conduite pour les hommes? Que penserait-elle, que penseriez-vous de moi, si j'étais aimé d'une autre et que je me permisse tout ce qu'elle a fait?

Je ne vous parle ainsi, ni pour la dépriser à vos yeux, ni pour exhaler mon ressentiment. Je n'en ai point; je suis tranquille, je suis heureux et je n'ai que faire de la solitude pour sentir le prix de la liberté qu'on me rend.

Si elle s'en va, je la perdrai sans regret; si elle revient, je la recevrai avec transport.

Qu'elle s'en aille ou qu'elle me reste, je m'occuperai sincèrement de son bonheur; l'estime que je faisais d'elle n'en sera point altérée, et je lui conserverai tout mon attachement.

J'ai bien peur que vous ne me voyez ni l'un ni l'autre tel que je suis. Je n'ai aucun mérite à cette belle résignation. Elle ne me coûte rien ; mais rien du tout. Si je lui causais le moindre chagrin, ce serait méchanceté pure ; car ni l'amour-propre ni le cœur ne sont offensés.

Je vous répéterai ce que je lui ai écrit. Je sais ce que je souhaite ; je sais ce qui est honnête ; mais je sais tout aussi bien ce qui n'est pas libre.

Je demande deux choses qu'on ne saurait me refuser sans tyrannie : la jouissance d'un bien que vous avez tant de fois regretté, de mon temps ; et la liberté de m'éloigner, quand il me plaira, d'un spectacle assidu qui pourrait finir par me tourmenter ; et c'est autant pour elle que pour moi que j'insiste sur ce point ; car si j'avais de la peine, elle la partagerait assurément.

Elle s'imagine que je vais chez vous verser un fiel dont mon âme est trop pleine ; vous m'obligerez de la détromper sur ce point.

Je suis arrivé ici tout à temps pour prévenir une aventure très-fâcheuse. Je vous parlerai de cela quand nous nous verrons.

Je n'ai point remis votre billet au Baron et pour cause.

J'ai été malade à mourir pendant deux jours, j'en suis quitte ; et je me porte comme ci-devant.

J'avais pensé comme vous que l'atrocité du prêtre [1] ôtait tout le pathétique de l'histoire de *Félix*. Envoyez-moi une copie de cette histoire et de celle d'*Olivier*, et ce que vous me demandez sera fait ; mais dépêchez-vous.

Je viens de recevoir une lettre d'elle où je lis : « Que votre travail ne soit point troublé par l'idée d'une peine qui n'existe *encore* que dans votre tête » ; et ailleurs : « Personne n'a *encore* le droit de tracasser mon âme. » Ou je ne sais pas lire, ou ce n'est pas le langage d'une femme sûre d'elle ; je n'entends rien de rien, ou cela signifie : Attendez.

Il est vrai que j'ai mené mon écuyer à toutes jambes, et j'aurais bien fait, si l'on avait su lui faire la réponse nette, ferme et tranchée qu'on devait lui faire, que j'espérais qu'on lui ferait et qu'on aurait dictée à une autre.

On prétend être sage ; mais je suis bien assuré qu'on juge-

---

1. Dans les *Deux Amis de Bourbonne*. Voir t. V, p. 263.

rait autrement de sa voisine, et qu'on ne balancerait pas à dire qu'elle est fausse et folle.

Je puis me taire sur un rival; mais si j'en parle, je dirai ce que j'en pense, surtout si j'en pense bien.

Sans moi cela ne serait pas arrivé? Et c'est vous qui la faites parler ainsi? N'est-elle pas à présent maîtresse des événements?

Bonjour, mon ami, bientôt je n'aimerai vraiment que vous, et je n'en serai pas fâché.

LIV

AU MÊME.

Au Grandval, le 2 novembre 1770.

Je réponds en poste à vos deux lettres; mais, au fait, vous m'entendrez. Il n'y a point de malhonnêteté à exposer un galant homme à toutes les suites d'une passion malheureuse? Je n'entends pas cela. Quand j'ai hâté la déclaration de ce galant homme, j'ai présumé qu'elle y ferait une réponse claire, nette, franche, bien décidée, bien tranchée, qui finirait tout, et je suis coupable d'en avoir eu trop bonne opinion? Et parce qu'elle n'a pas fait son rôle, le mien est mauvais, et je me suis rendu garant des événements? Allez, saint prophète, vous avez commis quelque grand crime, et le Seigneur a fait descendre sur vous l'esprit de vertige; et elle a quarante-cinq ans, et elle ne connaît ni l'amour, ni ses ombrages! Et elle ne voit pas qu'elle joue le jeu le plus funeste au bonheur de quatre personnes; j'y mets le vôtre, car si je deviens fou, la tête vous en tournera. Il n'y a donc qu'à dire à un homme : *Je vous aime, je n'aime que vous,* et se conduire après cela à sa fantaisie? On le fait périr, mon ami, à coups d'épingle; la vie se passe en bouderies, en querelles, en raccommodements suivis de nouvelles querelles; et puis il faut donc que je partage tous les amusements que ce monsieur lui offrira? Il y a là dedans je ne sais quoi de vil, de bas, de perfide qui ne me va pas. Chacun a sa façon de sentir, voilà la mienne, je lui ai écrit tout cela; c'est me perdre bien

sûrement; mais je ne souffre point, je ne souffrirai pas, et tou
sera bien. Mais, mon ami, je sais bien ce qu'elle prétend; rest
à savoir s'il y a l'ombre de sens commun dans ses prétentions.
Je ne vais point là pour le plaisir de voir M. l'écuyer; s'il s'interpose à l'avenir, comme il l'a fait pendant un mois, et comme
on l'a autorisé à faire pendant dix ans, il vaut mieux que je
reste chez moi. Aimée de cet homme, amoureux d'elle et fou
comme trente-six fous, c'est son expresion, il vous paraît bien
de s'être assurée de sa société trois fois la semaine au Louvre?
Allez, vous pensez mieux que vous ne dites, et vous ne pouvez
vous dissimuler qu'à moins d'être une bûche, on doit être
blessé de ce manque de délicatesse et d'égards. Que me parlez-vous de bonne foi? On voit dans son âme que j'y suis seul
encore; cela se peut; mais n'y voit-elle pas qu'elle me manque
à tous égards, et qu'une pareille conduite de ma part la blesserait. Vous êtes étonné qu'elle m'ait répété vos *encore*, vos
suppositions, vos craintes, etc.; elle a bien fait pis, c'est que
folle ou sage, fidèle ou infidèle, heureuse ou malheureuse,
traîtresse ou trahie, il faut que je reste à côté d'elle. C'est qu'en
protestant qu'elle se porte bien, elle conçoit qu'elle peut devenir malade, sans s'apercevoir que cette espèce de maladie est
fort avancée, quand on craint de la prendre; et voilà les propos
et les procédés d'une femme qui n'est ni légère, ni fausse, ni
idiote! Dites-moi donc ce qu'elle est. Quand on reprend la
liberté, je n'ai aucun besoin de traiter pour recouvrer la mienne?
Cela vous plaît à dire. Je ne veux pas qu'on m'accuse de
n'avoir pas fait ce que j'ai promis. Et ce sens qui doit me guider, vous verrez qu'il m'avertira à temps? Je ferai comme
on fait, je lanternerai, l'amour-propre s'en mêlera, et je serai
plus à plaindre que les punis. Je sacrifiais mon temps, mon
repos, ma vie; cela vaut bien peu de chose, si l'on ne sait pas,
sans que je m'en mêle, être honnête de soi-même, et me débarrasser tout au moins d'un importun. Qu'on garde celui qu'on a
apparemment de bonnes raisons de ménager, j'y consens; mais
qu'on me laisse en repos et que je fasse de moi tout ce qu'il
me plaira. Quant à la destinée de mon temps et de ma personne, je vous promets bien que votre *prophète* radote sur ce
point. La saison du besoin est bien loin, et ma nullité est un
oracle plus sûr que le vôtre. Je ne sais ce que votre billet au

aron contient, je vous le remettrai cacheté; mais il m'a semblé, ar quelques mots de Mme d'Aine qu'il croit juste, qu'on sait ici que nous nous écrivons. Je ne vous ai rien dit du roi de Pologne, parce que, quand il s'agit de sa maîtresse, c'est une belle foutue guenille qu'un roi. Je penserai à votre roi, quand mon âme m'en aura laissé le loisir. Oui, vraiment, j'ai le cœur dûr comme un caillou; cela est au point que, quand je me lève le matin, je crois qu'on m'a volé pendant la nuit celui que j'avais, et qu'on m'en a donné un autre, et je n'en suis pas plus content, car je tenais beaucoup au mien. J'espère le retrouver auprès de vous. On m'a envoyé le papier de *Félix*; mais on aurait bien fait d'y joindre celui d'*Olivier* que j'avais demandé, afin de donner aux deux contes un peu d'unité. N'importe, je me passerai de celui qui me manque, et je ferai de mon mieux. Ma santé serait mauvaise, si cela se pouvait; je me porte bien, malgré moi; car je ne me soucie plus de moi. Je fais ici un travail immense, et en même temps deux ou trois indigestions les unes sur les autres. Je n'aurai parlé que pour m'affranchir des petites servitudes et disposer plus entièrement de mes journées. J'ai mis au net le *Traité d'harmonie* de Bemetzrieder; c'est, si je ne me trompe, un bel et charmant ouvrage. Si vous pouviez y donner un coup d'œil avant qu'on ne l'imprimât, cela serait bien; mais je n'ose l'espérer; vous avez tout gâté avec votre bribe louée et puis non louée. J'ai donné mes trois fêtes au Baron; comment diable voulez-vous à présent que je les retire, lorsqu'on en a fait presque des feux de joie? Je crains bien, mon ami, que je ne sois tenté de rester où je fais le bien, où j'ai établi le repos; cela vaut mieux que d'aller chercher de la peine à Paris où je ne reparaîtrai qu'à la Saint-Martin. Envoyez, s'il vous plaît, de la musique à ma fille, et si vous m'écrivez encore, ce que je désire beaucoup, dites-moi qu'elle se porte bien. Bon gré, mal gré, vous partagerez avec elle la portion de tendresse qu'on me restituera moitié par moitié; je crève de nouvelles à vous apprendre. J'ai reçu dans la maison une lettre que j'ai gardée pour vous la montrer; vous verrez par là combien il importait que j'arrivasse et combien il importe peut-être que je reste. Tâchez de faire entendre cela à notre amie. Je voudrais que ce foutu musicien de Bâle fût au fond de la rivière. Je fais tout si négligemment, que j'allais oublier de vous dire qu'on est furieuse de trois ou quatre lettres que j'ai écrites d'ici. Qu'avez-vous donc mis dans ces lettres, direz-vous? Rien, mon ami, que de la raison, de l'honnêteté et de la tendresse. J'ai demandé qu'on vous envoyât la dernière, parce qu'on en a appelé à votre tribunal. Si on le fait, vous prononcerez. Si on ne le fait pas, comme je le présume, vous ignorerez cela; entendez-vous? Bonjour, portez-vous bien. Aimez-moi, car il est affreux de n'être aimé de personne. J'étais heureux et tranquille, sa dernière lettre m'a fait un mal incroyable. Je suis sûr qu'il n'y paraîtra plus demain, après ou après; mais voilà toujours ma tête dérangée; et ne fût-ce que pour quelques jours, c'est trop. J'en ai besoin ici. Je me mettrai demain matin à *Félix*; ce sera une affaire faite dans la matinée. Oh! la sotte chose que la vie! Hier je le prouvais au Baron au point de s'aller noyer, si l'éloquence et la vertu avaient encore quelque pouvoir sur nous. A propos, l'abbé Morellet nous est venu avec le récit de ses trente-six infortunes, c'était à crever de rire; c'était la jérémiade la plus vile, la plus intéressée et la plus naturelle que vous puissiez imaginer, et cela sans que le Jérémie s'en doutât. Il m'a laissé son ouvrage contre l'abbé[1]; je ne l'ai pas encore ouvert; mais je me suis promis de lui en dire mon avis bien serré. Je vais me coucher. On épie ici mes veillées à la diminution de ma bougie, et l'on m'en fait des querelles très-sérieuses. La belle-mère et les enfants m'aiment d'instinct. Le Baron paraît vivement touché de me posséder. Quant à sa femme, je le suis vivement de la marque de confiance qu'elle m'a donnée. La négociation en question est venue tout au travers d'une autre beaucoup plus grave. Celle-ci est finie; il ne tiendra qu'à elle que l'autre le soit incessamment.

Bonsoir, mon ami.

---

1. Galiani.

LV

AU MÊME.

Au Grandval, 10 novembre 1770.

Il faut pourtant, mon ami, que je cause encore une fois avec vous avant de quitter ce Grandval, dont les habitants auraient certainement été malheureux comme des chiens (non pas les chiens de Mme d'Aine), si, par le temps qu'il fait, je les avais abandonnés à la discrétion du maître de la maison.... Mais il m'apporte le soir ses chiffons; le matin il vient voir si je m'en suis occupé; nous en causons et d'autres choses. Il me laisse; il va fumer sa pipe; c'est tout juste le moment où sa femme s'enferme pour étudier, où la belle-mère est à sa toilette ou à la cuisine, l'instituteur et les enfants à leur tâche... Ainsi, il ne peut avoir de l'humeur que contre lui-même, et cette humeur n'est point du tout déplacée. L'heure du dîner sonne; nous dînons. Si je vois ses enfants menacés de quelques moulinets, je me jette tout au travers, et cela dure moins. Au sortir de table nous faisons une partie de billard; nous philosophons, c'est-à-dire que nous ergotons jusqu'à cinq heures, temps où chacun se retire. A sept heures et demie, je leur fais la chouette à lui et à Lagrange; je perds et tout va bien. Notre souper n'est pas orageux, parce qu'il est court; nous achevons notre partie après souper; les femmes, éparses, dorment sur des fauteuils; si nous sommes tristes, nous ne tardons pas à nous retirer; nous ne nous couchons tard que quand nous sommes gais, et il n'y a pas de mal à cela. J'ai fait votre commission; il fallait qu'on s'attendît à quelque chose de votre part, puisque la belle-mère est montée chez moi, pour savoir si, dans mes paquets il n'y avait rien pour sa fille. Je remettrai votre billet à mon enfant, lundi soir ou matin, selon l'heure à laquelle nous partirons d'ici; si nous arrivons à temps, je pourrai bien aller prendre place à côté de la chaise prophétique et sacrée; cependant n'y comptez pas trop. Rassurez-vous sur la santé de mon corps et sur celle de mon âme; la maison entière est en fort bon état. Pour Dieu, croyez à ce que je vous dis, et n'en rabattez pas un iota. J'ai pris d'inadvertance une indigestion de pain ; c'est la pire de toutes ; j'en ai eu l'estomac dérangé pendant quatre ou cinq jours. J'ai, en dépit de la maîtresse de la maison, suivi, le reste du séjour, un régime si sévère qu'il n'y a plus paru. J'ai travaillé comme un forçat ; Barthe m'a envoyé sa comédie de la *Femme jalouse* ; tout en la lisant pour l'auteur, j'en ai fait une petite analyse pour vous. Si vous étiez aussi un peu curieux de mon sentiment sur l'ouvrage de l'abbé Panurge, je vous donnerais la lettre que je lui ai préparée. Enfin, mon ami, il est rare que je sois tout à fait content de l'emploi de mon temps, lorsqu'il n'y a pas une ligne dont vous puissiez tirer votre profit, et qui vous fasse une petite économie de travail. Il faut bien que je vous dédommage des distractions que vous causent mes affaires de cœur. Je vous jure, mon ami, que jusqu'à présent le tour tout au moins équivoque qu'elles ont pris ne m'a pas donné une heure d'inquiétude. Si vous avez été en souci sur la chaleur que vous avez pu remarquer dans quelques endroits de mes lettres, ne l'imputez qu'à l'impatience de vous voir pallier, excuser, défendre, affaiblir, contre le témoignage de votre conscience, une conduite qui n'était susceptible d'aucune couleur favorable. Je n'y vais pas, moi, par quatre chemins ; lorsqu'il s'agira de chasser mon ami ou un indifférent, je ne serai jamais embarrassé du choix ; mais passons, cela n'eût été ni honnête, ni poli ; mais la politesse, l'honnêteté exigeaient-elles qu'on permît de venir tous les jours et à toute heure, comme on l'a fait ; de se prêter à une correspondance pendant l'absence ; d'introduire dans la société du Louvre ? Dites-moi un peu ce qu'on pouvait faire de mieux pour déranger une autre tête que la mienne ? Je vous le dis et vous le répète ; j'aimerais bien mieux qu'il y eût une passion bien formée, si elle n'y est pas, que les motifs secrets qu'on ne s'avoue pas parce qu'on en rougirait, et qui n'en déterminent pas moins à des procédés qu'on trouverait abominables dans sa voisine. Je ne saurais souffrir ces foutues balances-là, où les actions d'autrui pèsent comme du plomb, et où les nôtres sont légères comme des plumes. Et puis, « mes amis, restez-moi ; vous suffisez au bonheur de ma vie ; entre vous, je défie le destin de m'attaquer ». Et puis il se trouve un beau jour que tout cela n'est que du verbiage. Homme équitable, j'avais sacrifié à cette femme-là tout mon avoir, qui est de quelque prix apparemment, puisque cette perte a fait souvent le sujet de vos doléances; croyez-vous qu'il y eût du trop dans ce qu'elle avait à mettre là contre? Vous avez beau plaider pour elle, vous ne changerez ni mon opinion ni la sienne ; vous ne mettrez jamais son cœur à l'aise ; soyez sûr qu'elle est mécontente d'elle-même, et si mécontente que, quoique j'aie fait l'impossible pour la tranquilliser, l'encourager, la rassurer sur mon estime, sur mon amitié, sur mon repos, en mettant les choses au pis aller, je n'ai encore pu y réussir. C'est qu'il ne faut pas se donner pour merveilleuse quand on ne l'est pas; c'est que quand on vient à découvrir qu'on n'est ni pis ni mieux que les autres, il faut tout doucement baisser la tête, et dire comme je ne sais quelle femme disait à son mari la première nuit de ses noces : *Hé bien, monsieur, v'là qu'est; comme v'là qu'est;* et s'épargner à soi-même et à un galant homme qui n'y met pas la moindre importance, tous ces efforts inutiles pour trouver et faire trouver ses patins aussi hauts qu'on les croyait. J'ignore ce que l'avenir me prépare ; mais, pardieu, s'il m'arrive quelques-uns de ces essais scabreux où je sois forcé d'en déchanter sur mon compte, hé, pardieu, j'en déchanterai bien franchement ; et attendez-vous que je dirai comme l'abbé de La Porte : *Je me croyais quelque chose ; mais j'ai découvert que je n'étais qu'un plat bougre, comme un autre.* Ce ne sera sûrement pas encore pour cette fois-ci. Imaginez que je lui écrivais d'ici : « Si vous vous trouvez entre le désir et le scrupule, appelez-moi vite, et je me joindrai au désir pour prouver au scrupule qu'il n'est qu'un sot », et ainsi du reste. Bonsoir, mon ami, aimez-moi bien, vous; car c'est sur cette infidélité-là que je n'entendrais pas raison.

LVI

A LA PRINCESSE DASHKOFF[1].

Paris, le 3 avril 1771.

Madame,

Le ciel sait les reproches que vous devez m'avoir faits. Je vous entends d'ici vous écrier : « Non-seulement il avait promis de m'écrire, mais encore il paraissait jaloux de garder une place dans mon souvenir; et voici trois mois passés sans qu'une seule ligne soit tombée de sa plume. » Et Mlle Caminski aussi, qui peut-être aurait eu bonne envie de glisser un mot en ma faveur, n'était que les apparences sont si fort contre moi, n'aura-t-elle pas perdu de la bonne opinion qu'elle entretenait à l'égard de ma nation et mis à son compte une faute dont je suis seul coupable? Si le philosophe Diderot est surpris en flagrant délit d'inconstance, de légèreté; s'il prodigue les promesses et semble ne les faire que pour y manquer, quelle opinion, dira-t-elle, pourra-t-on se former des autres? On peut remarquer que c'est là le sophisme particulier à tous ceux qui ont été déçus en amour ou en amitié. Si quelqu'un nous a trompés, il n'y a plus de fonds à faire sur les amis; si quelqu'un a joué à notre égard un rôle de fausseté, adieu les amours. Eh bien, madame, en dépit de mon silence, je suis toujours le même; toujours rempli de dévouement et de respect pour vous, mais toujours, hélas! le plus occupé des hommes. J'en ai agi avec vous, princesse, exactement comme j'ai agi avec mon père, ma mère, mon frère, ma sœur, que j'aime tous de tout mon cœur, et auxquels je n'ai jamais donné signe de vie, excepté dans les occasions où j'avais la bonne fortune de leur être de quelque utilité. Montrez-moi seulement, madame, en quoi je pourrai m'employer pour vous, et vous apprendrez alors de quelle scrupuleuse exactitude je suis capable.

1. Publiée dans les *Mémoires* de la princesse, traduct. A. des Essarts, t. IV, avec deux autres lettres datées de Saint-Pétersbourg qu'on trouvera plus loin.

Je dois cependant vous faire quelques excuses, en laissant à part les bons ou mauvais penchants de mon caractère. Ce qu'il y a de certain, c'est que nous avons tous été malades, le père, la mère et l'enfant. Depuis deux mois passés nous plongeons chaque matin dans un bain chaud cet enfant pour lequel ma tendresse est sans bornes. J'ose vous parler de ces affections, à vous qui m'avez révélé par votre bonté que ce qui m'intéresse profondément ne vous est pas tout à fait indifférent.

M. Maurice vient de m'apprendre que vous m'avez fait l'honneur de m'écrire. Je vous déclare sur l'honneur, princesse, qu'aucune lettre de vous ne m'est parvenue.

Si j'étais sûr que ce que je suis en train d'écrire ne dût pas tomber en d'autres mains que celles auxquelles je le destine, je pourrais vous dire qu'un avocat général a chassé les Jésuites de Bretagne. Ces hommes remuants et vindicatifs ont mis de leur côté le gouverneur de la province; ce gouverneur est un grand homme violent, déterminé, despotique; ce grand homme a jeté en prison l'avocat général. Le parlement de la province défend son magistrat, et voilà l'affaire portée devant le parlement de la capitale; le parlement de la capitale appelle la vengeance sur le représentant de la cour, et la cour, avec une chaleur égale, défend son représentant. Tandis que se roule ce plaisant écheveau, le maître[1] prend pour son compte une maîtresse; le premier ministre nomme un magistrat à la place de chancelier, immédiatement ce chancelier travaille à renverser le ministre, et il y réussit. Ledit chancelier prend en main la cause du représentant de la cour; et comme il ne voit pas d'autre moyen de soustraire son protégé à la rigueur des lois que de renverser le parlement de la capitale, il soumet audit parlement un édit qu'il est sûr que celui-ci repoussera.

En effet, l'édit est rejeté, et le parlement de la capitale est dissous; les charges des magistrats qui le composaient sont annulées; et ce qui formait les attributions de ce parlement est maintenant divisé en un certain nombre de petites cours de judicature.

Cet événement a produit une grande émotion parmi tous les ordres de l'État. Les princes font des remontrances, les autres

---

1. Le Roi.

tribunaux des remontrances, toute la noblesse des remontrances ; on n'en finit plus avec les remontrances. Les têtes s'échauffent ; ce feu se répand par degrés, les principes de liberté et d'indépendance, autrefois cachés dans le cœur de quelques gens qui pensent, s'établissent à présent et sont ouvertement avoués.

Chaque siècle a son esprit qui le caractérise. L'esprit du nôtre semble être celui de la liberté. La première attaque contre la superstition a été violente, sans mesure. Une fois que les hommes ont osé d'une manière quelconque donner l'assaut à la barrière de la religion, cette barrière la plus formidable qui existe comme la plus respectée, il est impossible de s'arrêter. Dès qu'ils ont tourné des regards menaçants contre la majesté du ciel, ils ne manqueront pas le moment d'après de les diriger contre la souveraineté de la terre. Le câble qui tient et comprime l'humanité est formé de deux cordes ; l'une ne peut céder sans que l'autre vienne à rompre.

Telle est notre position présente ; et qui peut dire où cela nous conduira? Si la cour revient sur ses pas, ses adversaires apprendront à estimer leur force, et c'est ce qui ne pourrait arriver sans amener de graves conséquences. Nous touchons à une crise qui aboutira à l'esclavage ou à la liberté ; si c'est à l'esclavage, ce sera un esclavage semblable à celui qui existe au Maroc ou à Constantinople. Si tous les parlements sont dissous, et la France inondée de petits tribunaux composés de magistrats sans conscience comme sans autorité, et révocables au premier signe de leur maître, adieu tout privilége des états divers formant un principe correctif qui empêche la monarchie de dégénérer en despotisme. Si le mouvement qui aujourd'hui fait chanceler la constitution avait eu lieu avant l'expulsion des Jésuites, l'affaire pourrait être terminée ; tous les tribunaux eussent été remplis en un clin d'œil de leurs affiliés et adhérents, et nous serions tombés dans une espèce de théocratie ; d'où il suit qu'en moins d'un siècle nous eussions rétrogradé vers un état de barbarie la plus absolue. On ne permettrait plus d'écrire, nous n'oserions même plus penser ; bientôt il deviendrait impossible de lire ; car auteurs, livres et lecteurs seraient également proscrits.

Au-dessus de la portée de nos facultés de divination il existe certaines possibilités. C'est la circonstance même qui les développe. Pour ma part, je proteste que dans un autre temps je n'eusse jamais conçu les idées que je suis capable aujourd'hui de nourrir. Il est mille fois plus facile, j'en suis persuadé, pour un peuple éclairé de retourner à la barbarie que pour un peuple barbare d'avancer d'un seul pas vers la civilisation. Il semble en vérité que toute chose, le bien comme le mal, ait son temps de maturité. Quand le bien atteint son point de perfection, il commence à tourner au mal; quand le mal est complet, il s'élève vers le bien. Mais au fait, princesse, je ne sais trop pourquoi je vous parle de sujets comme ceux-là que vous devez entendre discuter autour de vous avec plus de liberté et de force. Non, je n'ai jamais oublié la promesse que je vous ai faite. Je prie Mlle Caminski d'agréer l'expression de mon respect. Celui que je vous offre, madame, est aussi sincère que profond.

LVII

A BRIASSON ET A LE BRETON[1].

Ce 31 août 1771.

Je n'ai point lu le Mémoire de M. Luneau, messieurs, et je ne le lirai point, parce que j'ai mieux à faire; mais je vois par votre réponse qu'il vous reproche d'avoir imprimé l'*Encyclopédie* en un plus grand nombre de volumes que vous n'auriez dû. Et où M. Luneau a-t-il pris que le nombre de volumes dépendît de vous? Le nombre des volumes d'un ouvrage dépend de l'étendue du manuscrit, et l'étendue du manuscrit, de l'objet et de la manière de le traiter, toutes choses qui ne concernent que l'auteur, qui est concis ou diffus. M. Luneau n'ignore pas plus que moi qu'on ne se donne pas le talent de bien écrire. Si l'*Encyclopédie* a des vices, ce n'est pas votre faute; c'est la mienne.

Les chicanes qu'il vous fait sur le choix du caractère et sur

---

1. Imprimée à la suite du *Mémoire pour les libraires associés à l'Encyclopédie contre le sieur Luneau de Boisjermain*. Imp. Le Breton, in-4°, 74 p.

la longueur de la page ne me semblent pas mieux fondées. Je n'entends rien aux engagements qu'on vous suppose avec le public. Que m'importaient à moi ces engagements? J'ai demandé le caractère qui me convenait. J'ai fixé ma page à ma volonté. J'ai voulu que mon édition fût à ma fantaisie. Il n'est point d'auteur qui n'ait cette sorte d'autorité, et qui ne consulte sur le caractère et la page son goût particulier, la nature de son ouvrage, et l'espèce de lecteurs qu'il se promet. M. Luneau, qui a fait imprimer, et qui s'est promis des lecteurs, ne l'ignore pas.

Que vous vous fussiez décidés obscurément ou nettement pour le *petit romain*, je veux le *cicéro*. Si M. Luneau n'exerce pas ce despotisme-là, c'est son affaire; mais je vois qu'il vous suppose une importance avec moi qu'assurément son libraire ne prend pas avec lui.

Prétendre que le prospectus n'est pas en *cicéro*, c'est une chose à dire aux Quinze-Vingts. La partie du prospectus que j'ai voulu qu'on prît pour modèle de l'ouvrage est en cicéro : et M. Luneau était le seul homme qui pût s'y méprendre de bonne foi.

Que vous ayez pris ou non pris aux compas la longueur de la ligne, et que votre page dût être de soixante-quatorze ou de soixante-dix-sept lignes, le fait est qu'à la révision de la première épreuve, j'ai dit : Ma page est bien ; je ne la veux ni plus longue ni plus courte, et qu'en renvoyant la feuille, j'ai écrit au bas : Corrigez et tirez ; comme c'est l'usage.

Voici bien une autre vision. Quoi ! messieurs, parce qu'à l'origine de l'entreprise je ne prévoyais ni ne pouvais prévoir que l'ouvrage dût aller au delà de dix volumes, il ne vous était pas libre d'en exécuter davantage? mais tous les jours un ouvrage fournit plus ou moins de volumes que l'auteur n'en avait annoncés au public, sans qu'on se soit encore avisé de s'en prendre au libraire. C'est bien assez du risque de garder l'ouvrage en piles, si le public est mécontent. Nous faisons imprimer, M. Luneau ou moi; c'est moi, si vous voulez, qui fournis la copie. Le libraire trouve que mon bavardage chasse beaucoup et s'en plaint. Qu'en arrive-t-il ? Je l'écoute ou je ne l'écoute pas, selon qu'il m'en prend envie. Il insiste ; je lui propose de laisser l'ouvrage. Il revient à la charge et m'importune ; je le prie le plus honnêtement que je peux de sortir de mon cabinet ; et son unique ressource est de continuer à ma discrétion une entreprise dans laquelle il s'est engagé, sans savoir où je le conduirais. M. Luneau qui, en qualité d'amphibie, connaît et le rôle d'auteur et celui de libraire, ne niera pas que la chose ne se fasse ainsi.

Si vous vous êtes bien trouvés de l'*Encyclopédie* en dix-sept volumes, je m'en réjouis ; mais je vous déclare que, sans les persécutions qui détachèrent la plupart de nos auxiliaires, M. Luneau aurait beaucoup plus beau jeu avec vous, ou plutôt avec moi ; car, bon gré, malgré, vous en auriez imprimé vingt-quatre.

Avec le beau zèle dont on était épris en province, à Paris, dans toutes les contrées de l'Europe policée, de contribuer à cette énorme entreprise, il était impossible de savoir jusqu'où nous irions. Fallait-il jeter au feu tous ces matériaux ? M. Luneau répondra : Pourquoi non ? M. Luneau l'aurait fait, sans doute, à ma place. Mais je ne vois pas qu'il faille punir le libraire de ma pusillanimité, ni de quel droit on exigerait de moi le courage de M. Luneau. Chacun a ses lumières et ses principes ; et l'un fera sans conséquence ce qu'un autre rougirait d'oser.

Quant à la loi qu'il vous impose de renfermer toute la matière dans le nombre de volumes annoncés, ou de distribuer l'excédant pour rien, on ne répond pas à cela, messieurs ; on en rit.

Lorsque nous annonçames que l'*Encyclopédie* n'aurait pas moins de huit volumes et de six cents planches, qu'est-ce que cela signifiait ? Qu'alors nous étions possesseurs du fonds de huit volumes de discours et de six cents dessins au moins ; et c'était la vérité. Mais qu'est-ce qu'il y a de commun entre cette annonce et la querelle qu'on vous fait ? Il y aurait eu moins huit volumes qu'on aurait pu vous en demander raison ; il y en aurait eu cinquante que vous n'auriez pas été plus responsables de ce forfait. Il fallait bien que vous crussiez aveuglément ce que nous vous disions ; il fallait bien que vous allassiez comme je vous menais ; et je préviens tout libraire auquel je puis avoir affaire à l'avenir que je n'en userai pas autrement avec lui. Puisse-t-il ne s'en pas trouver plus mal que vous !

On ne me soupçonnera pas d'avoir consumé, de propos délibéré, vingt-cinq à vingt-six ans de ma vie à un travail ingrat et périlleux, dont il aurait dépendu de moi de voir la fin dix ou douze ans plus tôt. En abrégeant le temps et l'ouvrage, j'aurais bien abrégé vos peines et les miennes.

En supprimant de l'*Encyclopédie* les choses redondantes, en y suppléant les choses omises ou tronquées, et en aspirant à un degré de perfection facile à concevoir, impossible à atteindre, l'ouvrage aurait eu cinq à six volumes de plus. Une preuve sans réplique, c'est qu'à présent on travaille à des suppléments. On m'a dit que M. Luneau était du nombre des coopérateurs ; j'ai peine à le croire.

Il ne fallait pas dire dans votre Mémoire qu'il était contraire à la perfection de l'ouvrage de fixer le nombre des volumes ; il fallait dire que la demande en était absurde. Avec les secours journaliers des surnuméraires qui se présentaient de tous les coins du royaume, par intérêt pour une entreprise à laquelle un homme d'un mérite transcendant et deux honnêtes gens s'étaient consacrés, était-il possible d'en apprécier l'étendue ? Sans vouloir offenser M. Luneau, ni douter de ses forces, je crois sincèrement qu'il y aurait été tout aussi embarrassé que moi. Il ne faut donc clabauder contre personne d'un avantage ou d'un inconvénient inévitable et moins encore contre les libraires que contre l'éditeur. Je hais toutes disputes ; j'en suis las ; mais il serait bien malhonnête à moi de me tenir clos et couvert dans une circonstance où l'ignorance des faits, et non la méchanceté (car M. Luneau n'est pas méchant), se prévaut contre vous des fautes que j'ai pu faire, moitié par insuffisance, moitié par nécessité, pour en imposer à la justice et vous tourmenter.

Vous vous êtes prêtés, dites-vous, de la meilleure grâce à tout ce que nous avons exigé pour le mieux ; et vous avez bien fait : Sans cela, croyez-vous que nous eussions continué ?

Quant à la partie des arts et des planches qui me concerne seul, je suis fâché que vous vous soyez mêlés de me défendre. J'ai fait faire les dessins comme il m'a plu. J'ai étendu ou resserré les objets comme il m'a plu. Votre unique affaire a été de payer les travailleurs que j'occupais, et j'aurais trouvé fort mauvais que vous prissiez un autre soin, quand vous l'auriez pu ou voulu. Le libraire est l'homme à l'argent, et c'est bien assez. L'auteur et le libraire sont à deux de jeu : si celui-ci paye comme il veut, en revanche il ne sait pas ce qu'il achète.

Si M. Luneau se fût adressé à moi, et qu'il m'eût demandé la raison de la prétendue profusion qui règne dans nos planches, je lui aurais montré, et, comme il est homme de grand sens, il aurait conçu que je ne n'avais accordé à aucun art que la quotité très-rigoureuse de figures qu'il exigeait ; que ce n'était ni lui ni moi, mais l'artiste qu'il en fallait croire sur ce point ; que l'Académie des sciences, qui s'y entend aussi bien que lui et un peu mieux que moi, emploie cent planches où nous n'en employons pas vingt ; que le rhinocéros est dessiné sur une échelle qui suffit pour le reconnaître ; que ce n'est pas l'usage de l'examiner au microscope ; que la puce est de sa grandeur microscopique ; que cette figure est imitée d'un des plus célèbres observateurs du siècle ; que sous un volume mille fois, dix mille fois exagéré, il y a encore des parties qui échappent à la vue ; que la plaisanterie sur ce point serait d'une ignorance et d'une bêtise impardonnables ; que si l'on a quelque reproche à nous faire, ce n'est pas d'avoir supposé dans les ateliers des manœuvres ou des instruments qui n'y sont pas, mais d'avoir omis ou peu détaillé ceux qui y sont ; et M. Luneau m'aurait remercié de ma leçon, parce qu'on en peut recevoir sur ce qu'on ne sait pas, et qu'on est obligé à celui qui nous instruit, quelque supérieur qu'on lui soit d'ailleurs en histoire, en littérature, en philosophie, en tout autre genre.

Quant à l'affaire de M. de Réaumur, je la lui aurais expliquée de manière à le satisfaire : je lui aurais dit que nous n'avions pas employé une seule figure de Réaumur ; et un homme de bien tel que lui se laissant aller à la confiance par le sentiment intérieur qu'il en mérite et qu'il serait injuste d'en refuser à un autre homme de bien, jamais M. Luneau n'aurait pu s'empêcher de me croire. J'aurais ensuite appelé à l'appui de sa candeur naturelle l'attestation des commissaires même de l'Académie, à qui nos dessins furent présentés dans le temps, qui ont approuvé nos planches jusqu'à ce jour, et dont le témoignage pourrait, je crois, contre-balancer l'accusation de M. Luneau, quelque poids qu'on lui donnât. Il y a dans le commencement de cette longue phrase je ne sais quoi d'incorrect et d'entortillé ; mais je n'ai pas le temps de m'expliquer plus nettement.

Un autre fait sur lequel je défie qui que ce soit de me contredire, sans en excepter M. Luneau, c'est d'avoir été moi-même dans les divers ateliers de Paris ; d'avoir envoyé dans les plus importantes manufactures du royaume ; d'en avoir quelquefois appelé les ouvriers ; d'avoir fait construire sous mes yeux, et tendre chez moi leurs métiers. Si M. Luneau a le secret d'expliquer et de faire dessiner les manœuvres et les instruments de la papeterie de Montargis, par exemple, ou des manufactures de Lyon, et cela sans les avoir vus, moi, je ne l'ai pas.

Je me flatte peut-être ; mais je pense qu'après un quart d'heure d'entretien avec M. Luneau sur les différents points de son Mémoire, le zèle de la vérité qui le consume m'aurait secondé, qu'il se serait tu de plusieurs choses dont il ne doute aucunement, quoiqu'elles soient fausses, et qu'il aurait parlé plus correctement des autres. Quoi qu'il en soit, je me suis témoin à moi-même d'avoir fait pour le mieux, en un mot, tout ce qu'il était en mon pouvoir de faire, privé des conseils et du secret de M. Luneau.

Dix fois dans votre Mémoire vous répétez que c'est moi qui ai fait dessiner ; que c'est moi qui ai approuvé les planches. Et à qui appartenait-il donc, messieurs, de prendre ce soin ? j'ai ordonné ; vous avez bien payé, on n'a plus rien à vous dire. Soit en éloge, soit en blâme, le reste me regarde.

Vous exhortez M. Luneau à s'informer *du prix* des planches de l'Académie ; j'ajouterai : et de *leur nombre*. N'en déplaise à M. Luneau, l'Académie répète les objets d'un art à un autre, et fait bien. Rien ne serait plus ridicule qu'un forgeron, parcourant la description et les figures de son art, n'y trouvât pas son marteau, et fût obligé de l'aller chercher dans les planches d'un autre atelier. M. Luneau sait beaucoup ; mais il ne sait pas tout, ni moi non plus ; et j'oserais presque assurer que l'Académie en sait plus que nous deux ensemble.

Je n'entends rien à son bouquiniste d'estampes ; il pourrait très-bien se faire que ce bouquiniste ne fût que dans sa tête ; au risque de traiter sérieusement un persiflage, je proteste que je n'ai jamais acquis, ni par cette voie, ni par une autre, aucune estampe dont je me sois servi; et l'on me croira, parce qu'on me connaît.

Si M. Luneau a dit qu'une autorité respectable m'avait constitué médiateur entre lui et le syndic de la communauté dans l'affaire de la saisie [1], il a dit une vérité; mais si par hasard il avait entendu ma médiation à l'affaire de l'*Encyclopédie*, il aurait dit un mensonge impudent dont un homme moins scrupuleux encore que M. Luneau ne pourrait être soupçonné.

A juger du fond de cette affaire par la lecture de votre Mémoire, le seul que je connaisse et que je veuille connaître, je vois bien de quoi m'adresser une bonne ou mauvaise critique, mais non de quoi vous faire un procès. Aussi n'entends-je rien au procédé de M. Luneau, qui passe pour un homme doux, simple, droit et surtout pacifique.

J'avoue qu'il est affligeant, messieurs, après quarante à cinquante ans d'une probité reconnue dans son commerce et récompensée par des fonctions distinguées dans son corps et dans la société, de se voir tout à coup accusé de malversation et de mauvaise foi; j'avoue qu'il est triste, après une vingtaine d'années de persécutions que j'ai bien partagées, d'être troublé dans la jouissance d'une fortune que vous avez méritée par votre travail; mais une autre position plus fâcheuse encore que la vôtre, ce serait d'avoir perdu son honneur et gardé son édition; et cela n'est pas sans exemple.

Je suis très-parfaitement, messieurs, etc.

LVII

A MADAME M...[2].

Novembre 1771.

Vous permettez donc, madame, qu'on ajoute quelques mots au jugement que vous venez de porter de l'*Éloge de Fénelon* par M. de La Harpe, et je vais user de la permission.

---

1. L'affaire de la saisie a été définitivement jugée le 30 janvier 1770, et il n'y en a point d'appel. (*Note des libraires.*)

2. Dans la *Correspondance* de Grimm (novembre 1771), cette lettre est précédée de celle de Mme M***. Ne serait-ce pas Mme de Meaux?

Relisez, et vous sentirez combien il y a peu de ressort au fond de cette âme. La déclamation d'un morceau, quel qu'il soit, est l'image et l'expression du génie qui l'a composé : il commande à ma voix, il dicte mes accents, il les affaiblit, il les enfle, il les ralentit, il les suspend, il les accélère. Jamais, dans le cours de cet éloge, on n'est tenté d'élever le ton, de l'abaisser, de se laisser emporter, de s'arrêter pour reprendre haleine ; jamais on n'est hors de soi, parce que l'orateur n'est jamais hors de lui. Oh ! pour l'art de le posséder, il le possède, et me le laisse au suprême degré. Aucune variété marquée dans le ton de celui qui déclame ce discours ; donc, aucune variété dans les sentiments, dans les pensées, dans les mouvements. Il n'en est pas ainsi de Démosthène, de Cicéron, de Bossuet, de Massillon, même de Fléchier, phrasier et périodiste comme M. de La Harpe, mais qui a des moments de chaleur que M. de La Harpe n'a pas et n'aura jamais.

Je n'effacerai point votre éloge, bonne amie, parce que j'aime à louer ; mais je me garderai bien d'être de votre avis. M. de La Harpe a du nombre dans le style, de la clarté, de la pureté dans l'expression, de la hardiesse dans les idées, de la gravité, du jugement, de la force, de la sagesse ; mais il n'est point éloquent et ne le sera jamais. C'est une tête froide ; il a des pensées, il a de l'oreille, mais point d'entrailles, point d'âme. Il coule, mais il ne bouillonne pas ; il n'arrache point sa rive, et n'entraîne avec lui ni les arbres, ni les hommes, ni leurs habitations. Il ne trouble, n'abat, ne renverse, ne confond point ; il me laisse aussi tranquille que lui ; je vais où il me mène ; comme dans un jour serein, lorsque le lit de la rivière est calme, j'arrive à Saint-Cloud en batelet ou par la galiote.

Qu'il s'instruise, qu'il serre son style, qu'il apprenne à le varier, qu'il écrive l'histoire ; mais qu'il ne monte jamais dans la tribune aux harangues. La femme de Marc-Antoine n'aurait point coupé la langue et les mains à celui-ci.

Son ton est partout celui de l'exorde ; il va toujours aussi compassé dans sa marche, également symétrisé dans ses idées, jamais ni plus froid ni plus chaud. Il ne réveille aucune passion, ni le mépris, ni la haine, ni l'indignation, ni la pitié ; et, s'il vous a touchée jusqu'aux larmes, c'est que vous avez l'âme sensible et tendre.

Thomas et La Harpe sont les revers l'un de l'autre ; le premier met tout en montagnes, celui-ci met tout en plaines. Cet homme sait penser et écrire ; mais je vous dis, madame, qu'il ne sent rien et qu'il n'éprouve pas le moindre tourment.

Je le vois à son bureau ; il a devant lui la vie de son héros, il la suit pas à pas ; à chaque ligne de l'histoire il écrit sa ligne oratoire ; il s'achemine de ligne en ligne jusqu'à ce qu'il soit à la fin de son discours; coulant, faible, nombreux et doux comme Isocrate, mais bien moins plein, bien moins penseur, bien moins délicat que l'Athénien. O vous, Carnéade ! ô vous, Cicéron ! que diriez-vous de cet éloge ? Je ne t'interroge pas, toi qui évoquais les mânes de Marathon.

Cela est fort beau ; mais j'ai peine à aller jusqu'au bout ; cela me berce.

Revenez sur l'endroit où il réveille du sommeil de la mort les générations passées, pour en obtenir l'éloge du maître et du disciple. A ce début, vous vous attendez à quelque chose de grand, et c'est la montagne en travail.

Pour Dieu, mon amie, abandonnez-moi les poëtes et les orateurs : c'est mon affaire. J'ai pensé envoyer votre analyse sans correctif. Est-ce là de l'éloquence? C'est à peine le ton d'une lettre ; encore ne faudrait-il pas l'avoir écrite dans un premier moment d'émotion. Jamais Fénelon ne m'est présent ; j'en suis toujours à cent ans : c'est le sublime du *Raynaldisme* mitigé, et puis c'est tout. Si l'abbé Raynal avait eu un peu moins d'abondance et un peu plus de goût, M. de La Harpe et lui seraient sur la même ligne.

Eh oui, mon ami, tout ce que tu dis du *Télémaque* est vrai ; mais c'est ton goût et non ton cœur muet qui l'a dicté ; si tu avais senti l'épisode de Philoctète, tu aurais bien autrement parlé. Et c'est ainsi que tu sais peindre le fanatisme, maudit phrasier ! Le fanatisme, cette sombre fureur qui s'est allumée dans l'âme de l'homme à la torche des enfers, et qui le promène l'œil égaré, le poignard à la main ; cherchant le sein de son semblable pour en faire couler le sang et la vie aux yeux de leur père commun.

Jamais une exclamation ni sur les vertus, ni sur les services, ni sur les disgrâces de son héros. Il raconte, et puis quoi encore ? il raconte. Raconte donc, puisque c'est ta manie de raconter; jette au moule tes phrases l'une après l'autre, comme le fondeur y a jeté, comme le compositeur a arrangé les lettres de ton discours. Un homme qui avait quelquefois de l'éloquence et de la chaleur me disait : « Je ne crois pas en Dieu, mais les six lignes de La Harpe contre l'athéisme sont les seules que je voudrais avoir faites »; et je pense comme cet homme, non que je croie ces lignes vraies, mais parce qu'elles sont éloquentes; encore l'orateur n'a-t-il rencontré que la moitié de l'idée. Avant de dire que l'athéisme ne rendait justice qu'au méchant qu'il anéantissait, fallait-il lui reprocher d'affliger l'homme de bien qu'il privait de sa récompense?

Sans doute, il faut être vrai et dans l'éloge et dans l'histoire; mais, historien ou orateur, il ne faut être ni monotone, ni froid.

« Je n'use point, dit M. de La Harpe, du droit des panégyristes. » Eh! de par tous les diables, je le sens bien, et c'est ce dont je me plains.

Et vous avez le front de me louer cela, vous, l'abbé Arnaud, vous qui m'effrayez toujours du frémissement sourd et profond du volcan ou des éclats de la tempête; vous qui me faites toujours attendre avec effroi ce qui sortira des flancs de cette nuée obscure qui s'avance sur ma tête! Abandonnez cette aménité élégante et paisible aux mânes froides des gens de la cour, et à la délicatesse mince et fluette de votre collègue[1].

Je vous atteste ici, lecteurs, tous tant que vous êtes, soyez vrais; et dites-moi si l'on n'est pas toujours le maître de quitter cet éloge, de recevoir une visite, de faire un whist, de se mettre à table et de le reprendre, et si cela fera passer une nuit sans dormir.

Dieu soit loué! voilà donc encore une demi-page qui aurait été vraiment du ton véhément de l'orateur, si l'on n'y avait pas mis bon ordre par les antithèses, et le nombre déplacé : c'est la peinture de nos misères sur la fin du règne de Louis XIV.

Encore une fois, cet homme a du nombre, de l'éloquence, du style, de la raison, de la sagesse; mais rien ne lui bat au dessous de la mamelle gauche. Il devrait se mettre pour quelques années à l'école de Jean-Jacques.

L'auteur dira qu'il a choisi ce genre d'écrire tranquille

---

1. Suard, qui partageait avec l'abbé Arnaud le privilége de la *Gazette de France*.

pour conformer son éloquence au caractère de son héros; mais M. de La Harpe n'est jamais plus violent, et vous verrez que, pour louer convenablement Fénelon, il fallait s'interdire tout mouvement oratoire.

LVIII

A LA PRINCESSE DASHKOFF.

Pétersbourg, 24 décembre 1773.

Madame,

Rien n'est plus vrai. Je suis réellement à Pétersbourg. J'ai fait huit ou neuf cents lieues à soixante ans; me voilà loin de ma femme, de ma fille, de mes parents, de mes amis et connaissances; tout cela pour rendre hommage à une grande souveraine, ma bienfaitrice! Que diriez-vous de moi? Que j'ai bien fait? Votre réponse, j'en suis sûr, sera celle d'une femme qui a du cœur, de la sensibilité et, par-dessus tout, une large dose de cette qualité sans laquelle on ne doit jamais espérer de sortir de la médiocrité en rien, et qui s'appelle l'*enthousiasme*. Cependant j'ai deux fois risqué ma vie dans le voyage, bien que, lorsque nous nous séparons de ceux que nous aimons et de ceux qui nous aiment, la vie ne doive pas compter pour beaucoup! Peut-être, au retour, ne serai-je pas capable de me targuer de la même intrépidité.

J'ai eu l'honneur d'approcher Sa Majesté Impériale aussi souvent que je pouvais le désirer; plus souvent peut-être que je n'eusse osé l'espérer. Je l'ai trouvée telle que vous me l'aviez peinte à Paris : l'âme de Brutus avec les charmes de Cléopâtre. Si elle est grande sur le trône, ses attraits, comme femme, auraient fait tourner la tête à des milliers de gens. Personne ne connaît mieux qu'elle l'art de mettre tout le monde à son aise.

Pardonnez-moi, madame; j'oubliais que j'ai été témoin aussi de votre habileté à cet égard. Là où il n'y a rien, absolument rien, ou bien là où il y a quelque chose seulement, ce quelque chose ne manque jamais d'acquérir une certaine valeur avec l'impératrice ou avec vous. Vous n'avez pas oublié, sans doute avec quelle liberté vous me permettiez de vous parler dans la rue de Grenelle. Eh bien, je jouis de la même liberté dans le palais de Sa Majesté Impériale. On m'y permet de dire tout ce qui me passe par la tête ; des choses sages peut-être quand je me crois fou, et peut-être très-folles quand je me crois sage. Les idées qu'on transplante de Paris à Pétersbourg prennent, c'est certain, une couleur différente.

Votre nom s'est présenté souvent dans notre conversation ; et, si c'était pour moi un plaisir de le prononcer, je dois dire aussi franchement qu'il a toujours été entendu avec satisfaction. Néanmoins, avouerai-je la vérité ? Trois délicieuses heures, si bien employées tous les trois jours, m'eussent laissé abondamment de loisir, si l'étude et les alternatives de santé et d'indisposition m'avaient sauvé de l'ennui. Il faut toujours ou que j'occupe mes pensées ou que je sois dans un état de souffrance ; je trouve moins désagréable de souffrir que de bâiller.

Mais permettez-moi de vous demander, madame, ce que vous faites ? Et Mlle Caminski ? Elle vous est, je gage, toujours chère, et vous êtes également l'objet de son affection. Si le même sentiment de tendresse vous unit comme autrefois, n'ai-je pas le droit de vous dire heureuse ? vos enfants aussi complètent-ils votre bonheur ? répondent-ils à vos soins maternels ? occupent-ils et remplissent-ils votre temps ? seront-ils un jour dignes de vous ?

Pourquoi ne venez-vous pas voir ces choses de vos propres yeux ? J'entends d'ici cette réponse : « Telle était bien mon intention ; mais une misérable machine, hors d'état de supporter les fatigues du voyage, et accablée par le froid sous une pelisse du poids de cinquante livres ; éraillée, tordue, frissonnante, véritable objet de compassion ; chancelante, ridée et réduite tout au plus à la moitié de ses dimensions, m'avertit de la manière la plus impérieuse et la plus douloureuse aussi que cette entreprise est impossible. » Ayez pitié de moi, madame, mais ne me grondez pas. Recevez l'expression de mon parfait respect, et offrez-en autant, de ma part, à Mlle Caminski. Conservez-moi votre estime, puisque vous avez bien voulu me l'accorder. Si nonobstant le dédain avec lequel vous traitez mon pays (et que je dois par politique vous pardonner, car ma vanité se console par l'idée d'avoir à pardonner quelque chose aux êtres que leur perfection a élevés au-dessus de la sphère commune), si vous daignez m'honorer de quelques-unes de vos commissions, croyez qu'elles seront très-ponctuellement remplies.

Falconet, son élève, et moi, nous parlons souvent de vous; et si vous pouviez nous entendre, je crois bien que vous ne seriez pas fâchée contre nous. C'est là qu'on dit volontiers la vérité lorsque ailleurs on garde le silence. Permettez-moi cependant de faire une exception en faveur du cabinet de Sa Majesté Impériale. Je puis vous assurer positivement que le mensonge n'entre pas en ce lieu quand le philosophe s'y trouve.

Le porteur de cette lettre est un honnête homme avec qui vous pourrez causer en sûreté et tout à fait à votre aise. Son respect pour vous, fondé sur une juste appréciation de votre caractère, est parfaitement sincère. Donnez-moi carte blanche pour tout ce que je dis de lui, et n'hésitez pas à croire tout ce qu'il vous dira de moi; et alors, madame, permettez-moi de prendre votre main et de la presser très-cordialement.

Si je vous demandais une faveur, ne suis-je pas certain d'avance que vous auriez grand plaisir à me l'accorder? Je vous prie donc de joindre vos sollicitations à celles de M. de Nariskin pour obtenir d'un M. de Demidoff (qui, soit dit en passant, professe sur le compte du peuple français une opinion à peu près aussi flatteuse que la vôtre, mais qui a bien voulu faire une exception en ma faveur, parce que la politesse ordonne toujours qu'on épargne les gens présents), pour obtenir de ce M. de Demidoff certains échantillons d'histoire naturelle qu'il possède, fossiles, minéraux, coquillages, etc. Bien qu'un peu bilieux et insociable, ce M. de Demidoff est un très-digne homme, et il ne sera pas nécessaire de le presser beaucoup sur un point où il s'est engagé déjà; d'autant plus qu'il est lié par la réception toute obligeante que lui a faite M. Daubenton, au cabinet d'Histoire naturelle. Veuillez aussi le prier de faire étiqueter les échantillons dont il me fera présent.

Je ne néglige aucun effort pour m'instruire ici, et il y a deux moyens d'y réussir : le premier, c'est d'interroger toujours quand on ignore les choses, et d'interroger les gens qui peuvent vous renseigner, et c'est ainsi qu'on acquiert quelque connaissance de la vérité; le second, c'est de chasser la folie qui a pris possession de votre cerveau; car une fois la fantaisie mise dehors, vous fermez la porte et l'empêchez de rentrer jamais. Je parle, vous le voyez, comme si j'étais réellement près de vous, juste comme j'avais l'habitude de le faire, tandis que vous vous teniez debout, le coude appuyé sur le chambranle de la cheminée, et examinant ma physionomie pour découvrir si j'étais sincère ou à quel point je l'étais. Si alors vous pouviez lire tout le respect, tout le dévouement, toute l'estime que vous m'inspiriez, vous n'avez rien de plus à chercher ; rien n'est changé, madame ; les mêmes sentiments continuent d'être aisés à lire, et jamais ils ne seront effacés.

Je suis, etc.

P.-S. Je vous envoie en même temps que cette lettre un petit catalogue des principaux échantillons que je désire obtenir ; si M. de Demidoff était tenté d'étendre jusque-là sa générosité, il n'y aurait pas lieu à la contenir. A propos, madame, vous écriviez des vers ; je puis en écrire aussi ; mais les vôtres sont toujours délicieux, les miens ne le sont que quelquefois. Vous pouvez les adapter à votre voix, et votre musique vocale est toujours tendre, variée, touchante, j'oserai même dire voluptueuse. Pour ma part, je puis sentir tout ce mérite, mais je ne le possède pas. Combien vous êtes heureuse, princesse, d'être née musicienne ! La musique est le plus puissant de tous les beaux-arts. Son influence, comme celle de l'amour, s'augmente par le plaisir qu'elle donne, et peut-être plus encore par les consolations qu'elle procure. Une certaine Mme de Borosdin, qui chante avec beaucoup de goût et une très-jolie voix, m'a promis quelques airs nationaux ; mais je crains qu'elle ne soit trop évaporée, trop admirée, trop éprise peut-être d'admiration, trop indolente par le fait pour songer à tenir sa parole. Je ne dois pas compter, madame, parmi ces promesses certains airs de vous, aussi populaires que les airs de salon, avec des paroles russes écrites en dessous et avec un accompagnement de vos grâces noté comme le permet la chose et sans lequel, à la distance de neuf cents lieues, il y aurait quelque difficulté à faire sentir toute leur beauté. Comme j'abuse de votre bienveillance !

LIX

A LA MÊME.

Saint-Pétersbourg, 25 janvier 1774.

Madame,

Je n'hésite pas à accepter toutes les choses affectueuses, jolies, flatteuses et agréables que vous avez eu la bonté de m'adresser, et je ne suis pas trop désireux non plus de m'enquérir si elles sont méritées ou non ; mais il y a du côté gauche certain organe qui m'assure que jamais vous n'aurez à rétracter de telles expressions. Il n'y a en ce monde que trois choses qui puissent vraiment rendre un homme méprisable : un amour ardent des richesses, des honneurs et de la vie. Pour moi, il y a tant de choses dont je puis aisément me passer, qu'il ne m'en coûte pas de mépriser les richesses. Un morceau de pain, noir ou blanc peu importe, un pot d'eau claire, quelques livres, un ami, et de temps en temps les charmes d'un petit entretien féminin ; voilà, avec une conscience tranquille, tout ce qu'il me faut. Les honneurs qui n'amènent pas avec eux des devoirs sont de purs badinages créés tout exprès pour amuser de grands enfants. L'âge n'est plus pour moi où ces choses-là pouvaient me plaire, quoique, à la vérité, en jetant un regard en arrière sur le passé, je ne me rappelle pas le moment où elles ont pu avoir pour moi beaucoup d'attrait. Quand les fonctions qu'elles imposent sont importantes, le cas est différent. Ah! madame, quel glorieux compagnon que le plus honoré des saints, le *Sacro-Saint Far Niente!*

Dès qu'on s'est voué à ce culte, on jouit d'une félicité complète ; car qui peut être plus heureux que celui qui ne fait que ce qui lui plaît? Vous pouvez donc, sans reproche, prendre une heure ou deux de plus de sommeil, car cette licence ne compromet le bonheur de personne. Et quant à la vie, je vous déclare que je quitterais la mienne aussi aisément que je verserais un verre de vin de Champagne, ne fût-ce que pour fermer la bouche à quiconque oserait contredire une telle assertion. Cependant, soit que je précipite le *finale* de cette lourde et insipide farce qu'on appelle la vie, soit que j'en attende patiemment la conclusion, mettez-moi toujours, madame, au nombre de vos plus dévoués serviteurs.

Je suis sur le point de quitter Pétersbourg. Si mes services à Paris peuvent être de la moindre utilité et si vous hésitez à en user, je pourrai ne considérer que comme une expression de vos lèvres l'estime dont vous m'honorez ; et, dans ce cas, j'en serai fâché pour l'un et l'autre. Mais figurez-vous dans quelle position je me trouve. Il y a un paresseux garçon de fils qui est venu de Paris à Pétersbourg et qui m'entraîne vers une femme qui me jettera dans le délire sitôt que je m'approcherai d'elle ; vers quelques pestes d'enfants qui me donneront fort à faire pour m'accommoder à leurs folies ; vers des amis qui, dix contre un, m'imposeront un mois de peine pour un seul jour de plaisir ; vers des connaissances qui chanteront, riront, pousseront des cris de joie ; comme si ma présence, dont ils se sont merveilleusement bien passés, était essentielle à leur bonheur ; vers mes concitoyens, dont une moitié se couche accablée sous sa ruine et l'autre moitié au désespoir, jusqu'à ce qu'elle se lève pour contempler ce spectacle.

Pourquoi alors ne pas rester là où vous vous trouvez si bien pour le moment? me direz-vous tout naturellement ; ou pourquoi ne pas venir à Moscou où je puis vous offrir le repos, vous offrir la société dans laquelle vous causeriez en pleine confiance et tout à l'aise, vous offrir aussi votre idole adorée le *Sacro-Saint Far Niente,* vous offrir enfin le bonheur tout façonné, tout taillé selon votre fantaisie? Pourquoi, madame ? Parce que je suis un fou, et que votre sagesse, la mienne et la sagesse de tout le monde consiste à sentir que c'est folie que de chercher les circonstances, d'y rêver et d'en devenir encore la dupe.

Adieu, madame, il m'est si délicieux de me croire l'objet de votre amitié que j'ai résolu de conserver cette croyance. J'ai eu l'honneur de voir le comte votre frère, et je l'attends ; nous avons à parler ensemble d'une de vos commissions qui est bien digne qu'on y prenne garde. Elle sera exécutée ; vous pouvez en être certaine ; mais je ne puis dire si ce sera avec succès.

J'ose vous prier de favoriser le porteur de cette lettre de tous les moments de loisir que vous pourrez lui accorder. Il se nomme Crillon, et il n'est pas indigne du nom qu'il porte. C'est d'un de ses ancêtres que Henri IV, son souverain et son ami, disait : « Voilà l'homme le plus brave de tout mon royaume. » Il va à Moscou pour voir la princesse Dashkoff, et il profitera de l'occasion pour visiter la ville. Il a conçu à mon égard la même opinion favorable que vous m'avez fait l'honneur de m'exprimer, et rien ne saurait plus l'enchanter que d'entendre mon éloge de votre bouche. Enchantez-le, princesse, le plus possible. Il croira tout ce que vous lui direz, et il s'en reviendra si plein de vous qu'il me rendra au centuple la même satisfaction que vous lui aurez donnée. Je n'ai pas besoin de dire un mot de l'esprit éclairé et du jugement du comte de Crillon. Bientôt vous serez à même de vous former une opinion sur ces points : votre opinion sera d'accord avec la mienne pour lui rendre justice; mais elle lui fera certainement beaucoup plus d'honneur. Il pourrait venir un moment où vous l'aimeriez et l'estimeriez infiniment plus que la personne qui le recommande à votre attention. J'espère donc seulement qu'il ne restera pas assez longtemps pour vous en fournir la possibilité.

Je suis, madame, avec un profond respect, votre très-humble et très-obéissant serviteur.

LX

AU COMTE DE MUNICH[1].

Le 31 janvier 1774.

MONSIEUR LE COMTE,

Voilà les principales questions sur lesquelles je vous supplie de m'instruire. Quand vous m'aurez appris ce que vous en savez, personne n'en saura plus que moi. Pardonnez cette importunité

---

1. Inédite. Communiquée par M. Étienne Charavay. Le comte de Munich a publié : *Ébauche pour donner une idée de la forme du gouvernement de l'empire de Russie*, Copenhague, 1774, in-12. Les questions que Diderot lui adressait

à un étranger qui voudrait bien ne pas s'en retourner tout à fait ignorant. Songez que je serai assailli d'interrogations, et qu'il faudra pourtant satisfaire à quelques-unes. Si vous aviez écrit quelque chose sur l'administration politique, civile, militaire, etc., et que vous m'estimassiez assez pour me confier vos réflexions, je vous jure que je n'aurai aucune répugnance à me parer de vos plumes.

Je suis, etc.

Questions renvoyées par Sa Majesté Impériale à M. le comte de Munich.

1. A combien peut s'évaluer la production annuelle en grains de toute la Russie? Cela se sait-il?

2. A combien peut s'évaluer le produit annuel du chanvre et du lin, année commune?

3. Quelle quantité l'étranger en tire-t-il?

4. Sur les détails du tabac, renvoyé à M. le comte de Munich.

5. Quel était le prix du bail de la douane en 1749?

6. Quelle quantité de chaque sorte de bois sort-il annuellement des forêts de Russie?

7. Sur la poix, le goudron et le brai, renvoyé à M. le comte de Munich.

8. Ce qu'il pourra savoir sur la production, la manière de recueillir, le transport et la rente de la rhubarbe.

9. Quelle est la quantité de chevaux tirés de l'étranger, année commune?

10. Ce qu'il saura sur le commerce du miel et de la cire.

semblent indiquer le projet de faire pour la Russie ce qu'il a fait pour la Hollande. Faut-il croire, comme le dit M. Depping, que l'état peu satisfaisant de l'empire en 1774 l'ait détourné de son projet?

11. La quantité de l'exportation annuelle des poteries et des cuirs. Celle des cuirs verts est-elle permise?

12. La population approchée de l'empire, de Pétersbourg, de Moscou, des principales villes de l'empire.

13. Je lui serai bien obligé de me débrouiller le dédale du commerce des eaux-de-vie.

14. Quelle quantité d'huile tirée de l'étranger, année commune?

15. A combien s'évalue l'exportation du poisson et du caviar, année commune?

16. Quel est le rapport du salaire du journalier au prix des denrées nécessaires ou combien un ouvrier journalier pourrait-il acheter de pain avec son salaire?
Ce que vaut la livre du pain qu'il mange.

17. Que paye-t-on pour avoir le droit d'exercer librement son métier de tailleur, de perruquier, etc., et à qui ce droit se paye-t-il?

18. Saurait-on à peu près le nombre des métiers-battants de l'empire?

19. Où sont les fabriques de savon?

20. Y a-t-il plusieurs manufactures de glaces?
Où en est celle qui a été établie par Pierre le Grand?

21. A-t-on des métiers à bas?

22. Quel est le salaire des matelots? Quel est le fret?
Quel est le cabotage de port à port? Emploie-t-il beaucoup de navires?

23. Y a-t-il quelques banques ou compagnies d'assurances?
Quel est le cours dans les temps de paix?
Y a-t-il quelques usages de jurisprudence sur ce point?

24. Sa Majesté Impériale prie (oui, prie) M. le comte de Munich de tâcher de me trouver un tableau le plus complet qu'il se pourra : des poids et mesure, longueur, largeur et profondeur, itinéraires, de solide, de fluide, etc.

25. Même prière pour les monnaies (autre tableau). Les espèces d'or et d'argent, leur titre ou grain de fin.

26. Quel est le revenu total de l'empire?

27. Quelle est la dette publique?

28. Pour combien de papier?

29. Comment et où se fait l'échange des espèces étrangères? Y a-t-il des changeurs en titre et privilégiés?

30. Les tributaires de la couronne payent-ils en argent ou en denrées?
Si en denrées, que deviennent-elles?

LXI

AU DOCTEUR CLERC[1].

A La Haye, ce 8 avril 1774.

Monsieur et cher Docteur,

Je viens de recevoir votre charmante lettre. Je n'ai le temps que d'y répondre deux mots.

Nous avons fait le voyage le plus heureux; des soirées et des matinées très-froides, des journées de printemps, et des routes préparées tout exprès. Vous connaissez ces bâtons mis les uns à côté des autres et qui forment les grands chemins. Eh bien! la Providence, qui aime ses bons serviteurs, avait l'attention de les couvrir toutes les nuits d'un matelas de duvet, de l'épaisseur d'un bon pied et demi.

1. Inédite. Communiquée par M. le baron de Boyer de Sainte-Suzanne.

Tout cela ne nous a pas empêché de briser deux ou trois voitures. Nous avons fait gaiement sept cents lieues en vingt-deux jours.

A Hambourg, nous avons fait partir nos bagages par un chariot de poste pour Amsterdam, d'où ils ne nous parviendront à La Haye que sous deux ou trois jours. C'est alors que je mets les fers au feu, et que je m'occupe de votre affaire, comme j'attendrais de votre amitié qu'elle s'occupât de la mienne. Je suis encore à trois mois de mon pays, ou je n'en suis plus qu'à huit jours; c'est selon que je trouverai le libraire hollandais plus ou moins arabe.

Dites, je vous prie, à M. le général que, de ses trois conditions, la plus difficile à remplir est celle où il m'impose la dure loi de parler de lui avec l'économie qu'il exige. Il faudra que je me tienne à deux mains. Je me conformerai pourtant à ses intentions.

Quant à l'article des gouvernements, il y aurait bien de la folie à parler mal de celui d'un pays où l'on se propose de passer le reste de sa vie; sans compter que je suis bon Français, nullement frondeur, et que la nature de l'ouvrage ne comporte que des textes généraux, comme *Monarchie, Oligarchie, Aristocratie, Démocratie*, etc., textes sur lesquels on peut prêcher à sa fantaisie, et cela, sans offenser ni se compromettre.

L'affaire des religions est purement historique. J'en chargerai un habile docteur de Sorbonne que j'empêcherai d'être ni fou, ni intolérant, ni atroce, ni plat.

En lui présentant mon respect, vous aurez la bonté de lui lire ce paragraphe de mon billet, de le remercier du mot obligeant qu'il a écrit de moi au prince de Galitzin, et de l'assurer de ma reconnaissance et de mon éternelle vénération.

Si Mlle Anastasia voulait vous permettre de l'embrasser pour moi, mais comme je l'embrassais lorsque nous étions en gaieté, dans le cou, entendez-vous, docteur, à côté de l'oreille, parce que cela fait plaisir; cette commission ne vous chagrinerait pas, n'est-ce pas? je vous la donne donc avec la permission de Mme Clerc.

Ne me laissez pas oublier de M. le comte de Munich. Toutes les fois que je voudrai me faire une juste image de la sagesse, de la modération, de la raison, je penserai à lui.

J'accepte les baisers sterling de Mme Clerc, à condition que ce ne soit pas un don gratuit, et que je m'acquitterai tôt ou tard avec elle en même monnaie, ou que vous payerez Sonica pour moi ; mais n'y mettez rien de plus, parce que cela fait mal.

Mais, mon cher docteur, savez-vous qu'arrivé à Riga, il faisait le plus beau temps et le plus beau ciel ; savez-vous que nous n'avions aucune garantie de la Providence que ce beau temps et ce beau ciel dureraient?

Savez-vous qu'un délai de vingt-quatre heures pouvait nous attirer deux mois de retard, des peines infinies et des dangers sans nombre? Savez-vous que les glaces de la Douïna s'ébranlaient sous les pas de nos chevaux ; savez-vous qu'elles étaient entr'ouvertes de tous côtés ; savez-vous que ce passage est un des plus grands dangers que j'aie jamais courus?

Bonjour, monsieur et très-aimable docteur, ne me grondez pas de ne vous avoir point fait d'adieux ; je n'en ai fait à aucun de ceux que j'aimais.

Lorsque vous verrez M. Devrain, témoignez-lui toute l'estime que son esprit, son talent, son caractère honnête, doux et charmant, m'ont inspirée ; chargez-le de mon respect pour M. Durand.

Ne m'oubliez pas auprès de Mme et de Mlle Lafont, et de leurs charmantes élèves que je respecte toutes.

S'il y a quelques honnêtes gens qui me veuillent du bien et que je ne me rappelle pas, ayez la bonté d'y suppléer. Je ratifie tout ce que vous leur direz de ma part.

J'attendrai, avec votre envoi, ou celui de M. le général, par les premiers vaisseaux, toutes les choses que vous me promettez ; n'y manquez pas, monsieur et cher docteur, je n'ai pas la moindre pudeur avec vous. J'accepte tout.

Bonjour, bonjour, monsieur et cher docteur, je vous embrasse, vous et madame, conjointement et séparément.

J'écrirai à M. le général Betzky l'ordinaire prochain.

Et monsieur le vice-chancelier donc? Est-ce que vous ne lui direz rien de moi? C'est un des hommes les plus honnêtes et les plus aimables, non pas de la Russie seulement, mais du monde entier policé.

LXII

A MADAME DIDEROT[1].

La Haye, ce 9 avril 1774.

Chère amie, je suis arrivé à La Haye le 5 de ce mois, après avoir fait environ sept cents lieues en vingt-deux jours. Le prince et la princesse m'attendaient avec impatience et m'ont reçu avec les démonstrations de l'amitié la plus vraie et la plus touchante. Dans quatre jours d'ici je serais à côté de toi, si la fantaisie m'en prenait un peu sérieusement ; mais Sa Majesté Impériale m'a chargé de publier ici les statuts d'un grand nombre d'établissements qu'elle a formés pour le bonheur de ses sujets, et il faut s'acquitter de cette commission. Si le libraire hollandais est un arabe, comme il a coutume d'être, je pars incessamment pour Paris. Si je peux l'amener à quelque condition raisonnable, je reste. Je ne sais pas encore à quoi m'en tenir sur les frais de mon retour. J'attendrai, pour m'en expliquer avec mon conducteur, qu'il ait fait en Hollande sa tournée et qu'il revienne à La Haye.

La veille de mon départ de Pétersbourg, Sa Majesté Impériale me fit remettre trois sacs de mille roubles chacun. J'allai chez notre ministre à sa cour échanger cet argent du pays contre un billet payable en France. L'escompte, qui est très-fort, surtout dans ce moment, à Pétersbourg, a réduit ces trois mille roubles à douze mille six cents livres de notre monnaie. Si je prends sur cette somme la valeur d'une plaque en émail et de deux tableaux dont j'ai fait présent à l'impératrice, les frais de mon retour et les présents qu'il est honnête que nous fassions aux Nariskin, qui ont eu tant de bontés pour moi, qui m'ont traité comme un de leurs frères, et qui m'ont logé, nourri, défrayé de tout pendant cinq mois, il nous restera cinq à

---

1. Publiée dans les *Mélanges de la Société des bibliophiles français*, t. II, 1822-1824, par M. H. de Chateaugiron, qui tenait la copie de cette lettre de M. Caillard, chargé d'affaires de France en Hollande et depuis garde du dépôt des archives des affaires étrangères. Il en existe un tirage à part.

six mille francs, peut-être même un peu moins; mais je ne saurais me persuader que ce soit tout ce que nous avons à attendre d'une souveraine qui est la générosité même; pour laquelle j'ai fait, dans un âge assez avancé, plus de quinze cents lieues, qui n'a pas dédaigné un présent, et pour laquelle j'ai travaillé de toutes les manières possibles, presque nuit et jour, pendant cinq mois de temps : aussi mon conducteur m'a-t-il insinué le contraire. Quand les choses resteraient comme elles sont, je n'aurais pas à me plaindre. Elle m'a si généreusement traité auparavant, qu'il n'y aurait qu'une avidité insatiable qui m'en ferait exiger davantage; cependant il faut attendre, et même assez longtemps, avant que de rien prononcer. Elle sait que ses dons ne m'ont pas enrichi, et je suis sûr qu'elle a de l'estime, j'oserais même dire de l'amitié pour moi. Je lui avais autrefois proposé de refaire l'*Encyclopédie* pour elle; elle est revenue d'elle-même sur ce projet qui lui plaisait, car tout ce qui a un caractère de grandeur l'entraîne. Après avoir discuté avec elle ce qui concerne sa gloire, elle m'a renvoyé par devant un de ses ministres pour la chose d'intérêt. Tout s'est arrangé entre ce ministre et moi; et au moment où je t'écris, ce ministre me fait dire qu'incessamment il me fera passer les fonds pour aller en avant. Ces fonds seront très-considérables. Il ne s'agit pas moins que de quarante mille roubles, ou deux cent mille francs, dont nous aurions la rente en tout d'abord et ensuite en partie, à peu près pendant six ans; c'est-à-dire environ dix mille francs pendant quinze mois, cinq mille francs pendant les quinze mois suivants, etc., ce qui, joint à notre revenu courant, arrangerait très-bien nos affaires. Mais il faut garder un profond silence là-dessus : premièrement, parce que la chose, quoique vraisemblable, n'est pas sûre; secondement, c'est que, quand les fonds seraient arrivés, et que la chose serait sûre, il faudrait encore s'en taire à cause de nos enfants qui nous tourmenteraient pour avoir de nous des fonds qu'il faudrait regarder comme un dépôt sacré, et pour plusieurs autres raisons qui te viendront sans que je te les dise. Ainsi, bonne amie, prépare-toi incessamment à déménager. Je t'avertirai lorsqu'il en sera temps, afin que tu trouves un logement dans un quartier qui s'arrange avec cette affaire. Cette fois-ci, cette *Encyclopédie* me vaudra quelque chose et ne me causera aucun chagrin; car je travaillerai pour une cour étrangère, et sous la protection d'une souveraine. Le ministère de France n'y verra que la gloire et l'intérêt de la nation, et j'emploierai utilement pour toi, pour nos enfants, les dernières années de ma vie.

Outre mes petits présents et mon travail de Pétersbourg, Sa Majesté m'a honoré d'une multitude de commissions parmi lesquelles il y en a plusieurs qui disposeront de mon talent et de mon temps. En vérité, plus j'y pense, et moins je puis me persuader que cette souveraine, qui est si grande en tout, me cède l'avantage sur elle dans cette occasion; car il faut que tu saches que c'est moi-même qui lui ai lié les mains et qui ai arrêté sa bienfaisance. Tu me demanderas pourquoi j'en ai usé de cette manière, et je vais te le dire. A peine fus-je arrivé à Pétersbourg, que des gueux écrivirent de Paris, et d'autres gueux répétèrent à Pétersbourg, que, sous prétexte de venir remercier des premiers bienfaits, j'en venais solliciter de nouveaux : cela me blessa, et à l'instant je me dis à moi-même : Il faut que je ferme la bouche à cette canaille-là. Lors donc que j'allai prendre congé de Sa Majesté Impériale, je lui portai une espèce de supplique dans laquelle je lui disais que je la priais instamment, et cela sous peine de flétrir mon cœur, de ne rien ajouter, mais rien du tout, à ses premières grâces. Elle m'en demanda la raison, comme je m'y attendais. « C'est, lui répondis-je, pour vos sujets et pour mes compatriotes, pour vos sujets, à qui je ne veux pas laisser croire ce qu'ils ont eu la bassesse de m'insinuer, que ce n'était pas la reconnaissance, mais un motif secret d'intérêt qui avait occasionné mon voyage; j'ai à cœur de les détromper là-dessus, et il faut que Votre Majesté ait la bonté de me seconder; pour mes compatriotes, auprès desquels je veux conserver mon franc-parler; il ne faut pas lorsque je leur dirai la vérité de Votre Majesté qu'ils croient entendre la voix de la reconnaissance qui est toujours suspecte. Il me sera plus doux, lorsque je ferai l'éloge de vos grandes qualités, d'en être cru, que d'avoir plus d'argent.» Elle me répliqua : « Êtes-vous riche ? — Non, madame, lui dis-je; mais je suis content, ce qui vaut mieux. — Que ferai-je donc pour vous ? — Beaucoup de choses; premièrement, Sa Majesté, qui ne voudrait pas m'ôter pour deux ou trois ans l'existence que je lui dois, acquittera les dépenses de mon voyage, de mon séjour et de mon retour, observant qu'un philosophe ne voyage pas en grand seigneur »; et elle me répondit : « Combien voulez-vous ? — Je crois que quinze cents roubles me suffiront. — Je vous en donnerai trois mille. — Secondement, Votre Majesté m'accordera une bagatelle qui tire tout son prix d'avoir été à son usage. — J'y consens, mais dites-moi quelle est la bagatelle que vous désirez. » Je lui répondis : « Votre tasse et votre soucoupe. — Non, cela se casserait et vous en auriez du chagrin; je penserai à autre chose. — Troisièmement, de m'accorder un de vos officiers qui me reconduise et me remette sain et sauf dans mon foyer, ou plutôt à La Haye où je passerai trois mois pour le service de Votre Majesté. — Cela sera fait. — Quatrièmement, de recourir à Votre Majesté en cas que je vînsse à être ruiné par les opérations du gouvernement, ou par quelque autre accident. » Elle me répondit à cet article : « Mon ami (ce sont ses mots), comptez sur moi, vous me trouverez en toute occasion, en tout temps. » Tu penses bien que cette bonté me fit pleurer à chaudes larmes, et elle presque aussi. Cette soirée fut de la plus grande douceur pour tous les deux : elle le dit à Grimm qu'elle vit après moi. Elle ajouta : « Mais vous partez donc incessamment? — Si Votre Majesté le permet. « Mais au lieu de vous en retourner, que ne faites-vous venir toute votre famille ? — Hélas! madame, lui dis-je, ma femme est âgée et très-valétudinaire, et j'ai une belle-sœur qui touche à la quatre-vingtaine. » Elle ne répliqua rien à cela. « Quand partez-vous? — Lorsque la saison le permettra. — Ne me faites point d'adieux, parce que les adieux chagrinent. » Aussitôt elle ordonna une voiture à l'anglaise toute neuve, où je pourrais être assis ou couché comme dans un lit, et pourvut à tout ce qui tenait à la sûreté et à la commodité de mon voyage. Elle chercha parmi les officiers celui qui me convenait le mieux. Elle nomma pour me conduire un galant homme plein d'honnêteté, de connaissances et d'esprit. Je suis tenté de lui faire présent de ma montre, qu'en penses-tu? Il n'y a sorte d'attentions que cet homme, qui est du collége au bureau des colonies et de la chancellerie du prince Orlow, n'ait eues pour moi. Dis-moi ton avis là-dessus, je ferai ce que tu me conseilleras; ainsi, réponse sur-le-champ. La veille de mon départ, elle dit à Grimm : « Je suis enchantée, j'ai enfin découvert, à force d'y rêver, quelque chose qui aura été à mon usage, et qui fera plaisir à Diderot. »

Le jour de mon départ, le matin, elle parut au milieu de sa cour avec une bague au doigt. Elle appela un de ses chambellans, et tirant cette bague de son doigt, elle dit à cet officier : « Tenez, prenez cette bague et portez-la de ma part à M. Diderot ; dites-lui que je l'ai portée. C'est une bagatelle comme il me l'a demandée, mais je suis sûre que cette bagatelle lui fera plaisir. » Cette bague était une pierre gravée, et cette pierre gravée était son portrait. Il faut que tu saches que quand je lui eus demandé la bagatelle à son usage, et nommé sa tasse et sa soucoupe, j'ajoutai : Ou une pierre gravée. Elle répliqua : « Je n'en avais qu'une belle, et je l'ai donnée au prince Orlow. » Je lui répondis : « Il n'y a qu'à la redemander. — Je ne redemande jamais ce que j'ai donné. — Quoi ! madame, vous avez de ces scrupules-là entre amis ? » Elle sourit. Tiens, ma femme, j'ai peine à te continuer cette conversation, car je sens que mon âme s'embarrasse. Cette femme-là est aussi bonne qu'elle est grande ; car il faut que tu saches que le prince Orlow a été son favori : au reste elle avait fait un excellent choix, car c'est un homme plein d'élévation et il n'y a que ses quatre frères qui le vaillent ; ce sont eux qui l'ont mise sur le trône.

Voilà, ma bonne, comment on cause avec l'impératrice de Russie, et cette conversation que je viens de te rendre ressemble aux soixante autres qui l'avaient précédée.

Cette belle voiture qu'elle avait ordonnée s'est rompue à Mittau, c'est-à-dire à environ deux cent trente lieues de Pétersbourg.

A présent, ma bonne, tu sais tout. Ne brûle pas cette lettre. Écoute, si je donne ma montre à mon conducteur, elle le saura ; et d'ailleurs elle me sert si peu, et j'ai pensé en faire présent à M. de Nariskin. A présent tu sais tout, qu'en penses-tu ? Crois-tu que Sa Majesté Impériale s'en tienne strictement aux articles de notre traité, et ne fasse plus rien pour moi ?

Avant de lui présenter cette supplique, où je mettais moi-même des bornes à sa bienfaisance, comme elle pouvait être mésinterprétée, et masquer une vue intéressée sous de beaux dehors, je la montrai à Grimm et à deux ou trois honnêtes gens, les suppliant instamment de m'en dire leur avis ; tous me dirent unanimement qu'elle était de la délicatesse la plus touchante, et qu'elle ne prêtait, par aucun côté, à une mauvaise interprétation : en conséquence je ne balançai pas à la lui lire et à la lui présenter. Comme c'était en effet mes véritables sentiments, la lecture que j'en fis acheva de lui donner le caractère de la vérité, et Sa Majesté Impériale en fut tout à fait touchée.

Le baron de Noltken, ministre de Suède à Pétersbourg, un de ceux que j'avais consultés, vint quelques jours après savoir comment la supplique avait pris. « Fort bien », lui dis-je. Il me répondit : « J'étais sûr de son effet. » Et il ajouta : « Vous avez fait votre devoir en très-galant homme, en homme parfaitement désintéressé, et je suis bien sûr que l'impératrice fera le sien. — Mais, monsieur le baron…. — J'entends, vous avez parlé très-sérieusement à l'impératrice; ce que vous lui avez dit, c'est ce que vous pensez réellement ; mais il est impossible qu'elle vous prenne au mot. Elle a été frappée de vos raisons parce qu'elles sont bonnes. Elle ne voudra pas ôter au bien que vous direz d'elle le caractère de la vérité ; mais quand vous aurez parlé, elle agira. C'est ce que je ferais à sa place, et ce qu'elle fera : ainsi elle différera plus ou moins les marques de sa bienfaisance, mais elles viendront, n'en doutez pas; car je la connais, cela est tout à fait selon sa manière de faire. »

Ma bonne, que le ministre de Suède ait rencontré ou non, je te jure que cela m'importe peu ; je suis content de moi, et je serai toujours content d'elle. Nous lui devons tout ; quoi que j'aie fait et que je fasse, je demeurerai toujours en reste. Voilà tout ce que je vois, et je ne verrai jamais autrement, ni toi non plus, car je te connais.

Adieu, ma bonne, je t'embrasse de tout mon cœur; salue tout le monde de ma part.

Il est bien décidé que mon retour ne me coûtera rien, et que mon conducteur a eu ordre de l'impératrice de faire toutes les dépenses du voyage, et de ne rien recevoir de moi. Cela m'a fait plaisir sans me surprendre ; je reconnais bien la souveraine à ce généreux procédé.

LXIII

A M. M***, A PARIS[1].

La Haye, ce 9 avril 1774.

Mon ami, après avoir fait quinze cents lieues et la moitié de cette tournée en vingt-deux jours, me voilà à La Haye depuis le 5 de ce mois, jouissant d'une très-bonne santé et moins fatigué que je ne l'étais après une de nos promenades. Je vous parle dans l'exacte vérité. Ah! mon ami, le beau voyage que j'ai fait! la grande, l'extraordinaire femme que j'ai vue! Vous ne direz pas que je suis payé pour en parler ainsi, car je n'ai rien voulu d'elle. J'ai donné la loi sur cet article à la souveraine la plus despote qu'il y ait en Europe. J'ai voulu fermer la bouche aux malveillants de son empire qui disaient que j'étais venu solliciter de nouvelles grâces sous prétexte de remercier des anciennes et avoir mon franc-parler avec vous, gens incrédules de Paris. Lorsque je vous louerai cette femme, ce sera bien l'éloge fait par la vérité et non par la reconnaissance, toujours un peu suspecte d'exagération. Écoutez, mon ami : voici en quatre mots l'histoire de mon voyage. J'ai eu quarante-cinq jours de beau temps pour aller. J'arrive. Je suis présenté à Sa Majesté et j'obtiens l'entrée de son cabinet tous les jours seul à seule. Je suis comblé de ses bontés ; tous les seigneurs de la cour m'accablent de politesses, cela va sans dire. Le terme de mon séjour arrive ; je lui demande mon congé ; elle me l'accorde avec peine ; je lui demande pour toute grâce de satisfaire aux dépenses de mon voyage, de mon séjour et de mon retour ; je lui en dis les raisons, et elle les approuve, parce qu'elles lui paraissent honnêtes et sortir d'une âme vraie et désintéressée ; je lui demande une bagatelle dont tout le prix soit d'avoir été à son usage ; elle me la promet, et la veille de mon départ, elle a la complaisance de porter à mon doigt une pierre gravée ; c'est son portrait. Je lui demande un de ses officiers qui me remette sain et sauf où je désirerai ; et elle ordonne elle-même tout ce qui peut faire la commodité et la

---

1. Publiée sans nom de destinataire dans l'édition Belin

sûreté de mon retour. Je pars le 5 mars, au milieu d'un dégel, et j'ai trente jours d'une saison qui n'aurait pas été plus favorable, quand elle aurait été faite à mes ordres. A quelques verstes de Pétersbourg, l'hiver se remontre, des neiges tombent, les chemins se durcissent, et les terribles claies dont ils sont faits se couvrent de matelas de duvet sur lesquels nous glissons plus de deux cents lieues. La Courlande, cette énorme fondrière, m'offre la plus belle route, une grande glace sur laquelle la neige affermit le pas des chevaux ; le reste du voyage, des matinées et des soirées d'un bal d'hiver, et entre ces matinées et ces soirées, des jours d'une chaleur de printemps et même d'été. C'est ainsi que j'arrive à La Haye en moins de temps que les courriers n'en emploient dans la belle saison. Cependant, mon ami, nous avons laissé en chemin quatre voitures fracassées. J'ai pensé me perdre dans les glaces à Riga, et me fracasser un bras et une épaule dans un bac, pendant la nuit, à Mittau. En allant, j'ai fait deux maladies, l'une à Dresbourg, l'autre à Nerva ; deux inflammations d'entrailles. J'ai eu deux fois la néva à Pétersbourg. La néva est la diarrhée que donnent les eaux de cette rivière, comme les eaux de la Seine à Paris ; quelques jours avant mon départ, une violente attaque de poitrine dont on a cru que je mourrais, et qui s'est dissipée presque aussi promptement qu'elle est venue. Mon ami, c'est ici le pays des grands phénomènes, tant au physique qu'au moral ; sans vouloir en trop dire de bien, soyez sûr que celui qui y apporte des talents et des mœurs y trouve une récompense très-convenable. La plupart des Français qui y sont se déchirent et se haïssent, se font mépriser et rendent la nation méprisable ; c'est la plus indigne racaille que vous puissiez imaginer. Mais nous jaserons de tout cela à notre aise. Mais quand ? Peut-être avant quinze jours ; peut-être pas avant trois mois. Je suis chargé de publier les statuts des différents établissements que Sa Majesté a formés pour l'utilité de ses sujets. Si le libraire hollandais est un juif, un arabe, comme à son ordinaire, je pars pour Paris ; et si je puis l'amener à des conditions à peu près raisonnables, je reste. Mais j'oubliais de vous parler d'un de mes plaisirs les plus vifs, c'est d'avoir embrassé un matin M. le comte de Crillon et M. le prince de Salm. Si vous saviez ce que produit la présence d'un compatriote qu'on aime qu'on estime, et qu'on retrouve subitement à sept ou huit cents lieues de sa patrie : et Grimm dont je me sépare à Paris, incertains si nous ne nous reverrons jamais, qui parcourt un arc de cercle dont l'extrémité se termine à Pétersbourg, tandis qu'à l'insu l'un de l'autre, je parcours un arc de cercle opposé qui aboutit au même endroit sous le pôle ! Avec quelle violence on se précipite entre les bras l'un de l'autre ! On est bien longtemps à se serrer, à se quitter, à se reprendre, à se serrer encore, sans pouvoir parler. Ce voyage est plein de particularités inattendues et délicieuses. J'ai beaucoup travaillé en allant, infiniment pendant mon séjour, peu en revenant. Je vous voyais tous, dès le premier pas, à l'extrémité de ma route, et cette douce idée n'en laissait arriver aucune autre, etc.

LXIV

AU GÉNÉRAL BETZKY[1].

A La Haye, ce 9 juin 1774.

Monsieur le Général,

Vous auriez grande raison de vous plaindre si je laissais partir un voyageur d'à côté de nous sans vous donner un signe de vie. Grâce aux bontés du prince de Galitzin, je souffre moins de la prolongation de mon exil ; je laisse crier ma femme, mes enfants, mes amis et mes connaissances et je m'occupe sans cesse de l'édition de votre ouvrage. L'imprimeur hollandais a pris enfin le mors aux dents et va aussi bien qu'on peut l'exiger d'une grosse et vieille rosse poussive. Nous sommes à peu près à la moitié de notre tâche, cela aura du succès et beaucoup, je vous en réponds ; nous faisons deux éditions à la fois ; une in-4° avec tout le faste typographique ; une en in-8 ou in-12 simple et que tout amateur pourra se procurer à peu de frais.

J'ai fait usage de votre note sur l'inexactitude des gazetiers

---

1. Inédite. Communiquée par M. le baron de Boyer de Sainte-Suzanne.

qui ont parlé et si mal parlé de la médaille que le sénat vous a décernée.

Je vous ai envoyé un petit livret dont tous les paragraphes peuvent entrer dans le catéchisme moral que Sa Majesté Impériale désire.

Vous recevrez incessamment deux exemplaires de l'ouvrage de l'abbé Raynal qui a déjà paru en France et qui doit paraître incessamment ici. Cette nouvelle édition est divisée par chapitres, augmentée de cartes géographiques, et d'un volume de plus.

J'ai entre les mains un billet de mille écus, payables à l'ordre du docteur Clerc au commencement de l'année prochaine; tâchez de le déterminer à m'instruire sur ce qu'il veut que je fasse de ce billet.

Je ne vous dis rien du reste de vos commissions, ni de celles de M. le comte de Munich, et pas davantage de celles de Sa Majesté Impériale; pour m'en acquitter à votre gré et au mien, il faut que je sois en France.

En buvant ici la santé de M. le vice-chancelier, nous buvons aussi la vôtre; et nous nous flattons quelquefois que vous en faites autant de votre côté.

N'oubliez pas, monsieur le général, de renouveler à Sa Majesté Impériale les témoignages de mon respect, de mon entier dévouement et de la reconnaissance éternelle que je lui dois pour toutes les bontés dont elle a bien voulu m'honorer. Je ne voudrais pas pour tout ce que je possède n'avoir pas fait le voyage de Pétersbourg. J'ai tant écrit de cette grande et digne souveraine, depuis que je suis ici, que quand la fin de votre ouvrage me permettra de revoir mon pays et les miens, il ne me restera plus qu'à retourner de toutes les façons que mon cœur m'inspirera ce que j'en ai dit. Je me trompe, avec un peu de mémoire, je retrouverai encore beaucoup de traits qui me seront échappés, et je ne serai de longtemps dans le cas de me répéter.

Envoyez-moi bien scrupuleusement toutes les choses que vous m'avez promises; surtout n'oubliez aucune de celles qui peuvent attester à mes compatriotes l'excellence de l'éducation que vous donnez à vos jeunes demoiselles, et leurs succès étonnants en tout genre. Songez que j'aurai à persuader des gens qui par mille raisons ne seront pas fort disposés à m'en croire, quoique j'aie pris toutes précautions pour les empêcher de détourner mon éloge de l'exacte vérité, et de l'imputer à la reconnaissance et à la vénalité.

Présentez mon respect à Mme et Mlle Lafont et à leurs très-aimables élèves. Je garde très-précieusement les leçons dont elles m'ont honoré avant mon départ.

J'attends des dessins que je puisse joindre à ces lettres.

J'embrasse de tout mon cœur, si toutefois ils veulent bien me le permettre, et M. le comte de Munich, et M. le vice-chancelier et Mlle Anastasia, et Mme Clerc et le docteur; qui sait si la fantaisie de vous aller voir ne me reprendra pas quelque jour? Je ne crains plus la fatigue des voyages; je suis réconcilié avec votre climat; et vous m'avez tous diablement gâté par votre indulgence; quand je dis tous, vous pensez bien que je n'en excepte pas Sa Majesté Impériale.

Portez-vous bien; je ne connais rien dans ce monde dont un homme qui a pour soi l'attestation du censeur que la nature a placé au-dessous de la mamelle gauche puisse se laisser affecter jusqu'à un certain point. Faites le bien; faites-le avec cette merveilleuse opiniâtreté que le ciel vous a donnée, ayez bon appétit; buvez, mangez et dormez bien, jusqu'à ce que le dernier sommeil vienne fermer les yeux d'un excellent citoyen, et donner des regrets à sa nation. Monsieur le général, il faut être mort pour obtenir justice des vivants, cela est fâcheux; mais comme tous les hommes distingués ont subi ce sort, vous aurez la bonté de vous y soumettre.

Je suis, etc.

LXV

AU MÊME[1].

A La Haye, ce 15 juin 1774.

Monsieur le général,

Votre édition va son train. Vous avez reçu l'esquisse du petit catéchisme moral. Vous recevrez incessamment la nouvelle

---

1. Inédite. Communiquée par M. le baron de Boyer de Sainte-Suzanne.

édition de l'ouvrage de l'abbé Raynal ; et voici la réponse de Mlle Biheron à la proposition que je lui ai faite de passer en Russie. Je vous supplie de communiquer cette réponse à Sa Majesté Impériale.

Mlle Biheron sera très-flattée de contribuer, pour sa petite part, à la perfection des établissements ordonnés par une souveraine qui honore le trône et son sexe, et qui n'a pas dédaigné de jeter les yeux sur elle. Ce sont les mots mêmes de Mlle Biheron. Elle fera partir tous ses ouvrages par la mer. Pour elle, il lui est impossible d'aller autrement que par terre ; elle a cinquante-cinq ans ; elle commence à devenir vieillotte ; sa santé a beaucoup souffert de la continuité de ses travaux. Elle a fait deux fois le voyage d'Angleterre, et chaque traversée a pensé lui coûter la vie. Ce n'est ni pusillanimité ni délicatesse ; elle ne balancerait pas à s'embarquer à Rouen, sans les expériences fâcheuses qu'elle a par devers elle.

Elle s'engage : 1° A démontrer l'anatomie à vos jeunes demoiselles, sur ses pièces ;

2° A dresser des maîtresses qui puissent, quand elle n'y sera plus, en former d'autres et continuer les démonstrations anatomiques dans la maison aussi parfaitement qu'elle, et cela tant qu'il y aura des élèves ;

3° S'il se trouve un sujet de quelque sexe qu'il soit, avec le talent et le goût nécessaires pour la copier, l'égaler, la surpasser même, à le former, à l'instruire, à ne lui rien céler de sa manière d'opérer ; ce qui ajouterait une nouvelle occupation très-singulière et très-intéressante à la multiplicité de celles que vous présentez à l'inclination naturelle de vos demoiselles ;

4° Elle ne met aucun prix à ses pièces anatomiques, qui sont en très-grand nombre ; ce qu'elle en exécutera à Pétersbourg d'année en année fera suite avec sa collection. Le tout restera dans la maison, et elle n'a pas le moindre souci sur le sort qu'il plaira à Sa Majesté Impériale de lui faire ;

5° Elle n'est pas plus inquiète de l'honoraire qu'il plaira à Sa Majesté Impériale d'attacher soit aux leçons qu'elle donnera aux jeunes demoiselles, soit à la peine qu'elle prendra pour former des maîtresses et pour instruire un sujet aux procédés de son art ;

6° Mlle Biheron a de la noblesse dans l'âme, beaucoup de douceur, les mœurs les plus pures ; des lumières même rares parmi les hommes ; en un mot toutes les qualités qui peuvent assurer la satisfaction de Sa Majesté Impériale, la vôtre et la sienne. Trouvez seulement le moyen de la faire arriver ; c'est tout ce qu'elle ose demander ; et, malgré la modicité de sa fortune, c'est avec une sorte de répugnance qu'elle hasarde cette demande ; mais songez que c'est une fille et qu'elle ne peut guère s'exposer à faire une aussi longue route sans une femme de chambre et sans un valet. Lorsque vous aurez pourvu à la bienséance et à la sûreté, vous aurez fait tout ce qu'elle exige.

J'attendrai la décision de Sa Majesté Impériale pour la faire passer à Mlle Biheron, qui partage avec le reste de ma nation l'enthousiasme pour Sa Majesté Impériale et qui serait désolée que, la négociation entamée venant à manquer, elle fût privée de voir un être qui se voit si rarement, un souverain digne de l'être. Quand je parle du reste de ma nation, j'entends les honnêtes gens, ceux qui sentent et qui pensent, et qui ne sont pas à quatre cents lieues de Paris.

Et puis, monsieur le général, venons à la dernière lettre dont vous m'avez honoré.

J'ai frissonné en passant la Douïna[1] ? De par tous les diables, on frissonnerait à moins. Des glaces crevassées de tous côtés ; un fracas enragé à chaque tour de roue de la voiture pesante ; de l'eau qui jaillit de droite et de gauche ; un pont de cristal qui s'enfonce et qui se relève en craquant. Rangés tous autour d'une table bien servie, assis sur des coussins bien mollets, vous en parlez tout à votre aise. M. Bala[2] vous dira si je suis une poule mouillée. Ulysse s'étoupa les oreilles et se fit attacher au mât de son vaisseau. S'il eût été plus brave que moi sur la Douïna, j'aurais eu plus de confiance en ma sagesse qu'il n'en eut en la sienne, aux environs de la demeure des Sirènes. Chacun a son côté faible. Le héros grec eut peur de manquer de fidélité à sa Pénélope ; et moi, j'ai eu peur d'être noyé et de ne plus revoir la mienne. L'adultère est certainement un grand péché ; mais

---

1. V. dans les *Poésies diverses*, t. IX, p. 28, le *Passage de la Douïna sur la glace*.

2. Chargé par l'impératrice d'accompagner Diderot jusqu'en Hollande.

j'aimerais mieux l'avoir commis dix fois que d'être noyé une seule.

Eh bien! monsieur le général, nous encyclopédiserons donc, et je puis prendre mes mesures en conséquence de vos ordres. Cela sera fait. Je vous croyais bien convaincu de la gloire qui en résulterait pour Sa Majesté Impériale, mais pas assez de l'avantage qui en reviendrait à vos établissements, et j'étais incertain sur le dernier parti que vous prendriez.

Je ne vous dissimulerai pas qu'il m'est doux de penser que ceux qui ont tout mis en œuvre pour m'empêcher de faire une grande et belle chose en auront pourtant le démenti; que ces barbares qui s'appellent policés par excellence grinceront les dents lorsque je pourrai vous livrer le plus beau manuscrit qui ait jamais existé et qui existera jamais; que la Russie leur enlèvera l'honneur de l'avoir produit et qu'il ne leur restera que la honte de leurs anciennes persécutions.

O madame (c'est à Sa Majesté Impériale que je m'adresse), ô monsieur le général, la belle et digne vengeance que vous me faites entrevoir!

Je travaillerai pour vos propres enfants, dont je n'ai pas eu l'esprit d'accroître le nombre d'un seul, comme s'ils m'appartenaient tous; et vous pouvez compter que je ne gaspillerai pas une obole de leur patrimoine.

Je recevrai avec satisfaction le diplôme de leur maison, et je m'en tiendrai toujours honoré.

Les assurances de votre estime me sont infiniment chères.

Je présente mon respect à toute l'aimable et honnête société qui a la bonté de se ressouvenir de moi.

Que Dieu garde Mlle Anastasia de l'ennui et du Napolitain.

Je présente mes très-humbles civilités à toutes ces demoiselles et à leurs dignes maîtresses.

En quelque coin du monde que je sois, j'y révère M. le vice-chancelier et M. le comte de Munich.

Si M. le général avait quelque pitié d'une bonne sexagénaire, il me ferait toucher les fonds qu'il m'annonce au commencement de septembre et soulagerait la bonne femme des embarras d'un déménagement à faire dans la mauvaise saison; cependant il est le maître de négliger cette petite considération qui n'est que d'un bon mari.

M. le général sait aussi bien que moi comment on témoigne son respect, son hommage et sa reconnaissance à une souveraine bienfaisante; ainsi j'espère qu'il aura la bonté de prendre ce soin pour moi, sans que je sois obligé de l'en remercier.

J'aurai donc les dessins ! j'aurai donc celui de la machine au rocher! et des pierres! Tout cela me fait grand plaisir.

C'est M. de Sartine, notre lieutenant de police, qui succède à M. de La Vrillière. L'exécution de notre projet n'en sera que plus facile; M. de Sartine n'est pas mon protecteur, c'est mon ami de trente-cinq ans; il m'a écrit deux fois pendant mon absence de France; une fois ici, une fois à Pétersbourg; il est tolérant autant qu'il peut l'être.

Je vous avais prédit, monsieur le général, qu'à peine notre projet aurait transpiré, que ceux qui s'occupent à présent des réimpressions en seraient alarmés, et me feraient des propositions. La chose est arrivée. Je n'ai pas daigné leur répondre; car il est bien décidé dans ma tête que, si je ne refais pas l'*Encyclopédie* pour vous, je ne veux plus entendre parler de cet ouvrage, à quelque condition que ce puisse être. Ou vous l'aurez telle que je la conçois, ou elle leur restera telle qu'elle est, telle qu'ils l'ont voulue. Elle n'est encore que trop bien pour cette canaille-là. Il ne leur faut que des hommes et des ouvrages médiocres; et à juger de leur état à venir par les premiers symptômes de leur récente maladie, j'espère qu'ils n'en manqueront pas.

Je suis, avec respect, monsieur le général, etc.

J'ai fait l'usage convenable de votre note sur la médaille[1]; je n'oublierai jamais rien de ce qui pourra vous être agréable.

1. V. t. III, p. 413.

LXVI

AU DOCTEUR CLERC[1].

A La Haye, ce 15 juin 1774.

Il faut, monsieur et cher docteur, que je vous fasse une histoire ou un conte. Un galant homme de notre pays eut deux procès à la fois ; l'un avec sa femme qui l'accusait d'impuissance, l'autre avec une maîtresse qui l'accusait de lui avoir fait un enfant ; il disait : Je ne saurais les perdre tous deux. Si j'ai fait un enfant à ma maîtresse, je ne suis pas impuissant et ma femme en aura un pied de nez. Si je suis impuissant, je n'ai pas fait un enfant à ma maîtresse, et celle-ci en aura le nez camus. Point du tout, il perdit ses deux procès, parce qu'on les jugea l'un après l'autre. Cela vous paraît bien ridicule ; eh bien ! c'est ce qui vient de m'arriver tout à l'heure à moi-même avec un auteur et un libraire à qui j'avais vendu le manuscrit de l'auteur. Je disais : Si le libraire est mécontent, l'auteur sera satisfait ; et si l'auteur n'est pas satisfait, le libraire sera content. Point du tout. Ils me chantent pouille tous deux.

Je vous proteste, docteur, que j'ai fait de mon mieux ; vous ne pensez pas qu'il est ici d'usage de ne rien payer ; vous ne pensez pas que je n'aurais pas eu un écu de plus à Paris, et qu'on vous y aurait mis en capilotade. Votre manuscrit est fourré de lignes qu'aucun censeur royal n'aurait osé vous passer. Ainsi, madame Clerc, dites à votre mari qu'il se taise et qu'il me laisse en repos.

Je n'enverrai point votre billet à M. de Matinfort ; il est plus sûr, il me semble, de le confier à Grimm, que nous attendons d'un jour à l'autre, que de le risquer par la poste.

C'est Rey qui se charge de vous expédier votre ballot d'exemplaires, et qui s'en acquittera mieux que moi. Je ferai, du reste, ce que vous me prescrirez.

1. Inédite. Communiquée par M. le baron de Boyer de Sainte-Suzanne.

Comment! vrai! l'*Encyclopédie* est une affaire décidée! Point de mauvaise plaisanterie, docteur, s'il vous plaît; quoi! je ne mourrai pas sans avoir fait encore une bonne action et refait un grand ouvrage; une bonne action, en dotant, pour ma part, un établissement élevé pour l'humanité; refait un grand ouvrage, en le conformant au plan sur lequel il avait été projeté; je ne mourrai pas sans m'être bien dignement vengé de la méchanceté de mes ennemis; je ne mourrai pas sans avoir élevé un obélisque sur lequel on lise : « *A l'honneur des Russes et de leur souveraine et à la honte de qui il appartiendra!* » je ne mourrai pas sans avoir imprimé sur la terre quelques traces que le temps n'effacera pas! J'y mettrai les quinze dernières années de ma vie; mais, à votre avis, qu'ai-je à faire de mieux?

J'étais en train, lorsque j'ai reçu votre lettre, de préparer une édition complète de mes ouvrages; j'ai tout laissé là. Ces deux entreprises ne peuvent aller ensemble; faisons l'*Encyclopédie*, et laissons à quelque bonne âme le soin de rassembler mes guenilles, quand je serai mort.

A présent que j'y réfléchis plus sérieusement, la circonspection de M. le général ne me surprend plus. L'affaire d'intérêt ne pouvait pas être aussi claire pour lui que celle d'utilité et de gloire pour la souveraine. Il s'est donné le temps d'entendre et de me connaître. Les grands sont si sujets à rencontrer des fripons qu'ils se méfient des honnêtes gens. Si nous avions été dix ou douze ans à leur place, nous nous méfierions comme eux.

M. de Sartine, je ne dis pas mon protecteur, mais mon ami de trente ans, remplace M. de La Vrillière; jugez comme cela faciliterait ma besogne, si elle était sujette à difficultés.

Renouvelez les assurances de dévouement et de respect de ma part à MM. Durand, De Lacy et de Noltken.

L'édition va son train; nous gémissons sous deux presses, l'une à Amsterdam, l'autre ici. J'y mets tout ce que je sais. Maudit arabe que vous êtes, qui toisez l'amitié sur l'importance des services, faites-vous couper le prépuce, et puis judaïsez, et jurez après cela tant qu'il vous plaira.

Mon respect à tous les dignes commensaux de la table ronde.

Je vais sonder mes coopérateurs ; et je ne tarderai pas à vous en rendre compte.

Je vous dirais bien quelques nouvelles publiques, mais le lendemain détruit l'ouvrage du jour ou de la veille.

Je vous embrasse, j'embrasse Mme Clerc et le petit ourson blanc ; s'il vous vient quelque mot bien saugrenu et bien doux, adressez-le de ma part à Mlle Anastasia.

Mais, dites-moi, ne pouvez-vous pas engager M. le général à m'expédier les fonds qu'il m'a promis, plutôt au commencement qu'à la fin de septembre? Cela fait la différence de trois mois et peut-être de six pour mes arrangements. Les grands seigneurs, qui n'ont l'embarras de rien, ne savent pas ce que c'est qu'un déménagement, et un déménagement dans la mauvaise saison.

Le prince Orloff m'a promis des minéraux, j'ai laissé un petit catalogue à M. le vice-chancelier. Ce sont tous de fort honnêtes gens ; mais ces honnêtes gens-là ont tant d'affaires, comme de boire, manger et dormir, dans toutes les combinaisons possibles !

J'ai écrit, il y a quelques jours, à le M. vice-chancelier un petit billet pantagruélique. C'est style d'ancien welche. Peut-être n'y entendra-t-il rien.

J'attends mes malles et tous vos envois ; n'oubliez pas la suite des anecdotes polonaises. Adieu, mon cher docteur : lorsque la mélancolie vous prendra, faites-vous dire à l'oreille, deux ou trois fois de suite, par Mme Clerc, le soir et le matin, la formule mais bien articulée.

LXVII

A NECKER.

12 juin 1775.

Je ne suis pas un de ceux qui vous doivent le moins de reconnaissance pour le bel ouvrage que vous venez de publier [1]. Je

---

1. *De la législation et du commerce des grains.* 1775, in-8.

n'ai pas mémoire d'avoir jamais fait une lecture qui m'ait autant intéressé ; je n'en excepte pas même *l'Éloge de Marc-Aurèle.* Il faut convenir qu'il y a des plaisirs bien doux, et qui sont à bon prix. Huit jours de bonheur continu, et cela à moins de frais qu'il ne m'en eût coûté pour deux livres de pain par jour ! L'équité restituera au frontispice un titre que la modestie en a supprimé; c'est la défense de la nation contre les nations rivales, c'est l'apologie du travail contre l'oisiveté, et de l'indigence contre la richesse. Cette cause pouvait être défendue par de bonnes ou de mauvaises raisons ; mais il était difficile de s'en proposer une plus auguste, et, de quelque manière que l'on s'en tirât, on était sûr d'en remporter le renom d'honnête homme et de bon citoyen. On s'installait encore parmi les hommes de génie, lorsqu'on y montrait de la profondeur, de l'éloquence et de la finesse comme il vous est arrivé. J'ai plus de mérite que vous ne pensez peut-être à vous rendre toute cette justice ; car avec un odorat un peu délicat, on croit s'apercevoir que vous ne faites pas grand cas de la philosophie et des lettres. Je n'ai garde de mettre sur la même ligne un chapitre de Nicole ou de Montaigne, l'*Iphigénie* de Racine ou le *Misanthrope* de Molière avec un *Traité des subsistance de première nécessité*; vous conviendrez que le plaisir que ces premiers ouvrages nous causent n'est pas sans utilité, et qu'il ne finira jamais. On dit : Vivre, et philosopher ensuite ; je dis tout au contraire : Philosopher d'abord, et vivre après, si l'on peut. Peut-être eussiez-vous moins rabaissé ces sublimes leçons de morale qui ne s'adressent qu'à la portion opulente, oisive et corrompue de la société, si vous eussiez considéré l'influence bonne ou mauvaise, mais nécessaire, des mœurs des citoyens distingués sur la multitude qui les environne et qui les imite sans presque s'en apercevoir. L'opinion, ce mobile dont vous connaissez toute la force pour le bien et pour le mal, n'est à son origine que l'effet d'un petit nombre d'hommes qui parlent après avoir pensé, et qui forment sans cesse, en différents points de la société, des centres d'instructions d'où les erreurs et les vérités raisonnées gagnent de proche en proche, jusqu'aux derniers confins de la cité, où elles s'établissent comme des articles de foi. Là tout l'appareil de nos discours s'est évanoui, il n'en reste que le dernier mot. Nos écrits n'opèrent que sur une certaine classe de citoyens, nos discours sur toutes ; c'est la glace devant laquelle l'homme qui respire a passé. Le peuple sait qu'il faut que le blé soit à bon marché, parce qu'il gagne peu, et qu'il a 'grand'faim ; mais il ignore et il ignorera toujours les moyens difficiles de concilier les vicissitudes des récoltes avec son besoin qui ne varie point. Qui est-ce qui décidera la querelle des économistes et de leurs adversaires ? La raison. Et où est la raison ? Dans les hommes d'État ? Assurément elle y est en puissance, mais ceux qui croient tout savoir n'ont guère la tentation de s'instruire. Dans le peuple ? Il n'a malheureusement pas le temps de la cultiver, de l'étendre et de s'en servir. Dans les gens du monde ? Quand ils se résoudraient à vous sacrifier l'impérieuse frivolité de leurs distractions, ils ne vous entendraient pas. L'intérêt remue et déplace trop les gens d'affaires pour en espérer la lecture suivie d'un ouvrage qui demande de la tenue. A qui vous êtes-vous donc adressé ? Qui est-ce qui parlera de votre travail et en parlera dignement ? Qui est-ce qui en assurera le mérite et en accélera le fruit ? C'est celui dont la fonction habituelle est de méditer, celui dont la lampe éclairait vos pages pendant la nuit, tandis que le reste des citoyens dormait autour de lui, épuisés par la fatigue des travaux ou des plaisirs ; c'est l'homme de lettres, le littérateur, le philosophe. Songez que les ouvrages que nous feuilletons le moins, avec le plus de négligence et de partialité, ce sont ceux de nos collègues. La chose dont on parle le plus est celle qu'on sait le moins, et cela n'est pas si extravagant qu'on croirait bien ; on se tait naturellement de ce qu'on croit avoir approfondi. Quoi qu'il en soit, nous sommes ce petit nombre de têtes qui, placées sur le cou du grand animal, traînent après elles la multitude aveugle de ses queues. Vous êtes, dit-on, menacé d'une grêle de réponses. Je m'en réjouis ; et vous aussi, n'est-ce pas ? Je suis bien impatient et bien curieux de voir comment l'école se démêlera d'objections qui m'ont paru tout à fait insolubles. Je n'aurai pas tout le plaisir que je me promets si l'abbé Morellet n'est pas un de vos antagonistes. On prétendait, il y a quelques jours, que deux hommes ne pouvaient disputer publiquement sur la même question sans finir par s'aigrir, s'injurier et se haïr, et qu'ils n'avaient rien de plus sage à faire que d'éviter ce terrible conflit de l'amour-propre, s'ils voulaient continuer de s'estimer et de s'aimer. Sans trop présumer de moi, c'est une tâche que je croirais d'autant moins au-dessus de mes forces, que l'expérience journalière m'apprend que le sarcasme et l'injure réussissent moins aujourd'hui que jamais. Je vous ai lu avec toute l'attention dont je suis capable. Je ne vous dissimulerai pas que je vous ai trouvé de temps en temps difficile à entendre, mais il est vraisemblable que c'est plutôt ma faute que la vôtre. Celui qui lit un ouvrage sans y trouver un terme impropre, un tour de phrase obscur ou inusité, ou l'entend supérieurement, ou ne l'entend point du tout ; supérieurement, puisqu'il peut subitement et sans effort rectifier l'inexactitude de l'expression ; point du tout, puisque, ne sentant point ce défaut, la vue de l'auteur lui échappe. Il y a bien aussi quelques points sur lesquels je ne suis pas de votre avis ; mais, pour un endroit souligné, il est resté des vingt pages de suite intactes, et où on lirait à la marge de mon exemplaire : Je voudrais bien savoir ce qu'ils diront à cela.

LXVIII

A BEAUMARCHAIS.

A Sèvres, ce 5 août 1777.

Vous voilà donc, monsieur, à la tête d'une insurgence[1] des poëtes dramatiques contre les comédiens. Vous savez quel est votre objet et quelle sera votre marche ; vous avez un comité, des syndics, des assemblées et des délibérations. Je n'ai participé à aucune de ces choses, et il me serait impossible de participer à celles qui suivront. Je passe ma vie à la campagne, presque aussi étranger aux affaires de la ville qu'oublié de ses habitants. Permettez que je m'en tienne à faire des vœux pour votre succès. Tandis que vous combattrez, je tien-

---

1. Allusion à ce qu'on appelait alors l'*insurgence* des Américains, dont Beaumarchais se mêlait avec la même vivacité et au même moment que de l'insurgence des auteurs. (Note de M. de Loménie, qui a publié cette lettre dans son grand travail sur Beaumarchais, et l'a, en outre, confiée à G. Bourdin qui en a donné un fac-simile dans l'*Autographe*.)

drai mes bras élevés vers le ciel, sur la montagne de Meudon. Puissent les littérateurs qui se livreront au théâtre vous devoir leur indépendance! mais, à vous parler vrai, je crains bien qu'il ne soit plus difficile de venir à bout d'une troupe de comédiens que d'un parlement. Le ridicule n'aura pas ici la même force. N'importe, votre tentative n'en sera ni moins juste, ni moins honnête. Je vous salue, et vous embrasse. Vous connaissez depuis longtemps les sentiments d'estime avec lesquels je suis, monsieur, votre très-humble et très-obéissant serviteur.

LXIX

A NAIGEON[1].

Cet homme[2] dites-vous, est né jaloux de toute espèce de mérite. Sa manie de tout temps a été de rabaisser, de déchirer ceux qui avaient quelque droit à notre estime. Soit; mais qu'est-ce que cela fait? Est-on un sot, parce que cet homme l'a dit? Non. Qu'en arrive-t-il? Le cri public s'élève en faveur du mérite rabaissé, déchiré, et il ne reste au censeur injuste que le titre d'envieux et de jaloux.

Cet homme, dites-vous, est ingrat. Son bienfaiteur est-il tombé dans la disgrâce, il lui tourne le dos, et se hâte d'aller encenser l'idole du moment. Soit; mais qu'est-ce que cela fait? En méprise-t-on moins l'idole et son encenseur? Non. Qu'en arrive-t-il? On dit peut-être de l'homme disgracié qu'il avait mal placé sa faveur, et de l'autre, qu'il est un ingrat.

Cet homme, dites-vous, a fait l'apologie d'un vizir dont les opérations écrasaient les particuliers, sans soulager l'empire. Soit; mais qu'est-ce que cela fait? Le peuple en est-il plus opprimé, et le vizir moins digne du mortier d'Amurat? Non. Et

---

1. Publiée, comme la lettre à Mme Diderot, dans les *Mélanges* de la Société des Bibliophiles français (t. V, 1827), par M. H. de Chateaugiron, qui tenait l'original (sans date ni signature) de Mme Dufour de Villeneuve, sœur de Naigeon. Il en existe un tirage à part.

2 Voltaire.

que dit-on du vizir? On dit en soupirant qu'il est toujours en faveur, et l'on attend. Et de son apologiste? que c'est un lâche ou un insensé.

Mais ce jaloux est un octogénaire qui tint toute sa vie son fouet levé sur les tyrans, les fanatiques, et les autres grands malfaiteurs de ce monde.

Mais cet ingrat, constant ami de l'humanité, a quelquefois secouru le malheureux dans sa détresse, et vengé l'innocence opprimée.

Mais cet insensé a introduit la philosophie de Locke et de Newton dans sa patrie, attaqué les préjugés les plus révérés sur la scène, prêché la liberté de penser, inspiré l'esprit de tolérance, soutenu le bon goût expirant, fait plusieurs actions louables, et une multitude d'excellents ouvrages. Son nom est en honneur dans toutes les contrées et durera dans tous les siècles.

Hé bien, à l'âge de soixante et dix-huit ans, il vint en fantaisie à cet homme tout couvert de lauriers de se jeter dans un tas de boue; et vous croyez qu'il est bien d'aller lui sauter à deux pieds sur le ventre, et de l'enfoncer dans la fange, jusqu'à ce qu'il disparaisse! Ah! monsieur, ce n'est pas là votre dernier mot.

Un jour cet homme sera bien grand, et ses détracteurs bien petits.

Pour moi, si j'avais l'éponge qui pût le nettoyer, j'irais lui tendre la main, je le tirerais de son bourbier, et le nettoierais. J'en userais à son égard comme l'antiquaire avec un bronze souillé. Je le décrasserais avec le plus grand ménagement pour la délicatesse du travail et des formes précieuses. Je lui restituerais son éclat, et je l'exposerais pur à votre admiration.

Bonjour, nous penserons diversement, mais nous ne nous en aimerons pas moins.

E facera ogn'uno al suo senno.

LXX

A DESESSARTS[1].

28 octobre 1778.

Vous avez, monsieur, des droits à mon estime comme acteur, et à mon amitié comme compatriote[2]; je désire de vous servir. On dit que vous faites à merveille le rôle du commandeur dans le *Père de Famille,* et je n'ai pas de peine à le croire. Vous pouvez donc le solliciter en mon nom, au premier comité. Représentez que mon ouvrage ne m'a jamais rien rendu; et que si l'on veut m'accorder une marque de reconnaissance à laquelle je serai très-sensible, on vous accordera, à vous, monsieur, la croix du sire d'Auvilé. J'espère que mon cher fils Molé et le bon père Brizard voudront bien s'employer en votre faveur. Saluez-les de ma part, monsieur le commandeur. Quoique vous soyez un fort méchant homme sur la scène, je sais que vous êtes un fort galant homme dans la société, et j'embrasse de tout mon cœur celui qui a mieux aimé amuser et instruire ses concitoyens que de les ruiner[3].

LXXI

AU PRINCE GALITZIN[4].

Ce 9 octobre 1780.

Mon Prince,

J'ai confié à un galant homme, appelé M. Deudon, échevin de Malines, la dernière partie de vos oiseaux, avec les deux plan-

---

1. Archives de la Comédie-Française. Publiée dans la *Revue rétrospective,* 2ᵉ série, t. VII, p. 485.
2. Denis Dechanet, dit Desessarts, né à Langres en 1737, mort en 1793, excellait dans les *financiers,* les *manteaux* et les *grimes.* Son embonpoint servait de motif à des plaisanteries citées un peu partout.
3. Pour faire comprendre ce dernier trait, il suffit de rappeler que Desessarts avait été procureur avant d'être comédien. Il paraît que la gaieté du mot plut à celui auquel il était adressé, car on le trouve gravé au bas du portrait qu'on fit de lui lorsque son talent l'eut rendu tout à fait célèbre. On y lit : « J'aime mieux faire rire les hommes que de les ruiner. » (Note de M. Taschereau.)
4. Publiée par M. Cournault dans son étude sur Falconet et Marie-Anne Collot. *Gazette des Beaux-Arts,* t. II, 2ᵉ période, 1869, p. 117-144.

ches qui vous manquaient. Il y a huit ou dix jours que ces deux rouleaux étaient à Bruxelles, et vous devez maintenant en être en possession.

J'ai relu ma correspondance avec Falconet, sur une mauvaise copie qu'il m'envoya de Pétersbourg, il y a dix ou douze ans. Cette copie est si défectueuse en plusieurs endroits qu'on ne les entend pas. Il y a ajouté je ne sais combien de choses pendant qu'il était en Russie. Je n'assurerais pas, mais je la soupçonne d'être incomplète en quelques autres. Nous sommes si pauvres, si mesquins, si guenilleux, si négligés, si ennuyeux et si diffus partout que cela fait pitié. Cela est plein d'endroits où nous nous tutoyons; et ce ton, qui peut passer dans un ouvrage manuscrit, est du plus mauvais goût dans un ouvrage imprimé. De mon côté, tandis que Falconet faisait ses additions, je faisais les miennes; quand on écrit au courant de la plume, tout ce qui peut être dit sur une question, ou ne vient pas, ou ne se dit pas comme il devrait être dit. Il y a parmi ses additions des choses auxquelles on peut faire une bonne réponse; parmi les miennes, il y en a sans doute auxquelles il ne manquerait pas de répliquer. Cet ouvrage, vaille que vaille, n'appartient pas à Falconet ni à moi, mais à tous les deux, et ne peut honnêtement paraître que du consentement de l'un et de l'autre. Il y a déjà pourtant eu une infidélité de commise. Je ne sais à qui il a confié notre manuscrit, mais on en a fait une traduction anglaise. S'il avait pensé qu'en permettant à l'ouvrage de sortir de ses mains il disposait du bien d'autrui et s'exposait à cet inconvénient, je crois qu'il aurait été plus circonspect. On peut confier sa bourse à qui l'on veut, mais on ne remet à personne la bourse d'un autre. Ce n'est pas ainsi que j'en ai usé, bien que je n'eusse pas trop mauvaise opinion ni de ma cause ni de mon plaidoyer, et qu'on m'en eût souvent demandé communication. Enfin, mon prince, on ne trouve pas mauvais qu'un homme se promène chez lui en robe de chambre et en bonnet de nuit; mais il faut être décemment dans les rues, en visite, dans une église, en public. Que Falconet publie ses lettres, si elles peuvent paraître sans copier les miennes, j'y consens. Pour celles-ci je m'y oppose formellement. J'ai promis à Mme Falconet de les relire, de les châtier sévèrement, d'y ajouter avec la dernière bonne foi ce que je peux alléguer en ma faveur, ce qu'on peut m'objecter et d'envoyer ensuite ma copie à Falconet, à la condition que mes lettres du moins resteront telles que je les aurai faites ; et je suis bien résolu à tenir parole. Mais quand me mettrai-je à ce travail et quand en sortirai-je? Je ne saurais faire aucune réponse précise là-dessus. Certainement je ne laisserai pas sur le métier une besogne importante dont je suis maintenant occupé, pour entreprendre celle-là.

On n'écrit pas comme on fait des ourlets et des idées ne se reprennent pas quand elles sont coupées, comme on renoue des bouts de fil. Je serais bien aise que nous paraissions tous deux avec quelque décence. Voilà mon avis, que je vous supplie de faire passer à Falconet, en lui envoyant cette lettre, dans laquelle, avec un peu de justice, il ne trouvera rien, je crois, qui puisse lui déplaire. Il aurait à se plaindre de moi, si je publiais cette correspondance sans sa participation, j'aurais à me plaindre de lui si elle devenait publique sans la mienne. Il fait imprimer ses œuvres en Suisse, à la bonne heure; mais cet œuvre-ci n'est ni le sien ni le mien. Si nous n'existions plus ni l'un ni l'autre, celui qui en deviendrait possesseur en userait comme il lui plairait. D'ailleurs, cet ouvrage, après que nous y aurons mis la main tous les deux, peut également paraître à Paris et à Lausanne; il n'y a rien qui puisse effaroucher un censeur.

Je suis avec respect, mon prince, etc.

LXXII

A MADAME NECKER[1].

A Paris, ce 1er mars 1781.

MADAME,

Je ne sais si c'est à vous ou à M. Thomas que je dois la nouvelle édition de l'*Hospice*; mais, pour ne manquer ni à l'un ni à l'autre, permettez que je vous remercie tous les deux.

---

1. Inédite. Communiquée par M. le duc Albert de Broglie.

J'ai désiré l'*Hospice*, afin de le joindre au *Compte rendu* et de renfermer dans un même volume les deux ouvrages les plus intéressants que j'aie jamais lus et que je puisse jamais lire[1]. J'ai vu dans l'un la justice, la vérité, le courage, la dignité, la raison, le génie, employer toutes leurs forces pour réprimer la tyrannie des hommes puissants, et dans l'autre la bienfaisance et la pitié tendre leurs mains secourables à la partie de l'espèce humaine la plus à plaindre, les malades indigents.

Le *Compte rendu* apprend aux souverains à se préparer un règne glorieux, et à leurs ministres à justifier aux peuples leur gestion. L'*Hospice* enseigne leurs devoirs à tous les fondateurs et directeurs d'hôpitaux, grandes leçons qui resteront longtemps infructueuses ; mais ceux qui les ont données marcheront sur la terre au milieu de l'admiration et des éloges de leurs contemporains, et n'en mériteront pas moins, de leur vivant ou après leur mort, un monument commun où l'on nous montrerait l'un instruisant les maîtres du monde, et l'autre relevant le pauvre abattu. Voilà, madame, ce que je pense, avec tous les citoyens honnêtes, de ces deux productions. S'il arrivait toutefois qu'on vous dît que je suis resté muet devant quelques malheureux personnages en qui le sentiment de l'honneur fût étouffé ou ne poignît jamais, et qui auraient eu l'imprudence de les attaquer, croyez-le, l'indignation et le mépris, lorsqu'ils sont profonds, se manifestent, mais ils ne parlent pas, et je suis persuadé qu'il est des circonstances où ce n'est pas honorer dignement la vertu que d'en prendre la défense.

Je suis, avec respect, etc.

---

1. Il s'agit du règlement de l'hôpital qui porte le nom de Mme Necker ; *Hospice de charité, institution, règles et usages de cette maison.* Imp. royale, 1780, in-4°, et du fameux *Compte rendu présenté au roi au mois de janvier 1781*, par Necker. Imp. royale, 1781, in-4°.

LXXIII

A CATHERINE II[1].

Paris, ce 25 août 1781.

Madame, les mots les plus simples de Votre Majesté Impériale ne sont pas de nature à se laisser oublier par l'homme doué d'un sens ordinaire qui a eu le bonheur de vous approcher et de les entendre. Je me souviens qu'entre les motifs qu'elle employait pour m'attacher à sa personne, elle me disait que le courant des affaires journalières consumait tout son temps, et qu'en me fixant auprès d'elle, elle m'occuperait à méditer sur différents textes relatifs à la législation. Malgré la profonde connaissance qu'elle a des talents et des esprits, je crois sincèrement et j'oserai lui dire qu'elle avait trop bonne opinion de moi, et que la tâche qu'elle se proposait de m'imposer aurait exigé tout le génie d'un Montesquieu. Quel autre que cet homme était capable de concevoir une idée digne de la réflexion de Catherine II? Mais il n'est plus, ce Montesquieu, et son successeur se fera attendre longtemps. Que pensera donc de moi Votre Majesté Impériale, si, au défaut d'un penseur aussi rare, j'avais la témérité de lui proposer un sujet autant au-dessus de moi qu'au-dessous de l'auteur de votre bréviaire[2]? C'est un jeune homme; il a des parents honnêtes, et il n'est pas sans ressources. Rien ne l'attache à son pays, ni passions, ni intérêts. Il désire d'être utile; il a profondément étudié nos lois, nos usages, nos coutumes, les progrès successifs de notre civilisation; il a le sens juste, le caractère doux et simple, des mœurs pures, des lumières sans prétention; avec de la modestie, les connaissances qu'une souveraine qui songe la nuit et le jour au bonheur

---

1. Cette lettre accompagnait les premiers cahiers de : *De la Monarchie française et de ses lois*, par Pierre Chabrit, conseiller au conseil souverain de Bouillon, et avocat au Parlement de Paris. Bouillon et Paris, 1783-85, 2 v. in-8. Elle est imprimée en tête du second volume.

2. C'est ainsi que Catherine appelait le livre de l'*Esprit des lois*. (Br.)

de ses sujets ne saurait manquer d'ambitionner. Pour qu'elle jugeât elle-même de son talent, il m'a permis de mettre sous ses yeux les premiers cahiers d'un ouvrage auquel il a été conduit par les études de la profession d'avocat. Si elle daignait l'appeler, il irait sans faste, il reviendrait comme il serait allé, et il aurait trop de vanité, s'il était humilié de n'avoir pas su répondre aux vues de Votre Majesté Impériale. Il est et je suis à ses ordres. Que je serais satisfait si j'avais trouvé par hasard une occasion de lui témoigner ma reconnaissance !

C'est avec ce sentiment qui ne pourrait s'affaiblir que dans une âme ingrate, et avec le plus profond respect, que je suis et serai toute ma vie, de Votre Majesté Impériale, etc.

LXXIV

A PHILIDOR[1].

Paris, ce 10 avril 1782.

Je ne suis pas surpris, monsieur, qu'en Angleterre toutes les portes soient fermées à un grand musicien, et soient ouvertes à un fameux joueur d'échecs ; nous ne sommes guère plus raisonnables ici que là. Vous conviendrez cependant que la réputation du Calabrais n'égalera jamais celle de Pergolèse. Si vous avez fait les trois parties sans voir, sans que l'intérêt s'en mêlât, tant pis : je serais plus disposé à vous pardonner ces essais périlleux si vous eussiez gagné à les faire cinq ou six cents guinées ; mais risquer sa raison et son talent pour rien, cela ne se conçoit pas. Au reste, j'en ai parlé à M. de Légal, et voici sa réponse : « Quand j'étais jeune, je m'avisai de jouer une seule partie d'échecs sans avoir les yeux sur le damier ; et à la fin de cette partie, je me trouvai la tête si fatiguée, que ce fut la première et la dernière fois de ma vie. Il y a de la folie à

---

1. Reproduite par M. Ed. Fournier dans les *Chroniques et Légendes des rues de Paris*, cette lettre, dont l'autographe appartenait au fils de Philidor, a d'abord été publiée dans une brochure, *Réponse à la soirée d'Ermites*, 1838, in-8.

courir le hasard de devenir fou par vanité. » Et quand vous aurez perdu votre talent, les Anglais viendront-ils au secours de votre famille ? Et ne croyez pas, monsieur, que ce qui ne vous est pas encore arrivé ne vous arrivera pas. Croyez-moi, faites-nous d'excellente musique, faites-nous-en pendant longtemps, et ne vous exposez pas davantage à devenir ce que tant de gens que nous méprisons sont nés. On dirait de vous tout au plus : Le voilà, ce Philidor, il n'est plus rien, il a perdu tout ce qu'il était à remuer sur un damier des petits morceaux de bois. » Je vous souhaite du bonheur et de la santé. Encore si l'on mourait en sortant d'un pareil effort ; mais songez, monsieur, que vous seriez peut-être pendant une vingtaine d'années un sujet de pitié ; et ne vaut-il pas mieux être, pendant le même intervalle de temps, un objet d'admiration ?

Je suis avec l'estime et l'amitié que vous connaissez, etc.

LXXV

A MADAME NECKER[1].

MADAME,

C'est moi. Je ne suis pas mort et, quand je serais mort, je crois que les plaintes des malheureux remueraient mes cendres au fond du tombeau. Voici une lettre d'un homme qui n'est pas trop personnel et qui sera encore pleine de *je*. Je jouis d'une santé meilleure qu'on ne l'a à mon âge ; toutes les passions qui tourmentent m'ont laissé, en s'en allant, une fureur d'étude telle que je l'éprouvais à trente ans. J'ai une femme honnête que j'aime et à qui je suis cher, car qui grondera-t-elle quand je n'y serai plus ? S'il y eut jamais un père heureux, c'est moi. J'ai tout juste la fortune qu'il me faut tant que j'aurai des yeux pour me passer de bougie, et ma femme pour monter et descendre d'un quatrième étage ; mes amis ont pour moi et j'ai

---

1. Inédite. Communiquée par M. Benjamin Fillon.

pour eux une tendresse que trente ans d'habitude ont laissée dans toute sa fraîcheur. Eh bien, direz-vous, avec tout cela que manque-t-il donc à votre bonheur? Ce qu'il y manque? Ou une âme insensible, ou le coffre-fort d'un roi, et d'un roi dont les affaires ne soient pas dérangées. Avec une âme insensible ou je n'entendrais pas la plainte de celui qui souffre, ou je ne souffrirais pas en l'entendant; avec le coffre-fort, je lui jetterais de l'or à poignée, et j'en ferais un reconnaissant ou un ingrat, à sa discrétion. Mais, faute de ces deux ressources, ma vie est pleine d'amertume. Je donne tout ce que j'ai aux indigents de toute espèce qui s'adressent à moi, argent, temps, idées; mais je suis si pauvre, relativement à la masse de l'indigence, qu'après avoir tout donné la veille, il ne me reste rien le lendemain que la douleur de mon impuissance.

Voilà un long préambule pour vous prier, madame, d'accorder un de ces matins un moment d'audience à une femme à qui vous avez fait l'honneur d'écrire et qui me désole. Elle m'est venue voir avec son mari; ils voulaient passer tous deux à Pétersbourg; je les en ai empêchés, car c'est un pays où il ne faut pas aller quand on n'y est pas appelé; ils m'ont montré vos lettres. Je me suis engagé à vous écrire en leur faveur. Je le fais; et si j'ai jamais désiré d'être utile, c'est dans ce moment. Les lèvres de cette femme tremblaient; elle ne savait ce qu'elle disait; elle ne savait ce qu'elle voulait dire; je n'ai jamais éprouvé plus fortement l'effet de l'éloquence, de la modestie, de la honte, de la pudeur et du désordre que ces sentiments jettent dans le discours. Si vous craignez que cette femme vous intéresse, ne la voyez pas; mais voyez-la. Elle s'appelle Pillain de Val du Fresne. Vous ne la verrez pas, vous ne l'écouterez pas sans émotion; et s'il est possible de faire quelque chose pour elle et pour son mari, je suis sûr que vous vous en féliciterez. Elle est jeune, elle est d'une figure agréable; elle a quelque talent. Je ne vous conjurerai pas par la crainte que la misère ne dispose d'elle; je crois qu'elle mourrait plutôt de faim que de cesser d'être honnête; mais elle n'en est que plus digne de vous intéresser. Songez, madame, que la Providence vous a fait naître pour son apologie. C'était son dessein lorsqu'elle vous prit par la main et qu'elle vous conduisit au rang où vous êtes élevée. Elle vous plaça sur la hauteur afin que votre œil embrassât une plus grande partie de l'espace sur lequel elle a distribué les malheureux. C'est un assez beau rôle. Je vis à la campagne. J'y vis seul ; c'est là que j'abrége les jours et que j'allonge les années ; le travail est la cause de ces deux effets qui semblent opposés. Le jour est bien long pour celui qui n'a rien à faire ; et l'année bien longue pour celui qui a beaucoup fait. Puissiez-vous, entre le premier janvier et le dernier décembre, intercaler trois cent soixante-cinq bonnes actions! Cela serait bien au-dessus de trois cent soixante belles pages. Je voulais vous écrire trois lignes et voilà bientôt quatre pages ; et cela me rappelle un temps qui n'est pas éloigné où je me proposais de ravir à Mme Necker trois minutes et où je lui ravissais trois heures ; mais j'ai là sur ma table un certain philosophe ancien, homme dur, stoïcien de son métier, qui m'avertit de finir et de n'être pas indiscret.

Je suis avec respect, madame, etc.

LXXVI

AU CHEVALIER DE LANGEAC[1].

Samedi.

Monsieur le chevalier,

Je vous prie de vous rappeler la parole que vous m'avez donnée. Notre position devient tout à fait fâcheuse. Acquérez deux belles choses et qui s'embelliront tous les jours en vous montrant un acte de bienfaisance. Lorsque je cède à un autre le mérite d'une bonne œuvre, c'est toujours un sacrifice que je fais. Si vous pouvez, faites. Si vous ne pouvez pas, après vous être endetté cinquante fois pour le vice, endettez-vous une fois pour la vertu. Jugez de notre misère par la vivacité de mes sollicitations. Ce que je vous dis d'un autre, je ne rougirais pas de vous le dire pour moi. Je vous aime pour votre caractère ; je

---

1. Inédite. Collection de feu M. Rathery. La suscription porte : *A Monsieur, Monsieur le chevalier de Langeac, rue d'Anjou, faubourg Saint-Honoré, dans la maison ci-devant occupée par Mme de Coaslin.*

vous estime pour votre esprit et vos talents; faites que je vous révère pour votre bienfaisance. Il y a près de quarante ans que je connais l'honnête et habile artiste pour lequel j'intercède. Je vous confie sous le secret (car un mot suffit pour gâter la meilleure action) que cet artiste me coûte plus de deux cents louis. Je l'ai fait travailler pour moi toutes les fois qu'il manquait d'ouvrage. Je ne vais jamais chez lui sans me rappeler le mot de Socrate qui disait que l'avare était celui qui craint d'avoir un ami pauvre. Bonjour, monsieur le chevalier; je vous salue et je vous embrasse.

Les quinze jours de répit que vous m'avez demandés sont expirés.

LXXVII

A L. S. MERCIER[1].

Lundi.

Je n'ai pu, monsieur et cher confrère, répondre plus tôt à votre billet. J'ai passé l'année tout entière à la campagne avec moi seul en assez mauvaise compagnie d'abord, mais sans cesse occupé du soin de la rendre meilleure. Je suis arrivé hier au soir, afin d'embrasser ma femme, mes enfants et petits-enfants, et arranger quelques petites affaires domestiques. J'y retourne ce soir; et ne croyez pas que je sois insensible au plaisir de voir une femme qui réunit les qualités dont l'éloge de chacune séparée suffirait à la plupart de celles que nous voyons et que nous estimons; mais il y a des devoirs à remplir de préférence à tous; celle qui m'abandonne la jouissance, fort au-dessus de la propriété, de ses bâtiments, de ses chevaux, de ses jardins est malade; on ne m'a laissé revenir à la ville qu'à la condition que je ne lui ravirais qu'un très-court intervalle. Je vais méditer avec Sénèque, dont j'ai commencé la lecture, les grandes leçons de la vie et les pratiquer à côté d'une bonne amie. Je

---

1. Inédite. Collection d'autog. de la bibliothèque Victor Cousin. La suscription porte : *A Monsieur, Monsieur Mercier, rue des Noyers. Maison de M. Hébert.*

vais faire ce que vous feriez à ma place. On ne saurait avoir tous les bonheurs en même temps. Présentez mes respects à madame la comtesse. Témoignez-lui mon regret. Je vous charge de me dégager auprès d'elle. Parlez-lui littérature, philosophie, honneur, vertu, et quand elle vous aura écouté, elle sera bien dédommagée de ce que j'aurais pu lui dire. Continuez, monsieur et cher confrère, à faire des ouvrages qui nous rendent meilleurs, qui redressent nos têtes tantôt frivoles, tantôt fausses et méchantes, et qui exercent nos amis à la sensibilité qui conduit toujours à la bienfaisance, et soyez sûr d'être toujours heureux vous-même par l'utile emploi de votre temps et de vos talents.

Je vous salue et vous embrasse de tout mon cœur.

LXXVIII

A MADAME NECKER[1].

La jeune personne qui aura l'honneur de présenter ce billet à Mme Necker mérite tous les sentiments d'humanité par ses mœurs, son courage et son infortune. Elle m'a été recommandée par deux femmes très-honnêtes qui n'accordent pas légèrement leur suffrage. Elle a un nom et des parents. Elle est tombée tout à coup dans la misère, et la ferme résolution de n'en sortir que par des moyens dont elle n'ait pas à rougir la déterminera à tout. Conserver ses mœurs et remplir ses devoirs quels qu'ils soient, voilà son projet. Il n'y a de honteux pour elle que le vice. Cette manière de penser est bien propre à intéresser en sa faveur Mme Necker, que je supplie d'agréer mon respect.

1. Inédite. Communiquée par M. Étienne Charavay.

LXXIX

A MEISTER[1].

Ce mercredi au soir.

J'ai l'honneur de saluer M. Meister. Je n'oserais pas l'inviter à faire une course aussi énorme que celle de la rue Neuve-Luxembourg à la rue Taranne quand il se porterait bien ; à plus forte raison s'il était indisposé ; mais je lui serais infiniment obligé de m'envoyer M. Roland, demain ou après-demain dans la matinée ; après midi, il risquerait de ne pas me trouver.

Je lui présente mes souhaits de nouvel an ; repos et santé, deux choses excellentes prises ensemble et qui ne valent pas grande monnaie séparées.

LXXX

A *** [2].

Il vous paraît que je ne pense pas refuser ; oh ! par Dieu, vous n'y entendez guère. Je n'ai point l'honneur de connaître Mme Fontaine. Je ne sais pas juger d'une autre pièce qu'un autre lit. Je suis occupé ici. Je ne me porte pas bien. Je fuis les gens que je n'ai jamais vus et, vous le savez, je ne vais où je n'ai jamais été que comme un chien qu'on fesse. La vie intime me plaît plus qu'elle ne m'a jamais plu. Loin d'accroître mes connaissances, s'il dépendait de moi, j'en ferais une grande réforme. Bref, si on veut vous confier la pièce un de ces soirs pour deux heures, je la lirai, à tête reposée, et j'écrirai tout ce que j'en penserai. Bonjour. Tirez-moi de là sans blesser personne.

---

1. Le fac-simile de ce billet a été publié dans la *Galerie française*, 1822, 3 vol. in-4°. Il s'agit de Roland Girbal, le copiste ordinaire de Diderot.
2. Inédite. Collection Babaud-Laribière.

LXXXI

A ***[1].

La bienfaisance est toujours récompensée.

Je vous salue, je vous embrasse et vous souhaite du repos et de la santé, du repos sans lequel on ne jouit guère de la santé ; de la santé sans laquelle on ne jouit point du repos ; un bon lit et une bonne conscience.

LXXXII

A DAMILAVILLE[2].

Je vous prie, mon ami, de recevoir de ma part la personne qui vous remettra ce billet et de lui procurer la lecture des deux nouvelles pièces de Calas sans se déplacer. C'est une lecture dont on ne se proposera pas un mauvais usage, soyez-en sûr. Je vous embrasse et vous salue.

---

1. Inédite. Communiquée par M. Alfred Sensier.
2. Ce billet inédit nous a été communiqué trop tard pour être placé à sa date approximative, vers 1762. Il porte la suscription suivante :
A Monsieur, Monsieur d'Amilaville, à l'hôtel de Clermont-Tonnerre, quai des Miramionnes, et au-dessus, en sens inverse, cette adresse qui était sans doute celle du domicile privé de Damilaville : *Rue Saint-Louis dans l'île, la 2me porte cochère, après la rue de la Femme-sans-Tête.*

LXXXIII

AU DOCTEUR DAUMONT [1].

A Paris, ce 8 janvier 1755.

Monsieur,

Voulez-vous recevoir mes souhaits de nouvel an? Ils sont des plus sincères. Joignez-y les assurances très-vraies de mon dévouement. J'ai eu la visite de l'honnête et habile ecclésiastique que vous avez eu la bonté de m'adresser. Je souhaite qu'il soit aussi content de moi que je le suis de lui. Je ferai tout ce qui sera en mon pouvoir pour le servir ; il suffit qu'il soit de vos amis.

Notre quatrième volume d'*Encyclopédie* est tout prêt. Apprenez-moi seulement par quelle commodité vous désirez qu'on vous le fasse parvenir, vous l'aurez sur-le-champ. J'attends tous les jours de votre bonté pour moi et de votre attachement à notre ouvrage la suite de B et la lettre F. Ce seront de bonnes étrennes à me faire.

Je suis, avec la considération la plus respectueuse et le dévouement le plus entier, etc., etc.

LXXXIV

AU PRINCE GALITZIN [2].

Le jour de Sainte-Catherine.

Mon prince,

Après avoir souffert pendant dix jours de suite, j'avais quelque

---

1. Inédite. Communiquée, par M. Borel de Soubeyran, trop tard pour figurer à sa place chronologique. La suscription porte : *A Monsieur, Monsieur Daumon, docteur en médecine de la Faculté de Médecine et professeur dans l'Université de Valence, en Dauphiné. A Valence, en Dauphiné.*

2. Cette lettre et la suivante ont été récemment retrouvées aux Archives de l'État, à Moscou. Destinées à figurer dans le *Recueil de la Société historique russe*, elles sont jusqu'à ce jour inédites.

espérance que mon mal finirait, et que je pourrais profiter de l'honneur que vous me faites; mais j'ai compté sans mon hôte, et cet hôte est une colique, qui me serre les entrailles, et qui ne me paraît pas encore disposée à déloger. Je voudrais bien qu'elle fût aussi lasse de moi que je le suis d'elle, car elle s'oppose à tout ce qui m'aurait été agréable. Sa Majesté Impériale avait eu la bonté de me proposer une niche à Tsarskoé-Célo, et la niche est restée sans le saint.

J'ai manqué trois ou quatre fois à M. le général Betzky : Je m'étais proposé d'aller hier au soir lui faire ma cour un moment. La colique maudite ne me l'a pas accordé.

Je m'étais engagé d'aller célébrer aujourd'hui chez M. le vice-chancelier la naissance d'une grande souveraine, et la colique opiniâtre ne me le permet pas davantage. Je supplie Votre Excellence de me plaindre et de me pardonner.

Je suis avec dévouement et respect, etc.

LXXXV

AU GÉNÉRAL BETZKY [1].

La Haye, ce 21 mars 1774.

MON PRINCE,

Permettez que je joigne un petit mot pantagruélique à la lettre du prince Galitzin : premièrement, selon la Bible sainte de ce nom, il faut faire tout le bien qu'on peut; tâcher de réussir; quand on a réussi, s'en réjouir et boire frais avec ses amis. Secondement, en cas de non succès, se signer, en disant de cœur et d'esprit la dive formule : Ce faisant, bonne digestion, doux sommeil et vie douce, longue et honorée, toutes choses que vous méritez autant que personne, et qui vous adviendroient, si, soir et matin, récitez dévotieusement les trois versets : 1. *Facere officium suum taliter qualiter;* — 2. *Sincre vivere mundum quomodò*

---

[1]. Voici le billet « pantagruélique » dont il est question p. 68.

vult; — 3. *Semper benediceri de Domino priori.* L'efficace de ces trois sacro-saints versets est d'assurer prédestination, et arrondir le dévôt pantagruéliste à vue d'œil, tenir œil clair, teint frais, pituite douce, sperme loyal et mirifiquement titillant, chose qui n'est pas à mépriser, comme le cher docteur vous le certifiera et assurera, et ce, soit dit en commémoration de certaines cènes, faites à huis clos chez certain général, un peu rebours à doctrine saine et pantagruélique, avec certaine demoiselle, qui seroit parfaitement dans les vrais principes, sans certaines lubies napolitaines, qui pourroient venir à crise fâcheuse, si ladite demoiselle n'y met ordre, comme tristesse, bête noire, défaillance de gaieté et d'originalité, que Dieu lui garde en toute plénitude et sans déclin jusqu'à la fin de ses jours. Or, ce n'est pas tout. Je n'oublierai ni l'un, ni l'autre catafalque, afin que puissiez à son aspect vous ramentevoir plus aisément de certains mots pantagruéliques qu'on dit aux uns et autres, le lendemain qu'ils ont bien fait les fous : *Memento quia pulvis es et in pulverem reverteris;* lesquels dits mots avertissent tout bon entendeur d'arrouser ladite poussière de bonne purée septembrale, et d'en déposer, en attendant, quelques molécules en urnes vivifiantes et de forme ovale, afin que le tout ne tombe en non valeur et ne périsse. Ce n'est pas encore tout : Je n'oublierai pas non plus certaine tête d'Emperesse d'Orient, qui, si belle et si grande fût-elle, ne fut ni si grande, ni si belle que celle qui se fait admirer de près et au loin, et aimer de tout ceux qui la voyent et l'ont vue. Or, quand aurez l'honneur d'approcher d'elle, si lui disiez un mot bien respectueux de votre serviteur, peut-être l'entendroit-elle gracieusement. Je ne sais si les Welches pleurent ou rient; mais je sais qu'ils ont beau texte pour jaser, et qu'ils s'en acquittent tous à ravir, comme sçavent bien faire, car ils sont tous grands et jolis jaseurs de leur métier, depuis le plus petit d'iceux jusqu'au plus grand; et pourvu qu'ils jasent, sont doux beaux *Agnus Dei,* et si fait-on d'eux tout ce qu'on veut, a-t-on fait depuis quinze à seize cents ans, et ainsi fera-t-on à tout jamais, ce qui n'en est pas mieux. En attendant, je pantagruélise ici, et tiens le nez haut pour sçavoir d'où vient le vent, et comme il soufflera. Or, pantagruéliser, savez ce que c'est : c'est boire, manger et dormir dans toutes les combinaisons possibles, ce qu'on appelle *Vie de roi*; et puis, ce n'est pas encore tout. Une diable de Sibylle, qui quelquefois vaut mieux et quelquefois aussi ne vaut la Sibylle de Panzoust, dont il est fait mention au grand livre : **Des dits et gestes par excellence**, s'est-elle pas mis en tête de chamarrer notre prince à la guise des autres; et voilà qu'elle en écrit à certain seigneur, à qui ils n'ont pas tout ôté, puisqu'ils lui ont laissé quelques centaines d'aulnes de vieux ruban. Or, de ce ruban on lui en a promis plus de trois aulnes et un quart, à condition que la très-grande Emperesse, qui en a elle de bien plus beau, permettroit que celui notre Prince acceptât de l'autre, en attendant du sien qui est vraiment plus beau. Or, appuyez loyamment et fermement la susdite permission, et ce pour raison valable que je vais vous déduire, et que je vous supplie de ne point prendre en facétie, parce qu'en dépit du ton, c'est chose sérieuse. Notre Prince, comme vous sçavez, est grandement pourvu de vertus, un peu chichement de pécune, et j'aurois fort à cœur qu'il économisât beaucoup sur ce peu de pécune : ce à quoi nous aideroient grandement les susdites trois aulnes et un quart de ruban, en nous dispensant d'oripeaux, d'or, de galons et autres luxuriences, qui vous vuident à merveille une poche, tant profonde soit-elle. Or, par vertu de cettui magique ruban, irions si simplement que ceux qui font journellement venir de France, par la diligence de Bruxelles, de la rue Au-Fer, ou de la Petite-Rue, force tissus, larges, les uns de trois doigts, les autres de quatre, et qui s'en embordurent comme estampes ou comme tableaux, et marchent très-fièrement, quand une fois ils sont ainsi embordurés. Veuillez faire tout le possible vôtre, pour que nous soyons dispensés de la susdite ruineuse bordure, et allions en gros drap, peluche, camelot, et autres étoffes de commun aloi, sans qu'on en glose ou qu'on nous prenne pour des je ne sais qui, en disant que ressemblons à je ne sais quoi.

Sérieusement, mon Prince, pour quitter ce ton de maître François Rabelais, tout ridiculement que je vous aie présenté ce motif, il n'en est pas moins solide. Avec un cordon qui nous distingue, nous avons la liberté de nous vêtir aussi simplement qu'il nous plaît, et le Prince est malheureusement si borné dans sa dépense, qu'il est forcé de regarder à tout. Vous avez bien aussi quelques engagements à remplir avec moi : Je me flatte que vous ne les aurez pas mis en oubli. Oserais-je vous prier de présenter mon respect aux aimables convives de M. le général, et d'accepter celui, avec lequel je suis et serai fort profondément toute ma vie, mon Prince, etc., etc.

LXXXVI

A EMMANUEL BACH [1].

Je suis Français. Je m'appelle Diderot. Je jouis de quelque considération dans mon pays comme homme de lettres ; je suis l'auteur de quelques pièces de théâtre, parmi lesquelles *le Père de famille* ne vous sera peut-être pas inconnu. Je viens de Pétersbourg en robe de chambre et sans une pelisse, en poste

---

1. Ce curieux billet nous est communiqué, au dernier moment, par M. le baron F. de Marescot, qui l'a extrait pour nous d'un Recueil inédit de nouvelles à la main adressées, du 2 janvier au 25 juillet 1774, à un sieur Bidaut, « écuyer, huissier de la chambre du Roi, rue de Marly, à Versailles ». Il est précédé des lignes suivantes :
« Le fameux Diderot, qui a voyagé en Russie pendant quelque temps, est actuellement à la Haye. Ce philosophe, en passant à Hambourg, a envoyé deux lettres à M. Bach, maître de chapelle de cette ville ; l'une d'elles nous a paru si bonne que nous n'avons pu nous refuser au plaisir de la transcrire ici. »
M. de Marescot veut bien emprunter pour nous au même Recueil le passage suivant, daté du 27 janvier 1774, qui se termine par un quatrain fort galamment tourné :
« M. Diderot, l'un des chefs les plus célèbres des philosophes de notre siècle, a échappé à la maladie dangereuse qu'il a essuyée à Neufchâtel [La Haye]; il se porte actuellement très-bien. Il s'est rendu auprès de l'impératrice de Russie, qui a donné des ordres pour qu'il fût défrayé dans toute sa route. On assure qu'il est occupé à la composition de quelques pièces de théâtre pour le couvent des Dames nobles ; il parviendra peut-être à naturaliser son *Fils naturel* qui n'a pu l'être parmi nous, et il est même possible que le Moscovite épouse ce genre convulsif de drame qui déchire les âmes pour donner du sentiment. M. Diderot a fait, en se promenant dans le palais de l'impératrice de Russie, l'impromptu que l'on va transcrire et l'on n'oubliera pas que ce philosophe et ses sectateurs ont toujours eu en horreur tout ce qui pouvait être suspect de flatterie :

> Ils sont bien vastes, ces palais,
> Mais ils le seraient davantage,
> S'il fallait y placer l'image
> De tous les heureux qu'elle a faits.

et sans aucun vêtement, sans cela je n'aurais pas manqué d'aller voir un homme aussi célèbre. Je le prie de m'envoyer quelques sonates pour le clavecin s'il en a de manuscrites et qui n'aient point encore été publiées; il aura la bonté d'y attacher un prix que je remettrai à la personne qui m'apportera ces sonates de sa part. La seule observation qu'il me permettra de lui faire, c'est que j'ai plus de réputation que de fortune, conformité malheureuse qui m'est commune avec la plupart des hommes de génie sans y avoir le même titre.

Je suis, etc.

FIN DE LA CORRESPONDANCE GÉNÉRALE
ET DES ŒUVRES COMPLÈTES DE DIDEROT.

APPENDICES

NOTICE PRÉLIMINAIRE

La mort n'a pas permis à M. Assézat d'écrire l'étude sur Diderot et le mouvement philosophique du xviiie siècle qui devait clore cette édition. Il en avait ébauché quelques lignes à peine et tracé sur un feuillet le sommaire que nous reproduisons ici.

I. Famille. Enfance et première jeunesse. II. Diderot à Paris. Années d'épreuves. Son mariage. III. Liaisons, amitiés. Premiers essais littéraires. IV. L'*Encyclopédie*. Grimm. Société d'Holbach. V. Vente de sa bibliothèque. Mariage de sa fille. Voyage à Pétersbourg. VI. Séjour à Pétersbourg et en Hollande. Retour et repos. VII. Repos relatif. Société Necker. Travaux des derniers temps. Projets. VIII. La maladie. La mort. Les jugements. IX. Bibliographie. X. Iconographie.

Telle qu'il l'avait conçue, cette étude eût été le développement des phases de la vie du philosophe que les *Mémoires* de Mme de Vandeul et les diverses notices préliminaires ont déjà fait connaître au lecteur. La bibliographie des œuvres qui lui appartiennent en propre a été également indiquée dans chacune de ces introductions. Il restait à établir celle des livres apocryphes et des écrits perdus ; l'un de ces chapitres épargnera quelques méprises ; l'autre contribuera peut-être un jour à faire découvrir ce qui nous a échappé. Le second appendice est la liste de tous les portraits que nous avons pu voir ou qui nous ont été signalés. C'est un travail pénible et pour lequel nous réclamons l'indulgence des amateurs. Nous ne nous sommes pas astreint à donner en millimètres la hauteur et la largeur des portraits décrits, mais nous souhaitons que nos descriptions soient assez claires pour éviter toute méprise.

Enfin, à titre de pièces justificatives, nous réunissons un certain nombre de documents biographiques, empruntés, les uns aux contemporains, les autres à des archives particulières, et nous y joignons la liste des principaux écrits consacrés au philosophe. Ce sont là des matériaux pour une histoire impartiale et complète de Diderot qui reste à faire et qui viendrait prendre rang à côté des grands travaux contemporains sur Voltaire, Rousseau, Montesquieu et Beaumarchais.

I

BIBLIOGRAPHIE

1. — ÉCRITS APOCRYPHES.

Thérèse philosophe.

Seul entre tous ses contemporains, l'avocat Barbier attribue à Diderot ce roman allusionnel au procès du P. Girard et de Mlle de La Cadière.

« On a arrêté aussi M. Diderot, homme d'esprit et de belles-lettres, que l'on soupçonne d'être l'auteur d'une brochure qui a paru sous le nom de *Thérèse la philosophe*, qui contient l'histoire du père Girard, jésuite, et de la demoiselle La Cadière à Aix en Provence, qui a fait tant de bruit. Dans ce livre, qui est charmant, très-bien écrit, il y a des conversations sur la religion naturelle de la dernière force et très-dangereuses. On l'accuse d'autres livres de cette espèce, comme les *Pensées philosophiques*. » (*Journal*, juin 1749, éd. Charpentier, t. IV, p. 377.)

Thérèse philosophe serait, dit Ant.-Alex. Barbier, d'après une note de l'abbé Sépher, de d'Arles de Montigny, commissaire des guerres, à qui ce livre aurait valu huit mois de Bastille ; mais M. Poulet-Malassis, excellent juge en ces délicates questions de paternité littéraire, le donne au marquis d'Argens, et il appuie sa supposition d'abord sur le témoignage de de Sade, qui put connaître d'Argens à Aix vers 1769, ensuite sur un passage des *Mémoires* même du marquis, dont le père était procureur général au parlement d'Aix lors de cette mystérieuse affaire, et qui se vante d'en avoir vu « les procédures les plus cachées. » M. Bégin (*Biographie de la Moselle*) et d'après lui Quérard et Auguis attribuent sans preuves *Thérèse philosophe* au baron Th. H. de Tschudy, né à Metz en 1724, mort à Paris en 1769.

Histoire d'Ema. Paris, s. d. (1752), 2 parties in-12.

Formey attribue à Diderot cette allégorie sur l'âme (*Ema*) dont la première partie seraït, selon Barbier, de Cl. de Thyard, marquis de Bissy, et la seconde de Julien Busson. J.-P. Moet en aurait été l'éditeur.

Principes de philosophie morale. Genève, Ve Cramer, 1754, in-8.

Dans la notice préliminaire de l'*Essai sur le mérite et la vertu*, M. Assézat a rappelé que Barbier, sur le témoignage de Senebier (*Hist. littéraire* de Genève, t. III, p. 92), a restitué à Étienne Beaumont ce livre attribué par La Harpe à Diderot et réimprimé dans la *Collection des œuvres* du philosophe éditée par Marc-Michel Rey (1773, 5 v. in-8.)

Code de la nature ou le véritable esprit de ses lois, de tout temps négligé ou méconnu... Partout, chez le vrai sage, 1755, in-12.

Barbier a démontré victorieusement que ce livre, également réimprimé par Rey dans la même *Collection* et dont La Harpe a surtout usé pour calomnier Diderot, était de Morelly, né, dit-on, à Vitry-le-François. (Voir *Nouveau supplément au cours de littérature de La Harpe*, 1823, in-8°, p. 371.)

L'Hymen réformateur des abus du mariage, ou le code conjugal. Dans l'univers, 1756, in-12; *ibid*, 1764, in-12.

« L'épître au genre humain placée en tête de ce livre est signée *Dirrag*, dit Barbier, ce qui serait l'anagramme de Girard. » Nous n'avons pu voir aucun exemplaire de cet ouvrage.

*Mémoire pour Abraham Chaumeix, contre les prétendus philosophes Diderot et d'Alembert, ou Réfutation par faits authentiques des calomnies qu'on répand tous les jours contre les citoyens zélés qui ont eu le courage de relever les erreurs dangereuses de l'*Encyclopédie. Amsterdam, 1759, in-12.

Barbier, dans son *Supplément à la Correspondance* de Grimm, affirmait, sur la foi de Morellet, que Diderot était l'auteur de cette brochure, attribuée dans la première édition du *Dictionnaire des Anonymes* à Morellet lui-même; dans la table de la deuxième édition, cette attribution à Morellet est reproduite, mais comme douteuse. Il est probable, disent MM. Billard, que ce mémoire n'est ni de Diderot ni de Morellet. Après l'avoir lu, nous nous prononçons sans hésiter pour la négative; une œuvre aussi médiocre, dont tout le sel est cet emploi du style biblique mis à la mode par Grimm, n'est ni du philosophe, ni de l'abbé, qui a souvent montré du trait et de la verve.

Lettre au R. P. Berthier sur le matérialisme. Genève, [Paris], 1759, in-12.

Bien qu'elle soit de l'abbé G. F. Coyer, cette lettre a été réimprimée dans la *Collection complète des œuvres philosophiques* de Diderot, de Rey, et La Harpe l'a citée comme étant de celui-ci; Barbier observe qu'il l'a sans doute confondue avec les deux lettres au P. Berthier qui sont bien réellement de Diderot (Voir t. XIII). L'opuscule de l'abbé Coyer a été reproduit au t. I de ses *Œuvres complètes*, 1782, 7 vol. in-12.

Justification de plusieurs articles du Dictionnaire encyclopédique *ou Préjugés légitimes contre Abraham-Joseph de Chaumeix.* Bruxelles, et se vend à Lille, chez Panckouke, 1760, in-12.

Cet écrit de l'abbé de Montlinot, imprimé d'abord en 1759 sous le titre de : *Préjugés légitimes contre ceux d'Abraham Chaumeix*, a été imprimé au t. IV de la *Collection des œuvres*, etc., de Diderot, éditée par Rey.

De l'éducation publique. Amsterdam, 1763, in-12, avec cette épigraphe : *Populus sapiens, gens magna.*

La *France littéraire* de 1769 attribue à Diderot ce livre, dont Barbier disait en 1806 : « La moitié de cet ouvrage paraît écrite par un philosophe, et l'autre moitié par un janséniste. » Plus tard il relevait sur un exemplaire une note manuscrite qui le donnait à J.-B.-L. Crévier, et il ajoutait : « Le caractère connu de ce professeur rend cette note très-vraisemblable. »

Œuvres morales de Diderot contenant son Traité de l'Amitié et celui des Passions. Francfort, 1770, in-12.

Ces deux traités sont de Mme Thiroux d'Arconville.

Réflexions sur la jalousie pour servir de commentaires aux derniers ouvrages de Voltaire. Amsterdam, 1772, in-8.

Ch.-Georges Le Roy osa, dans cette brochure, prendre la défense de Montesquieu, de Buffon, et surtout d'Helvétius, son ami, contre Voltaire, qui lui répondit par quelques pages très-vives (voir *Sur un écrit anonyme* dans ses *Mélanges*), sans savoir d'abord le nom réel de son adversaire. « On m'écrit que Diderot est l'auteur d'un libelle contre moi, intitulé *Réflexions sur la jalousie*. Je n'en crois rien. Je l'aime et je l'estime trop pour le soupçonner un moment. » (Lettre à d'Alembert, 22 avril 1772.) Et le 17 mai suivant, en remerciant Diderot d'une lettre qui nous est inconnue, il se félicitait de l'occasion que lui procurait Le Roy de réitérer au philosophe ses sentiments de « respectueuse estime ».

Jules et Sophie ou le Fils naturel.

M. Assézat a décrit (Notice préliminaire de *Jacques le Fataliste*) les deux éditions, possédées par M. Bégis, de ce roman aussi rare sous ce titre que sous celui de quelques exemplaires : *Le Chartreux*. Depuis, M. Ch. Mehl a trouvé l'édition originale intitulée : *Le Fils naturel*. A Genève et se trouve à Paris, chez Buisson, rue Hautefeuille, hôtel de Coetlosquet, n° 20, 1789, 2 vol. in-18 de vi-252 et de 268 p. Même épigraphe que sur les éditions postérieures : « *Attache quelqu'attention au sujet, au style si peu que rien. Montaigne.* »

L'exemplaire de M. Ch. Mehl a le même frontispice aux deux tomes, bien que celui du premier porte dans le double trait carré, t. II. Sur le seuil d'une porte une femme, coiffée d'un chapeau très-élevé, soutient une jeune fille évanouie; au fond, des arbres et une église. Signé, au bas, à droite : Blanchard.

Second voyage de Jacques le Fataliste et son maître,

de Diderot. A Versailles, chez Locard; à Paris, chez les marchands de nouveautés, an XII-1803, in-18.

La construction, à dessein ambiguë, de ce titre pourrait laisser un doute dans l'esprit du lecteur s'il n'allait pas plus loin que la première page. Dans la notice citée plus haut, M. Assézat a parlé du *Second voyage* qu'il ne connaissait que par la mention du catalogue de la vente de M. Ch. Monselet. Nous avons pu nous le procurer plus tard, et l'attribution d'une pareille rapsodie à Diderot ne supporte pas plus l'examen que celle de *Jules et Sophie*.

Le Diable au café.

Ce dialogue signé Diderot a paru dans la *Revue germanique*, t. XXIX (1ᵉʳ juin 1864); il a été réimprimé en tête d'un petit livre de son véritable auteur, M. Louis Ménard. (*Les Rêveries d'un païen mystique*, Lemerre, 1876, in-16).

Un livre plusieurs fois réimprimé au siècle dernier, les *Lettres de Mᵐᵉ la marquise de Pompadour*, attribué à Crébillon fils et plus vraisemblablement au comte Barbé-Marbois, renferme une lettre de Diderot à la favorite et la réponse de celle-ci, au sujet des persécutions de l'*Encyclopédie*. Malgré la méfiance légitime que doit inspirer toute pièce insérée dans une œuvre aussi déterminément apocryphe, nous sommes tenté de croire que Barbé-Marbois a travaillé sur des documents authentiques; ou bien, il faut avouer que jamais pastiche du style et des pensées de Diderot n'a été plus habile; le lecteur en jugera :

« Paris, 1753.

« Madame,

« J'ai été surpris de ne pouvoir pénétrer chez vous dans un moment où j'étais sûr que vous voyiez du monde. Vous ne nous avez pas accouumés à cette rigueur, aussi n'en suis-je point rebuté. Mme la princesse de B*** vous a déjà dit de quelle nature est le service que nous espérons de vous. Je n'ai point voulu qu'elle vous sollicitât, et je me contenterai de vous rappeler en peu de mots ce qu'elle vous a dit.

« Une société d'hommes laborieux et qui n'ont d'autres prétentions que celle d'être utiles à leurs semblables consacrent plusieurs années à la rédaction d'un ouvrage qui doit être le dépôt des connaissances humaines. Tout ce qu'il y a de plus honnête et de plus instruit dans toutes les classes de la société contribue avec empressement à cet important travail. Tous les coopérateurs montrent à l'envi un zèle dont ils ne se doutent pas qu'on puisse jamais leur faire un crime. Ils n'ambitionnent rien. Plusieurs même d'entre eux se cachent sous le voile modeste de l'anonyme et leur désintéressement va jusqu'à dédaigner la gloire qui leur revient de leurs travaux et qui est le seul salaire digne de la vertu. L'édifice s'élève et l'Europe l'admire. Tout à coup il est attaqué par d'obscurs persécuteurs qui lui portent des coups d'autant plus dangereux que les ouvriers dédaignent, par une fierté peut-être outrée, de repousser leurs insultes. Cependant, on commence à taxer notre modération de faiblesse, il faut nous justifier, mais avec une grande circonspection. Nous craignons d'avoir un parti, si nous prenons la peine de nous défendre trop publiquement.

« Nous ne voulons point de défenseurs, nous ne voulons que des juges. Soyez le nôtre, madame, et soyez en même temps notre avocat si vous trouvez que cela convienne, et rien ne me paraît plus convenable. La vérité et la philosophie n'auront plus d'adversaires, si l'esprit et la beauté se chargent de les défendre. »

En reproduisant cette lettre et la réponse de Mme de Pompadour, l'auteur des *Mémoires du baron de Grimm* (1834, 2 vol. in-8), Dufey de l'Yonne, ajoute :

« Le petit madrigal qui termine cette lettre la dépare, et il n'avait pas dépendu de l'auteur qu'elle ne finît plus dignement. Cette phrase fut substituée à celle qu'il avait d'abord écrite et il avait cédé aux instances de quelques-uns de ses collaborateurs auxquels il devait plus que des égards. »

II. — ÉCRITS PERDUS OU DÉTRUITS.

M. Louis Barbier avait remis à M. Assézat copie de la note suivante, évidemment écrite par son père au sortir de l'entrevue que Mme Dufour de Villeneuve, sœur de Naigeon, avait sollicitée de Mme de Vandeul. (Voir t. V, p. 322.)

« Le mardi 17 décembre 1816, Mme de Vandeul, née Diderot, m'a dit que la peur des révolutionnaires lui avait fait brûler en 1792 toute la correspondance de son père et de Grimm avec l'impératrice de Russie.

« Elle ne sait pas ce qu'est devenu le manuscrit original de la *Promenade du sceptique* dont M. Naigeon avait une copie.

« Elle possède ceux de la *Religieuse* et de *Jacques le Fataliste*, ainsi que plusieurs autres ouvrages de son père plus ou moins avancés; elle a aussi les correspondances de son père avec Mlle Volland, avec le baron d'Holbach, avec Mme d'Épinay.

« Diderot a écrit tous les griefs de J.-J. Rousseau contre lui avec ses réponses.

« Mme de Vandeul possède, en outre, une copie très-nette de tous les ouvrages de son père et de la correspondance de Grimm, faite par un sieur Guibard [Girbal], copiste de Grimm; c'est une collection d'environ 40 vol. in-4°.

« A la mort de Diderot, ses principaux amis remirent à Mme de Vandeul toutes les lettres qu'ils avaient reçues de son père. M. Naigeon fut le seul qui garda ce qu'il possédait, soit en lettres, soit en manuscrits, soit en copies de manuscrits; il a publié les quinze volumes des *Œuvres* de Diderot sans en prévenir Mme de Vandeul et sans lui en envoyer un exemplaire.

« MM. Malouet et de Saint-Lambert ont fourni des morceaux à l'abbé Raynal. Cet abbé avait l'attention de copier ce que lui fournissait Diderot et de brûler ensuite les minutes.

« Mmes de Vandeul et Sedaine ont été très-liées avec Mme d'Épinay, pendant les quinze dernières années de sa vie. Mme de Belzunce, petite-fille de Mme d'Épinay, est morte, il y a environ deux ans, dans sa terre de Varennes, près Château-Thierry.

« Une des filles de Mme de Belzunce est mariée à M. de Causans.

« Diderot a donné à M. d'Arcet tous ses manuscrits relatifs à la chimie.

« Le fils de Mme de Vandeul a été secrétaire d'ambassade à Berlin, sous l'Empire. »

La lecture de cette note, précieuse et exacte comme toutes celles qu'a laissées le savant bibliographe, révèle des lacunes aujourd'hui encore imparfaitement comblées.

Si la *Promenade du sceptique* est connue depuis 1830, en revanche l'exposé des griefs de Diderot contre Rousseau, les correspondances avec Catherine, d'Holbach, Mme d'Épinay ne nous sont point parvenus ; et le soin même qu'on avait pris de les rassembler si exactement nous prive des fragments qui en auraient subsisté, sans des soins moins jaloux. Il y a plus : la correspondance avec Mlle Volland aurait, dit-on, comporté jadis *cinq cent quarante-six lettres;* nous devons ajouter que cette tradition, fort plausible lorsque l'on constate les *desiderata* évidents du texte de 1830, n'est pas autrement établie, et qu'aucun souvenir n'en a été gardé dans la famille qui aurait été la dépositaire de ce trésor sous la Restauration.

Était-ce à ces lettres, était-ce à la réfutation des attaques de J.-J. Rousseau qu'Auguis faisait allusion quand il reprochait à Mme de Vandeul de priver le public des Mémoires laissés par son père ainsi que d'une *Logique*, « ouvrage qui renferme, dit-on, tant de choses neuves et qui doit faire faire un pas nouveau à la science du raisonnement[1] ? »

Rien ne nous paraît plus vraisemblable que la réponse de Diderot à Rousseau (beaucoup plus développée sans doute que le fameux passage de l'*Essai sur Sénèque*), et rien de moins certain que l'existence de Mémoires dont aucun contemporain n'aurait eu connaissance, à commencer par Grimm.

Quant aux ouvrages « plus ou moins avancés » dont parle Barbier, nous supposons, à moins que nous ne nous trompions sur le sens de l'épithète, qu'il s'agit de la *Réfutation de l'Homme,* et surtout des *Éléments de physiologie*. Peut-être aussi la *Logique* dont Auguis réclame la publication n'est-elle que la réfutation du livre d'Helvétius.

S'il est vrai que Raynal brûlât tous les autographes des fragments que Diderot lui fournissait et que celui-ci ait marqué, sur un exemplaire aujourd'hui inconnu, tout ce qui dans l'*Histoire philosophique* lui appartenait en propre, un témoignage, venu d'un ennemi, il est vrai, nous donne ce détail curieux :

« M. le prince de Gonzague-Castiglione racontait, il y a quelques jours, qu'étant allé voir Diderot avec M. Bailly, actuellement maire de Paris, ils lui trouvèrent les yeux allumés et cet air prophétique qui semblaient annoncer l'enthousiasme d'un travail actuel. Il leur dit en riant qu'il faisait du Raynal, que l'abbé s'était adressé à lui au moment de faire une seconde édition. Ces messieurs crurent qu'il était honnête de garder le secret. Ils se le promirent mutuellement, et M. le prince de Gonzague ajoutait qu'il n'eût jamais raconté cette anecdote si la conduite de Raynal ne le remplissait d'indignation. Il y a peu d'hommes de lettres, surtout de ceux qui ont connu et fréquenté Diderot, qui ne reconnaissent sa manière en vingt endroits de l'*Histoire philosophique*. On sait particulièrement que l'éloge d'Élisa Draper est de lui. Élisa était une Anglaise-Indienne, nommée Élisabeth Draper, femme aimable, intéressante et follement admiratrice du prétendu talent de l'abbé Raynal.

---

1. *Conseils du trône donnés par Frédéric II* et publiés par P. R. Auguis, Paris, 1823, in-8. P. xix de la *Préface envoyée de Berlin*.

Que penser d'un écrivain qui confie à une plume étrangère le soin de peindre la personne qu'il dit avoir le plus aimée[1]?... »

Nous avons peine à croire que ce long et déclamatoire éloge d'Élisa Draper soit du philosophe[2]. Il a bien tous les caractères d'une intercalation, et il se place, d'une façon très-inattendue, entre divers renseignements commerciaux sur les comptoirs d'Anjinga et de Cochin; mais c'est là une amplification échappée à la plume de quelque médiocre sectateur de Rousseau et non une page de Diderot, chez qui un trait juste ou ému corrige toujours l'enflure du style. Si, au contraire, il est bien l'auteur de ce dithyrambe en prose et si sa part de collaboration s'est réduite à quelques morceaux du même ordre, ces complaisances n'ajoutent rien à sa gloire.

Une perte assurément plus regrettable est celle d'un opuscule dont les seuls *Mémoires* de Bachaumont nous apprennent à la fois l'existence et la destruction :

« M. Diderot, ne pouvant résister aux sollicitations de l'impératrice de Russie, se dispose enfin à se rendre auprès de cette souveraine, mais pour lui présenter ses hommages seulement et dans l'espoir de revenir bientôt dans sa patrie. Il doit aller d'abord en Hollande, où l'on espère qu'il fera valoir les manuscrits croustilleux qu'il pourrait conserver dans son portefeuille. On est fâché qu'il ait brûlé une certaine lettre sur l'athéisme qu'il avait écrite à Mlle Clairon, et dont celle-ci, effrayée d'être qualifiée disciple d'une pareille doctrine, exigea le sacrifice. Il jeta le manuscrit au feu devant elle, mais on ne doute pas qu'il n'en ait conservé une copie[3]. »

En 1846, la *Littérature française contemporaine*, de MM. Louandre et Bourquelot, annonçait la publication prochaine, dans la *Presse*, par les soins de J.-G. Chaudesaigues, d'une quinzaine de lettres inédites de Diderot, de diverses lettres de Dubucq et de la duchesse de Choiseul, ainsi que celle d'un manuscrit relatif au séjour de Rousseau en Dauphiné. Chaudesaigues mourut le 26 janvier 1847, et son successeur au feuilleton du *Courrier français*, M. F. T. Claudon, signalait en ces termes le travail dont il avait eu connaissance :

« Chaudesaigues s'occupait dans son cabinet de deux ouvrages ou
« plutôt de deux projets d'ouvrages. L'un regardait une monographie
« de Diderot dont une quinzaine de lettres inédites lui était tombée
« entre les mains. Nous devons dire qu'ayant lu avec lui ces lettres,
« nous n'y avons trouvé que les fragments de plusieurs correspon-
« dances particulières où ni le philosophe ni l'homme ne se montrent
« sous un aspect nouveau. Néanmoins, Chaudesaigues s'était livré à
« beaucoup de recherches et d'études, et leur avait même donné un

---

1. *G. T. Raynal démasqué ou Lettres sur la vie et les ouvrages de cet écrivain*, S. l., 1791, in-8.
2. Voyez t. I, p. 318-320 de l'*Histoire philosophique du commerce dans les Indes.* Genève, Pellet, 1780, 4 vol. in-4.
3. *Mémoires secrets*, 21 avril 1773.

« commentaire qui peut avoir son prix. C'est, du moins, ce qu'on doit
« induire des quelques paroles de M. Jules Janin, qui a prononcé sur
« la tombe de notre ami une allocution simple et émouvante. »

Janin et M. Jules Sandeau avaient assisté à l'agonie de Chaudesaigues et présidé aux derniers devoirs; après sa mort, le premier réunit les papiers qui composaient à peu près tout l'héritage du critique et les adressa à sa mère à Vezzolano, près de Turin. Les lettres de Diderot firent sans doute partie de l'envoi, car aucun des contemporains ou des compatriotes de Chaudesaigues n'a pu nous renseigner sur leur sort. M. Claudon se souvient seulement qu'elles avaient été achetées en 1830 par Paulin, qui les avait jugées trop peu intéressantes pour les faire figurer dans sa publication. M. Auguste Ducoin, qui a imprimé sur le manuscrit autographe de Gaspard Bovier le journal du séjour de Rousseau en Dauphiné[1] promis par Chaudesaigues, M. H. Gariel, M. de Girardin, M. de la Fizelière ne savent rien de plus.

Mais une erreur a la vie dure. Les quelques lettres possédées par Chaudesaigues se transformèrent sous la plume de M. Ph. Audebrand en un commentaire général des œuvres de Diderot, et, en applaudissant à l'idée émise par l'*Athenæum,* mais non suivie d'exécution, de rassembler la correspondance de Diderot[2], il ajouta que cet exemplaire annoté appartenait à M. Jules Janin et qu'il tenait le fait de lui-même. Douze ans plus tard, cette affirmation, restée alors sans réponse, fut répétée dans une intéressante étude sur Chaudesaigues[3] et valut à M. Audebrand, ou plutôt aux lecteurs de la *Revue de Paris,* une charmante lettre où Janin niait positivement l'existence de cet exemplaire :
« . . . Chaudesaigues, en vrai bohémien, semait là tous ses livres; le respect lui manquait de ces chers et doux compagnons. »

Il est une autre série de lettres de Diderot qui semble également à jamais perdue. Les archives de la Comédie-Française en auraient possédé une trentaine et les auraient prêtées, vers 1844, à un homme de lettres, mort peu après, sans que la famille de celui-ci en ait effectué la restitution. A cette époque, les archives de ce théâtre, récemment explorées et classées (sous l'administration de M. Léon Guillard), étaient en plein désordre; il n'y avait ni rangement, ni estampilles, ni catalogue. Les lettres ont pu disparaître pour toute autre cause. Quel que soit leur sort, elles ne se sont pas retrouvées dans les papiers de M. Ch. Labitte, à qui elles auraient été communiquées; M. H. Labitte, député, a bien voulu faire à cet égard des recherches que l'absence de toute marque de propriété officielle sur ces lettres ne rendait point offensantes pour la mémoire de son frère. Une seule d'entre elles nous a été conservée par M. Taschereau : c'est le billet à Desessarts qu'on a lu plus haut.

Les catalogues des ventes d'autographes, *l'Amateur d'autographes*

---

1. *Trois mois de la vie de J.-J. Rousseau,* Paris. 1852, in-8.
2. Voir l'*Athenæum français* des 17 et 31 décembre 1853 et du 28 janvier 1854.
3. Voir la *Revue de Paris,* 1865, t. IX, p. 566, et t. X, p. 105.

fondé par MM. J. et G. Charavay, la bibliographie de ces catalogues et la nomenclature des pièces passées dans les ventes, publiées dans cette précieuse revue, nous ont fourni les indications qui vont suivre.

Les deux premières concernent deux manuscrits; le premier a figuré à une vente faite par M. Nepveu, libraire, de papiers provenant de MM. Bertin, Titzingh et Philibert (28-31 mars 1832):

Morellet au baron d'Holbach. *Sur l'existence de Dieu,* 12 p. petit in-4° avec la réponse autographe de Naigeon écrite au nom de d'Holbach et annotée par Diderot, 43 p. in-4°; le tout inédit. (Le catalogue contient aussi une copie de la main de Naigeon du *Rêve de d'Alembert,* présenté comme étant l'œuvre même de Naigeon [1].)

Le second est le plan d'une tragédie sur le siège de Calais dont il parle dans une lettre à Mlle Volland (30 septembre 1760); il a passé dans les ventes Pixérécourt (1840) et Dolomieu (1843).

Voici maintenant la liste des lettres vendues publiquement et que nous n'avons pu nous procurer :

— Billet de quatre lignes a. s., Paris, 1er novembre 1750. (Vente R. Merlin, 181, n 42).

— L. a. s. 1 p. in-4°; Paris, 12 avril 1755. A un collaborateur de l'*Encyclopédie* (De Brosses) : Il lui demande des nouvelles de son *Histoire des voyages aux terres australes.* Qui aura l'œil sur cet ouvrage en l'absence de M. de Buffon? Il s'excuse de n'avoir encore pu lire son article sur les étymologies. « Voilà, dit-il, faisant allusion à l'*Encyclopédie,* où l'on en est réduit quand on a sur les bras un ouvrage qu'il faut toujours porter.» (Ventes *Succi,* 1863, n° 279, et *L. de Keller,* 1868, n° 37.) Cette lettre fait suite à celle de janvier 1755 communiquée par M. Boutron-Charlard.

— L. a. s. 1 p. in-4°; 23 avril 1757. A un écrivain ami de Mlle Clairon (Marmontel). Il a lu ses deux articles *Grand* et *Grandeur* et il les trouve pensés avec hardiesse et écrits avec force. Il verra avec d'Alembert s'il n'y a rien là qui puisse compromettre son repos et son avenir. Il refuse les entrées à la Comédie-Française que lui offre Mlle Clairon. « Mais, ajoute-t-il, il faut que vous lui demandiez pour moi autre chose que j'accepterai volontiers et que je serai bien aise de lui devoir. . . . » (Vente *P.-J. Desforges,* 1872, n° 42.)

— L. a, s. 3. p. in-8; 1764. Au marquis de la Viéville:

« Monsieur, la question sur le plaisir que vous me proposez appartient de droit à l'Académie française dont je ne suis ni ne serai jamais. . . . » (Vente *Th. Villenave,* 1865).

— L. a, s. 1 p. in-4°; 27 avril 1765. A un ministre. L'impossibilité de pourvoir à l'éducation de sa fille l'a conduit à dépouiller l'homme de lettres et à céder à l'impératrice de Russie sa bibliothèque. Il

---

[1]. Le n° 41 du catalogue des livres vendus après le décès de Mme Dufour de Villeneuve était un exemplaire de l'*Éloge de La Fontaine,* par Naigeon (Bouillon, 1775, in-8), avec des observations manuscrites de Diderot.

demande l'autorisation du roi pour accepter la pension de cent pistoles que Catherine lui a faite. (Vente *J. Charavay*, 1847, n° 135.)

— Déclaration a. s. ; 3/4 de p. in-8. 5 avril 1781. Il consent à ce que Panckouke se serve des articles de l'*Encyclopédie* pour les faire réviser et corriger par Naigeon, notamment les articles de philosophie. (Vente *R...y*, 1863, n° 285.)

— L. a. s. 1 p. in-8 ; 11 avril 1781. A Augustin de Saint-Aubin. Relative à l'échange d'un ouvrage de sa composition contre une Vénus Anadyomène gravée par Saint-Aubin (pour la *Dissertation* de l'abbé de La Chau). (Vente *Laverdet*, 1854, n° 190.)

— Un billet a. s. (3 sept. 1781 et une lettre autogr., à Girbal, celle-ci relative à la copie d'un de ses ouvrages. (Vente *Lassabathie*, 1872, n° 55.)

— L. a. s., 14 octobre 1783. A Girbal. Il le prie de lui remettre ses deux manuscrits *la Religieuse* et *la Réfutation d'Helvétius* (*Charon*, 1847, n° 136.)

— L. a. s. à Capperonnier. (Vente *Châteaugiron*, 1851, n° 165.) La lettre à Naigeon vendue sous le même numéro est sans doute celle que M. de Châteaugiron a publiée. (Voir plus haut, p. 72.)

L. a. s. A Mme..., sur l'aimable invitation à dîner qu'elle lui a faite à son retour des eaux de Spa. (Vente *Laverdet*, 1851, n° 171, et *Lamoureux*, 1855, n° 192.)

— L. aut. s. 1/2 p. in-4°, sans date. Sur une visite qu'il doit faire à Falconet ; motif. (Vente *Renouard*, 1855, n° 235.)

— L. a. s. 1 p. petit in-4°. Ce qu'il voulait dire sur Hésiode n'est rien ; c'est que l'exorde de sa théogonie est un très-grand morceau de poésie, ce qui est aussitôt dit que senti. « Mais je voulais traduire ce morceau, ce qui n'est pas tout à fait aisé. Ce qui me piquait dans ce travail d'une matinée, car il ne faut pas plus de temps, c'est qu'aucun poëte n'a peut-être fait depuis ce vieil Hésiode un plus bel éloge des muses. » (Vente *Laverdet*, 1856, n° 202.)

— L. a. s. 3/4 de p. in-8. (Vente *Charavay*, 1856, n° 203.)

— L. a. s. 1 p. in-4°. (Vente *Charavay*, 1858, n° 228.)

Ces deux pièces ne sont pas autrement décrites.

L'Amateur d'autographes (16 avril 1865) renferme cette note, probablement copiée dans un journal et qui avait de quoi exciter notre curiosité :

« On annonce que, dans une vente de livres après décès, qui a eu lieu à Saint-Sébastien la semaine dernière, un exemplaire des *Lettres juives*, adjugé à 7 réaux (1 fr. 75), s'est trouvé contenir 52 lettres inédites de Voltaire, Diderot, d'Alembert. Un amateur de Bayonne, averti sur-le-champ, a donné, dit-on, *deux mille fr.* de ce trésor autographique. » M. Julien Vinson, qui habite Bayonne, voulut bien, après la communication de cette note, faire chez les divers amateurs de la ville et des environs des démarches qui n'eurent pas plus de résultat qu'un avis inséré dans un journal local.

Mais les autographes catalogués depuis cinquante ans, ou conservés dans des dépôts publics, ne représentent pas la moitié des lettres que Diderot a dû écrire; quand même plus d'un passage ne l'eût pas prouvé, il était clair que la préparation de l'*Encyclopédie* devait entraîner une correspondance énorme et que la retraite de d'Alembert avait laissé de bonne heure à Diderot cette besogne, en surcroît de toutes celles qu'il avait acceptées. Aussi nous sommes-nous efforcé de retrouver les descendants de ses collaborateurs et de ses amis, et nous devons reconnaître que ces investigations ont été presque toujours inutiles. Plusieurs d'entre eux, comme Raynal, Georges Le Roy, Cochin, sont morts sans postérité directe ; les volumes de correspondances formés par Galiani n'ont pas encore été retrouvés; parfois enfin, les petits-fils ou les petits-neveux des hommes du xviiie siècle ne veulent rien communiquer de ce qui serait en contradiction avec les opinions religieuses qu'ils affichent; d'autres enfin, comme ceux de Buffon, d'Élie de Beaumont et de Morellet, ne possèdent réellement rien et nous ne pouvons, à notre grand regret, les remercier que de l'empressement qu'ils ont mis à vouloir nous satisfaire.

II

ICONOGRAPHIE

I. — BUSTES, STATUETTES, MÉDAILLONS.

Bustes par Mlle Collot.

Le premier fut modelé peu avant le départ de Falconet et de son élève pour la Russie. Il en a existé des exemplaires en terre cuite, exécutés à Sèvres (où Falconet était directeur des travaux), ainsi que le prouvent les passages suivants des lettres adressées au sculpteur :

« Nos deux bustes (le sien et celui du prince Galitzin) sont revenus de la manufacture, celui de Damilaville cuit à merveille, celui de Grimm avec un coup de feu sur le front et sur le nez. Mademoiselle, j'ai le front et le nez rouges, mais cela n'empêche pas que ce ne soit très-beau, très-ressemblant, très-fin, plus que je ne suis, et tout aussi vivant. Mon ami dit que j'ai l'air d'un homme que le génie va saisir et qui va partir de chaleur. Celui du prince Galitzin ressemble peut-être davantage, mais le mien est plus beau. La retraite qu'il a faite au four lui a donné un air de légèreté étonnant [1]. » Et plus loin [2] : « Tous nos portraits ont réussi, excepté le mien qui est revenu du four avec un nez rouge. Mademoiselle Collot, vous ferez croire à la postérité que j'aimais le vin. »

Grâce à l'obligeance de M. Champfleury, chef des collections de la manufacture de Sèvres, nous avons pu voir un buste en terre cuite du philosophe qui, malgré l'absence de signature, est vraisemblablement le modèle même de celui de Mlle Collot. La ressemblance avec le premier buste de Houdon est frappante; le regard a le même rayonnement et les détails du visage et du vêtement largement échancré au col déno-

1. V. tome XVIII, p. 219.
2. V. tome XVIII, p. 242.

tent une main fort habile. Sur le socle est tracée légèrement au pinceau la date de 1793, mais c'est celle de l'exécution en biscuit de ce modèle; les registres de la manufacture indiquent, en effet, que des exemplaires de cette pâte des bustes de Voltaire, Rousseau, Descartes et Diderot, furent commandés à cette date. Ceux de Diderot et de Descartes ont figuré à la vente après décès de Mme Philippe Lenoir (1874); ils sont présentement en Angleterre. M. Sari possède un autre exemplaire (biscuit) de l'œuvre de Mlle Collot.

Mais où sont les terres cuites appartenant à Grimm et à Damilaville?

Les divers catalogues du Musée des monuments français d'Alexandre Lenoir mentionnent « un buste de Diderot; terre cuite de Collet (sic). » Nous ignorons ce qu'il est devenu lors de la dispersion du Musée; mais un inventaire conservé aux Archives prouve que c'était bien l'exemplaire offert à Grimm et saisi chez lui en 1792.

Le second buste a été exécuté en marbre blanc à Saint-Pétersbourg. Il est daté de 1772 et figure dans une des embrasures de la galerie du rez-de-chaussée de l'Ermitage consacrée aux dessins. M. Howyn de Tranchère a bien voulu nous en communiquer une photographie, excellente en soi, mais qui donne une idée assez peu avantageuse de de cette œuvre.

BUSTE EN MARBRE par Falconet.

Détruit par l'artiste quand il eut vu celui de son élève, Mlle Collot. Voir t. XI, p. 22.

BUSTE EN MARBRE par Houdon. Salon de 1771.

« Très-ressemblant », dit le modèle, et c'est tout.

Ce n'est pas assez, car il n'y a aucune exagération à regarder ce buste comme l'un des chefs-d'œuvre de l'artiste, et même de la sculpture moderne. Les contemporains ne s'y étaient pas trompés et le continuateur de Bachaumont, Pidanzat de Mairobert, caractérise en quelques lignes excellentes l'impression des connaisseurs :

« Ce n'est pas sûrement de l'avis de M. Diderot que son buste s'est trouvé en si mauvaise compagnie [1]. Aussi semble-t-il faire bande à part et renier ses camarades. Quoique les grands traits de sa tête à médaille fournissent au ciseau, et que l'artiste ait toute la liberté de s'étendre sur une pareille physionomie, exactement prononcée dans ses différentes parties, on doit louer le feu, l'expression que M. Houdon a su mettre dans son ouvrage et l'enthousiasme du brûlant auteur des *Bijoux indiscrets* semble avoir gagné l'artiste dont les autres ouvrages n'annoncent pas un caractère chaud et ardent [2]. »

1. L'auteur veut parler des bustes de M. et Mme Bignon et de celui de Mme de Mailly.

2. *Mémoires secrets*, t. XIII, p. 101.

La terre cuite de ce buste appartient à M. Walferdin, qui en a fait exécuter des réductions en galvanoplastie et en plâtre; le marbre est chez M. Albert de Vandeul, au-dessous du portrait de Michel Van Loo.

BUSTE EN MARBRE par Houdon. Salon de 1773.

Non porté au catalogue. C'est celui qui appartient aujourd'hui à la ville de Langres et que M. Assézat avait fait photographier. Il a été gravé par M. Frédéric Régamey, d'une pointe brillante et ferme. Mme de Vandeul raconte dans quelles circonstances un exemplaire de ce buste fut envoyé par son père à sa ville natale. Voir t. I, p. 59.

BUSTE EN MARBRE par Houdon, signé et daté 1775.

Exécuté à la prière et sans doute aux frais de M. Robineau de Bougon, admirateur du philosophe qui ne nous est pas autrement connu, ce buste fut offert en 1838 par M. Robineau, membre de la chambre des députés, à Louis-Philippe, qui le fit placer à Versailles. Il ornait l'appartement du président de l'Assemblée quand M. Eud. Soulié nous mit à même de le voir. Le marbre est sali de petites taches, principalement sur le front; le sourire est beau, mais le modèle a vieilli. On sait combien le voyage de Russie l'avait fatigué.

Houdon a encore exposé, en 1789, une tête en marbre « de petite proportion » du philosophe. Nous ignorons si c'était une œuvre originale ou la réduction de l'un de ces trois bustes.

BUSTE EN BRONZE par Pigalle.

M. Tarbé (*La vie et les œuvres de J.-B. Pigalle*, p. 238), dit avoir fait des recherches infructueuses au sujet de ce buste et suppose que c'est celui qui est conservé à Versailles. Il appartient à M. Alfred de Vandeul.

Tête presque chauve, nez aquilin très-fort. Les épaules sont couvertes par les revers d'une pelisse (sans doute celle que Catherine avait offerte au philosophe). Derrière sont gravés ces mots : *En 1777, Diderot, par Pigalle, son compère, tous deux âgés de 63 ans.*

BUSTE par Rosset, signé sur le piédestal.

M. Alfred de Vandeul a acheté dans une vente récente un exemplaire très-mutilé de ce buste, vendu comme celui d'un *philosophe*. C'est, malgré ses défectuosités, une œuvre charmante. Le sourire et le regard sont surtout remarquables. Un manteau drapé est jeté sur les épaules.

Joseph Rosset, né à Saint-Claude (Jura) en 1706, mort en 1786, connu sous le nom du *Sculpteur de Saint-Claude*, étudia sans maître; son œuvre la plus remarquée est un buste de Voltaire que se disputèrent ses correspondants et ses disciples.

Buste par Auguste Préault.

Détruit par l'auteur.

Buste en marbre par Joseph Lescorné. Foyer du Théâtre-Français.

Sur l'une des faces du socle, on lit : *Fait par Joseph Lescorné et donné par lui à la Comédie-Française en 1853.*

« Pourquoi, disait le *Figaro* du 19 juin 1864, le buste de Diderot est-il relégué dans un couloir et pourquoi n'est-il pas placé dans le salon carré du foyer où celui de Piron a une place d'honneur ? » Et le questionneur anonyme ajoutait que cet ostracisme était peut-être une vengeance contre l'auteur du *Paradoxe sur le comédien.*

Médaille en bronze par Domard. Musée de Sèvres.

Gravée au trait par Normand fils dans la *Galerie métallique des grands hommes français.* Paris, 1825, in-4°. Emblèmes des sciences. Au-dessous de la tablette cette note : « La famille de Diderot a bien voulu fournir les matériaux d'après lesquels on a gravé la médaille d'un des hommes qui ont le plus honoré et servi l'humanité. »

Médaille en cire. (Anonyme.) Musée de Sèvres.

On lit au revers de cette cire encadrée dans un médaillon de plâtre ces mots grossièrement gravés à la pointe :
Didero
Ventos
An 10

Statuette par M. Charles Valton.

Au moment où nous achevons ce travail, nous sommes heureux de signaler cette statuette dont nous avons vu l'ébauche et qui aura, nous l'espérons, un grand succès.

M. Valton a représenté Diderot debout, tenant une plume, la tête nue, le col à l'aise ; c'est là le causeur de chaque jour et non l'inspiré dont Houdon a immortalisé l'image. L'œuvre de M. Valton, qui n'est point achevée au moment où s'imprime ce volume, pourra, par ses dimensions et par son sujet, prendre place à côté des statuettes de Voltaire et de Rousseau, ornement obligé du cabinet d'un *libéral* sous la Restauration et que l'on retrouve encore dans tant de familles.

APPENDICES.

II. — PEINTURES A L'HUILE, MINIATURES, DESSINS.

Portrait a l'huile par Garand.

Deux lignes de Diderot, à propos de l'œuvre de Michel Van Loo, ont fait la célébrité de ce portrait, qui a été gravé trois fois : « Je n'ai jamais été bien fait que par un pauvre diable appelé Garand, qui m'attrapa, comme il arrive à un sot de dire un bon mot. Celui qui voit mon portrait par Garand me voit. *Ecco il vero Pulcinella.* »

La peinture originale, destinée à Grimm, est inconnue, mais la famille de Vandeul conserve un dessin à la mine de plomb, non signé, de forme ovale, que Garand a fait d'après ce portrait.

C'est à la Chevrette, en 1760, qu'il fut peint, lorsque Diderot, blessé au pied par sa chute près de l'étang des Cygnes, dut garder la chambre quelques jours. La description qu'il en donne (v. t. XVIII, p. 457) est de tout point conforme à la gravure de Chenu, copiée depuis par MM. Rajon et Delannoy.

M. Assézat, en décrivant ce portrait (t. XI, p. 22), a fait remarquer que le distique manuscrit, signé *par le La Fontaine du* XVIIIe *siècle,* que porte l'épreuve de M. Walferdin, pourrait être de Le Monnier.

L'eau-forte de M. Rajon avait été gravée en 1869 pour une édition de *la Religieuse* qui devait paraître à Bruxelles ; mais la planche a été égarée et il n'en a été tiré que quelques épreuves avant toutes lettres.

La gravure sur acier de M. Delannoy est celle qui orne le tome Ier de cette édition.

Portrait par Mlle Chevalier.

Exposition de la jeunesse, les jours de la grande et de la petite Fête-Dieu, place Dauphine.

M. Bellier de La Chavignerie a publié (*Revue universelle des arts,* t. XIX, p. 38) un travail très-complet sur cet humble salon en plein vent où les jeunes artistes, qui n'appartenaient ni à l'Académie de Saint-Luc, ni à l'Académie royale, faisaient leur début quand le temps le permettait. Un passage de l'*Observateur littéraire* que nous allons citer révélait à M. de La Chavignerie un portrait du philosophe, exposé en 1761 : « Le portrait de M. Diderot peint et exposé par Mlle Le Chevalier a été un de ceux qu'on a examinés avec le plus d'attention. Chacun a jugé du plus ou moins de ressemblance d'après l'image différente restée dans la mémoire de chaque spectateur. En général, et en comptant les voix, on aurait pu prononcer en faveur de la jeune artiste. Ce n'est pas un léger succès d'avoir soutenu un examen que la célébrité du modèle devait rendre plus rigoureux [1]. »

---

[1]. L'*Observateur littéraire,* 1761, t. III, p. 125-129. *Observations de la Société d'amateurs sur les tableaux exposés à la place Dauphine.*

Un passage des lettres à Mlle Volland confirme notre supposition ; il lui écrit de la Chevrette en septembre 1760 :

« Il nous est venu quelques virtuoses, entre autres M. de La Live. Mon portrait était sur le chevalet ; ils en ont tous parlé comme d'une très-belle chose, et pour la ressemblance, et pour la position, et pour le dessin, et pour la couleur, et pour la vie. Cependant la sœur ainée de *celle qui l'a peint* était debout dans un coin et pleurait de joie des éloges qu'on donnait à sa cadette. »

Plus haut, Diderot a appelé Jeannette « celle qui chante, qui peint et qui joue du clavecin comme un ange ».

Dans une étude récente sur J.-B. Huët [1], M. A. Genevay a publié les actes de baptême de deux enfants de ce peintre, qui avait épousé la fille de Jean-François Chevalier, peintre de l'Académie de Saint-Luc, élève de Raoux ; et sur le second de ces actes, la marraine est représentée par D^lle *Jeanne*-Geneviève-Rosalie Chevalier, fille de Jean-François Chevalier, directeur de l'Académie de Saint-Luc.

Si l'on veut tenir compte de la négligence avec laquelle on écrivait les noms propres au siècle dernier, on conviendra qu'il est permis de voir l'auteur du portrait de Diderot dans cette jeune fille appelée Chevalier sur les actes officiels et Lechevalier par le seul abbé de La Porte

Portrait a l'huile par Michel Van Loo.

Le plus connu, sinon le meilleur, des portraits du philosophe. On se rappelle ce qu'il en a dit dans le Salon de 1767 (v. t. XI, p. 20) et dans une lettre à Mlle Volland (v. t. XIX, p. 263).

Assis de face, le visage un peu tourné vers la gauche, la plume à la main, un cahier sur la table, il semble interrompre son travail pour répondre à une question. Les yeux sont vifs, le teint est rose, l'ensemble considérablement rajeuni. Aussi la critique du modèle lui-même est-elle parfaitement juste : il faut relire cette page célèbre, l'une des plus heureuses des *Salons*.

Le portrait de Michel Van Loo est conservé aujourd'hui par M. Albert de Vandeul, qui possède également l'écritoire placée à côté du manuscrit.

Nous en connaissons les reproductions suivantes :

— En couleur. De face. Cheveux grisonnants, habit de velours gris. Gravé par P. M. Alix. A Paris, chez Drouhin, éditeur, rue Christine, 2 ; imp. chez lui par le citoyen Béchet.

— Gravé par David, élève de M. Le Bas, chez M. Le Bas, graveur et pensionnaire du Roi. En gros caractères : D. Diderot, de l'Académie des sciences de Berlin.

— Riche encadrement. Derrière le philosophe une bibliothèque où l'on voit des tomes de *l'Encyclopédie*. — Tablette. (Blanche dans le premier état). Gravé par B. L. Henriquez.

---

1. *L'Art*, t. VIII, p. 128.

— Pour les *Idylles* de Gessner. (Éd. A. Renouard. Tablette blanche, grise et avec lettres). Gravé par A. de Saint-Aubin.

— Gravé sur acier par Hopwood, d'après C. Van Loo *(sic)*. Plus bas : Publié par Lami-Denozan.

Destiné, en effet, à la *Collection des portraits des Français célèbres par leurs actions ou leurs écrits*, etc., Paris, Lami-Denozan et Firmin Didot, 1828, in-8, ce portrait de Diderot fait partie d'une 2e série restée inachevée.

On trouve encore dans le commerce des épreuves très-fatiguées de cette planche et sans le nom de Lami-Denozan.

— De profil à g. Tablette blanche. Signé : F. Bovinet.

Le portrait de Michel Van Loo a encore été gravé en contre-épreuve :

— Ovale, au pointillé. Signé : Fr. Zolt, f. 96.

Très-jolie et très-rare pièce.

— Le même entouré d'un trait octogone. Signé à dr. : F. V. Bollinger, et au-dessous du nom de Diderot : *Zurickau, b. d. Gebr. Schumann*.

— Le même entouré d'un trait ovale. Profil à dr. Dessiné d'après le dessin original de Van Loo du cabinet de M. Marron et gravé par Ambroise Tardieu. Au-dessous : D. Diderot, littérateur et philosophe... 1712.

— De trois quarts, à dr., gr. sur bois, dans le *Dictionnaire de biographie*, etc., etc., orné de 120 portraits. Aimé André, 1834, 4 vol. gr. in-8.

PORTRAIT A L'HUILE (par François-Hubert Drouais.) Chez M. Alfred de Vandeul.

Diderot est assis à sa table de travail, la plume à la main; il est vêtu d'un superbe habit de velours rouge d'où sort le jabot de sa chemise; il porte perruque. Quelques légères éraillures déparent cette toile remarquable, sur laquelle nous ne connaissons aucun document contemporain ; elle n'est point signée, mais l'attribution de son possesseur, fin amateur des choses d'art, est très-vraisemblable.

MINIATURE par Mme Therbouche.

En buste, de trois quarts à dr., l'épaule droite nue, un manteau drapé sur l'épaule gauche. Noms et dates de naissance et de mort de Diderot.

Gravée par Bertonnier pour l'édition de 1821, cette miniature fut depuis offerte par M. Brière à M. Guizot.

— La même, gravée par Goulu. Au-dessous la date : 1823 et l'inscription de l'édition Brière.

GRANDE ÉBAUCHE A L'HUILE par Fragonard (?)

M. Walferdin considère cette ébauche de son peintre favori comme une esquisse du philosophe; il la conserve à Nice et nous n'en connaissons qu'une copie moderne, faisant partie de son cabinet à Paris, sur laquelle il serait imprudent de se prononcer.

Dessin au crayon noir rehaussé de blanc par Greuze. Chez M. Walferdin.

C'est ce dessin maintes fois gravé dont Grimm raconte ainsi l'histoire :

« Une femme observiat l'autre jour à M. Diderot qu'il était heureux en choses délicates qui s'adressaient à lui comme on dit que *la balle va au joueur*. Le philosophe était il y a quelque temps chez Greuze; celui-ci le fit asseoir et tira son profil. Le philosophe s'attendait toujours à recevoir du peintre ce profil en présent; cependant ce profil avait disparu de l'atelier de l'artiste sans arriver dans le cabinet du philosophe. Enfin, un beau matin, celui-ci reçoit le dessin et la planche gravée d'après ce dessin et les cent premières épreuves tirées. Greuze a mis au bas de l'estampe tout simplement *Diderot*. Elle a été gravée par Saint-Aubin et c'est un chef-d'œuvre de gravure. C'est dommage que la ressemblance et la physionomie n'y soient point du tout. Un certain barbouilleur de la place Dauphine, nommé Garand, a fait pour moi un profil cent fois plus ressemblant. On demanda l'autre jour pourquoi les peintres d'histoire réussissaient si peu dans le portrait? Pierre répondit : C'est parce que c'est trop difficile [1]. »

Nous en connaissons les reproductions suivantes :

— Par S. Gaucher. Profil à dr. Tablette portant les prénom et nom du modèle. Dans le premier état la tablette est blanche.

— Par Augustin de Saint-Aubin : Profil à gauche. Premier état, sans date. Signé des deux noms du peintre et du graveur.

Deuxième état, J.-B. Greuze delin., Augustin de Saint-Aubin sculp. 1766. Se vend chez l'auteur, rue des Mathurins, au petit hôtel de Cluny.

— D'après la gravure originale qui se trouve chez M. de Saint-Aubin. Peint par Greuze; gravé par Dupin fils. Encadrement de fleurs. Sur la tablette : Diderot; chez Esnauts et Rapilly.

— Médaillon ovale entouré de palmes. Profil à gauche. Sur la ceinture du médaillon : Diderot, de l'Académie de Berlin, né à Langres. J.-B. Greuze del., Duhamel sc. A Paris, chez Bligny, cour du Manége, aux Thuileries. Au-dessous ce quatrain :

> Les Arts et la Raison lui doivent leurs hommages;
> D'étendre leur Empire il fut le plus jaloux.
> On les retrouverait dans ses nombreux Ouvrages,
> S'ils disparaissaient d'entre nous.

— Trait carré. Profil à dr., gravé au trait. Greuze pinxit. Landon direxit. Pour une Histoire de France.

---

1. Grimm. *Correspondance littéraire*, 15 janvier 1767.

— Profil à g., col découvert. Fourrures. Au-dessous : Diderot, d'après Greuze. H. Grevedon del. Lith. de Demarne.

— De trois quarts à g. Maurin del. Lith. de Delpech.

— Profil à g. Dessin sur isbo de E. Ronjat, gravé par Hildebrand.

Dans l'*Histoire de France racontée à mes petits-enfants*, par M. Guizot, t. V, p. 267.

MINIATURE d'après le dessin de Greuze.

— Elle orne le couvercle d'une bonbonnière sur le cercle d'or de laquelle sont gravés ces mots :

« Portrait de Diderot donné par lui-même en 1778 à M. Collard de Villers-Hellon. »

Appartient à M. Albert de Vandeul.

M. Alfred de Vandeul possède une autre curiosité : une tasse et une soucoupe en porcelaine de Sèvres, à fond brun, signées de Vincent (2000). Le fond de la soucoupe est orné d'un médaillon en grisaille de Diderot d'après Greuze, et dans le marli des cartouches contiennent ces mots : *Arts, métiers, science.*

DESSIN A LA MINE DE PLOMB par C.-N. Cochin.

Profil à droite, perruque, jabot. Encadrement surmonté d'un nœud de rubans.

L'original ne nous est pas connu, mais il a été gravé par L. J. Cathelin.

III. — ESTAMPES D'APRÈS L'ORIGINAL ET DE FANTAISIE.

— De profil à dr. Perruque frisée. Encadrement de fleurs. Tablette : C. F. *(sic)* Diderot, de l'Académie de Berlin, né à Langres et mort à Paris en juillet 1784. Binet del., Le Beau sc.

— De profil à dr. Tablette (blanche dans le 1er état) : D. Diderot. Aubry del., J. B. M. Dupréel sc.

En tête de *la Religieuse*, Paris, Moller et Mongie, an VII (1799), 2 v. in-8.

— De profil à d. dans un ovale. Large cravate. Gr. au pointillé. Signé à la pointe : *Jac. Chailly*. Au-dessous, en caractères anglais : *D. Diderot.*

En tête du *Diderotiana* de Cousin d'Avalon, 1810, in-18.

— De face dans un ovale. Sans lettres. Fleuron du titre de *la Religieuse*, Paris, chez les marchands de nouveautés, 1832, in-18.

— Médaillon rond. Profil à g. Perruque à catogan, jabot. Eau-forte.

Sur la même planche le profil du cardinal de Bernis, celui d'un jeune homme et celui d'une femme (à peine esquissé).

Cette planche a servi dans la publication récente de l'œuvre original de Vivant-Denon. M. A. de la Fizelière, qui a rédigé la notice et le catalogue de cet œuvre, a eu sous les yeux une épreuve accompagnée d'une note portant que ce croquis avait été fait d'après nature par Denon, quand il était secrétaire d'ambassade à Saint-Pétersbourg. Sans une affirmation aussi précise, on pourrait croire à une erreur d'attribution, car le maigre profil et la bouche pincée du personnage gravé par Denon rappellent beaucoup plus d'Alembert que Diderot.

— De trois quarts à droite. Double trait carré. A g., Devéria del. Au m., Couché fils sc.

— De profil à gauche. Tête nue, large cravate. Signé : A. Néraudain. Au m., en gros caractères : Diderot. A g., A. Fayard, éditeur. A dr., Imp. Frick aîné. Lithographie.

— Profil à g. Large cravate. Tablette blanche. J. Pauquet sc.

— Médaillon ovale dans un trait carré. Profil à dr. signé dans la marge du trait carré : P. Ad. Varin *resti*. En dehors du t. c. : Diderot, en lettres blanches.

— Eau-forte. Médaillon suspendu par un clou. Profil à dr. Table où reposent des volumes de l'*Encyclopédie,* une plume et une feuille déroulée sur laquelle on lit ces vers :

> Indulgent aux humains, à soi-même sévère,
> Bon époux, bon ami, bon citoyen, bon père,
> Il éclaira le monde, il combattit l'erreur ;
> Son pinceau fut hardi, sa morale fut pure ;
> Vrai dans tous ses tableaux, il peignit la nature,
> Et la peignit d'après son cœur.

L'épreuve du Cabinet des Estampes porte cette signature manuscrite : *Victor Toulongeon del. et sculp.*

— De face, assis à une table. Devéria del., Simonet aîné scul. A Paris, chez Janet.

IV. — REPRÉSENTATIONS DE DIDEROT AVEC D'AUTRES PERSONNAGES.

Diderot et Grimm en conversation, par Carmontelle. Gouache.

M. Alfred de Vandeul a bien voulu nous montrer cette gouache appartenant à une personne de sa famille.

Diderot, vêtu de noir et coiffé d'une perruque, est assis de profil à gauche ; sa main droite caresse le menton de Grimm, appuyé sur la chaise de Diderot. Grimm est vêtu d'un habit de satin gris brodé d'or et d'une culotte noire. Ses cheveux poudrés sont noués par un catogan.

Derrière le cadre est collée une note d'une vieille écriture qui nous apprend qu'à la prière de Mme d'Épinay, Carmontelle, après avoir peint cette gouache, en fit deux copies, l'une pour cette dame, l'autre pour Mme de Vandeul. C'est celle que nous avons eue sous les yeux.

A l'exposition du Corps législatif (1874), sous le n° 1053, figurait a même scène désignée comme un pastel et appartenant à M. de Langsdorff, officier d'ordonnance du maréchal de Mac-Mahon. Nous n'avons pu savoir si c'était l'original de Carmontelle ou la copie appartenant à Mme d'Épinay.

La lecture chez Diderot, par M. Meissonier. Peinture à l'huile.

Ce tableau, qui a figuré aux Expositions universelles de 1855 et de 1867, a passé dans les ventes Morny et Paul Demidoff.

Il n'a pas été gravé, mais la photographie qu'en a faite M. Bingham est dans le commerce.

Dans une bibliothèque dont les rayons sont chargés de ces brochures à couvertures bariolées, aussi chères aux bibliophiles qu'aux peintres, Diderot, assis à une petite table et à demi renversé sur son fauteuil, lit un manuscrit qu'écoutent cinq amis dans des attitudes différentes : d'Alembert, appuyé contre un paravent qui cache une partie de la bibliothèque, Helvétius adossé à une de ces chaises au dossier ovale, si fort à la mode alors, et d'Holbach absorbé par l'attention qu'il prête au lecteur. Nous ne savons quels sont les deux autres personnages que M. Meissonier a voulu représenter.

CHARLES PANCKOUCKE AUX AUTEURS DE L'ENCYCLOPÉDIE.

Eau-forte in-folio dessinée et gravée par Augustin de Saint-Aubin.

Les médaillons de d'Alembert et de Diderot (profil à g. d'après Greuze) superposés sont soutenus par une tablette portant l'inscription qui sert de titre à la planche et encadrés de deux rangées de médaillons disposés dans l'ordre suivant :

Voltaire.	Buffon.
Rousseau.	Necker.
J.-M. Daubenton.	Vicq-d'Azyr.
J.-B. La Marck.	Thouin.
A. Mongez.	Roland de La Platière.
Caritat de Condorcet.	Marmontel.
Dumarsais.	Gaillard.

Au-dessus de la tablette six autres médaillons dont les noms sont à peine lisibles : Watelet, etc.

Il est à remarquer que cette planche, l'une des plus belles de l'œuvre d'A. de Saint-Aubin, réunit les noms des collaborateurs de la première *Encyclopédie* à ceux des collaborateurs de l'*Encyclopédie méthodique*. Ch. Panckouke avait tenu sans doute à honorer d'un même remerciement les initiateurs et leurs émules.

— De profil à g. en regard de Lavater. Tête nue, traits fort accentués. Eau-forte, signée à dr. *Baltard sculp.*

— De profil à g. (d'après Greuze et A. de Saint-Aubin) dans un médaillon au-dessous de Mably, de Condillac, d'Helvétius, de Barthélemy et de Raynal. C. P. Marillier, del., N. Ponce sc.

Planche 50 du recueil gravé intitulé : *Les illustres Français*. Paris, 1786, in-folio.

— De profil à droite dans l'estampe : *Chambre du cœur de Voltaire*, dessinée par Duché d'après nature, au château de Ferney, en 1781, gravée par Née. Il est le plus près de la fenêtre à gauche, entre ceux du prince de Conti et de la marquise de Villette.

DIDEROT ET CATHERINE II. E. Ronjat del., Hildebrand sc. Guizot, l'*Histoire de France racontée à mes petits-enfants*, t. V, p. 273.

Diderot, en bas de soie roulés, en habit galonné, s'avance vers Catherine, la couronne en tête.

Composition absolument comique.

V. — CARICATURES ET ALLÉGORIES.

Chose singulière, Diderot ne semble avoir été pris à partie qu'une seule fois par les caricaturistes, dans l'estampe dont Victor Hugo a parlé (*William Shakespeare*, éd. in-12, p. 202) et que M. Assézat a décrite (t. I, p. 43). Le Cabinet des Estampes en possède une épreuve à toutes marges; le médaillon y est entouré d'un trait carré ornementé et surmonté d'un cartouche assez gracieux représentant un arbre brisé par l'orage. Dans l'intérieur du trait carré, on lit :

Encyclopédie, etc.
Première édition revue et corrigée
(Ici la vignette).
Par un Franciscain.
Dextra latet pungitque stylo dum lœva flagellat.

III

DOCUMENTS DIVERS

I

PIÈCES RELATIVES A L'ARRESTATION DE DIDEROT
EN 1749.

Dans la notice préliminaire des articles de l'*Encyclopédie*, M. Assézat a déjà fait usage du très curieux et très-rare livre de J. Delort : *Histoire de la détention des philosophes et des gens de lettres à la Bastille et à Vincennes*. Il se proposait de lui emprunter, pour la biographie de Diderot, les pièces relatives à son arrestation même. Nous les donnons ici, telles que Delort les a publiées, car il se contente de dire qu'il les a copiées à la Bibliothèque du Roi sans ajouter aucun indice qui permette de les consulter à nouveau.

Tout d'abord, voici la dénonciation du curé de Saint-Médard, Pierre Hardy. Selon Delort, elle aurait été envoyée en juin 1747 au lieutenant de police :

Diderot, homme sans qualité, demeurant avec sa femme chez le sieur Guillotte, exempt du prévost de l'île, est un jeune homme qui fait le bel esprit et trophée d'impiété. Il est l'auteur de plusieurs livres de philosophie, où il attaque la religion. Ses discours, dans la conversation, sont semblables à ses ouvrages. Il en compose un actuellement fort dangereux. Il s'est vanté d'en avoir composé un qui a été condamné au feu, par le Parlement, il y a deux ans. Le sieur Guillotte n'ignore point la conduite et les sentiments de Diderot. Comme il s'est marié à l'insçu de son père, il n'ose retourner à Langres.

En même temps, un exempt adressait au même magistrat

ce rapport, dont le style et les sentiments pieux ne le cèdent en rien à la petite note de Pierre Hardy :

Du 20 juin 1747.

Monsieur,

J'ai l'honneur de vous rendre compte qu'il m'a été donné avis que le nommé Diderot est auteur d'un ouvrage que l'on m'a dit avoir pour titre : *Lettre ou amusement philosophique*, qui fut condamné par le Parlement, il y a deux ans, à être brûlé en même temps qu'un autre ouvrage ayant pour titre : *Lettre philosophique sur l'immortalité de l'âme*.

Ce misérable Diderot est encore après à finir un ouvrage qu'il y a un an qu'il est après, dans le même goût de ceux dont je viens d'avoir l'honneur de vous parler. C'est un homme très-dangereux, et qui parle des saints mystères de notre religion avec mépris; qui corrompt les mœurs et qui dit que, lorsqu'il viendra au dernier moment de sa vie, faudra bien qu'il fasse comme les autres, qu'il se confessera et qu'il recevra ce que nous apelons notre Dieu, et sy il le fait, ce ne sera point par devoir, que ce ne sera que par raport à sa famille, de crainte qu'on ne leur reproche qu'il est mort sans religion.

L'on m'a assuré que l'on trouvera chez lui nombre de manuscrits imprimés dans le même genre.

Il demeure rue Mouftard, chez le sieur Guillotte, exempt du prévost de lisle, à main droite en montant, au premier.

PERRAULT.

M. Berryer se contenta d'écrire en marge du rapport de Perrault la note suivante :

Je n'ay point de preuve qu'il soit l'autheur de l'ouvrage condamné par le Parlement, que le rapport de Perrault et la lettre du curé de Saint-Médard.

Il est probable néanmoins que Diderot fut dès ce moment surveillé de près, et, deux ans plus tard, M. Berryer procéda lui-même à l'interrogatoire qu'on va lire :

Interrogatoire de l'ordre du Roi, fait par nous, Nicolas-René Berryer, chevalier, conseiller du Roi en ses conseils, maître des requêtes ordinaires de son hôtel, lieutenant-général de police de la ville, prévôté et vicomté de Paris, commissaire du Roi en cette partie.

Au sieur Diderot, prisonnier de l'ordre du Roi au donjon de Vincennes.

Du jeudi, trente-un juillet mil sept cent quarante-neuf de relevée, dans la salle du conseil du donjon de Vincennes, après serment fait par le répondant de dire et répondre vérité.

APPENDICES.

Interrogé de ses nom, surnoms, âge, qualité, païs, demeure, profession et religion :

A dit se nommer Denis Diderot, natif de Langres, âgé de trente-six ans[1], demeurant à Paris, lorsqu'il a été arrêté, rue Vieille-Estrapade, paroisse de Saint-Étienne-du-Mont, de la religion catholique, apostolique et romaine[2].

Interrogé s'il n'a pas composé un ouvrage intitulé : *Lettres sur les aveugles à l'usage de ceux qui voient :*

A répondu que non.

Interrogé par qui il a fait imprimer le dit ouvrage :

A répondu qu'il n'a point fait imprimer le dit ouvrage.

Interrogé s'il n'en a pas vendu ou donné le manuscrit à quelqu'un :

A répondu que non.

Interrogé s'il sçait le nom de l'auteur du dit ouvrage :

A répondu qu'il n'en sçait rien.

Interrogé s'il n'a pas eu en sa possession le dit ouvrage en manuscrit avant qu'il fût imprimé :

A répondu qu'il n'a point eu ce manuscrit en sa possession avant et après qu'il a été imprimé.

Interrogé s'il n'a pas donné ou envoyé à différentes personnes des exemplaires du dit ouvrage :

A répondu qu'il n'en a donné ni envoyé à personne.

Interrogé s'il n'a pas composé un ouvrage, qui a paru il y a environ deux ans, intitulé : *les Bijoux enchantés*[3] :

A dit que non.

Interrogé s'il n'en a pas vendu ou donné le manuscrit à quelqu'un pour l'imprimer ou autre usage :

A répondu que non.

Interrogé s'il n'a pas composé un ouvrage, qui a paru il y a plusieurs années, intitulé : *Pensées philosophiques* :

A répondu que non.

Interrogé s'il connoît l'auteur du dit ouvrage :

A répondu qu'il ne le connoît pas.

Interrogé s'il n'a pas composé un ouvrage intitulé : *Le Sceptique ou l'Allée des idées :*

A dit que oui.

Interrogé où est le manuscrit du dit ouvrage :

A dit qu'il n'existe plus et qu'il est brûlé[4].

---

1. Moyenne taille et la physionomie assez décente; garçon plein d'esprit, mais extrêmement dangereux. (*Note de la police.*)

2. Il logeait chez un tapissier.

3. On voulait dire *Bijoux indiscrets*. (J. Delort.)

4. Une note qui nous a été communiquée par le savant M. Van Praet, et qu'il tenait de l'exempt de robe courte d'Hémery, porte : « Diderot a fait *l'Allée des idées*, qu'il a chez lui, en manuscrit, et il a promis de ne point faire imprimer cet ouvrage. » (J. Delort.)

Interrogé s'il n'a pas composé un ouvrage intitulé : *l'Oiseau blanc, conte bleu :*

A répondu que non.

Interrogé s'il n'a pas du moins travaillé à corriger le dit ouvrage :

A répondu que non.

Lecture faite au répondant du présent interrogatoire, a dit que les réponses qu'il y a faites contiennent vérité, y a persisté et a signé.

BERRYER.
DIDEROT.

On connaît les requêtes motivées présentées par les libraires de l'*Encyclopédie* à d'Argenson. Delort nous a également conservé la supplique de Diderot lui-même, apostillée par le gouverneur de Vincennes et par le lieutenant de police :

A Vincennes, le ... septembre 1749.

Je joins ici une note, monsieur, que le sieur Diderot me vient d'envoier pour vous faire passer; j'en profite pour vous assurer que personne n'est plus parfaitement que j'ay l'honneur d'être, monsieur, votre très-humble et très-obéissant serviteur,

Marquis CHASTELLET.

Voici la note :

« Le sieur Diderot, détenu de l'ordre du Roi au château de Vincennes depuis le mois de juillet, demande sa liberté;

« Observe qu'il est l'éditeur de l'*Encyclopédie*, ouvrage de longue haleine, qui comporte des détails infinis, auxquels il ne peut vaquer, étant retenu prisonnier;

« Promet de ne rien faire à l'avenir qui puisse être contraire en la moindre chose à la religion et aux bonnes mœurs. »

Note mise au bas de la feuille par M. Berryer :

« Si M. le comte d'Argenson juge qu'il ait suffisamment fait pénitence de ses intempérances d'esprit, il est supplié de faire expédier l'ordre du Roi pour sa liberté. »

Enfin, voici, à titre de simple curiosité, des vers de Mme de Puisieux, recueillis par Delort, sur le bruit qui s'était répandu de son embastillement à cause d'un libelle intitulé *le Pater* qu'on lui attribuait et que ne mentionnent ni Barbier ni Quérard.

Ils donneront la mesure du talent de Mme de Puisieux, lorsque ce n'était pas Diderot qui tenait la plume :

> Quand tout Paris à la Bastille
> Me met avec acharnement,
> Je repose, mon cher V.....,
> Dans mon lit fort tranquillement.
>
> Jamais d'une coupable audace
> A ma muse je n'ai permis
> Contre des personnes en place
> De décocher des traits hardis.
>
> De l'amour et de la folie
> Je fais mon occupation;
> Je mêle la philosophie
> A leur douce distraction.
>
> Dans une profonde ignorance
> De ce qui concerne l'État,
> J'impose aux amis le silence
> Sur les querelles du Sénat.
>
> Une affaire si relevée,
> . . . .
> N'est point du tout de mon ressort;
> Je jase au risque d'avoir tort.
>
> J'honore mon Roi, ma patrie,
> Je m'en fis toujours un devoir.
> Je vis à l'abri de l'envie,
> Et sans redouter le pouvoir.
>
> Je n'ai rien reçu de personne,
> Et mon sort est indépendant;
> Mais la loi de l'honneur m'ordonne
> D'avoir des égards pour le rang.
>
> Dans un ministre respectable,
> J'adore un mérite éclatant;
> Et s'il eût été moins aimable
> Jamais je n'eusse, un seul instant,

Aux dépens de mon caractère,
Offert à cet homme éminent,
De l'hommage le plus sincère,
Le véritable et pur encens.

Mais rassure-toi, cher V......,
Je jouirai d'un grand bonheur,
Si, n'habitant pas la Bastille,
Tu me renfermes dans ton cœur.

II

PIÈCES RELATIVES A *L'ENCYCLOPÉDIE*.

I

DIALOGUE ENTRE UN COLPORTEUR ET DIDEROT DANS LA BOUTIQUE D'UN LIBRAIRE SUR LE *Dictionnaire de l'Encyclopédie* [1].

LE COLPORTEUR.

J'apporte le premier volume
Du dictionnaire nouveau.
Il sort, comme on dit, de l'enclume;
On l'a fait à coups de marteau.
Son poids m'ôterait le courage
D'en être souvent le porteur.
Malheur à ce coquin d'ouvrage
S'il pèse autant à son lecteur!
Les auteurs ont sué sans doute
Les premiers en le composant.
Comme eux, je sue à grosse goutte :
Suera-t-on moins en le lisant?

DIDEROT.

Colporteur, il fait beau t'entendre
Railler ainsi mes écrits!

---

1. Extrait des *Pièces historiques et satiriques recueillies par le marquis de Paulmy*, vol. CXXXIII *bis*, p. 94 (Bibl. de l'Arsenal). — M. Assézat avait cité, d'après Clément, les huit premiers vers de cette pièce, dont M. Ch. Vatel nous a, depuis, signalé le texte intégral dans l'immense fatras des stromates de Paulmy.

LE COLPORTEUR.

Puisque mon métier est d'en vendre,
N'en puis-je pas marquer le prix?

LE LIBRAIRE.

Crains d'offenser par ce langage
Un écrivain de grand renom:
Monsieur a eu part à l'ouvrage.

LE COLPORTEUR.

Je le crois donc d'un certain bon.
Je connais monsieur par un livre [1]
Fort utile à lui comme à moi,
Et qui, par bonheur, nous fit vivre
Tous deux longtemps aux frais du Roi.
Je ne blâme ici que la forme
Et, par ma foi, j'en suis fâché.
Cet écrit, sans sa masse énorme,
Pourrait être un écrin caché.
Si sa taille était plus petite,
J'en répandrais incognito,
Car il a, dit-on, le mérite
De ce qu'on vend sous le manteau.
J'y voudrais pourtant une chose,
C'est qu'il eût été défendu.
Pour cela seul, sans autre cause,
Il serait alors bien vendu.
Mais, malgré ma note critique,
Il pourrait être débité.
Dans lui, *l'autorité publique*
N'est pas l'article respecté [2].

DIDEROT.

L'insolent! Je perds patience.

LE LIBRAIRE.

Eh! monsieur, un peu de douceur!
Servez-vous de votre science:
Vous êtes si bon confiseur [3]!

---

1. Lettre d'un aveugle qui fit mettre Diderot à Vincennes, en 1749. (*Note du temps.*)
2. L'article *Autorité* a pensé faire supprimer le dictionnaire. (*Note du temps.*)
3. Il faut voir l'article *Abricot* du dictionnaire, très-déplacé. (*Note du temps.*)

DIDEROT.

Son audace a de quoi surprendre.

LE COLPORTEUR.

Point du tout, mais je suis sans fard
Et jamais je n'ai pu comprendre
Tout ce que vous dites sur l'art [1].

DIDEROT.

Il faut enfin que je l'assomme !

LE COLPORTEUR.

Monsieur, rappelez vos vertus.
Vous vous échauffez là tout comme
S'il s'agissait du prospectus [2].

DIDEROT.

Ne puis-je le rouer à l'aise !

LE COLPORTEUR.

Pour le coup, je ne dis plus mot,
L'âme [3] chez vous est trop mauvaise :
Vous me traiteriez comme Scot [4].

---

1. L'article *Art,* dont l'auteur a fait parade, est presque partout inintelligible, de plus traduit mot pour mot du chancelier Bacon dans ce qu'il y a de mieux. S'il eût donné la traduction pure et simple de cet auteur, il eût été bien supérieur (*Note du temps.*)

2. Diderot eut une querelle avec le P. Berthier; il y mit beaucoup d'aigreur, et ajouta à sa mauvaise cause la honte d'être reconnu plagiaire. (*Note du temps.*)

3. L'article *Ame,* qui devait être de ceux auxquels il devait le plus s'attacher, est très-mal fait. (*Note du temps.*)

4. A l'article d'*Aristote,* il a fort maltraité Jean Duns, surnommé Scot, et ne lui a pas rendu justice. (*Note du temps.*)

III

EXTRAIT D'UN MÉMOIRE PRÉSENTÉ EN 1768 A MONSIEUR LE CHANCELIER, PAR MM***, LIBRAIRES DE PARIS, POUR OBTENIR LA PERMISSION DE FAIRE UNE NOUVELLE ÉDITION DE L'*Encyclopédie* EN FRANCE[1].

Cet extrait n'est point étranger à la cause que je viens de traiter ; il doit servir à démontrer que le public ne pouvait manquer d'être la dupe de cette entreprise, puisqu'on lui en a toujours donné une idée différente de celle qu'il devait en prendre. En plaçant ici ce morceau, je n'ai pas eu envie de faire la satire ni la critique du *Dictionnaire encyclopédique* ; j'ai voulu mettre tout le monde à portée de connaître, par le témoignage de M. Diderot, comment et par où l'*Encyclopédie* méritait en 1768 les éloges qu'il lui a prodigués en 1750. Afin qu'on puisse la comparer à tout instant au jugement que ce grand homme en porte actuellement, j'ai placé en notes les endroits du prospectus de l'*Encyclopédie* qui ont le plus de rapport avec le mémoire dont il est ici question[2]. J'entre en matière.

Les libraires qui ont présenté ce mémoire à M. le chancelier lui rendent compte des raisons qui doivent le déterminer à permettre qu'on fasse une nouvelle édition de ce dictionnaire en France. Ils répètent ce que le sieur Diderot leur a dit à ce sujet. Il faut se rappeler qu'on lit dans le prospectus que l'*Encyclopédie* n'était pas un ouvrage à faire :

« Notre dessein a été de la purger de tous les défauts inséparables d'une première tentative... de réparer les bévues, les er-

---

1. Les factums de Luneau de Boisjermain nous ont déjà fourni trois lettres qui y étaient enfouies. Nous en extrayons encore la conversation que voici, et celle que Luneau eut avec le philosophe lors des premiers bienfaits de Catherine. Il va sans dire que nous ne nous portons point garant de l'exactitude absolue des réflexions et jugements qu'il lui impute. Les opinions de Diderot sur son œuvre et sur ses collaborateurs sont au moins fort vraisemblables, car il se dissimulait moins que personne les imperfections d'une telle entreprise. Quant à son entretien avec Luneau dans la rue, c'est un croquis amusant qui pourrait prendre place à côté de celui de Garat.

2. Nous les supprimons.

reurs, les omissions... Pour cet effet il nous importait de bien connaître les défauts de l'*Encyclopédie*; et qui est-ce qui pouvait mieux nous en instruire que celui qui a consumé vingt-cinq ans de sa vie à cet énorme travail? Nous l'avons vu, nous l'avons interrogé, et voici la réponse de cet homme, encore plus estimé et plus estimable par son amour pour le bien que par aucune de ses qualités personnelles :

« L'imperfection de l'*Encyclopédie*, nous a-t-il dit, a pris
« sa source dans un grand nombre de causes diverses.

« On n'eut pas le temps d'être scrupuleux sur le choix des
« travailleurs. Parmi quelques hommes excellents, il y en eut de
« faibles, de médiocres et de tout à fait mauvais. De là cette bi-
« garrure dans l'ouvrage où l'on trouve une ébauche d'écolier à
« côté d'un morceau de main de maître; une sottise voisine d'une
« chose sublime, une page écrite avec force, pureté, chaleur, ju-
« gement, raison, élégance, au verso d'une page pauvre, mes-
« quine, plate et misérable.

« Les uns, travaillant sans honoraires, par pur attachement
« pour les éditeurs et par goût pour l'ouvrage, perdirent bientôt
« leur première ferveur; d'autres, mal récompensés, nous en don-
« nèrent, comme on dit, pour notre argent...; il y en eut qui re-
« mirent toute leur besogne à des espèces de Tartares, qui s'en
« chargèrent pour la moitié du prix qu'ils en avaient reçu.

« Les articles communs à différentes matières ne furent
« point faits, précisément parce qu'ils devaient l'être par plu-
« sieurs; on se les renvoyait l'un à l'autre. Il y eut une race dé-
« testable de travailleurs qui, ne sachant rien, et qui se piquant
« de savoir tout, brouillèrent tout, gâtèrent tout, mettant leur
« énorme faucille dans la moisson des autres.

« *L'Encyclopédie* fut un gouffre, où ces espèces de chiffon-
« niers jetèrent pêle-mêle une infinité de choses mal vues, mal
« digérées, bonnes, mauvaises, détestables, vraies, fausses,
« incertaines, et toujours incohérentes et disparates.

« L'art de faire des renvois suppose un jugement bien pré-
« cis... L'on négligea de remplir les renvois qui appartenaient
« à la partie même dont on était chargé... On trouve souvent
« une réfutation à l'endroit où l'on allait chercher une preuve...
« Il n'y eut aucune correspondance rigoureuse entre le discours
« et les figures... Pour parer à ce défaut, on se jeta dans ces

« longues explications qui précèdent les arts dans nos volumes
« de planches. Combien de machines inintelligibles, faute de
« lettres qui en désignent les parties ! La modicité des honoraires
« jeta les éditeurs et les travailleurs dans le découragement.

« Voilà, continua l'éditeur, les causes d'imperfections que
« vous avez à prévenir et les défauts que vous avez à corriger. »
C'est avec cette sincérité qu'il s'est expliqué avec nous; voici
les conseils qu'il nous a donnés :

« Choisissez les meilleurs esprits... fixez un temps à
chaque travailleur... Si leur écriture est très-mauvaise, qu'ils
fassent, eux ou vous-mêmes, la dépense d'une copie; votre édition en deviendra infiniment moins fautive, et l'on n'y trouvera
pas, comme dans la précédente, des noms estropiés et des
phrases tronquées qui manquent de sens.

« N'ayez qu'un éditeur, cela est essentiel... Quoique je sois
peut-être, entre tant d'hommes de lettres, le meilleur éditeur
que vous puissiez prendre, prenez-en un autre, parce que je
suis suspect, parce que j'ai des ennemis, parce que je ne me
résoudrai jamais à être ni faux ni plat, parce qu'entre la platitude et la hardiesse il y a une ligne très-étroite, sur laquelle je
n'ai pas la certitude de marcher sans broncher, etc., etc. »

Après nous avoir entretenu des causes générales des
défauts de l'*Encyclopédie*, il parcourut rapidement chaque
partie et nous en marqua les défauts.

« Les mathématiques... ne pouvaient guère tomber en de
meilleures mains qu'en celles de M. ***[1]. Cependant, j'ai
souvent entendu accuser sa physique d'être un peu maigre.
Ajoutez qu'il s'en est reposé pour la géométrie élémentaire et
l'arithmétique sur ***[2], qui s'est débarrassé de cette tâche un
peu lestement. L'histoire naturelle : il y a beaucoup à ajouter
au règne végétal; la partie physique de ce règne a été fort
négligée... Minéralogie et métallurgie, ces deux branches sont
tout à fait défectueuses... elles demandent d'être soigneusement
retouchées : M. ***[3] a fait comme tous les autres auxiliaires, il a
travaillé sans plan; d'ailleurs, sans cesse occupé à réparer

---

1. D'Alembert.
2. L'abbé de La Chapelle.
3. Malouin.

les âneries de notre mauvais chimiste ***[1], il a été forcé à tout moment de déplacer les matières qui ne se trouvent pas où elles doivent être. La chimie est détestable... La médecine, la matière médicale et la pharmacie..., est pauvre... L'anatomie et la physiologie[2], je ne dis pas à refaire, mais à faire... La logique, la métaphysique et la morale[3], ne sont qu'un plagiat continuel de... La théologie n'est ni bien bonne, ni bien mauvaise; elle est de ***[4]. L'histoire et la mythologie... il y a quelques généralités sur l'histoire; je ne sais ni par qui ni comment elles sont faites.

« Quant à l'histoire ancienne et moderne de la philosophie, dont je me suis chargé, ce n'est pas la partie honteuse de l'*Encyclopédie*; elle est à revoir, à rectifier : petit travail... Les belles-lettres, la poésie, l'art oratoire et la critique : ces parties sont de M. ***[5] qui les a faites faiblement... La peinture, la sculpture, la gravure[6] à refaire... L'architecture[7], mauvaise et à refaire en entier... La danse[8], et tout ce qui tient au théâtre lyrique, à revoir et à compléter... La musique de ***[9], à revoir et à compléter... La géographie[10], mauvaise dans les deux premiers volumes, d'une étendue effroyable dans tous les volumes suivants, à corriger et à resserrer... Le blason[11], pauvre science, pauvrement faite ; elle est aussi maigre dans le discours que bouffie dans les planches.

« La marine de M.***[12] : les planches en sont assez bonnes, le discours en est mesquin. Les arts mécaniques, à perfectionner et à compléter, surtout à rapporter le discours aux planches, ce qui n'a pas presque été fait, et à faire rentrer dans le discours les explications qui sont à la tête des planches. C'est moi

---

1. Venel.
2. Par le docteur Tarin.
3. Par l'abbé Yvon.
4. L'abbé Mallet.
5. Marmontel.
6. Landois.
7. Blondel.
8. Par Cahusac.
9. J.-J. Rousseau.
10. Par Bellin, Desmarest et Vaugondy.
11. Par Eidous.
12. Bellin.

qui m'en suis chargé, et je sais bien ce qui reste à y faire, ce qui n'est pas petite besogne.

« Le jardinage et l'hydraulique, de feu M. ***[1], à revoir avec soin, sinon à refaire... L'horlogerie et les instruments astronomiques[2], à revoir en entier... Coupe des pierres, mesquine et de discours et de figures... quoique faite par notre dessinateur ***[3]. Voilà ce que je pense des parties principales de l'*Encyclopédie*, et ma critique est faite *sine irâ et studio quorum causas procul habeo*. J'oubliais de dire qu'il y a en tout genre au moins quatre volumes in-folio du ***[4], dont il y a très-peu de choses à conserver. Il n'en peut rester que la nomenclature... Les pêches de terre n'ont presque point été faites... » — Voilà ce que M. Diderot nous a dit.

1. D'Argenville.
2. Par J.-B. Le Roy.
3. Goussier.
4. Sans doute l'*Encyclopédie* de Chambers.

III

DIDEROT PEINT PAR SES CONTEMPORAINS.

I

I. — UN MONOLOGUE DANS LA RUE.

« — Je me trouvai[1] avec un prince russe, aussi agréable par son esprit que par la douce sensibilité de son âme. La nature ne lui a rien refusé de ce qui fait les grands hommes... J'étais vêtu, comme vous me voyez, avec un habit brun; j'avais une perruque fort simple, du linge uni, un bâton à la main... J'étais dans tout mon costume[2].

« Les gens de lettres, me dit-il, sont-ils bien récompensés en France?... — J'ai travaillé toute ma vie, j'ai fait l'*Encyclopédie* et *le Fils naturel*; je n'ai pas un sol... J'ai une fille déjà grande; elle est d'une jolie figure. Je lui ai donné des talents et les connaissances que ma fortune a pu comporter. Son âge me fait penser à l'établir. Je serai obligé de vendre ma bibliothèque pour lui faire une dot. Je me séparerai avec peine de mes livres. Il faut un état à ma fille; je sacrifierai tout pour y réussir[3].

---

1. C'est Diderot qui parle.
2. M. Diderot me fit ce récit d'un air fort affectueux; il dandinait la tête tantôt sur une épaule et tantôt sur l'autre.
   Je ne suis point dans l'usage de couper mes phrases par des lignes de points. Tout ce morceau est censé être de la composition de M. Diderot, c'est au moins son récit : j'ai cru pour cela devoir imiter sa manière d'écrire et mettre à toutes mes phrases des points... beaucoup de points... Le lecteur sentira mieux ce que ce savant a voulu me dire et ce que j'ai dû lui répondre. M. Diderot prétend que les points imprimés entre les phrases augmentent le volume du discours et donnent beaucoup de caractère à nos idées : voyez *le Fils naturel*, etc., etc. Si vous ôtiez les points qui coupent les parties du dialogue, vous le réduiriez à rien (L. de B.)
3. Ce savant racontait ceci d'un ton triste et langoureux. Personne n'entend mieux que lui la pantomime du récit. (L. de B.)

« Le prince russe écouta ce récit; il en fut ému... Il écrivit à l'impératrice de Russie : « Il y a en France un homme de « lettres qui a acquis beaucoup de célébrité; il est si pauvre, si « pauvre, qu'il est obligé de vendre ses livres pour marier sa « fille qui est fort jolie. » L'impératrice aime à faire le bien. Voyez la délicatesse qu'elle y met.

« Le prince russe vint un jour s'informer du prix de ma bibliothèque. Je la portai à 15,000 livres[1]. Une heure après, on m'apporta cette somme. Je me disposais à me séparer pour jamais de mes livres. « *Non*, me dit-il, *cela ne sera pas*[2]. L'impératrice, ma souveraine, vous prie d'être son bibliothécaire en France; elle souhaite même que vous acceptiez à ce titre une pension de 1,000 livres. Elle ne veut pas que vous employiez rien de cette somme à augmenter la bibliothèque qu'elle *vous confie*. » J'acceptai la pension [3].

« J'écrivis à l'impératrice de Russie une lettre de remerciement; j'en reçus de nouveaux témoignages de sa protection.

« Un an se passa... je ne fus point payé. Six mois s'écoulèrent encore... Je me crus tout à fait oublié. Enfin je reçus une lettre de l'impératrice elle-même... Elle s'excusait d'avoir oublié de me faire payer les 1,000 livres de ma pension. « Comme je ne veux pas que vous essuyiez jamais un pareil « retard, j'ai donné ordre qu'on vous les payât *cinquante années* « *d'avance*. » Ce sont ses paroles. On m'apporta 50,000 livres. On les mit *là, là, là*[4].

« — N'est-il pas vrai (me disiez-vous) que l'histoire n'offre aucun exemple d'une pareille munificence? — Vous avez raison; mais avouez qu'il n'y a jamais eu que vous parmi les gens de lettres qui ayez su tirer un aussi bon parti de l'affectation avec laquelle vous répétez sans cesse que vous n'avez pas un sou? —

---

1. M. Diderot chuchota ses mots à l'oreille, comme s'il avait craint qu'on eût entendu qu'il avait porté sa bibliothèque à un trop haut prix. (L. de B.)

2. Tout ce qui est ici en italique se prononce avec dignité. (L. de B.)

3. Ces trois paroles se disent vite et à l'oreille. Je me rappelle qu'en les proférant, M. Diderot s'élevait sur ses pieds, se penchait sur moi et me regardait d'un air fin; il appréhendait sans doute que je ne sentisse pas ce trait de caractère et qu'il avait pris la balle au bond. (L. de B.)

4. Il y a dans le fond du cabinet de M. Diderot une armoire ou bibliothèque au pied de laquelle ce savant prétend qu'on déposa l'argent. (L. de B.)

Entre nous (me disiez-vous), cela est vrai. J'ai gagné plus de 200,000 livres avec les libraires de l'Europe [1]... A propos, êtes-vous en voiture? — Oui. — Où allez-vous? — Rue Saint-Honoré. — Voulez-vous me jeter chez M. Le Pot d'Auteuil? Je vais y placer quelques rouleaux de louis dont je suis chargé [2]. — Très-volontiers. » Je vous y conduisis. En courant les rues, vous me disiez : « *L'impératrice de Russie est une grande princesse. Comme elle donne*[3]*!* Mais si je n'avais pas dit que j'étais un misérable, on ne m'aurait pas payé 65,000 livres pour une bibliothèque qui valait tout au plus 2,000 écus... Les grands hommes ne font le bien que comme on a l'esprit de le leur faire faire. C'est un talent de savoir les tromper pour une si bonne fin. »

II

II. — EXTRAIT DES MÉLANGES DE D'ESCHERNY[4].

Diderot était à la tête des dîners philosophiques du baron d'Holbach, dont le baron lui-même faisait parfaitement les honneurs par son esprit, ses connaissances et ses saillies. D'Alembert présidait les dîners du mercredi de Mme Geoffrin; c'est là où je l'ai vu pour la première fois en 1762. Mme Geoffrin a marqué dans le xviiie siècle par sa maison qui était devenue le point de réunion des étrangers distingués et

---

1. Ceci se dit comme une confidence à l'oreille. (L. de B.)
2. Ce fut le jour de Saint-André, 1769, que je conduisis M. Diderot chez ce notaire. (L. de B.)
3. Il ne faut que connaître l'enthousiasme de M. Diderot pour deviner la manière dont ceci fut prononcé. (L. de B.)
4. D'Escherny était un compatriote et un disciple de Rousseau. Il a longuement conté ses promenades et ses entretiens avec Jean-Jacques au tome III de ses *Mélanges de littérature, d'histoire*, etc. Bien que ce livre ait eu deux éditions, il est devenu fort rare; c'eût été un motif suffisant pour lui emprunter les anecdotes qu'on va lire, si ce témoignage sympathique, venant d'un familier de Rousseau, n'eût pas suffi pour nous déterminer à cette citation.

de tout ce que la ville et la cour avaient de plus instruit et de plus poli, gens de lettres, philosophes, principaux artistes, grands seigneurs et leurs femmes. On ne parvient point à former une pareille réunion sans mérite, et Mme Geoffrin en avait : peu d'instruction, mais de l'esprit naturel, l'usage du monde, un genre de brusquerie qu'elle s'était fait, qui lui réussissait et lui allait à merveille ; le tout couronné par une fortune considérable.

Diderot n'allait point chez Mme Geoffrin ; elle craignait sa pétulance, la hardiesse de ses opinions, soutenue, quand il était monté, par une éloquence fougueuse et entraînante.

Je l'ai vu quelquefois dans d'autres circonstances avoir le sentiment de ses forces, s'exhaler sur lui-même ; il était sujet alors à des boutades d'amour-propre tout à fait piquantes, parce qu'elles contrastaient avec sa bonhommie ordinaire ; d'autres fois, cet amour-propre n'était que naïf, et en voici un trait : Bitaubé lui envoie un exemplaire de son *Iliade* et lui en fait hommage ; Diderot, à quelques jours de là, rencontre Bitaubé, le remercie de son cadeau, et, au milieu de l'effusion de sa reconnaissance : *La plus grande marque*, lui dit-il, *que je puisse vous donner du prix que j'attache au présent que vous avez bien voulu me faire, c'est de vous envoyer votre exemplaire à Berlin, tout couvert de notes marginales de ma main.* J'ai retenu ce trait, parce qu'il se passait en présence d'un amour-propre qui n'avait ni la même naïveté, ni le même fondement, et que je jugeais d'autant plus vif qu'il n'osait se montrer. Bitaubé mourait d'envie, en me le racontant, de me dire : « Je suis tenté de lui rendre la pareille et de lui renvoyer de Berlin l'exemplaire que je tiens de lui de *la Vie de Sénèque*, avec des bordures marginales et critiques de ma façon. »

... A la manière dont, après son retour de Russie, j'ai entendu plusieurs fois Diderot chanter en poëte les vertus de Catherine, ses grandes qualités, je pense qu'il aurait fort bien traduit Homère, autant du moins que la langue française peut le permettre...

Diderot était très-reconnaissant des bontés dont l'avait honoré l'impératrice ; elle formait le fond de ses récits sur la Russie, de ses observations et d'un grand nombre d'anecdotes intéressantes. Je ne les rapporterai pas, parce qu'il est possible qu'il les ait consignés dans quelques mémoires que je ne connais pas, publiés ou inédits, car je n'ai pas lu tous les ouvrages de Diderot...

... Diderot n'a guère pu faire mention du billet assez curieux que l'impératrice écrivait à son sujet à Mme Geoffrin. En voici la teneur : « Votre Diderot est un homme bien extraordinaire; je ne me tire pas de mes entretiens avec lui sans avoir les cuisses meurtries et toutes noires; j'ai été obligé de mettre une table entre lui et moi pour me mettre, moi et mes membres, à l'abri de sa gesticulation. » Cette gesticulation était si connue qu'on l'accusait de s'emparer à table des bras de ses deux voisins, de ne cesser de parler et de n'en pas moins manger du plus grand appétit.

Pour bien connaître Diderot et le juger, il fallait le voir chez Pigalle (le Phidias des temps modernes) où, pendant plusieurs années, nous avons eu un dîner de fondation le vendredi et où, ni lui ni moi, n'avons jamais manqué ; l'abbé Raynal y venait souvent ; Cochin, La Tour y étaient assidus et plusieurs savants et artistes célèbres, chevaliers de Saint-Michel, tels que Perronet, etc. Là, Diderot était véritablement lui-même, il y était ce que la nature l'avait fait, aimable, simple et bon ; il laissait à la porte le manteau philosophique que chaque fois qu'il paraissait dans un certain monde il allait emprunter à la friperie encyclopédique. Ce sont (par la liberté dont on y jouissait) les plus agréables dîners que j'ai faits à Paris : j'y ai suivi Diderot jusqu'en 1783, que je quittai Paris, et je crois qu'il est mort l'année suivante. Tout au travers des disputes et des discussions littéraires et philosophiques il engageait avec ces artistes distingués des conversations sur les arts pleines du plus grand intérêt. Diderot, qui les avait décrits dans l'*Encyclopédie*, parlait pertinemment de tous, excepté de celui de la musique qu'il voulait cependant se piquer de connaître et à laquelle il n'entendait rien. C'était apparemment pour justifier cette prétention que je me souviens qu'il nous racontait avec complaisance la protection qu'il avait accordée à un fort bon musicien, nommé Bemetzrieder.

Ce Bemetzrieder paraît un jour chez lui (car ce qui fait honneur à Diderot, c'est qu'il lui tombait souvent des nues des gens à talent qui ne savaient que devenir à Paris et qui cherchaient fortune; ils s'adressaient à lui sur sa réputation de bonté et d'obligeance), ce Bemetzrieder donc, se présente à lui un jour et lui peint l'embarras où il se trouve. « Que pourrai-je entreprendre ici, monsieur? — Quels sont vos talents? — Monsieur, je sais bien le droit. — Après?— Je pourrais enseigner la géographie et l'histoire. — Cela pourrait vous mener à cinq cents livres de rente après vingt ans de travaux. — Monsieur, je possède très-bien les mathématiques élémentaires. — Même inconvénient, les choses utiles ne sont pas payées dans ce pays. — Enfin, monsieur, pour dernière ressource, je vous dirai que je touche du clavecin, que je suis ou plutôt que je serais très-fort pour l'exécution en travaillant seulement six mois et de plus que je suis très-bon harmoniste. — Eh ! que ne parliez-vous ? Eh bien ! je vous donne la table et cinq cents livres d'appointements, pour donner des leçons régulièrement à ma fille ; disposez d'ailleurs du reste de votre temps comme vous le jugerez à propos et le tout pour vous prouver que, dans ce pays, moi à la tête, nous n'avons pas le sens commun. »

« Avant que je l'oublie, il faut que je relève ici une erreur qui, à la vérité, n'est pas d'une grande importance. Dans toutes les éditions des œuvres de J.-J. Rousseau, vous trouverez que le jugement que Diderot portait de *la Nouvelle Héloïse* était contenu tout entier dans le mot *Feuillet*. Il est étonnant que personne n'ait aperçu ni relevé cette expression de *Feuillet* qui ne signifie rien ; c'est *Feuillu* qu'il faut. Diderot n'a pu dire à Rousseau que comme il me l'a dit à moi (raisonnant avec lui sur le mérite de divers écrivains), *Feuillu* et non *Feuillet* qui n'a point de sens. *Feuillu* : trop verbeux. C'est comme de Linguet, à qui je trouvais de la verve et du feu dans ses premiers ouvrages : *Feu de tourbe*, me disait-il. Il avait quelquefois de ces expressions énergiques et pittoresques...

Quoique malade il ne manquait pas les vendredis et je l'ai vu arriver crachant le sang et travaillé de l'asthme. Il avait conservé à côté de sa tête sensiblement affaiblie dans ses dernières années, une grande fermeté de caractère.

« J'étais né, nous disait-il froidement, pour vivre cent ans. Les uns disent que j'ai abusé, moi, je dirai que je n'ai fait qu'user. Je ne jette point sur le passé les yeux de l'affliction. Je n'ai pas de regret, car j'ai plus vécu en cinquante ans que ceux qui atteignent le siècle. Je me suis affranchi de la gêne, des privations, j'ai vécu pour le bonheur et je ne l'ai jamais pleinement goûté que dans les orgies que nous faisions chez Landès[1] où je jouissais avec excès de tous les plaisirs que nous y rassemblions, plaisirs des sens et plaisirs de l'esprit, dans des conversations vives, animées, avec deux ou trois de mes amis, au milieu des plus excellents vins et des plus jolies femmes. Je rentrais à nuit chez moi, à moitié ivre, je la passais entière à travailler et jamais je ne me sentais plus de verve et de facilité. « Conviens, Diderot (me disait un jour M. de Montmorin), con-« viens que tu n'es un impie que parce que tu es un libertin.— « Croyez-vous donc, monseigneur, que je le sois à propos de bottes ? »

« Il nous contait qu'il avait été voir d'Alembert vaporeux, malade et souffrant cruellement de la pierre, qu'il se dissimulait à lui-même. « D'Alembert, lui dit-il, vous ne vivez plus que « pour la douleur ; moi, je suis nul, quand vous voudrez, nous « finirons: qu'avons-nous de mieux à faire ?— Non, non, répon-« dit d'Alembert, tant que je pourrai, je vivrai. »

« ... De Grimm, dit Rousseau, nous n'en parlerons pas, tout ce que j'en dirais serait suspect, parce que c'est le seul homme que j'aie pu haïr. » Ce même Grimm, l'objet de la haine et du mépris de Rousseau, on aurait pu pour lui parodier en sens inverse le *victrix causa diis placuit, sed victa Catoni*, et dire : *Grimm eut le bonheur de réussir auprès de Catherine, d'attirer son estime, mais déplut à Jean-Jacques*. C'est à Diderot qu'il a dû sa renommée, son avancement, sa grande fortune et surtout sa bonne fortune de Russie. On sait qu'il avait été question autrefois de d'Alembert, pour être l'instituteur du grand-duc, place considérable et lucrative qu'il refusa. Mme de Ribas, favorite de l'impératrice, me contait à Pétersbourg que Diderot, à ce sujet, allait criant partout avec ce ton d'enthousiasme qu'il prenait souvent et jusque dans les appartements de l'impératrice qu'il remplissait de ses clameurs :

« D'Alembert n'était pas l'homme qu'il fallait pour cette place, ce n'est pas d'Alembert qu'il fallait appeler, c'est Grimm ! c'est Grimm ! voilà le seul homme capable, c'est mon ami Grimm ! »

---

1. Fameux traiteur de ce temps-là. (*Note de d'Escherny*.)

IV

PRINCIPAUX ÉCRITS RELATIFS A LA PERSONNE ET AUX OEUVRES DE DIDEROT.

I.

LIVRES ET BROCHURES.

Aux mânes de Diderot. Londres, et se trouve à Paris, chez Volland, 1788, in-18.

Cet opuscule de J.-H. Meister a été réimprimé sous le titre de : *A la mémoire de Diderot,* dans le tome II de ses *Mélanges de philosophie,* etc., Genève et Paris, 1822, 2 vol., in-8°, et sous son titre primitif au tome Ier de cette édition.

La paternité indiscutable de l'hommage de Meister a pourtant été contestée. Sur un exemplaire de l'édition originale que nous avons eu sous les yeux, une note anonyme le donnait à un M. Voury ou Goury, de Langres, attribution au moins inattendue.

Éloge philosophique de Denys (sic) *Diderot*, par Eusèbe Salverte, lu à l'Institut national, le 7 thermidor, an VIII. A Paris, chez Surosne, libraire, an IX. In-8.

Diderotiana ou *Recueil d'anecdotes, bons mots, plaisanteries, et pensées de Denis Diderot, suivi de quelques morceaux inédits de ce célèbre encyclopédiste*, par Cousin d'Avalon. A Paris, chez l'éditeur, 1810, in-18.

Nouvelle édition, Lebel et Guitel, 1811, in-18.

Mémoires historiques et philosophiques sur la vie et les ouvrages de Denis Diderot, par J.-A. Naigeon, de l'Institut. A Paris, chez J.-L.-J. Brière, 1821, in-8.

Quelques exemplaires en grand papier.

Le manuscrit de ce travail, « écrit avec une emphase bien opposée au genre biographique », disait le judicieux Barbier, qui en avait eu communication, fut acheté à la vente de Mme Dufour de Villeneuve par M. Brière. De concert avec M. Walferdin, il le publia comme complément de l'édition qu'ils venaient d'achever. Malgré les suppressions importantes que la prudence des éditeurs y avait pratiquées, le livre n'en fut pas moins dénoncé par la presse cléricale de la Restauration et, après sa saisie, valut à M. Brière 500 francs d'amende, pour outrages à la morale publique et religieuse.

Une édition, enfin complète, des *Mémoires* de Naigeon devait paraître il y a quelques années ; ce projet semble abandonné.

Mémoires pour servir à l'histoire de la vie et des ouvrages de Diderot, par Mme de Vandeul, sa fille. Paris, Sautelet, 1830, in-8.

La majeure partie de ce tirage fut broché en tête du tome Ier des *Mémoires, correspondances, etc., inédits.* Aussi est-il fort rare.

Fr. Raumer. *Diderot und seine Werke.* Berlin, 1843, in-4°.

Études sur la Philosophie du XVIIIe *siècle. — Diderot,* par Ernest Bersot. Paris, librairie philosophique de Ladrange, 1851, in-18.

Travail réimprimé dans les *Études sur le* XVIIIe *siècle,* de l'auteur. Paris, Aug. Durand, 1855, 2 vol. in-12.

Mémoire sur Diderot, par M. Damiron, lu à l'Académie des Sciences morales et politiques. Panckoucke, s. d., in-8, et 1852, in-8.

Réimprimé dans les *Mémoires pour servir à l'histoire de la philosophie au* XVIIIe *siècle,* de l'auteur. Paris, Ladrange, 1858, 3 vol. in-8.

L'Esprit de Diderot. Maximes, pensées, fragments. Extraits de ses ouvrages, par Charles Joliet. Précédé de l'histoire de Diderot, par Mme de Vandeul, sa fille, et suivi des jugements portés sur Diderot par divers. Bruxelles, Méline, Cans et Cie. (Collection Hetzel), s. d. [1858], in-32.

Louis Asseline. *Diderot et le* XIXe *siècle.* Conférences de la rue de la Paix. Mars 1865. Paris, L. Marpon, 1866,

Diderot's Leben und Werke, von Karl Rosenkranz. Leipzig, F.-A. Brockhaus, 1866, 2 vol. in-8.

Conférences de la mairie du 3me arrondissement de la ville de Paris. — II. *La statue de Diderot*, par Hippolyte Stupuy. Paris, typ. Morris père et fils, 1871, in-8.

Extrait du *Recueil des conférences de la mairie du 3me arrondissement*.

Étude nouvelle sur Denis Diderot, l'encyclopédiste du xviiie siècle. Extrait inédit du Grand Dictionnaire universel du xixe siècle, par Pierre Larousse. Paris, imprimerie du Grand-Dictionnaire, 1871, gr. in-8.

Albert Collignon. *Diderot, sa vie et ses œuvres*. Paris, librairie de la Bibliothèque démocratique, 1875, in-18.

G. Avezac-Lavigne. *Diderot et la société du baron d'Holbach. Étude sur le xviiie siècle. 1713-1784*. Paris, Ernest Leroux, 1875, in-8.

Diderot et Fréron, documents sur les rivalités littéraires au xviiie siècle, publiés avec des notes par Étienne Charavay, archiviste-paléographe. A Paris, chez Alph. Lemerre, 1875, in-8.

Tirage à part de la *Revue des documents historiques*.

Les Amours de Diderot, par Maurice Tourneux. Paris, imp. A. Quantin, 1876, gr. in-8.

Extrait à 40 exemplaires sur papier teinté, et à 10 sur papier vergé, d'une partie de la notice préliminaire des *Lettres à Mlle Volland*.

II

ARTICLES OU CHAPITRES CONSACRÉS A DIDEROT.

Des hommes célèbres de France au xviiie siècle et de l'état de la littérature et des arts à la même époque, par M. Goëthe, traduit de l'allemand par MM. de Saur et de Saint-Genis. Paris, A. A. Renouard 1823, in-8.

P. 53-75, Diderot et le *Neveu de Rameau*.

LERMINIER (E.) *De l'influence de la philosophie du* XVIIIe *siècle sur la législation et la sociabilité du* XIXe *siècle*. Paris, 1833, in-8.

Un chapitre est consacré à Diderot.

SAINTE-BEUVE. *Premiers Lundis*, t. I, p. 372-383.

Deux articles sur la publication des *Mémoires, correspondances, etc.*, M. Jules Troubat, en les réimprimant, a fait remarquer que le début de ces deux articles avait été reproduit par l'auteur dans une étude postérieure : *Portraits littéraires*, t. Ier, p. 254.

Causeries du lundi, t. III, p. 293-313.

Sainte-Beuve a maintes fois parlé incidemment de la personne et des œuvres du philosophe.

OEuvres choisies de Diderot, précédées de sa vie, par F. Génin. Paris, Didot, 1847, 2 v. in-12.

La longue et parfois très-injuste notice de Génin a été réimprimée intégralement dans la *Nouvelle Biographie générale*.

Gazette de Champfleury, 1856, in-32, n° du 1er décembre.

Est-il bon? est-il méchant? Lettre à M. le ministre d'État.

M. Assézat (t. VIII, p. 138) a rappelé, d'après M. Champfleury, et en complétant sur certains points son récit, les circonstances curieuses par suite desquelles la comédie de Diderot faillit être jouée, au Théâtre-Français, sous la direction de M. Arsène Houssaye, et comment elle en fut définitivement écartée.

La *Lettre* de M. Champfleury a été réimprimée dans *le Réalisme*, Lévy, 1857, in-18.

Les Encyclopédistes, leurs travaux, leurs doctrines et leur influence, par Pascal Duprat. Paris, Librairie internationale, 1866, in-12.

Histoire des Idées morales et politiques en France au XVIIIe *siècle*, par M. Jules Barni. Paris, Germer-Baillière, 1867, 2 v. in-12.

T. II, p. 303-388, quatre leçons professées à l'Académie de Genève sur Diderot.

Histoire de la Littérature française au XVIIIe *siècle*, par A. Vinet. Deuxième édition. Paris, Sandoz et Fischbacher, s. d.

Tome II, p. 129-140, un chapitre sur Diderot.

Revue contemporaine, t.LV (15 et 31 janvier 1867.)

Les Précurseurs de la critique moderne. Diderot, par A. Philibert-Soupé.

Écrite à propos des travaux de MM. Rosenkranz, L. Asseline et J. Barni, cette étude, qui n'a pas été, croyons-nous, publiée en volume, n'apporte point de documents nouveaux pour la biographie du philosophe; mais elle témoigne d'une parfaite connaissance du sujet et d'un ardent esprit de justice.

Revue des cours littéraires, t. V. *La jeunesse de Diderot et de Rousseau*, par M. H. Reynald.

III

ROMANS ET PIÈCES DE THÉATRE.

GENLIS (Mme DE). *Les Dîners du baron d'Holbach, dans lesquels se trouvent rassemblés sous leurs noms une partie des gens de la cour et des littérateurs les plus remarquables du XVIIIe siècle.* Paris, 1822, in-8.

Diderot se trouve mis en scène, on devine aisément avec quelle partialité, dans cette insipide production.

CLAUDON (F.-T). *Le baron d'Holbach.* Paris, 1835, 2 vol. in-8.

Diderot est un des personnages de ce roman intéressant.

La fin d'un monde et du neveu de Rameau, par M. Jules Janin. Paris, Collection Hetzel, E. Dentu, libraire, 1861, in-18.

Delumone (Érasme). (Pseudonyme de M. J. Desoer). *La Veille du Déluge.* Liége, J. Desoer, 1862, in-32.

Ce roman est, paraît-il, imité de la pièce allemande que M. Brachvogel a tirée du *Neveu de Rameau*.

Le Mariage de Diderot, par Charles Joliet.

Nouvelle faisant partie des *Romans microscopiques* de l'auteur (1866, in-18), et réimprimée, en 1873, dans un journal, *le Magasin illustré*.

Une Journée de Diderot, comédie en un acte, en prose, par MM. Michel Carré et Raymond Deslandes. Paris, Michel Lévy, 1868, in-18.

Représentée au Gymnase, en 1868.

La Philosophie positive, Revue. Nos de septembre-octobre, novembre-décembre 1875.

Chez Diderot, comédie en deux actes, en vers, par M. Hippolyte Stupuy.

Il en a été fait un tirage à part à quinze exemplaires précédé de : *Un mot à propos du* Chez Diderot *de M. Stupuy*, par M. Littré.

Cette comédie, reçue à l'Odéon en février 1868 et acceptée sans difficultés par la censure impériale, fut reléguée par le théâtre même dans les cartons; mais en 1874, au moment où M. Stupuy réclamait un dédit, l'Odéon lui offrit de mettre aussitôt sa pièce en répétition. L'auteur craignit le véto de la censure cléricale à la veille de la représentation, et se décida à faire imprimer son œuvre.

Cette pièce, qui met en scène Diderot, son frère, sa femme et sa fille, Rameau, Rousseau, d'Holbach, Naigeon, d'Alembert, Georges Le Roy, le prince Galitzin, M. de Vandeul, Mme d'Épinay et Voltaire même, a été l'objet d'une conférence de M. Eugène Noël, à Rouen (8 janvier 1877).

FIN DES APPENDICES

TABLE
GÉNÉRALE ET ANALYTIQUE

DES MATIÈRES

CONTENUES DANS LES ŒUVRES DE DIDEROT.

Nota. — Les chiffres romains indiquent les volumes, les chiffres arabes les pages. — L'astérisque *, avant un article, indique que cet article provient de l'*Encyclopédie*. — Le signe ¶, appelé en typographie *patte de mouche*, a été employé pour indiquer les titres de chaque ouvrage de Diderot.

A

*A. Première lettre de l'alphabet.— Désigne une proposition générale affirmative, XIII, 179. — Est employé, comme signe des passions, dans les anciens dialectes grecs, *ibid.* — De l'usage qu'en font les différents peuples de l'Europe, *ibid.*

Aaron, frère de Moïse, qui l'élève au souverain sacerdoce, rendu héréditaire dans sa famille, I, 203. — Révolte des lévites Dathan et Abiron à ce sujet, *ibid.*, alinéa 40.

Abaris, philosophe scythe, XVII, 111. — Son voyage en Grèce et en Italie. Pythagore lui apprend la physique et la théologie, *ibid.*

Abbadie (*Jacques*), célèbre ministre et théologien protestant. — Diderot a lu son *Traité de la vérité de la religion chrétienne* sans y trouver les preuves annoncées, I, 153. — Auteur à consulter, III, 492. — Écrivain médiocre selon Voltaire, VI, 351.

Abbés. — Corps nombreux ; leurs attributions, I, 196, alinéa 26.

Abbon (*Constantin*), théologien et chroniqueur du xe siècle, XV, 301.

Abdérame ou Abdoulraman III, roi de Cordoue. — Anecdote sur ce prince, II, 439, 440.

¶ *Abdication du roi de la Fève.* — Voy. *Eleuthéromanes.*

Abeilles. — Questions philosophiques au sujet de ces insectes, I, 232, alinéa 43, et 233, alinéa 47.

Abel, fils d'Adam, tué par Caïn son frère. — Dieu le fait revivre dans la personne de Seth, XIII, 303.

Abélard, philosophe scolastique. — Sa vie, ses amours avec Héloïse, XVII, 90, 91. — Persécutions qu'il eut à subir. Violences de saint Bernard contre lui, 92, 93, 94.

Aben-Ezra, écrivain juif du xiie siècle. — Fut un des plus grands hommes de son temps, XV, 372. — Notice sur sa vie, 373. — D'où il tire l'étymologie du mot *nabi* (prophète), XVI, 428.

*Abiens, peuples de Scythie ou de

Thrace, renommés pour leur vie austère ; Tertullien en fait mention ; Strabon loue la pureté de leurs mœurs ; XIII, 180.

ABIRON, lévite séditieux. — Voyez AARON.

ABLANCOURT (PERROT d'), traducteur élégant de Lucien, etc. — On lui doit l'introduction du mot *rabrouer* dans la langue française, VI, 105. — Choisi par Colbert pour écrire l'histoire de Louis XIV ; le roi le refuse pour cause de religion, *ibid.*

* *Abominable.* —Valeur de cette expression et de ses synonymes, *Détestable, Exécrable,* XIII, 180.

ABRAHAM. — Dieu lui ordonne d'immoler son fils Isaac, I, 202. — Son obéissance est récompensée par la grâce de l'innocent, *ibid.,* alinéas 38, 39.

Absolution. — Voyez *Savon.*

* *Absolution.* — Est en conséquence d'une faute ou d'un péché, et concerne proprement l'état du coupable, XIII, 181. — Synonymes : *Pardon, Rémission, ibid.* — Valeurs différentes de ces expressions, *ibid.*

* *Absorbant,* terme de médecine, XIII, 181.

* *Absorber, Engloutir,* synonymes ; XIII, 181.

* *Abstinence des Pythagoriciens.* — Ils ne mangeaient ni chair ni poisson, XIII, 182. — Cette *abstinence* de tout ce qui avait eu vie était une suite de la métempsycose, *ibid.* — Pythagore s'abstenait également des fèves, de la mauve, du vin, etc., *ibid.*

Abstractions. — Terme de psychologie et de logique, II, 179. — Ce sont des ellipses destinées à rendre le langage plus commode et plus rapide, 180.

* *Abstraits* (Termes). — Leur valeur en logique, XIII, 182.

Abus de pouvoir. — Est lié au pouvoir, comme l'effet à la cause ; exemples, II, 389.

* *Académicien, Académiste.* — Ce qui distingue ces qualifications, XIII, 183.

Académie. — Pourquoi les académies étouffent les hommes de génie, II, 327. — Ce que doit être ce corps de savants, III, 519.—Récit satirique d'une séance de l'Académie de Banza (*Paris*), IV, 162-164. — Suite de cette séance, 165. — Sa fin tumultueuse, 166. — Est un établissement particulier soumis à des conditions spéciales d'admission, IX, 222. — Injustice de l'Académie française à l'égard de Rulhières lors du concours de 1767, XI, 374, et XVIII, 297. — Comment Diderot traite les membres de l'Académie, à cette occasion, dans une lettre à Mlle Volland, XIX, 273.

ACADÉMIE. — Lieu choisi par Platon, à Athènes, pour professer sa philosophie, XVI, 313.

Académie ancienne, secte de philosophes qui suivaient la doctrine de Platon et de Socrate. — Les habitués de l'*Allée des marronniers* leur ressemblent, I, 215, alinéa 1. — L'académie ancienne était composée de vrais *platoniciens ;* philosophes qui lui appartiennent, XVI, 326.

Académie moyenne. — En quoi elle diffère de l'Académie ancienne, XVI, 326. — Philosophes qui lui appartiennent, 330.

Académie nouvelle. — Fondée par Carnéade et Clitomaque, XVI, 326. — Philosophes qui lui appartiennent, 333.

Académie de la Crusca. — Son célèbre vocabulaire, XIV, 446.

Académie de peinture. — Sa conduite honteuse et ses injustices dans la distribution des prix de l'année 1767, XI, 376. — Décerne à Moitte, élève de Pigalle, le prix de sculpture que, d'une voix unanime, la partie saine de l'Académie et tous les élèves attribuaient à René Millot, élève de Le Moyne, 377. — Scènes tumultueuses que cause cette injustice, *ibid.* — Fait casser tous les bas-reliefs du concours, afin qu'il ne reste aucune preuve contre elle, 378. — Suites de cette affaire, 380. — Diderot la raconte à Falconet, XVIII, 297.—Il écrit à Mlle Volland comment cette Académie se déshonore, XIX, 274. — Scènes et scandale à cette occasion, 275 et suiv.

Académies juives. — La plus ancienne, celle de Nahardéa, est érigée en l'an 220 ou 230, par le rabbin Samuel, XV, 356. — En 278, la ville de Sora, sur l'Euphrate, ouvre la sienne, 357. — Le rabbin Chasda vint, en 290, diriger celle de Pumdebita en Mésopotamie, *ibid.* — L'an 373, il s'en érigea deux nouvelles, et, à la fin du dixième siècle, il s'en éleva une où l'on comptait neuf mille juifs, *ibid.*

Acajou et Zirphile, roman de Duclos, fort goûté dans l'allée des fleurs, I, 237, alinéa 7.

* Acalipse, poisson peu connu, dont parle Athénée, XIII, 183.

* ACAPULCO, ville et port du Mexique. — Son commerce, XIII, 183.

* ACARA ou ACARAI, ville de l'Amérique méridionale (Paraguay), bâtie par les Jésuites, XIII, 184. — Faisait, au commencement du XVIIIe siècle, un trafic considérable des marchandises d'Europe contre des nègres, *ibid.* — Le prix d'un nègre ne dépassait pas quatre-vingt-dix livres, *ibid.* — Les Anglais, les Hollandais et les Danois y ont formé des établissements, *ibid.*

* Acaricaba, plante du Brésil employée en médecine, XIII, 184.

* Acarnan, poisson de mer. — Athénée, Rondelet et Aldrovande le décrivent, XIII, 184.

* Acatalepsie. — Arcésilas en fut le premier défenseur : exposition de ses idées, XIII, 184.

ACCA, prélat anglais, écrivain chrétien du VIIe siècle, XV, 300.

* Accès : *Avoir accès, Aborder, Approcher.* — De l'emploi de ces expressions comme synonymes, XIII, 185.

Accessoires. — Comment les peintres sont conduits dans le choix de leurs accessoires, X, 494. — Nos architectes, sans génie, ne savent ce que c'est que les idées accessoires, 496. — Le moindre accessoire superflu nuit à l'expression, 504. — Trop multipliés dans un tableau ils indiquent la pauvreté d'idées, ce sont des *bouche-trous*, XII, 102. — C'est un grand art de savoir les négliger, 130. — Trop soignés, ils rompent la subordination, *ibid.* — Il est plus permis de les négliger dans les grandes compositions que dans les petites, 131.

Accident. — Définition de ce mot en peinture, XII, 130.

Accord. — En quoi consiste celui d'un tableau, XII, 131.

Accordée (l') *de village*, tableau de Greuze, figure à l'Exposition de 1761, X, 151. — Gravé par Flipart en 1770, ce tableau se voit aujourd'hui au Louvre, n° 260 de l'École française, *ibid.*

* Accoucheuse. — Dangers fréquents de son emploi, XIII, 185. — Exemples rapportés par Diderot, témoin oculaire, 186.

ACÉRONIA, suivante d'Agrippine. — Est assommée à coups de rames et de crocs, dans l'attentat de Baïes, III, 105.

ACHILLE, II, 309. — Pourquoi on admire son caractère, 392.

* ACHOR, le dieu des mouches. — Les habitants de Cyrène lui sacrifiaient, au dire de Pline, XIII, 186.

* Acier (Métallurgie.) — Sa préparation, ses usages; auteurs qui en ont traité, XIII, 187.

* Acmella, plante de l'île de Ceylan. — La vertu qu'on lui attribue de guérir la pierre en la dissolvant a rendu l'acmella célèbre, XIII, 212. — Sa culture et sa préparation, 213.

* A cognitionibus, désignation d'une charge importante à la cour des empereurs romains, XIII, 177.

* Açores, nom de neuf îles de l'Amérique. — Possession des Portugais, XIII, 214. — Leurs productions, articles qu'on y importe *ibid.*

* Acorus, plante dont il existe plusieurs variétés décrites. — Son emploi en médecine, XIII, 214, 215.

ACOSTA (*Joseph*), jésuite espagnol. — Met en doute les conversions merveilleuses attribuées au jésuite Xavier, envoyé par Loyola au Japon et aux Indes, XV, 274.

* Acousmatiques, nom d'une certaine classe des disciples de Pythagore, XIII, 215.

Acoutisque. — Ses principes généraux, IX, 83.

* *Acridophages*, peuples d'Éthiopie qui se nourrissaient de sauterelles, XIII, 216. — Leur vie était courte, ils mouraient de vers ailés qui s'engendraient dans leur corps, *ibid.* — Pline met aussi des *Acridophages* dans le pays des Parthes, et saint Jérôme les place dans la Lybie, *ibid.*

* *Acrimonie*, *Acreté*, synonymes, terme scientifique, XIII, 217.

* *Acrimonie*, terme de chimie. — En quoi elle consiste, XIII, 217.

Acté, affranchie romaine. — Néron se prend de fantaisie pour elle, III, 72. — Discours, suggéré par Sénèque, qu'elle tient pour détourner Néron de sa passion incestueuse pour Agrippine, 104.

Actes. — Parties constitutives d'un drame, VII, 354. — Règles de convention auxquelles ils sont soumis, 355. — Le premier acte d'un drame en est peut-être la portion la plus difficile, *ibid.*

Acteur. — Le geste, la pantomime, sont choses que le poëte a souvent raison de lui abandonner, s'il a du talent, VII, 105. — Quel doit être le travail de toute sa vie, 107. — Si la fureur d'être applaudi le domine il exagère; le vice de son action se répand sur l'action d'un autre, *ibid.* — A quel âge on est grand comédien, VIII, 351 et 376. — Influence perfide d'un médiocre partenaire sur un excellent comédien, 375. — L'auteur n'est pas profondément pénétré de son rôle comme on le suppose; ébauches de scènes en exemple, 377 et suiv.

Action. — Nécessaire à la conservation de l'individu. Sans le mouvement et l'exercice, le corps languit, I, 95. — En physique, ne pas la confondre avec la masse, II, 67.

Actions. — Toutes celles que l'humanité proscrit seront toujours des horreurs, en dépit des coutumes barbares, des lois capricieuses et des faux cultes qui les auront ordonnées, I, 39. — Celles qui ne partent point des affections naturelles ou des passions d'un animal ne sont point une action de cet animal, 69.

Action et des actes (division de l'), dans la poésie dramatique, VII, 354. — Voy. *sommaire*, p. 303.

* *A cura amicorum*. — Formule employée dans les inscriptions sépulcrales, XIII, 178.

* *Adæquat*, terme de logique et de métaphysique. — Exemples de son emploi, XIII, 218.

Adam. — Sa création, I, 201. — Ève, sa femme, lui fait faire un mauvais repas qui imprime une tache noire à tous ses descendants, *ibid*, alinéa 38.

* Cet homme, le premier de tous, a-t-il été philosophe? XIII, 299. — Suivant Hornius et les docteurs juifs, on ne peut en douter, *ibid.* — Leurs raisonnements à ce sujet, 300. — Caractère de sa sagesse avant sa chute, *ibid.* — Fables nombreuses que les talmudistes débitent sur sa personne et sur sa création, XV, 392.

Adam (*Nicolas-Sébastien*), sculpteur. — Expose au Salon de 1763 un *Prométhée attaché à un rocher et qu'un aigle dévore;* morceau difficile à bien juger, X, 223. — Au Salon de 1765, il expose un mauvais *groupe de Polyphème*, 435.

Adanson (*Michel*), célèbre naturaliste. — Ses observations sur les *Oscillaires*, et en particulier sur une plante aquatique appelée la *Tremella*, IX, 259.

¶ *Addition aux Pensées philosophiques*, I, 157-170.

¶ *Addition à la Lettre sur les aveugles*, I, 331-342.

¶ *Additions* pour servir d'éclaircissement à quelques endroits de la *Lettre sur les sourds-muets*, I, 395-428.

Adelhard, abbé de Corbie, cousin de Charlemagne. — Se fait remarquer parmi les écrivains chrétiens du ixe siècle, XV, 300.

Adelphes (les), comédie de Térence. — Citée en exemple du mauvais effet des contrastes de caractères, VII, 350.

* *Adeptes*, nom donné à ceux qui s'efforçaient de transformer les métaux en or et de trouver un remède universel, XIII, 218. — Ce que Paracelse dit d'eux, *ibid.*

ADHELME, prélat anglais, écrivain chrétien du VIIe siècle, XV, 300.
* *Adhérent*, synonymes : *Attaché, Annexé*. — Exemples de l'emploi grammatical de ces mots, XIII, 218, 219.
¶ *Adieux d'un vieillard taïtien à Bougainville*, II, 213 à 218.
* *Admettre*, synonyme : *Recevoir*, XIII, 219.
* *Admiration*. — Sentiment moral qu'excite en nous la présence d'un objet, quel qu'il soit, intellectuel ou physique, auquel nous attachons quelque perfection, XIII, 220.
* *Ador* ou *Adorea*. — Gâteaux employés dans les sacrifices des païens, XIII, 221.
* *Adoration*. — Acceptions diverses de ce mot, son étymologie, XIII, 221.
* *Adorer*. — Signification littérale et étymologie de ce mot, XIII, 222. — Emploi des verbes *adorer, honorer, révérer*, pour le culte religieux et pour le culte civil, distinctions à faire, 223.
* *Adoucir*, synonyme : *Mitiger*. — Différence entre ces deux termes, XIII, 224.
* *Adrachne*, plante commune dans la Candie, sur les montagnes de Leuce, XIII, 224.
* *Adragant*, suc gommeux produit d'une plante commune en Crète. — Son analyse, son emploi, XIII, 225.
* ADRAMELECH, faux dieu des Sépharraïmites, peuple d'Assyrie. — Son culte, XIII, 226.
* ADRAMUS, dieu particulier à la ville d'Adram, en Sicile, XIII, 226.
* ADRASTE, nymphe nourrice de Jupiter dans l'antre de Dicté, XIII, 226.
* ADRASTÉE ou ADRASTIE, divinité nommée *Némésis* par Hésiode, XIII, 226. — Nom d'une ville de la Troade, *ibid*.
* *Adresse, Souplesse, Finesse, Ruse, Artifice*, considérés comme synonymes, XIII, 226.
ADUL-HUSSEIN-ESSOPHI, philosophe musulman et savant astronome, XVII, 42.
Adultère, II, 233. — N'est point un acte répréhensible chez les Taïtiens, *ibid*.
* *Ædes*. — Signification de ce mot chez les anciens Romains, XIII, 226.
ÆNEAS GAZEUS, philosophe platonicien. — Chrétien du Ve siècle, XV, 298. — Professait la doctrine des émanations, *ibid*.
* *Æs, Æsculanus, Æres*, nom de la divinité qui présidait à la fabrication des monnaies. — Manière dont les païens la représentaient, XIII, 227.
* *Æs ustum*, ou *Cuivre brûlé*. — Sa préparation, XIII, 227.
Affabilité. — Pourquoi elle rend le mérite supportable, II, 396.
* *Affaissement*, maladie. — Remarques de Boerhaave sur ce sujet, XIII, 227.
* *Affectation, Afféterie*. — En quoi consistent ces défauts; en quoi ils diffèrent, XIII, 228.
Affectation des grands maîtres. — Ce que Diderot définit ainsi, II, 38.
Affections. — Toute affection qui a pour objet un bien imaginaire est vicieuse en elle-même, I, 28. — On n'est pas vertueux quand on agit par intérêt, 29. — Bons ou mauvais, les penchants de l'homme ont leur source dans son tempérament actuel, 30. — L'excès de certaines affections, même parmi les plus louables, dégénère en vice, 31. — Tout ce qui part d'une mauvaise affection est mauvais, inique et blâmable, 36. — Naturelles, elles sont le fondement de la société, 38. — Toute action qui ne procède point des affections naturelles ou des passions de l'animal n'est point une action de l'animal, 69. — Trois espèces d'affections déterminent l'animal dans ses actions, 70. — Les affections sociales peuvent être trop fortes, les affections intéressées trop faibles, *ibid*. — Elles sont, dans la constitution animale, ce que les cordes sont sur un instrument de musique, 75. — Celles des animaux ont une constante régularité, qu'on ne rencontre pas dans l'espèce humaine, 76. — Le principal moyen d'être bien avec soi, c'est d'avoir les affections sociales entières et énergiques, 78. — Preuves de cette proposition, *ibid*. et suiv. — Sont la source des plaisirs intellectuels, 79. — Seules,

les affections sociales procurent la tranquillité d'esprit, 88. — Elles contribuent à rendre agréable et doux l'examen de soi-même, 89. — Quiconque jouit de l'intégrité des affections sociales possède cette satisfaction intérieure qui fait tout le bonheur de la vie, 93. — Sans elles, les plaisirs des sens, ainsi que les plaisirs de l'esprit, sont dépourvus de force et de vigueur, 95. — Naturelles et sociales, elles font le bonheur de l'homme; dénaturées, elles le rendent souverainement malheureux, 118. — Exemples tirés de l'histoire, *ibid*.

* Examen physiologique de cet état de l'âme, XIII, 228.

* *Affinité*, terme de jurisprudence, XIII, 230. — Est différent de *consanguinité*, *ibid*. — Est un empêchement au mariage suivant les canonistes modernes, *ibid*. — Décisions du concile de Latran à ce sujet, 231.

* *Affliction, Chagrin, Peine*, synonymes; nuances expliquées par des exemples, XIII, 231.

* AFRIQUE, l'une des parties du monde. — Son étendue, XIII, 231. — On ne commerce guère que sur ses côtes, *ibid*. — N'est pas encore bien connue à l'intérieur, *ibid*.

AGAG, roi des Amalécites, coupé en morceaux par Samuel, III, 511. — Le prêtre conserve par état la hache du sacrificateur, *ibid*.

* *Agaric*, médicament. — Purgatif fort estimé des anciens; aujourd'hui abandonné, XIII, 232.

AGATHE (*sœur*), religieuse du couvent Sainte-Eutrope d'Arpajon, V, 116. — Favorite délaissée de la supérieure en faveur de sœur Thérèse, dont le crédit baisse à son tour à la venue de sœur Suzanne Simonin (*la Religieuse*), *ibid*

* *Agathyrses*, peuple de la Sarmatie. — Hérodote, saint Jérôme et Virgile en font mention, XIII, 234.

* *Agaty*, arbre du Malabar. — Sa description, ses propriétés médicinales, XIII, 234, 235.

* *Age*. — Les quatre âges mythologiques, allégorie très-instructive, XIII, 235.
— Les temps historiques ou âges du monde, leur division, 236.

AGÉNOR, nom d'un courtisan retiré avec Phédime dans l'allée des fleurs, I, 240, alinéa 16.

* AGLIBOLUS, dieu des Palmyréniens, qui adoraient le soleil sous ce nom, XIII, 236. — Comment ils le représentaient, *ibid*.

* *Agneau*, petit de la brebis et du bélier. — Soins à lui donner, XIII, 237. — Usage de sa peau, 238. — Les variétés, de Perse et de Tartarie, fournissent des fourrures estimées, 239.

* *Agnel* ou *Aignel*, ancienne monnaie d'or, frappée sous saint Louis, XIII, 239. — Sa valeur, *ibid*. — Ceux du roi Jean, de Charles VI et de Charles VII étaient de poids et de valeur différents, *ibid*.

* *Agnelins*, terme de mégisserie. — Ses différentes acceptions, XIII, 239.

* *Agnus Scythicus*. — Histoire de cette plante merveilleuse, XIII, 239. — Origine des contes auxquels elle a donné lieu, *ibid*. et 240. — Le merveilleux de cette plante réduit à sa juste valeur, 241.

* *Agréable, Gracieux*. — Emploi grammatical de ce mot, XIII, 243.

Agriculture. — Source de toute richesse, III, 491.

* Est le premier, le plus utile, le plus étendu et peut-être le plus essentiel de tous les arts, XIII, 243. — Son histoire générale, 244-265.

AGRIPPA (*Corneille*), philosophe pythagoreo-platonico-cabalistique. — Notice sur lui, XVI, 535. — Professe la philosophie occulte. — Principes de cette philosophie, 536 et suiv.

AGRIPPINE, fille de Germanicus, épouse en premières noces de Domitius Ænobarbus, dont elle eut Néron. — Es mariée en secondes noces à l'empereur Claude, son oncle, III, 46. — Projette le mariage de Néron avec Octavie, fille de Claude, *ibid*. — Elle n'a pas encore le titre d'impératrice, mais elle en exerce l'autorité, *ibid*. — Son portrait politique, 47. — Fait adopter Néron au préjudice de Britannicus, *ibid.* — Fait rappeler Sénèque d'exil, 48. — Se propose de le corrompre, *ibid.* — Entre en lutte avec Burrhus et Sénèque, 62. — S'aliène l'esprit de son fils pris de passion pour Acté, 72. — Ses imprudences et son ambition causent sa perte, 76. — Sous l'influence de Pallas, son amant et son confident, elle reçoit de mauvaise grâce une parure que Néron lui envoie, 79. — Elle se répand en menaces et en invectives contre l'empereur, 80. — Néron se trouble et fait empoisonner Britannicus, alors âgé de quatorze ans, *ibid.* — Se rapproche d'Octavie et médite des projets de vengeance, 82. — Néron la relègue dans un palais, où il ne la visite plus qu'entouré de centurions, 83. — Sa demeure devient déserte, *ibid.* — Julia Silana, qui avait eu à se plaindre d'elle, la fait accuser par deux délateurs, *ibid.* — Néron ordonne sa mort, 84. — Sénèque et Burrhus sont chargés d'instruire contre elle et de l'interroger, *ibid.* — Fière réponse qu'elle leur adresse, 85. — Elle demande à voir son fils, elle le voit : ses délateurs sont châtiés, ses amis récompensés, *ibid.* — La paix s'établit un moment entre elle et Néron, 100. — Poppée s'occupe de la rendre odieuse et suspecte, 101. — Son commerce incestueux avec Néron attesté par Suétone, 103. — Poppée triomphe, 104. — Néron évite toute entrevue avec Agrippine dont la mort est résolue, *ibid.* — L'affranchi Anicet, préfet de la flotte de Misène, en dirige les préparatifs auxquels il donne l'apparence d'une fête, *ibid.* — Néron lui écrit les lettres les plus tendres et les plus séduisantes pour l'attirer dans le piège; il la reçoit à Baies, *ibid.* — Elle entre dans le vaisseau préparé pour sa mort, 105. — Le mécanisme infernal manque son effet; elle échappe en se jetant à la mer, *ibid.* — Elle est recueillie et conduite à sa maison de campagne, 106. — Dissimule ses sentiments dans une lettre à Néron, *ibid.* — Sa mort est de nouveau résolue, *ibid.* — Sénèque et Burrhus refusent de concourir à cet attentat; Anicet se charge de le mettre à exécution, *ibid.* — Elle se refuse à croire que Néron ait ordonné un parricide, 115. — Le centurion Oloaritus tire son glaive et la frappe dans son lit, 116. — Néron couronne son forfait en venant contempler son cadavre, *ibid.* — Le Sénat et les grands de Rome instituent des fêtes annuelles en mémoire de sa mort, et le jour de sa naissance est écrit dans les fastes entre les jours funestes, 117.

* *Agrotère*. — Nom donné à Diane par les Athéniens, XIII, 265.

* *Aguaxima*. — Plante du Brésil et des îles de l'Amérique méridionale, XIII, 265.

* *Aguiate* ou *Aguée*. — Pourquoi les Grecs donnaient cette épithète à Apollon, XIII, 266.

AHMED-EBN-ANBAL, fondateur d'une secte musulmane reconnue pour orthodoxe, XV, 74. — L'hérésie de ce chef fit grand bruit vers le milieu du IXe siècle, 75. — Voyez HANBALITE.

Aïeux. — Quels sont ceux dignes d'être enviés, III, 222.

* *Aigle*. — Pourquoi les païens consacrèrent cet oiseau à Jupiter, XIII, 226.

Ail. — Hippocrate, Seranus, les médecins du moyen âge, et ceux de la renaissance recommandaient cette plante à l'effet de reconnaître si une femme était stérile ou féconde, IX, 304. — Mode d'emploi, *ibid.* — N'a plus de partisans aujourd'hui, *ibid.*

AINE (M. d') fils, désigné dans les lettres de Diderot par *mon fils*; sa conduite impertinente avec Mme de C., XVIII, 516. — Comment Diderot juge cette dame, XIX, 17. — Portrait de Mme d'Aine la jeune, 248.

AINE (Mme d'), femme d'un maître des requêtes, mère de Mme d'Holbach. — Propriétaire du Grandval; son caractère, XVIII, 394. — Comment elle estropie tous les noms, 426. — Son aventure burlesque avec M. Le Roy,

515. — Son dialogue avec son gendre, d'Holbach sur le Grand-Lama, 516. — Elle est plus folle que jamais, XIX, 245. — Devenue esprit fort, 261. — Singulière conversation avec elle, 262.

Aine (*Basile-Geneviève-Suzanne*), première femme du baron d'Holbach, III, 277. — Rousseau, dans ses *Confessions*, parle d'une lettre que Diderot lui écrivit à l'occasion de sa mort, *ibid*.

Aine (*Charlotte-Suzanne*), sœur de la précédente, devient, à la mort de celle-ci, la seconde femme du baron d'Holbach, III, 277.

Air. — L'air est le véhicule du son, IX, 86. — Son mode d'action sur l'oreille, *ibid*. — Mémoire sur sa résistance au mouvement des pendules, 168 et suiv.

* Les Grecs en faisaient une divinité, XIII, 266.

Air, Manières, considérés grammaticalement, XIII, 267.

Aisnon (Mme d'), personnage épisodique du roman *Jacques le Fataliste*, VI, 127. — Mme de La Pommeraye, voulant se venger de l'abandon du marquis des Arcis, jette les yeux sur cette femme et sur sa fille, 128. — Promet à Mme de La Pommeraye de la seconder dans ses projets, *ibid*. — Reçoit de Mme de La Pommeraye un précis de la conduite qu'elle et sa fille auront à tenir, 130. — Une première entrevue avec le marquis au Jardin du Roi, 135. — Sa conduite durant l'intrigue qui a pour dénoûment le mariage de sa fille avec le marquis des Arcis, 136-156. — Le marquis lui écrit ; elle quitte l'hôtel, se retire dans un couvent où elle meurt, 157.

Aisnon (Mlle d'), fille de la précédente VI, 127. — Métier infâme que sa mère lui fait embrasser, 128. — Entre dans une conspiration ourdie par Mme de La Pommeraye contre le marquis des Arcis, *ibid*. — Plan de la conduite à tenir, tracé par Mme de La Pommeraye, 131. — Une première entrevue avec le marquis au Jardin du Roi, 135. — Sa conduite dans cette rencontre, 136.

— Son portrait au physique et au moral par Mme de La Pommeraye, 137-139. — Un dîner chez Mme de La Pommeraye ; piége préparé contre le marquis pour une seconde entrevue, 146. — Mlle Duquênoi (c'est le véritable nom de famille de Mlle d'Aisnon), se montre plus séduisante que jamais, 147. — Son confesseur, corrompu par le marquis des Arcis, travaille à sa perte, 148, 149. — Renvoie un premier cadeau offert par le marquis, 150. — En refuse un second, 151. — Est épousée, 155. — La nuit des noces se passe bien, *ibid*. — Le lendemain une lettre de Mme de La Pommeraye amène d'affreuses révélations, 156. — Ses paroles au marquis, informé de son infamie, *ibid*. — Anéantie, privée de sentiments, elle est portée dans son appartement, 157. — Son mari disparaît durant quinze jours, *ibid*. — De retour, il la fait appeler, 158. — Son attitude, ses larmes et ses paroles touchent le cœur du marquis ; il pardonne, 159. — Retirée durant trois ans dans les terres du marquis, elle fut une femme accomplie, *ibid*.

* *Aius-Locutius*. — Nom sous lequel les Romains honoraient le dieu de la parole, XIII, 267. — Ce que Cicéron rapporte de cette singulière divinité au deuxième livre de *la Divination, ibid*.

Ajax. — Étude sur l'*Ajax* d'Homère comparé à l'*Ajax* de Longin, I, 417-427. — Discussion à ce sujet entre Diderot et le jésuite Berthier, II, 437.

* *Al*. — Signification de cette particule dans la langue arabe, XIII, 269. — Elle entre dans la composition de plusieurs mots français, *ibid*.

Alainville (M. d'). — Sa conversation avec Diderot, V, 179.

* *Alarme*. — Voyez *Allarme*.

* *Albadara*. — Nom donné par les Arabes à l'os sésamoïde de la première phalange du gros orteil, XIII, 269. — Trois anecdotes (un conte et deux faits véritables) qui se rapportent à cet os, 270.

ALBANE (l'). — Remarque sur son tableau la Saison, X, 112.

ALBERT LE GRAND, philosophe scolastique. — Professa la philosophie d'Aristote, XVII, 97. — Il s'occupa des mathématiques et de la mécanique, ibid.

ALBERTI (Dominique), musicien italien. — Cité, XII, 302, 321.

Albigeois, Vaudois, Bons Hommes, Manichéens; sectes hérétiques. — Croisades religieuses entreprises contre elles, XIV, 250, 251.

ALCIBIADE, célèbre général et homme d'État athénien. — Conseille la guerre du Péloponèse à Périclès, son oncle, II, 475.

ALCINE, dame de la cour. — Mangogul fait sur elle le premier essai de l'anneau mystérieux de Cucufa, IV, 152. — Son bijou parle; ce qu'il dit, 153. — Avantages qu'elle retire de cette aventure, 154.

Alciphron ou le Petit Philosophe, ouvrage de Berkeley, évêque de Cloyne, III, 257.

ALCMÉON, philosophe pythagoricien. — Son système, XVI, 522.

ALCMÉON, spinosiste, I, 228, 229; alinéas 31, 37.

Alcoran. — Voyez Koran.

ALCUIN, archevêque d'York; l'un des instituteurs et le favori de Charlemagne, XV, 300. — Savant écrivain chrétien du VIIIe siècle, ibid.

ALCYPHRON, nom d'un écrivain grec; l'auteur de la Promenade du sceptique le prend pour arbitre, I, 186.

* ALECTO, une des trois Furies. — Son nom, qui répond à celui de l'Envie, est tout à l'avantage de la théologie païenne, XIII, 270, 271.

ALEMBERT (Jean Lerond d'). — Son entretien avec Diderot, II, 105. — Histoire de la formation de son être dans le sein de sa mère, 109. — Se dit sceptique; Diderot le juge dogmatique oscillant, et compare son irrésolution à celle de l'âne de Buridan, 120. — Est un écrivain délicat et hardi, III, 157. — Comparé à Condorcet, 158. — Sa brochure Sur la destruction des Jésuites produit un grand effet, VI, 475. — Examen, par Diderot, de deux mémoires de mathématiques qu'il a composés : l'un Sur les probabilités, IX, 192-206; le second, sur l'Inoculation, 207-212. — Ses judicieuses remarques sur la musique dans le Discours préliminaire du Dictionnaire encyclopédique, X, 36. — Sa lettre du 28 janvier 1758 à Voltaire, au sujet de l'Encyclopédie, XIII, 120. — Refuse de continuer sa collaboration à cet ouvrage, 121. — Partie de cet ouvrage qu'il revendique comme sienne, 125. — Sa conversation avec Diderot à propos de l'Encyclopédie, XVIII, 400. — Il prononce, à la clôture de l'Académie française, un discours sur la poésie, 441. — Comment Diderot juge du procédé de d'Alembert envers La Condamine, à propos de son mémoire sur l'Inoculation, XIX, 36. — Sa maladie, 160. — Il obtient toutes les voix de l'Académie des sciences pour la pension qu'avait Clairaut, 175. — Ce qu'il n'a pas considéré en quittant l'Encyclopédie, 452. — Lettre de Diderot pour le complimenter sur sa brochure Sur la Destruction des Jésuites, 472. — Il lui fait part de la vente de sa bibliothèque à l'impératrice de Russie, ibid. — Refuse la place de précepteur du grand duc de Russie; n'est pas l'homme qu'il faut pour cette place, XX, 40.

ALEXANDRE (Jean), l'un des trois jésuites qui, en 1758, attentèrent aux jours du roi de Portugal Joseph Ier, XV, 281.

ALEXANDRE DE HALES, théologien anglais, cité I, 197, alinéa 27.

ALEXANDRE LE GRAND. — Prévenu d'une grande estime pour les Chaldéens, il ne tarde pas à les mépriser dès qu'Anaxarque lui a fait connaître toute la vanité de l'astrologie judiciaire, XIV, 81. — Comble de faveurs le philosophe d'Abdère, 407. — Supérieur en politique à Aristote, son précepteur, XV, 67. — Hâte les progrès de la philosophie en Grèce, 68. — Peuple de Juifs la ville d'Alexandrie, 328, 329.

* Alexandrin. — Épithète qui désigne

dans la poésie française la sorte de vers affectée principalement aux grandes compositions, XIII, 271. — Sa structure, *ibid.* — Pourquoi ainsi nommé, *ibid.*

ALEXINUS ou EUBULIDE, philosophe grec de la secte Mégarique, XVI, 112.

AL-FARABE, philosophe musulman. — Sa vie, XVII, 41.

ALFRED LE GRAND, roi d'Angleterre. — L'histoire le place au rang des oshèr utiles à l'humanité, XV, 301. — La science lui a les mêmes obligations en Angleterre qu'à Charlemagne en France, *ibid.*

ALGAROTTI (le comte *François*), célèbre écrivain italien. — Sur son livre *Il Congresso de Citera* (l'Assemblée de Cythère), VI, 319.

ALGAZEL, philosophe musulman, de la secte des Assharites, XVII, 46.

Algèbre. — Ce n'est qu'une arithmétique plus générale que celle des nombres, III, 453.

ALIBEG, officier de Mangogul. — Sa dispute avec Nassès, IV, 329. — Comment le sultan vide leur différend, 330.

* *Alica.* — Espèce de nourriture dont il est beaucoup parlé dans les Anciens, XIII, 272. — Auteurs qui en ont parlé, *ibid.*

* *Aliments.* — Étude intéressante sur ce sujet, XIII, 273-278.

ALKINDI, philosophe musulman, XVII, 40. — Fut éclectique en religion, *ibid.*

* *Allarme* ou *Alarme: Terreur, Effroi, Frayeur, Épouvante, Crainte, Peur, Appréhension,* termes qui désignent tous des mouvements de l'âme occasionnés par l'apparence ou par la vue du danger, XIII, 278. — Examen des nuances qui existent entre ces diverses expressions, 279.

¶ *Allées.* Divisions de la *Promenade du sceptique* : 1° L'*Allée des épines*, I, 189 à 214; — 2° l'*Allée des marronniers,* 215 à 235; — 3° l'*Allée des fleurs,* 236 à 250. — L'Allée des épines perd une partie de ses habitants par la désertion et le carnage des protestants, 204. — Les promeneurs de l'Allée des marronniers ont une grande ressemblance avec l'Académie ancienne, 215. — L'Allée des fleurs est le séjour de la galanterie et des plaisirs, 237.

* *Allées* de jardin.—Problème de vision, XIII, 279-282.

Allégorie. — Le symbole en peinture est toujours froid, et l'on ne peut sauver ce défaut du genre allégorique que par la sublimité de l'idée, XI, 51, et XII, 84.

ALLEGRAIN (*Christophe-Gabriel*), sculpteur. — Expose au Salon de 1767 une statue d'*une Baigneuse,* XI, 350. — Ce marbre est mis par les artistes et par les amateurs sur la même ligne que le *Mercure* de Pigalle, 351. — Expose, au Salon de 1769, deux bas-reliefs : *le Sommeil* et *le Matin,* 454. — Ce que Diderot écrit de lui à Falconet, XVIII, 264.

* *Allemands.* — Le nom de ce peuple a un grand nombre d'étymologies, XIII, 282. — Leur peu d'importance sous Clovis, *ibid.*

ALLIAMET (*Jacques*), graveur, élève de Le Bas. — Rien à remarquer parmi les pièces qu'il expose au Salon de 1765, X, 452. — Au Salon de 1767, ses gravures ne font aucune sensation, XI, 367.

* *Allusion.* — Elle ne doit jamais être tirée que de sujets connus, XIII, 282.

* *Almageste.* — Nom d'un ouvrage fameux composé par Ptolomée, XIII, 283. — Son auteur vivait sous Marc-Aurèle, *ibid.* — Cet ouvrage, écrit originairement en grec, a été traduit de l'arabe en latin vers l'an 1230 de l'ère chrétienne, *ibid.*

ALMAMOUN (le calife). — Fait traduire l'Almageste en arabe, XIII, 283. — Fait revivre les sciences chez les Arabes, 452.

Almanza (bataille d'). — Ce qui arriva dans cette bataille gagnée par le maréchal de Berwick, VI, 392.

ALMANZA (don *Joseph*), célèbre négociant de Madrid, entre dans une association commerciale avec le Péruvien don Pablo Olavidès ayant maison à

Lima, et Miguel Gigon, fixé temporairement à Paris, VI, 468.

ALMANZOR (le calife). — Appelle Averroës à sa cour, XVII, 48. — Pourquoi il le dépouille de ses biens et l'exile, ibid. — A quelle occasion il le rappelle auprès de lui, ibid.

ALMOADAN, fils de Melec-Sala, soudan d'Égypte, défait l'armée de saint Louis à la bataille de la Massoure, XIV, 250. — Meurt assassiné par ses gardes, ibid.

Aloysia. — Mauvais livre écrit en latin, souvent réimprimé et traduit, IV, 319.

ALPHANE, fille d'un robin. — Son histoire, ses aventures avec le sénateur Hippomanès, IV, 268.

* ALPHÉE, fleuve d'Élide. — Erreur des anciens sur son cours, XIII, 284.

ALPHONSE X, roi de Castille. — Peut figurer parmi les scolastiques de la seconde époque, XVII, 105. — A fait progresser l'astronomie, ibid.

* Alrunes. — Nom donné par les anciens Germains à certaines petites figures de bois, dont ils faisaient leurs dieux lares, XIII, 284. — Histoire de cette étrange superstition, ibid. — On dit que la folie des Alrunes subsiste encore parmi le peuple de la Basse-Allemagne, chez les Danois et chez les Suédois, 285.

ALTAMIRANO (le Père), procureur général de l'ordre des Jésuites. — Sollicite de la cour d'Espagne, après un complot récent, la permission de passer à Rome, VI, 464. — Les papiers saisis dans ses caisses établissent la conviction du crime de la Société, 465.

AMAND, peintre. — Expose, au Salon de 1765, un tableau d'*Argus* et *Mercure*, ouvrage médiocre, X, 237. — Critique de ce tableau, 393. — Ses toiles exposées au même Salon : *La Famille de Darius*, 394. — *Joseph vendu par ses frères*, ibid. — *Tancrède pansé par Herminie*, 395. — *Armide et Renaud*, ibid. — *Cambyse furieux tue le dieu Apis*, esquisse, ibid. — *Psamméticus fait des libations à Vulcain*, esquisse, ibid. — *Magon répand au milieu du Sénat de Carthage les anneaux des chevaliers romains qui ont péri à la bataille de Cannes*, esquisse, 396. — *Soliman II fait déshabiller des esclaves européennes*; porté au livret de 1767, ce tableau n'a pas été exposé, XI, 294. — N'envoie au Salon que quelques mauvais dessins, décrits, 295. — Talent nul, 307. — Après sa mort, arrivée en 1769, le Salon de cette année admet son tableau de *Magon, frère d'Annibal*, dont l'esquisse avait figuré au Salon de 1765 (tome X, 396), 432.

* Amant, Amoureux. — Distinction grammaticale entre ces mots, XIII, 285.

Amants sans le savoir (les), comédie en trois actes et en prose, par la marquise de Saint-Chamond. — Analyse de cet ouvrage, VIII, 492-501.

Amateurs. — Race maudite en peinture ; gens qui décident à tort et à travers des réputations, XI, 7. — Leur manière d'être à l'égard des artistes, ibid. — Sont le fléau de l'art, 8.

AMAURI, roi de Jérusalem, XIV, 246.

Amazones. — Signification de ce nom dans l'idiome oriental, IX, 231.

Ambassadeur de France à Pétersbourg. — Pourquoi Diderot conseille à Falconet de peu fréquenter sa maison, XVIII, 218.

Ambassadeurs. Lisez *Apôtres* et *Évangélistes*, I, 203, alinéa 44.

Ambassadeurs. — Diderot remet à l'impératrice Catherine de Russie une note confidentielle sur les moyens de les rendre utiles, III, 510. — Cette note est encore inconnue, ibid.

Ambitieux. — Les plus dangereux sont les grands pauvres et obérés, II, 461.

Ambition. — Désordres causés par cette passion, I, 110. — Elle engendre les soupçons et les jalousies, 111.

AMBROISE (saint). — Est accusé de matérialisme par Voltaire, VI, 351. — Sa statue par Falconet, X, 428.

Ame. — Peu de gens se sont occupés de l'anatomiser : c'est un art que personne ne rougit d'ignorer, I, 67. — Avantages à retirer de son étude, 69. — Elle a des exercices qui lui sont propres et nécessaires pour la maintenir en état de santé, 96. — Les affections sociales sont le plus salutaire de ces exercices, 97, 98. — C'est un tableau mouvant, 369. — Ne connaissant pas son essence, comment savoir si elle est immortelle, II, 84. — Celle des bêtes réside dans le sens dominant particulier à l'espèce, 323. — Dissertation métaphysique de Mirzoza sur ce sujet, IV, 244. — Sa première résidence, 245. — Cette résidence varie dans l'enfance et dans la jeunesse, 246. — Objections, 247. — Arguments de Mirzoza en faveur de son système de l'âme voyageuse, 248. — Idée originale de chaque individu réduit à l'âme qui le caractérise, 249, 250. — Étude physiologique de ce ressort de l'humanité, IX, 377. — Doctrines de Marat et de Stahl à ce sujet, 378. — Doctrine des musulmans sur l'âme, XVII, 58. — Sentiment de Socrate sur l'âme, 159.

Ame du monde, II, 48.

AMÉLIUS, philosophe néo-platonicien. — Devient, en 246, disciple de Plotin. XIV, 322. — Ses nombreux ouvrages ont servi à réconcilier Porphyre avec l'*éclectisme* de Plotin, *ibid.*

AMELOT DE LA HOUSSAIE (*Nicolas*). — Donne, en 1697, la meilleure édition des *Lettres du cardinal d'Ossat*, IX, 453.

* *Amenthès.* — Ce que ce terme signifiait chez les Égyptiens et chez les Grecs, XIII, 285.

* *Amenuiser, Allégir, Aiguiser.* — Termes communs à presque tous les arts mécaniques; exemples de leur emploi, XIII, 286.

Américains. — Vœux et conseils en leur faveur, III, 324. — Leur goût antiphysique, VI, 452.

AMIDA, divinité du Japon, XV, 267. — Un temple lui est élevé, sa statue y opère des miracles, *ibid.* — Migration de son âme par métempsycose, 269. — Est considéré par les disciples de Xékia comme le dieu suprême des demeures heureuses, 270.

ÂMINE. — Comment son bijou met fin à un différend survenu entre deux officiers de la cour de Mangogul, IV, 330, 331.

¶ *Amis de Bourbonne (les Deux).* — A quelle occasion Diderot composa ce conte, V, 263. — Olivier et Félix (c'est le nom des deux amis); leur intéressante histoire, 265-278. — Deux lettres de Diderot, adressées à Grimm, donnent à penser que ce conte a subi divers remaniements, 275. — L'atrocité du prêtre ôte tout le pathétique de l'histoire de Félix, XX, 18. — Diderot a reçu le papier de *Félix*, mais il aurait bien voulu recevoir celui d'*Olivier*, afin de donner aux deux contes un peu d'unité, 21.

* *Amitié.* — Divinisée par les Anciens, n'a eu cependant chez eux ni temples, ni autels, XIII, 286. — Dans son ouvrage des *Dieux du paganisme*, Lilio Geraldi prétend qu'on la sculptait sous la figure d'une jeune femme, *ibid.*

Amitiés. — Jugement qu'on peut porter de leur sincérité, I, 241. — Exemples, 242-250.

AMMONIUS SACCAS, philosophe d'Alexandrie, disciple et successeur de Potamon. — Continue l'enseignement de la philosophie éclectique sous le règne de Commode, XIV, 316. — Son apostasie, *ibid.* — Ce qu'il disait à ses disciples, 317. — Ses leçons mêlées de théologie et de philosophie font dégénérer l'*éclectisme* en une théurgie abominable, 318.

* *Amour* ou *Cupidon*, dieu du paganisme. — Sa naissance a été racontée en cent manières différentes, et on l'a représenté sous cent formes diverses, qui lui conviennent également presque toutes, XIII, 286.

Amours de Diderot (les), par M. Maurice Tourneux, XX, 143.

Amour platonique. — Histoire d'Hilas et d'Iphis, IV, 371-375.

Amour-propre (l'). — Est grand contemplateur de lui-même, I, 89. — Ses ravages, 224, alinéa 21. — A l'intérêt pour mobile, 226, alinéa 28. — S'exerce à différents degrés, II, 385.

Amours (Allée des fleurs). — Agénor et Phédime, I, 240, alinéa 16.

Amours et Penchants dénaturés, le dernier degré de la corruption réfléchie, I, 115.

AMPHION, célèbre musicien grec. — Adoucit les mœurs des Thébains, XV, 54. — Ajoute trois cordes à la lyre d'Orphée, *ibid.*

* *Amphithéâtre.* — Étymologie de ce mot, XIII, 287. — Les Latins le nommaient *visorium*. — Description de plusieurs monuments de ce genre, 288 et suiv.

* *Ampoule,* vase en usage chez les Romains, XIII, 290. — Ce nom a été donné à une fiole que l'on conserve dans l'église Saint-Remy de Reims, *ibid.*

AMRY (*Amrou-ben-el-Ass*), général des Sarrasins, incendie la bibliothèque d'Alexandrie sur l'ordre du calife Omar, XIII, 442. — Fait distribuer les livres dans les bains publics de la ville, où ils servirent au chauffage pendant six mois, *ibid.*

AMSTERDAM, ville de Hollande. — Diderot la trouve infecte, XVII, 451. — Ses revenus, sa population, 452. — Description de cette ville, *ibid.* — Anecdote sur le czar Pierre Ier, à propos de son voyage dans cette ville, 454.

Amulette de Pascal. — Ce que le psychologiste Lélut pense de cet écrit mystique, II, 24.

Amusements de société, suite des *Proverbes dramatiques* de Carmontelle. — Première Suite; critique de cet ouvrage, VIII, 488. — Seconde Suite, 490.

Amusements poétiques, recueil d'épîtres, de madrigaux, de fables et de contes, publiés en 1769, par M. Legier, VI, 371. — Jugement sur cet ouvrage, *ibid.*

AMYOT (*le Père*), jésuite, astrologue et missionnaire à Pékin, VI, 397. — Sa traduction de l'*Éloge de la ville de Moukden,* poëme composé par l'empereur Kien-Long, est publiée par M. de Guignes; compte rendu de cet ouvrage, 398.

ANACHARSIS, philosophe scythe. — Substitué à Périandre, comme l'un des *Sept Sages,* par les Grecs ennemis du despotisme et de la tyrannie, XV, 59. — Notice sur lui, XVII, 111.

* ANACHIS. — Nom d'un des quatre dieux familiers que les Égyptiens du paganisme croyaient attachés à la garde de chaque personne dès le moment de sa naissance, XIII, 291.

ANACRÉON. — Les ouvrages de ce poëte font partie de la bibliothèque de l'Allée des fleurs, I, 237, alinéa 7.

* *Anadyomène.* — Nom d'un tableau peint par Apelle, représentant Vénus sortant des eaux, XIII, 291. — Auguste l'ayant fait placer dans le temple de César, la partie inférieure subit des altérations, et il ne se trouva personne qui osât tenter de le retoucher, *ibid.*

* *Anœtis, Anetis, Anaitis.* — Divinité païenne, adorée jadis par les Lydiens, les Arméniens et les Perses, XIII, 291. — Histoire de son culte, 292. — Question que fait Auguste à un soldat qui s'était enrichi des débris de sa statue, *ibid.* — Réponse du soldat, *ibid.*

* *Anagramme.* — Transposition des lettres d'un nom avec un arrangement, ou combinaison de ces mêmes lettres pour en former un ou plusieurs autres qui aient un sens différent, XIII, 292. — Règles de ce jeu d'esprit, *ibid.* — Histoire et exemples de cet amusement chez les anciens et chez les modernes, *ibid.* — Anagramme numérale, ou *chronogramme,* exemple tiré du distique de Godart sur la naissance de Louis XIV, *ibid.*

Analogies. — Le physicien doit s'en méfier, sous peine d'erreur, II, 50.

* ANAPAUOMÉNÉ. — Nom d'une fontaine de Dodone. Singularités racontées par Pline, XIII, 294, 295.

* *Anaphonèse.* — Exercice de la voix par le chant. Des avantages qu'on peut en tirer pour la santé, XIII, 295.

* *Anarchie.* — En quoi consiste ce désordre dans un État, XIII, 295.

ANATOLIUS, évêque de Laodicée au IIIe siècle; sa doctrine tenait du péripatétisme, XV, 294.

Anatomie. — Avantages à retirer de cette science pour arriver à la connaissance de Dieu, I, 233, alinéa 47. — Les entraves mises à son étude nuisent aux progrès de l'art de guérir, III, 335, 336. — Question d'anatomie, IX, 239.

ANAXAGORAS, philosophe ionique, né à Clazomène. — Arrête les progrès de l'athéisme, XV, 148. — Disciple d'Anaximène, 248. — Notice sur sa vie, *ibid.* — Accusé d'impiété, il est sauvé par l'éloquence de Périclès, 249. — Se retire à Lampsaque après trente ans d'enseignement de la philosophie à Athènes, *ibid.* — Se laisse mourir de faim, *ibid.*

ANAXARQUE D'ABDÈRE, philosophe éléatique, XIV, 407. — Plus fameux par la licence de ses mœurs que par ses ouvrages, *ibid.* — Favori d'Alexandre le Grand, il s'occupa à le corrompre, *ibid.* — Nicocéron, tyran de l'île de Chypre, le fait piler dans un mortier, *ibid.*

ANAXILAUS DE LARISSE, philosophe pythagoricien. — Se fit exiler, XVI, 524.

ANAXIMANDRE, l'un des athées de l'antique Grèce, XV, 148. — On lui attribue l'introduction de l'*Hylopathianisme*, ibid. — Disciple de Thalès de Milet, philosophe de la secte Ionique, il continue son enseignement; sa doctrine, 246. — Sa cosmogonie, 247.

ANAXIMÈNE, disciple d'Anaximandre. — Adopte les opinions de son maître, XV, 247. — N'a laissé de sa morale que quelques sentences décousues. *ibid.*

* *Ancien, Vieux, Antique.* — Expressions qui enchérissent toutes les unes sur les autres, XIII, 295.

Anciens et modernes (dispute sur les). — La querelle finit à l'avantage des premiers, IV, 296, 297.

Anciens (Artistes). — Pourquoi ceux de nos jours n'arriveront jamais à les égaler, XI, 14. — Leur manière de procéder dans la recherche de la beauté, 15. — Leur supériorité résulte des lois inviolables de la Nature, qui ne fait rien par saut, 16.

ANDRÉ (*Yves-Marie*, dit LE PÈRE), philosophe et théologien. — Son *Essai sur le beau* est un bon ouvrage auquel il ne manque qu'un chapitre pour être excellent, X, 17. — Exposition de son système, 18-20. — Le seul *desideratum* que laisse son ouvrage, 24.

ANDRIEUX, littérateur français. — Comment il s'exprime, dans la *Décade philosophique*, au sujet de *Jacques le Fataliste*, VI, 5.

* *Androgynes.* — Hommes de la fable, XIII, 296. — Beaucoup de rabbins prétendent qu'Adam fut créé *androgyne*, homme d'un côté, femme de l'autre ; qu'il était ainsi composé de deux corps que Dieu ne fit que séparer, *ibid.* — Mentionnés dans *le Banquet* de Platon, *ibid.*

Andronic, tragédie de Campistron, jouée avec succès, VIII, 430.

¶ *Anecdote de Pétersbourg*, V, 501.

ANGE (*Frère*), carme déchaussé. — Visites que Diderot lui rend, I, xxxiv. — Avances d'argent qu'il fait à Diderot dans un but intéressé, xxxv. — Sa fureur en apprenant que Diderot s'est moqué de lui, xxxvi. — Se venge, *ibid.* — Son portrait; ses succès comme prédicateur et comme confesseur, VI, 48. — Les vieux carmes, qu'il humilie, résolvent sa perte, 49. — Suite de cette intrigue, 51. — Meurt dans le tremblement de terre de Lisbonne, *ibid.*

Anges, êtres supérieurs. — Leur rôle dans la philosophie antédiluvienne, XII, 298 et suiv. — Leur origine, leur nature, leurs fonctions, d'après la théologie juive, XV, 387, 388. — Doctrine des musulmans à leur sujet, XVII, 58.

ANGILBERT. — Disciple d'Alcuin, se fait remarquer parmi les écrivains du IXe siècle, XV, 300.

ANGIVILLER (*Charles-Claude* LABILLARDERIE, comte d'), directeur général des bâtiments. — Diderot, à son retour de Russie, lui rapporte des échantillons de marbres de Sibérie, I, LIV.

ANGLETERRE. — Cause de sa puissance, II, 422.

ANGLAIS. — Observations du baron d'Holbach sur les mœurs, le caractère, etc., des Anglais, XIX, 179, 182.

ANGUILLARD (l'), nom plaisant sous lequel Voltaire désignait le célèbre naturaliste anglais Needham, II, 131.

ANICET. — Affranchi, instrument des crimes de Néron; fait les préparatifs de la mort d'Agrippine, III, 104. — Ce que Néron dit en parlant de ce misérable, 107.

Animaux. — Offerts en preuve de la nécessité de l'action, du mouvement et de l'exercice pour la conservation de la santé, I, 96. — Leur physiologie. IX, 262.

Annales de l'Éducation, journal littéraire, rédigé en 1813 et 1814 par M. Guizot. — On y trouve un extrait du *Plan d'une Université pour le gouvernement de Russie*, III, 411.

Anneau magique du génie Cucufa. — Sa puissance merveilleuse, IV, 148. — Sitôt qu'il le possède, Mangogul (*Louis XV*) est tenté d'en faire le premier essai sur la favorite (Mirzoza, Mme *de Pompadour*), 149. — Il renonce à cette délicate épreuve, 150. — Une première épreuve est faite sur *Alcine*, 152. — Second essai, *les Autels*, 156. — Troisième essai, *le Petit souper*, 159. — Quatrième essai, *l'Écho*, 166. — Cinquième essai, *le Jeu*, 170. — Sixième essai, *l'Opéra de Banza*, 174. — Tableau d'un comique singulier produit sur la scène par l'effet du magique anneau, 176. — Histoire des deux dévotes (*Zélide et Sophie*), 208. — Septième essai, *le Bijou suffoqué*, 214. — Huitième essai, *les Vapeurs*, 216. — Neuvième essai, *Thélis* (Mme *de Tencin?*), 218. — Dixième essai, *les Gredins*, 227. — Onzième essai, *les Pensions*, 232. — Douzième essai, *le Viol*, question de droit, 237. — Treizième essai, *la Petite Jument*, 253. — Quatorzième essai, *le Bijou muet*, 259. — Quinzième essai, *Alphane*, 267. — Seizième essai, *les Petits-Maîtres*, 270. — Dix-septième essai, *la Comédie*, 276. — Dix-huitième et dix-neuvième essais, *Girgiro l'entortillé*, 289. — Rêve de Mirzoza, 293. — Vingt et unième et vingt-deuxième essais, *Fricamone et Callipiga*, 298. — Vingt-troisième essai, *Fanni*, 306. — Vingt-quatrième et vingt-cinquième essais, *Bal masqué et suite du Bal masqué*, 328. — Vingt-sixième essai, *le Bijou voyageur*, 336. — Vingt-septième essai, *Fulvia*, 350. — Vingt-huitième essai, *Olympia*, 361. — Vingt-neuvième essai, *Zuléiman et Zaïde*, 366. — Trentième et dernier essai, *Mirzoza*, 375.

ANNICÉRIS, philosophe grec, de la secte Cyrénaïque. — Sa doctrine, XIV, 272.

ANQUETIL-DUPERRON (*Abraham-Hyacinthe*), auteur d'un *Voyage dans l'Inde*, II, 206. — On lui doit la connaissance des livres sacrés des Parses (*Perses*), *ibid*. — Note biographique sur cet infatigable voyageur, XI, 219. — Trouve, à Surate, les Parsis divisés en deux sectes, XVII, 317. — Profite de leur division pour se procurer les ouvrages qui lui manquent, 317. — Comment il se procure les quatre *Vèdes*, 318. — Son opinion sur la façon dont Zoroastre composa la loi, 319.

* ANSICO, royaume d'Afrique. — Ses habitants sont anthropophages, et le *grand Macaco* (c'est le nom du roi) entretient des boucheries publiques de chair humaine, XIII, 297.

* *Antédiluvienne* (philosophie). — Exposé de cette doctrine, XIII, 298.

Anthropophagie. — Sa cause et son origine, présumée très-ancienne, II, 210.

Anti-Lucrèce (l'), ou *Discours sur le bonheur*, par Offray de La Mettrie, ouvrage cité, III, 217.

ANTIPATER DE TARSE, philosophe stoïcien, XVII, 227.

* *Antipathie, Haine, Aversion, Répugnance.* — De l'emploi de ces mots, qui ne sont pas synonymes, XIII, 304.

Antique (de l'), XII, 114-118.

Antiquité (l') *dévoilée*, ouvrage d'Ant. Boulanger, VI, 346.

Antiquités égyptiennes. — La plupart des livres qui en ont parlé ont disparu dans l'incendie de la bibliothèque d'Alexandrie, XIV, 393. — Jugement d'Eusèbe sur les fragments échappés à la destruction, *ibid.* et 394. — La *Table Isiaque*, l'une de ces antiquités, la plus remarquable, existe encore : histoire de sa conservation, *ibid.*

ANTISTHÈNE, philosophe grec, fondateur de la secte des Cyniques, XIV, 253 et suiv. — Ne professe que la morale, XV, 65. — Ses principaux sectateurs, *ibid.*

ANTONIA, mère de l'empereur Claude. — Ce qu'elle disait en parlant de son fils, III, 31, 32.

* *Antrustions.* — Nom donné chez les Germains aux volontaires qui suivaient les princes dans leurs entreprises, XIII, 304. — Tacite les désigne par le nom de *compagnons;* nos premiers historiens les appellent *leudes;* depuis ils ont été nommés *vassaux* et *seigneurs*, 305. — Ce qu'ils étaient en réalité, *ibid.*

* ANUBIS, divinité païenne de l'Égypte, XIII, 305. — Présumée le même dieu que le Mercure des Grecs, *ibid.* — Aventure de Pauline, dame romaine, et du jeune chevalier Mundus, qui amène la ruine du temple d'Isis sous Tibère, *ibid.* — Sa statue est jetée dans le Tibre, *ibid.* — Les empereurs et les grands de Rome se plurent longtemps à se métamorphoser en *Anubis*, 306. — Son culte sous les derniers hiérophantes, XIV, 388.

ANVERS, ville des Pays-Bas. — Est située sur l'Escaut, XVII, 468.

ANVILLE (J.-B. BOURGUIGNON d'), célèbre géographe. — Ses ouvrages sont à consulter, III, 494.

* *Aorasie.* — Étymologie de ce mot, XIII, 306.

AOTOUROU. — Nom d'un Taïtien que Bougainville amena en France en 1769, II, 211. — Politesse qu'il se dispose à faire à la première Européenne qu'il aborde, *ibid.* — Atteint de nostalgie, il soupire après son pays, *ibid.* — Bougainville pourvoit aux frais de son retour, 212. — Son entretien avec l'aumônier de l'équipage de *la Boudeuse*, à son arrivée dans l'île, 249. — Fait au P. Lavaisse (c'est le nom de l'aumônier) les honneurs de sa femme et de ses filles, 220. — Remercie Lavaisse de sa bonne conduite avec Thia, la plus jeune, 222. — Suite de l'entretien, *ibid.*

APELLE. — La grâce était la qualité propre de ce grand peintre entre tous les artistes anciens, XIII, 37. — Personne n'osa achever sa *Vénus*, dont il n'avait peint que la tête et la gorge, *ibid.* — Ce que Pline rapporte de lui, 42.

* *Apex*, bonnet à l'usage des Flamines et des Saliens. — Étymologie de ce nom selon Servius, XIII, 306.

* APHACE. — Localité de la Palestine, entre Biblos et Persépolis, où Vénus était adorée sous le nom de *Vénus aphacite*, XIII, 306. — Ce que Zozime raconte du culte qu'on lui rendait, *ibid.*

* *Aphacite.* — Surnom de Vénus, XIII, 306.

* *Aphractes.* — Navires des anciens à un seul rang de rames, XIII, 307.

* APIS. — Divinité célèbre des Égyptiens, XIII, 307. — Conditions exigées dans le taureau sacré, 308. — Cérémonies pour sa réception à Memphis, *ibid.* — Était consulté comme un oracle, 309.

¶ *Apocoloquintose* (l') ou *la Métamorphose de Claude en citrouille.* — Satire faussement attribuée à Sénèque, III, 356.

APOLLODORE DE PHALÈRE, philosophe grec, ami de Socrate. — Reste près de lui jusqu'à ses derniers moments, VII, 384.

APOLLONIUS CRONUS, philosophe grec, de la secte Mégarique, XVI, 112.

APOLLONIUS DE THYANE, philosophe pythagoricien. — Ce qu'il fit pour ébranler la foi des miracles apostoliques, XV, 369. — Les philosophes éclectiques de l'école d'Alexandrie n'ont rien omis pour l'opposer avec avantage à Jésus-Christ, XVI, 526. — Ses principes philosophiques, 527.

¶ *Apologie de l'abbé de Prades* (Suite de l'). — H. Meister, secrétaire de Grimm, affirme que cet écrit remarquable a été composé par Diderot dans l'espace de quelques jours, I, XVI. — Édition originale, Berlin (*Paris*), 1752,

429. — Notice préliminaire, par M. Assezat, 431.
Apostats. — Voyez *Déserteurs*, I, 192, alinéas 8 et 9.
Apôtres, ou nommés *Ambassadeurs*, I, 203. — Ne furent point des philosophes, mais des inspirés, XV, 288.
* *Apparence, Extérieur, Dehors.* — Sens grammatical de ces expressions, XIII, 309.
* *Apparition, Vision.* — Distinction grammaticale entre ces deux termes, XIII, 309, 310.
* *Appas, Attraits, Charmes.* — Synonymes qui n'ont point de singulier quand on les emploie pour marquer le pouvoir de la beauté, XIII, 310.
Appelants (les). — Nom donné aux partisans du P. Quesnel, I, 444.
* *Appeler, Nommer.* — Synonymes, XIII, 310, 311.
Appendices aux Œuvres complètes de Diderot, XX, 93. — Notice préliminaire, 95. — Bibliographie, 97. — Écrits apocryphes, *ibid.* — Écrits perdus ou détruits, 102. — Iconographie, 109. — Bustes, statuettes, médaillons, *ibid.* — Peintures à l'huile, miniatures, dessins, 113. — Estampes d'après l'original, et de fantaisie, 117. — Représentations de Diderot avec d'autres personnages, 118. — Caricatures et allégories, 120. — Documents divers, 121. — Pièces relatives à l'arrestation de Diderot en 1749, *ibid.* — Pièces relatives à l'*Encyclopédie*, 126. — Diderot peint par ses contemporains, 134. — Principaux écrits relatifs à la personne et aux œuvres de Diderot, 141.
Applaudissements. — Ceux que le poète dramatique doit se proposer d'obtenir, VII, 314.
* *Apprendre, Étudier, s'Instruire.* — Sens grammatical de ces mots en tant que synonymes, XIII, 310.
Apulée, auteur latin. — Est celui qui, dans son livre *de Deo Socratis*, nous parle le plus clairement de la doctrine des mânes, XVI, 60.
Aquaviva (*Claude*), Napolitain, cinquième général des Jésuites. — Rend son despotisme illimité et permanent, XV, 275
* *Aqueduc.* — Les *aqueducs* de toute espèce étaient une des merveilles de Rome antique, XIII, 311. — Le Père Bernard de Montfaucon en a donné une intéressante description, 312.
* Arabes (*État de la philosophie chez les anciens*), XIII, 314-324. — Voyez Sarrasins. — Leurs bibliothèques, 452.
Aranda (don Abarcade Bolea, comte d'), diplomate espagnol. — Le roi Charles III le nomme président du conseil de Castille, VI, 464. — Est chargé de rechercher les causes d'une émeute tendant au renversement du gouvernement, *ibid.* — L'enquête établit que les Jésuites ont été les promoteurs de la révolte, *ibid.* — Sa conduite habile pour arriver à une certitude complète, *ibid.* — Sa conviction établie, il obtient du roi l'édit d'expulsion des Jésuites, 465.
Araynes (*Jean-François-Marie* d'). — Expose au Salon de 1781 une *Sainte Famille*, plagiat partiel, XII, 61.
* *Arboribonzes*, prêtres du Japon. — Leurs mœurs et coutumes, XIII, 324.
* *Arbre.* — Chez les païens certains arbres étaient consacrés à des divinités. Choix de quelques exemples, XIII, 324. — Ces consécrations ont souvent contribué à embellir la poésie des anciens, 325.
* *Arc de triomphe*, XIII, 325-328.
* *Arcadiens.* — Nom d'une société de savants établie à Rome en 1690. — Son objet; pourquoi ainsi nommée, XIII, 328, 329.
Arcet (d'). — Voyez Darcet.
Arcésilaus ou Arcésilas, philosophe grec, fondateur de l'Académie moyenne. — Fut le premier défenseur de l'acatalepsie, XIII, 184. — Notice sur lui, XVI, 330. — Principes de sa philosophie, 332.
Archélaüs de Milet, philosophe grec, successeur d'Anaximandre dans l'école Ionique. — Sa doctrine, XV, 251. — Fut le maître de Socrate, avec qui s'éteignit dans l'antiquité la *secte Ionique*, qui devait renaître 2,000 ans après, *ibid.*, et XVII, 151.

Archevêque. — Grand dignitaire de *l'Allée des épines*, I, 196, alinéa 23. — Prend la qualité de lieutenant du prince, *ibid.*

Archimède, célèbre géomètre, II, 13, 348.

Architecture. — Réflexions sur cet art, X, 510. — La peinture et la sculpture lui doivent leur origine et leur progrès, 511. — En revanche, elle doit sa perfection aux arts qu'elle a fait naître, 512. — En quoi consiste tout l'art de l'architecte, *ibid.* — Étude sur Saint-Pierre de Rome, *ibid.* — La connaissance de cet art trop négligée par ceux qui dirigent l'administration, XIII, 27. — Inconvénients de cet état de choses, *ibid.* — N'est point un art borné, 28.

* *Archontes.* — Magistrats, préteurs ou gouverneurs de l'ancienne Athènes, XIII, 330. — Leur mode d'élection, leurs fonctions, etc., *ibid.*, 332.

Archytas, philosophe pythagoricien, né à Tarente. — Quels furent ses disciples, XVI, 521. — S'immortalisa dans la mécanique, *ibid.* — Comment il mourut, *ibid.* — Ses principes, 522.

Arcis (le marquis des). — Voyez Aisnon, (Mlle d'). — Moyen qu'il emploie pour séduire Mlle d'Aisnon, VI, 148. — Hasarde un premier présent, on le lui renvoie, 150. — Un second éprouve le même sort, 151. — Son désespoir, 152. — Son mariage, 155. — Révélation que lui fait Mme de La Pommeraye le lendemain du jour de ses noces, 156.

Arclais de Montamy (d'). — Voyez Montamy.

Arconville (*Marie-Geneviève-Charlotte* d'Arlus, dame d'), femme savante. — Donne, en 1771, une *Vie du cardinal d'Ossat*. Compte rendu de cet ouvrage, IX, 453. — Ce que Mme de Blot disait de son style, 455. — Auteur des *OEuvres morales de Diderot*, contenant son traité de *l'Amitié* et celui des *Passions*, ouvrage attribué à tort à Diderot, XX, 99.

* Arcy, gros village de Bourgogne, dans l'Auxerrois. — Description des grottes qui l'ont rendu célèbre, XIII, 332-333.

Ardents (le miracle des). — Fait arrivé en l'an 1129, sous le règne de Louis VI. — Ce fléau, qui cessa tout à coup, par l'intercession de sainte Geneviève, a fourni au peintre Doyen le sujet d'un grand et beau tableau qui se voit aujourd'hui à Saint-Roch, XI, 29, 179.

* Aréopage, sénat d'Athènes. — Sa composition, ses fonctions, XIII, 337-339.

Arétée, célèbre médecin grec. Praticien hardi, écrivain élégant. — Ses travaux, analysés par Peyrilhe, méritent d'être connus, IX, 473. — La *phrénésie*, l'*apoplexie*, le *tétanos*, l'*épilepsie*, sont décrits dans cet auteur avec une merveilleuse exactitude, et traités avec la même vigueur, *ibid.* — Rien de mieux que sa description de la lèpre, *ibid.*

Arétin (*Pierre*). — Fait peindre par Jules Romain des tableaux licencieux, sur lesquels il compose ses sonnets obscènes, XI, 189. — Pourquoi les chefs-d'œuvre du peintre devaient être promptement détruits, *ibid.*

* *Argata* (Chevaliers de l') ou *Chevaliers du Dévidoir*, XIII, 339. — Leurs insignes, *ibid.* — Cet espèce d'ordre finit avec le règne de Louis d'Anjou, *ibid.*

Argens (marquis d'). — M. Poulet-Malassis lui attribue la paternité du roman *Thérèse philosophe*, XX, 97.

Argenson (*Marie-Pierre* Voyer, comte d'), lieutenant-général de police. — Fait arrêter Diderot le 29 juillet 1749, I, XLIII, et 277. — Conduit à Vincennes, l'auteur de la *Lettre sur les aveugles* y reste enfermé pendant cent jours, *ibid.* — Cause de cet acte de rigueur, *ibid.* — Ce qu'il dit, suivant le journal de Barbier, au sujet de la censure et de la condamnation de la Thèse de l'abbé de Prades, 433. — Placet que lui adressent les libraires de l'*Encyclopédie* au sujet de la détention de Diderot à Vincennes, XIII, 111. — Nouvelles représentations des libraires sur le même sujet, *ibid.* et suiv. — Son zèle pour la *Bibliothèque du roi*, 476. — Supplique que Diderot lui adresse pour demander sa liberté, XX, 124.

Argenson (*Antoine-René* Voyer d'). — Voyez Paulmy.

* *Argent.* — Son histoire comme espèce minérale, comme marchandise, et sa valeur comme signe monétaire, XIII, 339-359. — *Argent* dans notre langue est un terme générique sous lequel sont comprises toutes les espèces de signes de la richesse ayant cours dans le commerce, 353.

ARGENTAL (le comte d'), neveu de Mme de Tencin, réputé son collaborateur dans les compositions des *Mémoires du comte de Comminges*, X, 286. — Ce que lui répond Voltaire, à propos de Calas, XIX, 97 (note).

Argillan, ou *le Fanatisme des Croisades*, tragédie. — Voyez *Fontaine-Malherbe*.

ARIMANE, divinité des Perses. — Est l'auteur du mal, XVI, 263.

ARISTE. — Pseudonyme que prend Diderot dans la *Promenade du Sceptique*, I, 181. — Ses entretiens avec Cléobule, 182 et suiv. — Son interlocuteur veut le dissuader d'écrire sur la religion, 183 et suiv. — Alcyphron, jeune sceptique, lui conseille de faire imprimer ses ouvrages en Prusse, 186, 187. — Circonstances de sa vie racontées par lui-même, VII, 390-394.

ARISTIDE. — Sa religion sera de tous les temps; pourquoi, II, 81.

ARISTIPPE. — Philosophe grec, fondateur de la secte Cyrénaïque, XIV, 268. — Sa vie et sa doctrine, 269-274.

ARISTON. — Philosophe péripatéticien, successeur de Lycon, XVI, 247.

ARISTON DE CHIO. — Philosophe stoïcien, disciple de Zénon, XVII, 225. — Innova plusieurs choses dans le stoïcisme, 225. — Quel fut son disciple, *ibid.*

ARISTOPHANE, poëte comique grec. — Est un farceur original, VII, 349. — Un pareil auteur est précieux pour le gouvernement, s'il sait l'employer, *ibid.*

ARISTOTE, célèbre philosophe grec. Le premier qui ait réduit le raisonnement en art. — Ses idées singulières sur le brigandage, II, 396. — Sa poétique doit être étudiée et suivie, VII, 322. — Sa poétique s'applique à tous les genres dramatiques, 323. — Fondateur du péripatétisme, XV, 66. — — Ses nombreux sectateurs, *ibid.* —

Sa doctrine proscrite devient la philosophie régnante des XIIIe et XIVe siècles entiers; 301. — De la vie d'Aristote, XVI, 227. — De la logique d'Aristote, 227-232. — De la philosophie naturelle d'Aristote, 232. — Principes de la psychologie d'Aristote, 237. — Métaphysique d'Aristote, 240. — De l'athéisme d'Aristote (voyez *Aristotélisme*), 242. — Principes de la morale ou de la philosophie pratique d'Aristote, 243. — Des successeurs d'Aristote, 245. — Philosophes récents aristotélico-scolastiques, 250. — Disciples d'Aristote chez les Franciscains, 251. — Chez les Jésuites, *ibid.* — Philosophes qui ont suivi la véritable philosophie d'Aristote, 252. — Aristote pénètre les secrets de la politique à la cour de Philippe, 340. — Ce qu'il pensait sur la Providence, 447.

* *Aristotélisme.* — Philosophie d'Aristote. — Voyez *Péripatéticienne* (Philosophie).

ARISTOXÈNE, philosophe et musicien grec. — Auteur des *Éléments harmoniques;* n'admettait pour juge en musique que l'oreille, et rejetait les calculs mathématiques de Pythagore. La méthode qu'il regardait comme fausse n'était que défectueuse, IX, 85. — Aristoxène et Pythagore se trompaient également par l'exagération de leur doctrine, 86.

Arithmétique. — Il est donné à tous de l'apprendre, III, 452. — Son enseignement appartient aux études primaires, 453. — Plus facile à apprendre que la lecture, *ibid.* — Exemples divers d'enfants phénomènes, 454.

Armée. — Sa résidence, I, 193, alinéa 10. — Voyez *Rendez-vous général.* — Partout où le citoyen est soldat, il ne faut point d'armée, II, 416.

Armide. — Opéra de Quinault, dont le peintre Servandoni fit les magnifiques décors, I, 229, alinéa 33. — Est le chef-d'œuvre de Lulli, XII, 154.

ARNAUD (*François*), abbé de Grandchamp. — Son discours de réception à l'Académie des inscriptions et belles-lettres, VI, 423. — Il obtient avec Suard le privilége de *la Gazette de France*, XIX, 14 ⊂

ARNAULD (*Antoine*), célèbre théologien.
— Soutient que les cinq propositions condamnées comme extraites de *l'Augustinus* de Jansénius ne sont point dans ce livre, XV, 260 — En 1656, la Sorbonne censure les *Lettres d'Arnauld à un duc et pair* (le duc de Luynes) *ibid*. — Lettres et censure qui ont produit les *Provinciales de Pascal*, *ibid*.

ARNAULD, évêque d'Angers, frère du précédent. — Se déclare contre le formulaire d'Alexandre VII, et le signe ensuite par transaction, XV, 261, 262.

ARNAULD DE VILLENEUVE, célèbre alchimiste français. — Abandonne la scolastique pour étudier la philosophie naturelle. L'ignorance stupide et jalouse ne l'épargne pas. Il se retire en Sicile, XVII, 104.

ARNOBE; apologiste de la religion chrétienne, né vers le milieu du IIIe siècle, eut Lactance pour disciple, XV, 294.

ARNOUL (*René*). — Perfectionne, en 1566, l'invention de Jean Rouvet pour le *flottage* des bois, XIII, 484.

ARNOULD (*Sophie*), actrice de l'Opéra, célèbre par ses bons mots. — Sa liaison avec le comte de Lauraguais, V, 416. — Passe au financier Bertin, *ibid*. — Levesque de Burigny raconte à Diderot ses plaisanteries cyniques, et ses mots ingénus et délicats, VI, 312. — Quels gens fréquentent sa maison, *ibid*. — Rulhières est l'un des plus assidus, 313. — Une de ses plaisantes excentricités rapportée par Grimm, VIII, 358 et 420. — Comment Diderot apprécie son jeu dans le rôle de Colette du *Devin du village*, XVIII, 413. — Sa conversation avec Mme Portail sur son attachement pour le comte de Lauraguais, XIX, 49. — Elle quitte le comte de Lauraguais, 63. — Lettre curieuse qu'elle lui écrit, 64 (note).
— Elle s'arrange avec M. Bertin, *ibid*.
— Ce que Diderot pense d'elle à propos de la lettre d'excuses du comte de Lauraguais, 75.

ARPAJON (couvent d'). Une religieuse et la tourière de ce couvent se présentent à l'abbaye de Longchamp pour se faire remettre sœur Suzanne Simonin (*la Religieuse*), V, 105. — Portrait de la supérieure de cette maison, *ibid*, — Tableau de la vie intérieure qu'on y mène, 106. — Curieuse séance d'introduction, 108. — Tableau de mœurs, 110. — Scènes de dépravation de la supérieure, 124, 134. — Tableau d'une réunion d'après-midi chez la supérieure, 136-139. — Le Père Lemoine, directeur spirituel de la maison, s'y rend à la Pentecôte, 143. — Il éclaire Suzanne Simonin sur la coupable et dangereuse amitié de la supérieure, 145.

¶ *Arrêt rendu à l'amphithéâtre de l'Opéra sur la plainte du parterre intervenant dans la querelle des deux Coins*, XII, 143-151.

ARSINOÉ, femme du grand monde, sujette à des vapeurs d'un plaisant caractère, IV, 217. — Mangogul fait sur elle l'essai de l'anneau magique, *ibid*.

* *Art*, terme abstrait et métaphysique.
— Étude sur ce sujet, XIII, 360-373.

Art (l'). — Ses productions seront communes, imparfaites et faibles, tant qu'on ne visera pas à une imitation rigoureuse de la nature, II, 35. — La nature est lente dans ses moyens; l'art prétend la contrefaire en un moment, *ibid*. — Chaque art a ses avantages; tous ne sont qu'une imitation, mais chaque art imite d'une manière qui lui est propre, VII, 162.

Art de peindre (l'), poëme de Watelet.— Examen critique de cet ouvrage, XIII, 16. — Du dessin, 17. — De la couleur, 19. — Des proportions, 22. — De l'ensemble, *ibid*. — Du mouvement et du repos des figures, 24. — De la beauté, *ibid*. — De la grâce, *ibid*. — De l'harmonie de la lumière et des couleurs, 25. — De l'effet, *ibid*. — De l'expression et des passions, *ibid*.

Art de peindre sur émail (l'), XIII, 50-75.

Art dramatique. — Nous parlons trop dans nos drames, VII, 104. — Des différents genres. Du genre sérieux, 135. — Ses avantages, 136. — Du genre tragique et du genre comique, *ibid*. — Le genre comique est des espèces, le genre tragique est des individus, 138. — Erreur commune à ceux qui ont écrit de cet art, 344. — Une de ses parties les plus importantes et une des plus difficiles est de cacher cet art, 349. — Réflexions sur ce sujet, VIII, 339-359.

Art poétique.—Celui de Boileau est l'ouvrage d'un maître qui cherche à donner le précepte et l'exemple à son disciple, VII, 322. — Celui d'Horace est d'un poëte qui parle à des poëtes, *ibid.* — La *Poétique* d'Aristote établit des principes généraux, et est propre à tous les genres dramatiques, 323. — Ce qui manque à son avancement, 335.

Art poétique d'Horace (l') mis en ordre par J.-L. Le Bel, avocat. — Jugement de Diderot sur ce triste travail, VI, 384.

Arts d'imitation. — Prodigieux résultats qu'on pourrait en obtenir pour le bonheur de l'humanité, VII, 313.

Artères. — Leurs fonctions communes, IX, 287, 295. — Voyez *Cœur.*

* *Artisan* * *Artiste.* — Noms par lesquels on désigne des ouvriers de mérite différent, XIII, 373.

Artistes. — Conseil donné à ceux qui sont jaloux de la durée de leurs ouvrages, XI, 189.

* *Aschariouns* ou *Aschariens*, disciples d'Asshari, un des plus célèbres docteurs d'entre les musulmans. — Exposé de leur doctrine, XIII, 373.

ASHKOW (*Catharina-Romanofna*, princesse d'). — Voyez DASHKOFF.

* *Asiatiques.*—Exposé de leur philosophie en général. Tous sont ou mahométans, ou païens ou chrétiens. La secte de Mahomet est la plus nombreuse; le peu de chrétiens qu'on y trouve sont schismatiques; XIII, 374-383.

* *Assaisonnement*, terme de cuisine. — Art de procurer des indigestions, a dit un savant médecin, XIII, 383. — Hippocrate conseille les assaisonnements simples, *ibid.*

ASSELINE (*Louis*), littérateur, conseiller municipal de Paris. — On lui doit la communication officieuse de plusieurs ouvrages *inédits* de Diderot, dont copie a été faite en 1856 à la Bibliothèque impériale de l'Ermitage à Saint-Pétersbourg, par M. Léon Godard, I, VI.

— Fait, en 1865, une intéressante *conférence* sur Diderot et le XIXe siècle, V, 212, et XX, 142. — Ce qu'il dit de l'enthousiasme, V, 212.

ASSELINEAU (Ch.). — Publie en 1862 une édition, revue et corrigée, du *Neveu de Rameau*, V, 380.

Assemblée de Cythère (l'), par le comte Algarotti. — Examen rapide de cet ouvrage, VI, 319.

* *Assez, Suffisamment*, nuance entre ces deux synonymes de quantité, XIII, 384.

ASSÉZAT (*Jules*).—Annote et publie la présente édition jusqu'au tome XV inclusivement. Les éditeurs, en déplorant sa mort et en rendant hommage à sa mémoire, annoncent que l'édition sera terminée par M. Maurice Tourneux, XVII, 1.

ASSHARI ou ESCHIARI, philosophe musulman, chef de la secte des Assharites; XVII, 41. — Principes de sa doctrine, elle fait des progrès rapides, 42.

Assharites, secte de philosophes musulmans, XVII, 42. — Voyez *Aschariouns.*

* *Assoupissement*, état de l'animal dans lequel ses actions volontaires paraissent éteintes, XIII, 385. — Exemples extraordinaires d'assoupissement prolongé, 386.

* *Assuré, Sûr, Certain.* — Exemples du bon emploi de ces synonymes, XIII, 387.

* *Assurer, Affirmer, Confirmer.*—Valeur relative de ces mots, XIII, 387.

ASTÉRIE (la duchesse); ce nom cache Sophie Arnould. — Suite de son rendez-vous à Selim (le maréchal de Richelieu alors âgé de dix-huit ans), IV, 326.

ASTO, jeune Taïtienne, II, 320.

Astrologie judiciaire. — Sa naissance chez les Chaldéens, XIV, 80. — Charlatanisme de cette prétendue science, 81. — Son empire extraordinaire chez tous les peuples de l'Orient, *ibid.*

Astronomie.—Les progrès de cette science sont l'indice le plus marqué de l'étendue de l'esprit humain, III, 459.

ASTRUC (J.), célèbre médecin, IX, 218.

Atavisme. — Nom donné à certains phénomènes de la génération, II, 150.

ATHANASE (saint). — Sa tolérance religieuse, I, 488.

Athanor. — Nom d'un appareil employé par les alchimistes, III, 463.

ATHÉE. — Ce que c'est qu'un athée, I, 21. — Son raisonnement pour prouver qu'il n'y a pas de Dieu, 131 à 134. — Trois classes d'athées : les *vrais*, les *sceptiques*, les *fanfarons*, 136. — Il faut plaindre les premiers, prier pour les seconds, et détester les derniers: ils sont faux, *ibid*. — La probité de l'athée repose sur de mauvais fondements, 137. — Ses idées, sa conduite, 217. — Il n'appartient qu'à l'honnête homme d'être d'athée, II, 61 ; III, 297. — Les athées prétendent que le culte rendu aux hommes après leur mort est la première source de l'idolâtrie, XVI, 351. — Ce qu'ils en concluent, *ibid*.

Athéisme.—Peut-on dire qu'il exclut toute probité, I, 18. — En quoi il consiste, 21. — Seul, il exclut toute religion, 22. — Ne paraît avoir aucune influence diamétralement contraire à la pureté du sentiment naturel de la droiture et de l'injustice, 45. — Il laisse la probité sans appui, 58 (note 2).—Il pousse à la dépravation, 59. — Son origine, 190. — L'athéisme pratique n'est guère que sur le trône, II, 491 (maxime du roi de Prusse Frédéric II). — Peut être la doctrine d'une petite école, jamais celle d'une nation civilisée, III, 517.— L'athéisme a aussi ses partisans dans le Malabar, XVI, 42.

ATHÉNAGORAS, philosophe platonicien, ou plutôt éclectique.—Sa manière d'entendre le mot λογος, après avoir embrassé le christianisme, XV, 292.

ATHÉOS, nom d'un athée, ami d'un sceptique qu'il rencontre dans l'*Allée des marronniers*, I, 227, alinéa 31. — Est désigné pour représenter sa secte dans une assemblée religieuse, 228. — Ses raisonnements, 229, 230, 232, 233. — Ce qui lui arrive pendant la réunion, 235, alinéa 56.

Atlantide, vaste continent, qui, selon les traditions antiques conservées par Platon (dans le *Timée* et le *Critias*) était situé dans l'Océan Atlantique, en face des Colonnes d'Hercule. — Lettre sur cette contrée et ses habitants que M. Baer, dans son *Essai historique et critique sur les Atlantides*, considère comme étant la Palestine au temps des patriarches, IX, 225. — La conformité du récit de Moïse et de celui de Platon donne un grand poids à l'opinion de M. Baer, 233.

Atlantiques (les), le même peuple, selon M. Baer, que les Hébreux, IX, 226.

ATLAS, premier chef des Atlantides, selon Diodore de Sicile, IX, 226. — Cet Atlas, dit M. Baer, n'est autre que Jacob, *ibid*.

ATLAS, roi de Mauritanie, changé en montagne selon la fable. — La fiction qui lui fait porter le ciel sur ses épaules dépassée en absurdité, I, 218, alinéa 7.

Atome. — Un atome remue le monde, II, 67.

ATRIBA, lisez AKIBAS. — Savant rabbin, auteur du livre de *la Création*. Philosophe cabalistique. Abrégé de sa vie, XV, 367. — Se jette dans le parti du faux Messie Barcho-Chebas, 368. — Saisi par les troupes de l'empereur Adrien, il est mis à mort avec vingt-quatre mille disciples de sa doctrine, *ibid*. — Les Juifs lui donnent de grands éloges comme écrivain véridique, *ibid*.

* *Attachement, Attache, Dévouement*.— Emploi grammatical de ces expressions, XIII, 387.

* *Attacher, Lier*. — Distinction entre ces deux termes, XIII, 387-388.

ATTAIGNANT (l'abbé de l'). — *Voyez* LATTAIGNANT.

ATTALUS, philosophe stoïcien, cité par Sénèque, III, 259.

ATTALUS Ier, roi de Pergame, fondateur de la célèbre bibliothèque de ce nom, XIII, 442.

Attention. — Trop fortement concentrée sur un point, elle peut être nuisible, II, 377.

* *Attention, Exactitude, Vigilance*.— Ces expressions marquent différentes manières dont l'âme s'occupe d'un objet; XIII, 388.

* *Atténuer, Broyer, Pulvériser*.—Emploi intelligent de ces expressions, XIII, 388.

ATTICUS. — Son buste orne le vestibule de la maison de Cléobule, I, 178.

¶ *Au Petit Prophète de Boehmischbroda, au grand prophète Monet*, etc., SALUT, XII, 152-156.

Aux Mânes de Diderot, opuscule de Meister, compris dans la présente édition, I, IX. — Notice préliminaire, XI. — Notes, XX. — La paternité de cet ouvrage a été contestée à Meister, XX, 141.

AUBERTIN (M.), auteur d'une *Étude critique sur les rapports supposés entre Sénèque et saint Paul* ; ouvrage cité, III, 194.

AUBERTOT, bourgeois d'Orléans. — Anecdote sur un soufflet qu'il donne à titre d'aumône, VI, 61.

AUBRY (*Étienne*), peintre de portraits. — Ceux qu'il expose en 1771, entre lesquels celui de *Jeaurat*, accusent un beau talent, XI, 531. — L'*Amour paternel*, qu'il expose au Salon de 1775, est travaillé scrupuleusement, XII, 24 ; sa *Bonne Femme qui tire des cartes* est un très-bon tableau ; sa *Bergère des Alpes* est charmante ; son *Petit Garçon qui demande pardon à sa mère*, délicieux, 25. — Les *Adieux de Coriolan à sa mère*, tableau exposé en 1781, plus agréable de loin que de près, n'est cependant pas sans effet, 49.

* *Audace, Hardiesse, Effronterie*. — Exemples de l'emploi grammatical de ces différents termes, XIII, 388.

AUDRAN (*Gérard* ou *Girard*), célèbre graveur, X, 191. — Entre ses ouvrages, recommandés comme objet d'étude, ne pas négliger la *Vérité portée par le Temps*, X, 442.

* *Augmenter, Agrandir*. — Applications différentes de ces mots, XIII, 389.

* *Augmenter, Croître*. — L'un se fait par développement, l'autre par addition, XIII, 389.

AUGUIS (*Pierre-René*), littérateur ; publie, dans ses *Révélations indiscrètes du XVIIIe siècle*, un portrait de Diderot par Garand reproduit, I, XXI.

Augures. — Tarquin l'Ancien, cinquième roi de Rome, croit à leur science et se déclare leur protecteur, I, 147. — Lactance, Denys d'Halicarnasse et saint Augustin attestent la vérité du fait merveilleux qui fonda leur puissance, *ibid*.

AUGUSTIN (*Aurelius-Augustinus*), appelé généralement *saint Augustin*, évêque d'Hippone, auteur de la *Cité de Dieu*. Ce qu'il dit des *piétistes*, I, 38, 39. — Est appelé un ancien professeur de rhétorique, 205, alinéa 45. — Sa tolérance religieuse, 488. — Était un pauvre anatomiste, IX, 324. — Écrivain chrétien du IVe siècle, fut d'abord manichéen, XV, 295-300.

AULU-GELLE, célèbre grammairien ; auteur des *Nuits attiques*, voir dans cet ouvrage le discours du médecin Favorin, III, 95. — Ce qu'il raconte d'un certain Paulus jouant le rôle d'*Electre* dans la tragédie d'Euripide, VIII, 422.

* *Aurore*, déesse du paganisme. — Son histoire mythologique, XIII, 389.

* *Aurum musicum*, préparation chimique. — Procédé pour l'obtenir, XIII, 390. — Autre manière d'opérer pour faire l'*argentum musicum*, 391.

* *Austère, Sévère, Rude*. — L'*austérité* est dans les mœurs ; la *sévérité* dans les principes ; la *rudesse* dans la conduite, XIII, 391.

Auteurs et des Critiques (des), VII, 387. (Voy. *Sommaire*, p. 305).

Auteurs Grecs : Hérodote, — Thucydide, — Isocrate, — Platon, — Xénophon, — Épictète, — Plutarque, — Démosthène, — Polybe, — Diodore de Sicile, — Denys d'Halicarnasse, — Philon, — Josèphe, — Appien, — Diogène de Laërce, — Polyen, — Pausanias, — Philostrate, — Dion Cassius, — Hérodien, — Zozime, — Procope, — Agathias, — Élien, — Jugement sur le caractère des écrits de ces prosateurs, III, 479-480. — Appréciation des poètes : — Homère, — Hésiode, — Pindare, — Sophocle, — Euripide, — Eschyle, 481. — Aristophane, — Théocrite, — Bion, — Moschus, — Callimaque, 482.

Auteurs Latins : Cicéron, — César, — Salluste, — Cornélius Népos, — Tite-

Live,— Velléius Paterculus, — Valère-Maxime, — Sénèque, — Pomponius Méla, — Columelle, — Quinte-Curce, — Pline le naturaliste, — Tacite, — Quintilien, — Frontin, — Végèce, — Pline le Jeune, — Florus, — Suétone, Justin, — Trogue Pompée, prosateurs ; et Virgile, — Horace,— Ovide, — Catulle, — Tibulle, — Properce, — Juvénal, — Martial, — Pétrone, poëtes : Appréciation du caractère et du mérite de leurs ouvrages, III, 482, à 484.

Auteurs sacrés, I, 200, alinéa 34.

Autorité. — Elle éblouit les hommes et excite violemment leur envie ; chacun y aspire, II, 461.

* Autorité, Pouvoir, Puissance, Empire. — Distinctions établies entre ces mots par l'abbé Girard dans ses Synonymes, XIII, 391.

* Autorité politique. — Définition de ce mot, XIII, 392.

* Autorité dans les discours et dans les écrits. — Ce qu'on entend par là, XIII, 400.

AUVERGNE (Antoine d') ou DAUVERGNE, musicien français. — Fait représenter, en 1753, les Troqueurs, opéra-comique, V, 487.

AUXERRE (Charles DE CAYLUS, évêque d'). — Voy. CAYLUS.

* Avaler. — Singularités physiologiques relatives à la déglutition d'objets dangereux, XIII, 401.

* Avanie, Outrage, Affront, Insulte. — Termes relatifs à la nature des procédés d'un homme envers un autre. Nuances à observer dans leur emploi, XIII, 402.

* Avantage, Profit, Utilité. — Termes relatifs au bien-être que nous retirons des choses extérieures ; leur emploi judicieux, XIII, 403.

Avare. — Plus cruel à lui-même qu'au genre humain, l'avare est la propre victime de sa passion, I, 110. — Causes de son inquiétude que rien n'apaise, ibid. — Avare et misérable, mots synonymes, ibid. — Ne peut rien produire de grand, VII, 389.

Avarice, fléau de la créature, I, 110. — Ce vice ne connaît point de digues, ibid. — Est plus particulièrement le vice des vieillards ; il y a cependant des exemples d'enfants avares, II, 313. — L'éducation, même la plus sévère, corrige rarement ce malheureux penchant de la nature, ibid. — Rapetisse l'esprit et rétrécit le cœur, VII, 389.

AVED (Jacques-André-Joseph), peintre. — Le Portrait du maréchal de Clermont-Tonnerre, qu'il expose au Salon de 1759, est fort beau, X, 98.

AVELLANÉDA (Alonzo-Fernandez d'), auteur d'une suite de Don Quichotte ; note biographique sur cet auteur, VI, 68.

AVENPAS, médecin musulman. — Sa philosophie le rendit suspect, XVII, 45.

* Aventure, Événement, Accident. — Termes relatifs aux choses passées ou considérées comme telles. Peuvent rarement être employés comme synonymes, XIII, 403.

Aventure d'un chapelier de Langres, conte moral, V, 293 et suiv.

Aventures de Pyrrhus. — Notice critique sur un ouvrage portant ce titre, et dont le manuscrit fut trouvé à la mort de Fénelon, parmi ses papiers, IX, 462.

AVENZOAR, médecin et philosophe musulman, XVII, 45. — Quels furent ses disciples, ibid.

AVERDY (Clément-Charles-François de l'), contrôleur général des finances. — Accorde une pension de deux mille livres à l'abbé Coyer pour ses ouvrages : la Noblesse commerçante, et Chinki, VI, 294. — Est relevé de sa charge. — Comment et par qui sa retraite lui est notifiée, XIX, 282. — Sa pension. Chanson sur lui, 293.

AVERROES, célèbre philosophe et médecin arabe. Moïse Maïmonides devient son disciple, XV, 374. — Notice sur sa vie, XVII, 46. — Fut de la secte des Assharites, 47. — Homme sobre, laborieux et juste, 48. — Son système particulier de religion, 49.

Aveugle (lisez Dévot). Conversation entre cet habitant de l'Allée des épines et un promeneur de l'Allée des marronniers, I, 220 et *suiv.*, alinéas 14, 15, 16 à 30.

¶ *Aveugles.* Lettre sur ce sujet, I, 279. — Hilmer, oculiste prussien, fait l'opération de la cataracte, 280. — L'aveugle-né du Puiseaux, *ibid.* — Ses habitudes d'ordre, *ibid.* — Comment il juge du beau, 281. — Sa définition d'un miroir, *ibid.* — Ne connaît les objets que par le toucher, 282. — Idée qu'il se forme des yeux, *ibid.* — Manière dont il enfile les aiguilles les plus ténues, 284. — Sa mémoire extraordinaire des sons lui fait reconnaître les personnes à la voix, *ibid.* — Se trouve inférieur aux voyants à certains égards, mais leur supérieur sous d'autres rapports, 285. — Sa réponse à la question : S'il serait content de jouir de la vue? *ibid.* — La délicatesse des sens de l'ouïe, du toucher, du goût et de l'odorat, est des plus remarquables en sa personne, 286. — Ses idées sur les vices et les vertus, 288. — Les aveugles, n'étant affectés que par la plainte, peuvent être soupçonnés, en général, d'inhumanité, 289. — Leur morale diffère essentiellement de la nôtre, *ibid.* — Notre métaphysique ne s'accorde pas mieux, *ibid.* — Comment l'aveugle-né se forme-t-il des idées des figures? 290. — Les sensations qu'ils prennent par le toucher sont le moule de toutes leurs idées, 293. — Opinions diverses de Molineux, de Locke et de Condillac, sur les sensations qu'éprouverait l'aveugle-né qui recouvrerait la vue, 314, 315. — Marche et progrès des idées et des sensations à la suite d'une opération qui a rendu la vue, 317. — Addition à la lettre sur les aveugles : Histoire intéressante de Mlle de Solignac, 331 à 342.

Avezac-Lavigne (C.), auteur d'un ouvrage intitulé : *Diderot et la Société du baron d'Holbach*, XVIII, 345. — Ses suppositions, *ibid.*

Avicenne, célèbre médecin arabe. — Sa vie, XVII, 43. — Sa mort, 44.

Avidité. — Fléau de la créature, I, 110.

* *Avis, Sentiment, Opinion.* — Termes synonymes, en ce qu'ils désignent tous un jugement de l'esprit, XIII, 403.

* *Avis, Avertissement, Conseil.* — Termes synonymes, en ce qu'ils sont tous les trois relatifs à l'instruction des autres, XIII, 404.

¶ *Avis à un jeune poëte*, VIII, 443. — Voyez Dorat.

Avocats. — De la rémunération due à leurs services, III, 41, 42.

Axiomes. — Ceux qu'on regarde comme le bon sens des nations ne doivent point être acceptés sans examen, II, 55.

Ayen (le duc d'), avait à Saint-Germain un théâtre particulier, sur lequel il jouait lui-même ainsi que sa fille, la comtesse de Tessé, VII, 17.

* *Azabe-Kaberi.* — Supplice que les méchants souffrent sous la tombe, selon la superstition mahométane, XIII, 404.

* *Azarecah*, hérétiques musulmans. — Leur histoire, XIII, 404-405.

B

* *Baaras*, nom d'un lieu et d'une plante du Liban. — Curieuses rêveries débitées par l'historien Josèphe sur cette plante que les Arabes appellent l'*herbe d'or*, XIII, 405.

* Babel. — Note sur la ville et la tour de ce nom, XIII, 406. — Circonstances dans lesquelles le dessein insensé de cette tour fut conçu, XIV, 177.

Babeuf (*François-Noël*), cité, V, 4.

Babuti, libraire. — Son portrait peint par Greuze, son gendre, est d'une remarquable beauté, X, 142.

Babuti (Mlle), fille du précédent, femme du peintre Greuze. — Son portrait en vestale est d'un petit caractère, X, 142. — Anecdote de sa jeunesse comme fille de libraire, 349. — Au Salon de 1765, figure un autre *Portrait de* Mme *Greuze enceinte*, 350.

Bacbuc, mot hébreu, VI, 224. — Sa signification, *ibid.* — Quels ont été ses sectateurs les plus distingués, *ibid.* — Platon et Jean-Jacques Rousseau déclarés faux frères, *ibid.* — Bacbuc, autrement dit *la Gourde*, *la Bouteille*, a eu ses temples, *ibid.*

* *Bacchionites*, sectes de philosophes peu connus, XIII, 407.

BACH (*Jean-Sébastien*), célèbre musicien. — Cité, XII, 302, 321.

BACH (*Charles-Philippe-Emmanuel*), musicien allemand, deuxième fils du précédent, auteur de l'*Essai sur l'art de toucher du clavecin;* cité XII, 289, 302, 321. — Lettre que Diderot lui écrit, XX, 91.

BACHELIER (*Jean-Jacques*), habile peintre de fleurs. — Fait, en 1749, un tableau en cire : *Flore et Zéphire*, sujet tiré de la fable. — Histoire de ce premier essai d'un nouveau genre de peinture, racontée par lui-même, X, 48. — Fait sur toile, par suite d'un défi, un second tableau à l'encaustique, 52. — Description de son procédé, 53. — Manière dont il préparait ses toiles pour la peinture en cire, 55. — Son troisième tableau, représentant des fleurs dans un vase de porcelaine, prouve que s'il n'a pas retrouvé la véritable peinture *encaustique* des Anciens, il s'en est fort approché, 56. — Réponse que lui font deux chimistes dont l'un était de l'Académie, 60. — Ses persévérants essais pour arriver à éviter l'emploi de l'essence de térébenthine dans la peinture en tableaux, 61. — Obtient le résultat désiré, 66. — Communique son secret à M. Odiot, 67. — Description des tableaux exécutés, par ce peintre, à la cire et au feu ou à *l'inustion*, 68. — Expose, au Salon de 1759, un tableau de la *Résurrection*, peint à la cire, mauvaise composition, 99. — Il y a dans la tête de ce peintre des liens qui garrottent son imagination, 133. — Expose, au Salon de 1761, les *Amusements de l'enfance*, tableau empreint d'une exagération qui tient de la bacchanale, *ibid.* — Un *Milon de Crotone*, toile prétentieuse et mauvaise, *ibid.* — La *Fable du cheval et du loup*, réduction de son grand tableau en encaustique, reproduction bien réussie, 134. — Un *Chat d'Angora*, bonne physionomie traîtresse, *ibid.* — Une *Descente de croix*, esquisse de mérite, *ibid.* — Trois tableaux qu'il expose au Salon de 1763, bons à envoyer au pont Notre-Dame : *Le Pacte de famille; Les Alliances de la France; La Mort d'Abel*, 196. — Remarquable beauté de l'une des esquisses de ce dernier tableau, 197. — Le Salon de 1765 reçoit de lui cinq tableaux : I. *La Charité romaine*, ou *Cimon dans la prison, allaité par sa fille* (ce tableau est actuellement au Louvre, n° 4 de l'École française), 290. — II. Un *Enfant endormi*, 293. — III. Des *Fruits, ibid.* — IV. Des *Fleurs*, 294. — V. Un tableau peint avec de *nouveaux pastels* préparés à l'huile, *ibid.* — N'envoie rien au Salon de 1767, et ne veut plus exposer, XI, 4. — Avait cependant peint pour ce Salon une *Psyché enlevée du rocher par les Zéphirs*, 96. — Fonde, en 1766, l'École gratuite de dessin, *ibid.* — Jugement sur son talent, 306.

BACHER (*Georges-Frédéric*), médecin français; renommé pour le traitement de l'hydropisie. — Donne des soins à Diderot, I, LVI.

* *Bachoteurs*. — Bateliers établis sur les ports de Paris. Police qui les régit, XIII, 407.

BACON (*François*), célèbre philosophe anglais. — Ses *Cogitata et Visa de interpretatione naturæ* fournissent à Diderot l'idée des *Pensées sur l'Interprétation de la nature*, II, 3. — Diderot reconnaît lui devoir le *Système figuré des connaissances humaines*, qu'il a placé en tête de l'*Encyclopédie*, XIII, 133, 134. — Observations sur sa division des sciences, 159-164. — Reproduction de son arbre philosophique, 165. — A été le fondateur de l'éclectisme moderne, XIV, 306.

BACON (*Roger*), moine et savant anglais. — Philosophe scolastique appartenant à la deuxième période de cette philosophie. — Est un des génies les plus surprenants que la nature ait produits, XVII, 100. — Étudie la nature; progrès qu'il fait dans la physique expérimentale, *ibid.* — Ses conjectures, 101. — Accusation portée contre lui, *ibid.*

BACQUEVILLE (M. de). — Incendie de son

hôtel, son indifférence à ce sujet. — Sa conduite étrange; son caractère; ses folies; son avarice, XVIII, 300 et suiv.

BACULARD *(Arnaud)*. — Voyez DARNAUD.

BAER OU BAEHER *(Jean-Christian-Félix)*; érudit allemand, aumônier de la chapelle royale de Suède, à Paris, IX, 225. — Doit à la lecture du *Timée* et du *Critias* de Platon l'idée qu'il s'est formée sur l'identité des habitants de l'Atlantide et des patriarches, *ibid.* — Objections faites à son système, 228. — Pour lui le sort des Atlantides rebelles fut le même que celui des Israélites corrompus; d'où la conclusion que, sous ces noms différents, il ne faut voir qu'un seul peuple, 233.

BAGGE (le baron de), noble allemand; amateur passionné de musique. — Ses concerts à Paris étaient très-suivis, V, 418, 419.

Bahman Jescht. — Espèce de prophétie. Ce qu'y voit Zoroastre, XVII, 325.

BAILLET. — Remarque de ce pieux écrivain, III, 123.

BALA. — Nom d'un personnage distingué que l'impératrice de Russie donna à Diderot pour l'accompagner dans son retour de Pétersbourg à Paris, I, LIV.

Balance. — Étendard des Pyrrhoniens, avec ces mots pour devise : *Que sais-je?* I, 217, alinéa 4.

* *Balanciers.* — Nom d'une corporation d'ouvriers soumis à la juridiction de la cour des monnaies, XIII, 408.

BALÉCHOU *(Jean-Joseph-Nicolas)*. — Qualités et défauts de la gravure de cet habile artiste, X, 445. — Sa mort, *ibid.* — On recherche de lui : les *Baigneuses*, le *Calme* et la *Tempête*, d'après Joseph Vernet; la *Sainte Geneviève*, d'après Carle Van Loo, et un *Portrait d'Auguste*, roi de Pologne, *ibid.*

Bal masqué, et suite. — Vingt-quatrième et vingt-cinquième essais de l'anneau magique, IV, 328 *et suiv.*

* *Ballade.* — Genre de poésie dans lequel ont excellé Clément Marot et La Fontaine, XIII, 408, 409.

* BALUZE *(Étienne)*, savant historiographe. — Ses manuscrits, au nombre de plus de mille, sont achetés par l'abbé Bignon pour la Bibliothèque du roi, XIII, 472.

Bandeau. — Symbole de la *Foi*, I, 192, 202, 203, 211, 212; alinéas 7, 8, 9, 40, 44, 62, 63.

Banians, secte de race indienne encore subsistante malgré sa dispersion, II, 97.

BANIER (l'abbé). — Son ouvrage principal: *La Mythologie et les Fables expliquées par l'histoire*, cité avec éloge, III, 494.

BANZA, nom par lequel Diderot désigne PARIS dans les *Bijoux indiscrets*, IV, 138. — État de son Académie des sciences, 162.

Baptême, cérémonie religieuse. — La raison de l'homme lui fait mépriser le baptême, I, 163. — Comment il s'accomplit, 191, alinéa 6 ; IV, 446. — A quoi il engage, 447. — Où il conduit, *ibid.* — Ce qu'on trouve au bout du voyage, 448.

* *Baptes* (les), ou *Plongeurs*, comédie de Cratinus, XIII, 409.

BAQUOY *(Jean-Charles)*, graveur, X, 191.

Barbarie. — Sens philosophique de ce mot, I, 9.

Barbe. — Son origine présumée, IX, 309.

BARBÉ-MARBOIS (comte). — Lettre de Diderot à la marquise de Pompadour, dont il est l'auteur, XX, 100.

* *Barbeliots* ou *Barboriens*, secte de Gnostiques. — Leur extravagante doctrine, XIII, 409.

BARBEU DU BOURG *(Jacques)*, médecin-botaniste. — Traducteur anonyme des *Lettres d'un fermier* de Pensylvanie, ouvrage de Dickinson, IV, 86.

BARBEYRAC *(Jean)*, traducteur et commentateur de Puffendorf. — Son traité des *Devoirs de l'homme et du citoyen* cité avec éloge et recommandé, III, 492, 506.

BARBIER *(Antoine-Alexandre)*, savant bibliographe. — Réfute les calomnies de La Harpe contre Diderot, III, 6. — Combat les attaques de Ginguené au sujet d'une note de Diderot contre

J.-J. Rousseau, 7. — On trouve, dans son *Dictionnaire des anonymes*, la liste des ouvrages auxquels donna naissance la Thèse de l'abbé de Prades, 484. — A qui il attribue le roman *Thérèse philosophe*, XX, 97.

BARBIER (*Louis*), fils du précédent. — Remet à M. Assézat une note écrite par son père, qui révèle dans les œuvres de Diderot des lacunes encore imparfaitement comblées, XX, 102.

BARBIER (*Edmond-Jean-François*), avocat, né à Paris en 1689, mort dans la même ville en 1771. — Ce qu'il rapporte dans son *Journal* au sujet du scandale causé par la Thèse de l'abbé de Prades, I, 433. — Il attribue à Diderot le roman *Thérèse philosophe*, XX, 97.

BARBIER D'AUCOURT (*Jean*), avocat au Parlement de Paris. — Notice sur cet auteur des *Sentiments de Cléanthe*, critique ingénieuse des *Entretiens d'Ariste et d'Eugène*, du P. Bouhours, XV, 414.

BARCHO-CHEBAS, faux Messie. — Est soutenu dans son imposture par le docteur cabaliste Atriba, XV, 368.

BARCLAY (*Jean*), écrivain anglais. — Danger d'imiter son indépendance, I, 185.

BARDA ou BARDAS, patrice d'Orient, au IX⁰ siècle, établit des écoles et stipendie des maîtres afin de faire cesser l'ignorance du siècle précédent, XV, 299.

BARDIN (*Jean*). — Expose, au Salon de 1781, une *Adoration des Mages*, tableau assez bien composé, XII, 58.

* *Bardocucullus* ou *Bardaicus cucullus*. — Selon Casaubon, c'était une partie du vêtement des Gaulois de Langres et de Saintes, XIII, 410.

BARON (*Michel* BOYRON, *dit*), acteur célèbre. — Diderot le nomme ONGOGLI dans les *Bijoux indiscrets*, IV, 277. — Une aventure galante de ce comédien auteur, 278. — Jouait à soixante ans passés, et avec un grand succès, le *Comte d'Essex*, *Xipharès*, *Britannicus*, etc., VIII, 351 et 376.

BANRI (*Jules*). — A professé quatre leçons sur Diderot dans son *Histoire des idées morales et politiques en France au XVIIIᵉ siècle*, XX, 144.

Barnwell ou *le Marchand de Londres*, tragédie bourgeoise de Lillo, citée en exemple, VII, 95.

Baron d'Holbach (le), par F. T. Claudon. — Diderot est l'un des personnages de ce roman, XX, 145.

* *Barques*. — Histoire de la diversité des matières employées pour leur construction, dans les premiers âges du monde et par les différents peuples, XIII, 410.

BARRÉ, jeune paysanne déguisée en homme, au service de M. de Bournaud pendant le voyage de Bougainville. — Ce qui lui arrive au cours de ce voyage, II, 205, 219.

BARRIÈRE (*Jean-François*). — Fait connaître, en 1828, les *Mémoires de M*ᵐᵉ *de Vandeul* (Marie-Angélique Diderot) sur la vie de son père, I, XXVII. — Le manuscrit de cet ouvrage avait circulé à Paris dès 1787, *ibid*.

BARRIÈRE (*Pierre*), soldat orléanais. — Est armé en 1593, par le P. Varadé, recteur des jésuites à Paris, à l'effet d'assassiner Henri IV, XV, 279.

BARRY (Mᵐᵉ du), maîtresse de Louis XV. — Un mot d'elle, II, 387. — Son origine et sa fortune, citées comme un singulier exemple de la destinée des femmes, XIX, 408.

BARTHE. — Lit à Diderot une comédie qui le fait rire, XIX, 154. — Critique de cette comédie, 208.

* *Barthélemites*, ordre de clercs séculiers, fondé par Barthélemi Holzauzer, XIII, 412. — Leurs constitutions ont été approuvées par le pape Innocent XI, *ibid*.

BARTHÉLEMY (l'abbé), auteur du *Voyage d'Anacharsis*. — Fait paraître, en 1760, un roman intitulé *Les Amours de Carite et de Polydore*, V, 491. — Analyse de ce pastiche composé pour l'éducation du jeune Castanier d'Auriac, *ibid*.

BARTHROUHENRI, bramine célèbre parmi les Malabares, XVI, 46. — Sa doctrine et sa morale, 47-49.

* *Bas*, terme employé comme le corrélatif de *Haut*, XIII, 412.
BASSE (M^He), danseuse de l'Opéra.—Son histoire avec M. Prévot, XIX, 227.
BASSEPORTE (Mlle), élève de Robert. — Peintre de fleurs et d'animaux, attachée au Jardin du Roi, XI, 306.
* *Bassesse, Abjection*, termes synonymes.— Discussion à ce sujet, XIII, 413. — Ces termes semblent avoir été inventés des hommes injustes dans le sein du bonheur, 414.
BASSET DES ROSIERS (*Gilles*), auteur de l'*Anti-Vénus physique*, II, 5.
BASTILLE. — Bien nourri, bien couché, on y meurt de chagrin; pourquoi, II, 440.
* *Bataille, Combat, Action;* valeur de chacun de ces termes, XIII, 415.
Batailles. —Les tableaux de ce genre ont un droit incontestable à l'indulgence, XII, 97. — Les mœurs anciennes, plus poétiques et plus pittoresques que les nôtres, étaient plus favorables à l'artiste, *ibid*.
Bataillon noir. — Jésuites, I, 198, 199; alinéas 28, 30.
Bâtard légitimé (le), ou *le Triomphe du comique larmoyant*, avec un examen du *Fils naturel* de M. Diderot; pamphlet imprimé en 1757, à Amsterdam, VII, 10.
* *Bâton*. — Divers emplois de ce mot, XIII, 415.
* *Bâton* (en histoire). — Remarques sur ce sujet, XIII, 416-418.
* *Bâton* (en mythologie). — De *l'augural* et du *pastoral*, XIII, 418, 419.
* *Batte*, instrument commun à un grand nombre d'ouvriers, XIII, 420.
BATTEUX (l'abbé *Charles*).— Son ouvrage les *Beaux-Arts réduits à un même principe* provoque la réponse de Diderot connue sous le titre : *Lettre sur les sourds et muets, etc.*, I, 345. — Conseils donnés par Diderot pour le perfectionnement du livre des *Beaux-Arts*, 385. — Diderot appelait cet ouvrage un livre *acéphale, ibid.* et III, 486. — Qualifié d'hypocrite par le parasite Rameau, V, 440. — Ce qui manque à son *Traité des Beaux-Arts* pour le rendre excellent, X, 17. — Son aversion pour la philosophie et les philosophes modernes, XIV, 529.
* *Battre, Frapper;* synonymes, XIII, 420.
* BAUCIS ET PHILÉMON. Conte mythologique, différemment traité par Prior, Swift et La Fontaine, XIII, 420, 421.
BAUDEAU (l'abbé *Nicolas*), économiste. — Examen des tomes V à VIII de ses *Éphémérides du citoyen*, IV, 80-85.
BAUDELAIRE (*Charles*).—Lettre à H. Hostein au sujet de la comédie de Diderot: *Est-il bon? est-il méchant?* VIII, 140. — Réponse de H. Hostein, 141.
BAUDOUIN (*Pierre-Antoine*), peintre en miniature et à la gouache. — Reçu à l'Académie de peinture en 1761, X, 150. — Expose au Salon de cette même année plusieurs jolis tableaux, *ibid.* — Au Salon de 1763, son *Prêtre catéchisant des jeunes filles*, papier d'éventail, et sa *Phryné accusée d'impiété devant les Aréopagistes*, méritent attention, quoiqu'on puisse soupçonner que Boucher, le beau-père de l'exposant, ne soit pas étranger à ce qu'ils ont de bien, 206, 207. — Bon garçon, un peu libertin, 332. — La *Paysanne querellée par sa mère* et le *Cueilleur de cerises*, qu'il expose au Salon de 1765, attirent particulièrement l'attention de toutes les jeunes filles, *ibid.* — Ses autres tableaux à cette exposition : I. Le *Confessionnal*, que l'archevêque a fait retirer ; II. La *Fille éconduite;* III. Une *Idylle galante;* IV. *Le Lever;* V. *La Fille qui reconnaît son enfant à Notre-Dame parmi les enfants trouvés, ou la Force du sang;* se recommandent à des titres divers, 333-336. — On y remarque encore des *miniatures* et des *portraits*, joliment peints, et un *Silène porté par des Satyres*, tableau auquel il manque... (Énigme à deviner), 337. — Cet artiste, qui s'est fait le peintre et le prédicateur des mauvaises mœurs, des petites-maisons et des gros financiers libertins, expose, au Salon de 1767, une série de gouaches de mauvais goût, parmi lesquelles : *Le coucher de la Mariée*, XI, 188. — Dans ce

tableau, qui a été gravé par Simonet, tout est faux, *ibid.* — Ce peintre de boudoir choisit mal son sujet ou son instant, 189. — Il paraît ignorer que les sujets honnêtes assurent seul la durée des ouvrages, *ibid.* — *Le Sentiment de l'Amour et de la Nature cédant à la nécessité,* encore un mauvais tableau, 192. — Huit miniatures représentant la *Vie de la Vierge,* imitation de Boucher; ce n'est pas du Baudouin pur, 194. — N'entend rien à la convenance, manque de tact, 195. —Talent médiocre, 306.—Ses tableaux à l'exposition de 1769 rappellent trop ceux de son beau-père, 424, 425. — A traité, dans *Phryné traînée devant l'Aréopage,* un sujet au-dessus de ses forces, XII, 92. — Est mort épuisé de débauches, *ibid.* — Ce que pense Diderot de son *Enfant trouvé,* XVIII, 248.

BAUDOUIN, frère de Godefroy de Bouillon, se joint à lui pour la première croisade, XIV, 246. — S'empare d'Edesse, *ibid.* — Règne dans Jérusalem après Godefroy, *ibid.*

BAUDOUIN, comte de Flandre, rassemble une armée pour la croisade, XIV, 247. — Commence son expédition par une irruption contre les chrétiens de la Dalmatie, *ibid.* — Prend et saccage Constantinople, *ibid.* — Est élu empereur; son règne est de courte durée, *ibid.*

BAUFFREMONT (prince de).— Son aventure avec un garde-suisse, XIX, 92.

BAUHIN (*Gaspard*), médecin suisse.—Son *Traité des hermaphrodites,* ouvrage à consulter, IX, 421.

BAUMANN, dit aussi le *docteur d'Erlang,* pseudonyme adopté par Maupertuis pour la publication de son livre intitulé : *Dissertatio inauguralis metaphysica,* etc. — Reproduit en 1754, sous le titre d'*Essai sur la fonction des êtres organisés,* et en 1768 (1756), sous celui de : *Système de la nature,* II, 16 et 45. — Voyez MAUPERTUIS. — En quoi son système pouvait être amélioré, 49. — Alternativement loué et dénigré par Voltaire, VI, 353.

Baume.—Saintes huiles, I, 196, alinéa 25.

BAUMGARTEN (*Martin*), voyageur allemand.— Ce qu'il rapporte des mœurs et coutumes des Topinambous et des Turcs d'Asie au IVe siècle, I, 45, à la note.

BAYEN, philosophe. — Peut être regardé comme le disciple de Coménius, XVI, 130. — Ouvrage qu'on a de lui, *ibid.* — Analyse de son système philosophique, *ibid.* et suiv.

BAYLE (*Pierre*), célèbre critique.— Danger d'imiter son indépendance, I, 185. — Exemple d'exaltation religieuse rapporté dans ses *Pensées sur la comète de 1680,* II, 257. — Ce qu'il dit de la secte des Stoïciens, III, 28. — Cité, 32, 62. — Sa judicieuse remarque sur un ouvrage de Fannius, 161. — Comment il juge les athées, les déistes et les superstitieux au point de vue social, 490. — Pourquoi une partie de son dictionnaire a perdu tout intérêt, XIV, 425. — Son raisonnement touchant la liberté de l'âme humaine, XV, 499 et suiv. — Jugement sur le Manichéisme; examen de cette doctrine, XVI, 65-90. Bayle estime le polythéisme pernicieux à la société, XVI, 580. — Notice sur lui, 486-491. — Comment il combat la doctrine de Spinosa, XVII, 174. — Ce qu'il oppose à ceux qui prétendent qu'il n'a pas compris cette doctrine, 187.

BAYON ou BAJON (Mlle), célèbre musicienne. — Diderot mène deux Anglais entendre de la musique chez elle, XIX, 267. — Il la réconcilie avec Bemetzrieder, 338.

* *Béatitude, Bonheur, Félicité,* termes relatifs à la condition d'un être qui pense et qui sent, XIII, 421. — De leur emploi, *ibid.*

Béats. — Occupent le sentier des épines, le montrent aux passants, mais ne le suivent pas, I, 195.

* *Beau, Joli.* — De l'emploi grammatical de ces mots par opposition l'un à l'autre, XIII, 421.

* Beau (Métaphysique). — Article extrait de l'*Encyclopédie.* Voyez tome X, pages 5 à 42, où cet article est imprimé sous le titre : *Recherches philosophi-*

ques sur *l'origine et la nature du beau*. — *Le beau* est une des choses dont on parle le plus parmi les hommes, et une de celles qu'on connaît le moins, 5. — Platon a écrit deux dialogues sur ce sujet, 6. — Idées de saint Augustin sur cet objet important, *ibid*. — Manière dont Wolff le caractérise dans sa *Psychologie*, 7. — Sa définition par Crousaz, *ibid*. — Système de Hutcheson, 8-17. — Traité du P. André sur ce sujet, *ibid*. et 20. — En quoi il consiste selon Shaftesbury, *ibid*. — Traité spécial de Diderot sur ce sujet, 24-42.

* Beaucoup, Plusieurs. — Nuance entre ces termes de quantité, XIII, 422.

BEAUFORT (*Jacques-Antoine*). — Ce peintre expose, au Salon de 1767, une *Flagellation*, un tableau d'*Animaux*; ensemble, deux mauvais tableaux, XI, 335; 336. — Son *Christ expirant sur la croix*, qu'il expose au Salon de 1769, ira à Pondichéry pour le compte de la Compagnie des Indes, 448. — Compte rendu de son tableau de réception exposé au Salon de 1771 : *Brutus et Collatin jurent de venger la mort de Lucrèce et de chasser les Tarquins*, 514-516. — L'*Incrédulité de saint Thomas; Madeleine au désert; Deux Femmes grecques*, au Salon de 1775, accusent un sensible progrès, XII, 20. — La *Mort de Bayard*, qu'il expose en 1781, est d'une composition et d'une couleur agréables, 47.

BEAUMARCHAIS (*P.-Auguste* CARON de). — Est présenté à Diderot par Gudin de la Brenellerie, son ami, et, comme lui, fils d'un horloger, VIII, 516. — Voyez GUDIN. — Lettre que Diderot lui écrit, dans laquelle il fait des vœux pour le succès de l'*insurgence* des poëtes dramatiques contre les comédiens, XX, 71.

BEAUMONT (*Christophe* de), archevêque de Paris. — Accorde, à la demande de Diderot, une bourse pour un neveu de Damilaville, I, LXI. — Ce que Diderot lui dit en prenant congé à la fin d'une longue visite, LXII.

BEAUMONT (*Élie* de). — Moyens qu'il aurait dû employer dans la défense des Calas, XIX, 141.

BEAUMONT (*Etienne*), auteur du livre intitulé *Principes de philosophie morale*, ouvrage faussement attribué à Diderot par La Harpe, I, 6; XX, 98.

BEAUSOBRE (*Isaac*), savant ministre protestant. — Son *Histoire du Manichéisme* ouvrage à consulter, XV, 178.

Beauté. — Recherches sur les opinions différentes que les hommes ont sur ce sujet, X, 35-41. — Modèle idéal que le plus habile portraitiste est incapable de produire, même en prenant pour modèle la plus belle femme connue, XI, 9. — Système adopté par les Anciens pour obtenir ce modèle idéal qui ne se rencontre pas dans la Nature, 12. — Elle n'a qu'une forme, XII, 125. — Rien n'est beau que le vrai, *ibid*.

* Ce sentiment n'est pas l'objet de tous les sens, XIII, 423. — Il n'y a ni *beau* ni *laid* pour l'odorat et le goût, *ibid*.

BEAUVARLET (*Jacques-Firmin*), graveur. — Son travail est large et facile, X, 452. — L'*Offrande à Vénus*, d'après Vien, qu'il expose au Salon de 1765, n'a rien de la finesse et du dessin du tableau, *ibid*. — Au même Salon deux dessins, d'après Van Loo, la *Conversation espagnole* et la *Lecture*, qu'il doit mettre sur cuivre, sont mous et ne reproduisent pas le caractère des originaux, *ibid*. — Expose, en 1767, les *Portraits du comte d'Artois et de Madame*, d'après Drouais, et des *dessins* d'après La Hire et Teniers, XI, 366, 367.

* *Beaux*, adjectif pris substantivement. — Sa signification chez les Anglais, XIII, 422.

Beaux-Arts. — Ne font pas les bonnes mœurs ; ils n'en sont que le vernis, III, 469. — Pour en bien juger, il faut réunir plusieurs qualités rares, VII, 115. — Conditions indispensables à remplir pour leur avancement, X, 159.

BEAUZÉE (*Nicolas*), grammairien. — Sa *Grammaire française* manque de clarté dans le discours, et de goût dans le choix des exemples, III, 467.

BECCANI (*Jacques-Barthélemy*), médecin de Bologne. — Fait, en 1742, la découverte du gluten, IX, 255.

BECCARIA (*César Bonesano*, marquis de). — Observations de Diderot sur son *Traité des délits et des peines*, IV, 51. — Réflexions de Ramsay sur cet ouvrage, 52. — Examen de son ouvrage intitulé : *Recherches sur le style*, 60. — Remarques de l'abbé Baudeau sur le discours qu'il prononça lorsqu'il prit possession de la chaire d'économie politique à Milan, 81. — Reproches qui lui sont adressés, *ibid.*

BEDA. — Ecrivain ecclésiastique anglais du VIIe siècle, XV, 300.

BÉCHERAN (l'abbé).—Farce qu'il joue sur le tombeau du diacre Pâris, I, 151.

BECKER, chimiste allemand. — Ce qu'il disait des physiciens, III, 463.

* BÉDOUINS. — Peuples d'Arabie, qui vivent toujours dans les déserts et sous les tentes, XIII, 423. — Leurs mœurs et coutumes, *ibid.*

BEECHEY (*Frédéric-Guillaume*), capitaine de vaisseau de la marine royale d'Angleterre. — Visite, en 1826, l'île des Lanciers, qu'il trouve entièrement déserte, II, 202. — Cette petite île, découverte, en 1768, par Bougainville, était alors habitée, *ibid.*

BEECKE, musicien allemand. — Cité, XII, 321.

* BELBUCH et ZEOMBUCH, divinités des Vandales, XIII, 424. — Voir *Manichéisme*.

BELIDOR (*Bernard* FOREST de), savant général, et non moins célèbre mathématicien. — Donne une remarquable approbation aux *Mémoires de mathématiques* de Diderot, IX, 77.

BELIN, libraire-éditeur.—Édite les œuvres de Diderot en 1818, I, v.

Bélisaire, roman philosophique de Marmontel, cité XI, 305. — Condamné par la Sorbonne, *ibid.*

BÉLISE.—Fausse amie, I, 241 à 245. — Ses manœuvres, alinéas 22 à 47.

BELL (*Charles*), célèbre physiologiste anglais. — Ses importantes découvertes sur les fonctions différentes des nerfs, suivant l'attache de leurs racines, IX, 328.

BELLE (*Clément-Louis-Marie-Anne*), peintre d'histoire. — Reçoit à sa campagne de Sèvres Diderot malade, et lui prodigue ses soins, I, LVII. — Le livret du Salon de 1767 mentionne de cet artiste un *Archange saint Michel, vainqueur des anges rebelles*. Ce tableau n'a pas été exposé, XI, 95. — Sujet trop au-dessus des forces de l'artiste, *ibid.* — Jugement sur son talent, 306. — Deux tableaux : le *Combat de Saint-Michel* et *Psyché et l'Amour endormi*, qu'il envoie au Salon de 1771, mauvais, 476, 477.

BELLENGÉ (*Michel-Bruno*), peintre de légumes, de fleurs, de fruits, et victime de Chardin. — Expose au Salon de 1763, X, 214. — Ses tableaux de *fleurs* et de *fruits* exposés en 1765, à envoyer chez Tremblin au pont Notre-Dame, 341. — Se relève au Salon de 1767, où l'on remarque un grand tableau de *fleurs* et de *fruits;* un *Vase en bronze*, un *Vase en terre cuite*, XI, 196, 197. — Ce peintre n'est pas sans mérite, 307. — Le tableau de *Fruits* qu'il expose au Salon de 1769 est indigne de ses aînés, 427. — Une *Corbeille de fleurs* et un *Vase contenant des Fleurs*, qu'il expose en 1771, ont un mérite réel, 492. — Un tableau de fleurs qu'il expose en 1775, mauvais, XII, 17.

Belles-lettres.—Dans son plan d'une université pour le gouvernement de Russie, Diderot explique pourquoi il en relègue l'étude dans un rang fort éloigné, III, 469.

BELLOY (*P. Laur.* BUIRETTE de), auteur tragique. — Remarque sur sa pièce *Le Siége de Calais*, VIII, 452. — M. le duc de Charost, gouverneur de Calais, fait exécuter son *Apothéose* par le peintre Jollain, et reproduit ce tableau par la gravure, qu'il confie à Lempereur, XI, 365. — Grande colère de Diderot à ce sujet, 636.

BÉLUS. — Rôle de cette divinité dans la cosmogonie des Chaldéens, XIV, 78.

BEMBO (*Pierre*), célèbre cardinal et littérateur. — On lui doit la conservation de la *Table Isiaque*, l'une des antiquités égyptiennes les plus remarquables, XIV, 394.

BEMETZRIEDER, musicographe français. — Une conversation avec Diderot, V, 470. — Part considérable qu'il faut attribuer à Diderot dans l'ouvrage portant le titre de *Leçons de clavecin et Principes d'harmonie*, publié en 1771, sous son nom, XII, 173. — Publie, en 1776, un *Traité de musique* qu'il dédie au duc de Chartres, 174. — Ingénieuse dédicace de ses *Leçons de clavecin* à la fille de Diderot, 523, 524. — Compte rendu de l'excellence de son mode d'enseignement, 525. — On ne rencontre guère que lui chez Mme Diderot, XVIII, 341. — Diderot le réconcilie avec Mlle Bayon, XIX, 338. — Diderot met au net son *Traité d'harmonie*, XX, 21. — Comment Diderot l'accueille et le donne pour maître de clavecin à sa fille, XX, 138.

Bénédictins, I, 199, alinéa 29. — Présentent une requête au roi pour être sécularisés, XIX, 162. — Cette requête donne lieu à une foule de facéties, 163 (note).

* *Bénéfice, Gain, Profit, Lucre, Émolument*. — Termes de grammaire, exemples de leur emploi, XIII, 425.

Bénéfice héréditaire. — Celui que Moïse accorde à Aaron, son frère, et à ses descendants, I, 203, alinéa 41.

* *Bénin, Benigne*. — De l'emploi de cet adjectif au propre et au figuré, XIII, 425.

BENOIT XIV (*Lambertini*), pape. — En 1755, l'abbé Galiani lui envoie une *Dissertation sur l'Histoire naturelle du Vésuve*; cet ouvrage n'a pas été imprimé, VI, 441. — Ce qu'il disait des Jésuites, XV, 274.

BENTINK (*Charles*) et BENTINK (comte de RHOONE). — Diderot les rencontre à la Haye; physionomie de ces deux personnages, XIX, 343.

BENZI, jésuite italien. — Suscite la secte des Mamillaires, XV, 280.

Béquilles, I, 204. — Lisez *Grâce* (la).

BÉRARD. — Comment Diderot se trouve compromis par les lettres de recommandation qu'il donne à Bérard et à ses amis, XVIII, 218, 226.

BÉRENGER DE TOURS, théologien, disciple de Fulbert, XV, 301.

Berger. — Vieux berger ou Moïse, I, 200, alinéa 35; 201, alinéa 36; 203, alinéa 41.

BERGIER, docteur de Sorbonne, censeur des pièces de théâtre, V, 404.

BERGIER (*Claude-François*), avocat, frère du précédent. — Compte rendu de sa traduction de l'ouvrage anglais de Porter, intitulé : *Observations sur la religion, les lois, le gouvernement et les mœurs des Turcs*, IV, 78. — Auteur d'une traduction de l'ouvrage de Webb, ayant pour titre : *Recherches sur les beautés de la peinture et sur le mérite des plus célèbres peintres*, XIII, 33. — Extraits de cet ouvrage, 34-39.

BÉRIGARD (*Cl.* GUILLERMET de), philosophe. — S'attache à Catherine de Lorraine, XV, 252. — Professe à Padoue, *ibid*. — Son ouvrage principal intitulé : *Cursus Pisani*, n'est pas sans mérite, *ibid*. — Ressuscite peu à peu l'Ionisme, *ibid*. — Est accusé, après sa mort, d'irréligion et d'athéisme, *ibid*. — A laissé des dialogues où il s'est personnifié sous le nom d'*Aristée*, *ibid*.

BERKELEY (*Georges*), philosophe et théologien, évêque de Cloyne. — Perfection avec laquelle il a exposé le système des *Idéalistes* dans ses *Dialogues entre Hylas et Philonoüs*, I, 304, 305. — Niait l'existence matérielle des corps, II, 118. — Paradoxe de cet écrivain, III, 237.

BERNARD (saint). — Choisi par le pape Eugène III, il prêche la seconde croisade, XIV, 246. — Insuccès de cette expédition dans laquelle il avait entraîné soixante-dix mille Français conduits par Louis le Jeune, pareil nombre d'Allemands ayant à leur tête Conrad III, et environ cent soixante mille hommes recrutés par Frédéric

Barberousse, *ibid.* — Comment il persécute Abélard, XVII, 93.

BERNARD (*Samuel*), banquier de Louis XIV et de Louis XV. — Laisse en mourant une fortune évaluée à 33 millions, V, 408.

Bernardins, I, 197, alinéa 28.

BERNIER (*François*), célèbre voyageur et philosophe épicurien. — Ce qu'il rapporte des peuples de l'Asie, XIII, 375.

BERNIS (*François-Joachim* PIERRE de), cardinal-poëte. — Ses dîners, à six sous par tête, avec le jeune Diderot, comme lui élève du collége d'Harcourt, I, XXXI. — Remarque sur le discours qu'il prononça à l'Académie française pour la réception de M. de Bissy, 382. — Diderot explique et désavoue ce qu'il a dit au sujet de ce discours, sur un renseignement inexact, 397.

BÉROSE, historien chaldéen. — Cosmogonie de sa nation, XIV, 78, 83. — Ce qu'on doit penser de sa *Chronologie sacrée*, 166. — Imposture manifeste de ses mémoires, *ibid.*

BERNOULLI (*Jacques*), savant mathématicien. — Donne la solution d'un grand nombre de problèmes, regardés avant lui comme insolubles, II, 346. — Ce qu'il pense de l'art des probabilités, 352.

BERNOULLI (*Daniel*), médecin, neveu du précédent. — Ses importantes remarques sur l'inoculation, IX, 208, 209.

BERRYER (*Nicolas-René*), lieutenant de police. — Ses questions à Mme Diderot sur les ouvrages de son mari, I, XLIII. — Elle le renvoie à M. d'Argenson, XLIV. — Retient dans sa bibliothèque le manuscrit de la *Promenade du sceptique*, qu'il a fait saisir sur la personne de Diderot, au moment de l'enfermer à Vincennes, I, 173. — Recherche inutilement, en 1748, le manuscrit du conte intitulé : *l'Oiseau blanc*, IV, 380. — Note qu'il écrit en marge du rapport de Perrault sur Diderot, XX, 122. — Interrogatoire qu'il fait subir à Diderot, *ibid.* — Note qu'il ajoute au bas d'une supplique de Diderot à d'Argenson, 124.

BERRUER (*Pierre-François*), sculpteur. — Expose, au Salon de 1765, *Cléobis et Biton*, bas-relief d'une grande beauté, X, 438. — Un *Vase de marbre*, orné d'un *bas-relief d'enfants qui jouent avec un cep de vigne*, petit chef-d'œuvre, 439. — *Projet d'un tombeau*, œuvre d'un beau caractère, *ibid.* — Expose, au Salon de 1767, une *Annonciation*, bas-relief ; ouvrage commun dans toutes ses parties, XI, 358. — Une *Hébé*, 359. — Un *Buste en terre cuite*, *ibid.* — Deux *Portraits en médaillon*, qu'il expose en 1769, figures hideuses, indignes du marbre, 457. — Une statue de la *Fidélité*, qu'il expose en 1771, est très-belle dans toutes ses parties, 538. — Au même Salon, sa *Sainte Hélène* se fait également remarquer, ainsi que son *Projet de mausolée du comte d'Harcourt*, 539. — Expose, en 1781, le modèle en plâtre d'une statue qu'il nomme *La Force*; le buste en marbre de *Néricault-Destouches* pour le foyer de la Comédie-Française, et des modèles en plâtre représentant la *Foi* et la *Charité*; XII, 66, 67.

BERRUYER (*Joseph-Isaac*), jésuite. — Travestit en roman l'*Histoire du peuple de Dieu*, XV, 280. — Fait parler aux patriarches la langue de la galanterie et du libertinage, *ibid.*

BERSOT (*Ernest*), auteur d'un ouvrage intitulé : *Études sur la philosophie du* XVIIIe *siècle. Diderot*, XX, 142.

BERTHELLEMY (*Jean-Simon*). — Expose, au Salon de 1781, un tableau représentant : *Apollon ordonnant au Sommeil et à la Mort de porter le corps de Sarpédon en Lydie*. C'est le morceau de réception de l'artiste, XII, 54.

BERTHIER (*Guillaume-François*), jésuite. — Lettre que Diderot lui adresse au sujet de sa critique du *Prospectus de l'Encyclopédie*, XIII, 165. — Seconde lettre du même, 168. — Apologiste des casuistes relâchés, XIV, 38. — Sa querelle avec Diderot, XIX, 425.

BERTHIER (l'abbé *Joseph-Étienne*). — Auteur d'un projet de pompe publique pour fournir de l'eau de Seine à la ville de Paris, IX, 441. — Ce projet n'est pas mis à exécution, celui de Deparcieux, approuvé par l'Académie, étant adopté par le gouvernement, *ibid.*

BERTIN (*Henri-Léonard-Jean-Baptiste*), contrôleur général des finances, trésorier des parties casuelles. — Sa liaison avec Mlle Hus, actrice de la Comédie-Française, V, 403. — Est supplanté par Vieillard, ou plutôt Vielard, fils du directeur des eaux de Passy, *ibid.* — S'attache à Sophie Arnould, 416. — Anecdote d'alcôve avec Mlle Hus, 452. — Comment il découvre ses liaisons avec M. Vielard, XIX, 43, 44. — Suites de cette découverte, 46. — Il s'arrange avec Mlle Arnould; paie les dettes de Mlle Hus, 64.

BERTIN, lieutenant-général de police. — Est chargé de veiller à l'exécution de l'arrêt du conseil d'État qui révoque le privilége accordé pour l'*Encyclopédie*, XIII, 119, 120.

BERTIN (*Exupère-Joseph*), célèbre anatomiste. — Ses belles découvertes sur la formation du lait, II, 54.

BERTRAND, fils du comte de Toulouse. — Prend part à la première croisade, et s'établit dans Tripoli, XIV, 246.

BERWICK (*Jacques* FITZ-JAMES, duc de) maréchal de France. — Ce qui lui donna le gain de la bataille d'Almanza, VI, 392.

* BESANÇON, ville de France. — Histoire merveilleuse d'une grotte située à cinq lieues de cette ville, réduite à sa juste valeur, XIII, 425-427.

BESCOUR (le comte de), auteur anonyme d'un ouvrage intitulé : *la Vérité, ou les Mystères du christianisme approfondis radicalement*. — Diderot rend compte de cette extravagante production, IV, 37, 38.

* *Besoin*. — Examen philosophique de ce sentiment, XIII, 427.

* *Besoin, Nécessité, Indigence, Pauvreté, Disette*. — Nuances délicates de ces différents états, XIII, 428.

* *Bête, Animal, Brute*. — Valeur grammaticale de ces expressions employées en vue de l'homme, XIII, 428, 430.

BETHLÉEM. — L'historien Josèphe n'a rien dit touchant le massacre des enfants de cette ville ordonné par Hérode, I, 211, alinéa 60.

BETZKY (*le général*), ministre des arts en Russie. — Son ouvrage sur l'état de l'instruction en donne une idée exacte, II, 451. — Catherine II lui fait décerner, en 1771, par le sénat, une récompense nationale pour son dévouement à l'éducation publique, III, 413, 414. — Une page de Diderot sur la partie de son ouvrage relative aux exercices des cadets russes, 545. — Discours qu'il tint à l'impératrice quelques jours après l'avénement de celle-ci au trône, XVII, 488. — A-t-il envoyé prendre Falconet à la frontière comme il l'avait promis· XVIII, 214. — Reproches qu'il fait à Diderot, 220. — Lettre que Diderot lui écrit sur Falconet, 479, et sur le traité de celui-ci pour la statue de Pierre Ier, 481. — Lettre que Diderot lui écrit, dans laquelle il exprime toute sa reconnaissance pour les bienfaits de l'impératrice, 493 et suiv. — Billet pantagruélique que Diderot lui envoie, XX, 88.

* *Beurre*. — De sa préparation et de son usage chez les peuples anciens, XIII, 430. — Les Romains ne s'en servaient qu'en remède, jamais en aliment, 431. — Scockius le recommande pour blanchir les dents, *ibid.* — Les anciens chrétiens d'Égypte s'en servaient dans leurs lampes au lieu d'huile, *ibid.*

Beverley, tragédie bourgeoise, imitée de l'anglais par Saurin. — L'acteur Molé fit à Paris le succès de cette pièce. VII, 413-415.

BEZOUT (*Étienne*), célèbre mathématicien. — Se donne tout entier à la solution générale des équations de tous les degrés, II, 376.

BIAS, philosophe grec, né à Priène. — Notice sur sa vie, XV, 62.

Bible, l'Écriture sainte (*l'Ancien et le Nouveau Testament*). — Le déiste n'admet pas la divinité de ces deux volumes, I, 190, alinéa 3. — Ses raisons de douter, 191, alinéa 4; 202, alinéa 40. — Éditions diverses de ce livre, III, 513.

* Sous ce mot, Diderot offre le plan d'un traité destiné à renfermer tout ce qu'on peut désirer sur les questions préliminaires de la Bible, XIII, 431, 436.

* *Bibliomane.*—Manière dont La Bruyère a peint ce *caractère* original, XIII, 436, 437.

Bibliographie des Œuvres de Diderot, Écrits apocryphes, XX, 97. — Écrits perdus, 102.

Bibliothécaires (premiers) de la Bibliothèque du roi (*Bibliothèque nationale*) : Guillaume Budé, Pierre du Chastel, Montdoré, Jacques Amyot, Jacques-Auguste de Thou, XIII, 467; — François de Thou, Jérôme Bignon, 468; — Nicolas Colbert, 469; — L'abbé de Louvois, 470; — L'abbé Bignon, 472.

* *Bibliothèque.*—Signification de ce mot, selon le sens littéral, XIII, 437. — Il n'y en avait point avant le temps de Moïse, *ibid.* — Ses écrits, recueillis après sa mort, furent le commencement de la première bibliothèque, *ibid.* — Douze copies en furent faites, une pour chaque tribu, 438. — Maïmonides assure que Moïse en fit faire une treizième copie pour les Lévites, *ibid.* — Josué et les prophètes y ajoutent leurs écrits, *ibid.* — Cet ensemble constitue ce qu'on appelle la *Bibliothèque sacrée*, qu'on gardait dans le temple, *ibid.* — Chaque juif en avait une, 439. — Après la dispersion des Juifs, les Chaldéens et les Égyptiens formèrent des dépôts de livres, 440. — (*Voyez* CALISTHÈNES. — Les plus nombreuses et les mieux choisies étaient celles des Égyptiens, *ibid.* — Le roi Osymandias, fondateur de la première, fait écrire sur le frontispice ces mots : *Le Trésor des remèdes de l'âme*, *ibid.* — Celle de Memphis (aujourd'hui le Grand-Caire), déposée dans le temple de Vulcain, renfermait, selon Naucratès, les manuscrits de l'*Iliade* et de l'*Odyssée*, 441. — La plus grande et la plus magnifique de l'Égypte était alors celle des Ptolémée à Alexandrie, *ibid.* — Ses accroissements progressifs, *ibid.* — Moyen employé par le roi Ptolémée Phiscon, pour obtenir des Athéniens les originaux des tragédies d'Eschyle, de Sophocle et d'Euripide, *ibid.* — Cette magnifique bibliothèque est en partie détruite dans l'embrasement de la flotte par Jules César (49 ans av. J.-C.), 442. — Des débris de cette bibliothèque et de ceux de la bibliothèque des rois de Pergame, donnés par Antoine à Cléopâtre, on forme la bibliothèque du Sérapion, *ibid.* — Tantôt pillée, tantôt rétablie sous les empereurs romains, la bibliothèque d'Alexandrie est enfin détruite, l'an 650 de J.-C., par Amry, général des Sarrazins, sur un ordre du calife Omar, *ibid.* — Ses livres, distribués dans les bains publics de la ville, suffisent à les chauffer pendant six mois, *ibid.* — Diodore de Sicile parle d'une bibliothèque considérable à Suze, en Perse, 443. — Les Lacédémoniens n'avaient point de livres, *ibid.* — Pisistrate fonda la première bibliothèque chez les Athéniens; on lui doit l'obligation d'avoir réuni en un seul volume les ouvrages d'Homère, *ibid.* — Zwinger a parlé d'une bibliothèque de Cnidos, qui fut brûlée par l'ordre d'Hippocrate, 444. — Cléarque, tyran d'Héraclée, fonda une bibliothèque dans cette ville, *ibid.* — Apamée avait une bibliothèque célèbre, *ibid.* — Les Grecs avaient peu de livres, les anciens Romains en avaient encore bien moins, *ibid.* — Rome avait des bibliothèques *sacrées;* elles regardaient la religion et dépendaient entièrement des pontifes et des augures, *ibid.* — Si chez les Romains les bibliothèques publiques étaient rares, les bibliothèques particulières existaient en grand nombre. On cite celle donnée par le Sénat à la famille de Régulus après la prise de Carthage, *ibid.* — Celle de Persée roi de Macédoine, que Paul-Émile,

vainqueur distribua à ses enfants, *ibid*. — Celles de Varron, de Cicéron, de Lucullus, de César, d'Auguste, de Vespasien, et, la plus magnifique de toutes, celle de Trajan qu'il appela de son propre nom la *Bibliothèque ulpienne*, 445. — Rome avait encore alors une bibliothèque considérable fondée par Sammonicus, précepteur de Gordien, *ibid*. — Les premiers chrétiens brûlent tous les livres qui n'ont point de rapport à la religion, 446. — Ils conservent seulement dans leurs églises *l'Ancien et le Nouveau Testament* et *les Actes des Martyrs*, *ibid*. — Rendus au repos, ils songent à former des bibliothèques, parmi lesquelles on doit citer celles de saint Jérôme et de Georges, évêque d'Alexandrie, celle de Césarée, fondée par Jules l'Africain, et augmentée par Eusèbe, celle d'Hippone dont parle saint Augustin, celle d'Antioche, que l'empereur Jovien, pour plaire à sa femme, fit détruire, *ibid*. — Eusèbe atteste que presque toutes les bibliothèques formées par les chrétiens furent brûlées ou détruites par Dioclétien, *ibid*. — Les bibliothèques citées dans la suite de cet article et qui furent fondées après l'affermissement du christianisme, sont celles de : *Constantin le Grand*, augmentée par Théodose le Jeune, 447; de *l'Isle-Barbe*, créée par Charleroy ; de *Fulde*, par le roi Pépin ; d'*York*, par Egbert; de *Saint-Alban*, par Gauthier, 448; d'*Oxford*, appelée *Bodléienne;* de *Constantinople*, par Constantin Porphyrogénète, sauvée de la destruction par Mahomet II, 449 ; du *Sérail*, commencée par le sultan Sélim; comment elle est composée, 450. — On ne fait plus guère de cas dans le Levant des manuscrits grecs, *ibid*. — De la nécessité d'étudier imposée aux Chinois, il s'ensuit que de riches bibliothèques doivent avoir été formées en Chine, *ibid*. — Chingius ou Xius ordonne que tous les livres du royaume soient brûlés, *ibid*. — Une femme sauve les ouvrages de Mencius et de Confucius, *ibid*. — Bibliothèques qui existent sur le mont Lingumen et dans le temple de Venchung, 451. — Le Japon possède plusieurs belles bibliothèques, celle, par exemple, de la ville de Narad, *ibid*. — La bibliothèque du monastère de Sainte-Croix, sur le mont Amara en Éthiopie, dépasse tout ce que nous avons dit, *ibid*. — Elle doit son origine à la reine de Saba qui visita Salomon, *ibid*. — Personnages envoyés par Grégoire XIII pour la visiter, *ibid*. — Livres qu'elle possède; *ibid*. — Le calife Almamoun, vers le xe siècle, est le premier qui fait revivre les sciences chez les Arabes, 452. — Le roi Manzor fonde plusieurs bibliothèques publiques au Maroc, *ibid*. — Comment est composée la bibliothèque de Fez, *ibid*. — Ce qu'on voit à celle de Gaza, *ibid*. — Damas possède aussi une bibliothèque, *ibid*. — La ville d'Ardwill, en Perse, possédait anciennement une très-belle bibliothèque, 153. — Les chrétiens grecs possèdent nombre de bibliothèques qui ne contiennent que des manuscrits, *ibid*. — C'est dans le traité du P. Possevin, intitulé : *Apparatus sacer*, et dans la relation du voyage de l'abbé Sevin à Constantinople qu'on peut s'instruire sur les manuscrits grecs existant en France, en Italie, en Allemagne, à Constantinople et en Grèce, *ibid*.

Bibliothèques publiques ou particulières les plus considérables de l'Europe : La bibliothèque de l'Université de Copenhague, 454. — Celle fondée à Stockholm par la reine Christine; curiosités qu'elle contient, *ibid*. — Celles de Vilna et de Cracovie, *ibid*. — Celle de Pétersbourg, fondée par Pierre Ier, *ibid*. — Celle de Peterhof, *ibid*. — Celles des Pays-Bas. Par quoi celle d'Amsterdam, laisse à désirer, *ibid*. — Leyde possède deux bibliothèques; celle de l'Université est fort estimée par ses manuscrits; par qui elle a été augmentée, 455. — Bibliothèques de l'Allemagne, *ibid.* — Curiosités que contient celle du roi de Prusse, à Berlin, *ibid.* — Celle de l'empereur, à Vienne, 456. — Bibliothèque de Saint-Marc, à Venise. Évangile que l'on y conserve, *ibid.* — Padoue est plein de bibliothèques, *ibid.* — Celle de Ferrare est magnifique, *ibid.* — Ce que contiennent celles des Dominicains à Bologne, *ibid.*, et à Naples, 457. — La bibliothèque Saint-Ambroise de Milan n'est inférieure à aucune de celles dont nous avons parlé; pourquoi, *ibid.* — La bibliothèque du duc de Mantoue est comptée pour une des plus curieuses du monde, *ibid.* — Celle de Florence contient tout ce qu'il y a de plus curieux, de plus brillant et de plus instructif; précieux manuscrit qui se conserve à la chapelle de la cour, *ibid.* — Florence compte deux bibliothèques, *ibid.* — Celle de Pise, *ibid.* — Par quoi la bibliothèque de Turin est très-curieuse, 458. — Bibliothèque du Vatican, son historique, *ibid.* — Elle est divisée en trois parties, *ibid.* — Ouvrages rares et anciens qu'elle contient, 459. — Autres bibliothèques de Rome, *ibid.* — La bibliothèque de l'Escurial est la plus considérable d'Espagne, 460. — Ses ornements; portraits que l'on y remarque, *ibid.* — Possède près de trois mille manuscrits dont Hottinger a donné le catalogue, *ibid.* — Fu brûlée en 1670, *ibid.* — Cordoue possédait une magnifique bibliothèque fondée par les Maures, *ibid.* — Autres bibliothèques fondées en Espagne, 461. — Celle d'Alcala; autres bibliothèques de particuliers en Espagne, *ibid.* — Les bibliothèques de France, 461. — Celles des monastères, 462. — Les plus célèbres bibliothèques des derniers temps, *ibid.* — Les bibliothèques publiques, 463. — Les bibliothèques particulières, *ibid.* — Celle de M. Falconet est infiniment précieuse; pourquoi, *ibid.* — Celle de M. Boze; par quoi elle est riche et recommandable, 464. — La Bibliothèque du roi (*Bibliothèque natio-* *nale*); son historique, *ibid.* et suiv.

Bibliothèque de l'*Ermitage*, à Saint-Pétersbourg. — Les nombreux manuscrits de Voltaire et de Diderot, longtemps conservés dans cette bibliothèque, en ont été enlevés et se trouvent aujourd'hui réunis dans la Bibliothèque publique, I, LXVIII. — Le nombre des volumes manuscrits conservés de Diderot s'élève à trente-deux, *ibid.*

* Biche, symbole de Junon conservatrice, XIII, 476.

* Bien (homme de), homme d'honneur, honnête homme. — Emploi grammatical de ces qualifications, XIII, 476, 477.

* Bien, Très, Fort. — De l'emploi de ces termes, que les grammairiens appellent le superlatif, XIII, 477.

Bien-être. — Chaque créature a un bien-être qui lui est propre, I, 23.

Bienfaisance. — Elle garde le souverain pendant le jour, III, 292.

Bienfaits. — Portent intérêt au fond d'un cœur reconnaissant, III, 254. — Analyse du Traité de Sénèque sur ce sujet, 299, 307. — Les bienfaits réciproques cimentent les amitiés réfléchies, V, 265.

* Bienséance. — En quoi elle consiste en morale, XIII, 477.

* Bière ou Bierre, boisson faite avec des grains farineux, XIII, 478. — Son usage a passé de l'Égypte dans les autres contrées du monde, *ibid.* — Elle fut d'abord connue sous le nom de *boisson pélusienne*, *ibid.* — L'empereur Julien, gouverneur des Gaules, en a fait mention, *ibid.* — Strabon en a parlé; ainsi qu'Aristote, Théophraste, Eschyle et Sophocle, *ibid.* — Les Espagnols en faisaient usage au temps de Polybe, *ibid.*

* Bigarrure, Diversité, Variété, Différence. — Termes qui supposent pluralité de choses comparées entre elles, XIII, 479.

BIGNICOURT (*Simon* de). — Examen de son ouvrage intitulé : *Spéculations utiles et Maximes instructives*, IV, 90. — D'où vient son profond mépris pour l'espèce humaine, *ibid.*

BIGNON (l'abbé *Jean-Paul*). — Est nommé,

en 1718, bibliothécaire du roi, en remplacement de l'abbé de Louvois, décédé, XIII, 472. — Obtient, en 1724, le transfert de la *Bibliothèque du roi*, à l'hôtel de Nevers, rue de Richelieu, *ibid*. — S'adresse à Zaïd Aga, directeur de l'imprimerie turque, établie en 1727 à Constantinople, pour avoir les livres qui sortiront de cet établissement, 473. — Fait venir des Indes un grand nombre d'ouvrages, 475.

Bigoterie. — Ce qui la constitue, I, 53 (note.)

BIGRE. — Nom d'un habile charron ; histoire de son fils et de Justine, VI, 201 et suiv. — Rôle de Jacques dans cette aventure, 204. — Comment finit l'histoire, 209.

BIHERON (*Marie-Catherine*), femme anatomiste. — Confectionnait en cire des pièces d'anatomie d'une rare perfection, II, 148, IX, 240. — Conditions auxquelles elle s'engage à passer en Russie et à y faire parvenir ses pièces d'anatomie, XX, 62.

Bijoux indiscrets (les), roman, IV, 131. — Notice préliminaire, 133. — Jugement porté sur cet ouvrage par M. Mézières, *ibid*. — Comment Diderot appréciait cet écart de sa jeunesse, 134. — *Le Rêve de Mangogul* (chapitre XXXII de ce roman), cité comme un chef-d'œuvre, 135. — Éditions diverses de ce roman, *ibid*. — Description du frontispice allégorique et des six vignettes de la seconde édition, 136. — Opinions de Clément, de Palissot et de La Harpe sur cet ouvrage, 137. — L'écho, 168. — Expérience des thermomètres, 194, 195. — Voyez *Anneau magique*.

BILLARD, caissier général de la Poste. — Fait, en 1769, une banqueroute frauduleuse de plusieurs millions, VIII, 389. — Affichait la plus haute dévotion et était intime de l'abbé Grizel, sous-pénitencier de l'Église de Paris, *ibid*. — Mis au pilori, il récite les psaumes de la pénitence pendant les deux heures de carcan qu'il subit, *ibid*. — C'était un tartufe, mais ce n'était pas le *Tartuffe*, *ibid*.

BINGHAM (*Joseph*), ministre anglican. — Son livre des *Origines ecclésiastiques*, cité avec éloge, III, 516.

BION ingénieur et opticien. — Auteur d'un *Traité des globes*, III, 460.

BISSEI (le docteur). — Un des interlocuteurs de l'*Entretien d'un père avec ses enfants*, V, 284.

BISSY (le comte de), membre de l'Académie française. — Envoie au marquis de Ximènes pour Diderot une tragédie anglaise intitulée l'*Extravagance fatale*. Analyse de cette pièce, XVIII, 478.

BITAUBÉ (P. Jérémie). — Insuffisance de sa traduction d'Homère pour faire connaître ce grand poëte, XI, 4. — Fait hommage à Diderot d'un exemplaire de son *Iliade*; comment celui-ci exprime sa reconnaissance, XX, 137.

Bizarre, Fantasque, Capricieux, Quinteux, Bourru. — Termes de grammaire qui marquent tous un défaut dans l'humeur ou dans l'esprit, XIII, 479. — Exemples de leur bon emploi, *ibid*.

BLACY (Mme de), sœur de Mlle Sophie Volland, mère de Mlle Mélanie de Solignac-Blacy, aveugle-née, I, 334. — Fait à Diderot l'intéressant récit des étonnantes facultés de sa fille, *ibid*. — C'est chez elle que Diderot devient amoureux de Mlle Volland, XVIII, 343.

BLANC (*Charles*), auteur d'une *Histoire des peintres*. — A donné dans cet ouvrage, une gravure sur bois de la *Charité romaine*, tableau de Bachelier, actuellement au Louvre, n° 4 de l'école française, X, 290. — Dans le même ouvrage, le *Miracle des ardents*, tableau de Doyen, qui se voit à Saint-Roch, a été reproduit par la gravure, XI, 164.

BLANC (*Louis*), historien. — Ce qu'il rapporte sur la vie des cloîtres, V, 5.

BLANCHE DE BOURBON, femme de Pierre le Cruel, roi de Castille. — Son sort comparé à celui d'Octavie, femme de Néron, III, 100.

BLIN (l'abbé), docteur de Sorbonne. — Exhorte Suzanne Simonin (*la Religieuse*) à prendre l'habit, V, 15.

BLOCULOCUS, devin. — Mangogul le fait appeler pour expliquer le songe de Mirzoza, IV, 298. — La favorite lui fait le récit de son rêve, 301. — Expose sa théorie des songes, 303. — Explique pourquoi il n'est pas nécessaire qu'un traducteur entende une langue pour la traduire, 305.

BLUET, libraire. — Publie, en 1771, l'ouvrage de Bemetzrieder ayant pour titre : *Leçons de clavecin et Principes d'harmonie*, XII, 171.

BOBADILLA, jésuite, un des compagnons d'Ignace de Loyola.— Est chassé d'Allemagne, en 1547, pour avoir écrit contre l'*Intérim d'Augsbourg*, XV, 278.

BOCCACE. — Son buste couronné de myrtes contribue à l'ornement de l'*Allée des Fleurs*, I, 237, alinéa 7.

BOCCALIN (*Trajan*), écrivain romain. — Son inclination, qui le porte à la satire, se découvre de bonne heure, XVI, 343. — Il s'élève contre les têtes couronnées et surtout contre l'Espagne. Surnom que sa sagacité lui mérite, *ibid*. — Auteur de divers ouvrages sur la *Politique, ibid*.

BODIN (Jean), publiciste. — Ce qu'il rapporte dans sa *Démonomanie* touchant les sorciers qui font la *ligature*, maléfice qu'on nomme *nouer l'aiguillette*, XV, 514. — Notice sur lui, XVI, 340. — Ce qu'il rapporte d'après Tertullien à propos du suicide, XVII, 236.

BOÈCE (*Manlius-Torquatus-Severinus*), homme d'État et philosophe chrétien du V⁰ siècle, XV, 298. — Les sciences, les lettres et la philosophie déclinent parmi les chrétiens de l'Orient, et s'éteignent pour ainsi dire avec lui, 299.

BOËHMIUS, théosophe allemand. — Principes qu'il s'était faits, XVII, 258. — Ses principaux sectateurs, *ibid*.

BOÉMOND, fils de Robert Guiscard. — Mécontent de sa fortune en Europe, va en Asie en chercher une plus digne de son courage, XIV, 245. — L'un des chefs de la première croisade, il s'empare du pays d'Antioche, 246.

BOERHAAVE (*Hermann*), célèbre médecin. — Moyen ingénieux dont il use pour arrêter une épidémie d'hystérie, II, 257. — Auteur du remarquable ouvrage intitulé : *Institutiones medicæ*, IX, 215. — Sa pensée sur l'union des connaissances médicales et chirurgicales dans un même individu, 219. — Événement qui le détermine à suivre l'étude de la médecine, XVII, 434.

BOESNIER DE LORMES, économiste. — Son ouvrage sur l'impôt, interdit en France, est publié à l'étranger, IV, 39. — Note sur le caractère et le mérite de cet écrivain, 40, 82, 85.

BOHOLA, jésuite du collège de Pinsk, en Lithuanie. — Billet singulier qu'il laisse en mourant, II, 522.

* BOHÉMIENS. — Nom donné, vers 1427, des vagabonds qui faisaient profession de dire la bonne aventure, XIII, 479. — Leur origine et la suite de leur histoire, 480.

* *Bohitis*, prêtres d'une île d'Amérique. — Leurs fonctions, XIII, 480.

BOILEAU (*Nicolas*). — Ce poëte est un maître qui donne le précepte et l'exemple à son disciple, VII, 322.

BOILEAU (Mˡˡᵉ). — Satire indécente qu'elle hasarde sur Mᵐᵉ Calas. Caractère de cette demoiselle, XIX, 166. — Combien il est essentiel à une femme de s'attacher à un homme de sens, *ibid*.

* *Bois*. — Deux grandes acceptions de ce terme en économie rustique, XIII, 481. — De chauffage, 483. — Invention de Jean Rouvet à l'effet d'assurer l'approvisionnement de Paris, 484.

* *Bois de vie*. — Pratique superstitieuse des Juifs pour de petits bâtons qu'ils nomment ainsi, XIII, 485.

* *Bois sacrés*. — Lieux destinés au culte des dieux du paganisme, XIII, 485.

BOISARD (J.-F.), fabuliste. Note sur deux poëtes de ce nom (oncle et neveu). — On ignore auquel des deux Diderot a adressé l'*Épître* en vers, IX, 63.

* *Boisson*. — Nom donné à tout fluide destiné à réparer nos forces, XIII, 486. — Hérodote attribue la longue vie des Éthiopiens à l'usage de l'eau pure, *ibid*.

BOITEAU (*Paul*), éditeur des *Mémoires de Mᵐᵉ d'Épinay* (1865). — Ce qu'il dit au sujet du conte de Diderot : *Qu'en pensez-vous?* attribué à J.-J. Rousseau, II, 524 et IV, 443.

Boiteux. — Sont les infirmes les mieux préparés à l'action miraculeuse, I, 151 (note).

Boizot (*Antoine*). — Au Salon de 1761, ce peintre expose un *Télémaque chez Calypso*, composition ridicule, X, 131. — Envoie, au Salon de 1763, un *Mercure conversant avec Argus*, pitoyable composition ; des *Enfants qui reçoivent les récompenses dues à leurs talents* ; des *Récompenses accordées au métier de la guerre* ; une figure de la *Sculpture*, ensemble quatre tableaux à envoyer au pont Notre-Dame, 196. — Ses tableaux des *Grâces qui enchaînent l'Amour*, et de *Mars et l'Amour disputant sur le pouvoir de leurs armes*, à l'Exposition de 1765, mauvaises compositions ; la dernière est une plate parodie d'Anacréon, 309. — L'*Odorat*, l'*Ouïe*, deux mauvais tableaux du Salon de 1771, 485.

Boizot (*Louis-Simon*), fils du précédent. — Expose, au Salon de 1781, un buste en marbre de *la Reine Marie-Antoinette*, XII, 69. — Au même Salon : le *Baptême de Jésus-Christ par saint Jean*, bas-relief en plâtre, *ibid*.

Bonaventure *le Franciscain*, philosophe scolastique de la seconde période. — Principes de sa philosophie, XVII, 98.

Bonheur. — Il dépend de l'économie des affections naturelles, I, 93. — Ce qu'il faut faire pour y arriver, II, 345. — Est une machine où il y a toujours à refaire, 431.

* *Bonheur, Prospérité*, termes relatifs à l'état d'un être qui pense et qui sent, XIII, 486.

* *Bonne déesse.* — Nom donné à Dryade, femme de Faune, roi d'Italie, XIII, 487. — Cérémonies instituées en son honneur, *ibid*.

Bonnet (*Charles*), naturaliste, II, 18. — Est le premier qui ait fait connaître la reproduction singulière du puceron, *ibid*.

Bonneval (de), officier français au service de l'Espagne au Paraguay, VI,

460. — Fait parvenir au roi Charles III des papiers dénonçant un complot contre le gouvernement, *ibid*.

* Bonosiens ou Bonosiaques, nom d'une secte que Bonose, évêque de Macédoine, renouvela au IVe siècle, XIII, 488. — Sont condamnés par le pape Gélase, *ibid*.

* *Bon sens*, qualité métaphysique. — Sa mesure, XIII, 488.

Bon sens (le), ouvrage du baron d'Holbach, II, 398.

Bonté. — En quoi elle consiste, I, 24, 30. — Elle a sa source dans le tempérament, 31.

Borack, nom de la jument de Mahomet. — Ce qu'en dit le savant orientaliste d'Herbelot IV, 489.

Bordeu (*Théophile*), célèbre médecin. — Son entretien avec Mlle de L'Espinasse au sujet d'un *Rêve de d'Alembert*, II, 122-181. — Fait une singulière citation d'Horace, 183.

Bordier, peintre en émail. — S'associe aux travaux du célèbre Petitot, son beau-frère, XIV, 410, 411.

Borgia (*François* de), troisième général des jésuites. — Sa prédiction sur la destinée de cet ordre, XV, 283.

¶ *Borgne* (le), épigramme, IX, 69.

* *Bornes, Termes, Limites*. — Termes tous relatifs à l'étendue finie, XIII, 489.

Borosdin (Mme de), dame russe qui a promis à Diderot quelques airs nationaux. — Pourquoi il ne compte pas sur ses promesses, XX, 42.

Borrichius (*Oluf* ou *Olaüs*), savant danois. — Ce qu'il rapporte touchant la chimie des Égyptiens n'est que le délire d'un érudit, XIV, 391.

Borromée (*Frédéric*), cardinal. — Chasse, en 1604, les jésuites du collége de Bréda, XV, 279. — Sa grande clémence dans cette circonstance, *ibid*.

Bossu (*René* le), religieux génovéfain. — Auteur d'un *Traité du poëme épique*, cité, VI, 160. — Son opinion sur l'*Iliade* et sur l'*Odyssée*, XVI, 158, 159. — Ce que doit contenir la proposition d'un poëme, 434.

Bossut (l'abbé), géomètre célèbre. — A apporté la plus grande impartialité dans la dispute du calcul différentiel entre Newton et Leibnitz, XV, 442, (note).

Botanique (la), *mise à la portée de tout le monde*. — Prospectus pour cette publication proposée par M. Regnault, de l'Académie de peinture et de sculpture, VI, 375.

BOTENTUYT, célèbre chirurgien, XI, 425.

BOUCHARDON (*Edme*). — Son morceau d'*Ulysse qui évoque l'ombre de Tirésias* proposé comme modèle, X, 140, et XI, 19. — Ne fournit rien au Salon de 1761, X, 145. — Meurt à Paris, le 27 juillet 1762 (et non en 1765, comme le rapporte Diderot), 237. — Fait, pour Mme de Pompadour, une statue de l'*Amour*, marbre admirable qui se voit aujourd'hui au Louvre et dont il existe une répétition à Trianon, 246. — Anecdote relative à la rivalité qui s'éleva, en 1754, entre Bouchardon et Laurent Guyard, sculpteur chaumontais, élève de l'École de Rome 441. — Observations sur la sculpture et sur cet artiste, XIII, 40. — Son éloge par le comte de Caylus, *ibid.* — Notice sur sa vie et ses ouvrages, 42. — Exécute le tombeau du pape Clément XI, 44. — La ville de Paris récompense noblement ses travaux de la *Fontaine de la rue de Grenelle;* la délibération des échevins à ce sujet est un morceau à lire, *ibid.* — Date précise de sa mort, *ibid.* — Ne peut achever son monument de la place Louis XV, et nomme Pigalle pour succéder à son travail, *ibid.* — Critique de son *Amour qui se fait un arc de la massue d'Hercule*, 45. — Mot d'un plaisant écrit sur un exemplaire de son éloge par le comte de Caylus, 47.

BOUCHAUD, de l'Académie des Inscriptions; l'un des collaborateurs de l'*Encyclopédie*. — Examen de sa *Dissertation sur la poésie rhythmique*, VI, 334. — Ses réflexions lorsqu'il assiste à un mariage, XIX, 228.

BOUCHER (l'abbé), fondateur aujourd'hui fort ignoré des *Nouvelles ecclésiastiques*, II, 51.

BOUCHER (*François*), peintre et graveur, nommé, I, 238, alinéa 11. — Sa petite *Nativité*, exposée au Salon de 1759, charmant tableau, malgré la fausseté du coloris, X, 102. — Ses *Pastorales* et *Paysages* exposés au Salon de 1761, sont des chefs-d'œuvre d'imagination, d'effet, de magie et de facilité, 112. — Personne n'entend comme lui l'art de la lumière et des ombres, 113. — Cet artiste est en peinture ce que l'Arioste est en poésie, *ibid.* — Expose, au Salon de 1763 deux tableaux : *Le Sommeil de l'Enfant Jésus* et une *Bergerie*, 171. — Examen critique de son *faire*, 172. — La dépravation de ses mœurs produit en lui la dégradation du goût, de la couleur, de la composition, etc., etc., 256. — Expose, au Salon de 1765 : *Jupiter transformé en Diane pour surprendre Calisto*, 258. — *Angélique et Médor*, 259. — Un petit tableau de *Philippe d'Orléans*, 262. — Neuf *Pastorales*, tableaux qui tous accusent la perte du talent. Le livret fait encore mention d'un *Paysage où l'on voit un moulin à eau* que le critique n'a pas pu découvrir, 264. — Est toujours vicieux et n'attache jamais, 501. — Ne veut plus exposer au Salon, XI, 4. — A peint sa femme toute nue, 260. — Envoie au Salon de 1769 une *Marche de Bohémiens* et une *Caravane*, 387. — Plaisant dialogue à l'occasion de ces deux tableaux, 388, 389.

* Boucher. — Cette profession ne paraît pas avoir été exercée chez les Grecs, au moins du temps d'Agamemnon, XIII, 489. — Ce qu'elle était à Rome, sous le règne de Néron, 490. — La police des Romains, touchant la boucherie, passe dans les Gaules avec leur domination, *ibid.* — Origine et organisation du corps des bouchers en France, 491. — La première boucherie de Paris, située au parvis Notre-Dame, *ibid.* — Les meurtres commis par Caboche, en 1416, la font supprimer, 492. — Un édit, de 1418, rétablit la grande boucherie de la porte de Paris, *ibid.* — L'accroissement de la population amène succes-

sivement la création de nouveaux établissements, *ibid.* — L'autorité les réunit en un seul corps soumis à des règlements de police, 493-497.

Bouchers ou Sacrificateurs. — Ils étaient chargés de la circoncision, I, 202, alinéa 40.

Bouche-Trous. — Voyez *Accessoires.*

Boudot (l'abbé). — Diderot le rencontre aux eaux de Bourbonne, XVII, 352.

Boufflers (le chevalier). — Bouts-rimés dont il est l'auteur, XIX, 221.

Bougainville (*Louis-Antoine*). — Notice sur ce célèbre voyageur, II, 195. — Témoin de l'expulsion des jésuites du Paraguay ; ce qu'il en rapporte, 201. — Jugement sur son voyage, 208. — Singularités qu'il rapporte, sans les expliquer, 209. — Adieux que lui adresse un vieillard taïtien au moment de son départ, 213. — Bougainville n'en fait pas mention dans sa relation, 218.

Bougeant (*Guillaume-Hyacinthe*), jésuite. — Auteur d'une comédie intitulée *la Femme docteur* ou *la Théologie en quenouille*, V, 372. — Cette pièce, dirigée contre les jansénistes, a fourni à Palissot l'idée de sa comédie des *Philosophes*, 440.

Bouguer (*Pierre*), savant hydrographe. — Singularité de la nature qu'il atteste, II, 520.

Boulanger (*Antoine-Nicolas*), écrivain du XVIIIe siècle, né à Paris le 11 novembre 1722, mort en 1759. — Notice sur cet auteur, VI, 339. — Accompagne le baron de Thiers à l'armée en qualité d'ingénieur, 340. — Entre dans les ponts et chaussées en 1745, *ibid.* — Est envoyé en Champagne, en Lorraine et en Bourgogne, pour y exécuter des travaux publics, *ibid.* — Construit le pont de Vaucouleurs, passage de la France en Lorraine, *ibid.* — Une grave maladie l'empêche d'achever celui de Foulain, près Langres, *ibid.* — Son fâcheux état de santé l'oblige à solliciter sa retraite, 341. — Il l'obtient avec une distinction particulière, *ibid.* — Meurt bientôt après, âgé de 37 ans seulement, le 16 septembre 1759, *ibid.* — Son étroite liaison avec Diderot, *ibid.* — Avait une grande ressemblance avec Socrate, tel que le représentent les pierres antiques, *ibid.* — Se plaisait aux entretiens de philosophie, d'histoire et d'érudition, 342. — Est auteur d'une *Vie d'Alexandre*, restée inédite, 345. — A laissé, *manuscrits*, un grand nombre d'ouvrages restés *inédits*, et entre autres un Dictionnaire en trois volumes in-folio, entièrement écrit de sa main, *ibid.* — Naigeon pense que ce manuscrit a été acquis par une bibliothèque publique de Leyde ou d'Amsterdam, 346.

* *Boulanger.* — Cette profession était inconnue aux Anciens, XIII, 498. — Les pains des premiers temps n'avaient rien de commun avec les nôtres, *ibid.* — Des *boulangeries publiques* sont établies à Rome sous Auguste : leur organisation, 499. — A Paris, le corps des boulangers reçoit ses premiers règlements sous saint Louis, 503. — Leurs statuts, 504, 505.

Boulduc (*Simon*), chimiste français. — A fourni aux *Mémoires de l'Académie des sciences* une série importante de remarques sur les purgatifs en général, et sur l'*agaric* en particulier (voir le mot * *Agaric*), XIII, 232 et suiv.

Boule (*André-Charles*), ébéniste célèbre, VI, 210. — Notice sur sa vie et ses travaux par M. Ch. Asselineau, *ibid.*

Boundschesch, ou le livre de l'éternité dans la religion de Zoroastre, XVII, 325. — Ce qu'il contient, *ibid.*

Bounieu (*Michel-Honoré*), élève de Pierre. — Expose, au Salon de 1767, son tableau de réception le *Jugement de Midas*, XI, 336. — Manière particulière à cet artiste pour la formation de ses groupes, 341. — Au Salon de 1769, son *Enfant endormi sous la garde d'un chien* a été beaucoup regardé, quoique... 448, 449. — Onze tableaux au Salon de 1771, tous insignifiants ou mauvais, 523-525. — Jugement sur cet artiste par Saint-Quentin, XII, 24. — Expose, au Salon de 1775, *Pan lié par des nymphes*, tableau assez piquant d'effet, *ibid.*

BOURBONNE. Époque du voyage de Diderot à Bourbonne, XVII, 333. — Le père de Diderot fit deux voyages à Bourbonne pour se guérir, succès du premier, 334. — Peu de succès du second, *ibid.* — Digression sentimentale de Diderot sur son père, sa mère, son frère et sa sœur, *ibid.* — Description de la fontaine ou puits de Bourbonne, 336. — Qualités et propriétés de ses eaux, 337. — Trois manières de les prendre, 338. — Saison des eaux, sa durée, 339. — Effet produit par le bain, *ibid.* — Régime pendant l'usage des eaux; odeur des eaux, 340. — Boue des bains, 341. — Analyse des eaux, 342. — Dépense qu'y font les malades. Pourquoi les habitants n'en sont pas plus riches, 345. — Tristesse du séjour de Bourbonne, *ibid.* — Les vœux de Diderot pour le rendre plus supportable ont été en partie accomplis, 346. — Projet du doyen d'Is, *ibid.* — Pourquoi il n'a pu réussir, 347. — Système sur les eaux thermales en général, *ibid.* — Réflexions à ce sujet, *ibid.* — La découverte des sources de Bourbonne attribuée aux cochons, 349. — Incendie de Bourbonne en 1717, 349. — Ancien temple gaulois, inscription, *ibid.* — Eaux thermales portant le nom de Bourbon en plusieurs lieux, 350. — Etymologie de ce nom, *ibid.* — Restes d'une voie romaine, *ibid.* — Ancien bassin de construction romaine, 351. — Fontaines salantes. Appartements pavés en mosaïque de faïence. Carrière de gypse, *ibid.* — Produits de l'établissement des eaux, 352.

BOURDON (*Sébastien*). — Son tableau de la *Chaste Suzanne*, du cabinet du baron d'Holbach, comparé à celui de Carle Van Loo, exposé en 1765, X, 245.

BOURET, financier célèbre par son immense fortune et ses excentricités, V, 433. — Histoires du *Petit Chien* et du *Livre de la Félicité* (c'était un volume in-folio, portant pour titre : le *Vrai Bonheur*), *ibid.* et 434. — Sa prodigalité, sa ruine, sa mort, 435. — Le neveu de Rameau en parle avec admiration, 453.

* *Bourg.* — Origine de ce mot, XIII, 506. — Sa signification historique ancienne et moderne, *ibid.*

* *Bourgeois*, *Citoyen*, *Habitant*. — Termes relatifs à la résidence que l'on fait dans un lieu, XIII, 506.

BOURLET (J.). — Voyez VAUXCELLES.

BOURNAUD (le chevalier de), enseigne de vaisseau. Compagnon de Bougainville dans son voyage autour du monde, II, 205. — Histoire de son domestique Barré, *ibid.*

* *Bourreau.* — Le dernier officier de justice, ayant charge d'exécuter les criminels, XIII, 507.

Bourreaux, I, 198; lisez *Inquisiteurs*, alinéa 28.

Bourru Bienfaisant (le), comédie de Goldoni. — Remarque sur le dénoûment de cette pièce, VI, 106.

Bourses. — Doivent être mises au concours public, ou n'être accordées qu'à un mérite constaté par un examen rigoureux, III, 525.

* *Bout, Extrémité, Fin.* — Termes relatifs à l'étendue; leur emploi, XIII, 507.

BOUTRON-CHARLARD, communique deux lettres de Diderot à de Brosses et à Voltaire, XIX, 429, 461.

BOUVARD (*Michel-Philippe*), médecin du couvent de Longchamp où sœur Suzanne (*la Religieuse*) est retenue, V, 98. — Cité, XI, 154.

BOUVET (*Joachim*), jésuite missionnaire, apporte, en 1697, quarante-neuf volumes chinois offert à Louis XIV par l'empereur Kang-hi, XIII, 471.

BOUVILLON (Mme), personnage monstrueux du *Roman comique* de Scarron, — *Courir après le volume de* Mme *Bouvillon* veut dire devenir grosse comme Mme Bouvillon, V, 431.

BOYER, évêque de Mirepoix. — L'un des plus acharnés ennemis des jansénistes, VI, 185. — Précepteur du Dauphin, père de Louis XV; obtient, après la mort de Fleury, la feuille des bénéfices, *ibid.*

— BOYER DE SAINTE-SUZANNE (baron de)

Autorise, sur la recommandation de M. Ch.-L. Livet, la reproduction de quatre lettres de Diderot : une au docteur Clerc, XX, 48 ; — une au général Betzky, 59 ; — une autre au même, 61 ; — une lettre au docteur Clerc, 66.

* *Bracelet.* — Ornement que les Grecs et les Romains portaient au bras, XIII, 507. — Ils étaient pour toutes sortes de conditions : les hommes en portaient ainsi que les femmes, *ibid.* — Les femmes seules en font usage parmi nous aujourd'hui, 508.

* BRACHMANES, gymnosophistes ou philosophes indiens. — Histoire de cette secte, qui subsiste encore en Orient, sous le nom de *Bramènes* ou *Bramines*, XIII, 508, 509. — Voyez BRAMINES. — Leurs mœurs et coutumes, XV, 200. — Les plus célèbres dont l'histoire ait conservé le nom, 201.

BRADLEY, astronome anglais. — On lui doit la découverte de *l'aberration de la lumière*, II, 11.

BRAMA, BIRAMA ou BIRUMA. — Divinité indienne dont se prétendent issus les Bramines, XVI, 39.

BRAMHALL, évêque de Derry. — Hobbes eut une querelle philosophique avec lui, XV, 99.

* BRAMINES, ou BRAMÈNES, ou BRAMINS, ou BRAMENS, secte de philosophes indiens, appelés anciennement BRACHMANES. — Leurs constitutions et leur culte, XIII, 510, 511. — Ils se prétendent issus de Brama, XVI, 39.

BRANDES (*J.-Charles*), auteur et acteur allemand. — Ce que lui dit le libraire Voss en lui donnant le *Théâtre de Diderot* traduit par Lessing, VII, 173.

BRANTÔME (*Pierre* DE BOURDEILLES, seigneur de). — Mme de Pompadour, dans un moment de mauvaise humeur, fait ironiquement l'éloge de son livre des *Dames galantes*, et engage Louis XV à se nourrir de cette édifiante lecture, IV, 264.

Brave. — Le brave est circonspect, I, 104.

* *Bravoure, Valeur, Courage, Cœur, Intrépidité.* — Termes qui désignent tous, mais à un degré différent, l'état de l'âme à la vue du danger, XIII, 511.

BRÉBEUF (*Guillaume* de). — Citations empruntées à sa traduction de la *Pharsale de Lucain*, XIII, 80.

* *Breland,* jeu de cartes. — Son attrait, ses dangers, XIII, 512. — La police le défend sous les peines les plus sévères, *ibid.*

BRENET (*Nicolas-Guy*). — Expose, au Salon de 1763, une *Adoration des Rois*, tableau qui n'est pas sans mérite, X, 213. — Au même Salon : *Saint Denis près d'être martyrisé*, composition estimable, 214. — Expose, au Salon de 1765 : le *Baptême de Jésus-Christ par saint Jean*, 362. — *L'Amour caressant sa mère pour ravoir ses armes*, 364. — A la pratique de tous les curés de village, XI, 265. — Son tableau du *Christ et la Samaritaine*, *ibid.* — Au Salon de 1767, son *Christ sur la montagne des Oliviers* donne lieu à une provocation plaisante, 266. — Sa misère, cause de sa médiocrité, *ibid.* — Annulé par l'indigence, 307. — Se relève au Salon de 1769 par trois morceaux assez bien touchés, 433, 434. — Le Salon de 1771 avait de cet artiste sept mauvais tableaux ; décrits, 502-505. — Ses tableaux exposés en 1775, sévèrement jugés par Saint-Quentin, XII, 11-13. — L'exposition de 1781 reçoit de cet artiste quatre mauvais tableaux, 36, 37.

BRET (*Antoine*). — Auteur de l'*Orpheline* ou le *Faux généreux*, pièce jouée sans succès en 1758, V, 377. — Devient l'un des parasites de Mlle Hus, 439. — Intéressant épisode de sa comédie le *Faux généreux*, VII, 310, 311.

BRIANT, jésuite décapité, en 1581, pour avoir conspiré contre Élisabeth, reine d'Angleterre, XV, 278.

BRIARD (*Gabriel*). — Ce peintre expose au Salon de 1761 le *Passage des âmes du Purgatoire au Ciel*, X, 144. — Ce qu'il aurait fallu pour se tirer d'un pareil sujet, 145. — Envoie six mauvais tableaux au Salon de 1765 : I. *La Résurrection de Jésus-Christ*, 359 ; — II. *Le Samaritain*, 360 ; — III. *Une Sainte Famille*, *ibid.* ; — IV. *Psyché abandonnée, ibid.*; — v. *La Rencontre de Psyché et du Pêcheur,* 361; — vi. *Le Devin du village,* 362. — L'exposition de 1769 reçoit de ce peintre une *Naissance de Vénus*, une *Mort d'Adonis* et une *Madeleine pénitente;* trois mauvais tableaux, XI, 433. — Diderot rétracte son jugement en ce qui touche la *Naissance de Vénus :* motif de cette contradiction, 435. — N'expose pas au Salon de 1771, 532.

Briasson, libraire. — Lettre que Diderot lui adresse, I, 397. — Cité, V, 395. — Lettre que Diderot lui adresse, dans laquelle il critique le reproche de Luneau d'avoir dépassé pour l'*Encyclopédie* le nombre de volumes annoncé, XX, 29. — Comment Diderot répond à la prétendue profusion de planches alléguée par Luneau, 33.

Bridan (*Charles-Antoine*), sculpteur. — Expose, au Salon de 1765, un *Saint Barthélemy sur le point d'être écorché;* ce groupe est très-beau, X, 437. — Son *Portrait*, peint par Durameau, XI, 318. — Expose, en 1781, une statue de Vulcain présentant les armes qu'il a forgées, XII, 66.

Bridoie (Mlle), marchande à la toilette, — Intelligences qu'elle entretient avec des brocanteurs et des usuriers, VI, 233. — Voyez *Usuriers.*

Brienne. — Voyez Jean de Brienne.

Brière (J.-L.-J.), bibliophile. — Éditeur des Œuvres de Diderot, 22 volumes, publiées en 1821; communiqué à M. Assézat des morceaux inédits recueillis depuis, I, vi. — Lettre à Gœthe au sujet du *Neveu de Rameau,* V, 364. — Réponse de Gœthe, 366. — Pièces de la contestation qui s'éleva au sujet de cet ouvrage, défiguré dans une traduction présentée, par MM. de Saur et Saint-Geniès, comme texte authentique de Diderot, 367-370. — Lettre au rédacteur du *Corsaire,* 371. — Possède presque tous les autographes des lettres de Diderot à l'abbé Le Monnier, XIX, 357.

Brieus (*Antoine*), est envoyé en Éthiopie, par le pape Grégoire XIII, pour visiter l'immense bibliothèque du monastère de la Sainte-Croix, XIII, 451. — Origine de cette bibliothèque renfermant plus de dix millions de volumes, *ibid.*

¶ *Brièveté de la vie*, analyse d'un traité de Sénèque sur ce sujet, III, 332-340. — Ce traité est fort beau; Diderot en recommande la lecture, 340.

Brigandage. — Est mis, par Aristote, dans la classe des différentes espèces de chasse, II, 396.

* *Brillant, Lustre, Éclat*. — Signification différente de ces termes pris au propre et au physique, ou bien dans un sens métaphorique, XIII, 512.

Briséis, II, 309, 392.

Britannicus, fils de Claude et de Messaline. — Admet dans son intimité Sénèque le philosophe, III, 38. — Agrippine oblige Claude à adopter Néron à son préjudice, 47. — Brouillée avec Néron devenu empereur, Agrippine le proclame l'héritier légitime du trône, 80. — Il touchait alors à sa quatorzième année; Néron le fait empoisonner dans un repas, *ibid.*

Brizard (*Jean-Baptiste* Britard, dit), acteur distingué de la Comédie-française. — Ce comédien, galant homme, honora singulièrement sa profession, VIII, 399. — Reçoit deux soufflets de de Mlle Hus, pourquoi, XIX, 57. — Comment il joue dans le *Philosophe sans le savoir,* 360. — Rôle qu'il joue dans le *Père de famille,* 461.

Broca (*Paul*), anatomiste. — Ses remarques relatives à l'augmentation du volume du cerveau chez les modernes, II, 138.

* *Brochure*. — Nom donné en librairie à un imprimé de mince volume, XIII, 512. — Inconvénients attachés à la frivolité de ce genre d'écrits, 513.

Broglie (*Albert*, duc de). — La présente édition lui est redevable d'une lettre de Diderot à Mme Necker, XX, 76.

Broglie (la maréchale de). — Son entretien avec Diderot, sous le nom de Crudeli, II, 507.

Broglie (comte de). — Réponse de Diderot à une mauvaise plaisanterie de ce personnage, I, LIII.

Bron, taxateur des postes, et inspecteur général du bureau de départ, XVIII, 221,239. — Ce qui lui arrive un soir en cabriolet avec Diderot et une dame, XIX, 234. — Son humeur au jeu, 244.

BROSSES (*Charles* de), premier président au Parlement de Bourgogne. — Auteur d'un livre intitulé : *Traité de la formation mécanique des langues et des principes physiques de l'Etymologie*, ouvrage d'un excellent esprit, III, 466. — Sa tentative de restituer le texte de Salluste, VI, 226. — Plaisante anecdote de sa jeunesse, XI, 246.— Lettre (inédite) que Diderot lui adresse pour le remercier de son manuscrit sur la matière étymologique, XIX, 429.

BROTIER (l'abbé *Gabriel*). — Auteur d'un *Examen de l'apologie de l'abbé de Prades*, I, 437.

BROU (*Charles-Henri* FEYDEAU de), XI, 534.

BRRROUBOUBOU.— Nom que Diderot donne à Frey de Neuville, dans les *Bijoux indiscrets*, à l'occasion de l'oraison funèbre du cardinal Fleury, IV, 376.

BRUCKER (*Jean-Jacques*), historien allemand. — Ce qu'il rapporte dans son *Histoire critique de la philosophie*, au sujet de l'assassinat de la célèbre Hypatie, philosophe éclectique, XIV, 344. — Son *Histoire*, ouvrage à consulter touchant les rêveries de l'*éclectisme* théologique, 375, 378. — Ses remarques touchant les rêveries d'Hésiode, XV, 56.

* *Brûler*. — Chez les Grecs et les Romains, c'était une coutume presque générale de brûler les morts, XIII, 513. — Cette coutume dura jusqu'au temps de Théodose, *ibid*.

* *Brut*. — Emploi de ce terme comme l'opposé de *travaillé*, XIII, 513.

BRUTÉ DE LOIRELLE (l'abbé).— Traducteur du *Joueur*, tragédie bourgeoise d'Edward Moore, VII, 413. — Sa traduction, estimée et recherchée, est accompagnée d'un prologue fait et prononcé par Garrick, 414.

BRUXELLES, ville des Pays-Bas. — Sa population en 1745, XVII, 460. — Rencontres de Diderot dans cette ville, 469.

* *Bûchers*. — Amas de bois sur lesquels les Anciens brûlaient leurs morts, XIII, 514. — Comment on les éteignait, 515.

BUCOURT (*Louis-Philibert* de). — *Le Gentilhomme bienfaisant*, *le Juge de village*, et *la Consultation redoutée*, que cet artiste expose en 1781, sont trois fort jolis tableaux, XII, 62.

BUDDA ou XEKIA, sage par excellence, regardé par les Indiens comme le plus grand philosophe qui eût jamais existé, XIII, 377. — Son histoire, 378 et suiv. — Sa doctrine, 379. — Dogmes secrets qu'il révèle à ses disciples à son heure dernière, 380. — Son système donne naissance à une secte fameuse parmi les Japonais, *ibid*. — Sa doctrine n'a pas été inconnue aux Juifs modernes, 381. — Son origine, 382. — Fonde la secte des Hylobiens, XV, 201.

Budsoïstes, l'une des sectes du Japon. — Leur religion, leur culte, XV, 269.

BUFFIER (*Claude*, dit le Père), savant jésuite. — Ses *Principes du raisonnement* sont une excellente *logique*, XV, 531. — Éloge de son *Cours des sciences* et de l'agrément de son style, *ibid*. [— Ce qu'il dit de la vérité, XVII, 310.

BUFFON (*Leclerc* de), célèbre naturaliste. — Son opinion sur la péroraison de l'*Apologie de l'abbé de Prades*, I, 482. — Vérité énoncée dans son *Histoire naturelle*, touchant les mathématiciens, II, 9, 10. — Renvois à cet ouvrage, 15, 16, au Discours sur la génération, 17. — Sa théorie de la terre, 27. — Ce qui caractérise son style, 339. — Son aventure avec le président de Brosses, XI, 246. — Portrait de sa femme, XIX, 30. — Diderot aime les hommes qui, comme Buffon, ont confiance en leurs talents, 39.

Bulles. — Voyez *Vélin*. — Bulle *Unigenitus*, impertinente production introduite en 1713 par les jésuites ; maux qu'elle a produits, XV, 280.

BURIDAN. — Philosophe scolastique, XVII,

107. — Sophisme de position qu'il propose à ses disciples de figure agréable, *ibid.*

Burigny (*Jean* Levesque de), historien, auteur de l'*Examen critique des apologistes de la religion chrétienne*, ouvrage attribué à Fréret, VI, 313. — Curieuse anecdote rapportée en preuve de son érudition, 314.

Burlamaqui (J.-J.), moraliste. — Ses *Éléments du droit naturel*, cités et recommandés, III, 492, 506.

Burnet (*Gilbert*), évêque de Salisbury. —Leibnitz démontre l'inexactitude des vues dans un projet de réunion de l'Église anglicane avec l'Église luthérienne, XV, 448.

Burnet (*Thomas*), philosophe et savant anglais. — Ses études, ses voyages, XVI, 126. — Ouvrage qu'il publie à son retour, 127. — Analyse de son système, *ibid.*

Burrhus (*Afranius*), préfet de Rome, gouverneur de Néron. — Son trop d'attachement à la vie en fait un mauvais gouverneur, II, 463. — Est nommé commandant de la garde prétorienne, III, 48. —[Arrête le sang prêt à couler dans Rome, 61.— Son emploi le rendait maître de toute l'Italie, 62. — Son portrait tracé par Tacite, *ibid.* — Forme Néron à l'art militaire, *ibid.* — Était-il à sa place à la cour de Claude ? 64. — Ses préoccupations après qu'il eut démêlé le caractère atroce de son élève, 68. — Raisonnements des sophistes sur la pensée qui le retient à la cour, 69. — Comment il faut l'envisager, 70. — Est menacé de perdre le commandement de la garde prétorienne, 84. — Sénèque prend avec succès sa défense, *ibid.* — Interroge Agrippine, accusée de conspiration, *ibid.* — Accusé à son tour, il est absous, 86. — Refuse de contribuer au meutre d'Agrippine ; ses belles paroles à ce sujet, 106. — Devait-il tuer Néron ? 107. — S'il reste à son poste, c'est par dévouement pour la chose publique; il n'était pas sûr de sortir du palais, 11. — Sa mort, *ibid.*

Bury (*Richard* de), évêque de Durham, chancelier d'Angleterre, auteur d'un traité intitulé *Philobiblion*, sur le choix des livres et la manière de former une bibliothèque, XIII, 448.

* *Buste.* — Question relative à la forme donnée à cet objet d'art, XIII, 515, 516.

* *But, Vue, Dessein.* — De l'emploi de ces termes relatifs à la conduite d'un être pensant, XIII, 516.

Buzenval (*Choart* de), évêque d'Amiens. — Se déclare contre la formulaire d'Alexandre VII, XV, 261.

Byron (*John*), navigateur et amiral anglais, explore la Patagonie en 1764. — Ce qu'il dit de la taille colossale des Patagons est fort exagéré, II, 201.

C

Cabale. — Doctrine secrète des Juifs, attribuée au rabbin Akiba et à Siméon Jochaïdes, son disciple XV, 368, et suivantes.

* *Cabinet d'histoire naturelle.* — Sa formation, son objet, l'ordre qui doit y régner, XIV, 1. — Soins apportés à l'établissement de celui de Paris par Daubenton, 3.

Caboche (*Simonet*), boucher de Paris. — Les meurtres qu'il commet sous le règne de Charles VI amènent la suppression de la grande boucherie de la Porte de Paris, XIII, 492.

* *Cacher, Dissimuler, Déguiser.* — Termes relatifs à la conduite, XIV, 4.

Cacouacs. — Sobriquet inventé par l'avocat J.-N. Moreau pour désigner les *Encyclopédistes*, XIII, 117. — Diderot donne l'explication de ce mot dans une lettre à Mlle Volland, XIX, 48.

* *Cadavres.* — Avantages à retirer de leur ouverture pour les progrès de la médecine, XIV, 5.

Cadet (*Louis-Claude*), chimiste. — Ses expériences sur le cobalt, XIII, 68.

Cadets russes. — Note sur leurs exercices et leur éducation, III, 545.

Cadière (Mlle *Catherine* La). — Séduite

par le P. Girard, jésuite, son confesseur, XV, 280.

CADMUS, roi de Phénicie. — Élève des autels dans Thèbes, XV, 45.

Cafés. — Lieu de rencontre des habitués de l'*Allée des fleurs,* I, 236, alinéas 3, 4.

CAFFARELLI, Napolitain, castrat, chanteur merveilleux. — Mot de caractère de Daubenton au sujet de cet homme incomplet, VI, 309.

CAFFIERI (*Jean-Jacques*). — Expose, au Salon de 1761, un buste de Rameau de la plus parfaite ressemblance, X, 147. — Ce buste, qui était au foyer de l'Opéra, a été détruit dans l'incendie du 28 octobre 1873, *ibid.* — Expose, au Salon de 1763, le buste du *Prince de Condé*, et celui du poëte *Piron*, 225. — Les *Bustes de Lulli et de Rameau*, qu'il expose au Salon de 1765, ne sont remarqués que parce qu'ils représentent deux hommes célèbres, 435. — Son *Triton*, mauvais, *ibid.* — Une figure de l'*Innocence*, exposée au Salon de 1767, n'a point le caractère qui lui conviendrait; c'est néanmoins un morceau précieux dont il ne faut que changer le nom, XI, 357. — La *Vestale de Tarpéia*, et l'*Amitié qui pleure sur un tombeau*, au même Salon, font le plus grand honneur à l'artiste, *ibid.* — Un *Portrait du peintre Hallé* et un *Portrait du médecin Borie* complètent cette exposition digne d'éloges, 358. — Réflexions sur sa figure de l'*Innocence*, 361. — Envoie à l'Exposition de 1769 trois marbres de peu de mérite, 455. — Les bustes de *Quinault*, *Lulli* et *Rameau*, destinés au foyer de l'Opéra, et qui figurent au Salon de 1771, sont fort bien, 535. — Un marbre, une statue en pierre, pour l'Hôtel des Monnaies, et un groupe en terre cuite, sont d'un mérite secondaire, 536. — Expose, en 1781, les bustes de *Molière*, *Mesmer* et Mlle *Luzi*, XII, 66.

Cages. — Lisez *Monastères de filles*, I, 200, alinéa 32.

* Cagots ou Capots. — Nom donné en Béarn à des familles qu'on prétend descendues des Visigoths, XIV, 5. — Singulières particularités de leur existence, 6.

CAHUSAC (*Louis* de), auteur dramatique. — Le quatrième acte de son opéra de *Zoroastre* fournit à Rameau une de ses plus belles inspirations, I, 409.

CAILLOT, l'un des meilleurs acteurs de la Comédie italienne. — Grimm le mettait au-dessus de Le Kain, V, 277. — Homme de bien, il honorait singulièrement sa profession, VIII, 399. — Ce qui lui arriva dans une représentation du *Déserteur*, 412.

CAÏN. — Hornius fait de lui le fondateur d'une secte de philosophie, XIII, 302. — De ce qu'il bâtit une ville, et qu'il inventa des instruments pour labourer la terre, peut-on raisonnablement conclure qu'il fût philosophe? *ibid.*

CALANUS, brame. — Fait dresser un bûcher et se brûle devant Alexandre, XV, 201. — Le roi de Macédoine, touché de cet héroïsme, institue des fêtes en son honneur, *ibid.*

CALAS (*Jean*). — Réhabilitation de sa mémoire, V, 426. — Combien Diderot estime ce grand acte de la vie de Voltaire, *ibid.* — Ce que Diderot écrit à Mlle Volland sur l'affaire des Calas, XIX, 97. — Moyens qui auraient dû être employés dans la défense de cette affaire par Élie de Beaumont ou par Voltaire, 141. — Comment le projet de souscription pour les Calas est arrêté, 168.

Calcul infinitésimal. — Difficultés qu'il rencontre à sa découverte, II, 347.

Calcul des probabilités. — Intéressant Mémoire sur ce sujet, publié pour la première fois en 1875 sur le manuscrit autographe de Diderot, appartenant à M. Brière, IX, 76, 192.

CALF, personnage hollandais de Saardam. — Anecdote sur lui, XVII, 456.

* CALICUT ou CALÉCUT, ville des Indes. — Mœurs singulières de ses habitants. XIV, 6.

CALIGULA, empereur romain. — Sa vie offre de monstrueux exemples de sa cruauté, I, 115, à la note. — Jaloux du talent de Sénèque, il projette sa mort; une courtisane l'empêche de se souiller de ce crime, III, 20.

Caliste, tragédie de Colardeau.— Observations sur quelques passages de cette pièce, XIX, 29.

CALLET. — Expose au Salon de 1781 le Printemps, tableau destiné à décorer la Galerie d'Apollon ; c'est une belle composition, XII, 51. — Un Hercule sur le bûcher ; un Portrait de M. de Vergennes, 52.— Deux Cariatides, ibid.

CALLIPIGA. — Énigme à deviner, IV, 300.

CALLISTHÈNES, philosophe grec, disciple et petit-neveu d'Aristote.— Lui envoie, après la prise de Babylone par Alexandre, un recueil d'observations astronomiques comprenant une période de dix-neuf cents ans, XIII, 440. — Admis à la cour d'Alexandre le Grand ; il suit ce prince dans ses expéditions, XIV, 82.— Envoie à Aristote des notes qu'il a trouvées à Babylone sur la prétendue antiquité des Chaldéens, ibid.

CALLOT (Jacques), peintre, dessinateur et graveur en taille-douce. — Sa supériorité à traiter les petits sujets le pose en modèle, X, 442.

Calomnie. — Disparaît à la mort de l'homme obscur ; la célébrité la porte jusqu'aux siècles à venir, III, 13. — Les blessures qu'elle fait guérissent, la cicatrice reste, ibid. — Célèbre quatrain de Pibrac sur ce sujet, VI, 13.

* Les Athéniens ont révéré cette forme hideuse du mensonge, XIV, 6. — Ce vice a fourni au célèbre Apelle le sujet d'un admirable tableau, ibid.

CALVIN.— Prend le nom d'Alcuinus, anagramme de Calvinus, XIII, 293.

CALVINA (Junia), sœur de Junius Silanus. — Est accusée d'inceste par le censeur Vitellius, III, 46. — Est exilée, ibid.

Calzolaio (le), c'est-à-dire le Cordonnier, de Messine. — Histoire morale, V, 303 et suiv. — Épisode de l'Entretien d'un père avec ses enfants, ibid.

CAMBRAI. — Ce que cette ville rappelle à Diderot, XVII, 470.

CAMINSKI (Mlle), amie et compagne de la princesse Dashkoff. — Elle aime la France et les Français, XVII, 487.

Camouflets, I, 196, alinéa 24.

CAMPER, médecin hollandais.— Comment il guérit les maladies des poumons, XVII, 379. — Ce qu'il dit de l'éléphant, 447. — Ce qu'il démontre chez les oiseaux de proie, ibid. — Connaissait parfaitement les physionomies nationales, ibid. — Son opinion sur la cause des accouchements douloureux, 448.

CAMPIAN (Edmond), jésuite anglais, décapité, en 1581, pour avoir conspiré contre Élisabeth, reine d'Angleterre, XV, 278.

CAMPISTRON (Jean). — Sa tragédie d'Andronic jouée avec succès, VIII, 430.

CAMPO-FLORÈS (le marquis de).—Est arrêté comme complice des Jésuites dans un complot contre le gouvernement espagnol, VI, 464. — Ses aveux ne laissent aucun doute sur la participation des Jésuites dans le complot, ibid.

CAMPRA (André), compositeur de musique, cité V, 460.

* Canal artificiel. — Les premiers habitants de la terre en ont reconnu l'utilité, XIV, 7. — Ceux inutilement tentés par Cléopâtre, Soliman II, Démétrius, Jules César, Caligula, Néron, etc., ibid. — Ceux exécutés en France, 8.

CANAYE (Étienne, abbé de), de l'Académie des inscriptions et belles-lettres, V, 487.—Son éloge par Dacier, ibid. — Ami de d'Alembert, il était passionné pour le théâtre, ibid.—Anecdote à son sujet, VI, 304, 305. — Sa satire et ses espiègleries, chez Mme Geoffrin, contre Rémond de Saint-Mard, 307.

CANG-HI, empereur de la Chine, IX, 467. — Fut sage comme Marc-Aurèle et despote à l'égal de Louis XIV, ibid.

* Canicule. — Superstition des Romains pour en écarter l'influence, XIV, 9, 10.

Canne à bec de corbin, I, 196. — C'est la crosse, insigne des évêques, qui prennent la qualité de lieutenant du Christ, et que le pape appelle ses valets, ibid., alinéa 25.

Canne invisible. — Voy. *Grâce suffisante et Grâce efficace*, I, 204, 205, alinéa 45.

CANO ou CANUS (*Melchior*), évêque et théologien espagnol. — Son livre des *Lieux théologiques* a conservé de la réputation, III, 517.

* *Canon.* — Signification et emploi de ce mot en théologie, XIV, 10. — Celui de la Bible n'a pas été le même en tout temps, *ibid.* — Quel a été celui des Juifs, 11. — De quels livres était composé le *canon* des Écritures divines chez les Juifs, 16. — Énumération de ces livres selon saint Jérôme, 17; selon saint Épiphane, saint Cyrille; saint Hilaire, Méliton, Bellarmin, 18. — Esdras est présumé l'auteur du *canon* des livres sacrés, 19. — Le *canon* qui fixe à vingt-deux le nombre des livres divins de l'Ancien Testament a été suivi jusqu'au concile de Carthage, qui l'augmenta beaucoup, 20. — Le concile de Trente l'augmenta de nouveau, *ibid.*

* CANOPE. — Dieu des Égyptiens, dont Suidas raconte l'origine, XIV, 21.

CANUS JULIUS. — Sa réponse à Caligula, venant lui annoncer qu'il a donné l'ordre de son supplice, III, 309. — Sa fin toute philosophique, 310.

CAPELLA (*Martianus-Mineus-Felix*), célèbre encyclopédiste. — Ce qu'il a dit des accents et des tons, considérés comme langue de la nature et modèle du musicien, XI, 136. — Cité, XV, 299.

* *Caprotine.* — Surnom que les anciens Romains donnaient à Junon et aux nones de Juillet, XIV, 21. — Origine de la fête de ce nom racontée par Plutarque et Macrobe, 22.

* *Capuchon.* — Querelles auxquelles cet espèce de vêtement donna lieu entre plusieurs ordres religieux, XIV, 22, 23.

Capucins. — Troupe auxiliaire des évêques, I, 197. — Leur costume, leurs mœurs, leurs occupations, 198, alinéa 28.

* *Capurions*, officiers de police de Rome ancienne et moderne. — Leurs fonctions, XIV, 23, 24.

CARACALLA, empereur romain. — Son entretien avec Papinien, III, 112. — Fait mettre à mort ce courageux jurisconsulte, 113.

CARACCIOLI (*Dominique*, marquis de), ambassadeur de Naples à Paris. — Curieuse anecdote qu'il raconte sur un poète dramatique napolitain, VIII, 409.

Caractère. — Celui des Français toujours le même pour les étrangers; raisons de ce phénomène, II, 382. — Chaque individu a le sien, 384. — Son changement, symptôme de maladie, 385. — Effet de l'organisation, 410. — Chacun a sa langue qu'il faut interpréter par le caractère, XIX, 438.

Caractères (des). — Les situations les décident; bien dessinés, ils font le succès d'un ouvrage dramatique, VII, 347. (Voyez *Sommaire*, p. 302.)

¶ *Caractères incertains.* — Consultation à différentes personnes sur un même fait, morceau inédit, IV, 17.

* *Caractères d'imprimerie.* — Histoire abrégée de leur invention et de leur perfectionnement, XIV, 24-28.

* CARAÏBES ou CANNIBALES, sauvages insulaires de l'Amérique. — Leurs croyances et leurs mœurs, XIV, 28, 29.

Caraïtes, secte juive qui s'est perpétuée en Pologne et dans la Lithuanie, XV, 337. — Leur origine, *ibid.* — Leur doctrine, 339.

CARAMAN (M. de). — Enlève un camp aux ennemis, XIX, 52.

CARDAN (*Jérôme*), savant du XVIe siècle. — Ce que Diderot dit de l'impudente confession qu'il a faite de ses vices est interprété comme se rapportant à J.-J. Rousseau, III, 91. — Cité, XIV, 306.

CARESME (*Philippe*), mauvais peintre. — Élève de Coypel, expose, au Salon de 1767, des *Tableaux d'animaux*, détestables; un *Repos*; un *Amour*; une *Mère qui fait jouer son enfant*, à envoyer au Pont-Neuf, XI, 335. — Au même Salon, il a des dessins coloriés et lavés qui sont charmants, *ibid.* — Les morceaux que cet artiste expose au Salon de 1769 se font remarquer par la pureté du dessin; la misère le condamne à la médiocrité, 447, 448. — Cet artiste affecte le coloris de Loutherbourg ; huit tableaux qu'il expose en 1771 permettent d'espérer mieux, 522, 523. — *La Nymphe Menthe métamorphosée*, qu'il expose en 1775, est un tableau sans harmonie, XII, 23.

Caricatures et allégories. — Diderot n'a été pris qu'une seule fois à partie par les caricaturistes, XX, 120. — Voyez *Diderot fouetté.*

Carite et Polydore, roman [de l'abbé Barthélemy.—Analyse de cet ouvrage par Diderot, V, 491-500.

Carlos (don), fils de Philippe V et d'Élisabeth Farnèse, roi de Naples, VI, 458. — Monte sur le trône d'Espagne en 1759, sous le nom de Charles III, *ibid.* — Son aversion pour les jésuites éclate à l'occasion de la canonisation de don Juan de Palafox, qu'il fait solliciter à Rome, *ibid.* — Est assailli à son avénement par les plaintes des gouverneurs et des négociants de l'Amérique contre les jésuites, 459. — Ses griefs personnels à l'égard de cette société turbulente, *ibid.* — Droits de la couronne sur les possessions de cette société en Amérique, 462. — Deux révoltes, fomentées par les jésuites, le déterminent à les chasser de ses États, 465. — Le pape Clément XIII lui écrit des lettres violentes à ce sujet ; il répond qu'il veut être le maître chez lui, *ibid.* — Révoque l'édit qu'il avait donné en 1760 ; et rétablit l'Inquisition plus féroce qu'elle n'avait jamais été, 471. — Voyez Charles III.

Carlowitz (*Aloïse-Christine*, baronne de), femme auteur.—Lettres de Gœthe à Schiller et de Schiller à Gœthe, empruntées à sa traduction de leur correspondance, V, 373, 374, 375.

Carmes.—Utilité de leur emploi, IV, 197.

Carmontelle, littérateur estimé et peintre amateur. — On voit de lui, au cabinet des estampes de la Bibliothèque nationale, deux portraits (charges) en pied du célèbre Rameau, V, 404. — Compte rendu de sept nouveaux *Proverbes dramatiques* qu'il publie en 1770, VIII, 488. — Examen d'une nouvelle série de sept autres *Proverbes*, 490. — Auteur d'une gouache représentant *Diderot et Grimm en conversation*, XX, 118.

Carnéade, philosophe grec. — Fondateur de l'Académie nouvelle, XVI, 326. — Notice sur lui, 333. — Quels sont ses principes, 334.

Carnivores.—Leur physiologie, IX, 266.

* *Carpée.* — Nom d'une danse instituée en Thessalie, XIV, 29.

Carrache (*Annibal*). — Jugement d'une femme du peuple sur son tableau de l'*Enfant du Silence*, XII, 90.

Carré de Montgeron, conseiller au Parlement. — Convulsionnaire outré, dédie au roi son ouvrage intitulé : *La Vérité des miracles* opérés par l'intercession de M. de Pâris, I, 150. — Faisait profession de matérialisme avant sa conversion, 151.

* *Carrosse*, voiture d'invention française, XIV, 29. — Peu nombreux d'abord ils se multiplient sous les règnes de Louis XIII, de Louis XIV et de Louis XV, 30. — En imitation de ces voitures, réservées aux grands et aux riches, un particulier nommé *Sauvage* établit des voitures publiques qu'il nomme *Fiacres*, 31.

Carter (M.), savant antiquaire anglais, auteur d'un *Voyage de Gibraltar à Malaga*.— A vu en Espagne des monuments élevés à la mémoire de Sénèque, III, 192. — On en rencontre à Mescania, à Cordoue, *ibid.*

* *Cartes.*—Jeux de différentes sortes; les uns de hasard, les autres de combinaison, XIV, 32. — Histoire de leur origine, par le P. Ménestrier, jésuite, *ibid.* — Il ne paraît aucun vestige de *cartes* avant l'an 1392, date de la démence de Charles VI, 33.

* *Carton.* — Terme d'imprimerie, de librairie, de brochure et de reliure, XIV, 34.

* *Cas de conscience.*— Qu'est-ce, en morale, qu'un *cas de conscience* ? Examen de cette question, XIV, 35.

Casanove (*François*), peintre de bataille, né à Londres de parents vénitiens. —

Expose, au Salon de 1761, un grand et beau tableau de bataille, et divers petits tableaux de paysages, dignes de Salvator Rosa, X, 149. — Est un homme à imagination, un grand coloriste, une tête chaude et hardie, un bon poëte, un grand peintre, 150. — Ses tableaux exposés au Salon de 1763 sont fort inférieurs à ceux du Salon précédent, 219. — Cause assignée à cette infériorité, ibid. — Les tableaux que ce grand peintre expose au Salon de 1765, sont : I. Une *Marche d'armée*, 326; — II. Une *Bataille*, 330; — III. Une autre *Bataille*, ibid ; — IV. Un *Cavalier espagnol*, 331. — Huit tableaux de cet habile artiste figurent au Salon de 1767, XI, 181. — I. Un *Cavalier espagnol, vêtu à l'ancienne mode*, 182; — II. Une *Bataille*, ibid ; — III. Une *Petite Bataille et son pendant*, 183; — IV et V. *Deux Paysages avec figures*, ibid. — VI. Un *Maréchal ferrant*, 184 ; — VII. Un *Cabaret*, 185; — VIII. Un *Cavalier rajustant sa botte*, 186. — Cet artiste est vraiment un bon peintre de batailles, mais ce genre est ingrat, 181, 186. — Dialogue au sujet de ses ouvrages, 191, 192. — Lettre de Diderot à Grimm sur le même sujet, 197, 199. — Occupe un rang distingué comme paysagiste et peintre de batailles, 306. — Diverses anecdotes de sa vie, 422. — Au Salon de 1769 on ne se lasse pas d'admirer ses : *Deux sujets de chasse*; un *Grand paysage* et *trois petits*, ibid. — Mis en parallèle avec Loutherbourg, 423. — Le *Premier des trois combats de Fribourg, en 1644, commandé par le duc d'Enghien*, tableau exposé en 1771, décrit et jugé, 488, 489. — La *Bataille de Lens (1648) par M. le prince de Condé*, ces deux tableaux sont actuellement au Louvre, 490. — *Deux paysages*, 491. — Quatre tableaux de ce maître, exposés en 1781, se font remarquer entre ceux du même genre, XII, 44, 45. — Entreprend un tableau pour le prince de Galitzin; prix de ce tableau, XVIII, 305. — Sa femme est jolie, XIX, 322.

Casaque blanche. — Symbole de l'innocence, très-bien porté par les femms, I, 192, alinéa 7.

Cascade de Saint-Cloud. — Jolie chose ; on pouvait en faire une belle qui aurait coûté moitié moins, XII, 103.

Casnedi (le P.), jésuite. — Langage que Jésus tiendra, selon lui, lors du jugement dernier, I, 472.

Cassiodore (*Aurélius*), ministre de Théodoric, roi des Goths. — Se retire dans un monastère et y fonde une bibliothèque, XIII, 447. — Homme d'État et écrivain latin du ve siècle, XV, 299.

* *Castalie*, fontaine de la Phocide. — Vertus attribuées à ses eaux, XIV, 36.

Castanier d'Auriac. — L'abbé Barthélemy, son précepteur, compose pour son éducation un petit roman qu'il publie sous le titre : *Les Amours de Carite et de Polydore*, V, 491. — Analyse de cet ouvrage, ibid. à 500.

Castel (Louis-Bertrand), physicien français de l'ordre des jésuites, inventeur du *Clavecin oculaire*, I, 356, 357. — Idées d'un sourd-muet à la vue de cette machine, ibid. — Emploi comique de cet ingénieux instrument, IV, 203. — Cité, 305. — Lettre que Diderot lui écrit pour le prier de vider le différend qui s'est élevé entre lui et le P. Berthier, XIX, 425. — Autre lettre, 426.

Castillon ou Castilhon (*Jean-Louis*). — Note critique sur son *Apothéose d'Homère*, IV, 74. — Jugement sur son *Parallèle de Virgile et de Lucain*, 76. — Sa traduction de divers traités de Plutarque, bonne à lire, 77.

Castration. — Moyen curatif employé contre la lèpre chez les peuples de l'antiquité, IX, 473. — La castration est fort ancienne ; comment elle s'exécute, XV, 129-130.

Castries (M. de). — Affaire entre M. de Castries et le prince héréditaire, sous les murs de Wesel, en 1760; générosité du prince héréditaire et de M. de Ségur, XIX, 6. — Est grièvement blessé, 145.

* *Casuiste*. — Qu'est-ce qu'un *casuiste*? Réponse à cette question, XIV, 36.

Casuistes. — Rigides, I, 199, alinéa 7. — Relâchés, 200, même alinéa.

Catalepsie. — Manière dont cette maladie se produit, IX, 423. — Dans quel but les quiétistes en donnent des leçons à leurs dévotes, *ibid.* — Extrême perfection de cet état, 424.

* *Cathédrale.* — Origine de ce nom, XIV, 39.

Catherine II, impératrice de Russie. — Sa conduite dans la guerre de l'Autriche contre la République française, II, 478. — Fait exécuter par Vien un tableau dont Diderot a conçu l'idée, XI, 347. — Son acclamation commence par quatre officiers aux gardes, XVII, 488. — Discours que lui tient le général Betzky, *ibid.* — Ce qu'elle écrivait à Mme Geoffrin à propos de Falconet, XVIII, 82. — Ce qu'elle écrivait à Falconet, à propos de la statue de Pierre le Grand, 83. — Comment elle accueille Diderot à Pétersbourg, XIX, 347. — Son caractère, 348. — Liberté dont Diderot a joui auprès d'elle, *ibid.* — Lettre de Diderot au général Betzky dans laquelle il exprime toute sa reconnaissance pour les bienfaits de l'impératrice, 493 et suiv. — Sa générosité envers Diderot, XX, 51. — Le projet de refaire l'*Encyclopédie* lui plaît beaucoup, 52. — Supplique que Diderot lui adresse pour la prier de ne rien ajouter à ses premières grâces, 53. — Sa conversation avec Diderot à ce sujet, *ibid.* — Présent qu'elle fait au philosophe; sa conversation avec lui à ce propos, 55. — Lettre que Diderot lui écrit pour lui recommander Pierre Chabrit, 78. — Ce qu'elle écrivait à Mme Geoffrin à propos de la gesticulation de Diderot, 138.

Catholiques. — Les pays catholiques ont profité du reflet des lumières des pays protestants, III, 416.

Caton (*Marcus Porcius*), surnommé le *Censeur*. — Jugement de Frédéric II, roi de Prusse, sur ce vertueux citoyen, II, 491. — Son sage propos à un jeune débauché, III, 75. — A laissé sur la terre le modèle impérissable de l'homme vertueux, 262.

* *Caucase* (Mythologie et Géographie). — Remarque philosophique au sujet de cette chaîne de montagnes, XIV, 39.

Caulet, évêque de Pamiers. — Se déclare contre le formulaire, XV, 261.

Caurres (*Jean* des), curé de Pernay. — Auteur d'une ode religieuse à la louange du massacre de la Saint-Barthélemy, III, 402.

Causes (les). — Elles ont un enchaînement sans limites, II, 52. — L'interprète de la nature en tire des conclusions abstraites et générales, qui échappent au simple observateur, 53.

Causes finales. — La recherche de ces causes est contraire à la véritable science, II, 53. — Preuves à l'appui de cette affirmation, 54.

Causes et effets. — Réflexions sur ce sujet, VI, 264, 265.

Cavagnole (le). — Jeu de hasard fort à la mode au temps de Louis XV, I, 236 et 247; IV, 152.

Cavalleri (*Bonaventure*), géomètre italien, inventeur de la *Méthode des indivisibles*. — Idée première du calcul différentiel, X, 477.

Caveyrac (*Jean* Novi de), prieur de Cubiérètes. — Auteur d'une *Apologie de Louis XIV et de son Conseil sur la révocation de l'édit de Nantes* (note), I, 489 et d'une *Apologie de la Saint-Barthélemy*, III, 402.

Cayeux, sculpteur; collectionneur d'œuvres d'art. — Sa réponse à Diderot, qui veut lui acheter sa riche collection, XVIII, 249.

Caylus (*Anne-Claude-Philippe*, comte de), archéologue. — Artiste-amateur en peinture, sculpture et gravure; adresse à l'antiquaire Paciaudi une lettre injurieuse contre Diderot, X, 45. — Présente à l'Académie une *Tête de Minerve* exécutée à la peinture en cire, et se fait considérer comme ayant retrouvé le secret de l'*Encaustique* des anciens, 49. — Un tableau de *Flore et Zéphire*, exécuté par Bachelier, d'après son procédé, prouve que la découverte reste à faire, 51. — Sa mort, 237. — Inscription proposée par Diderot pour son tombeau à Saint-

Germain-l'Auxerrois, 449. — Son *Éloge de Bouchardon*, XIII, 40. — Mot d'un plaisant sur cet éloge, 47. — Ce qu'il avait à faire pour faire valoir Polygnote, dans son ouvrage, XVIII, 128. — Son épitaphe, 251.

CAYLUS (*Charles* de), évêque d'Auxerre. — Son instruction pastorale contre la thèse soutenue en Sorbonne le 18 novembre 1751 par l'abbé de Prades, I, 431. — Réponse que Diderot fait à cette instruction, sous le titre de : *Observations, etc.*, 441. — Discussion divisée en dix-huit chapitres, 442 à 484.

CAZOTTE (*Jacques*), écrivain dijonais. — Sa notice sur Jean-François Rameau, son compatriote, V, 382. — Compose, pour assister son ami, un poëme intitulé: *La Nouvelle Raméide*, 383. — Origine du procès qu'il intente aux jésuites, XIX, 98 (note).

CÉBÈS, philosophe grec, disciple de Socrate. — Reçoit les derniers regards de son maître, VII, 384. — Principes philosophiques de son dialogue le *Tableau*, XVII, 165.

¶ *Ceci n'est pas un conte*, V, 309. — Avertissement de l'auteur, 311. — Amours de l'Alsacienne Mme Reymer et de Tanié, 313. — Amours de Mlle de La Chaux et de Gardeil, 319.

CÉCROPS, fondateur d'Athènes. — Y répand le culte de Jupiter, XV, 45.

* *Ceilan*, *Zeylan* ou *Ceylon*, île considérable d'Asie, possession des Hollandais, XIV, 40. — Mœurs, productions et commerce, *ibid.*

* *Ceinture*, partie du vêtement. — Son usage chez les peuples anciens et modernes, XIV, 40.

* *Ceinture de virginité*. — En quoi celle des modernes diffère de celle des anciens, XIV, 42.

CÉLÉBI, époux de la vertueuse Églé, IV, 260. — Des rapports mensongers éveillent sa jalousie, 261. — Il exile Églé dans ses terres, *ibid.* — A la demande de Mirzoza, Églé est soumise à l'essai de l'anneau magique, et son innocence est reconnue, 262. — L'heureux Célébi la ramène à la cour, 263.

Célébrité. — Elle dépend beaucoup du moment où l'on paraît sur la scène du monde, XI, 427.

* *Céleusme*. — Cri à l'usage des gens de mer, chez les Grecs et chez les Romains, XIV, 42.

* *Célibat*. — Attentat contre la nature, II, 80. — Son histoire abrégée, XIV, 42 et suiv. — De cet état considéré en lui-même: 1° *eu égard à l'espèce humaine*, 49-51 ; 2° *eu égard à la société en général*, 51 ; 3° *eu égard à la société chrétienne*, 52-54. — Avantage du mariage des prêtres, 55. — Moyens de rendre aux ecclésiastiques la liberté du mariage, 56. — Objections et réponses à ce sujet, 57. — Du *célibat monastique*, 58.

CELLARIUS (*Christophorus*), érudit allemand. — Auteur à consulter pour la géographie ancienne, III, 494.

* *Cendres*. — Restes des corps morts brûlés, selon l'usage des anciens; manière dont se faisait l'opération, XIV, 59.

Cénie, pièce dramatique en cinq actes et en prose, par Mme de Graffigny. — Diderot citait ce drame comme l'un des modèles ayant précédé son théâtre, VII, 6.

* *Centaures*, monstres de la fable, moitié hommes et moitié chevaux, XIV, 60. — Leur histoire, *ibid.* et suiv.

* *Centon*, pièce de vers d'un genre particulier, XIV, 61. — Ausone a donné les règles de sa composition, *ibid.* — La vie de Jésus-Christ a été écrite en *centons* tirés de Virgile par Proba Falconia, 62.

* *Cependant*, *Pourtant*, *Néanmoins*, *Toutefois*. — Nuances établies entre ces synonymes par l'abbé Girard, XIV, 62, 63.

* *Cérames*. — Vases de terre cuite dont les Anciens se servaient dans les repas, XIV, 63.

* *Cerbère*. — Nom que les poëtes ont donné au chien gardien des enfers, XIV, 63. — Fables qu'ils racontent à son sujet, *ibid.*

Cercle (le), ou *la Soirée à la mode*, comédie de Poinsinet. — Est applaudie à

Paris ; celle de Palissot sous le même titre est sifflée à Nancy, VI, 383.

Cercle (le), comédie de Palissot, représentée à Nancy en 1755. — Parut alors sous le titre : *les Originaux*, VI, 383.

* *Cérémonies*. — Démonstrations extérieures et symboliques de la police ou du culte d'une société, XIV, 64. — Étude sur ce sujet, 64, 65.

* *Certitude*. — Examen de cette qualité du jugement, en logique, en métaphysique et en morale, XIV, 66. — En quoi elle diffère de *l'évidence*, ibid.

Cerutti (*Joseph-Antoine-Joachim*), jésuite. — A publié, dans une *Lettre sur quelques passages des* Confessions, les détails de la conduite inconvenante de Rousseau à l'égard de l'abbé Petit, curé du Mont-Chauvet, V, 496.

Cervantes (*Michel de*), auteur de *Don Quichotte*, I, 214, alinéa 65. — Son histoire de Sancho, qui se fustige pour désenchanter Dulcinée, 224, alinéa 22.

Cerveau. — Organe particulier auquel cinq témoins (les sens) font leur rapport, II, 318. — Dans un cerveau malade, le bon état des sens ne corrige pas l'organe, 320. — Cet organe est le seul qui donne à l'homme la conscience complète et durable de son existence, 337. — Il compare les rapports faits par les sens, 361. — La migraine, 365. — La folie, 366. — Ses parties constituantes : le corps calleux, la moelle allongée, IX, 309, 310. — Les nerfs, 311. — Ses sensations, 312, 316.

* *Cesser, Discontinuer, Finir*. — Synonymes relatifs à la durée d'une action, XIV, 71.

* *Ceste*. — Ceinture mystérieuse dont l'imagination d'Homère a fait présent à Vénus, XIV, 71. — Ses effets merveilleux, *ibid*.

* *C'est pourquoi, Ainsi*. — Termes relatifs à la liaison d'un jugement de l'esprit avec un autre jugement, XIV; 71.

Cevallos (don), général espagnol. — Est envoyé au Paraguay par Charles III, roi d'Espagne ; s'empare du pays dont il a mission de chasser les Jésuites, VI, 460. — Se laisse corrompre, *ibid*.

Chabanon (*Michel-Paul-Guy* de), poëte, membre de l'Académie des inscriptions et belles-lettres, né à Saint-Domingue ; auteur de plusieurs tragédies jouées sans grand succès, VI, 417, 418.

Chabrit (*Pierre*), avocat, auteur d'un traité intitulé : *De la Monarchie française et de ses lois*. — Diderot le recommande à l'impératrice Catherine II, XX, 78.

* *Chagrin*. — Système des stoïciens touchant ce mouvement de l'âme, XIV, 72.

Chaîne des êtres. — Envisagée depuis la molécule jusqu'à l'homme, IX, 334.

* *Chair*. — Les Pythagoriciens n'en mangeaient point, XIV, 73. — Les Hébreux s'abstenaient de celle de certains animaux, 74. — Il est des peuples sauvages qui n'ont aucune répugnance pour la chair humaine ; non-seulement ils mangent leurs ennemis, mais aussi leurs amis tués à la guerre ; et même, par respect, leurs pères devenus vieux, *ibid*.

* *Chair* et *Viande*, considérés comme synonymes, XIV, 73.

* *Chair* (Hist. anc. et mod.). — Les pythagoriciens n'en mangeaient pas, XIV, 73. — Les Hébreux s'abstenaient de la chair de certains animaux, 74. — Certains peuples sauvages n'ont aucune répugnance pour la chair humaine, *ibid*.

Chaise, ministre protestant hollandais. — Ce qu'il dit en plein auditoire, XVII, 441.

* *Chaise de Sanctorius*. — Machine inventée par le médecin Sanctorius, XIV, 74. — Vice de cet instrument, 75.

Chalcidius, philosophe éclectique du IIIe siècle. — Son christianisme est demeuré fort suspect, XV, 295.

* *Chaldéens*. — Les plus anciens peuples de l'Orient qui se soient appliqués à la philosophie, XIV, 75. — N'étaient, selon les Égyptiens, qu'une colonie venue d'Égypte, *ibid*. — Ont été les auteurs des premières observations astronomiques, *ibid*. — Causes de l'obscurité de leur histoire, 76. — Introduisent sous le nom fameux de Zoroastre (le premier), un grand nombre d'ouvrages inventés par l'imposture, *ibid*. — Étaient en grande considération parmi les Babyloniens, 77. — Leur doctrine touchant la divinité, *ibid*. — Leur cosmogonie, 78. — Leur enseignement public, 80. — Ont été les inventeurs de l'astrologie judiciaire, *ibid*. — Vanité de cette science prétendue, 81. — Leur ignorance en astronomie, qu'ils cultivaient cependant avec beaucoup de soin, *ibid*. — Avaient la prétention d'être les plus anciens peuples du monde, 82. — Leurs ridicules supputations à ce sujet, *ibid*.

* *Chaleur*. — Sentiment particulier qui porte les animaux de la même espèce, mais de sexe différent, à se rapprocher l'un de l'autre, XIV, 84.

CHALLE (*Michel-Ange-Charles*), peintre d'histoire. — *Saint Hippolyte dans la prison ; Lucrèce présentant le poignard à Brutus ; un Domine non sum dignus*: trois compositions médiocres de cet artiste, figurent au Salon de 1759, X, 97. — Expose au Salon de 1761, trois tableaux : *Cléopâtre expirante ; Socrate sur le point de boire la ciguë ; un Guerrier qui raconte ses aventures*. Le Socrate, placé dans un coin obscur du Salon, mérite d'être remarqué, 128. — Verte sortie contre ce peintre qui expose au Salon de 1763 : *La mort d'Hercule ; Milon de Crotone, la main prise dans un arbre et dévoré par un lion ; Vénus endormie ; Esther évanouie aux pieds d'Assuérus*, 195. — Un tableau d'*Hector reprochant à Páris sa lâcheté*, est une des plus grandes sottises qu'on ait jamais faites en peinture, 295.

CHALLE (*Simon*), sculpteur, frère du précédent. — Expose, au Salon de 1761, le *Jeune Turenne endormi sur l'affût d'un canon ;* le *Berger Forbas qui détache d'un arbre OEdipe enfant ;* un *Bacchus nouvellement né* et soustrait par Mercure à la jalousie de Junon, tous morceaux estimables, X, 147. — Une *Vierge*, qu'il expose au Salon de 1763, est noble et vraie, 225. — Expose, au Salon de 1765, un *Buste de M. Floncel*, et deux figures couchées : Le *Feu* et l'*Eau*, 436. — Sa mort, *ibid*. — La *Chaire de Saint-Roch* est l'œuvre de cet artiste, XIII, 4.

CHAMBERS (*Éphraïm*), encyclopédiste anglais, XIII, 131. — Manière dont il a composé son ouvrage, *ibid*. — Ses imperfections, 132.

Champ de bataille. — Ce qu'il représente, II, 408.

CHAMPEAUX (*Guillaume* des). — Philosophe scolastique. Notice sur lui, XVII, 89.

CHAMPFLEURY, littérateur. — Fait, en 1851, d'inutiles démarches pour obtenir de la Comédie-Française l'examen et, par suite, la représentation d'*Est-il bon ? Est-il méchant ?* comédie de Diderot, VIII, 138 ; XX, 144.

CHAMPFORT (*Sébastien-Roch* NICOLAS, dit), littérateur et poëte. — Scène plaisante entre cet auteur et Marmontel, XI, 375. — Comparé à un petit ballon dont une piqûre d'épingle fait sortir un vent violent, *ibid*. — Diderot raconte à Mlle Volland, la scène entre Champfort et Marmontel, XIX, 273.

CHAMPION, manufacturier au Mans. — Épouse Mlle de Malleville, I, XXXVII. — Sa ruine, sa mort, *ibid*.

CHAMPION (*Marie* DE MALEVILLE, veuve). — Veuve et sans ressources, elle vient s'établir à Paris, avec sa fille âgée de trois ans, I, XXXVII. — Met son enfant au couvent des Miramiones, *ibid*.

CHAMPION (*Anne-Antoinette*), fille des précédents, épouse de Diderot. — Élevée au couvent des Miramiones, elle en sort à l'âge de seize ans, I, XXXVII. — Pendant dix ou douze ans, elle se livre avec sa mère à un commerce de dentelle et de lingerie, *ibid*. — Grande, belle, pieuse et sage, elle refuse souvent d'enchaîner sa liberté,

XXXVIII. — Ses premières entrevues avec Diderot, *ibid.* — Diderot parvient à rendre ses assiduités agréables, *ibid.* — Le rôle de Saint-Albin dans le *Père de famille*, tableau du commencement de leur liaison, *ibid.* — Attaquée par la calomnie, XLI — Diderot l'envoie à Langres dans sa famille, *ibid.* — Après trois mois, elle revient à Paris, heureuse de l'accueil paternel qu'elle a reçu, *ibid.* — La liaison irrégulière de son mari avec Mme de Puisieux apporte le trouble dans son intérieur, XLII. — Lettre que Diderot lui envoie de la Haye pour lui annoncer son retour de Pétersbourg. Il lui fait part des générosités de l'impératrice, de son projet de refaire l'*Encyclopédie*, de sa supplique; de sa conversation avec l'impératrice à l'occasion de cette supplique; du présent qu'elle lui fait, et de sa conversation avec le baron de Noltken, XX, 51-56.

* *Chance, Bonheur*, synonymes, XIV, 84.
* *Change.* — Action ou convention par laquelle on cède une chose pour une autre, XIV, 85.
* *Changement, Variation, Variété.* — De l'emploi de ces synonymes, XIV, 85.
¶ *Chanson dans le goût de la romance*, IX, 60.

Chansons. — Voyez *Psaumes*.

Chant. — Qu'est-ce qu'un chant? V, 458. — Sa définition, *ibid.* — Quel est son modèle? 459. — Qui chante bien, doit savoir bien réciter, 460. — Note de Grétry sur ce sujet, *ibid.* — Sa définition par Bemetzrieder, XII, 186.
* Division littéraire d'un poëme, XIV, 86. — S'entend, dans l'ancienne poésie, de plusieurs sortes de pièces de vers, dont Marot offre des exemples, 87.
¶ *Chant lyrique*, morceau inédit, IX, 36.
* *Chaos.* — Signification de ce mot en mythologie, XIV, 88. — Ce que les philosophes ont entendu par là, *ibid.* — Celui de Moïse, le seul raisonnable, 90.

CHAPPE (l'abbé). — Est envoyé en Sibérie pour y faire des observations. Réflexions à ce sujet, XIX, 19.

* *Char*, nom commun à diverses espèces de voitures. — Dans le présent article il ne s'agit que des voitures traînées avec magnificence, XIV, 93. — Les chars anciens étaient à deux ou à quatre roues, 94. — Quel en fut l'inventeur? *ibid.* — Description de plusieurs variétés, 95-98.
¶ *Charade.* — A madame de Prunevaux. — Grimm donne cette poésie sous le titre de *Chef-d'œuvre des charades*, IX, 50.

CHARAVAY (*Gabriel*) et CHARAVAY (*Etienne*), archivistes paléographes. — Ont bienveillamment communiqué les renseignements les plus utiles à la présente édition, XIX, 415. — Lettres communiquées par M. Étienne Charavay, 455; XX, 45, 84. — Publie une brochure intitulée : *Diderot et Fréron, documents sur les rivalités littéraires au* XVIIIe *siècle*, 143.

CHARDIN (*Jean-Baptiste-Siméon*). — Un *Retour de chasse*; des *Pièces de gibier*; un *Jeune Élève qui dessine*; une *Fille qui fait de la tapisserie*; deux petits tableaux de *Fruits* : ces tableaux, qu'il expose au Salon de 1759, sont peints avec art, et seront un jour recherchés, X, 97, 98. — Le Salon de 1761 a de lui : *un Bénédicité*; des *Animaux*; des *Vanneaux*; une *Gouvernante avec des enfants*. Il offre toujours une imitation très-fidèle de la nature, avec le faire qui lui est propre, X, 129. — Est un homme d'esprit, et personne ne parle mieux que lui de peinture, 130. — A de l'originalité dans son genre, *ibid.* — Ses petits tableaux exposés au Salon de 1763 sont d'une vérité à tromper les yeux, 194. — Ce qu'il disait à Grimm et à Diderot, étant au Salon de 1765, 234. — Considérait l'éducation du peintre comme la plus longue et la plus pénible de toutes, *ibid.* — Notice sur cet artiste, 299. — Expose au Salon de 1765 : I. Les *Attributs des sciences*, 300; II. Les *Attributs des arts*, 301; III. Les *Attributs de la musique*, *ibid.*; IV. V. VI. *Rafraîchissements*, *ibid.*; VII. Une *Corbeille de raisins*, 303,

VIII. Un *Panier de prunes*, ibid. — Deux tableaux qu'il expose au Salon de 1767 représentent des *Instruments de musique*, deux chefs-d'œuvre, XI, 97. — Excellent peintre de genre, mais il s'en va, 306. — Cet artiste, le maître à tous pour l'harmonie, expose au Salon de 1769 huit jolis tableaux, décrits 408-411. — En sa qualité de directeur de l'Exposition, il joue un tour pendable à Greuze, 445. — Le *bas-relief* qu'il expose au Salon de 1771, et trois *Têtes d'étude* au pastel sont d'un effet magique, 481. — Mot de son fils à plusieurs élèves en admirant un tableau de Rubens, XVIII, 155.

* *Charge.* — Sens de cette expression soit en peinture, soit en littérature, XIV, 98.

* *Charge, Fardeau, Poids, Faix.* — Termes tous relatifs à l'impression des corps sur nous, et à l'action opposée de nos forces sur eux, soit pour soutenir, soit pour vaincre leur pesanteur, XIV, 98. — Transporté du simple au figuré, ce mot emporte souvent avec lui une idée de contrainte, *ibid.*

* CHARIDOTÈS, surnom sous lequel Mercure était adoré dans l'île de Samos. — Singulière anecdote de son culte, XIV, 99.

* *Charité*, terme de morale chrétienne, XIV, 100. — Question qui a excité bien des disputes, *ibid.* — Est parfaite ou imparfaite ; ses degrés, 101. — Des différentes acceptions de ce mot, 106.

* *Charlatanerie.* — Acceptions générales de ce titre, XIV, 106. — En quoi le pédant diffère du charlatan, 107.

CHARLEMAGNE, roi de France. — Bibliothèques qu'il fonde en France et en Allemagne, XIII, 448. — Sous son règne, la science abattue se relève, XV, 300. — Des écoles qu'il forma est sortie la science qui nous éclaire aujourd'hui, *ibid.*

CHARLES III, roi d'Espagne. — Les premiers actes de son règne tendent à réprimer le pouvoir illimité de l'Inquisition, VI, 459. — Éloigne de son siége Quintano, évêque de Pharsale, coupable d'abus de pouvoir, 471. — Donne la place d'inquisiteur général à l'évêque de Zamora, qui fait mine de la refuser, en motivant son refus, *ibid.* — Intimidé par les menaces de Zamora, il révoque son édit de 1760 ; Zamora accepte, et l'Inquisition, plus féroce que jamais, renaît de sa cendre, 472. — Voyez CARLOS (don).

CHARLES V, roi de France. — C'est à lui que l'on doit les premiers fondements de la Bibliothèque du roi, XIII, 464.

Charles Panckouke aux éditeurs de l'Encyclopédie. — Eau-forte dessinée et gravée par Augustin de Saint-Aubin, XX, 119. — Réunit les noms des collaborateurs de *l'Encyclopédie* à ceux des collaborateurs de *l'Encyclopédie méthodique*, *ibid.*

* *Charme, Enchantement, Sort.* — Synonymes ; termes qui tous emportent l'idée d'une force magique, XIV, 107.

* CHARON ou CARON. — Nom donné au batelier chargé de passer les morts sur l'Achéron, XIV, 107.

CHARONDAS, législateur et moraliste grec, né à Catane. — Ses lois sages profitèrent à l'Italie et à la Sicile, XV, 58.

CHARTIER (*Pierre*), habile peintre de fleurs sur émail, XIV, 409.

Chartreux et autres moines, I, 197, 198, alinéa 28.

* *Chasse.* — Signification de ce terme pris dans un sens général, XIV, 108. — Est un des plus anciens exercices de l'homme, *ibid.* — Occupation proscrite dans le livre de Moïse, divinisée dans la théologie païenne, *ibid.* — Son origine, 109. — Exercice d'autant plus commun dans tous les siècles et chez toutes les nations que leur civilisation a été moins avancée, *ibid.* — Celle des Anciens, *ibid.*

CHASTELLUX (*François-Jean*, marquis de). Son livre *de la Félicité publique*, cité avec éloge ; II, 431. — Lettre de Diderot au sujet de ses *Observations sur le Traité du mélodrame*, VIII, 506 à 511. — Son *Essai sur l'union de la poésie et de la musique* donne lieu à une controverse sérieuse, *ibid.*

— Combien il compte de principes différents de l'effet des beaux-arts, 508. — Avait un penchant marqué à faire des pointes, XI, 26.

CHASTELLUX (le chevalier de).—Son aventure avec un officier exclu de son régiment. Sa générosité avec lui, XIX, 270.

. *Chasteté.* — Vertu morale, par laquelle nous modérons les désirs déréglés de la chair, XIV, 111. — Ne pas la confondre avec la *continence*, 112. — Lois étroites que lui impose la religion chrétienne, *ibid.*

. *Chat.* — Les Égyptiens le révéraient comme un Dieu, XIV, 112. — Exemples de superstition de ce peuple rapportés par Hérodote, 112, 113.

CHATELET (*Bernard* marquis du), gouverneur de Vincennes. — Comble Diderot de bontés pendant sa captivité, I, XLIV. — Lettre (inédite) que lui adresse Diderot pour rentrer en possession des observations sur l'*Histoire naturelle* qu'il a écrites pendant sa captivité, XIX, 422.

CHATHAM (*William* PITT, comte de). — Remarque sur une expression dont il s'est servi dans le Parlement, VI, 210, 211.

* *Châtiment* et *Peine.* — Termes généraux désignant les moyens de sévérité en usage pour la répression des fautes envers la société, XIV, 113.

Châtiments. — Ce que les châtiments réveillent dans l'honnête homme et le scélérat ; leur effet est le même dans les familles que dans la société, I, 57.

CHAUDESAIGUES (J.-G.), littérateur français. — Préparait, avant de mourir, la publication d'une quinzaine de lettres de Diderot, XX, 104. — On ignore ce qu'elles sont devenues, 105.

CHAUDON (l'abbé dom *Louis* MAEUL), biographe.—Auteur d'un *Dictionnaire historique* fait en société avec Delandine, III, 366. — Fait à Diderot le reproche d'avoir été le défenseur et l'apologiste de Sénèque, 367. — Publie, sous le pseudonyme de DES SABLONS, un pamphlet contre Voltaire, ayant pour titre : *Les Grands Hommes vengés,* VI, 351. — Examen critique de cet ouvrage, 351 à 354.

* *Chauderons de Dodone.* — Description qu'en fait Étienne de Byzance, XIV, 115. — Les auteurs et les critiques seraient très-bien représentés par cet emblème de l'antiquité, *ibid.*

CHAULIEU (l'abbé de). — Voltaire avait du goût pour sa morale épicurienne, et sa poésie facile et charmante, VI, 353. — Ce qui lui fait dire la nature, IX, 269.

CHAUMEIX (*Abraham*). — Auteur d'un ouvrage intitulé : *Préjugés légitimes contre l'*Encyclopédie, XIII, 121. — Extraits de ce pamphlet, *ibid.*

Chausse-trappes et chevaux de frise, I, 199, alinéa 31. — Obstacles inventés par des casuistes rigides, *ibid.*

* *Chavarigtes*, hérétiques mahométans, XIV, 114. — En quoi consistent leurs contestations, *ibid.*

CHAZOUR (*l'aga*).—Pourquoi il rompt son futur mariage avec Sibérine, IV, 157.

Chef-d'œuvre d'un inconnu (le).—Voyez CORDONNIER.

* *Chemin, Route, Voie* (synonymes). — Termes relatifs à l'action de voyager, XIV, 115. — Exemples de leur emploi, 115, 116.

* *Chemins.* —L'histoire ne laisse aucune trace de l'établissement et de la police des grands *chemins* avant les beaux jours de la Grèce, XIV, 116. — Le Sénat d'Athènes y veillait ; Lacédémone, Thèbes et d'autres États en confiaient le soin à des hommes importants, *ibid.* — Les Carthaginois firent les premières *routes pavées, ibid.* — Les Romains, suivant cet exemple, construisirent la *Voie Appienne, ibid.* — Viennent ensuite de nombreuses constructions détaillées 117 à 121.

CHÉNIER (André), poëte français. — Son jugement sur La Harpe, III, 6.

. *Chercheurs,* hérétiques nommés par Stoup dans son traité de la *Religion des Hollandais.* — Prétendent que la religion de Jésus-Christ n'est professée dans sa pureté dans aucune église du christianisme, XIV, 121. —

Sont, dans la religion chrétienne, ce que les sceptiques sont en philosophie, *ibid.*

Chenu, graveur. — A gravé un portrait de Diderot par Garand, XI, 22 (note).

Chéréa (*Cassius*), tribun. — Fait assassiner Cæsonia, femme de Caligula, III, 32. — Claude le fait mettre à mort, 33.

Chéron (M.), employé à la Bibliothèque de l'Arsenal. — Fait connaître, en 1829, la lettre jusqu'alors inédite de Diderot sur *les Atlantiques* et *l'Atlantide*, IX, 225.

* *Chersydre*, petit serpent amphibie dont Celse, Acétius, et d'autres naturalistes, ont parlé, d'une manière incomplète, XIV, 121.

Cheselden (*William*), chirurgien anglais. — Ses belles expériences sur un aveugle-né, I, 318.

Chesterfield (mylord). — Auteur d'une plaisanterie dont le président de Montesquieu est l'objet lors de son séjour à Venise, XIX, 124.

Chevalier (Mlle *Jeanne*), peintre. — Auteur d'un portrait de Diderot, XX, 113.

Chevallier (docteur), chirurgien de Bourbonne. — Ce qu'il a assuré à Diderot sur les eaux de Bourbonne, XVII, 340. — Jugement de Diderot sur lui. 352.

Chez Diderot, comédie de M. Hippolyte Stupuy, XX, 146. — Personnages que cette comédie met en scène, *ibid.*

Chiens. — Les petites gens en ont toujours, VI, 177. — Chacun a le sien dans l'ordre social, 178. — Lors de la conquête de l'Amérique, les dogues que la cour d'Espagne faisait dresser et exercer à déchirer les Américains, étaient enrôlés et recevaient une solde du gouvernement, 452.

Chilon, Lacédémonien, un des *Sept Sages* de la Grèce. — Homme juste par excellence, XV, 61. — Ses mots d'un laconisme remarquable, *ibid.* — Meurt de joie, *ibid.*

Chimène. — Voyez Ximènes.

Chimie. — L'une des sciences les plus essentielles à connaître, III, 463. —
Auxiliaire indispensable des arts mécaniques, *ibid.*

Chinki. — Histoire cochinchinoise, composée par l'abbé Coyer à la demande du contrôleur général des finances de l'Averdy, VI, 294.

Chinois. — Pourquoi les mœurs et les lois se maintiennent telles chez ce peuple, II, 327. — Observations sur ce peuple, IV, 45. — Nation sans enthousiasme, l'état des sciences y demeure stationnaire, 47. — Anecdote rapportée comme preuve de la friponnerie du marchand chinois, *ibid.* — Leurs romans montrent que, chez eux, il n'y a pas plus de justice que de probité, *ibid.* — La surabondance de la population rend les sciences stationnaires en Chine, 48. — Les bibliothèques en Chine. XIII, 450.

* Peuple supérieur à toutes les nations de l'Asie, XIV, 122. — Diversement jugé par les savants et les missionnaires qui l'ont visité, *ibid.* — Ses annales sont publiées pour la première fois à Paris, en 1687, *ibid.* — Fohi, fondateur de cet empire, régnait 2954 ans avant Jésus-Christ, 123. — On ignore si les Chinois étaient alors idolâtres, athées ou déistes, 125. — Avec Confucius, le troisième âge de philosophie commence pour ce peuple, 126. — Du dixième et du onzième siècle date le commencement de la philosophie du moyen âge en Chine, 128. — Exposé des principes de cette philosophie, 129-139. — Observations générales sur cette nation, 140 et suiv. — Incertitude de leur chronologie, 167. — Sont sortis des plaines du Sennaar, *ibid.* — Les enfants, chez ce peuple, rendent d'extrêmes honneurs à leurs parents, XVI, 90. — Conversation sur les Chinois; anecdotes sur un empereur de la Chine, XVIII, 464. — Diderot ne croit point à tout ce qu'on raconte des Chinois, 465. — Objections et doutes des Chinois à l'égard du christianisme, seule religion proscrite chez eux, 466. — L'illustration remonte et ne descend jamais chez eux, 479. — Ils ignorent ce que c'est

que la promenade, 499. — Friponnerie des marchands chinois, *ibid.* — Dans leurs peintures, les Chinois ne cherchent pas à prendre la nature pour modèle. *ibid.* — Maître des cérémonies, donné à tout étranger qui débarque à Canton, 533. — Pourquoi les Chinois ont eu beaucoup plus de bons rois et de bons ministres que de mauvais, XIX, 11. — Anecdotes curieuses à ce sujet, 12. — Un empereur fait brûler tous les livres, excepté ceux d'agriculture, d'architecture et de médecine, 13.

Chirurgie. — L'histoire de cette science, commencée par Dujardin, est continuée par Peyrilhe, IX, 470. — Compte rendu de cet ouvrage, *ibid.* à 476.

Chirurgiens. — Lettres sur les troubles qui, en 1748, divisaient la médecine et la chirurgie, IX, 213. — Nécessité de leur union en un même corps avec les médecins, 217.

CHOFFARD (*Pierre-Philippe*). — Sa gravure du tableau de Baudoin *La Fille querellée par sa mère,* a été souvent copiée, X, 334.

CHOISEUL (*Étienne-François* de). — Éloge de ce ministre qui, en 1764, signa l'ordre de suppression des Jésuites, II, 99. — La protection secrète dont il couvre Diderot permet à l'écrivain de poursuivre l'impression des dix derniers volumes de l'*Encyclopédie,* XIII, 121. — La vente de ses tableaux monte à un prix exorbitant XVIII, 328.

* *Choisir, Faire choix, Élire, Opter, Préférer.* — Remarques sur ces termes considérés comme synonymes, XIV, 141.

CHORIER (*Nicolas*), avocat. — Auteur de dialogues obscènes, qu'il publia sous les faux noms d'*Aloysia* (Louise Sigée de Tolède) et de *Meursius,* IV, 319.

* *Chose.* — De l'emploi de ce mot, XIV, 142.

CHOTENSKY. — Accompagne Diderot lors de son voyage à Saint-Pétersbourg, XVIII, 293. — Caractère de ce personnage, 307.

Chrétien. — Diderot est un chrétien parce qu'il est raisonnable de l'être, I, 153. — Conséquences morales du dogme chrétien, 168, 169.

Chrétiens. — Voyez CHRIST et *Christianisme,* ou *Allée des épines,* I, 189 à 214. — Ils brûlèrent d'abord tous les livres qui n'avaient pas trait à la religion, XIII, 446.

CHRIST. — Sa venue annoncée, I, 203, alinéa 44.

CHRISTIAN VII, roi de Danemark. — Son voyage à Paris ; comment il y est accueilli ; son affabilité ; ses autres qualités, XIX, 294. — On l'ennuie à Paris de spectacles, 299. — Finesse dans ses réponses, 300.

Christianisme. — Il n'a plus besoin des révélations, des prodiges, et des missions extraordinaires pour se soutenir et se propager, I, 142. — Si on ne l'eût point embarrassé d'une infinité de superstitions, les hommes ne se seraient point querellés après l'avoir admis, 183. — Ne se propage que lentement après la mort de son auteur, 206. — Donne lieu à une multitude de ténèbres et de difficultés, 269. — Exemples donnés, 270.

* Religion qui reconnaît Jésus-Christ pour son auteur, XIV, 143. — Se garder de le confondre avec les diverses sectes de philosophie : en quoi il en diffère, *ibid.* — Comment on doit l'envisager, *ibid.* — Ses fondements divins, *ibid.* — Confusion de l'impiété en sa présence, 147. — Le célibat considéré dans la société chrétienne, *ibid.* — Le christianisme proscrit le luxe comme un abus des dons de la Providence, 149. — Permet cependant les dépenses à proportion de l'inégalité des fortunes, 151. — N'est point tel que le figurent certains rigoristes, *ibid.* — Reproches qu'on lui adresse en vue de le rendre odieux, 152. — En quoi consiste son intolérance, *ibid.* — Ce que prouvent les guerres qu'il a eu à soutenir, 153. — Culte révélé, il suffit à effacer les doutes de la raison humaine, 155. — Favoriser ses progrès sera un bien véritable dans tous les pays et dans

tous les temps, 156. — Comparé à d'autres religions encore existantes, dont il n'a ni les défauts ni les inconvénients, *ibid*. — Ses avantages énumérés par Montesquieu, 157, 158. — Est de toutes les religions celle qui conserve le mieux les mœurs, *ibid*. — Comment il se répandit autrefois dans l'empire romain, 159.

Christianisme dévoilé (le), ouvrage du baron d'Holbach. — Est condamné par un arrêt qui envoie un garçon apothicaire et un colporteur aux galères, XIX, 283.

CHRISTINE, reine de Suède. — L'Académie des Arcadiens fondée à Rome la choisit pour protectrice, XIII, 328. — Curiosités que l'on remarque dans la Bibliothèque qu'elle fonda à Stockholm, 454.

* *Chronique*. — Histoire succincte où les faits sont rapidement passés en revue, XIV, 161. — Examen de celles des Égyptiens, des Juifs, de Moïse, des Samaritains, etc., 162, 163.

Chronologie. — Étude nécessaire, III, 493. — Ouvrages à consulter, 494.

* *Chronologie sacrée*. — Ce qu'on entend par celle *des premiers temps*, XIV, 163. — Compte rendu de la Thèse de l'abbé de Prades sur ce sujet, 169-172. — Étude approfondie des différents textes, 173-186.

Chronomètre. — Utilité d'un bon instrument de ce genre, IX, 165. — Vice de tous ceux proposés jusqu'à présent, 166.

CHRYSANTIUS, philosophe néo-platonicien. — L'un des plus violents théurgistes de la secte Éclectique, XIV, 329. — Un des précepteurs de Julien *l'Apostat*, *ibid*. — L'empereur, n'ayant pu l'attirer à sa cour, lui accorde le pontificat de Lydie, 333. — Julien mort, il se retire à Athènes où, à l'âge de quatre-vingts ans, il termine sa sage existence, *ibid*.

CHRYSIPPE DE TARSE, philosophe stoïcien. — Sa réponse touchant l'origine du mal, XVI, 81. — Était un homme d'un esprit prompt et subtil; avait une grande opinion de lui-même, XVII, 227

Chyle. — Voyez *Vaisseaux lymphatiques*.

CHIGNIAC DE LA BASTIDE DU CLAUX (*Pierre*), avocat au Parlement. — Donne, en 1771, une nouvelle édition fort augmentée de *l'Histoire des Celtes*, par Pelloutier; cet ouvrage est très-estimé, VI, 433.

CICÉRON. — Définition qu'il donne de l'intégrité morale, I, 13. — Ce que lui dit le superstitieux Quintus, 147. — Son buste orne le vestibule de la maison du philosophe Cléobule, 178. — L'inversion qui commence son *Oraison pour Marcellus*, sujet d'une intéressante discussion sur cette forme oratoire, 363 et suiv. — Convient-il de mettre sous les yeux d'un enfant ses *Lettres* à Atticus, à Brutus, à César, à Caton? III, 485. — Ce qu'il répond à l'objection de Quintus contre son pyrrhonisme à propos de l'*augural* (voyez *Bâton*), XIII, 418.

CICOGNE ou SIGOGNE, médecin tant soit peu charlatan, IV, 154.

CINCINNATUS (*Quintius*), sénateur romain. — Les députés du Sénat chargés de lui annoncer sa nomination à la dictature le trouvent labourant son champ, XIII, 244.

¶ *Cinq-Mars* et *Derville*, dialogue, IV, 463.

CIRCINO (l'attractionnaire). — Nom sous lequel Diderot désigne Newton dans les *Bijoux indiscrets*, IV, 138. — Fonde la secte des attractionnaires, 162. — Sa philosophie comparée à celle de Descartes, 163.

Circoncision. — La raison de l'homme la lui fait mépriser, I, 163. — Loi imposée par l'Ancien Testament, 191, alinéa 7. — Était, pour les Juifs, ce qu'est le baptême dans la loi nouvelle, 202, alinéa 40. — Était d'un usage très-ancien chez les Hébreux, XV, 129.

* *Circonstance, Conjoncture*. — Relation de ces termes, XIV, 187.

Circumincession. — Terme de théologie par lequel on entend exprimer l'existence des trois personnes de la Trinité les unes dans les autres, I, 203, 204, alinéa 44.

Cire. — Voyez *Peinture*. — Médaillon en cire représentant Diderot, au musée de Sèvres, XX, 112.

* *Cité.* — Signification politique de ce mot, XIV, 187. — Ce qu'il désignait anciennement, 189. — Son emploi au temps présent, *ibid.*

* *Citoyen.* — Celui qui est membre d'une société libre de plusieurs familles, qui partage les droits de cette société et jouit de ses franchises, XIV, 189. — On en distingue deux sortes : les *originaires* et les *naturalisés*, 190. — Les Athéniens étaient très-réservés à accorder cette qualité, *ibid.* — Ce qu'il fallait à Rome pour constituer un véritable *citoyen*, 191. — L'égalité de prétentions et de fortunes entre les citoyens est un élément de tranquillité pour l'État, 193.

Clair-obscur. — Ce qu'il faut entendre par ce terme en peinture, X, 474. — Perfection de Loutherbourg et de Joseph Vernet dans l'entente de ces effets de lumière, 475, 476. — L'étude des règles de la perspective, premier pas vers l'intelligence du clair-obscur, 477.

CLAIRAUT (*Alexis-Claude*), savant géomètre. — L'une des colonnes d'Hercule de la science, II, 11. — Notice sur sa vie et ses ouvrages, VI, 473. — Sa passion pour Mme de Fourqueux, 474.

CLAIRON (*Claire-Joséphine* LEYRIS DE LA TUDE, connue sous le nom de Mlle), célèbre actrice, V, 417, 437. — Apporte une notable amélioration dans le costume théâtral, VII, 376. — Caractère de la perfection de son jeu, VIII, 346 et 366. — Devenue grande comédienne, était un automate à ses débuts, 352 et 377. — Exclamation de Voltaire en l'entendant dans une de ses pièces, 354 et 392. — Étonnement de Diderot la voyant *chez elle* pour la première fois, 373. — Le Kain, par méchanceté, la rendait mauvaise ou médiocre à discrétion ; de représailles, elle l'exposait quelquefois aux sifflets, 375. — Sa retraite du théâtre, 377. — Elle joue mal à la première représentation de *Tancrède*, XVIII, 482. — Pathétique auquel elle atteint dans cette même pièce, XIX, 457. — Diderot brûle une lettre sur l'athéisme, qu'il lui avait écrite, XX, 104.

Clarisse Harlowe, roman de Richardson. — L'intérêt et le charme de cet ouvrage dérobent l'art de l'auteur, V, 221. — Il n'y a pas une lettre où l'on ne puisse trouver deux ou trois textes de morale à discuter, XIX, 47.

CLARKE (*Samuel*), théologien anglais. — Son *Traité de l'existence de Dieu*, recommandé, III, 491. — Ses disputes métaphysiques avec Leibnitz, XV, 448.

* *Clarté.* — Terme examiné au simple et au figuré, XIV, 193.

CLAUDE, empereur romain. — Tableau des premières années de sa vie, III, 31 et suiv. — Sa stupidité, 32. — Est proclamé empereur, sa conduite dans cette circonstance, *ibid.* — Fait mourir Chéréa, l'assassin de Caligula, 33. — Rappelle de l'exil les deux sœurs de Caligula, 34. — Heureux commencements de son règne, *ibid.* — Il passe bientôt à une foule d'actions atroces, 35. — Malheureux dans le choix de ses femmes, il se laisse subjuguer par Messaline, 36. — N'est rien sur le trône, il le sait, il l'avoue, et arrive au dernier degré de l'avilissement, *ibid.* — Signe le contrat de mariage de Messaline, sa femme, avec Silius, son amant, 37. — Abruti, il perd la raison, *ibid.* — Envoie en exil Sénèque faussement accusé d'adultère avec Julie, 39. — La dissolution règne dans son palais, 40. — Fait arrêter Messaline et Silius, 43. — Défère les honneurs de la questure à Narcisse, son favori, qui a ordonné la mort de Messaline, 45. — Reste impassible en apprenant cet événement, et continue son repas, *ibid.* — Vices de son administration, *ibid.* — Épouse Agrippine, fille de Germanicus, 46. — Adopte Néron, au préjudice de Britannicus, 47. — Livre Britannicus aux créatures d'Agrippine, *ibid.* — Donne des marques de repentir de son mariage avec Agrippine, et sur l'adoption de Néron, 52. — Dicte un testament, *ibid.* — Est empoisonné par Locuste,

secondée du médecin Xénophon, 53.
— Agrippine cache sa mort et prépare la proclamation de Néron, *ibid*. — Ses qualités et ses défauts, 54. — Néron prononce son oraison funèbre, composée par Sénèque, 55.

CLAUDE LE LORRAIN, célèbre paysagiste. — Joseph Vernet lui est comparé, X, 315.

Clavecin des couleurs. — Son application à la parure, IV, 203 et suiv. — Voyez CASTEL (le Père).

CLÉANTHE, philosophe stoïcien. — Successeur de Zénon. Notice sur sa vie, XVII, 226.

CLÉANTHIS, jeune recluse. — Confession de son bijou, IV, 161.

Clef. — Les *Bijoux indiscrets* sont un livre à clef, IV, 137. — Cette clef n'a point été donnée par l'auteur et, à l'exception de quelques noms rapportés page 138, les rapprochements qu'on peut faire manquent de certitude.

¶ *Clef* de la *Promenade du Sceptique*, I, 254-257.

Clefs. — Noms donnés en musique à des signes de convention, XII, 239-241.

Clémence. — Sénèque écrit sur ce sujet un traité qu'il adresse à Néron, III, 289. — Analyse de cet ouvrage, 290 à 293.

CLÉMENT, surnommé *le Scot* ou *l'Hibernien*, savant écrivain du IXe siècle, que Charlemagne fit venir à sa cour, XV, 300.

CLÉMENT III, pape. — Remue l'Europe, au bruit des victoires de Saladin, et fait prêcher une nouvelle croisade (la troisième), XIV, 246.

CLÉMENT VIII (*Aldobrandini*), pape. — Ce qu'il dit, en 1597, aux congrégations des jésuites *de auxiliis*, au sujet de leur doctrine sur la grâce, XV, 279.

CLÉMENT XI, pape. — Élu membre de l'Académie des Arcadiens à Rome sous le nom pastoral d'*Alnano Melleo*, XIII, 329.

CLÉMENT (frère), mauvais prêtre fixé à La Lampedouse, île déserte de la mer d'Afrique. — Sa vie, ses mœurs, ses deux cultes (*mahométan* ou *chrétien*), suivant les circonstances, VII, 109.

CLÉMENT (saint), l'un des premiers papes (le second ou le troisième). — Ce qu'il pensait du libre arbitre accordé à l'homme, I, 489.

CLÉMENT (saint) *d'Alexandrie*, docteur de l'Église. — Sa définition du philosophe, XV, 287. — Élève du stoïcien Pantænus, il a toujours conservé quelque chose du pythagoricien et de l'éclectique, 293.

CLÉMENT (*Pierre*), littérateur genevois, auteur des *Cinq années littéraires*. — Extrait de cet ouvrage relatif à un nouvel orgue préconisé par Diderot, IX, 77. — Jugement favorable qu'il porte au sujet des premiers volumes de l'*Encyclopédie*, XIII, 114. — Change sensiblement de langage, 115.

CLÉMENT DE RIS (*Dominique*), procureur à Paris. — Le jeune Diderot passe deux ans dans son étude, où il ne fait rien, I, XXXII.

CLÉOBULE, philosophe retiré du monde, personnage de la *Promenade du Sceptique*, I, 178. — Son portrait et sa vie, *ibid*. — Il a des amis, et il sait les conserver, 179. — Variété de ses entretiens, *ibid*. — Sa philosophie lui est propre, 180. — Donne à son interlocuteur Ariste (Diderot) le conseil de n'écrire ni sur la religion, ni contre les préjugés répandus dans la société, 181.

CLÉOBULE DE LINDE, l'un des *Sept Sages* de la Grèce, XV, 62. — Note sur sa vie, *ibid*.

CLERC (le docteur). — Lettre que Diderot lui adresse dans laquelle il lui fait la relation de son retour de Pétersbourg, XX, 48. — Ses recommandations à diverses personnes, 49. — Autre lettre dans laquelle il lui marque la satisfaction qu'il éprouve de refaire l'*Encyclopédie*, 66.

Clergé (le). — Corps très-nombreux qui, sous le nom de *Guides*, forme une espèce d'état-major, I, 195, alinéa 23. — Érigé en conseil de guerre, se montre impitoyable, 220, alinéa 13. — En Espagne, le haut clergé, savant et respectable; le bas clergé, ignorant et vil, III, 512.

CLÉRION (*Jacques*), sculpteur de médiocre talent. — Fait au rabais une statue équestre de Louis XIV, que la ville de Marseille avait d'abord demandée au Puget, X, 440.

CLÉRISSEAU (*Charles-Louis*), peintre et architecte. — Expose au Salon de 1775 des *Compositions d'architecture dans le style ancien;* ce sont des gouaches d'une touche lourde et sans esprit, XII, 19.

CLERMONT D'AMBOISE (M. de). — Diderot apprend sa mort à Mlle Volland, XIX, 52.

Cléveland, roman de l'abbé Prévost. — Mot critique sur cet ouvrage, VI, 43.

CLICQUOT, secrétaire de la ville de Reims. — Couplet dont il est l'auteur, et qui sert d'inscription à la statue de Louis XV, XIII, 32.

Climat. — Il influe sur les esprits comme sur les corps, II, 321. — Preuves apportées, *ibid.* — Il influe même sur l'état politique du pays, *ibid.*

CLINCHANT, collaborateur du comte de Lauraguais pour sa *Clytemnestre,* XIX, 48. — Note qui lui conteste cette qualité, *ibid.*

CLINOMAQUE, philosophe grec de la secte Mégarique. — Est le premier qui fit des axiomes, XVI, 112.

CLITOMAQUE, philosophe carthaginois. — Fut tout à fait pyrrhonien ; à quoi il compare la dialectique, XVI, 335.

Cloaques de Rome, ou aqueducs souterrains. — Étaient comptés parmi ses merveilles, XIII, 314. — Pline en a parlé avec admiration, *ibid.*

* *Cloche.* — Instrument de métal, dont on tire un son par la percussion, XIV, 194. — Ancienneté de son origine, *ibid.* — Date de leur usage dans nos églises, 195. — Cérémonie du baptême, 196.

CLODIUS (*Publius-Appius*), tribun romain. — La XCVII[e] lettre de Sénèque, sur le jugement de ce libertin, met dans tout son jour la dépravation romaine, III, 270.

CLUVIER ou plutôt CLUWER (*Philippe*), célèbre géographe. — Ses ouvrages utiles à consulter, III, 494.

COASLIN (Mme de). — Diderot évite un tête-à-tête qu'il devait avoir avec elle Grâce à quoi, XIX, 302, 304.

Cobalt, substance minérale dont on tire le bleu employé dans la peinture sur émail. — Recherches des chimistes sur cette matière, XIII, 66 et suiv.

COCHIN, avocat célèbre du commencement du XVIIIe siècle ; aujourd'hui fort négligé, I, 181.

COCHIN (*Charles-Nicolas*), célèbre dessinateur et graveur. — Expose, au Salon de 1761, un magnifique dessin au crayon rouge de *Lycurgue blessé dans une sédition,* X, 148. — Grave, en 1763, les ports de mer de Joseph Vernet. Homme de bonne compagnie, il fait des plaisanteries, des soupers agréables, et néglige son talent, 204. — Mme de Pompadour a été sa bienfaitrice, 245. — Expose, au Salon de 1765, le dessin destiné à servir pour la gravure du *Frontispice du livre de* l'Encyclopédie, morceau gravé, en 1772, par B.-L. Prevost, 448. — Description de ce dessin, *ibid.* — D'autres dessins, qu'il expose au même Salon, sont d'un grand mérite, *ibid.* — Expose quatre estampes des *Ports de France* de Vernet, gravées en société avec Le Bas, 450. — Ses dessins pour l'*Histoire de France* du président Hénault, XI, 362. — Vice de ses compositions, 362. — Expose au Salon de 1767 le *Dessin d'une école de modèle*, sans perspective, 364. — Deux *Ports de France,* d'après Vernet, gravés en société avec Le Bas, *ibid.* — Ce qui lui arriva en 1767 à l'occasion d'une injustice de l'Académie dans la distribution du prix de sculpture, 378. — Défauts de ses *Dessins allégoriques sur les règnes des rois de France,* 458. — Les dessins qu'il expose en 1771 auraient exigé une sérieuse révision, 544, 545. — Expose, en 1781, l'*Enlèvement des Sabines,* dessin fait avec esprit, et les *Nymphes de Calypso,* charmants dessins pour l'*Émile* de J.-J. Rousseau, XII, 71. — Remarques sur son *Voyage en Italie,* XIII, 12-15. — Ses vignettes pour le poëme la *Peinture* de Le Mierre, sont des tableaux de maître, 96. — Critique de son estampe pour le livre de Thomas : *Essai sur les femmes*, XIII, 104-106. — Idée de Cochin que Diderot communique à Falconet, XVIII, 249. — Ce qu'il disait aux élèves, lors des troubles occasionnés par la distribution des prix de l'Académie de peinture, 298. — Le bas-relief de Moitte lui a paru le meilleur, 299. — Ce que Diderot lui écrit à propos du silence qu'il garde avec Falconet, 300. — Ce qu'il écrit à Diderot sur les projets de monument pour le tombeau du Dauphin, XIX, 224. — Auteur d'un portrait de Diderot, dessiné à la mine de plomb, XX, 117.

Code Denis (le), pièce de vers improvisée par Diderot, IX, 3.

Code de la Nature. — Dernier chapitre du *Système de la Nature* par le baron d'Holbach, IV, 107-117.

Code de la Nature (le). — Cet ouvrage, faussement attribué à Diderot, est de Morelly, I, 6 ; XX, 98.

Code des nations. — Combien il serait court, si on le conformait à celui de la nature, II, 246.

Codes. — Testaments ancien et nouveau, I, 190, 192, 200, 201, 223.

CODINDO, aruspice. — Erguebzed (Louis XIV), l'appelle à la cour pour avoir l'horoscope de Mangogul (Louis XV), IV, 143. — Sa mort, 318.

CŒLIUS-AURELIANUS, médecin latin. — Ses travaux, analysés par Peyrilhe dans l'*Histoire de la chirurgie*, méritent d'être connus, IX, 473. — Ses ouvrages, monument historique, offrent un excellent précis de la médecine ancienne, 474.

CŒSONIA, femme de l'empereur Caius Caligula. — Est mise à mort, sur l'ordre du tribun Cassius Chéréa, par le centurion Lupus, III, 32.

Cœur et *Artères*. — Leurs fonctions, IX, 285, 288. — Tous les animaux n'ont pas un cœur, 289. — Description anatomique et physiologique de cet organe, 290, 291.

COETLOSQUET (M. de), ancien évêque de Limoges. — Comment il fut élu à l'Académie française, XIX, 39, et 41 à la note.

COGÉ, professeur au collége Mazarin, auteur de diatribes contre le *Bélisaire*, de Marmontel, XI, 304.

Cohésion des corps. — Réflexions sur la manière dont les Newtoniens l'expliquent, ainsi que les autres phénomènes qui s'y rapportent, IX, 183.

Coin de la Reine. — Nom donné aux partisans de la musique italienne, XII, 137.

Coin du Roi. — Qualification des partisans de la musique française, XII, 138. — Epigramme de Diderot au sujet du différend élevé entre les deux Coins, 141, 142.

COLARDEAU, auteur dramatique. — Observations sur quelques passages de *Caliste*, tragédie dont il est l'auteur, XIX, 29. — Portrait de Colardeau, 33.

COLBERT, ministre de Louis XIV. — Avait une passion extraordinaire pour les livres, XIII, 469. — La Bibliothèque du roi lui est redevable des acquisitions les plus importantes, *ibid.* — Établit des correspondances dans toutes les cours de l'Europe et procure ainsi à la Bibliothèque des trésors de toute espèce, 470.

Colère. — Mauvaise passion ; elle rend méchante la créature qui en est affectée, I, 31. — On peut cependant la considérer, à certains égards, comme utile, 104. — Ses suites et ses effets, 105. — Ses diverses formes, *ibid.* — Est une maladie de tempérament qui fait le malheur de l'individu qui s'y livre, 106. — Il faut connaître cette passion, III, 281. — Sénèque a écrit sur ce sujet un traité adressé à Junius Gallion, un de ses frères, *ibid.* — Il s'y montre grand moraliste, excellent raisonneur, et peintre sublime, *ibid.* — La colère est une courte folie, un délire passager, 282. — Les animaux en sont dépourvus, *ibid.* — S'il fallait se fâcher contre le méchant, on se mettrait souvent en colère contre soi-même, 283. — Elle diffère de la cruauté, 285. — L'éprouver est un supplice ; l'étouffer est un tourment, 288.

COLIBRI, sénateur taïtien. — Histoire de son mariage déclaré impossible, IV, 199.

COLINES (Simon de), graveur et fondeur en caractères. — Gravait, en 1480, des caractères romains tels que ceux que nous avons aujourd'hui, XIV, 26.

COLLÉ (Charles). — Sa versification et ses chansons lui ont mérité le titre d'écrivain original, II, 331. — Sa comédie, la *Vérité dans le vin* ou les *Désagréments de la galanterie*, citée avec éloge, VI, 248. — Compte qu'il rend de la première représentation du *Fils naturel* de Diderot, VII, 8.

Collége. — Quelle doit en être l'organisation, III, 521. — Ses fonctionnaires et leurs attributions, ibid. — Emploi du temps d'une journée de collége, 523. — Vacances, 524. — Age d'admission, 525. — Bourses, ibid. — Des maîtres, 529.

COLLIGNON (Albert), auteur de *Diderot, sa vie et ses œuvres*, XX, 143.

COLLIN. — Homme de confiance et distributeur des grâces secrètes de Mme de Pompadour, V, 331. — Caractère de ce personnage, XVIII, 253. — Ce qu'il devait faire pour faire passer ses vapeurs, 291. — Sa délicatesse, 294.

COLLIN DE VERMONT, peintre. — Expose au Salon de 1759 une mauvaise *Adoration des rois*, X, 94.

COLLOT (Mlle Marie-Anne) ; Diderot et Grimm l'appellent, dans leurs lettres, *Mademoiselle Victoire*. — Élève et belle-fille de Falconet ; fait, en 1772, un buste magistral de Diderot, I, LXVIII. — Ce beau marbre est conservé à la Bibliothèque de l'Ermitage, à Saint-Pétersbourg, ibid. — Trait de franchise et de courage de Falconet à la vue de l'ouvrage de sa bru, XI, 23. — Bustes dont elle est l'auteur, XVIII, 82. — Diderot lui donne des nouvelles de son père 215. — Compliments que lui fait Diderot, 226. — Diderot se félicite de ses succès, 237. — Ce que Diderot dit lors d'une visite à son atelier de la rue d'Anjou, 247. — Encouragements qu'il lui donne, 263, 282. — Il veut que Falconet fasse le bonheur de Mlle Collot, 292. — Diderot a placé le frère de Mlle Collot comme apprenti chez l'imprimeur Le Breton, 307. — Compliments qu'il lui fait sur son frère, 322. — Il la félicite sur ses plâtres, 323. — Caractère de son frère, 325. — On trouve singulier que Falconet lui ait confié l'exécution de la tête de sa statue, 335. — Bustes de Diderot dont elle est l'auteur, XX, 109.

COLMAN (George), auteur comique anglais. — A donné en 1755 une très bonne traduction, en anglais, de Térence, V, 237. — Sa comédie : la *Femme jalouse*, bien traduite par Mme Riccoboni, VIII, 466.

COLMENARÈS (Diego de), historien espagnol. — Ce qu'il rapporte de l'immense *aqueduc* de Ségovie, XIII, 313.

Colonel. — Voyez CHRIST.

Colonnelle (la). — Qualification donnée d'un commun accord à la secte qui triomphera dans une assemblée d'athées, de déistes, de pyrrhoniens, de spinosistes, de sceptiques et de fanfarons, I, 227, alinéa 31.

COLONNE (Gille), ermite de Saint-Augustin. — Théologien et philosophe scolastique ; Philippe le Hardi lui confie l'éducation de son fils, XVII, 102. — On lui donne le titre de *docteur très-fondé*, ibid.

Coloris. — Réflexions sur ce sujet et sur le *Clair-obscur*, XII, 105. — De la *Dégradation*, des *Teintes* et des *Demi-Teintes*, 108. — Les Anciens n'ont employé que quatre couleurs, 112. — La multiplicité des couleurs entraîne le désaccord d'un tableau, ibid.

COMÉDIE-FRANÇAISE. — Les archives de ce théâtre possédaient une trentaine de lettres de Diderot. Comment ces lettres ont disparu, XX, 105.

Comédie. — Elle a pour objet d'exprimer les sentiments et les mœurs. Exemple tiré de Térence, I, 46, note 2.

Comédie sérieuse (de la), VII, 308. (Voy. sommaire, p. 301.)

Comédien. — Ce qu'il faut être pour méri-

ter le titre de grand comédien, VIII, 397. — En quoi consiste sa sensibilité, 398. — Comment on embrasse cette profession, *ibid*. — Ses qualités et ses défauts, 399. — Pourquoi les grands comédiens sont rares, 400. — Influence qu'ils pourraient exercer sur le bon goût et sur les mœurs, *ibid*. — Ce qui les rend excellents, 423.
* Motifs de la considération qui est due au comédien, XIV, 196.

Coménius (*Jean-Amos*), philosophe né en Moravie. — Notice sur lui, XVI, 129.

Comines (*Philippe* de). — Réponse que lui fit un chartreux, à la vue du tombeau de Jehan Galéas, à Pavie, III, 123.

Commentateurs. — Rôle de ces érudits à l'égard des auteurs, I, 233, alinéa 46. — Leurs maladroites opérations, IV, 297.
* Condition qu'ils ont à remplir pour être utiles, XIV, 196.

Commerce. — Les Européens ont un goût prononcé pour les spéculations commerciales, IV, 42. — Une guerre entre différentes nations commerçantes est un incendie nuisible à toutes, *ibid*. — Du commerce en Hollande, XVII, 406. — C'est par le commerce que les grandes fortunes se forment, 408. — Conditions nécessaires pour que le commerce soit florissant dans ce pays, 409.

Commerce des grains. — Grave question dont se sont occupés Galiani, Morellet, Turgot, Necker, Linguet, Mallet du Pan, II, 352.
* *Commettre*. — Significations diverses de ce mot, XIV, 196.
* *Commiliton*, soldat d'une même centurie : il revient à notre mot *camarade*, XIV, 196.

Comminge. — Tomber comme une comminge, c'est-à-dire comme une bombe de gros calibre, V, 433.

Commode, empereur romain. — Scènes tumultueuses qui suivirent son trépas, III, 56. — Fragment remarquable de sa *Vie* écrite par Lampride ; passage traduit par Diderot, VI, 336, 338.

Communion. — Voyez *Eucharistie* et *Transsubstantiation*.

Compagnie des Indes. — Voyez Indes.

Compendium. — Terme à l'usage des écoles de philosophie, XIV, 197.

Compère Matthieu (le) *ou les Bigarrures de l'esprit humain*. — Note bibliographique sur cet ouvrage de l'abbé Dulaurens, faussement attribué à Diderot, VI, 283.

Compilateurs. — Leurs ridicules occupations, IV, 297.

¶ *Complainte en rondeau de Denis, roi de la fève, sur les embarras de la royauté*, IX, 5.

Complices. — Les grands criminels, pour s'assurer de leur discrétion, songent toujours à s'en défaire, II, 470, 471.
* *Compliqué*. — De l'emploi de ce terme, XIV, 197.

Composition (de la) *dans les arts*, ou du choix des sujets, XII, 80. — Réflexions sur cette partie importante de la peinture, 81-104.
* Qualités qu'elle exige pour être bonne, XIV, 197. — Lois auxquelles elle est soumise, 198-202.

Compte rendu présenté au roi au mois de janvier 1781, par Necker. — Appréciation de cet ouvrage, XX, 77.

Comte (*Auguste*), mathématicien, philosophe ; fondateur de la doctrine du *positivisme*. — Considère l'*Interprétation de la nature* comme le plus important des ouvrages de Diderot, II, 4.

Comus, pseudonyme du prestidigitateur Lédru, aïeul de Ledru-Rollin, II, 343.

Conception. — Organes qui en remplissent les fonctions, IX, 404.

Concile de Tolède. — Ses principes de tolérance, I, 489.
* *Conclamation*. — Signal en usage chez les Romains, XIV, 204.

Concubines, III, 100.

Condé (le grand). — Citait souvent le fameux quatrain de Pibrac sur la calomnie, III, 13.

Condillac (*Étienne* Bonnot de), célèbre philosophe. — Son opinion sur les sensations des aveugles-nés qui recouvreraient la vue, I, 305 et 315. — Ses ouvrages : l'*Essai sur l'origine des connaissances humaines*, et son excellent *Traité des systèmes* méritent d'être lus, *ibid*. — Son examen des expériences du célèbre chirurgien Chéselden, 319. — Son *Abrégé de l'histoire universelle,* et ses *Éléments du commerce considéré relativement au gouvernement,* ouvrage à étudier, III, 494. — Ses idées sur l'origine et les progrès de la divination chez les peuples anciens, XIV, 291 - 296. — Son livre intitulé: *Essai sur l'origine des connaissances humaines* rappelle le système de Locke, mais extrêmement perfectionné, XV, 531.

Conditions sociales. — Toutes peuvent fournir des sujets de pièces dramatiques, VII, 150, 151. — Il faut aujourd'hui que la condition devienne l'objet principal, et que le caractère ne soit que l'accessoire, *ibid.*

CONDORCET (*Ant.-Nicolas* CARITAT, marquis de) comparé comme écrivain à d'Alembert, III, 157, 158.

* *Conduite.* — Acceptions diverses de ce mot, XIV, 205.

Confesseurs. — Voyez *Encaissés.*

* *Confiance.* — Définition générale de ce mot pris au simple et au figuré, XIV, 205.

* *Confidence.* — Effet de l'opinion favorable de la discrétion, XIV, 205.

* *Conformité.* — Ce que ce terme a de commun avec *ressemblance,* et en quoi il en diffère, XIV, 205.

CONFUCIUS. — Sagesse de sa religion, II, 83. — Comment ses ouvrages échappèrent à la destruction générale des livres ordonnée par Chingius, ou Xius, empereur de la Chine (200 ans avant Jésus-Christ), XIII, 450. — Sa naissance miraculeuse, XIV, 126. — Avec lui commence l'étude de la métaphysique, *ibid.* — Quitte la cour pour instituer une école de philosophie morale, *ibid.* — Sa mémoire et ses écrits sont en grande vénération, *ibid.* — Les honneurs que les Chinois lui rendent encore aujourd'hui ont excité entre nos missionnaires les contestations les plus vives, *ibid.* — Culte qu'on lui rend, *ibid.* — Trois siècles après sa mort, ses ouvrages proscrits par l'empereur Xi-Hoam-ti ne sont qu'en partie sauvés de la destruction,

127. — Sa morale supérieure à sa métaphysique, 139. — A des temples au Japon, XV, 266. — Le culte qu'on lui rend diffère peu des honneurs divins, *ibid.*

* *Confus.* — De ce mot employé au simple ou au figuré, XIV, 206.

CONGO (le). — Nom sous lequel il est parlé de la France dans les *Bijoux indiscrets,* IV, 138.

CONGRÈVE, poëte anglais. — Ses grandes qualités et ses défauts comme auteur comique, V, 237.

* *Conjecture.* — Opinion ou jugement sur une chose cachée ou inconnue, d'après des indices ou de simples apparences, XIV, 206.

* *Conjoncture.* — Situation produite par un concours d'événements, XIV, 206. — Voyez * *Circonstance.*

Connaissances du monde. — Voyez EROS.

* *Connexion, Connexité.* — Différence entre ces deux expressions, XIV, 207, 208.

CONRAD, philosophe scolastique allemand. — Joignit l'étude de la morale à celle de la physique, XVII, 105.

Conscience. — Acceptions diverses de ce mot, I, 89. — Religieuse, 90. — Est un attribut de toute créature sensible *ibid.* — Celle du méchant le tient en crainte continuelle, *ibid.* — En manquer, c'est être souverainement misérable, 91. — Est un présent du Créateur, II, 96.

Conseil de guerre, I, 198; lisez *Inquisition.*

* *Consentement, Agrément, Permission.* — Nuances à observer dans l'emploi de ces synonymes, XIV, 208.

* *Consentement,* acte de l'entendement. — Formes diverses sous lesquelles il se produit, XIV, 208, 209.

* *Conséquence,* terme de logique, XIV, 209.

* *Conséquent* (le), proposition qu'on infère des prémisses d'un raisonnement; exemples, XIV, 209.

* *Conservation.* — Une des lois principales de la nature, XIV, 210.

* CONSEVIUS ou CONSIVIUS. — Dieu du paganisme, dont la fonction consistait à

présider à la conception des hommes, XIV, 210, 211.

Considération publique. — Thomas en faisait le plus grand cas, II, 307. — Diderot la tient aussi en grande estime, ibid. — Celle qu'un souverain fait arriver à son sujet est la plus douce récompense du service rendu, 308.

¶ Consolation à Helvia. — Voyez Helvia.

¶ Consolation à Polybe, fragment attribué à Sénèque, III, 345-353. — Dion Cassius affirme que cet écrit n'existe plus, 345. — Raison de douter que cet ouvrage soit de Sénèque, 352.

* Consolation. — Terme de rhétorique, par lequel on désigne un discours ou un écrit ayant pour objet de modérer la douleur ou la peine de quelqu'un, XIV, 211. — L'ode de Malherbe à Duperrier citée en exemple, ibid.

* Consolation. — Cérémonie des manichéens albigeois ; en quoi consistait cette pratique superstitieuse, XIV, 211, 212.

Constance. — Erreur et vanité de deux enfants qui s'ignorent eux-mêmes, II, 242.

* Qualité morale ; ce qui la caractérise, XIV, 212.

¶ Constance du sage. — Analyse d'un traité de Sénèque sur ce sujet, III, 341-344.

Constantin. — Mesures habiles qu'il prend contre le paganisme, IV, 35.

* Consternation. — Ce qui la produit, XIV, 212.

Consubstantiation (la). — La connaissance de ce mystère est-elle nécessaire à faire un bon citoyen? I, 182.

* Consul. — Nom donné, dans l'histoire ancienne, à l'un des deux magistrats revêtus de la principale autorité, dans la république romaine, après l'expulsion de Tarquin le Superbe, XIV, 212. — Suite de l'histoire de cette dignité, 213-217.

* Consumer et Consommer. — Ces deux verbes ont un substantif qui leur est commun : consommation, XIV, 218.

* Conte. — Récit fabuleux, XIV, 218.

Contes. — Il en existe trois sortes : le merveilleux, à la manière d'Homère, de Virgile, du Tasse ; le plaisant, à la façon de La Fontaine, de Vergier, de l'Arioste, d'Hamilton ; l'historique, tel que les Nouvelles de Scarron, de Cervantes, de Marmontel, V, 276.

* Contemporain. — Celui qui est du même temps. Cet adjectif est fréquemment employé substantivement, XIV, 218.

* Contenance, habitude du corps. — Chaque état en a une qui lui est propre, XIV, 218, 219.

* Contention. — Expression métaphysique, XIV, 219.

* Contexture. — De l'emploi de ce mot, XIV, 219.

Continence (la). — Est un vice, II, 86. — Ce qui la distingue de la chasteté, ibid.

* Vertu morale en tant qu'elle est le fruit d'une victoire remportée sur soi-même, XIV, 219.

* Continuel. — Terme relatif aux actions de l'homme et aux phénomènes de la nature, XIV, 220.

* Continuer. — Emplois divers de ce verbe, XIV, 220.

* Contradiction. — Se dit en morale des choses opposées entre elles, XIV, 221.

Contrainte (la). — Ses effets. Elle fait l'homme hypocrite s'il est faible ; martyr, s'il est courageux, I, 485. — Voyez *Intolérance. — Ses moyens sont impies, 486.

Contraste, en littérature. — Quel est le véritable, celui à observer dans une composition dramatique, VII, 348. — Plus un genre est sérieux, moins il admet le contraste ; il est rare dans la tragédie, 351. — N'est pas nécessaire dans les comédies de caractère ; est au moins superflu dans les autres, ibid. — Térence, Plaute et Molière l'ont employé à des degrés différents, ibid. — Celui des caractères ne se supporte pas dans l'épique, 352. — Doit être abandonné au farceur, ibid. — La poésie épique et l'ode s'accommodent très-bien du contraste de sentiment et d'images ; exemples tirés de l'Iliade, de Lucrèce, d'Helvétius, de Buffon, 353. — Mal entendu en peinture, il conduit au maniéré, X, 466. — Le technique a peut-être embelli quelques compositions en peinture; mais, à coup sûr, il en a gâté beaucoup, XII, 94.

* *Contre*. — Préposition qui marque ou proximité ou opposition, XIV, 221.
* *Controverse*. — Conditions qu'elle doit remplir pour produire de bons effets, XIV, 221.
* *Convenable*. — Ce mot n'a point *convenance* pour substantif; la *convenance* est entre les choses, le *convenable* est dans les actions, XIV, 221.
* *Convenance*. — Définition de ce mot par des exemples, XIV, 221.

Conversations de Goethe. — Extrait de cet ouvrage, traduction de M. Delerot. Fragment sur le *Neveu de Rameau*, V, 375.

* *Conversion*. — Manière dont les théologiens envisagent ce changement, XIV, 222.
* *Conviction*. — Connaissance fondée sur des preuves évidentes, XIV, 223. — En quoi elle diffère de la *persuasion*, *ibid*.
* *Convoi*. — Transport d'un corps mort, de la maison au lieu de sépulture. Manière dont s'accomplissait cette cérémonie chez les Grecs et les Romains, XIV, 223, 224.

Convulsionnaires. — Ce que La Condamine raconte à leur sujet, II, 254. — Miracle du jour de la Saint-Jean 1759, raconté par Dudoyer de Gastel, 255. — L'improvisatrice prussienne Karschin, *ibid*. — Récit d'une de leurs assemblées, IV, 466.

* *Coopérateur*. — Signification de ce terme et de ses dérivés, XIV, 224.
* *Cooptation*. — Mode particulier d'association, XIV, 225.

COPERNIC. — La vérité de son système du monde, prouvée par l'invention des lunettes, XVI, 65.

* *Cophte* ou *Copte*. — Nom donné aux chrétiens d'Égypte, de la secte des jacobites, ou monophysites, XIV, 225.
* *Copie*. — Sens grammatical rigoureux de ce mot, XIV, 227.
* *Copie*. — Emploi de ce mot en peinture, XIV, 227.
* *Copieusement*, *Abondamment*, *Beaucoup*, *Bien*, adverbe de quantité, XIV, 228.

Copule, terme de logique, XIV, 229.
* *Coq*. — Symbole de la vigilance chez les païens, XIV, 229.

Coquetterie. — Questions sur ce sujet, II, 242. — Ce qui fait une coquette complète, 256.
* Ce qui caractérise ce défaut, XIV, 229.

Coquettes. — Leur manége, I, 248, alinéas 57 et suiv.

Cordeliers. — Comment on les recrute. Utilité de leur emploi, IV, 197.
* Religieux de l'ordre de saint François d'Assise. — Ont renoncé les premiers à la propriété de toutes possessions temporelles, XIV, 229. — Cet ordre a eu ses hommes illustres, 230.

Cordes. — Examen d'un principe de mécanique sur leur tension, IX, 153-157.

Cordonnier ex-gentilhomme, lisez PAUL (saint). — Ses prédications, I, 204, 205, alinéa 45.

CORDONNIER (*Hyacinthe*), qui prit le nom de Thémiseul de Saint-Hyacinthe. — Auteur du *Chef-d'œuvre d'un inconnu*, publie cette excellente et érudite facétie sous le pseudonyme du docteur Chrysostome Mathanasius, I, 376.

CORDUS (*Aulus-Cremutius*), sénateur et historien romain. — Se donne la mort pour se soustraire à la haine de Séjan, III, 276. — Ses ouvrages, condamnés au feu, ont été conservés par Marcia, sa fille, *ibid*.

* *Cornaristes*, nom donné aux disciples de Théodore Cornhert, enthousiaste, hérétique et sectaire des États de Hollande. — Doctrine de leur maître, XIV, 230.

CORNEILLE (*Pierre*). — Personne n'a possédé l'art du dialogue au même degré que ce poëte, VII, 304. — Exemple pris de *Cinna*, *ibid*.

CORNÉLIUS NÉPOS, historien latin. — Digne du siècle d'Auguste, III, 483.

CORNET, syndic de la Faculté de théologie. — Tire de l'*Augustinus* de Jansénius cinq propositions qu'il défère à la Sorbonne, laquelle les condamne, XV, 257.

Cornhert. — Voyez *Cornaristes*.

Corporati ns. — Diderot voudrait leur abolissement, XVIII, 7.

Corps calleux. — Son emploi, I, 226 alinéa 27.

* Correct. — Signification de ce terme, en littérature, XIV, 231.

* Correctif. — Valeur grammaticale de ce mot, XIV, 231.

Corrége (*Antonio* Allegri, *dit le*). — Différence qui existe entre sa *Madeleine* et celle de Van Loo, X, 111. —Anecdote sur ce grand peintre, XI, 5. — Quand il excelle, cet artiste est digne d'Athènes, XIII, 37.

* Corrélatif. Terme didactique; exemples de son emploi, XIV, 232.

* Corrélation, relation réciproque entre deux choses, XIV, 232, 233.

¶ *Correspondance générale de Diderot*, Fragment inédit d'une lettre à la princesse Dashkoff, III, 535. —Notice préliminaire sur la correspondance de Diderot, XIX, 415. — Lettre de Voltaire à Diderot pour le remercier de lui avoir envoyé la *Lettre sur les Aveugles*, XIX, 419 (note). — i. Réponse de Diderot à cette lettre. Réflexions sur le sentiment de Saunderson, 419-422. — ii. Lettre (inédite) de Diderot à Bernard du Châtelet pour lui redemander les observations sur l'*Histoire naturelle*, qu'il a écrites pendant sa captivité à Vincennes, 422. — iii. Lettre (inédite) à Jaucourt à propos de l'*Encyclopédie*, 423. — iv. Lettre à Formey pour remercier de l'honneur qu'on lui a fait de le nommer membre de l'Académie de Berlin, 424. — v. Lettre au P. Castel pour le prier de juger le différend qui s'est élevé entre Diderot et le P. Berthier, de la compagnie de Jésus, 425. — vi. Autre lettre au même, 426. — vii. Lettre à La Condamine pour lui demander deux brochures, 427. — viii. Lettre adressée à Mme de *** sur l'épithète ou le titre qu'on peut lui donner, 428. — ix. Lettre (inédite) au président de Brosses, pour le remercier de son manuscrit sur la matière étymologique, 429. — x. Lettre à Pigalle sur le mausolée du maréchal de Saxe, 430. — xi. Lettre à Landois, en réponse à différents sujets, 432. — Reproches de Diderot à propos d'un manuscrit que Landois lui avait donné à reviser et à imprimer, 433. —Avantages de la vertu, 434. — Le mot liberté est un mot vide de sens, 435. — Ne rien reprocher aux autres, ne se repentir de rien : voilà les premiers pas vers la sagesse, 436. — Diderot l'engage à laisser les jérémiades de côté, 437. — Chacun a sa langue qu'il faut interpréter par le caractère, 438. — xii. Lettre à J.-J. Rousseau pour l'engager à venir s'entretenir avec Diderot sur son ouvrage, 439. — xiii. Autre lettre au même pour l'informer que, sur son refus de venir à Paris, Diderot lui rendra visite à l'Ermitage, 440. — xiv. Autre lettre au même. Diderot lui reproche son injustice. Il craint que les biens les plus doux lui soien devenus indifférents, 441, 442. — xv. Autre lettre au même. Diderot l'engage à accompagner Mme d'Épinay à Genève, 443. — xvi. Autre lettre au même. Diderot est toujours son ami. Il a préféré lui donner un conseil qu'il ne suivrait pas que de manquer à en donner un qu'il devrait suivre, 444. — N'est-il pas toujours assez son ami pour avoir le droit de lui dire tout ce qu'il lui vient en pensée, 445. — xvii. Lettre à Grimm. Jugement sur J.-J. Rousseau, 446. — Horreur qu'il lui inspire, 447. — xviii. Lettre à M. N*** à Genève, dans laquelle il fait l'apologie de la vertu, 447. — xix. Lettre à Grimm à Genève, sur différents sujets, 449. — xx. Lettre à Voltaire au sujet de l'*Encyclopédie*. Le projet de l'achever en pays étranger est une chimère. Abandonner l'ouvrage, c'est tourner le dos sur la brèche. Ce que d'Alembert n'a pas considéré en abandonnant l'*Encyclopédie*, 452. — Il faut être utile aux hommes, on doit compte de ses talents, *ibid.* — xxi. Autre lettre au même pour l'engager à envoyer ses articles, 453. — xxii. Lettre à l'abbé de La Porte et à Marmontel pour reconnaître que Deleyre et Forbonnais n'ont pas eu part à l'édition du *Père de famille* ni à celle du *Véritable Ami*, de Goldoni, 454. — XXIII. Lettre (inédite) à Malesherbes dans laquelle il proteste qu'il n'est pas l'auteur du *Mémoire pour Abraham Chaumeix* 455. — XXIV. Lettre (inédite) au même, dans laquelle il répudie la paternité d'une préface de la comédie des *Philosophes* tout en protestant de son mépris pour cette comédie, 455. — XXV. Lettre à Voltaire dans laquelle il lui communique ses observations sur *Tancrède*, 456. — Aventure scandaleuse qui avilit les gens de lettres provoquée par Palissot, 459. — Diderot admire l'*Histoire universelle*, ibid. — XXVI. Lettre (inédite) au même sur la représentation du *Père de famille*, 461. — XXVII. Lettre (inédite) à Sartine pour lui demander sa protection et sa justice pour le joaillier Belle, 463. — XXVIII. Lettre (inédite) à Voltaire. Diderot l'informe que l'*Encyclopédie* s'imprime, 463. — Supériorité de la philosophie, 464. — Son admiration pour Shakespeare, 465. — XXIX. Lettre à Naigeon. Ce qu'un Genevois d'esprit et de délicatesse dirait à Rousseau, 466. — XXX. Lettre à Le Breton pour lui faire des reproches sur la façon dont il a mutilé la partie philosophique de l'*Encyclopédie*. Conséquences que cet acte aura pour lui, 467-472. — XXXI. Lettre à d'Alembert. Diderot lui fait son compliment sur la brochure *Sur la destruction des jésuites*. Il lui fait part de la vente de sa bibliothèque à l'impératrice de Russie, et des bontés de cette souveraine, 472. — XXXII. Lettre (inédite) à Suard, 473. — XXXIII. Lettre à Grimm. Diderot lui écrit l'impression que lui a produite la première représentation du *Philosophe sans le savoir*, 474. — XXXIV. Lettre à Damilaville. Diderot a reçu sa dissertation sur les moines, 476. — Son opinion sur la religion chrétienne, 477. — Réflexions sur l'amour, 478. —

XXXV. Lettre au général Betzky sur Falconet et son traité pour la statue de Pierre Ier, 479 et suiv. — XXXVI. Lettre à Voltaire, qui lui conseillait d'éviter les persécutions du Parlement et de fuir à l'étranger, 485 et suiv. — XXXVII. Lettre de Fenouillot de Falbaire à Garrick pour le prier de traduire l'*Honnête criminel* et de l'accommoder au théâtre anglais, 488. — XXXVIII. Lettre de Diderot à Garrick pour lui recommander Fenouillot, 490. — XXXIX. Lettre (inédite) de Diderot à l'Académie des Beaux-Arts à Pétersbourg. Termes dans lesquels il pose sa candidature à cette Académie, 492. — XL. Lettre au général Betzky, dans laquelle il exprime toute sa reconnaissance pour les bienfaits de l'impératrice, 493 et suiv. — XLI. Lettre à John Wilkes pour le complimenter sur son élection au Parlement anglais, 498. — XLII. Lettre (inédite) à Suard, 500. — XLIII. Lettre (inédite) à l'abbé Gayet de Sansale dans laquelle il justifie la fille Desgrey, 500. — XLIV. Autre lettre au même, sur le même sujet. Nouveaux moyens de justification qu'il présente en faveur de la fille Desgrey, XX, 1. — XLV. Autre lettre sur le même sujet, 3. — XLVI. Lettre à Mlle Le Gendre, 6. — XLVII. Lettre à M. de Sartine, sur les prétentions injustes et ridicules des libraires de l'*Encyclopédie*, ibid. — XLVIII. Lettre à Luneau de Boisjermain; Diderot ne peut se procurer les *Dialogues sur les grains*, dont la distribution est empêchée, 7. — Il le prie de ne point faire mention dans ses mémoires des sept derniers volumes de l'*Encyclopédie*, 8. — XLIX. Lettre à M. de Sartine. Sentiment de Diderot sur la *Réfutation du Dialogue sur le commerce des blés* de l'abbé Morellet, 8. — Celui-ci ne doit pas s'attendre à l'indulgence du public ni à celle de ses amis. Jugement sur lui par l'abbé Galiani, 10. — L. Autre lettre au même. Sentiment de Diderot sur l'auteur du *Satirique*, 10. — Critique de cette comédie, 12. — LI.

Lettre à Grimm pour le prier de rendre justice à M. Le Tourneur pour sa traduction des *Nuits d'Young*, 13. — LII. Autre lettre au même, 14. — LIII. Autre lettre au même, sur la façon d'agir de Mme de Prunevaux avec M. de Foissy, 16. — Il se plaint d'être traité très-légèrement par elle, 17. — Si elle s'en va, il la perdra sans regret ; si elle revient il la recevra avec transport, *ibid.* — Il demande deux choses qu'on ne saurait lui refuser sans tyrannie, 18. — Dans les *Deux Amis de Bourbonne*, l'atrocité du prêtre ôte tout le pathétique de l'histoire de Félix, 18. — LIV. Autre lettre à Grimm, au même sujet. — S'il a hâté la déclaration de M. de Foissy, c'est qu'il présumait qu'elle y ferait une réponse claire qui finirait tout, 19. — Puisque Mme de Prunevaux reprend sa liberté, Diderot n'a pas besoin de traiter pour recouvrer la sienne, 20. — Pourquoi il ne lui a rien dit du roi de Pologne, 21. — Il a mis au net le *Traité d'harmonie* de Bemetzrieder, c'est un bel et charmant ouvrage, 21. — Comment il qualifie les jérémiades de l'abbé Morellet, 22. — LV. Autre lettre au même. Genre de vie qu'on mène au Grandval, 23. — Le tour équivoque que ses affaires de cœur ont pris ne lui a pas donné une heure d'inquiétude, 24. — Grimm a beau plaider pour Mme de Prunevaux, il ne changera pas l'opinion de celle-ci, ni celle de Diderot. Pourquoi, 25. — LVI. Lettre de Diderot à la princesse Dashkoff. Il s'excuse d'être resté trois mois sans lui écrire un mot, 26. — En dépit de son silence, il est toujours le même, c'est-à-dire rempli de dévouement et de respect pour elle, *ibid.* — Un avocat général a chassé les jésuites de Bretagne, 27. — Suites de cette affaire, *ibid.* — Chaque siècle a son esprit qui le caractérise ; l'esprit du nôtre semble être celui de la liberté, 28. — On touche à une crise qui aboutira à l'esclavage ou à la liberté, *ibid.* — Il est plus facile pour un peuple éclairé de retourner à la barbarie que pour un peuple barbare d'avancer d'un seul pas dans la civilisation, 29. — LVII. Lettre à Briasson et à Le Breton. Diderot n'a point lu le mémoire de Luneau, qui reproche à ces libraires d'avoir dépassé, pour l'*Encyclopédie*, le nombre de volumes annoncé ; pourquoi il ne le lira point, *ibid.* — Les chicanes qu'il fait sur le choix du caractère et la longueur de la page ne sont pas fondées ; pourquoi, 30. — Pourquoi l'*Encyclopédie* n'a pas fait plus de 17 volumes, 31. — Avec les secours journaliers des surnuméraires, il n'était pas possible de mesurer l'étendue d'un pareil ouvrage, 32. — Quant à la partie des arts et aux planches, Diderot a fait faire les dessins comme il lui a plu, *ibid.* — Comment il répond à la prétendue profusion des planches, 33. — Il n'a pas employé une seule figure de Réaumur, *ibid.* — Fait, à propos des planches, sur lequel Diderot défie qui que ce soit de le contredire, 34. — A juger du fond de cette affaire, il ne voit pas de quoi faire un procès aux éditeurs de l'*Encyclopédie*, 35. — LVII bis. Lettre à Mme M..., dans laquelle il juge l'*Éloge de Fénelon* de La Harpe, *ibid.* — LVIII. Lettre à la princesse Dashkoff. Il est à Pétersbourg auprès de la souveraine, qu'il a l'honneur d'approcher aussi souvent qu'il peut le désirer, 39. — Liberté de parler qu'il a auprès d'elle, *ibid.* — Il prie la princesse de joindre ses sollicitations à celles de M. de Nariskin pour obtenir de M. de Demidoff des échantillons d'histoire naturelle, 41. — Moyens qu'il emploie pour s'instruire, *ibid.* — Il félicite la princesse de pouvoir adapter à sa voix les vers qu'elle écrit, 42. — Pourquoi il ne compte pas trop sur les promesses de Mme de Borosdin, *ibid.* — LIX. Autre lettre à la même. Il ne lui en coûte pas de mépriser les richesses et les honneurs ; pourquoi, 43. — Comment on jouit d'une félicité complète dès qu'on s'est voué au culte du *far niente*, *ibid.* — Il est sur le point de quitter Pétersbourg ; position dans laquelle il se trouvera à son retour à Paris. 44. — Il recommande à l'attention de la princesse le comte de Crillon, porteur de sa lettre, 45.— LX. Lettre au comte de Munich. Questions d'économie politique sur l'empire de Russie, qu'il lui envoie au nom de l'impératrice Catherine, 45. — LXI. Lettre au docteur Clerc. Son retour de Pétersbourg s'est heureusement effectué, 48. — Ses recommandations à diverses personnes, 49. — LXII. Lettre de Diderot à sa femme. Il est arrivé, le 5 avril 1774, à La Haye, où il séjournera quelque temps pour publier les statuts d'un grand nombre d'établissements fondés par l'impératrice de Russie, 51. — Générosité de l'impératrice ; présents que lui fait Diderot, *ibid.* — Les princes de Nariskin l'ont traité comme un de leurs frères, *ibid.* — Projet de refaire l'*Encyclopédie* sous les auspices de l'impératrice, 52. — Diderot, dans une supplique, prie instamment l'impératrice de ne rien ajouter à ses nouvelles grâces ; pourquoi, 53. — Sa convention avec l'impératrice à ce sujet, *ibid.* — Présent qu'elle lui fait le jour de son départ, 55. — Conversation à ce sujet, *ibid.* — Ce que lui disent Grimm et deux ou trois personnes à qui il montre sa supplique à l'impératrice, *ibid.* — Sa conversation avec le baron de Noltken à ce sujet, 56. — LXIII. Lettre à M. M***. Diderot fait l'historique de son voyage et de son séjour à Pétersbourg ; de la gracieuseté et de la générosité de l'impératrice à son égard ; des incidents de son retour à La Haye, 57, 58. — La plupart des Français résidant à Saint-Pétersbourg se déchirent entre eux et rendent leur nation méprisable. Personnages qu'il a eu le plaisir d'embrasser dans cette ville, 58, 59. — LXIV. Lettre (inédite) au général Betzky sur son séjour à la Haye où il surveille l'impression de documents publiés par les ordres de l'impératrice, 59. — Il le charge de renouveler à celle-ci les témoignages de son respect, 60. — LXV. Autre lettre (inédite) au même, dans laquelle il donne la réponse de Mlle Biheron à la proposition qui a été faite à celle-ci de passer en Russie, 61. — Il a frissonné en passant la Douïna, mais on frissonnerait à moins ; pourquoi, 63. — Réflexions sur le projet de publier à nouveau l'*Encyclopédie* sous les auspices de l'impératrice, 64. — Ce qui rendra l'exécution de ce projet facile, 65. — LXVI. Lettre (inédite) au docteur Clerc. Conte au sujet de la vente d'un manuscrit, 66. — Le projet de refaire l'*Encyclopédie* est une affaire décidée ; satisfaction qu'il en éprouve, 67. — Pourquoi la circonspection du général Betzky sur ce projet ne le surprend plus, *ibid.* — Il serait heureux que celui-ci lui expédiât les fonds qu'il lui a promis, au commencement de septembre, 68. — LXVII. Lettre à Necker sur son ouvrage *De la législation et du commerce des grains*, 68. — LXVIII. Lettre à Beaumarchais dans laquelle il fait des vœux pour le succès de l'*insurgence* des poëtes dramatiques contre les comédiens, 71. — LXIX. Lettre à Naigeon. Son jugement sur Voltaire, 72. — LXX. Lettre à Desessarts, témoignage d'estime qu'il lui donne, 74. — LXXI. Lettre au prince Galitzin, dans laquelle Diderot se plaint de ce que sa correspondance avec Falconet a été traduite en anglais ; pourquoi, 74. — Il a promis de la relire, de la châtier, et d'y ajouter ce qu'il peut alléguer en sa faveur, mais il ne saurait dire quand il pourra se mettre à ce travail, 75. — LXXII. Lettre (inédite) à Mme Necker pour la remercier de la nouvelle édition de l'*Hospice* ; son appréciation sur cet ouvrage et sur le *Compte rendu*, 76, 77. — LXXIII. Lettre à l'impératrice Catherine II, pour lui recommander Pierre Chabrit, qui étudierait auprès d'elle les différents textes relatifs à la législation, 78. — LXXIV. Lettre à Philidor pour le dissuader de jouer aux échecs, 79. —

LXXV. Lettre (inédite) à Mme Necker, dans laquelle il fait l'exposé de son bonheur, 80. — Ce qui lui manque, 81. — Il la prie d'accorder un moment d'audience à Mme Pillain de Val du Fresne, *ibid.* — Il l'engage à remplir le rôle que la Providence lui a donné, *ibid.* — LXXVI. Lettre (inédite) au chevalier de Langeac pour l'engager à acheter une œuvre d'art dont l'auteur est dans le besoin, 82. — LXXVII. Lettre (inédite) à M. L.-S. Mercier, 83. — LXXVIII. Lettre (inédite) à Mme Necker, pour lui recommander une jeune personne, 84. — LXXIX. Lettre à Meister, pour le prier de lui envoyer Roland Girbal, son copiste, 85. — LXXX. Lettre (inédite) à ***. Raisons qui l'empêchent de sortir de chez lui; mais si l'on veut lui confier la pièce, il l'examinera à tête reposée, 85. — LXXXI. Lettre (inédite) à ***, 86. — LXXXII. Lettre (inédite) à Damilaville, *ibid.* — LXXXIII. Lettre (inédite) au docteur Daumont, relative à ses articles de l'*Encyclopédie*, 87. — LXXXIV. Lettre (inédite) au prince Galitzin. La colique l'empêche d'aller fêter chez lui la Sainte-Catherine, *ibid.* — LXXXV. Lettre (inédite) au général Betzky, en style rabelaisien, 88. — LXXXVI. Lettre (inédite) à Emmanuel Bach; il le prie de lui envoyer quelques sonates inédites pour le clavecin, 91.

Correspondance de Grimm. — Raynal fut le premier rédacteur de cet ouvrage; Grimm en prit la suite; il fut enfin confié à H. Meister, I, XI.

* *Corrompre.* — Sens de cette expression employée au figuré, XIV, 233.

* *Corruption publique.* — Ses deux sources, XIV, 233.

CORT, (*Henri* de), artiste hollandais, agréé de l'Académie, et peintre de S. A. S. le prince de Condé. — Les *Vues de Chantilly* et du *Château de Berny, près Péronne*, qu'il expose au Salon de 1781, sont d'agréables tableaux, XII, 58, 59.

COSSART (l'abbé), curé de Saint-Remy, à Dieppe. — Était organiste comme Baudouin était peintre, XI, 193, 194.

COSTE (*Pierre*), traducteur des ouvrages de Locke, de Newton, de Shaftesbury; annotateur des *Essais* de Montaigne, II, 15.

COSTER (Mme). — Voyez VALLAYER.

Costume. — Rien de plus mesquin, de plus barbare et de plus mauvais goût que l'accoutrement français, XI, 215. — Il suffirait d'assujettir la peinture et la sculpture à notre costume pour perdre ces deux arts, 217. — L'art doit le laisser de côté quand il est mesquin, XII, 126.

* *Cotbet.* — Discours par lequel les Imans commençaient leur prière du vendredi, à l'exemple de Mahomet, XIV, 233.

* COTEREAUX, *Catharis, Courriers, Routiers*, branche de la secte des Pétrobusiens; soldats aventuriers révoltés sous le règne de Louis VII. — Plus de sept mille d'entre eux furent exterminés dans le Berry, XIV, 234, 235.

* *Coterie.* — Emplois divers de ce terme emprunté des associations de commerce subalternes, XIV, 235.

* *Cottabe*, amusement singulier, mentionné par Athénée, XIV, 235. — En quoi il consistait, *ibid.*

* *Cotytlées.* — Mystères de la déesse de la débauche, XIV, 236. — Manière dont ils se célébraient, *ibid.*

* *Couler*, verbe neutre. — Ce qu'il marque, XIV, 236.

Couleur (la), donne la vie aux êtres; c'est le souffle divin qui les anime, X, 468. — Il y a peu de grands coloristes, *ibid.* — Motifs de cette pénurie, 470. — Quel est le grand coloriste? 471. — Ce qui fait le désespoir du grand coloriste, du peintre de portraits en particulier, 473. — Celle de la passion : peut-on reproduire ses nuances dans la colère, par exemple? *ibid.* — Les ombres ont aussi leurs couleurs, 479.

Couleurs. — L'art de donner à la peinture des couleurs durables est presque encore à trouver, X, 76. — Examen des causes de l'altération souvent très-rapide des tableaux, 77. — Distinction établie par l'art en *Couleurs amies* et en *Couleurs ennemies*, XII, 87. — Leur multiplicité entraîne le désaccord d'un tableau, 112.

Coupables. — Savoir en créer, ressource des mauvais ministres pour perdre les gens de bien, II, 464.

* Coupon. — Espèce de toile d'ortie qui se fait en Chine, XIV, 236.

* Cour, lieu habité par un souverain. — Sa définition par Montesquieu, XIV, 237.

Courajod (*M.-L.*). — Son livre intitulé *l'École royale des élèves protégés* renferme d'intéressants renseignements sur l'École gratuite de dessin fondée, en 1766, par le peintre Bachelier, XI, 96.

Cournault (*Charles*), conservateur du musée Lorrain. — Retrouve vingt-deux lettres inédites de Diderot à Falconet, qu'il publie en 1866-67 dans la *Revue moderne*, XVIII, 79. — Publie le contrat du prince de Galitzin et de Falconet, 82.

* Courses du Cirque. — Manière dont elles se faisaient, XIV, 237.

* Court, terme relatif à l'étendue et la durée, XIV, 238.

* Court Amoureuse. — Espèce de société instituée au temps de Charles VII, XIV, 239.

Court de Gebelin (*Antoine*). — Son ouvrage *le Monde primitif*, demeuré inachevé, est une grammaire universelle, III, 466.

Courtisane. — État très-respectable et très-honoré à Taïti, IV, 197. — Celles de la Grèce et de Rome, bien différentes de celles des temps modernes, V, 230. — Sous le climat brûlant de la Grèce, l'état de courtisane n'était point avili, XIII, 38.

Courtisans. — Ont une physionomie de parade et de circonstance, III, 54. — Comparés par Sénèque à des insectes dégoûtants, 262. — Ce qu'ils sont en réalité, VIII, 397.

Courtois (*Nicolas-André*), peintre émailleur. — Paraît pour la première fois au Salon de 1771, XI, 530.

Cousin. (*Jules*). — Suppose, dans la *Revue universelle des arts*, t. XI, que Diderot fut simplement inhumé sous une des dalles de la Chapelle de la Vierge, à Saint-Roch, I, LXVI.

Cousin (*Victor*), célèbre écrivain. — A discuté les doctrines de Shaftesbury dans son livre de la *Philosophie écossaise*, I, 7. — Réponses inédites de Diderot à Jaucourt et à Mercier, que fournit sa bibliothèque aux éditeurs de la présente édition, XIX, 423.

Cousins. — Le maître de Jacques croit en démontrer l'utilité en les comparant à des chirurgiens ailés, VI, 263. — Réponse de Jacques à cette plaisanterie, *ibid*.

Coustou, le fils (*Guillaume*). — Exécute, en 1769, une mauvaise statue de *Vénus* dont les jambes sont de la plus grande beauté, XI, 459. — Un *Mars*, qu'il envoie à l'exposition de cette même année, est trop mauvais pour en dire du mal, *ibid*. — Expose, en 1769, dans son atelier, le modèle du tombeau du Dauphin, qu'il devra exécuter en marbre pour l'église de Sens, XIII, 75.

* Coutume, Habitude. — Termes relatifs à des états auxquels notre âme ne parvient qu'avec le temps, XIV, 239.

Couvent d'Arpajon. — Voyez Arpajon.

Couvents. — Sont-ils essentiels à la reconstruction d'un État? V, 87. — Examen de cette question, *ibid*. — La vie claustrale est d'un fanatique ou d'un hypocrite, 88.

Couvents. — Voyez *Troupes auxiliaires, Cages, Volières*.

* Couvert, à Couvert, à l'Abri. — Synonymes. Exemples de leur emploi, XIV, 240.

Coyer (*Gabriel-François*, abbé), auteur d'une *Lettre au P. Berthier sur le matérialisme*, faussement attribuée à Diderot par La Harpe, I, 6; XX 99. — Obtient du contrôleur général de L'Averdy une pension de deux mille livres, pour ses petits ouvrages : *la Noblesse commerçante* (1756.) et *Chink* (1768), VI, 293, 294. — Auteur présumé du volume publié en 1769 sous le titre : *Lettre aux Académiciens du royaume*, 372. — *Le Discours sur la Satire des philosophes* est de lui, XVIII, 524.

Coypel (*Charles-Antoine*). — Cet artiste, décoré du titre de premier peintre du roi, a été un des plus mauvais peintres de l'Académie, X, 320. — Conseil qu'il donnait aux artistes, XII, 115.

Coysevox (*Antoine*), sculpteur. — Remarques sur sa statue du *Flûteur*, placée, en 1870, dans l'une des salles de la sculpture moderne, au Louvre, XII, 133.

Cozette. — On a de cet artiste habile une tapisserie exécutée d'après le portrait du Roi peint par Michel Van Loo en 1760, X, 107. — Cette tapisserie est à Versailles, n° 2207, *ibid*. — Au Salon de 1765, il expose le *Portrait de Paris de Montmartel*, d'après le pastel de La Tour, et un médaillon de la *Peinture*, d'après Van Loo, deux morceaux impossibles à discerner, tableau ou tapisserie, 453.

Cramer, libraire de Genève. — Diderot prend sa défense dans une conversation chez le libraire Le Breton, XIX, 71.

Cramer (*Guillaume*), célèbre violoniste allemand ; cité, XII, 338.

Crampe. — Causes de cette contraction spasmodique de la fibre musculaire, IX, 324. — Idée sur la formation de ce phénomène, 333. — Sa cause probable, *ibid*.

Crantor, philosophe platonicien et poëte dramatique ; aperçu de sa doctrine, XVI, 330.

* *Crapule*. — Débauche habituelle, sans choix et sans modération, XIV, 240. — Est l'opposé de la volupté, *ibid*.

* *Cratères*. — Nom donné à certains vases des Anciens, XIV, 240.

Cratès de Thèbes, philosophe cynique. — Sa vertu lui mérite la considération la plus haute dans Athènes, XIV, 164. — Il inspire une passion violente à Hipparchia, qu'il épouse, *ibid*.

Cratès, philosophe platonicien. — Sa parité de goûts et de sentiments avec Polémon, son maître et son ami, XVI, 330.

Cratinus, poëte satirique athénien. — Meurt victime de sa hardiesse, XIII, 409.

Créature. — Chaque créature a un *intérêt privé*, un *bien-être* qui lui est propre, I, 23. — Sa condition *relative* aux autres êtres est bonne ou mauvaise, 24. — La connaissance de cette condition donne moyen de la juger, *ibid*. — Son examen sous différents points de vue, *ibid*. — Elle appartient à des systèmes divers, 25. — Les êtres d'un système, sacrifiés à des êtres d'un autre système, contribuent à l'ordre général, *ibid*. — Il y aurait témérité à dire qu'un être est absolument mauvais, à moins d'être en mesure de démontrer qu'il n'est bon dans aucun système, 27. — Ce qui fait la créature bonne ou mauvaise, 31. — Ce qui la rend malheureuse, 101.

Crébillon (*Claude-Prosper* Jolyot de). — Vers supprimés dans sa tragédie de *Catilina*, II, 253, 254. — Critique de cet écrivain au XXXIX° chapitre des *Bijoux indiscrets*, où il est nommé Girgiro l'Entortillé, IV, 289, 292. — Auteur du roman *les Égarements du cœur et de l'esprit*, 336.

Crébillon le fils. — Son roman l'*Écumoire*, réimprimé sous le titre de *Tanzaï et Néadarné*, le fait enfermer à la Bastille, I, 237, alinéa 7 et note 1.

* *Crédit*. — Signification de ce mot en morale, XIV, 240.

* *Crédulité*. — Est le défaut d'un homme d'esprit, I, 140.

* Faiblesse d'esprit, XIV, 241. — Est un vice favorable au mensonge, 242.

Crescence, philosophe grec de l'école cynique. — Son caractère, XIV, 266. — Persécute saint Justin et Tatien, platoniciens convertis au christianisme, XV, 291.

Creutz (*Gustave-Philippe*, comte de), ministre de Gustave III, roi de Suède, IV, 14. — Admirateur passionné de l'*Adonis* de Taraval, XI, 95, 96.

Crevier (J.-B.-L.), auteur présumé de

l'*Éducation publique*, ouvrage attribué à tort à Diderot, XX, 99.

Cri de guerre des Sceptiques, I, 219, alinéa 11.

Cri (le) *de la nature*. — Sara le fait entendre quand elle parle du sacrifice demandé à Abraham, VI, 304. — Comment il échappe à Fontenelle, *ibid*. — Difficile à trouver dans les arts d'imitation, *ibid*.

Cris de caractère, VI, 306, 307. — Mots attribués à l'anatomiste Ferrein, *ibid*. — Mot de métier d'un sculpteur agonisant, *ibid*. — Celui du géomètre qui lit *l'Iphigénie* de Racine, et jette le livre en disant : *Qu'est-ce que cela prouve ?* 308. — Celui du médecin Thierry retrouvant *la pituite vitrée*, *ibid*. — Celui d'un roi à des officiers qui ont abandonné un poste où ils auraient tous péri sans aucun avantage : *Est-ce que vous êtes faits pour autre chose que pour mourir ?* etc., etc., *ibid*. et suiv. — Celui de Daubenton, entendant le castrat Caffarelli, 309. — Celui de la bégueule, *ibid*. — Celui de Muret, qui lui sauve la vie, III, 362, et VI, 310.

CRILLON (le comte de). — Porteur d'une lettre de Diderot pour la princesse Dashkoff. Dans quels termes Diderot le recommande à cette princesse, XX, 45.

Crime. — Il a pour ennemis tous ceux qu'il alarme, I, 42. — Il est le premier bourreau du coupable, 91.

CRITIAS, grand-père de Platon. — Raconte à son petit-fils l'histoire de l'Atlantide et de ses habitants, c'est-à-dire, sous des noms différents, celle de la Palestine et des patriarches, IX, 226. — Critias tenait cette histoire de son grand-père, qui lui-même la tenait de Solon, son oncle, *ibid*. — Pour arriver à Platon, cette tradition avait passé par six générations, *ibid*.

Critique (la). — En quoi elle consiste, III, 465. — Autorités sur lesquelles elle s'appuie, *ibid*. — Difficultés qui l'accompagnent, X, 177. — On peut dire d'elle ce que Malherbe disait de la mort : « Tout est soumis à sa loi, » 236.

— Son rôle dans les arts, XII, 78, 79.

Critiques (les). — Petits hommes dont les dents sont aiguës et les ongles fort longs, IV, 296. — Pourquoi ils sont presque tous camus, *ibid*. — A quelle ressemblance ils sont faits, VII, 387. — Vanité de leur rôle, *ibid*. — Voyez *Auteurs (des) et des Critiques*.

CRITIUS, fameux athée. — Son aveu sur le premier culte rendu à des créatures, XVI, 355.

CRITOLAÜS DE PHASÉLIDE, philosophe péripatéticien. — Dieu, selon lui, n'est qu'une portion très-subtile d'éther; la perfection normale de la vie consiste à s'assujettir aux lois de la nature, XIV, 248.

CRITON, disciple et ami de Socrate, reste près de lui jusqu'à ses derniers moments, VII, 384 et XVII, 164.

CRITON. — Portrait d'un faux ami, I, 241 et suiv., alinéas 23 et suiv.

* *Croire*. — Sens métaphysique de ce mot, XIV, 242.

* *Croisades*. — Origine de ces guerres entreprises par les chrétiens, XIV, 243. — Époque à laquelle l'enthousiasme pour ces expéditions éclata dans toute sa force, 244. — Détails sur la première croisade conduite par Pierre l'Ermite, *ibid*. — Marche heureuse d'une nouvelle armée commandée par Godefroi de Bouillon, 245. — Seconde croisade prêchée par saint Bernard, ses fâcheux résultats, 246. — Au bruit des victoires de Saladin, le pape Clément III fait prêcher une nouvelle croisade (la troisième), *ibid*. — La quatrième est entreprise par Philippe Auguste et Richard Cœur de Lion, 247. — La cinquième, par saint Louis, 249. — La sixième et dernière par le même, 250.

CROISMARE (*Marc-Antoine-Nicolas*, marquis de). — Notice sur ce gentilhomme normand, V, 8, 9. — Suzanne Simonin (*la Religieuse*) lui adresse l'histoire de sa vie (pages 11 à 171 de ce tome V). — A véritablement écrit les lettres auxquelles il est fait renvoi, 175. — Quant aux lettres attribuées à la Religieuse et à Mme Madin, elles sont l'œuvre de Diderot, à l'exception de quelques lignes fournies par Grimm et Mme d'Épinay, ses complices dans la plaisanterie faite à leur ami commun, *ibid*. — Son portrait, 176, 177. — Ses lettres à Mme Moreau-Madin, pour être remises à sœur Suzanne Simonin (*Diderot*), 183, 188, 189, 193, 195, 199, 202. — L'intérêt toujours croissant qu'il prend à l'infortunée Suzanne doit cesser; sa mort étant le seul moyen d'en finir, l'auteur de la plaisanterie en fait usage, 201.

CROUZAZ (*Jean-Pierre* de), philosophe et mathématicien suisse. — Ses ouvrages recommandés, III, 466. — Manière défectueuse dont il caractérise le *beau*, X, 7. — Erreurs de sa thèse sur ce sujet, 23. — Défenseur de la *liberté* d'indifférence de l'âme humaine, XV, 506. — Remarques sur son livre intitulé *Observations critiques sur l'Abrégé de la logique de M. Wolf*, 530.

CRUDELI (*Thomas*), poëte italien. — Diderot s'est servi de son nom pour le Dialogue qu'il a composé sous le titre *Entretien d'un philosophe avec la maréchale de* ***, II, 507, et IX, 70. — Sonnet pour les noces d'une dame milanaise, traduit par Diderot, *ibid*.

* *Cuba*, étrange divinité des Romains, XIV, 252.

CTÉSIBIUS DE CHALCIS, philosophe cynique. — Sut plaire aux grands sans se prostituer, XIV, 265.

CUCUFA (le génie), personnification du repentir et de la retraite du monde, IV, 138. — Évoqué par le sultan Mangogul (Louis XV), il lui remet l'anneau magique qui fera parler les indiscrètes de la cour, 148. — Mangogul est tenté d'en faire l'essai sur Mirzoza (Mme de Pompadour), qui proteste, 149. — Ravi d'une première épreuve, Mangogul le remercie, 156. — Après trente essais réussis, Mangogul se met en oraison, évoque Cucufa, et lui rend le mystérieux anneau, 378.

CUDWORTH, théiste anglais, cité, I, 131.

Cul-de-sac, nom donné en français à l'*angi-portus* des Latins. — Remarques de Voltaire sur cette expression grossière, VI, 88.

Culte. — Mourir pour un culte dont on connaîtrait la fausseté serait d'un enragé, I, 142. — Mourir pour un culte faux, mais qu'on croit vrai, mais dont on n'a pas de preuves, est d'un fanatique, *ibid*. — Le vrai martyr est celui qui meurt pour un culte dont la vérité lui est démontrée, *ibid*.

* *Cura*, l'Inquiétude, déesse qui a formé l'homme, XIV, 252.

Curètes. — Mot hébreu qui signifie district, famille, IX, 233.

CYBÈLE. — Le couvre-chef des archevêques emprunté à celui des sacrificateurs de cette déesse, I, 196, alinéa 25.

CYCLOPHILE, nom donné, dans les *Bijoux indiscrets*, à un insulaire des contrées visitées par Bougainville, IV, 192. — Fait le récit des cérémonies religieuses de son pays (*Taïti*), 193. — Expériences pour la validité des mariages, 195 et suiv.

CYDALISE, épouse du colonel de spahis Ostaluk, IV, 342. — Comment Sélim la séduit, 342, 347. — Elle meurt assassinée par son mari, *ibid*.

* *Cyniques*, secte de philosophes anciens. — Histoire de cette secte, XIV, 252-267.

* *Cynocéphale*, animal fabuleux, révéré par les Égyptiens, XIV, 267. — Voyez * *Anubis*.

CYNOSARGE. — Lieu, hors des murs d'Athènes, où Antisthène, fondateur de la secte Cynique, s'établit et donna ses premières leçons, XIV, 252.

* *Cyphonisme*. — Nom donné à un tourment auquel les premiers martyrs ont été fréquemment exposés, XIV, 267. — Fragment de Suidas sur ce sujet, 268.

CYPRIA, ou le Bijou voyageur. — Mangogul fait sur elle le vingt-sixième essai de l'anneau magique, XIV, 336. — Son portrait, 337. — Histoire de ses voyages au Maroc, en France, en Angleterre, *ibid*.; en Autriche, en Italie, en Espagne, 338, 339; aux Indes, à Constantinople, 340. — N'étant plus bonne à rien, elle vient à la cour d'Erguebzed où elle prend un époux, *ibid.*

* *Cyrénaïque* (secte). — Fondée à Cyrène, ville d'Afrique, par Aristippe, elle se répand dans la Grèce, XIV, 268.

Cyrille (saint). — Traité d'une façon peu respectueuse par Voltaire, VI, 352. — Ce qu'il dit aux chrétiens dans sa quatrième catéchèse, XIV, 18.

Cythère. — La bibliothèque de l'*Allée des fleurs* se compose de ses archives, I, 237, linéa 7.

Czernischew, personnage russe, II, 260.

D

Dacier (*André*). — Lit en séance publique de l'Académie l'*Éloge de l'abbé Canaye*, V, 487.

Daguesseau (l'abbé). — Placé à la tête de la librairie, comment il procède dans la concession des priviléges, XVIII, 26.

Damascène (*Jean*). — Conserve dans le monastère le péripatétisme qu'il a professé dans le monde, XV, 298. — Les scolastiques peuvent le regarder comme le fondateur de leur école, *ibid.*

Damascius, philosophe éclectique, XIV, 340. — Enseignait à Athènes lorsque Justinien fit fermer les écoles païennes, *ibid.* — Portrait qu'en a laissé Photius, *ibid.*

Dames de la cour dont les bijoux ont été éprouvés, IV, 152 et suivantes : I. Alcine, 152. — II. Sibérine, 157. — III. Monima, 158. — IV. Hussein, 160. — V. Cléanthis, jeune recluse, 161. — VI. Zéphirine, *ibid.* — VII. Flora, *ibid.* — VIII. Une présidente, une marquise, une dévote, dames ayant tabouret chez la reine, 167. — IX. Céphise, *ibid.* — X. Ismène, sa longue conversation, 168. — XI. La joueuse Manille, 171 ; ses curieuses révélations, 172. — XII. Fatmé, question de droit, 237. — XIII. La petite jument, 253. — XIV. Églé ou le bijou muet, 259. — XV. Alphane, 267. — XVI. Les dames des petits maîtres, 270. — XVII. Les comédiennes, 276. — XVIII et XIX. Sphéroïde l'Aplatie et Girgiro l'Entortillé, 289. — XX, XXI et XXII. Fricamone et Callipiga, 298. — XXIII. Fanny, 306. — XXIV et XXV, au bal masqué et à la suite du bal, 328. — XXVI. Cypria, ou le bijou voyageur, 336. — XXVII. Fulvia, 350. — XXVIII. Olympia, 361. — XXIX. Zuléiman et Zaïde. — XXX. Mirzoza, 375.

Damiens (*Robert-François*). — Est l'instrument des Jésuites dans sa tentative d'assassinat sur la personne de Louis XV, XV, 281.

Damilaville (*Etienne-Noël*), directeur du vingtième à Paris, connu surtout par sa correspondance avec Voltaire, I, LXI. — A été l'un des collaborateurs de l'*Encyclopédie*, *ibid.* — Il se sert du cachet du contrôleur général des finances pour faire parvenir, franches de port, toutes les lettres de ses amis, XVIII, 440. — Il sert ainsi la correspondance de Diderot avec son amie, *ibid.* — Récit d'un souper chez lui ; ce qui en est la suite, 447. — Diderot dîne encore avec lui ; son caractère, XIX, 25, 71. — Désespoir de sa femme, lors de la mort d'une petite fille, 94, 95. — Caractère de sa mère, 181. — Auteur du pamphlet intitulé l'*Honnêteté théologique*, 264. — Sa maladie, 266. — Son affaiblissement, 269. — Singulière conversation chez lui, 279. — Son état empire, 280. — Nouvelle crise ; ses glandes et humeurs, 282, 296. — Il est moribond, 302. — Lettre que Diderot lui écrit sur divers sujets, 476. — Autre lettre de Diderot, XX, 86.

Damiron (*Jean-Philibert*), philosophe français. — Son jugement sur Diderot, I, 7. — Trouve dans le livre de l'*Interprétation de la nature* des traces d'une croyance en Dieu et en l'âme humaine, II, 6. — Auteur d'un *Mémoire sur Diderot*, XX, 142.

Damis. — Nom d'un pyrrhonien désigné pour représenter sa secte dans une assemblée religieuse, I, 228, alinéa 31. — Prend la parole, 230, alinéa 38.

* *Damnation*. — Examen de ce dogme religieux, XIV, 274.

DANAUS, roi d'Argos. — Était Égyptien d'origine, XV, 45.

DANDANIS, célèbre philosophe indien de la secte des gymnosophistes. — Ses paroles à Alexandre, XV, 204.

DANDRÉ-BARDON, littérateur français. — Auteur d'une *Histoire universelle relative aux arts de peindre et de sculpter*, XVII, 497. — Critique de cet ouvrage, *ibid*.

DANET (*Thérèse*), femme de Montbailli, bourgeois de Saint-Omer, mis à mort comme parricide, et reconnu innocent deux ans après, VI, 431. — Sur un mauvais poëme fait à ce sujet, *ibid*.

DANGEVILLE (*Marie-Anne* BOTOT, dite Mlle), célèbre actrice du Théâtre-Français, où elle tenait les rôles de soubrette, V, 436. — Était remplie d'attraits sur la scène, VIII, 398.

DANIEL (le Père), historien. — Comment il est jugé par Voltaire, VI, 353.

Danse (la). — Cet art d'imitation attend un homme de génie, VII, 157. — Elle est à la pantomime comme la poésie est à la prose, comme la déclamation naturelle est au chant. C'est une pantomime mesurée, 158. — Une danse est un poëme, *ibid*. — Sujet donné en exemple, 159, 161.

Danse merveilleuse, I, 204, alinéa 44.

DANTE ALIGHIERI, poëte italien, auteur de la *Divina Commedia*. — Idée de la vie à venir, prise dans le chant intitulé *Purgatorio*, VI, 195. — Sterne et Diderot l'ont reproduite, *ibid*.

DANZEL (*Jérôme*). — A gravé le beau tableau de Fragonard : *Le grand-prêtre Corésus qui s'immole pour sauver Callirhoé*, X, 396. — Ce tableau se voit aujourd'hui au Musée du Louvre, sous le n° 208, *ibid*.

DARCET (*Jean*), célèbre chimiste; Diderot, à son retour de Russie (1774), lui rapporte une caisse d'échantillons de mines, I, LIV. — Auteur de notes savantes sur les *Questions naturelles* de Sénèque, III, 12. — Épouse, en 1771, la fille de Guillaume Rouelle, son maître, VI, 409. — Ses expériences pour l'emploi du cobalt appliqué à la peinture de la porcelaine, XIII, 68.

Dardanus, opéra de La Bruère, mis en musique par Rameau, IV, 175.

DARNAUD-BACULARD, auteur des *Délassements d'un homme sensible*. — Parasite assidu du financier Bertin, V, 431, 432.

DASCHKOW ou DASHKOFF (*Catherina Romanofna*, princesse), citée I, XXII. — Fragment inédit d'une lettre que Diderot lui a écrite, III, 535. — Notice que Diderot écrit sur elle, XVII, 487. — Grande admiratrice de l'impératrice, 487. — Emploi de son temps, *ibid*. — Sa démarche auprès de Catherine aussitôt après la mort de l'impératrice Élisabeth, 489. — Son portrait, son caractère, 490. — Sa condescendance pour son amie Mlle Caminski, son jugement sur Paoli, 491. — Elle a paru à Diderot ennemie de la galanterie, 492. — Raisons de sa disgrâce, 493. — Elle promet à Diderot de ne pas l'oublier, 494. — Diderot lui fait sa cour, XVIII, 323. — Lettre que Diderot lui envoie dans laquelle il s'excuse d'être resté trois mois sans lui écrire un mot, XX, 26. — Il lui apprend que les jésuites ont été chassés de Bretagne, et lui fait part des suites de cette affaire. — Considérations philosophiques sur l'état des esprits en France. On touche à une crise qui aboutira à l'esclavage ou à la liberté, 28. — Autre lettre dans laquelle il lui apprend qu'il est à Pétersbourg auprès de la souveraine, 39. — Liberté de parler qu'il a auprès d'elle, *ibid*. — Il prie la princesse de solliciter pour lui de M. de Demidoff des échantillons d'histoire naturelle, 41. — Il la félicite de pouvoir adapter à sa voix les vers qu'elle écrit, 42. — Pourquoi il ne compte pas sur les promesses de Mme de Borosdin, *ibid*. — Autre lettre dans laquelle il lui dit pourquoi il ne lui en coûte pas de mépriser les richesses et les honneurs, 43. — Comment on jouit d'une félicité parfaite dès qu'on s'est voué au culte du *far niente, ibid.* — Il est sur le point de quitter Pétersbourg; position dans laquelle il se trouvera à son retour à Paris, 44. — Il recommande à l'attention de la princesse le comte de Crillon, porteur de sa lettre, 45.

DATHAN, lévite. — Est englouti miraculeusement en punition de sa révolte contre Moïse et Aaron, I, 203, alinéa 41.

DAUBENTON (L.-J.-*Marie*), naturaliste. — Mot de caractère qu'il répond à Diderot, qui le questionnait au sujet du chanteur castrat Caffarelli, VI, 309. — Garde et démonstrateur du cabinet du roi, au Jardin des Plantes, XIV, 3.

DAUBERVAL, mauvais comédien. — Rôle qu'il joue dans l'aventure de Mlle Hus avec Brizard, XIX, 57.

DAUDÉ DE JOSSAN, auteur d'une brochure intitulée : *Lettre de M. Raphaël le jeune à un de ses amis*, XVII, 500.

DAUMONT (Arnulphe), savant médecin dauphinois. — Diderot attend des papiers de lui, XVIII, 396. — Lettre par laquelle Diderot le remercie de ses articles et en demande d'autres, XX, 87.

DAUPHIN (monseigneur le), père des rois Louis XVI, Louis XVIII et Charles X. — Son éloge par Thomas, VI, 347. — Projets pour son tombeau; ces projets, au nombre de cinq, demandés par M. de Marigny au dessinateur Cochin, sont de Diderot, à qui celui-ci s'est adressé XIII, 72, 74. — Aucun n'a été exécuté, 75. — Sa mort, XIX, 209. — Ses grandes connaissances. Son esprit tolérant, 210. — Projets de monument pour son tombeau, 219, 225.

DAUVERGNE, auteur des *Troqueurs*, opéra-comique, V, 487.

DAVESNE, auteur des *Jardiniers*, opéra-comique représenté en 1771 sur le théâtre de la Comédie-Italienne, VIII, 502.

DAVID (*Jacques-Louis*), peintre devenu célèbre. — Élève de Vien; se produit pour la première fois, comme exposant, au Salon de 1775, XII, 63. — Son *Bélisaire reconnu par un soldat; la Peste de Saint-Roch;* les *Funérailles de Patrocle,* esquisse; le *Portrait du comte de Potocki; Une Femme allaitant son enfant,* Trois Figures académiques, belles, bien dessinées et d'un grand effet, 65.

DAVIEL (*Jacques*), célèbre chirurgien-oculiste français, I, 333. — Curieuse anecdote relative à l'opération de la cataracte qu'il fait à un forgeron aveugle depuis vingt-cinq ans, *ibid*.

Débauche. — Ce goût trop vif pour les plaisirs des sens emporte avec lui l'idée de société, I, 94. — Ses excès si communs dans les grandes villes, presque inconnus dans les petites, 97.

Décalogue, commandements de Dieu, I, 202. — Moïse l'enferme dans le Tabernacle, *ibid*, alinéa 40.

* *Décasyllabique*, nom qu'il faudrait donner à nos vers de dix syllabes, et qu'on devrait écrire *dixsyllabique,* XIV, 275.

* *Décence*, qualité morale. — Elle varie d'un siècle à un autre chez le même peuple; et d'un lieu de la terre à un autre lieu, chez les différents peuples, XIV, 275.

Déclamateurs. — Ce mot n'avait point au temps de Sénèque l'acception défavorable qu'on y attache aujourd'hui, III, 17. — La déclamation était une espèce d'apprentissage à l'éloquence, *ibid*.

Déclamation. — Elle est le modèle vivant du chant, V, 459.

Décoration (de la). — Combien souvent elle laisse à désirer, VII, 373. — Ce que doit être la peinture théâtrale, 374. (Voy. *Sommaire*, p. 304).

Défense de mon oncle (la), titre d'une brochure de Voltaire. — Motifs d'excuse de la prétendue grossièreté reprochée aux premiers chapitres de cet écrit, XI, 56.

DEFRÉMERY (*Charles*), orientaliste français. — Sa traduction du poëme de Sadi, *Gulistan ou le Parterre des roses,* comparée à celle de Diderot, IV, 483, 491.

Dégraisseur. — Synonymes : *Confesseurs, Casuistes, Encaissés, Foulons,* I, 198, 199, 205.

Déiste. — Ne pas le confondre avec le *Théiste*, I, 13. — Il croit en Dieu, mais il nie toute révélation, *ibid.* et 137. — Sa manière de raisonner pour prouver l'excellence de sa religion, 155. — N'a jamais vu son souverain, 190, alinéa 3. — N'admet pas la divinité de deux gros volumes (l'*Ancien* et le *Nouveau Testament*), expression de ses volontés, 191, alinéa 4. — Règle sa conduite par sa croyance, 217, alinéa 6. — Les déistes sont en grand nombre en Angleterre, XIX, 185.

DEJOUX (*Claude*), sculpteur. — Expose, en 1781, une *Statue du maréchal de Catinat*, XII, 70.

DELABORDE (vicomte *Henri*). — Documents qu'il a bien voulu communiquer aux éditeurs de la présente édition, XIII, 114 (note).

DELANDINE (*Antoine-François*), biographe. — Reproche à Diderot d'avoir été le défenseur et l'apologiste de Sénèque, III, 367. — Voyez CHAUDON.

* *Délateurs.* — Leur origine, leurs premiers actes; le mobile de leur conduite, XIV, 275. — Les bons princes n'ont point eu de *délateurs* à leurs gages, 276.

DELANNOY, graveur. — A gravé le portrait de Diderot qui orne la présente édition, d'après la gravure de Chenu, XX, 113.

DELEYRE (*Alexandre*), apologiste enthousiaste de J.-J. Rousseau, III, 94.

DELFT, ville de Hollande. — Par quoi elle est remarquable, XVII, 454.

* *Délicat.* — Emploi de cet adjectif, au simple et au figuré, XIV, 276.

* *Délicieux*, terme propre à l'organe du goût, XIV, 277. — Le suave extrême est le *délicieux* des odeurs, *ibid.* — Tableau du repos *délicieux*, *ibid.*

* *Délié.* — Des diverses acceptions de ce mot, au simple et au figuré, XIV, 278.

DELISLE DE SALES (J.-B. ISOARD, dit), auteur d'une *Lettre de Brutus*, sur les chars anciens et modernes, IX, 466. — Compte rendu de ce livre, au titre ambitieux, *ibid.* à 469.

Délits et peines (*Traité des*), ouvrage de Beccaria. — Voyez BECCARIA.

* *Délivrer*, *Affranchir*. — Synonymes, XIV, 278.

DELPHES. — Le trépied de la Sibylle et le Tabernacle de Moïse comparés, I, 202, alinéa 40.

DELRIO (*Marc-Antoine*), savant jésuite. — Comment il définit la divination dans ses *Disquisitiones magicæ*, XIV, 290. — Ce qu'il dit des sorciers qui pratiquent la *ligature*, XV, 514.

Déluge, I, 201, alinéa 38.

Déluge universel. — Éloquente description de cette terrible catastrophe par Sénèque, III, 365. — Remarque sur le tableau du Poussin, représentant ce sujet, X, 388.

DEMARTEAU, dessinateur. — On lui doit le perfectionnement de la gravure au crayon inventée par un nommé FRANÇOIS, X, 447. — *La mort du Dauphin*, d'après Cochin; *la Justice protégeant les Arts*, d'après Caravage; *Notre-Seigneur au tombeau*, d'après Cortone, que cet habile graveur expose au Salon de 1767, sont de vrais dessins au crayon, XI, 367. — Il faut en dire autant d'une suite de gravures qu'il donne au même Salon, *ibid.* — Conserve sa supériorité à l'exposition de 1771, 546.

DÉMÉTRIUS DE PHALÈRE, philosophe péripatéticien. — Chargé de l'administration d'Athènes, XVI, 249. — Reconnaissance des Athéniens, *ibid.* — Sa mort, 250.

DÉMÉTRIUS *le Cynique*, philosophe romain, cité avec éloge par Sénèque, III, 26. — Sa belle réponse à un envoyé de Caligula, *ibid.* — Mot remarquable à un affranchi enorgueilli de sa fortune, *ibid.* — Vespasien punit de l'exil ses propos injurieux; ce châtiment ne le rend pas plus réservé, 27. — Son exclamation en présence d'un habile pantomime, VII, 105.

DEMIDOFF (prince de). — Diderot sollicite la princesse Dashkoff de lui faire obtenir de ce personnage certains échantillons d'histoire naturelle, XX, 41.

Démocratie. — Ce qui la constitue, VI, 447. — Ne convient en général qu'à un petit État, *ibid.*

DÉMOCRITE, philosophe éléatique, XIV, 400. — Perfectionna la philosophie corpusculaire de Leucippe, son maître, 401. — Notice abrégée sur sa vie et ses travaux, 402. — Son entretrevue avec Hippocrate, 403. — Sa *Logique*, ibid. — Sa *Physiologie*, ibid. — Sa *Théologie*, 405. — Sa *Morale*, ibid.

* Démogorgon (Mythologie). — Cosmogonie emblématique de la création, XIV, 278, 279.

Démon de Socrate (le). — Opinion du psychologiste Lelut sur ce sujet, II, 24. — Opinion de Diderot sur le même sujet, XVII, 242.

Démons. — Êtres supérieurs, de nature vicieuse, I, 21. — Ont-ils des connaissances philosophiques, XIII, 299. — On donne trois origines différentes aux démons dans la théologie juive, XV, 380.

DÉMONAX, philosophe cynique. — Put servir de modèle à tous les philosophes, XIV, 266. — Fut écouté et respecté pendant sa vie, ibid.

Démonisme, croyance à une intelligence capricieuse qui gouverne le monde, I, 21. — Le démoniste peut avoir un culte, 22. — Il y a des nations entières qui adorent un diable à qui la frayeur seule porte leurs prières, ibid. et 23.

Démophon, tragédie lyrique de Métastase, prise pour exemple des ressources offertes par la pantomime dramatique, VIII, 460-462.

DEMOURS (*Pierre*), célèbre chirurgien-oculiste. — Son portrait par le pastelliste de La Tour est un beau morceau de peinture, XI, 151.

DENIS (Mme), nièce de Voltaire. — Lettre que lui adresse l'impératrice Catherine de Russie, III, 396. — Reçoit des mains de Grimm des fourrures magnifiques que lui envoie la grande souveraine, ibid.

DENIS l'*Aréopagite*, philosophe platonicien.— Ferme l'ère de la doctrine des émanations, XV, 298.

DENISE. — Sa mère lui recommande de soigner Jacques VI 168. — Ses amours avec Jacques, 276-280, 283-285. — Elle épouse celui-ci, 286.

DENON, auteur d'une comédie intitulée *Julie ou le Bon Père*. — Critique de cette pièce, VIII, 477.

* *Dénonciateur, Accusateur, Délateur*. — Synonymes; de leur emploi, XIV, 279.

Dénonciation aux honnêtes gens, diatribe publiée, en 1769, par Palissot, VI, 382.

DENYS D'HALICARNASSE, historien. — Il faut lire son Traité sur l'art de placer les mots, VI, 425.—Règles qu'il prescrit au sujet de la prononciation, XIV, 443.

DEPARCIEUX (*Antoine*), mathématicien célèbre. — Diderot cite avec éloge son traité de *Gnomonique*, III, 460. — Auteur d'un *Traité des probabilités de la vie humaine*, dont la formule générale et les tables sont de Diderot, ibid. — Ses *Mémoires sur la possibilité et la facilité d'amener auprès de l'Estrapade de Paris les eaux de la rivière d'Yvette* sont approuvés par l'Académie des sciences, IX, 441. — L'abbé Berthier, et le Père Félicien de Saint-Norbert, carme déchaux, s'unissent pour ruiner son projet, en accusant les eaux de l'Yvette d'insuffisance et de mauvaise qualité, ibid.

Dépit amoureux (le), comédie de Molière. — Plaisante anecdote sur une représentation de la troisième scène du quatrième acte de cet ouvrage, VIII, 378.

DEPPING (*Georges-Bernard*), érudit français d'origine allemande. — Ce qu'il dit de l'écrit de Meister intitulé : *Aux Mânes de Diderot*, I, XII.— Comment il a connu la Notice que Mme de Vandeul a consacrée à la mémoire de son père, XXVII.

Dépravation, *Perversité*. — Misérable état qu'elles traînent à leur suite, I, 67. — En quoi consistent ces vices, 119.

* *Député*, *Ambassadeur*, *Envoyé*. — Nuances qui distinguent ces qualifications, XIV, 279.

DERHAM, savant théologien anglais, au-

teur d'ouvrages cités, XV, 475, à la note.
DENHAM (Guillaume). — Ses expériences sur la marche du son, IX, 87.
DESBROSSES, agent de change. — Perd son crédit, et se donne la mort, XI, 420, 421. — Son dernier entretien avec Diderot, ibid. — Son élévation, sa vie et sa chute, 425, 426.
DESCAMPS (Jean-Baptiste), élève de Coypel. — Cet artiste peint gris, est lourd et sans vérité, X, 340. — Avait trois tableaux au Salon de 1765 : Un *Jeune Homme qui dessine;* un *Élève qui modèle;* une *Petite Fille qui donne à manger à son oiseau,* ibid. — Ce dernier est aujourd'hui au Louvre, sous le nº 161, ibid. — Est auteur de l'ouvrage intitulé : *Vies des peintres flamands, allemands et hollandais,* ibid. — Garde l'anonyme pour les tableaux qu'il envoie au Salon de 1767; tous mauvais, XI, 342-344.
DESCARTES (René), célèbre géomètre. — Les dévots l'ont damné, I, 153. — Rapporte dans sa *Dioptrique* les phénomènes de la vue à ceux du toucher, 283. — Invente l'application de l'algèbre à la géométrie, II, 368. — Son ouvrage de la *Méthode,* recommandé, III, 466. — Se trouve désigné dans les *Bijoux indiscrets,* sous le nom de Vorticose Olibri, IV, 138. — Le Père Mersenne, son condisciple et son ami, le met en correspondance avec Hobbes, XV, 98. — Conformité des idées métaphysiques des deux philosophes sur l'âme humaine, ibid. — Sa méthode a donné naissance à la *logique,* dite *l'Art de penser,* 528. — Sa philosophie comparée à celle de Locke, 529.
DESCHAMPS (Dom), bénédictin. — Ses lettres sur l'*Esprit du siècle,* ouvrage détestable, VI, 368, 369.
DESCHAMPS (Mlle), actrice de l'Opéra-Comique, puis de la Comédie-Italienne, rôle qu'elle joue dans le monde, V, 421. — Se vante, à trente ans, d'avoir déjà dissipé deux millions, XVIII, 526.
Déserteurs, lisez *Apostats,* I, 192, alinéa 8.

DESESSARTS (*Denis* DECHANET, dit), comédien français, ancien procureur. — Lettre que Diderot lui écrit, XX, 74.
DESFONTAINES (l'abbé *P.-François*), critique violent. — Voltaire le traîne dans le ruisseau, VI, 353. — Virgile a résisté à sa traduction lourde et pesante, 424. — Ce qu'il dit à l'abbé de La Porte touchant le talent dramatique de Diderot, VII, 17. — Insuffisance de sa traduction de Virgile pour faire connaître ce poëte, XI, 4, 108.
DESFORGES (la), fille entretenue. — Comment elle se comporte avec Diderot, XIX, 85.
DESGLANDS. — Histoire de ses amours et de son emplâtre, VI, 256. — Une scène de jalousie, l'œuf cassé, le soufflet tenu pour reçu, 260. — La réconciliation impossible, ibid. — L'emplâtre, 261. — Un premier duel, ibid. — Un second duel, ibid. — Fin de cette aventure, ibid.
DESGREY (Mlle). — Accusée par ses frères d'avoir distrait des objets mobiliers de la succession de leurs parents. Diderot présente sa justification à l'abbé Gayet de Sansale dans trois lettres : la 1re, XIX, 500; la 2e, XX, 1; la 3e, 3.
DESHAYS (Jean-Baptiste), dit *le Romain.* — Le *Martyre de saint André,* que ce peintre expose au Salon de 1759, cité avec éloge, X, 100. — *Hector exposé sur les rives du Scamandre,* et une *Marche de voyageurs dans les montagnes,* tableaux de la même exposition, sont d'un mérite fort inégal, ibid. — Premier peintre de la nation, il a plus de chaleur et de génie que Vien, et ne le cède aucunement à Van Loo pour le dessin et la couleur, 122. — Son tableau de *Saint André,* peint pour l'église de ce nom à Rouen, se voit aujourd'hui au Musée de cette ville; il a été gravé par Parizeau, ibid. — Ses tableaux de *Saint Victor,* de *Saint Benoît,* de *Saint Pierre délivré de la prison,* une *Sainte Anne faisant lire la Vierge,* et des *Caravanes* dans le genre de Boucher, figurent avec distinction au Salon de

1761, 123 à 126. — Est le plus grand peintre d'église du temps présent, 183, — Son *Mariage de la Vierge* est la plus vaste et la plus belle composition du Salon de 1763, *ibid.* — Au même Salon, la *Chasteté de Joseph*, tableau d'un grand mérite, 185. — Description de ce chef-d'œuvre, 186. — On voit encore à ce Salon une *Résurrection de Lazare*, sans numéro et sans nom d'artiste, mais qu'on sait être de Deshays; ce tableau a des parties bien traitées, 189. — Meurt à Paris le 10 février 1765; né libertin, il est mort victime du plaisir, 237, 282. — Ses dernières productions exposées au Salon de 1765 sont faibles; elles témoignent de l'état misérable de sa santé au moment où il s'occupait des six tableaux suivants : I. *La Conversion de saint Paul*, 282. — II. *Saint Jérôme écrivant sur la mort*, 283. — III. *Achille, près d'être submergé par le Scamandre et le Simoïs, est secouru par Junon et par Vulcain*, 284. — IV. *Jupiter et Antiope*, 285. — V. *L'Étude*, *ibid.* — *Le comte de Comminges à l'abbaye de la Trappe* (esquisse), et *Artémise au tombeau de Mausole* (autre esquisse), 286. — Notice abrégée sur sa vie et ses ouvrages, 288. — Meurt à trente-cinq ans épuisé de débauches, 190, et XII, 93

DESHAYS, dit *le Jeune*, frère du précédent. — C'était un peintre sans talent; deux têtes qu'il expose au Salon de 1765 ont été retouchées par son frère, X, 237, 385. — Les portraits qu'il expose au Salon de 1767 sont détestables, XI, 289. — Talent nul, 307. — Encore plus nul à l'Exposition de 1769, 446. — Les Portraits de l'*Évêque de Poitiers*, de Mᵐᵉ *de la Popelinière*, et plusieurs autres, à l'Exposition de 1771, sont d'une grande faiblesse, 518.

Déshonneur. — Il est dans l'opinion des hommes : l'innocence est en nous, III, 411.

DESLANDES (*André-François* BOURREAU), de l'Académie de Berlin, auteur de l'*Histoire critique de la philosophie*, XIII, 301. — Suivant lui, cette science est née avec le monde, *ibid.* — Réfutation de cette opinion, *ibid.*

DESMAHIS (*Joseph-François-Édouard* DE CORSEMBLEU), l'un des plus aimables élèves de Voltaire qui, dans une préface mise en tête des *Guèbres*, tragédie non représentée, lui attribue cet ouvrage, VIII, 456.

DESMARETS (*Nicolas*), physicien, auteur de savantes *Notes sur les questions naturelles* de Sénèque, cité avec éloge, III, 12. — Devait être envoyé en Sibérie pour faire des observations, et est remplacé pour ce voyage par l'abbé Chappe, XIX, 19. — Conseils que lui donne Diderot, 20.

DESNOYERS (J.), membre de l'Institut. — On lui doit la communication bienveillante d'une lettre inédite de Diderot à l'abbé Le Monnier, XIX, 373.

DESPAUTÈRE (*Jean*), grammairien. — Diderot l'appelle à son aide dans une question de grammaire, VI, 297.

DESPORTES (*François*), peintre de fruits et d'animaux; cité, X, 136.

DESPORTES (*Nicolas*), neveu et élève du précédent. — Expose au Salon de 1761 divers tableaux : un *Chien blanc*; des *Déjeuners*; du *Gibier* et des *Fruits*, tous peu dignes d'attention, X, 136. — Les tableaux de fruits qu'il envoie au Salon de 1763 ne lui méritent d'autre mention que celle de victime de Chardin, 204. — Deux tableaux qu'il expose au Salon de 1765, l'un d'animaux, l'autre de fruits, accusent un léger progrès, 321. — Une *Cuisine*, au Salon de 1771, morceau d'un bon effet en général, XI, 485.

Despote. — Ce qu'il fait en abrutissant ses sujets, II, 397.

DESROCHES (le chevalier). — Son histoire, V, 336. — Son aventure avec Mᵐᵉ de La Carlière, 339 et suiv. — Reçoit le surnom de Desroches-le-Brodequin, 340. — Motif de ce plaisant surnom, *ibid.* — Devient l'époux de Mᵐᵉ La Carlière, 343. — Après deux ans d'un bonheur sans mélange, il s'engage dans une intrigue, 344, 345. — Il trahit ses serments; l'intrigue est découverte, *ibid.* — Noble conduite de Mme Desroches dans cette grave circonstance, 346. — Tableau d'intérieur, réunion de famille et d'amis, 347. — Mme de La Carlière se sépare de lui et reprend son nom de veuve, 350. — Inconséquence du jugement public prononçant sur cette histoire sans en connaître toutes les particularités intimes, 356.

Dessouci, néologisme introduit dans la langue française par Diderot, III, 208. — M. Littré écrit *désouci*, et traduit : manque de souci, *ibid.*

Destin (le). — Nous croyons le conduire; mais c'est toujours lui qui nous mène, VI, 37.

Destouches, ex-oratorien. — Diderot fait sa connaissance chez Le Breton, XVIII, 481. — C'est en sa compagnie que Diderot se blesse au pied, *ibid.*

Destouches-Canon (le chevalier), père de d'Alembert. — Nommé le militaire La Touche, dans l'*Entretien entre d'Alembert et Diderot*, II, 109.

Deuil (le curé de). — Tact qu'il possède, IV, 20. — Combien il est cher à ses paroissiens, XIX, 260.

¶ *Deux amis* (les), drame. — Plan de cet ouvrage, VIII, 257.

Devaines (Jean), littérateur français, premier commis des finances. — Son compte rendu, dans les *Nouvelles politiques* du 6 brumaire an V, du roman intitulé : *la Religieuse*, V, 6 et suiv. — Pourquoi Diderot renonce à l'avertir de la mort de M. de Propriac, XVII, 353. — Portraits de Devaines et de sa femme, XIX, 328.

Développante du cercle. — Examen de cette question mathématique, IX, 132-152.

Devin du village (le), opéra de J.-J. Rousseau, représenté pour la première fois en 1753. — Compte rendu de cet ouvrage, XII, 157-170.

Devoirs de l'homme. — En quoi ils consistent, II, 85.

Devoirs du soldat. — A quoi ils se réduisent, I, 192, alinéa 8.

Dévot, Dévots. — Partout où ce mot se prend en mauvaise part, il faut entendre, comme dans La Bruyère, et La Rochefoucauld, *Faux dévots*, I, 18. — Entendent mal leur intérêt, quand ils se déchaînent contre le scepticisme, 141. — Ont damné Descartes, Montaigne, Locke et Bayle; ils en damneront bien d'autres, Diderot compris, 153. — N'entendent pas raillerie, 185. — Plaisante histoire de deux dévotes, IV, 208-214.

Dévots. — Habitués de l'*Allée des épines* dans la *Promenade du sceptique*, I, 189-214.

* *Dexicréontique* (Mythologie). — Surnom de Vénus. Anecdotes y relatives, XIV, 279, 280.

Diable. — Voyez *Enchanteur*.

Diable au café (le). — Dialogue signé Diderot et dont le véritable auteur est M. Louis Ménard, XX, 100.

Diagoras, philosophe grec, de la secte Éléatique. — Particularités de sa vie, XIV, 407. — Sa façon de penser le fait surnommer *l'Athée*, *ibid.* — Donne de bonnes lois aux Mantinéens, *ibid.* — Meurt à Corinthe, *ibid.*

Dialogue. — Voyez *Plan (du) et du Dialogue*.

Dialogue entre un colporteur et Diderot dans la boutique d'un libraire, sur le Dictionnaire de l'Encyclopédie; extrait des *Pièces historiques et satiriques recueillies par le marquis de Paulmy*, XX, 126.

¶ Dialogues. — Introduction aux grands principes, ou réception d'un philosophe, II, 71. — Entretien entre d'Alembert et Diderot, 101. — Supplément au voyage de Bougainville, ou dialogue entre A et B, 193. — Entretien d'un philosophe avec la maréchale de ***, 503. — La marquise de Claye et Saint-Alban, IV, 449. — Cinq-Mars et Derville, 463. — Mon père et moi, 475. — Entretien d'un père avec ses enfants, ou du danger de se mettre au-dessus des lois, V, 279-308. — Ceci n'est pas un conte, 309-332. — Sur l'inconséquence du jugement public sur nos actions particulières, 335-357. — *Lui et moi*, entretien de Diderot avec Rivière, XVII, 481.

Dialogues sur le commerce des blés; ouvrage de l'abbé Galiani, VI, 440. — Sentiment de Diderot sur la *Réfutation* de ces dialogues par l'abbé Morellet, XX, 8.

* DIANE (Mythologie). — Notice, XIV, 280.

Diaphragme. — Grand rôle que cette membrane nerveuse joue dans les sensations de l'homme, II, 337. — La tête fait les hommes sages, le diaphragme les hommes compatissants et moraux, 338. — Sa position anatomique, IX, 289. — Sert d'appui au cœur, *ibid.* — N'existe pas dans tous les animaux, *ibid.* — Description de cet organe, 306.

DICÉARQUE, philosophe péripatéticien. — Ses principes philosophiques, XVI, 248.

DICÉNEUS, philosophe scythe, XVII, 113.

DICKINSON, avocat à Philadelphie, auteur des *Lettres d'un fermier de Pensylvanie*, IV, 86. — Pleines de raison, de simplicité et d'éloquence, ces lettres ont eu quarante éditions à Londres en moins d'une année, *ibid.*

DICKONS (Mlle), fille du recteur de Boxworth, dans la contrée de Cambridge, I, 312. — De cette union deux enfants, un fils et une fille, *ibid.*

¶ * *Dictionnaire encyclopédique* ou Recueil des principaux articles de grammaire, de philosophie et de morale fournis par Diderot pour l'*Encyclopédie*, ouvrage en 28 volumes in-fol., 1751-1772. — Cette partie remplit dans la présente édition des *Œuvres de Diderot* les tomes XIII, p. 107 à la fin, XIV, XV, XVI et XVII, jusqu'à la p. 326. — Tous les articles renfermés dans ces volumes sont mentionnés à la *Table générale*, où ils sont précédés d'un astérisque.

La pensée de cette publication appartient aux libraires Le Breton et Briasson, XIII, 109. — Un premier projet, simple traduction de l'*Encyclopédie* de Chambers, avorte, *ibid.* — Repris par l'abbé Gua de Malves, ce nouvel essai n'a pas de suite, *ibid.* — En 1745, le chancelier d'Aguesseau désigne Diderot comme éditeur principal de l'ouvrage projeté, 110. — Histoire des entraves apportées à son exécution dès le début de l'entreprise, *ibid.* — Réclamations des libraires intéressés au comte d'Argenson, 111-113. — Suite ininterrompue de persécutions, 114-126. — Éditions diverses de cet ouvrage, 127. — Compte rendu du choix des articles reproduits dans la présente édition, 127, 128. — Prospectus de cet ouvrage, 129-158. — Voyez * *Encyclopédie.*

DIDEROT (*Denis*). — Sa naissance. État de son père. Le jeune Diderot destiné à l'état ecclésiastique. Profonde sensibilité qu'il montre dès son enfance. I, XXIX. — Il étudie chez les jésuites. Ses succès. Particularité à ce sujet, XXX. — Sa vivacité. Son goût pour la chasse. Il quitte ses études pour l'état de son père. Les reprend au bout de cinq jours. Séduit par les jésuites, il se détermine à quitter la maison paternelle, *ibid.* — Son père le conduit à Paris, et le place au collège d'Harcourt, XXXI. — Service qu'il y rend à un de ses camarades, *ibid.* — Il s'y lie avec l'abbé de Bernis, *ibid.* — Son séjour de deux ans chez un procureur, XXXII. — Son avidité à s'instruire. Sa réponse sur le choix d'un état. Il sort de chez le procureur et prend un cabinet garni. Son genre de vie. Ses ressources pécuniaires, *ibid.* et XXXIII. — Il entre en qualité de précepteur chez un financier. Comment il remplit ses fonctions pendant trois mois, *ibid.* — Il quitte le financier et reprend son cabinet garni. Vie qu'il y mène. Sa liaison avec un moine du couvent des carmes déchaussés, XXXIV. — Par quelle ruse il en tire de l'argent, XXXV. — Comment il passe un mardi gras, XXXVII. — Époque à laquelle il fait connaissance de Mlle Champion. Comment se fait cette connaissance, *ibid.* et suiv. — Voyage de Diderot chez son père. Son prompt retour à Paris. Son mariage avec Mlle Champion, XXXIX. — Il l'oblige à quitter l'état qu'elle faisait. Pourquoi. Son nouveau genre de vie. Ses travaux littéraires lui donnent un peu d'aisance, XL. — Il conçoit le projet de l'*Encyclopédie*. Son traité avec les libraires. Son désintéressement, XLI. — Il envoie sa femme chez son père. Dans quelle vue. Comment Mme Diderot est reçue, *ibid.* — Comment elle se fait aimer de la famille de son mari. Liaison de Diderot avec Mme de Puisieux, *ibid.* — Les chagrins qu'éprouve Mme Diderot ne l'empêchent point de remplir ses devoirs de mère et d'épouse, XLII. — Ouvrages que Diderot compose et vend pour satisfaire aux demandes d'argent de Mme de Puisieux, *ibid.* — Il travaille à l'apologie de la Thèse de l'abbé de Prades, *ibid.* — Est conduit à Vincennes. Pourquoi, XLIII. — Son séjour et ses occupations dans cette prison, XLIV et suiv. — Sa rupture avec Mme de Puisieux. Inquiétudes et tourments que lui cause l'*Encyclopédie*. Chagrin que lui donne le libraire Le Breton. Autre chagrin que lui donne d'Alembert, XLV. — Ouvrage enlevé par un exempt, et cru perdu, XLVI. — Représentation du *Père de famille*, *ibid.* — Enfants de Diderot morts en bas-âge, *ibid.* — Sa liaison avec Mlle Volland. Sa facilité à secourir tous ceux qui avaient besoin de sa bourse, de ses talents et de ses démarches, XLVII. — Anecdotes curieuses à ce sujet, *ibid.* et suiv. — Son goût pour la dépense, pour le jeu. Ses fantaisies, LI. — Il travaille pour des corps, pour des magistrats. Vend sa bibliothèque à l'impératrice de Russie, *ibid.* — En reçoit cinquante mille francs pour cinquante ans. Va en Russie, LII. — S'y brouille avec Falconet; pourquoi. Comment il est traité par le prince de Nariskin *ibid.* — Et par l'impératrice, LIII. — Ses ouvrages depuis son retour de Russie. Altération de sa santé, LIV. — Sa maladie, LV et suiv. — Comment il reçoit le curé de Saint-Sulpice, LVI. — Il va s'établir à Sèvres. Vient habiter un superbe logement rue Richelieu, LVII. — Sa mort. Son enterrement. Ouverture de son corps. Sœurs de Diderot. Son frère chanoine de Langres. Caractère de cet ecclésiastique, LVIII. — Pourquoi les deux frères ne purent jamais être réconciliés, LIX. — Buste de Diderot envoyé par lui à la ville de Langres, *ibid.* — Il est refusé à l'Académie par le roi. Sa douleur à la mort de Mlle Volland. Sa dévotion passagère, LX. — Ses liaisons avec Rousseau. Sujet de leur brouillerie difficile à expliquer, LXI. — Mœurs de Diderot, *ibid.* — Ses paroles à M. de Beaumont, archevêque de Paris, *ibid.* — Détails biographiques sur sa descendance, LXIII. — Reçoit avec les plus grands égards, et la plus parfaite convenance, en 1783, les visites de M. Faydit de Tersac, curé de Saint-Sulpice, sa paroisse, LXV. — Son buste, par Mlle Collot, élève de Falconet, est une œuvre magistrale, LXVIII. — Comment il a traduit, ou plutôt imité, l'*Essai sur le mérite et la vertu* de mylord Shaftesbury, 16. — Sa profession de foi, 153. — Lettre à l'abbé Diderot, son frère, sur l'intolérance religieuse, 485-490. — Son peu d'aptitude pour la danse, II, 333. — Apprend facilement l'escrime, *ibid.* — Dédie à Naigeon, son ami, l'*Essai sur les règnes de Claude et de Néron*, III, 9. — Disposition de son esprit au temps où il écrivait cet ouvrage, *ibid.* — Réponse à ceux qui ont trouvé dans cet écrit une allusion à J.-J. Rousseau, 91 et suiv. — Son admiration enthousiaste pour Sénèque, 371. — Marmontel explique comment Diderot a été conduit à écrire la *Vie de Sénèque*, 398. — Jugement qu'il porte sur lui-même, 400, 401. — Fait des Grecs, des Latins, de Moïse et des prophètes, de fréquentes lectures, 478. — Ses procédés ordinaires de travail, IV, 3. — A eu une part considérable dans les premiers succès de J.-J. Rousseau, 100-104. — Sa croyance touchant la vie à venir, VI, 195. — Réponse à ceux qui lui reprochent de débiter des contes obscènes, 221. — Produit pour sa justification un passage imité de Montaigne, 222, 223. — Lettre à l'abbé Galiani sur une ode d'Horace, 289. — Ruses d'écolier qu'il employait avec succès, 298. — Chaque homme à son analogue animal, 303. — Lettre à Naigeon sur un passage de la première satire du second livre d'Horace, 303-316. — Lettre au baron d'Holbach sur Boulanger, 339. — Publie, en 1757, son premier ouvrage dramatique, *le Fils naturel*, VII, 3. — La pièce est représentée pour la première fois en 1771, *ibid*. — Une querelle étant survenue entre les acteurs, Diderot s'oppose à une seconde représentation et retire la pièce du théâtre, 8. — Fait imprimer, en 1758, sa comédie *le Père de famille*, 171. — Cette pièce est représentée pour la première fois à Marseille en 1761, et la même année à Paris, *ibid*. — Cet ouvrage éprouve des alternatives de succès et de froid accueil, 162-178. — Fait l'analyse de sa pièce, 323-326. — Quelques circonstances de sa vie, racontées par lui-même sous le nom d'Ariste, 390-394. — Lettre à Mme Riccoboni, 397-409. — Ses observations sur une brochure intitulée : *Garrick ou les Acteurs anglais*, VIII, 343. — Publie le *Paradoxe sur le comédien*, 361. — M. de Sartine l'exhorte à composer pour le théâtre des pièces dans le genre du *Père de famille*, 401. — Avait de nombreux ennemis. Origine de tant de haines, 402. — Une visite chez la Clairon, 403. — Anecdote d'atelier chez Pigalle, 415. — Conseils à Dorat sur la manière de traiter le sujet tragique de *Régulus*, 443. — Le but de son voyage en Champagne en juillet 1770, XVII, 329. — Il va à Bourbonne le 10 août 1770, 333. — Maladie singulière qui nécessite le voyage de son père à Bourbonne, 334. — Hommage filial qu'il rend à ses parents, *ibid*. — Malades qu'il rencontre à Bourbonne, 343. — Effet que produit sur lui son séjour à Bourbonne, 347. — Danger qu'il y court de passer pour un homme abominable, 353. — Il habite à La Haye chez le prince Galitzin, 443. — Anecdotes qu'on lui raconte dans cette ville, 444. — Ce qu'il raconte sur deux étrangers, mari et femme, qu'il rencontre cette ville, 448. — Rencontre le baron de Gleichen en Hollande, 451. — Ce qu'il apprend d'un marchand de vin hollandais à Bruxelles, 469. — Sa conversation avec une Anglaise dans la voiture de Bruxelles, 469. — Aventure d'une jeune fille qui passait des dentelles en fraude à la douane de Gueverin (Quiévrain), *ibid*. — Son dialogue avec Rivière dans *Lui et moi*, 481. — Il a rendu plusieurs visites à la princesse Dashkoff, 487. — Il amène à lui faire excuse H. Walpole qui avait mal parlé de la France, 492. — Inscriptions qu'il propose pour la statue de Pierre le Grand, XVIII, 82. — La réception que lui fait Falconet à Pétersbourg le blesse plus que le rejet de ses deux inscriptions, 83. — Quand sa rupture éclate avec Falconet, *ibid*. — Sa correspondance avec Falconet (voy. *Lettres à Falconet*), 87. — Sa correspondance avec Mlle Volland (voy. *Lettres à Mlle Volland*), 353. — Sa correspondance avec l'abbé Le Monnier (voyez *Lettres à l'abbé Le Monnier*), XIX, 359. — Sa correspondance avec Mlle Jodin (voyez *Lettres à Mlle Jodin*), 379. — Sa correspondance avec divers (voyez *Correspondance Générale*), 419. — Pièces relatives à son arrestation, XX, 121. — Pièces relatives à l'*Encyclopédie*, 126. — Diderot peint par ses contemporains, 134. — Principaux écrits relatifs à sa personne et à ses œuvres, 141.

DIDEROT (Mme), épouse du philosophe. — Voyez CHAMPION, *Anne-Antoinette*.

DIDEROT (*Denis-Laurent*), troisième enfant de Diderot. — Tombe sur les marches de l'église quand on le présente au baptême, et meurt des suites de cette chute, I, XLVII, LXIV.

DIDEROT (*Didier*), coutelier à Langres, père du philosophe, homme de beaucoup de fermeté dans le caractère et fort habile dans son métier, I, XXIX. — Conduit à Paris son fils Denis, qu'il fait entrer comme pensionnaire au collège d'Harcourt, XXX. — Reste durant quinze jours à Paris, dans le seul but de s'assurer des dispositions de son fils, XXXI. — Écrit à M. Clément de Ris, procureur, pour qu'il dirige son fils dans l'étude du droit et des lois, XXXII. — Après deux ans, informé par M. Clément de Ris de l'inutilité de ses soins, il intime à son fils l'ordre de rentrer dans la maison paternelle, *ibid.* — Habile dans l'art de fabriquer des instruments de chirurgie, il n'aurait à aucun prix consenti à en faire un défectueux, II, 413. — Grimm lui rend visite en mars 1759, V, 280. — Un entretien avec ses enfants, 281-308. — Il fait deux fois le voyage de Bourbonne pour une maladie singulière, XVII, 334. — Ce qu'il répond à ses enfants et à ses amis, qui ne peuvent lui faire prendre un verre d'eau de plus qu'il n'en sent le besoin, *ibid.* — Suites de son second voyage à Bourbonne, *ibid.*

DIDEROT (Marie-Angélique), fille du philosophe. — Voyez VANDEUL.

DIDEROT (l'abbé), frère puîné du philosophe ; élève des jésuites, I, LVIII. — Intolérant, il se brouille avec toute sa famille, *ibid.* — A néanmoins de grandes qualités, LIX. — Unique marque d'amitié qu'il ait donnée à Mme de Vandeul, sa nièce, *ibid.* — Refuse d'assister à une fête donnée par le maire et les échevins de la ville de Langres pour l'installation du buste de son frère dans une salle de l'hôtel de ville, LX. — Lettre que lui adresse son frère en 1745, 9. — Autre lettre du même, en date du 29 décembre 1760, sur l'intolérance, 485-490. — Son caractère, XVIII, 364.

DIDEROT (Mlle), sœur du philosophe. — Son caractère d'après Mme de Vandeul, I, LVIII. — Son caractère, d'après Diderot, XVIII, 364.

Diderot et Catherine II, gravure appartenant à l'*Histoire de France racontée à mes petits-enfants*, de Guizot, XX, 120.

Diderot et Fréron, documents sur les rivalités littéraires au XVIIIe siècle, publiés par Étienne Charavay, XX, 143.

Diderot et Grimm en conversation, gouache, par Carmontelle, XX, 118.

Diderot et la société du baron d'Holbach. Étude sur le XVIIIe siècle, par Avezac-Lavigne, XX, 143.

Diderot et le XIXe siècle, conférences de M. Louis Asseline, XX, 142.

Diderot fouetté. — Inscription mise au bas d'une estampe que M. Victor Hugo considère comme l'œuvre de la police du temps (1752), I, 431 ; XX, 120.

Diderot peint par ses contemporains, XX, 134.

Diderot, sa vie et ses œuvres, par Albert Collignon, XX, 143.

Diderot's Leben und Werke, par Karl Rosenkranz, XX, 143.

Diderot und seine Werke, par François Raumer, XX, 142.

Diderotiana, ou Recueil d'anecdotes, bons mots, plaisanteries, et pensées de Denis Diderot, suivi de quelques morceaux inédits de ce célèbre encyclopédiste, par Cousin d'Avalon, XX, 141.

DIDYME D'ALEXANDRIE, célèbre grammairien. — Philosophe chrétien, sut très-bien séparer d'Aristote et de Platon ce qu'ils avaient de faux et de vrai, XV, 295.

DIECMAN. — Auteur d'un ouvrage sur le *naturalisme* de Bodin, XVI, 341.

DIESKAU (baron de). — Reconnaissance qu'un sauvage lui témoigne, VI, 455. — Ami intime du maréchal de Saxe, XIX, 3. — Comment il fut blessé au Canada dans un combat contre un corps d'Anglais et de sauvages Iroquois, 5. — Traits d'humanité et de générosité de général envers un général, et de soldat envers un soldat, 6. — Comment il échappe à la fureur des Iroquois, 7. — Il a servi longtemps sous le maréchal de Saxe, 9.

DIETREY (Christian-Guillaume-Ernest), peintre allemand. — Wille, habile graveur, expose, en 1771, une belle estampe d'après son tableau les *Offres réciproques,* XI, 546.

DIEU. — Nom donné d'un consentement unanime à l'Être tout-puissant qui gouverne le monde, I, 21. — Comment sa connaissance opère sur les hommes, 51. — Ne pas dire de certaines gens qu'ils le craignent, mais bien qu'ils en ont peur, 129. — Il ne le faut imaginer ni trop bon ni méchant, 130. — La superstition lui est plus injurieuse que l'athéisme, *ibid.* — Raisonnement de l'athée contre son existence, 131. — Qu'est-ce que Dieu? 138. — A cette question qu'on fait aux enfants, les philosophes ont bien de la peine à répondre, *ibid.* — On nous parle trop tôt de lui, on n'insiste pas assez sur sa présence, *ibid.* — On a fait du Dieu des chrétiens un père qui fait grand cas de ses pommes et fort peu de ses enfants, 160. — Que fera-t-il à ceux qui n'ont pas entendu parler de son fils? Punira-t-il des sourds de n'avoir pas entendu? 161. — Le Dieu de l'hostie dévoré par les mites sur son autel! 162. — *On a fait mourir Dieu, pour apaiser Dieu*, mot excellent du baron de La Hontan, gentilhomme gascon, 164. — Prière que Diderot lui adresse, II, 61. — Seule manière dont il ait jamais parlé aux hommes, 82. — Ne peut avoir besoin des hommages de l'homme, 83. — Ce qu'il est dans la doctrine des Sarrasins, XVII, 53. — Sentiments de Socrate sur la Divinité, 158. — Ce qu'est Dieu dans la physiologie des stoïciens, 212. — Ce qu'il est dans leur philosophie morale, 219. — Opinion de Diderot au sujet de l'existence de Dieu, XVIII, 512.

Dieu et l'homme, par M. de Valmire. — Analyse de cet ouvrage, IV, 92.

* *Dieux*. — S'entend des faux *Dieux* des Gentils, qui tous étaient des créatures auxquelles on rendait les honneurs dus à la divinité, XIV, 281. — Remarques sur la valeur de cette qualification chez les Grecs et les Latins, *ibid.*

Digeon (M.). — Conversation de Diderot avec Mme Le Gendre, à son sujet, XIX, 236. — Décrie la baronne d'Holbach dans l'esprit de Mme Le Gendre, 258. — Jugement de Diderot sur lui, 259.

Dinaux (*Arthur-Martin*), littérateur français. — Son histoire des *Sociétés badines, galantes et littéraires*, citée par M. Assézat, V, 9.

Dioclétien, empereur romain. — L'abbé Chaudon reproche à Voltaire de l'avoir ménagé, par haine pour le christianisme, VI, 352.

Diodore. — Philosophe péripatéticien, succède à Critolaüs, dans le Lycée, XVI, 248. — La première période de l'école péripatéticienne finit à lui, *ibid.*

Diodore Cronus. — Philosophe grec, de la secte Mégarique, XVI, 112. — Ce qui le fait mourir de travail et de chagrin, *ibid.* — A cinq filles qui se rendent célèbres par leur sagesse et leur habileté dans la dialectique, *ibid.* — Sectateur de la physique atomique, *ibid.*

Diodore de Sicile, historien grec. — Attribue à Osymandias, roi d'Égypte, la création de la première *bibliothèque* publique, sur le frontispice de laquelle il fit écrire ces mots: Trésor des *Remèdes de l'âme*, XIII, 440.

Diogène Laerce, écrivain grec. — Propos de Diogène le Cynique, rapporté par lui, III, 40. — A donné dans la *Vie de Zénon* un abrégé de la dialectique stoïcienne, XV, 526. — Chimères et subtilités qu'on y rencontre, *ibid.*

Diogène l'*Apolloniate*, philosophe grec, successeur d'Anaximandre dans l'école Ionique. — Son enseignement est conforme à celui de son maître, XV, 250.

Diogène *le Babylonien*, philosophe stoïcien. — Ce qui lui arrive un jour qu'il parle de la colère, XVII, 227.

Diogène *le Cynique*, philosophe grec. — Comment il devient le disciple d'Antisthène, XIV, 259. — Notice sur sa vie, *ibid.* et suiv. — Il meurt à quatre-vingt-dix ans, 260. — Principes fondamentaux de sa doctrine, *ibid.* — Quelques-uns de ses bons mots, 262.

Dion, rhéteur et historien grec. — Cité, III, 27, 31, 32, 33, 35, 39, 40, 58, 59, 80. — A suivi Suilius dans ses imputations calomnieuses contre Sénèque, 88, 89. — Opinion de Montaigne sur cet écrivain, 120. — A diffamé Sénèque et Burrhus, 124, 149. — Crévier le nomme l'éternel calomniateur de tous les Romains vertueux, 150 et

374. — Exerce sous trois règnes le métier d'intrigant, de courtisan et de flatteur, 150. — Note sur sa vie et ses ouvrages par Naigeon, *ibid*. — Ses incroyables contradictions, 151. — Affirme que l'écrit de Sénèque (*la Consolation à Polybe*) ne subsiste plus 337.

Dionée attrape-mouches. — Plante de la Caroline ; curieuse propriété qui la caractérise, IX, 257.

DIOPHANTES, mathématicien d'Alexandrie, I, 400.

Diphile, nom d'un sceptique désigné pour représenter sa secte dans une assemblée religieuse, I, 228, alinéa 31. — Mission qu'il reçoit, 230, alinéa 39.

Directeurs de Nonnains. — Voyez Serinettes ambulantes.

¶ Discours d'un philosophe à un roi, fragment inédit, IV, 33.

¶ Discours sur l'inégalité des conditions. — De l'aveu de J.-J. Rousseau, ce discours, publié sous son nom, est, en entier, l'ouvrage de Diderot, IV, 101.

* Discrétion. — De la véritable acception de ce terme en morale, XIV, 283.

* Disert. — Valeur de cette épithète, XIV, 283.

Disgrâce. — Publier soi-même celle qui vous atteint, acte de prudence, II, 465.

* Disparate. — Il n'y a point de *disparates* sans inégalité, XIV, 283.

* Disparité, Inégalité, Différence. — Termes synonymes, XIV, 283, 284.

Dispense. — Toute dispense accordée par le souverain est une infraction à la loi, II, 471.

Dispenses. — Voyez Savon, Indulgence, Vélin.

* Dissertation. — Ce qui la constitue, XIV, 284.

Dissertations. — Sur la *Poésie rhythmique*, par Bouchaud, VI, 334. — Sur *Ésope le fabuliste* ; sur *Élie* ; sur *Énoch* ; sur *Saint Pierre*, par Boulanger, existent manuscrites et n'ont point été imprimées : celles du même auteur sur *Saint Roch* et *Sainte Geneviève*, ont été égarées, 346.

Dissonances. — L'harmonie oratoire a les siennes, aussi bien que l'harmonie musicale, I, 407. — Leur rôle en musique, XII, 323.

* Distinction. — Source féconde de disputes entre les métaphysiciens, XIV, 284, 286.

Distinction des objets, II, 50.

* Distraction. — Libertinage de l'esprit, XIV, 286, 287.

¶ Dithyrambe. — Remarques sur ce genre de poésie, IX, 9. — *Les Éleuthéromanes*, 12.

¶ Diversité et étendue de l'esprit, IV, 20 (fragment inédit).

¶ Diversité de nos jugements, fragment inédit, IV, 22.

* Divination. — Art prétendu de connaître l'avenir par des moyens superstitieux, XIV, 287. — L'Écriture en cite neuf espèces ; en quoi elles consistaient, *ibid*. — Les Juifs en étaient infectés, 288. — Se répandit en Grèce et chez les Romains, *ibid*. — Idées de Condillac sur l'origine et les progrès de la divination, 291 à 296.

Divorce. — Question superficiellement traitée par Helvétius, II, 441. — Difficultés qu'il fait naître, *ibid*.

DJEMCHID, quatrième roi de la dynastie des Parsis. — Fut le premier qui vit l'Être suprême face à face, XVII, 320.

Documents divers. — Pièces relatives à l'arrestation de Diderot en 1749, XX, 121. — Pièces relatives à l'*Encyclopédie*, 126. — Diderot peint par ses contemporains, 134. — Principaux écrits relatifs à la personne et aux œuvres de Diderot, 144.

DODWELL, savant anglais. — Chaudon reproche à Voltaire d'avoir exalté son incrédulité, VI, 352.

Dogme. — Un gouvernement sage doit sévir contre l'annonce de tout dogme en opposition avec la religion dominante, I, 143. — Ce que Diderot pense du dogme chrétien, 168.

DOMARD, graveur français. — Auteur d'une médaille en bronze de Diderot, XX, 112.

DOMITIA, tante de Néron. — Voyez LEPIDA.

Don Carlos, tragédie du marquis de

Ximènes, VIII, 430. — Examen de cette pièce, refusée par les comédiens ; jouée sur un théâtre particulier, *ibid.*, 431 et suiv. — Cet ouvrage n'est pas sans mérite ; mais le sujet est au-dessus du génie de l'auteur, 438.

¶ *Don Pablo Olavidès*, précis historique rédigé sur des mémoires fournis par un Espagnol, VI, 467. — Voyez JAREGNY ; OLAVIDÈS ; OSMA ; RAVAGO ; ZAMORA.

DONNE (docteur), savant théologien anglais. — Prouve dans un ouvrage que l'Écriture ne défend point le suicide, XVII, 234, 236, 237.

Dons gratuits. — Moyen proposé contre la domination du clergé, IV, 34.

DORAT (*Claude-Joseph*). — Compte rendu de ses *Idylles de Saint-Cyr*, VI, 415. — Le luxe qu'il met dans la publication de ses Œuvres cause sa ruine, *ibid.* — Publie, à la suite de son drame *les Deux Reines*, une nouvelle intitulée : *Sylvia et Molhésof*, sujet pris à Diderot, VIII, 4. — Avis que lui donne Diderot sur la manière de traiter le sujet de *Régulus* comme tragédie, 443-448. — Examen de son *Épître de Barnevelt à Truman*, 449-451.

DORTIDIUS, pseudonyme de Diderot, inventé par Palissot dans sa comédie des *Philosophes*, IV, 473.

DOSITHÉE, magicien de Samarie. — Son histoire, XV, 326 et suiv.

DOUINA ou DUINA, rivière de Russie que Diderot dut traverser lors de son retour de Pétersbourg. — Réflexions au sujet de son passage, XX, 63. — Voyez *Trajet de la Duina*, IX, 28.

Doute (le). — En matière de religion, loin d'être acte d'impiété, doit être regardé comme acte de sagesse, s'il naît de la crainte de déplaire à Dieu, I, 158. — Maximes à l'appui, 159.

DOW (*Gérard*), peintre hollandais. — Son tableau le *Saltimbanque*, qui se voit à Dusseldorf, est un chef-d'œuvre, XII, 122, 123. — Dans sa vieillesse, son école est tenue par Mylius, jeune artiste d'un grand talent, 131.

DOYEN (*Gabriel-François*). — Expose, au Salon de 1759, une *Mort de Virginie*, composition immense où il y a de très-belles choses, X, 101. — Ses autres tableaux, à la même exposition, et, entre autres, sa *Fête au Dieu des Jardins*, n'ont pas le même mérite, 102. — Artiste d'un grand avenir, si la vanité ne le perd pas, *ibid.* — *Le Combat de Diomède et d'Énée*, qu'il expose en 1761, est une des plus grandes compositions du Salon. Jugement de cet ouvrage, 138. — *La Jeune Indienne de Tangiaor*, au même Salon, ne manque pas de charmes, et son tableau l'*Espérance qui nourrit l'Amour* est médiocre, 141. — Ses premiers succès marqués par le *Jugement d'Appius Claudius*, scène immense ; *Diomède qui blesse Vénus*, autre scène immense ; *Une Bacchanale*, sujet d'ivresse exécuté avec force et chaleur, 216. — Examen détaillé de son tableau d'*Andromaque éplorée devant Ulysse, qui fait arracher de ses bras son fils Astyanax*, exposé au Salon de 1763, 217-219. — Obtient, en 1765, du duc de Choiseul l'agrément de faire les tableaux de la chapelle *Saint-Grégoire* aux Invalides, à la place de feu Carle Van Loo, 252. — Son tableau de l'*Épidémie des ardents*, destiné à l'église de Saint-Roch, partage avec le *Saint Denis prêchant la foi*, tableau de Vien, ayant la même destination, les suffrages du public, XI, 29. — Description de cette grande composition du Salon de 1767, que l'on trouve gravée dans l'*Histoire des peintres*, de M. Charles Blanc, 164. — Qualités et défauts de ce tableau, que le public a regardé comme le plus beau morceau du Salon, 177 et suiv. — Mis en place à Saint-Roch, ce tableau a été retouché par l'artiste, 179. — Est destiné à occuper une grande place dans l'École française, 180. — Jugement sur son talent, 306. — Expose, au Salon de 1781, *Mars vaincu par Minerve* ; étude critique de ce tableau, XII, 33, 34.

DRACON, législateur athénien. — Recueille les sages institutions de Triptolème, auxquelles son humeur féroce ajoute des lois de sang, XV, 58.

Dramatique (art). — Observations sur cet art, VII, 344. — Voyez *Art dramatique*.

Drame moral (d'une sorte de), VII, 313. — *Drame philosophique* (d'une sorte de). La mort de Socrate, sujet proposé en exemple, 314. — *Drames simples et drames composés*, 316. — *Drame burlesque*, 318. (Voyez Sommaires, p. 301.)

* *Dranses*. — Anciens peuples de la Thrace. Leurs mœurs et coutumes, XIV, 296.

DREUX DU RADIER (*Jean-François*). — Son livre intitulé *le Temple du bonheur*, cité, VI, 438.

Droit canonique. — Son origine, XV, 302. — Monstre né de son mélange avec la théologie scolastique et la philosophie, *ibid*.

Droit des gens. — Il cesse au moment de la guerre; maxime de Frédéric II, roi de Prusse, II, 490.

Droit mahométan. — Ce qu'il faut savoir pour se faire une idée de ce qu'il est, XVII, 47.

Droit naturel. — Est restreint par le droit civil, II, 490.

* Raison première de la justice: obligation de rendre à chacun ce qui lui appartient. — Examen de ce grave sujet, XIV, 296-301.

Droit romain. — Est la source des vrais principes sur tous les contrats, III, 506. — Importance de son étude, *ibid*.

Droiture. — Ce qui la caractérise, I, 36.

DROUAIS (*Hubert*). — Ses portraits exposés au Salon de 1759, visages de plâtre, X, 100. — Le *Jeune Élève*, qu'il expose au Salon de 1761, est un petit chef-d'œuvre, 137. — Parmi ses portraits, au même Salon, on remarque celui de M. et de Mme de Buffon, *ibid*. — Excelle à peindre les petits enfants. Ses tableaux du Salon de 1763 méritent d'être remarqués, 206. — Auteur d'un portrait de Diderot, XX, 115.

DROUAIS (*Henri-François*), fils du précédent; portraitiste. — Expose au Salon de 1761 un *Portrait du petit Fox*, le plus jeune des fils de mylord Holland, que Diderot désigne sous le nom du *Petit Anglais*, X, 137, 325. — Les portraits qu'il expose au Salon de 1765 ne sont que le vermillon le plus précieux, artistement couché sur la craie la plus fine et la plus blanche, 324, 325. — Au même Salon, son *Jeune Homme* (le marquis de la Jamaïque, fils du duc de Berwick), *vêtu à l'espagnole, et jouant de la mandore*, est charmant de caractère, d'ajustement et de visage, *ibid*. — Ses portraits, exposés au Salon de 1767, sont fort mauvais, XI, 160. — Toujours élégant et blafard, 306. — Expose, sous un même numéro, au Salon de 1769, le *Portrait de la princesse de Carignan*, celui de l'*Archevêque de Rouen*, celui de Mlle *de Langeac*, puis deux *Portraits de Mme du Barry*, l'un en homme, l'autre en femme, 419. — Tous ces tableaux diversement jugés, 420. — Les portraits qu'il expose en 1771 sont généralement bien traités, 487. — Trois portraits au Salon de 1775, mauvais, XII, 16.

* *Druses*, peuples de la Palestine. — Se disent chrétiens, XIV, 301. — On les croit Français d'origine, *ibid*. — Leurs mœurs et coutumes, *ibid*.

DRYDEN, célèbre poëte anglais. — Auteur d'un parallèle de Plutarque et de Sénèque, cité, III, 179 (note).

DUBIÉ, peintre en émail, XIV, 409.

DUBOS (l'abbé *Jean-Baptiste*). — Ses *Réflexions critiques sur la poésie et la peinture*, ouvrage à consulter, III, 486.

DUBOURG, médecin. — Exemples tirés de sa pratique sur les avantages de l'union des connaissances médicales et chirurgicales, IX, 215, 216.

DUBRUNFAUT, chimiste français. Amateur d'autographes; communique à M. Assézat une copie de *la Religieuse*, V, 10. — Possède, en autographe de Diderot, la version du dithyrambe les *Eleuthéromanes*, telle qu'elle a été imprimée dans la *Décade philosophique* (30 fructidor an IV), IX, 9. — Remet à M. Assézat diverses lettres inédites de Diderot à Suard, XIX, 473; et à Grimm, XX, 14.

Dubucq, colon de Saint-Domingue, commis de la marine sous le ministère de M. de Choiseul, duc de Praslin, VI, 417. — Ses éminentes qualités, 418. — Diderot en a fait un des personnages de sa comédie *Est-il bon ? Est-il méchant ?* sous le nom de M. Poultier, VIII, 143.

Duchelas (*Raymond*), conseiller au Parlement de Grenoble : accusé, décrété de prise de corps et contumax, est condamné à mort pour assassinat, VI, 390. — Contumax, il est roué en effigie, 391.

Ducis (*Jean-François*), poëte tragique. — Examen de sa tragédie d'*Hamlet*, représentée pour la première fois le 30 septembre 1769, VIII, 471-476.

Duclos (*Charles* Pineau), historiographe de France. — Auteur du roman *Acajou et Zirphile*, I, 257, alinéa 7. — Ses *Confessions du comte de ****, IV, 336. — Ses judicieuses remarques sur l'invention de l'écriture, XIV, 384. — Ses notes touchant l'euphonie, méritent d'être consultées, 442. — Diderot espère que Duclos laissera des mémoires dignes des choses extraordinaires qui se sont passées de son temps, XV, 94.

Duclos (Mlle), célèbre actrice. — Son apostrophe au parterre, qui riait à la première représentation d'*Inès de Castro*, tragédie d'Houdart de La Motte, VIII, 352 et 387.

Duclos (Mme). — Prend soin de Damilaville malade, XIX, 270. — Visite que lui rend Diderot, 335.

Dudoyer de Gastel. — Scène des convulsionnaires de Saint-Médard rapportée par lui, II, 254, 255.

Duels. — Proscrits par la loi, ils sont moins fréquents, mais néanmoins ils restent dans les mœurs, VI, 390. — Moyen de les prévenir, 391. — Exemple de l'efficacité du moyen proposé, 392.

Dufouart (*Pierre*). — Note sur ce célèbre chirurgien, VI, 23.

Dufresnoy (*Charles-Alphonse*), peintre et poëte. — Son poëme intitulé *de Arte graphica*, publié après sa mort par Mignard, traduit en prose par Roger de Piles, sous le titre : *l'Art de la Peinture*, est imité par Le Mierre, XIII, 78.

Duhamel du Monceau (*Henri-Louis*), célèbre agronome français. — Son portrait par Moitte, et son caractère, XI, 366. — Sa traduction du *Traité de la culture des terres* de l'agronome anglais Tull, XIII, 256 et suiv.

Duire, vieux mot. — Employé par Sarrasin ; sa signification, VI, 119.

Dujardin, membre du collége de chirurgie de Paris. — Entreprend l'*Histoire de la chirurgie*, dont il publie un premier volume en 1774, IX, 470. — A sa mort, Peyrilhe est chargé de la continuation de l'ouvrage, *ibid.*

Dulaurens (l'abbé *Henri-Joseph*), auteur du livre intitulé : *le Compère Matthieu ou les Bigarrures de l'esprit humain*, VI, 283. — Meurt dans une maison de détention, *ibid.*

Dumarsais (*César* Chesneau), grammairien philosophe. — Personne n'a mieux connu que lui la métaphysique de la grammaire, I, 414. — Son livre des *Tropes* est rempli d'excellentes observations communes à toutes les langues, III, 466. — Auteur de l'article *Construction* dans l'*Encyclopédie*, 470.

Dumesnil (Mlle), célèbre tragédienne. — Sa manière de noter le rôle de Clytemnestre dans l'*Iphigénie* de Racine, VII, 163. — Caractère distinctif de son talent, VIII, 347 et 367. — Bien différente de Mlle Clairon sa rivale, *ibid.*

Dumolard (M.). — Ne se presse pas de remettre les fonds qu'on attend de lui, XIX, 396. — Peu de cas que Diderot fait de lui. Pourquoi, 397.

Dumont (*Jean-Jacques*), dit le *Romain*, peintre français. — Expose, au Salon de 1761, son tableau de *la Publication de la Paix en* 1749 ; critique de cette composition, mélange d'êtres réels et d'êtres allégoriques, X, 108.

Dumont (*Edme*), sculpteur français. — Expose au Salon de 1769 une statue en marbre, qui représente *Milon de Crotone essayant ses forces*, XI, 456. — Cette statue est aujourd'hui placée au

Musée du Louvre, sculpture moderne, n° 293. — Expose, en 1771, un groupe représentant *Diane, conduite par l'Amour auprès d'Endymion*, 538.

Dunciade (la) ou *la Guerre des sots*, poëme satirique de Palissot, VI, 382.

DUNI (*Egide-Romuald*), compositeur napolitain. — Approuvé par Rameau (le neveu), V, 458. — Son opéra-comique *le Peintre amoureux de son modèle* est le point de départ d'une révolution musicale, 461. — Ses partitions de *l'Ile des Fous*, du *Maréchal ferrant*, de *la Plaideuse*, citées avec éloge, 463. — Modifications que subit son talent, 489. — Accompagne Goldoni dans une visite à Diderot, VII, 174. — Opère le rapprochement des deux écrivains, 176.

DUPATY (J.-B. MERCIER), avocat général au Parlement de Bordeaux. — Remarques sur sa défense d'une veuve, accusée d'avoir forfait après l'an du deuil, VI, 388. — Ce qui arrive à sa femme à la dernière représentation du *Père de famille*. Sa visite à Diderot, XIX, 323. — Notice sur lui, 324 (note).

Dupes. — On peut en faire et l'être de soi-même, sans cesser d'être de bonne foi, II, 309.

DUPLESSIS (*Joseph-Siffrein*), peintre français. Se distingue surtout dans le genre des portraits. — Expose, au Salon de 1769, ceux de l'*abbé Arnaud*, de l'avocat *Gerbier*, de M. *Le Ras-de-Michel*, tous très-beaux, XI, 449. — Ses portraits du *marquis de l'Hôpital* et de *Caffieri*, au Salon de 1771, doivent lui ouvrir les portes de l'Académie, 525, 526. — Les *Portraits d'Allegrain*, de l'abbé de *Véri*, exposés en 1775, sont admirables; celui de *Gluck* n'a pas un mérite égal, XII, 21. — Au Salon de 1781, ses portraits sont, comme à l'ordinaire, fort beaux, mais le plus étonnant de tous est celui de l'académicien Thomas, 42, 43.

* Duplicité. — Marque distinctive du méchant qui affecte toutes les démonstrations de l'homme de bien, XIV, 302.

DUPONT DE NEMOURS, économiste. — Remplace Diderot pour le compte rendu des expositions des ouvrages d'art aux Salons de 1773, 1777, et 1779, X, 87. — Le manuscrit de ce collaborateur de Grimm appartient aujourd'hui (1877) à M. Walferdin, *ibid*.

DUPRAT (*Pascal*). — Auteur d'un ouvrage intitulé : *les Encyclopédistes, leurs travaux, leurs doctrines et leur influence*, XX, 144.

DUPRÉ DE SAINT-MAUR (Mme), femme d'un maître des comptes. — Parvient, par son crédit sur le lieutenant-général de police, le comte D'ARGENSON, à faire enfermer, en 1749, Diderot à Vincennes, I, 277. — Une plaisanterie de l'auteur de la *Lettre sur les aveugles* motive cet abus de pouvoir, *ibid*.

DUQUÉNOI (Mme et Mlle). — Personnages du roman *Jacques le Fataliste*, où elles sont fréquemment désignées sous le nom de d'AISNON. — Voyez AISNON (Mlle d').

DUQUESNOI (*François*), surnommé *François Flamand*, célèbre sculpteur belge. — Sa réponse à un amateur qui le regardait travailler, VIII, 366, et XI, 223.

DURAMEAU (*Louis-Jean-Jacques*), peintre français. — Artiste de grande espérance, XI, 307. — Expose au Salon de 1767 : le *Triomphe de la Justice*, 309. — Le *Martyre de saint Cyr et de sainte Julitte*, 313. — *Saint François de Sales agonisant*, *ibid*. — Une *Sainte Famille*, 316. — Un *Portrait de Bridan*, sculpteur du roi, 318. — Deux *Têtes d'enfants*, un petit *Joueur de basson*, une *Dormeuse qui tient son chat*, une *Tête de vieillard*, 319. — Des dessins, savoir : une *Salpêtrerie*, une *Chute des anges rebelles*, 320. — Une *Esquisse de bataille*, deux *Têtes d'enfants*, 321. — Une *Figure académique*, une *Esquisse de femme assise*, 322. — Saint-Quentin fait une critique passionnée de trois tableaux qu'il expose en 1775, XII, 21, 22.

DURAND, peintre du duc d'Orléans. — On a de cet artiste le premier *Traité de l'art de peindre sur émail*, XIII, 50. — Déplorable fragilité de ses ouvrages si parfaits, XIV, 412. — Description d'un de ses tableaux, *ibid*.

Duras (le duc de). — Promène le roi de Danemark dans Paris, XIX, 294. — Quatrain sur lui, 299.

Dureau (A.), bibliographe, I, vi.

Dussaulx (Jean), littérateur.—Entretient Diderot sur les *Confessions* de J.-J. Rousseau encore inédites, III, 92.

Duverger de Hauranne (Jean), abbé de Saint-Cyran.— Amène en France Corneille Jansénius rendu célèbre par son ouvrage intitulé *Augustinus*, XV, 256.

Duvivier (P. Simon-Benjamin), graveur en médailles.—Parmi celles en grand nombre qu'il expose au Salon de 1765, on peut prendre l'*Inauguration de la statue de Louis XV, à Paris;* l'*Ambassadeur turc présentant ses lettres de créance;* le *Buste de la princesse Troubetzkoï*, avec son revers; son *Tombeau environné de cyprès*, et envoyer le reste à la mitraille, X, 452.

Duvoisin (Jean-Baptiste), évêque de Nantes. — Son ouvrage *de l'Autorité des livres du Nouveau Testament contre les incrédules*, recommandé, III, 513.

E

Eau bénite. — Sa vertu miraculeuse, I, 213, alinéa 64.

Eaux-Fortes. — Les connaisseurs en peinture font grand cas de ce genre de gravure, et ils ont raison, XII, 113. — Pourquoi elles plaisent souvent plus que les morceaux terminés au burin, 125. — Eau-forte représentant Diderot, XX, 118. — Eau-forte de Saint-Aubin, *Charles Panckouke aux éditeurs de l'Encyclopédie*, comprenant les médaillons des collaborateurs de l'*Encyclopédie*, 119.

Ecart. — Des différentes acceptions de ce mot, XIV, 302.

* *Écarter, Éloigner, Séparer.* — Action mécanique, XIV, 303.

* *Ecclésiarque.* — Dénomination ancienne d'une charge analogue à celle de nos marguilliers, XIV, 303.

Echard. — Diderot mène deux Anglais entendre de la musique chez lui, XIX, 266.

* *Éclairé, Clairvoyant.*— Termes relatifs aux lumières de l'esprit, XIV, 303.

* *Éclectisme.* — Ce qu'il faut entendre par ce mot, XIV, 304.— N'a point été une philosophie nouvelle, 305. — Ne pas le confondre avec le syncrétisme, 306. — Sa manière de procéder, 307. — Cette philosophie, aussi ancienne que le monde, ne prit un nom et ne forma une secte que vers la fin du second siècle, *ibid.* — Tableau général de cette philosophie, 308-314. — Son histoire, 314-351. — Principes de la dialectique des éclectiques, 351-354. — Principes de leur métaphysique, 354-359. — Principes de leur psychologie, 359-364. — Principes de leur cosmologie, 364-368.—De la théologie éclectique, 368-375. — De la théogonie, 375-378.

École Française: Sculpture, Peinture, Architecture. — Son état en 1767, XI, 305. — Anecdotes relatives à la distribution des prix de l'Académie de peinture, en cette même année 1767, 376 et suiv.

Écoles de l'Épicuréisme.—Après plus de mille ans d'oubli, elles renaissent à la voix de Pierre Gassendi, XIV, 525. — La première s'ouvre dans la maison de Ninon de Lenclos, 526. — Bernier, Chapelle et Molière la transfèrent à Auteuil, *ibid.*—L'école de Neuilly succède à cette dernière, *ibid.* — Viennent ensuite celles d'Anet, du Temple, de Saint-Maur et de Sceaux, 527.

Écoles publiques.—Leur objet, III, 444. — On y entre ignorant, on en sort écolier, 445.—On a atteint le but si l'on en remporte de bons éléments, *ibid.* — Il y en a deux sortes : les petites, ouvertes à tous les enfants du peuple; les secondaires, ou collèges de l'Université, 530.

Écoliers. — Les meilleurs sont communément ceux qui donnent le moins de peine au maître, II, 297.

* *Économie rustique.*—Son importance, XIV, 378.

Économistes.—Ceux de la nouvelle école, fondée par Quesnay, parlent avec une liberté inconnue avant eux, IV, 82.

Écorché, terme de peinture. — Motif qu'on a de l'étudier, X, 463.

Écossais (les montagnards). — Comment ils se contiennent dans leurs repas, lorsqu'ils rappellent leurs vieilles querelles et se disent des propos injurieux. Leur générosité envers le Prétendant, XIX, 8.

Ecphante, philosophe pythagoricien. — Son système philosophique, XVI, 512.

Écraignes ou *Escraignes*. — Vieux mot dont la signification est *veillées de village;* son étymologie d'après Étienne Taboureau, VI, 118.

Écrits apocryphes de Diderot, XX, 97.

Écrits perdus ou détruits, de Diderot, XX, 102.

Écriture (l'). — Cet art est la peinture de la voix, XIV, 384. — Les Égyptiens ne l'ont point connu, 385.

Écriture Sainte. — Son caractère, I, 145. — Son empreinte divine n'est pas telle qu'elle soit absolument indépendante du témoignage des auteurs profanes, *ibid.*

Écrivain. — Ce qu'il doit toujours avoir en vue quand il prend la plume, VII, 310. — Conduite à tenir par celui qui veut assurer à ses ouvrages un charme éternel, XIV, 432.

Écrivains chrétiens. — Noms de ceux, en petit nombre qui, du VIIme au XIIme siècle, s'efforcèrent de secouer le joug de la barbarie, et de relever la science abattue, XV, 300 et suiv.

Edelinck. — Nom commun à une famille de graveurs belges ; *Gérard*, le plus célèbre, mourut à Paris en 1707 ; *Nicolas*, son fils, mort en 1730, a laissé des estampes estimées ; *de Jean*, oncle du précédent, en cite surtout le *Déluge* d'après Véronèse ; *Gaspard*, frère dernier né de Jean et de Gérard, souvent confondu avec celui-ci parce que, comme lui, il signait G. Edelinck, n'avait ni la pureté, ni la vigueur de la taille de celui qui avait été son maître. Les ouvrages de Gérard recommandés comme objet d'étude, X, 442.

Édésius de Cappadoce. — Étudie la philosophie dans Athènes, XIV, 327. — Passe en Syrie où il se lie d'amitié avec le néo-platonicien Jamblique, 328. — Épouvanté par les persécutions exercées contre les philosophes, il veut se retirer d'entre les hommes, *ibid.* — Ses disciples parviennent à le retenir, *ibid.* — Établit à Pergame une école éclectique, *ibid.* — L'empereur Julien le consulte, l'honore de son amitié, et le comble de présents, *ibid.* — Ses éminentes qualités, *ibid.* — Professe la philosophie jusque dans l'âge le plus avancé, *ibid.*

* *Éditeur.* — Qualités essentielles à cette profession, XIV, 378, 379.

Éducation. — Celle de l'enfance détermine la croyance religieuse, I, 163. — En quoi consiste son importance, II, 374, 375. — Elle améliore les dons de la nature, 408. — Celle des princes, 449. — Publique et domestique comparées, 450. — Celle des courtisans, 453. — Pourquoi elle demeure stationnaire, 454. — Lettre sur ce sujet à Mme de Forbach, III, 540.

¶ *Éducation des Rois*, morceau extrait d'un *Éloge de Fénelon* par M. de Pézay. — Ce morceau a été fourni au panégyriste par Diderot, IV, 105, 106.

Éducation publique (de l'). — Ouvrage attribué à tort à Diderot, XX, 99. — Pourquoi Crevier en est vraisemblablement l'auteur, *ibid.*

* *Efféminé.* — De l'acception de ce mot dans les langues anciennes orientales, XIV, 380.

Effets. — Point d'effet sans cause, II, 52. — Ils s'enchaînent sans qu'on puisse leur assigner de limites naturelles, 53.

Égards. — Ceux que l'on doit aux rangs et dignités de la société, IV, 13.

Egbert, prélat anglo-saxon. — Écrivain chrétien du VIIIe siècle, XV, 300.

Éginhard, secrétaire de Charlemagne. — Occupe un rang distingué parmi les écrivains du IXe siècle, XV, 300.

Églé, ou le bijou muet, IV, 259. — Sa sagesse et ses grandes qualités sont calomniées, 260. — Célébi, son mari, l'exile dans ses terres, 261. — Son innocence est révélée par le pouvoir de l'anneau magique, 262. — Son mari la rappelle et la présente à la cour, 263. — La calomnie se donne de nouveau carrière, *ibid.*

Église. — Il n'y a pas de passage dans les Écritures dont elle ne puisse faire dans l'avenir ce qu'il lui plaira, I, 163.

Église Saint-Roch. — Observations sur ce monument de Paris, XIII, 3-9.

Égotistes, classe de philosophes qui ne reconnaissent d'autre vérité que celle de leur existence propre. — Leur curieuse doctrine, I, 218, 219, alinéas 8, 9.

* Égyptiens. — Absurdité de leur culte, défendu par des ministres éclairés, I, 152.

* Leur histoire est en général un chaos, XIV, 380. — En ont imposé sur leur origine, *ibid*. — Eurent un gouvernement longtemps avant que d'avoir connu aucune écriture, *ibid.* — L'intelligence de l'hiéroglyphe, confiée aux seuls prêtres, s'étant perdue, l'histoire des temps primitifs, inscrite sur les monuments, devint, pour eux-mêmes, une énigme, 381. — Moïse, Orphée, Linus, Platon, Pythagore, Démocrite, Thalès, etc., ont été les disciples de leurs prêtres, *ibid.* — Leur situation religieuse et politique après l'invasion d'Alexandre, 382. — Causes du peu de certitude de leur histoire, *ibid.* et suiv. — Ancienneté de l'institution de l'ordre de leurs prêtres, 386. — Causes naturelles de leur penchant à la superstition, 387. — Toute leur science se trouvait renfermée dans les quarante-deux volumes de Mercure Trismégiste, 390. — Leurs idées touchant la création, 391. — Matérialistes d'abord, ils furent successivement déistes, platoniciens, manichéens, 392.

Ehrlich (M.). — *Voyez* Saxe-Gotha.

Eidous (*Antoine*), littérateur. — Partage avec Diderot la traduction du *Dictionnaire universel de médecine* du docteur anglais James (*Robert*), I, xl.

Eisen (*Charles*), peintre, graveur et dessinateur. — Ses vignettes pour les Œuvres de Dorat font encore rechercher ce livre, VI, 415.

* *Éléatique*, secte philosophique fondée par Xénophane de Colophone, XIV, 394. — Son histoire, 395.

Électricité. — Conjectures sur ce phénomène, II, 27. — Expériences à faire sur la matière électrique, 28, 29.

¶ *Éléments de physiologie*, titre d'un volume in-4° de notes de Diderot conservé à la Bibliothèque de l'Ermitage de Saint-Pétersbourg, IX, 235. — Caractère de ces notes, 238. — *Mélanges et Réflexions sur la physiologie* : aversion ; colère ; jalousie ; envie ; 430. — Désespoir ; hardiesse ; intrépidité ; assurance ; confiance ; résolution ; courage, 431. — Education ; philosophie ; analogie ; influence de la brièveté du temps sur les travaux des hommes, 435. — Métamorphoses ; physionomie, beauté et difformité, 436. — Sur les intolérants, 437. — Aveugles, fluides, impressions, 438. — Êtres organisés ; froid ; réflexion ; habitude ; nécessité ; colère ; ne pas allaiter, 439. — Fluide nerveux, 440.

¶ *Éléments du système général du monde*, par M. Lasnière, IX, 464, 465. — Examen de ce rêve d'un homme d'esprit, *ibid.*

Éléonore de Guienne, femme du roi Louis VII. — Notice de Naigeon sur cette femme impudique, III, 123.

¶ *Éleuthéromanes* (les) ou les *Furieux de la liberté*, dithyrambe, IX, 9. — Note de Rœderer sur cette pièce de vers, *ibid.* — Cette pièce n'a été imprimée et connue qu'en 1795, 10.

Élie, célèbre prophète juif. — Ses apparitions à Siméon Jochaïdes, docteur juif, auteur du livre du Zohar, XV, 369.

Éloge de la ville de Moukden et de ses environs, poëme chinois traduit par le P. Amyot, jésuite, et publié par M. de Guignes. — Analyse de cet ouvrage, VI, 397.

Éloge de Fénelon, par La Harpe. — Diderot, qui faisait peu de cas du talent de l'auteur, a donné de publics éloges à cet ouvrage, I, 6. — Jugement qu'il porte sur cet ouvrage dans une lettre à Mme M***, XX, 35.

¶ *Éloge de Richardson.* — Fut l'ouvrage d'une matinée, d'après Meister, I, XVI. — Examen critique de cet éloge par M. Assézat, V, 211, 212.

Éloge du Dauphin, par Thomas. — Lettre de Diderot à Suard au sujet de cet ouvrage, VI, 347.

Éloge philosophique de Denis Diderot, par Eusèbe Salverte, I, 346; XX, 141.

Éloquence. — Pourquoi elle dégénère sous les gouvernements despotiques, II, 385. — Ne peut durer que chez les peuples libres, III, 24. — Conditions nécessaires au développement de la véritable éloquence, X, 159. — La perte de la liberté la détruit; la tyrannie enfante les déclamateurs, 160.

ELZHEIMER (*Adam*), peintre allemand connu sous le nom d'ADAM DE FRANCFORT. — Artiste que son immense talent n'a pas préservé de la pauvreté, XII, 104.

Émail (Exposition abrégée de l'art de peindre sur l'), XIII, 50 et suiv.

* *Émail*, branche de l'art du verrier. — Histoire de cet art, XIV, 407-413. — Premiers artistes qui s'y firent remarquer : Dubié, Morlière, Robert Vouquer, Pierre Chartier, 409. — Grand crédit qu'il obtint, *ibid*. — Pourquoi les grands peintres en ce genre seront toujours rares, *ibid*. — Appel aux chimistes pour la recherche des couleurs, 410.

Embaucheurs. — Leur conduite, I, 193, alinéa 10.

* *Embrasé.* — Acception grammaticale de ce mot, XIV, 413.

EMMERY (M. L.), inspecteur de l'École des ponts et chaussées. — Renseignement communiqué par lui sur M. Le Gendre, XVIII, 343.

EMPÉDOCLE, philosophe pythagoricien. — Fit des choses surprenantes. Ce qu'on dit de lui, XVI, 513. — Son système philosophique, 515, 517.

Emplâtre. — Anecdote à ce sujet, VI, 255. — Voyez DESGLANDS.

Emploi. — A quoi il s'étend dans la physique expérimentale, II, 21.

* *Emporter.* — De l'emploi de ce terme au simple et au figuré, au physique et au moral, XIV, 414.

* *Empreinte*, terme d'art, XIV, 414.

Encaissés, lisez *Confesseurs.* — Leur recette à tous maux, I, 198, 199, alinéas 29, 30.

Encaustique. — Voyez *Peinture en cire.*

Enchanteur. — Le diable, I, 213. — Moyen employé pour le mettre en fuite, *ibid.*, alinéa 64. — Forme sous laquelle on le représente, *ibid.*, alinéa 65. — Sort réservé à ceux qui l'auront écouté, 214.

* *Encourir.* — Verbe actif, qui se prend toujours en mauvaise part, XIV, 414.

* *Encyclopédie.* — Signification de ce mot, XIV, 414. — But de cette entreprise par Diderot, 415. — Ne peut être l'ouvrage d'un seul homme, *ibid.* — Exposé des difficultés d'un pareil travail, 416 et suiv. — Par quelle réunion d'hommes (gens de lettres et artistes de tous genres), on peut l'exécuter, 420. — Un tel ouvrage ne s'ordonne point, le gouvernement ne doit pas s'en mêler, 421. — Exige une prompte exécution, sous peine de n'être que le dictionnaire d'un siècle passé, 425 et suiv. — De la double fortune réservée à la publication actuelle, 428. — Conditions nécessaires pour sa plus grande perfection, *ibid.* et suiv. — Exposé de la méthode suivie pour la rédaction des articles, 450-503. — Cet ouvrage jouit de moins de liberté que ceux de Montesquieu ou de Rousseau, XVIII, 4. — Inquiétude de Diderot sur l'arrêt du conseil qui suspend l'entreprise de l'*Encyclopédie* (lettre à Mlle Volland), 389-391. — Conversation de Diderot avec d'Alembert au sujet de l'*Encyclopédie*, 400. — Diderot annonce la fin de l'*Encyclopédie* à Mlle Volland, XIX, 167. — Il se débarrasse de l'édition de l'*Encyclopédie*. Comment, 319. — Préventions injustes et ridicules des libraires de l'*Encyclopédie*, XX, 7. — Projet de refaire l'*Encyclopédie* sous les auspices de l'impératrice de Russie, 52, 64, 65, 67. — Pièces relatives à l'*Encyclopédie*, 126. — Causes des imperfections de l'*Encyclopédie* dévoilées par Diderot, 130. — Recommandations pour parer aux défauts d'une nouvelle édition, 131. — Lacunes et défauts signalés dans la première *Encyclopédie*, *ibid*.

Encyclopédie méthodique. — Immense recueil en 166 volumes in-4° de texte et 6,439 planches, dont la publication a duré cinquante ans (1782-1832), XIII, 127. — Diderot ne put en voir que le début; mais il y tient sa place, *ibid*.

Encyclopédie militaire. — Note sur cet ouvrage projeté, VI, 386.

Encyclopédistes. — Sobriquet inventé contre eux par l'avocat J.-N. Moreau, XIII, 117. — Eau-forte réunissant les portraits de tous les collaborateurs de l'*Encyclopédie*, XX, 119.

Encyclopédistes (les), *leurs travaux, leurs doctrines et leur influence*, par Pascal Duprat, XX, 144.

Énergie. — Son excès tourmente, XI, 219. — Elle bout quelquefois au cœur de l'homme, 221.

* *Enfance de Jésus-Christ* (filles de l'). — Note historique sur cette congrégation fondée en 1657 par un chanoine de Toulouse, XIV, 503. — Cet institut est cassé par Louis XIV, *ibid*.

Enfant (l') *prodigue*, comédie de Voltaire. — Diderot s'adresse à l'auteur ne rappelant la première scène du troisième acte, VII, 120.

Enfants. — Qu'est-ce que Dieu? Question qu'on adresse aux enfants et à laquelle les philosophes ont bien de la peine à répondre, I, 138. — On leur parle trop tôt de cet Être suprême, et on n'insiste pas assez sur sa présence, *ibid*. — Ingénieux moyen que les nourrices emploient pour exercer leur mémoire, 318.

* (Histoire ancienne.) Condition des enfants dans l'antiquité, XIV, 504. — Chez les Juifs, *ibid*. — Chez les Grecs, 505. — Chez les Romains, *ibid*. — Chez les Germains, 506. — Leur éducation physique au temps et à la cour de Charlemagne, *ibid*.

Enfer. — Otez à un chrétien la crainte de l'enfer, vous lui ôterez sa croyance, I, 160.

Enfer. — Beautés du chant de *la Divine Comédie* du Dante intitulé l'*Enfer*, VI, 195.

* *Enfoncer*. — Acception grammaticale de ce mot; différence entre *creuser* et *enfoncer*, XIV, 507.

Engastrimuthes. — Nom que la Manimonbanda (la reine) donne aux femmes dont les bijoux savent parler, IV, 170.

Entendement. — Cette faculté de l'âme a ses yeux, I, 32. — Elle a aussi ses préjugés, II, 20. — Organe de la raison, il établit et conserve l'harmonie entre les sens, 323. — Étude physiologique de cette faculté, IX, 372. — *Raisonnement, jugement, logique, volonté*, 374. — *Liberté*, 375. — *Habitude, instinct*, 376.

Enthousiasme. — Ce qui le fait naître, VII, 103. — Manière dont il s'annonce *ibid*. — Le peintre de genre a le sien, XII, 88. — Il est de deux sortes : l'un d'âme, l'autre de métier, *ibid*.

* Mouvement violent de l'âme, état voisin de la folie, XIV, 322. — Prend mille formes diverses, 323. — Ses visions, *ibid*.

Enthousiaste. — Différent du martyr qui attend la mort, l'enthousiaste y court, I, 142.

Entr'actes (des). — Partie essentielle d'un drame. Ce qu'ils doivent être, VII, 356. (voy. *Sommaire*, p. 303.)

Entrées et Sorties (des). — Règles à observer au théâtre, VII, 355.

¶ *Entretien d'un père avec ses enfants, ou du Danger de se mettre au-dessus des lois*, V, 279. — Comment et quand cet ouvrage fut publié pour la première fois, 264.

¶ *Entretien d'un philosophe avec la maréchale de **** (Broglie), II, 503. — Notice préliminaire, 505. — Cet opuscule de Diderot est inséré d'abord dans la *Correspondance secrète* de Métra, *ibid*. — Attribué à Thomas Crudeli, il est publié de nouveau dans un volume de *Pensées philosophiques* imprimé à Amsterdam, *ibid*. — L'abbé de Vauxcelles le fait réimprimer, en 1796, dans ses *Opuscules philosophiques et littéraires*, 506.

¶ *Entretien entre d'Alembert et Diderot.* — L'auteur annonce la composition de cet ouvrage, II, 130. — Jugement qu'il en porte, *ibid.*

¶ *Suite inédite* de cet Entretien, 182, à 191.

¶ *Entretiens sur le fils naturel.* — Introduction, VII, 85. — Dorval et moi, *Premier entretien*, 87. — La loi des trois unités difficile à observer, mais sensée, *ibid.* — Intrigues de valets et de soubrettes, moyen sûr d'anéantir l'intérêt, 90. — Caractère de Constance expliqué et justifié, 91, 92. — *Second entretien*, 102. — Idées sur les passions, leur accent, la déclamation, la pantomime, 103. — Il est des endroits qu'il faut presque abandonner à l'acteur, 105. — Les *tirades*, ramage opposé à la véritable voix de la passion, 106. — Le rôle d'André devait, à son avis, avoir plus de développement, 110, 111. — Importance d'une vaste scène, 114. — Ce qu'il faudrait pour changer la face du genre dramatique, 115. — La scène des Euménides d'Eschyle donnée comme exemple, *ibid.* — Des scènes alternativement muettes et parlées, 116. — Indication d'un progrès possible, exemple emprunté à la vie domestique et commune, 117. — *Sylvie ou le Jaloux*, tragédie de Paul Landois citée comme modèle à suivre, 119. — Invocation à Voltaire comme fondateur de la tragédie bourgeoise, 120. — Des causes de la décadence de l'art théâtral et des moyens de le relever, 121-132. — *Troisième entretien*, 134. — *L'Hécyre* de Térence, cité comme exemple du *genre sérieux* à introduire au théâtre, 135. — Avantages de ce genre, 136. — La tragicomédie ne peut être qu'un mauvais genre, 137. — La farce, la parade et la parodie ne sont pas des genres, *ibid.* — Le genre sérieux a sa poétique. *ibid.* — Canevas de quelques scènes du *Fils naturel* écrites dans les trois genres, 141-145. — Ces scènes démontrent que la tragédie domestique est encore à naître, 146. — Des actions qu'il faut représenter, de celles qui doivent être récitées, 147. — Jusqu'à présent le caractère a été l'objet principal de la comédie et la condition n'a été que l'accessoire; dans la comédie bourgeoise, le contraire devra avoir lieu, 150. — Le genre burlesque et le genre merveilleux n'ont point de poétique et n'en peuvent avoir, 152. — Les dieux du paganisme ont été faits à la ressemblance de l'homme, 154. — La théogonie païenne n'est autre chose que la personnification des vices, des vertus et grands phénomènes de la nature, 155.

Entretiens. — De Diderot et d'un philosophe de ses amis, I, 178. — D'un athée et d'un chrétien, 206. — De philosophes de différentes sectes, 228. De deux faux amants, 239, 240. — D'un faux ami et d'une fausse amie, 241. — D'une fausse amie et d'un jeune homme, 244. — De deux connaissances du monde, 245. — D'un philosophe et d'une femme galante, 247. — De Diderot avec Rivière, XVII, 481.

Envie. — Mauvaise passion; elle rend méchante la créature qui en est affectée, I, 31. — Celle qui naît de la prospérité d'autrui est basse et dénaturée, 113. — Sentiment inconnu à la jeunesse, II, 386. — Diderot ne l'a jamais éprouvé, *ibid.*

ÉOLIPILE, charlatan. — Son avis aux dames, IV, 191.

ÉPAMINONDAS, général thébain, cité, I, 210, alinéa 59. — Beau trait qui termine sa vie, 355.

ÉPAPHRODITE, affranchi, secrétaire de Néron. — Aide celui-ci à mourir, III, 171.

ÉPÉE (l'abbé de l'). — Voyez L'ÉPÉE.

Éperon ou *Grain cornu.* — Observations sur cette maladie du froment et du seigle, IX, 258.

¶ *Éphémérides du Citoyen.* — Analyse des tomes V à VIII de ce recueil, IV, 80.

* *Éphéméries.* — Groupes ou familles de prêtres des Juifs, XIV, 507.

PICARME DE Cos, philosophe pythagoricien.—Sa vie, XVI, 517. — Son système philosophique, 518.

ÉPICHARIS, courtisane romaine. — Son entretien avec Sénèque est une pure fiction, III, 366.

ÉPICTÈTE, philosophe stoïcien. — Mot remarquable qu'il dit en parlant de lui-même, VII, 388.

ÉPICURE, philosophe grec.—Sa raison de ne point aimer les jugements populaires, III, 219. — Sa vertu est celle d'un homme du monde, 315. — Ce fut un héros déguisé en femme, 316. — Sa doctrine sur les atomes a été le perfectionnement de la philosophie éléatique, XIV, 400. — Différences principales entre sa philosophie et celle de Leucippe, 401. — Sa naissance, sa famille et sa vie, 522, 523. — Ses derniers moments, 525. — Quel fut son enseignement, XV, 66. — Ses nombreux sectateurs, ibid.

* Épicuréisme ou Épicurisme.—Philosophie née de la secte Éléatique, XIV, 508. — Doctrine mal comprise et fort calomniée, ibid. — Exposé de cette doctrine par Épicure même, ibid. à 522. — Sort d'un oubli de plus de mille ans au commencement du XVIIe siècle, 525.

Épigrammes.— Les petits ouvrages que Sénèque a composés sous ce titre, durant son exil en Corse, ont peu de mérite, III, 355.

ÉPIMÉNIDE, Crétois.—L'un des fondateurs de la philosophie fabuleuse des Grecs, XV, 56. — Seconde Solon dans le choix de lois qu'il donne aux Athéniens, ibid. — Ce qu'on doit penser de son long sommeil, ibid.

ÉPINAY (Louise-Florence-Pétronille DE LA LIVE d').—A donné dans ses Mémoires d'intéressants détails sur le marquis de Croismare, le bienfaiteur de Suzanne Simonin (la Religieuse), V, 8. — C'est chez elle que s'est ourdie la trame de l'ingénieux roman de Diderot, 175. — Ce qu'elle rapporte au sujet du succès de vente du Fils naturel, VII, 6. — Son séjour avec Grimm et Diderot à la Chevrette. Vie qu'ils y mènent, XVIII, 449. — On y fait son portrait, 453, 458. — Déclaration que lui fait Saurin, 458. — Sa réponse à une observation de Diderot, ibid. — Pourquoi elle est un peu fâchée contre Grimm, 459. — Son portrait achevé. Comment elle est représentée, 461.

¶ Épître à Boisard, IX, 63.

* Épreuve, Essai, Expérience.—De l'emploi de ces termes, tous relatifs à la manière dont nous acquérons la connaissance des objets, XIV, 528.

Équité.—Ce qui la caractérise dans les actions, I, 36.

ÉRASME (Didier ou Désiré). — Dit qu'en lisant Sénèque comme un auteur païen, on le trouve chrétien, III, 187. — Peu s'en faut qu'il ne s'écrie saint Sénèque, 188, 189. — En quoi, suivant lui, la langue de Sénèque différait de celle de Cicéron, 231. — Son Éloge de la Folie, cité XI, 326.

ÉRASTE ou le Grondeur, caractère inquiet et mécontent, XV, 68, 69. — Voyez * Grondeur.

Ergot.—Observations sur cette maladie des céréales, IX, 257.

ERGUEBZED. — Nom sous lequel Diderot désigne Louis XIV dans les Bijoux indiscrets, IV, 137. — Est maintes fois nommé KANOGLOU, 138. — Sélim (le maréchal de Richelieu) fait à Mirzoza (Mme de Pompadour) le récit des événements prodigieux de son règne, 355.

ERICEIRA (les comtes d'), seigneurs portugais.— Font à la Bibliothèque du roi le don de livres imprimés en leur langue, XIII, 473.

ÉRIPHILE. — Son tête-à-tête avec le comédien Orgogli, IV, 278.

ERLOIN, moine breton.—Prêche la croisade et entraîne à sa suite une multitude de ses compatriotes, XIV, 247.

Ernelinde, opéra de Poinsinet, représenté en 1767; musique de Philidor; corrigé par Sedaine, en 1773, VIII, 459. — Ce que prouve le succès de cette pièce en faveur de la musique, 509.

ERNESTI (docteur), Allemand d'un mérite

éminent que Diderot recommande à l'impératrice Catherine comme plus capable que qui que ce soit de dresser un plan d'éducation, III, 416 (note).

Éros.—Nom d'un honnête homme dupe, I, 245, alinéa 47, et 246, alinéa 48.

Erreur.— Celle de fait ne produit point de vice, pourquoi, I, 37. — Celle de droit, au contraire, ibid.

Escherny (d'), auteur des Mélanges de littérature, d'histoire, etc.—Extrait de cet ouvrage; anecdotes sur Diderot et son entourage, XX, 136.

Eschine, philosophe grec. — Comment il devient le disciple de Socrate, XVII, 164.

Eschyle. — Est épique et gigantesque, III, 481. — Sublime lorsqu'il exorcise Oreste, qu'il réveille les Euménides, ibid.

Esclave (l') africain, comédie de Térence. — Sa perfection, V, 235.

Esclaves.—Ce que c'était qu'un esclave chez les Grecs et chez les Romains, V, 229. — Térence, Phèdre, Cœcilius, Épictète, ont été esclaves, ibid. — N'avaient rien de commun avec la valetaille d'une grande maison, 230.

Ésope, poëte grec, XV, 63. — Son influence sur le gouvernement, ibid.

Espagne. — Émeutes suscitées par les jésuites, VI, 463. — D'Aranda obtient l'expulsion des jésuites de toutes les possessions espagnoles, 465. — l'Inquisition fait dégrader et enfermer le Péruvien don Pablo Olavidès, 472.

Espagnols. — Réflexions de Diderot sur les cruautés exercées par eux en Amérique, VI, 451.

Espèce. — Épithète redoutable, qui marque la médiocrité et le dernier degré du mépris, V, 469.— Un grand vaurien est un grand vaurien, mais n'est point *une espèce*, ibid.

Espièglerie.— Passion fâcheuse de l'enfance, I, 114.

Esprit (*Jacques*), de l'Académie française. — Auteur de *l'Art de connaître les hommes* et de la *Fausseté des vertus humaines*, VI, 353.— Voltaire n'a que du dédain pour son livre, ibid.

Esprit (*le livre de l'*), ouvrage philosophique publié par Helvétius.—Diderot en a fourni les plus belles pages, I, XVII. — Réflexions sur cet ouvrage, II, 267-274.

Esprit. — Ses satisfactions préférables aux plaisirs du corps, I, 79.—Exemples qui le prouvent, ibid. — Ses plaisirs importent plus au bonheur que les plaisirs corporels, ibid. — Qu'est-ce que l'esprit en lui-même? II, 333. — Examen de cette question, 334-337. — Ce qui le rend ou juste ou faux, 343, 344. — Comment on l'éclaire, III, 542. — D'où dérive son étendue 543. — Différence qu'il y a entre l'esprit et le génie, VII, 363.

Esprit de corps. — Le clergé, la noblesse, la magistrature, chaque classe a le sien, VI, 310. — Les membres isolés peuvent devenir vils et rampants; le corps garde sa dignité, ibid. — Les remontrances de nos parlements en offrent la preuve, ibid.

Esprit (l') *de Diderot; maximes, pensées, fragments, extraits de ses ouvrages*, par Ch. Joliet, XX, 142.

Esprits (les), qualité de l'âme. — Entre eux ils se prêtent l'oreille, 1, 32. — — Ont leur critique à qui rien n'échappe, ibid. — Sont pourvus d'une grande sensibilité, ibid. — Sentiments de Socrate sur les esprits, XVII, 159.

Esquisse (de l'), VII, 322. (Voy. *Sommaire*, p.302). — Esquisse du *Père de famille*, 325.

Esquisses.—Pourquoi une belle esquisse nous plaît plus qu'un beau tableau, XI, 245. — La passion ne fait que des esquisses, 254.

¶ *Essai sur la Peinture*, pour faire suite au Salon de 1765, X, 454-520.

Notice préliminaire par M. Assézat, 457. — Extrait de la *Décade philosophique*, ibid. — Jugement de Naigeon sur cet ouvrage, 458. — Sentiment exprimé par Gœthe dans sa correspondance avec Schiller, 459.

Division de l'ouvrage en sept chapitres. I. Pensées sur le dessin, 461. — II. Idées sur la couleur, 468. — III. Intelligence du clair-obscur, 474. — IV. Examen du clair-obscur, 480. —

v. Ce que tout le monde sait sur l'expression, et quelque chose que tout le monde ne sait pas, 484. — VI. Paragraphe sur la composition, 496. — VII. Un mot sur l'architecture, 510.

¶ *Essai sur le mérite et la vertu,* ouvrage traduit ou plutôt imitation libre du livre de Shaftesbury intitulé : *An inquiry concerning virtute and merite,* I, 1 à 121. Notice préliminaire, 5. — Dédicace, 9. — Discours préliminaire, 11. — LIVRE PREMIER, première partie, section première, 17. — Section seconde, 20. — Seconde partie, première section, 23. — Seconde section, 28. — Troisième section, 32. — Quatrième section, 39. — Troisième partie, première section, 41. — Premier effet : priver la créature du sentiment naturel d'injustice et d'équité, 42. — Seconde section ; second effet : Dépraver le sentiment naturel de la droiture et de l'injustice, 44. — Troisième section ; troisième effet : Révolter les affections contre le sentiment naturel de droiture et d'injustice, 49. — LIVRE SECOND. Première partie, première section, 64. — Seconde section, 66. — Troisième section, 69. — Seconde partie, première section, 78. — Seconde section, 101. — Troisième section, 113. — Conclusion, 119.

Essai sur les règnes de Claude et de Néron, III, 1. — Notice préliminaire, 3. — Avertissement de l'édition Brière (1821), *ibid.* — Jugement de Marmontel sur cet ouvrage, 4. — La Harpe, Geoffroy, Grosier, Royou, Fréron, se déchaînent avec violence contre l'auteur, *ibid.* 5. — Dédicace à Naigeon, 9. — Cet ouvrage est l'objet de critiques violentes et même d'injures adressées à l'auteur, 379. — Réponse à vingt-sept objections tirées du *Journal de Paris,* de l'*Année littéraire* et du *Journal de littérature,* de l'abbé Grosier, 381 à 405. — Conclusion à tirer de toutes ces critiques, 406, 407.

Essais de l'anneau de Cucufa. — Voyez *Anneau magique.*

Essais de Montaigne. — Cet ouvrage comparé au livre *de l'Homme* par Helvétius, II, 290.

Esséniens. — Sectaires dont l'origine est inconnue, XV, 346. — Leur histoire racontée par Josèphe, *ibid.* — Philon en parle à peu près comme Josèphe, 351.

ESSEREPH-ESSACHALI, philosophe musulman, né en Sicile, XVII, 44. — Est connu et protégé du comte Roger, *ibid.* — Se défait de ses biens, *ibid.*

Estampes représentant Diderot, d'après l'original et de fantaisie, XX, 117.

Esther et Assuérus, tableau de Nicolas Poussin. — Remarque sur la gravure qui en a été faite par Poilly, X, 128. — Noble pose d'Esther dans ce tableau, 266.

¶ *Est-il-bon ? Est-il méchant ?* ou *la Pièce et le Prologue,* comédie en un acte, publiée par la Société des Bibliophiles, I, VI; VIII, 69-133. — Le même ouvrage, en quatre actes, sous le titre définitif : *Est-il bon ? Est-il méchant ?* ou *l'Officieux persifleur, ou celui qui les sert tous, et qui n'en contente aucun,* 135-244.

Estomac. — Étude physiologique des fonctions de cet organe, IX, 380. — Ses annexes : *Vésicule du fiel; Péritoine,* 383. — *Omentum ou épiploon; Rate; Pancréas; Foie,* 384.

État-major. Lisez, *Clergé, Prêtres,* etc. I, 195, alinéa 23.

Éternité des peines. — Proposition supérieure et non contraire à la raison, suivant Pascal et Nicole. Blasphème suivant Diderot, I, 159. — Désaccord de ce dogme, avec celui de la miséricorde infinie de Dieu, 165. — Nulle proportion entre l'offense et le châtiment, *ibid.* — L'introduction de ce dogme est due à l'ignorance d'un hébraïste, 167.

* *Éthiopiens.* — L'histoire de leur philosophie n'est pas moins incertaine que celle des Égyptiens, XIV, 530. — Leur philosophie morale était un amas d'énigmes et de symboles, 533.

Étonnement. — Quelle en est la source, II, 15.

* *Acceptions diverses de ce mot,* XIV, 534.

Étosi, philosophe musulman. — Le Tartare Holac met à sac Tos, sa patrie, et devient son protecteur dans la suite, XVII, 50. — Reproche que lui font les mahométans, ibid.

* *Étouffer.* — De l'emploi de ce verbe au simple et au figuré, XIV, 534.

* *Étourdi.* — Des divers emplois de ce terme, XIV, 534.

Être suprême. — Voyez Dieu.

¶ *Étrennes aux esprits forts.* — Voyez *Pensées philosophiques.*

* *Étroit.* — Terme relatif à la dimension d'un corps, XIV, 534. — S'emploie au moral et au physique, ibid.

Ette (Mlle d'). — Prétend qu'on est trop distrait pour bien s'aimer, XVIII, 496. — Ses amours avec le chevalier de Valory. Portrait de cette demoiselle. Réflexions à leur sujet, 527.

Étude nouvelle sur Denis Diderot, l'Encyclopédiste du XVIIIe siècle. Extrait inédit du *Grand Dictionnaire universel du XIXe siècle*, par Pierre Larousse, XX, 143.

Études sur la philosophie du XVIIIe siècle. Diderot. — Ouvrage de M. Ernest Bersot, XX, 142.

Études. — Leur état en Russie et en Allemagne, III, 415. — Direction à leur imprimer, 416. — Sont partagées en six ou sept classes dans les *gymnasia* ou écoles secondaires, 419. — Moyens d'encouragements employés 420. — En quoi consiste l'enseignement public de ces écoles, 421. — Ce qu'il devrait être, ibid. — Utilité des *bourses* et des *stipendia* ou *pensions universitaires*, 422.

Eubulide, *le Milésien*, philosophe grec de la secte Mégarique, XVI, 111. — Avait pris Aristote en aversion, ibid. — Différents sophismes parvenus jusqu'à nous dont il est l'inventeur, ibid.

Eucharistie, I, 204, alinéa 44.

Euclide de Mégare, philosophe socratique. — Se livre particulièrement à l'étude des mathématiques, XV, 65. — Ses principaux sectateurs, ibid. — Déguisement qu'il revêt pour venir prendre les leçons de Socrate, XVI, 110. — Se livre aux sectateurs de l'Éléatisme; réflexion de Socrate à ce sujet, ibid. — Ce qu'il dit dans une argumentation, 111. — Sa réponse sur ce que sont les dieux, ibid.

Eudamidas (*le Testament d'*), tableau de Nicolas Poussin, cité, VII, 385.

Eudème, philosophe péripatéticien. — Ajoute quelque chose à la logique d'Aristote, XVI, 249.

Eudoxe de Cnide, philosophe pythagoricien. — Enthousiasme avec lequel il se livre à l'étude de la nature, XVI, 523. — Perfectionne l'astronomie; invention qu'on lui attribue, 524.

Eugène III, pape. — Choisit Saint-Bernard, son ancien maître, pour prêcher la seconde croisade, XIV, 246.

Euler (*Léonard*). — Il résulte de ses expériences que tous les sons sensibles et appréciables sont compris entre huit octaves, IX, 99. — Sa manière d'expliquer les effets de la structure des flûtes est un beau morceau de physique, 115.

Eumènes II, roi de Pergame. — Contribue à la fondation de la célèbre bibliothèque de cette ville, XIII, 442.

Eunape, médecin, auteur d'un ouvrage intitulé *Vie des Philosophes*. — Ce qu'il raconte touchant Sopatre, philosophe éclectique, XIV, 326. — Était le médecin de l'éclectique Chrysanthius, 334. — Son séjour à Athènes; ses voyages en Égypte et dans toutes les contrées où il espère acquérir de nouvelles connaissances, 338. —

Eunuque (*l'*), comédie de Térence, V, 235. — Beautés du rôle de Phédria, ibid. — Cette pièce offre de nombreuses scènes de passion, VII, 319. — Scènes que l'on pourrait attaquer, 367.

Eunuques. — Histoire d'un eunuque marchand d'esclaves, et d'un Marseillais, VIII, 509.

Euphante, philosophe grec de la secte Mégarique; précepteur du roi Antigone. Compose un ouvrage sur l'art de régner, approuvé des bons esprits, XVI, 112.

Euphonie. — Loi puissante de la prononciation, XIV, 444. — Elle tend sans cesse à approcher les hommes d'une même prononciation, ibid. — N'est pas observée par les Allemands, les Anglais, les Italiens, les Français, qui tous prononcent diversement les vers d'Homère et de Virgile, *ibid.* — Vice particulier de la prononciation anglaise, 443.

EUPHRANOR, statuaire et peintre grec. — Son *Pâris*, injustement critiqué par Falconet, XII, 117.

EURIPIDE. — Est facile et clair, III, 481. — Admirable emploi qu'il fait de la pantomime, VII, 380.

EUSÈBE, évêque de Césarée. — Témoigne du goût des Phéniciens pour la formation de leurs bibliothèques publiques, XIII, 440. — Jugement qu'il porte sur les fragments des *Antiquités Égyptiennes* recueillis par Manéthon, XIV, 393. — Ce qui manque à son livre de la *Préparation évangélique* pour le rendre incomparable, XV, 295. — Ce qu'il rapporte des Juifs transportés en Égypte, 329.

EUSÈBE DE MINDE, philosophe éclectique. — L'empereur Julien, son disciple, abandonne son enseignement, XIV, 329.

EUSTATHE, philosophe éclectique, disciple de Jamblique et d'Édésius, XIV, 328.

EUSTACHE DE SAINT-PIERRE, notable bourgeois de Calais, rendu célèbre par son dévouement lorsque cette ville fut prise par Édouard III, roi d'Angleterre, VIII, 452. — Son grand caractère mal représenté dans la tragédie de de Belloy, *ibid.*

Évangélistes. — C'est une impudence sans exemple de citer leur conformité, I, 164. — I, 203, où ils sont nommés *Ambassadeurs*.

Évangiles. — Faiblesse des preuves qu'on apporte pour en démontrer la vérité, I, 161. — Dans les premiers siècles du christianisme, il y en avait soixante, on en a rejeté cinquante-six pour raison de puérilité, 167. — Le cygne de Léda et les petites flammes de Castor et Pollux nous font rire, et nous admettons sérieusement la colombe et les langues de feu de l'Évangile, *ibid.*

ÈVE. — Fait un mauvais repas, qui imprime une *tache noire* à tous ses descendants, I, 201, alinéa 38.

Évêques. — Sous-gouverneurs; ils prennent la qualité de lieutenants du Christ; le pape les appelle ses valets, I, 196, alinéa 25.

Évidence. — On est forcé de l'apercevoir où elle est, I, 160.

¶ *Évidence* (sur l'), fragment inédit, IV, 30.

Exécutions publiques. — Pourquoi le peuple y retourne, II, 408.

Exercice. — Utile au corps, il est essentiel à la santé de l'âme, I, 97.

Existence. — Ce qu'elle embrasse dans la physique expérimentale, II, 21.

Expérience (l'). — Mère féconde du progrès, IV, 258.

Expériences (l'art des). — Méthode à suivre indiquée par Franklin, II, 39. — L'insuccès des premiers essais ne doit point décourager, 40. — Nécessité de les répéter, 41.

¶ *Expériences intéressantes* de Darcet, *sur le diamant*, à la demande de l'empereur François Ier et du grand-duc de Toscane, IX, 456. — Ces expériences sont renouvelées, dans le laboratoire de Rouelle, en présence d'une assemblée nombreuse de hauts personnages et de savants distingués, 457. — Résultats obtenus, 458-461.

Exposition (de l'). — Ce que doit être cette partie du drame, VII, 346. (Voy. *Sommaire*, p. 303).

Expositions publiques. — Leur utilité au point de vue de l'art et de l'intérêt des artistes, XI, 6.

Expression. — Ce que tout le monde ne sait pas sur ce sujet, en peinture, X, 484 et suiv. — Ce qui la rend faible ou fausse, 486. — Chaque état de la vie a son caractère propre et son expression, *ibid.* — L'artiste qui n'a pas ce sentiment n'a rien de mieux à faire qu'à jeter ses pinceaux dans le feu, 489. — Comment elle se fortifie, 494. — Elle exige une imagination forte, une verve brûlante, 504.

Extrait d'un mémoire présenté en 1768 à M. le Chancelier, par MM***, libraires de Paris, pour obtenir de faire une *nouvelle édition de* l'Encyclopédie en France, XX, 129.

F

FABIANUS (*Papirius*), rhéteur et philosophe romain.— Cité avec éloge par Sénèque, III, 26.

Fabius Romanus, ami du poëte Lucain. — Contrefait des lettres qui accusent Méla de complicité avec Pison dans un complot contre Néron, III, 22.

¶ *Fables sarrazines,* traduites du persan, IV, 485, 486, 487.

Fabre d'Églantine, auteur du *Philinte de Molière,* VII, 350.

* *Face.* — Terme d'astrologie judiciaire et de divination, XV, 1.

Fâcheux. — Terme qui s'applique aux personnes et aux choses, XV, 2.

Faculté de Droit. — Curieux usage suivi en Allemagne de soumettre à ses professeurs, sous des noms supposés, les pièces des procès les plus importants, III, 427. — État de celle de France, 437.

Faculté de Médecine.—La meilleure des quatre ; elle laisse néanmoins beaucoup à désirer, III, 438, 439.

Faculté de Théologie. — Est une école d'incrédulité, III, 438.

* *Fagot.* — Usage bizarre adopté en signe de pénitence publique, XV, 2.

* *Faible* et *Faiblesse.*— De la différence qui existe entre ces expressions, XV, 2, 3.

* *Faim, Appétit.* — Synonymes, XV, 3.

Fainéantise. — Ne borne pas ses influences au corps ; elle déprave les organes, amortit les plaisirs sensuels, et cause les ravages de l'esprit, I, 112. — Elle ruine le tempérament, *ibid.*

* *Fait.*—Terme difficile à définir, XV, 3.

Faits. — Tous les peuples ont des faits auxquels, pour être merveilleux, il ne manque que d'être vrais, I, 148.— Les faits dont on appuie les religions sont anciens et merveilleux, 161.

FALCONET (*Camille*), médecin distingué. — Forme une riche bibliothèque, IX, 218. — Son buste par Falconet, X, 146.

— Pourquoi sa bibliothèque pourrait être mise au rang des bibliothèques publiques, XIII, 463.

FALCONET (*Étienne-Maurice*), célèbre statuaire.—Appelé en Russie par l'impératrice Catherine, Diderot devient le négociateur des conditions de son voyage, I, LII. — Presse Diderot de venir à Saint-Pétersbourg, *ibid.* — Met si peu d'empressement à le recevoir que Diderot se brouille avec lui, *ibid.* — Affectait une grande indifférence pour la gloire, II, 108.— Expose au Salon de 1761 un *Buste du médecin Falconet,* très-ressemblant, X, 146. — Une statue de *la Mélancolie,* une *Petite Fille qui cache l'arc de l'Amour, ibid.* — Deux *Groupes de Femmes,* plâtres à exécuter en argent par Germain, l'habile ciseleur, *ibid.*—Expose, au Salon de 1763, un groupe de marbre représentant *Pygmalion aux pieds de sa statue au moment où elle s'anime ;* description de ce groupe précieux, admirable dans toutes ses parties, 221-223. — Son éloge, 426.— Son parallèle avec Pigalle, *ibid.* — Marbres qu'il expose au Salon de 1765 : *Une figure de femme assise,* 427.— Une *Statue de saint Ambroise* dans le moment de son insolente apostrophe à Théodose, 428. — Un bas-relief d'*Alexandre cédant Campaspe, une de ses concubines, au peintre Apelle,* 429. —*La Douce Mélancolie,* statue debout, 430.— *L'Amitié,* statue debout : morceau plein d'âme et de sentiment, 432. — Brise son *Buste de Diderot* commandé par Mme Geoffrin, en voyant celui qu'avait fait Mlle Collot, son élève, XI, 22 ; XX, 110.—Sa généreuse proposition en faveur de l'élève Millot, victime d'une injustice de l'Académie, 379. — Retire de l'exposition pour le concours des élèves de 1767 un tableau présenté par son fils, 381. — Pensée de Diderot touchant son indifférence pour la gloire, XII, 112.—S'est injustement moqué du *Paris* du sculpteur grec Euphanor ; remarque de Diderot à ce sujet, 117. — Ses statues du roi *David* et du prophète *Isaïe* à Saint-

Roch, XIII, 6. — Fait faire plusieurs doubles de sa correspondance avec Diderot et écrit un avertissement, XVIII, 80. — Époque de sa rupture avec Diderot, 83. — Lettres que Diderot lui écrit. Voyez, *Lettres à Falconet*. — Lettre que Diderot écrit au général Betzky sur Falconet et le traité de celui-ci pour la statue de Pierre Ier, XIX, 479 et suiv.

Fanatiques (les). — Dans les sciences et dans les arts sont plaisants et étonnent quelquefois, X, 417. — Jean-Jacques Rousseau est de ce nombre, et Winckelmann aussi, *ibid.*

Fanatisme. — Du fanatisme à la barbarie il n'y a qu'un pas, I, 9. — Il a ses martyrs comme la vraie religion, 151.

an-Chin (les). — Secte d'Épicuriens fort répandue en Chine au ve siècle de l'ère chrétienne, XIV, 128.

Fanfarons. — Hommes sans fixité dans les idées, I, 219. — Leur philosophie, *ibid.*, alinéas 9, 10. — Sont détestés des sages, *ibid.*

FANNI. — Mangogul se rend chez elle pour y faire un essai de l'anneau magique, IV, 306. — Son portrait, *ibid.* — Alonzo, son mari, était d'humeur facile, *ibid.* — Indiscrétion de son bijou, 307. — Un curieux entretien avec Amisadar, 308. — Morale en action, 312. — Autre entretien avec Marsupha; même aventure, même dénoûment, 314.

* *Fantaisie.* — Passion d'un moment; ses effets, XV, 6.

* *Fantôme.* — Nom donné à des images ou à des êtres corporels que nous voyons hors de nous et qui n'y sont pas, XV, 7. — Origine des songes, *ibid.*

Fantômes. — Ils effrayent plus que les objets les plus terribles connus, VI, 392.

FARFADI, médecin de la vaporeuse Salica. — Impuissance de son art, IV, 217.

* *Faste.* — Causes et effets de cette marque affectée des actions humaines, XV, 7, 8.

FATMÉ. — Manière dont elle se venge d'un amant infidèle, IV, 237. — Visitée par des matrones, l'accusation de viol qu'elle porte contre Kersael est confirmée, 238. — Est soumise à l'épreuve de l'anneau magique, 241. — Révélations, *ibid.* — L'innocence de Kersael est reconnue, 242. — Est condamnée comme calomniatrice au supplice du cadenas, 243. — Est enfermée dans une maison de force, avec les matrones qui avaient prononcé en faveur de l'accusation, *ibid.*

FAUQUE ou FALQUES (Mlle), sœur du peintre Pillement. — Quérard lui attribue la paternité des *Zélindiens*, XVII, 478.

Fausse Délicatesse (la), comédie de M. Kelly, traduite de l'anglais par Mme Riccoboni, VIII, 465.

Faux Généreux (le), comédie de Bret, V, 377, 439. — Épisode intéressant de cette pièce, VII, 310, 311.

FAVART (*Charles-Simon*), auteur comique. — Fait représenter, en 1769, son opéra-comique *la Rosière de Salency*, VIII, 483. — Analyse de cet ouvrage, 484-487.

FAVORIN, médecin du premier siècle de l'ère chrétienne. — Son opinion sur l'allaitement de l'enfant par sa mère, III, 95.

Favoris du vice-roi, ou Amis de la cour de Rome, I, 196, alinéa 24.

Favorites. — Voyez *Maîtresses*.

FAVRAY (*Antoine* de), chevalier de Malte, membre de l'Académie de peinture. — Expose, au Salon de 1763, une copie de l'*Intérieur de l'église de Saint-Jean de Malte* ornée *de plafonds peints par le Calabrèse*; c'est un morceau d'un travail immense, X, 220. — Au même Salon : Sa *Famille maltaise* et ses *Femmes maltaises de différents états, et qui se font visite*, sont deux mauvais tableaux, *ibid.* — Au Salon de 1771, son tableau d'une *Audience donnée par le Grand-Seigneur à M. le Chevalier de Saint-Priest* a de l'effet, de la couleur, et le mérite de l'exactitude, XI, 487.

FAYDIT DE TERSSAC (*Jean-Joseph*), curé de Saint-Sulpice. — Ses visites en 1783, à Diderot alors son paroissien, accueillies avec beaucoup d'égards, I, LXV.

Fécondité de la Femme. — Voyez Ail.

FÉLIX, l'un des héros du conte *les Deux Amis de Bourbonne*, V, 265. — Son histoire racontée par M. Aubert, 268. — Comment il apprend la mort d'Olivier, son ami, 270. — Effets de cette révélation, *ibid.* — Entre au service de M. de Rançonnières en qualité de garde-chasse, 272. — Son attachement à son maître lui devient fatal, 273. — Mis en prison, il doit la liberté à la passion dont la fille du geôlier s'est prise pour lui, *ibid.* — Passe en Prusse, où il sert dans le régiment des gardes, *ibid.* — La même histoire racontée par M. Papin, curé de Sainte-Marie à Bourbonne, 274.

Femme docteur (la), ou la Théologie en quenouille, comédie du P. Bougeant. — Voyez *Théologie en quenouille.*

Femme jalouse (la), comédie de Colman, poëte anglais. — Note sur l'élégante traduction de cette pièce par Mme Riccoboni, VIII, 466.

Femmes (sur les). — Morceau écrit au sujet de *l'Essai sur les femmes* par Thomas, II, 251. — La soumission forcée devient pour elles un supplice, 252. — Ce qui les caractérise selon saint Jérôme, 253. — L'orgueil est plus leur vice que celui de l'homme, 254. — Elles ont plus d'instinct que nous, 260. — Avis aux mères sur les dangers auxquels sont exposées leurs filles, 261. — Ce qu'il y a de piquant dans la passion d'une femme dévote, XIX, 123.

Femmes galantes. — Elles donnent le ton dans *l'Allée des Fleurs*, I, 238, alinéa 10. — Leur manière d'être, 248, alinéa 58 et suiv.

FENEL (l'abbé), érudit de l'Académie des Inscriptions. — Auteur d'un *Plan systématique de la religion et des dogmes des anciens Gaulois*, VI, 307.

FÉNELON. — Son *Traité de l'existence de Dieu*, recommandé, III, 491. — Plaisanté par Voltaire sur ses idées quiétistes et sur son attachement à Mme de Guyon, VI, 352. — Citation empruntée à son *Télémaque*, VII, 331.

FENOUILLOT DE FALBAIRE. — Note intéressante de cet écrivain au sujet des modiques honoraires accordés à Diderot comme éditeur de l'*Encyclopédie*, XIII, 125. — Lettre qu'il adresse à Garrick pour le prier de traduire *l'Honnête Criminel*, et de l'accommoder au théâtre anglais, XIX, 488. — Lettre que Diderot adresse à Garrick pour lui recommander Fenouillot, 490.

FERDINAND VI, roi d'Espagne. — Le clergé prend sur son esprit un ascendant sans bornes, VI, 467. — Suit aveuglément les conseils du jésuite Ravago, son confesseur, *ibid.*

FERMAT, savant géomètre. — Créateur du *Calcul des probabilités*, II, 13. — Ce qu'il disait au sujet d'une démonstration d'Archimède, 351.

* *Fermeté* et *Constance*, synonymes, XV, 8, 9.

Fermier. — Voyez JÉTHRO.

FERMIÈRE (de La). — Diderot craint que la liaison de Falconet avec ce personnage ne finisse mal, XVIII, 260. — Son amitié pour M. Nicolaï, 282. — Sa réserve ne le surprend point, 284. — Fable qu'il raconte dans un dîner que lui et son ami offrent à Diderot, XIX, 74.

Fermiers généraux. — Font parade de leur fortune; leurs prédécesseurs étaient plus adroits, XIX, 281.

* *Féroce.* — Épithète que l'homme a inventée pour désigner, dans quelques animaux, une disposition naturelle à l'attaquer, XV, 9.

FERRAND, grave magistrat anglais, auteur d'un petit recueil de pièces libres, plusieurs fois imprimé, X, 502.

FERREIN (*Antoine*), médecin, anatomiste célèbre. — Nie la découverte de Bertin sur la formation du lait, II, 54. — Mots de caractère qu'on lui attribue, VI, 306, 307.

FESCHE (*Charles-Félix-Pierre*), volontaire sur la frégate française *la Boudeuse*, commandée par Bougainville dans son *Voyage autour du monde*. — La bibliothèque du Muséum de Paris conserve un manuscrit inédit (1875) contenant une curieuse relation de ce voyageur-amateur, II, 197

Feu. — Il est impossible d'imaginer le feu en repos, II, 66. — L'adoration du feu tenait de celle des astres, XVI, 358.

* *Fiacre.* — Nom donné à un genre de voiture publique établi vers 1650 par un nommé Sauvage, XIV, 31. — Règlements de police qui les régissent, 32.

Fibre (la).—Est en physiologie ce que la ligne est en mathématiques, IX, 276. — Sa nature, ses éléments, 277. — Sa formation, 278. — La fibre simple, la fibrille, la fibre musculeuse, 279.

Fibrine végétale. — Substance grasse et filamenteuse que les chimistes Dumas et Cahours ont tirée du gluten, IX, 255.

FICIN *(Marsile)*, philosophe florentin.— Professe la philosophie platonicienne; ses disciples; sa traduction de Platon, XVI, 336.

Fidélité. — Rare phénomène dans bien des contrées, chimère à Taïti, II, 242.

FIEDMOND (M. de).— S'attache Vallet de Fayolle en qualité de secrétaire, XIX, 374. — N'a garde de se priver des services d'un homme intelligent et vertueux tel que celui-ci, 375.

* *Figuier de Navius.* — Préjugé populaire attaché à cet arbre, XV, 9. — Différent du *Figuier ruminal*, ibid.

* *Figuier ruminal.* — Arbre sacré sous lequel on découvrit la louve qui allaitait Rémus et Romulus, XV, 9.

FILLON *(Benjamin)*.— Donne communication d'une lettre inédite de Diderot à Mme Necker, XX, 80.

¶ *Fils naturel (le) ou les Épreuves de la vertu*, comédie de Diderot, VII, 1.— Imprimée en 1757, représentée pour la première fois en 1771, 3. — Notice préliminaire de M. Assézat, 5. — Son grand succès de vente, 7. — Grimm en fait un éloge dithyrambique, *ibid*. — Est vivement critiqué par Palissot, et défendu par Lessing, *ibid*. — Subit l'épreuve de la représentation, le 6 septembre 1771, sur les instances de Molé, *ibid*.—Est retiré du théâtre, par suite d'une querelle survenue entre Molé et Mme Préville, *ibid*. — Jugement passionné de Collé sur cet ouvrage, 8.—Comment il est apprécié par La Harpe, 9.— Pamphlets nés à son occasion, 10. — Dénoncé par Fréron comme plagiat du *Véritable Ami (il Vero Amico)* de Goldoni, *ibid*. — Remis au théâtre en 1771, *ibid*. — Acteurs qui jouèrent dans cette reprise, *ibid*. — Succès attesté par les recettes, *ibid*. — A été traduit en allemand, en anglais, en espagnol, *ibid*. —Victorieusement défendu contre l'accusation de plagiat portée par l'abbé de La Porte, 11-18.—Passage de cette pièce qui aigrit J.-J. Rousseau contre Diderot, 66. — Ce que l'auteur s'est proposé en écrivant cette pièce, 308. — Parallèle entre cette pièce et le *Véritable Ami* de Goldoni, 337.

* *Fin.* — Raison morale, XV, 10.
* *Fin.*—Terme relatif à *commencement*, XV, 9.

Fin (la) d'un monde et du neveu de Rameau, par J. Janin, V, 386; XX, 145.

FIRMICUS MATERNUS *(Julius)*. — Écrivain chrétien du IVe siècle, XV, 299.

FITEAU (Mlle), fille d'un maître des comptes.—Refuse, au pied de l'autel, le mari qu'elle allait épouser; pourquoi, XIX, 228.

FITZ-JAMES (M. le duc de).— Reçoit le commandement du Languedoc, XIX, 52.

FLAMINIA (dona).—Courtisane de Naples; sa conduite avec son amant, M. Wilkes, XIX, 203 et suiv.

FLAMSTED, astronome anglais. — Ses expériences sur la propagation du son, IX, 87.

* *Fléchir*, verbe neutre.—Ses acceptions diverses, XV, 10. — Devient verbe actif au moral, *ibid*.

FLERS (M. le marquis de).—La présente édition lui est redevable de trois lettres de Diderot à l'abbé Gayet de Sansale, XIX, 500; XX, 1, 3.

FLEURY (le cardinal).— Voyez SULAMEK.

FLEURY (l'abbé *Claude*), sous-précepteur des enfants de France. — Ses deux *Catéchismes historiques*, livres à consulter, III, 492.

FLIPART *(Jean-Jacques)*, graveur. — Sa

gravure de l'*Accordée de village* de Greuze, X, 151. — A gravé la *Jeune Fille qui pleure son oiseau mort*, tableau de Greuze, 343. — N'envoie rien qui vaille au Salon de 1765, 450. — Expose, au Salon de 1767, deux gravures d'après Greuze, le *Paralytique* et la *Jeune Fille qui pleure son oiseau*, planches mal réussies, XI, 365.

ÉLIPOT, concierge de l'Académie de peinture. — Voyez PHLIPOT.

FLORA, jeune novice.—L'indiscrétion de son bijou la fait condamner à deux mois de prière et de discipline, IV, 162.

* FLORE, nymphe des îles Fortunées.— Les Grecs l'appelaient Chloris, XV, 10. — Culte que divers peuples lui rendaient, *ibid.*

Flou, terme de peinture.—Quelles sont les exigences de ce genre, X, 409.

FLUART (M.), personnage écossais.—Dispute un grand titre et une grande fortune à un enfant supposé; réflexions à ce sujet, XIX, 208.

FLUTES.—Effets de leur structure expliqués par Euler, IX, 115.— Leur longueur et leur ouverture étant données, trouver la force de l'inspiration pour que l'instrument fasse des sauts, 116. — D'où dépend la force du son, 118.

Fo. — Divinité des Bramines, XIII, 510.

FOË.—Fondateur d'une secte religieuse très-répandue en Chine, XIV, 128.

FO-HI. — Fondateur de l'empire de la Chine; époque présumée de son règne, XIV, 123. — Récits fabuleux sur ce prince, 124. — Transmet à ses successeurs sa manière de philosopher, *ibid.* — Fut aussi le premier législateur des Japonais, XV, 265. — Manière dont on le représente, *ibid.* — Date erronée de sa vie, *ibid.*

Foi (la). — Voyez *Bandeau*.

Foi (la). — De l'aveu des personnes les plus religieuses, elle a ses moments de défaillance, I, 21. — Il y en a autant d'espèces qu'il y a de religions au monde, 168. — N'est qu'une crédulité superstitieuse, II, 78.

* *Foiriao*, ou *Foqueux*. — Nom d'une secte de Japonais, XV, 11.— Doctrine de Xaca, fondateur de cette secte, *ibid.*

FOISSY (M. de), écuyer de M. le duc de Chartres.— Son caractère, XIX, 335. — Comment il est traité par Mme de Prunevaux et Mme de Meaux, XX, 16, 19.

FONCEMAGNE. (*Étienne* de).— Affirme avoir vu manuscrit, de la main de Fréret, l'écrit publié sous le titre: *Lettre de Thrasibule à Leucippe*, IV, 118.

* *Fondation*. — Examen de l'utilité et plus encore des inconvénients des *fondations*, au point de vue de la politique et du droit naturel, XV, 12 et suiv.

FONTAINE, sculpteur.—Il s'attribue deux têtes de Mlle Collot, XVIII, 271. — Diderot revient bien disposé sur lui; pourquoi, 296.

FONTAINE DES BERTINS (*Alexis*), célèbre géomètre.— L'un des fondateurs de la science, II, 11. — Ses idées ont besoin de rencontrer des hommes qui les comprennent, 372. — Perfectionner le calcul intégral était son occupation favorite, 376.

FONTAINE-MALHERBE (*Jean*), poëte normand. — Auteur d'une *Épître sur les pauvres*, VIII, 468. — Phrase curieuse de cette épître, *ibid.* — Auteur d'une tragédie en cinq actes et en vers, intitulée : *Argillan, ou le Fanatisme des Croisades*, *ibid.* — Examen de cette pièce, 469, 470.

FONTANA (*Félix*), savant italien.— Notice sur lui, IX, 258 (note). — Regarde la *Tremella*, plante aquatique, comme le passage du règne végétal au règne animal, 259.

FONTENELLE (LE BOUYER ou LE BOVIER de), savant littérateur. — Sa gracieuse réponse à la duchesse du Maine, II, 355.—Sagesse avec laquelle il échappait aux traits de l'envie, III, 320. — Modèle à suivre, 330. — Intéressant paragraphe de son *Histoire de l'Académie* sur les expériences de M. Sauveur pour la détermination des sons, IX, 119-131. — Note de Naigeon sur son excellent *Éloge de Leibnitz*, XV, 451. — Le discours qu'il tient sur le mépris de l'immortalité fait peine aux gens qui l'entendent, XVIII, 120.

Forbach (Mme de). — Voyez ¶ *Lettre à Madame*, etc.

Forbonnais (M. de). — Lettre adressée à M. de Malesherbes; à quel propos, XIX, 454.

Force d'inertie.—En quoi elle diffère de la pesanteur, II, 70.

* *Fordicidies*, fêtes instituées par Numa, XV, 21. — Leurs causes et leurs effets, 22.

* *Forfait.* — Ce qui le caractérise, XV, 22.— En quoi il diffère de la *faute* et du *crime*, *ibid*.

* *Formalistes.*— Ce qui les caractérise, XV, 23.

Formation des êtres. — Nos idées à ce sujet sont incomplètes, II, 149.

* *Formel.*—Signification de cet adjectif, XV, 23.

Formey (J.-Samuel).— Une plaisanterie de Voltaire tire de l'oubli sa réfutation des *Pensées philosophiques*, I, 125. — Fait à Diderot le généreux abandon des travaux qu'il avait exécutés pour un *dictionnaire encyclopédique*, XIII, 138. — Lettre de Diderot pour remercier de l'honneur qu'on lui a fait en le nommant membre de l'Académie de Berlin, XIX, 424.

Formicaléo (apologue du), XVII, 481.

Fornication, II, 233. — N'est point un acte répréhensible chez les Taïtiens, *ibid*.

Fortia (l'abbé *ne-Bernard* de), surnommé *l'abbé Vert*. — Aventure qui lui valut ce surnom, XI, 474.

Forti-Guerra ou Forte-Guerri, auteur du poëme *Ricciardetto*.—Note biographique sur cet écrivain, VI, 68. — Cité, 199.

* *Fortuit.* — Terme commun dans la langue; vide de sens dans la nature, XV, 24.

* *Fortune*, déesse fort en honneur chez les Grecs et les Romains, XV, 24. — Manière dont ils la représentaient, *ibid*. — Les auteurs grecs et latins l'ont célébrée à l'envi, 25.

* *Fossoyeurs.* — Les mêmes hommes qu'on appelait autrefois *fossaires*, XV, 27.— Pourquoi on leur donne le nom de *corbeaux*, *ibid*. — Les quakers ne cèdent point cet emploi à des mercenaires, *ibid*.

Fou.—Rameau (le neveu) a porté le talent de faire le fou aussi loin que possible, V, 433. — Il n'y a pas, dit ce Rameau, de meilleur rôle auprès des grands, 443. — Ceux de bonne espèce sont rares, 447.

Fougeroux de Bondaroi, de l'Académie des sciences. — Remarques critiques sur son livre intitulé : *Recherches sur les ruines d'Herculanum*, VI, 378, 379.

Fould (Achille), ministre d'État de la maison de l'empereur. — Tenait, en 1854, le Théâtre-Français sous sa dépendance, VIII, 140. — Contribue au refus de la pièce de Diderot intitulée : *Est-il bon? Est-il méchant? ibid*.

Foulons.—Synonymes : *Casuistes, Confesseurs, Dégraisseurs, Encaissés*, I, 198, 199, 205.

Fourgeot (Matthieu de), brocanteur. — Courtier d'usure, VI, 229. — Son portrait, *ibid*. — Est signalé comme inscrit sur le livre rouge (Registre de la police), 232. — Exige dix louis de commission pour le rôle d'entremetteur qu'il a joué, 233.

Fourmis. — Comparaison entre leur raisonnement et celui de l'homme, touchant l'ordre de l'univers, I, 229, alinéa 36.

Fourmont. — Conseiller au présidial de Chaumont, V, 272. — Ses procès avec M. de Rançonnières, son voisin de campagne, *ibid*.

Fourmont (Étienne), orientaliste français. —Est chargé de dresser, conjointement avec l'abbé Sevin, le catalogue de la bibliothèque turque à Constantinople, XIII, 474. — Résultats de sa mission, *ibid* et suiv.

Fournier (P.-Simon), habile fondeur et graveur en caractères, XIV, 26. — Son *Traité historique et pratique sur l'origine de l'imprimerie* mérite d'être consulté, *ibid*.

* *Fournir.* — Des différents sens de ce verbe actif, XV, 27.

* *Fragilité.*—Expression employée figurément, XV, 27.

¶ *Fragments échappés du portefeuille d'un philosophe*, VI, 444-457. — Sur les cruautés exercées par les Espagnols en Amérique, 451. — Sur le goût antiphysique des Américains, 452. — Sur l'anthropophagie, 453. — Essai sur le caractère de l'homme sauvage, 454.

¶ *Fragments politiques*, IV, 41. — Sur les Chinois, 45. — Des mines, 48.

¶ *Fragments sur divers sujets*. — S'il est plus aisé de faire une belle action qu'une belle page? III, 535. — Sur les exercices des cadets russes, 545.

FRAGONARD *(Jean-Honoré)*. — Diderot indique un sujet de tableau convenable à son talent, VI, 194. — A son retour de Rome, en 1765, ce peintre, élève de Chardin et de Boucher, expose trois tableaux : I. *Le Grand-Prêtre Corésus s'immole pour sauver Callirhoé*, X, 396. — (Ce tableau est aujourd'hui au Louvre sous le n° 208.) Il a été gravé par J. Danzel, *ibid*. — *L'Antre de Platon* (rêve de Diderot au sujet de ce tableau), 397-406. — II. Un *Paysage*, 407. — III. *L'Absence des père et mère mise à profit*, 408. — Reçu par acclamation à l'Académie sur la présentation de *Corésus et Callirhoé*, 409. — Expose au Salon de 1767 un tableau représentant des *Groupes d'enfants dans le ciel*; une *Tête de vieillard*, et plusieurs *dessins*, le tout mauvais, XI, 296. — A fait un beau tableau, en fera-t-il un second? XI, 307. — Auteur d'une esquisse de Diderot, XX, 115.

* *Fraîcheur*. — Sensation physique, XV, 28.

FRANCIN *(Claude-Clair)*, sculpteur. — Expose, au Salon de 1767, un *Christ à la colonne*, son morceau de réception à l'Académie, XI, 362. — Cette statue est aujourd'hui au Louvre, Sculpture moderne, n° 291, *ibid*.

FRANCISQUE MILLET, petit-fils du peintre anversois du même nom. — Expose, au Salon de 1761, un *Saint Roch* pour l'église Saint-Louis de Versailles, X, 130. — Un *Repos de la Vierge* et plusieurs paysages que leur mauvaise place ne permet pas d'apercevoir, *ibid*. — Le Salon de 1763 reçoit de cet artiste deux paysages, à envoyer au Pont-Notre-Dame, 196. — Envoie au Salon de 1765 un paysage où *sainte Geneviève reçoit la bénédiction de saint Germain*, des *Paysages* et des *Têtes en pastel*, tableaux tous mauvais, 308. — A l'exposition de 1767, sa *Fuite en Égypte*, ses *Disciples allant à Emmaüs*, sa *Samaritaine*, sont de la plus désolante médiocrité, XI, 149. — Ce qu'il expose au Salon de 1769 ne mérite pas d'être remarqué, 414. — Envoie au Salon de 1771, trois mauvais paysages, 484, 485. — Ses paysages au Salon de 1775, à envoyer au Pont-Notre-Dame, XII, 16.

FRANÇOIS, dessinateur. — Voyez DEMARTEAU.

FRANÇOIS Ier, roi de France. — Comment il augmente la bibliothèque de Fontainebleau, XIII, 466. — Sa passion pour les manuscrits grecs, *ibid*. — Crée la charge de bibliothécaire en chef, 467.

FRANKLIN *(Benjamin)*. — Proposé comme modèle à suivre dans l'art expérimental, II, 39. — A l'exemple de Sextius, il recommande à chacun l'examen quotidien de sa conscience : ce qu'il appelle *faire sa caisse* le soir, III, 287.

Frapper. — Éviter le geste, il est aussi dangereux que le coup, II, 466. — Si on frappe, frapper juste, *ibid*.

FRÉDÉRIC Ier, dit *Barberousse*, empereur d'Allemagne. — Suit, à la seconde croisade, l'empereur Conrad III, son oncle, XIV, 246. — Rentre dans ses États après avoir été défait, *ibid*. — Part à la tête de cent cinquante mille hommes pour la troisième croisade, 247. — Obtient de grands avantages sur les Grecs et les Musulmans, *ibid*. — Sa mort, *ibid*. — Son armée, sous la conduite du duc de Souabe, son fils, se joint à celle de Lusignan, *ibid*.

FRÉDÉRIC II, empereur d'Allemagne. — Épouse Yolande, fille de Jean de Brienne, qui lui apporte en dot ses droits au royaume de Jérusalem, XIV, 248. — Son habile conduite dans cette conjoncture, 249.

Frédéric II, roi de Prusse. — Alcyphron, jeune sceptique, conseille à Ariste (Diderot) de faire imprimer dans ses États la Promenade du sceptique, I, 186, 187. — Maxime gouvernementale qu'il émet dans un discours à l'Académie de Berlin, II, 381. — Diderot la condamne, ibid. — Ses mépris ont irrité tous les écrivains de l'Allemagne, 412. — Maximes politiques à son usage (LXXXIII à CCXXIV) 477 à 502. — Compose, au camp de Schatzlar, un Éloge de Voltaire, III, 395. — Sa conduite et sa valeur ont longtemps soutenu les efforts réunis des plus grandes puissances de l'Europe, VI, 322. — Éloge de ses poésies publiées sous le titre d'OEuvres du philosophe de Sans-Souci, ibid. — Son portrait en pied, peint par Amédée Van Loo, XI, 407. — Sa lettre au marquis d'Argens fait grand bruit, XVIII, 486. — Trait de pénétration et de justice de ce prince, XIX, 134.

* Frêle. — Vraie acception de ce mot, XV, 29.

Fremin, riche libraire de Paris. — Un testament du curé de Thivet l'institue légataire universel, V, 283. — Cruels embarras que la découverte de cette pièce cause au père de Diderot, ibid. et suiv. — Portrait de cet héritier avide, que la misère des héritiers du sang ne touche pas, 292.

Frénicol. — Nom comique donné au bijoutier La Frenaye dans les Bijoux indiscrets, IV, 210. — Son entrevue avec deux dévotes, 211. — Reçoit une commande de deux muselières, 212. — S'en va, et revient avec des machines de différentes grandeurs, 213. — Zélide et Sophie (c'est le nom des deux dévotes) font leur choix, ibid.

Frère Jean des Entommeures, I, 195, alinéa 21.

Frères-Chapeaux. — Voyez Accessoires.

Fréron (Élie-Catherine), journaliste; fondateur de l'Année Littéraire. — Voltaire l'a mis en scène, sous le nom de Wasp, dans l'Écossaise, III, 389. — A fait de la critique un triste et plat métier, X, 177.

Fréron (Louis-Stanislas), fils du précédent. Journaliste, continuateur de l'Année littéraire. — Diderot répond aux attaques qu'il a dirigées contre l'Essai sur les règnes de Claude et de Néron, III, 388. — Était un critique ignorant et sans bonne foi, 389. — Parasite assidu du financier Bertin et de sa maîtresse la comédienne Mlle Hus, V, 431.

Freston, enchanteur chez le duc de Médoc. — Sa hideuse ressemblance avec le diable, I, 213, alinéa 65.

* Freya ou Frigga, une des principales divinités des anciens Saxons, XV, 29. —Manière dont elle était représentée, ibid.

Fricamone, dévote d'une vie édifiante. — Mangogul fait en vain l'essai de l'anneau magique sur son bijou, IV, 299. — Elle parle par la bouche; étrangeté de son langage, ibid.

* Frivolité — Ce qui la caractérise, XV, 29. — Remède efficace contre ce défaut, 30.

¶ Frontières de Virginie. — Extrait de la Gazette de France, XVII, 503.

Frontin (Sextus-Julius-Frontinus), consul romain. — Directeur des aqueducs sous l'empereur Nerva, a laissé dans l'ouvrage intitulé : De aquæ ducibus urbis Romæ une intéressante description de ces immenses travaux, XIII, 313.

Fruchet (Ursule-Nicole), femme de Jean-François Rameau. — Son portrait par son mari, V, 486.

* Fugitif. — Terme qui se prend soit adjectivement soit substantivement, XV, 30.

* Fugitives (Pièces). — Caractère et destinée de ces petits ouvrages, XV, 31.

Fulbert, évêque de Chartres, l'un des rares écrivains du xie siècle, XV, 301.

Fulvia, maîtresse de Sélim, IV, 348. — Révélations inattendues de son bijou,

352. — Sa rupture avec Sélim, 353.
* *Funeste*. — Idée attachée à cet adjectif, XV, 31.
* *Fureur*. — De l'acception de ce terme tant au singulier qu'au pluriel, XV, 31, 32.
* *Futile*. — Se dit des personnes et des choses, XV, 32.
* *Futile*. — Nom donné par les païens à un vase employé dans le culte de Vénus, XV, 32.
* *Futurition*. — Terme de théologie qui a fait dire bien des sottises, XV, 32.

G

GABALIS, jeune officier du régiment de Sélim. — Ce que fait sa maîtresse pour l'empêcher de partir en campagne, IV, 362.
GAIGNAT (*Louis-Jean*), bibliophile et amateur de tableaux. — Tentatives de Diderot pour acquérir ses collections, XVIII, 253. — Opinion de Diderot sur les connaissances de Gaignat, 267. — Acquisitions qu'il fait pour le compte de l'impératrice de Russie, à la vente Gaignat, 306, 308.
* *Gaillard*. — Acceptions diverses de ce mot; il est de peu d'usage, et ne peut être que rarement employé avec goût, XV, 33.
Gaine (la) et le Coutelet, fable, VI, 119.
Galactophages, peuple imaginaire. — Comment Jupiter le forma, II, 401.
Galanterie. — Questions sur ce sujet, II, 242. — Dangers qui l'accompagnent, 261.
* Des diverses acceptions que comporte ce mot en morale, XV, 33, 34.
GALBA (*Servius-Sulpitius*), empereur romain. — Ce qu'il disait à Pison, II, 489.
Galette. — Celle sans levain, ni beurre, ni sel, en usage chez les Juifs, I, 202.
GALIANI (l'abbé *Ferdinand*), érudit napolitain. — Diderot le prend pour juge dans une discussion grammaticale, élevée entre lui et Naigeon au sujet d'une ode d'Horace, VI, 289. — A son avis, Diderot et Naigeon se trompent, 301. — Ses explications à ce sujet, *ibid*. — Notice sur lui, 440. — Ses ouvrages, 441. — Ce qu'il rapporte d'une représentation du *Père de famille*, joué à Naples en 1773, VII, 177. — Curieuse anecdote sur un poëte dramatique napolitain, VIII, 409. — Pense, avec Webb, que les sujets tirés des livres saints ou du martyrologe ne peuvent jamais fournir un bon tableau, XI, 344. — En quoi il déplaît à Diderot, XVIII, 459. — Sa fécondité en mots et traits plaisants; histoire du Porto-Sacro, 472. — Sa fable du rossignol et du coucou, 509. — Son portrait; il raconte une anecdote de deux moines et de deux filles, XIX, 30. — Autres anecdotes plaisantes, 37, 139. — Son opinion contre l'exportation des grains et contre la faveur accordée à l'agriculture, 298. — Son opinion sur Tibère, Néron et Caligula, 299. — Il explique et démontre la vérité de son opinion contre l'exportation des grains, 307. — L'ouvrage de Morellet contre les *Dialogues* de Galiani est plein d'amertume, 339. — Jugement que porte Galiani sur Morellet, XX, 10.
GALILÉE, créateur de la philosophie expérimentale. — Ses remarquables découvertes, II, 369.
Galimatias. — Existe en peinture aussi bien qu'en poésie, XII, 124. — On le rencontre aussi en sculpture, témoin le *Tombeau du maréchal d'Harcourt* à Notre-Dame, par Pigalle, *ibid*.
GALITZIN (*Dimitri-Mikhaïlovitch*), ambassadeur de Russie. — Achète, au nom de sa souveraine, la bibliothèque de Diderot, I, LI. — Ambassadeur à la Haye, il y reçoit durant plusieurs mois Diderot revenant de la cour de Russie, LIV. — Le livre *De l'homme*, par Helvétius, est publié par ses soins, II, 265. — Son entretien avec Diderot sur diverses questions relatives à la peinture, XI, 40. — Apprend aux Hollandais à manger le maquereau, XVII, 418. — Diderot habite chez lui à La Haye, 443. — Diderot lui présente Falconet pour l'entreprise de la statue

de Pierre Ier, XVIII, 82. — Le prince Galitzin fait des progrès considérables dans la connaissance des beaux-arts, 238. — Il juge à propos d'observer par apostille à une de ses lettres au général Betzky que la pension de Diderot est de 100 livres, 243. — Travaille à mettre en russe la vie des peintres français, italiens, allemands, etc., 251. — Diderot déplore son départ, 252. — Le prince Galitzin est marié, et va aux eaux d'Aix-la-Chapelle, 300. — Il a demandé pour l'impératrice un tableau à chacun de nos bons artistes, 301. — Embarras du prince, 305. — Il a appris à Diderot que Falconet a fait une œuvre sublime, 318. — Son amour pour une belle dame, XIX, 235, 249. — Sa simplicité, 250. — Son départ, 286. — Vient d'obtenir l'ambassade de La Haye, 325. — Ses progrès dans les beaux-arts, 350. — Lettre que Diderot lui adresse au sujet de sa correspondance avec Falconet, XX, 74. — Autre lettre de Diderot ; la colique l'empêche d'aller fêter la Sainte-Catherine chez le prince, 87.

GALITZIN (la princesse de), femme du précédent. — Ce qui lui arriva à une représentation du *Déserteur*, joué par Caillot, VIII, 412. — Diderot reçoit une lettre d'elle ; bizarrerie de cette lettre, XIX, 267. — Caractère de cette princesse, 342. — Sa manière de vivre à La Haye, 350.

GALLET, chansonnier. — Notice sur cet épicier-poëte, VI, 225. — Mot plaisant de Panard, son ami, en parlant de sa mort, *ibid*.

GALLION (*Marcus-Novatus*, surnommé *Junius*), frère de Sénèque le philosophe. — Sa belle réponse, en qualité de proconsul d'Achaïe, aux Juifs qui demandaient la condamnation de saint Paul, III, 18. — Avait la flatterie en horreur, 363.

GAMALIEL, docteur juif, l'un des accusateurs de Jésus-Christ devant Pilate, XV, 358. — Il appartenait à la classe des docteurs appelés *princes de la captivité*, *ibid*.

GARAMOND (*Claude*), célèbre graveur et fondeur en caractères, XIV, 26. — Exécute, par ordre de François Ier, les types qui ont tant fait d'honneur à Robert Étienne, 27.

GARAND, peintre peu connu. — A fait de Diderot un portrait fort ressemblant (Diderot avait alors cinquante-quatre ans), XI, 22, et XX, 113. — Ce portrait, que Grimm a fait graver par Chenu, et qu'il ne communiquait pas, a été distribué avec le t. IX, mais doit figurer au t. Ier de la présente édition. — Fait le portrait de Mme d'Épinay à la Chevrette, XVIII, 453.

GARAT (*Dominique-Joseph*). — Son récit d'une entrevue avec Diderot, I, XXI. — Ce que, dans ses *Mémoires historiques*, il dit de la société du baron d'Holbach, III, 386. — Publie, dans le *Mercure* du 15 février 1779, une lettre sur le caractère de Diderot, 392. — Auteur d'un *Éloge de Suger*, *ibid*. — A fait de Diderot une agréable caricature dont le modèle se déclare satisfait, *ibid*.

GARDEIL. — Note sur ce personnage, II, 249. — Affreuse conduite de cet homme atroce envers Mlle de La Chaux, V, 318. — De communes études amènent une grande intimité entre lui et Diderot, qui habite dans son voisinage, 319. — Portrait physique de ce monstre d'ingratitude, 320. — Le comte d'Hérouville, lieutenant général, l'associe à ses savants travaux, 321. — Sa santé s'altère, *ibid*. — Afin d'alléger sa tâche, l'héroïque Mlle de La Chaux apprend l'hébreu et accomplit des prodiges de savoir, *ibid*. — Pour prix de tant de travaux il abandonne l'infortunée qui lui a tout sacrifié, 322. — Meurt à l'âge de quatre-vingt-deux ans, 331. — Ouvrage que l'on a de lui, *ibid*.

GARENGEOT (CROISSANT de), chirurgien, IX, 215.

GARNET (*Henri*), jésuite anglais. — Un des auteurs de la conspiration des poudres (1605), est mis à mort, XV, 270.

Garnison. — Voyez *Rendez-vous général*.

Garo, nom d'un personnage du *Pédant joué*, de Cyrano de Bergerac. — La Fontaine en a fait le héros de sa fable *le Gland et la Citrouille*, VI, 263.

Garrick (*David*), célèbre comédien anglais. — Grands effets de sa pantomime, VII, 402. — La perfection de son jeu dans *le Joueur*, drame d'Edward Moore, a fait à Londres le grand succès de cette pièce, 415. — Disait que tel acteur qui sait rendre parfaitement une scène de Shakespeare ne connaît pas le premier accent de la déclamation d'une scène de Racine, VIII, 344, 364. — Son visage manifeste instantanément les passions les plus différentes, 352 et 382. — Jouait avec une égale perfection la comédie et la tragédie, *ibid*. — Pourquoi, selon lui, il était devenu un grand comédien, 396. — Comment, à son avis, un acteur s'élève au-dessus du médiocre, XI, 16. — Ce qu'il disait des vers de Racine, XIX, 396. — Lettre que Fenouillot lui adresse pour le prier de traduire *l'Honnête Criminel* et de l'accommoder au théâtre anglais, 488. — Diderot, dans une autre lettre, lui recommande Fenouillot, 490.

¶ *Garrick, ou les Acteurs anglais*. — Observations sur une brochure portant ce titre, VIII, 339. — Notice préliminaire, 341.

Gaschon (M.). — Jugement de Diderot sur lui, XVIII, 451, 525. — Sa première visite à Mme Le Gendre, 521. — Légèreté avec laquelle il fait des serments, XIX, 165. — Comment Mme Le Gendre fait des serments, et désire et reçoit ceux de Gaschon, 166.

Gassendi (*Pierre*), philosophe français. — Son erreur sur la propagation du son dans certaines circonstances, IX, 87. — Notice sur ce savant qui fut en France le restaurateur de la *philosophie d'Épicure*, XIV, 525. — Eut pour disciples ou pour sectateurs les personnages les plus illustres de son temps, 526. — Noms des hommes extraordinaires et des femmes célèbres qui fréquentèrent ses écoles, 526, 527. — Se lie avec Hobbes à Paris, XV, 95.

Gaston. — Voyez Orléans.

Gataker. — Philosophe stoïcien moderne; homme profond, mais il a des préjugés, XVII, 230.

Gatti, médecin, professeur à Pise. — Curieuse constatation pratique touchant les avantages ou les inconvénients de la médecine, III, 496. — Son opinion sur la belle ordonnance du *Paralytique* de Greuze, X, 210. — Sa conversation sur les charmes du séjour de l'Italie; remarque sur la dévotion d'une femme qui se jette entre les bras de son amant, XIX, 123. — Anecdote sur un sénateur de Venise, 124. — Autre, sur une plaisanterie faite par milord Chesterfield au président de Montesquieu, *ibid*. — Succès que l'inoculation obtient dans son petit hôpital, 301.

Gauchat (*Gabriel*), abbé, chanoine de la cathédrale de Langres. — Cet abbé, objet des plaisanteries de Voltaire, VIII, 203 (note), négocie, sans succès, un rapprochement entre Denis Diderot et l'abbé, son frère, I, LIX.

Gaussin (*Jeanne-Catherine*), célèbre actrice de la Comédie-Française. — Excellait encore dans *la Pupille* de Fagan, à l'âge de cinquante ans, VIII, 351 et 376. — Sa beauté séduisait Diderot, 398.

Gayet de Sansale (l'abbé), conseiller au Parlement. — Lettre (inédite) que Diderot lui écrit pour justifier la fille Desgrey, XIX, 501. — Autre lettre (inédite) de Diderot à lui adressée sur le même sujet; nouveaux moyens qu'il présente pour la justification de cette fille, XX, 1. — Autre lettre (inédite) sur le même sujet, 3.

Gazette de France. — Journal dont la rédaction fut confiée en 1763, par le gouvernement à Arnaud et à Suard, II, 157, et XIX, 140.

* *Gehenne*. — Terme de l'Écriture tiré de l'hébreu, sa signification, XV, 34.

Géliote, célèbre chanteur de l'Opéra, très-recherché des dames, IV, 146. — Voyez Jéliotte.

Gem (le docteur). — Son caractère; aventure de son cheval, XIX, 246.

Gémare (la), recueil des lois et traditions juives, composé au second siècle de l'ère chrétienne par Rab et Samuel, XV, 360.

GENDRON, célèbre oculiste, I, 224. — Impromptu de Voltaire dans une visite qu'il lui fit à Auteuil, *ibid.*, à la note.

Genèse, citée, XIV, 92.— Aucun système de physique ne doit contredire les vérités qu'elle nous enseigne, *ibid.*

Genève. — Réflexions sur l'ouvrage publié par les citoyens et bourgeois de cette ville, à l'occasion de la renonciation de J.-J. Rousseau au droit de citoyen, IV, 70.

GENGIS-KHAN. — Son irruption en Asie; il anéantit presque entièrement les Croisés, XIV, 249.

¶ *Génie* (sur le), fragment inédit. — Sa manière d'opérer, IV, 26, 27.

Génie. — En quelque langue que ce soit, l'ouvrage que le génie soutient ne tombe jamais, I, 392. — L'homme de génie est toujours rare, II, 290. — Il n'est pas l'effet du hasard, 292. — Se manifeste plus aisément sous les bons gouvernements, 342. — Attire fortement à lui tout ce qui se trouve dans la sphère de son activité, 411. — Ce qui le caractérise, III, 274.—Est plus rare que la bonté et la vertu, 536. — Différence qu'il y a entre l'esprit et le génie, VII, 363.— Il est de tous les temps, mais parfois il sommeille, *ibid.* — A quels caractères le reconnaît-on? XI, 427. — Ne connaît point de règles, XIV, 425.

* En quoi il consiste, XV, 35. — Est un pur don de la nature, 37. — Le goût en est souvent séparé, *ibid.*

GÉNIN (*François*). — Raconte, dans sa *Vie de Diderot*, une anecdote sur Naigeon, I, 7, note. — Publie, en 1856, une édition de *la Religieuse* de Diderot, citée comme un exemple de réticences maladroites, V, 4. — Publie, en 1847, *OEuvres choisies de Diderot*, précédées de sa vie, XX, 144.

Génération. — Étude physiologique de cet acte de la vie humaine, IX, 394-408.— Cas extraordinaire de grossesse d'un soldat, *ibid.* et 409. — Autre exemple d'une grossesse non moins singulière constatée en 1755, par Louis, secrétaire de l'Académie de chirurgie, 410. — Germes préexistants, 411. — Fœtus, 412. — Monstres, 418. — Ses maladies, 421. — Hermaphrodites, *ibid.* — Maladies héréditaires, 422. — Catalepsie, 423.

GENLIS (Mme de). — Auteur des *Dîners du baron d'Holbach*, dans lesquels se trouvent rassemblés sous leurs noms une partie des gens de la cour et des littérateurs les plus remarquables du XVIIIe siècle, XX, 145.

Genres dramatiques (des), VII, 307. — Voy. Sommaire, p. 301.

Gens de lettres. — On les corrompt à peu de frais, II, 477.

GEOFFRIN (*Marie-Thérèse* RODET, dame). — Opère secrètement le déménagement de Diderot, IV, 5. — Détails sur le mobilier qu'elle substitue à l'ancien, 6-12. — Mot caractéristique de sa bienfaisance, VI, 301. — L'honnête et savant Levesque de Burigny était admis dans son intimité, 313. — Fait exécuter par Joseph Vernet *la Bergère des Alpes*, sujet tiré des contes moraux de Marmontel, X, 203. — Fait affubler, après coup, d'une perruque le buste de Diderot, par Falconet; celui-ci le brise, XI, 23. — Prend en grippe le tableau de *la Mère bien-aimée* de Greuze, 443. — Contribue par de grands sacrifices d'argent à l'achèvement de l'*Encyclopédie*, XIII, 121. — Par quoi ses visites à Mme Diderot se distinguent, XVIII, 341. — Mot plaisant fait sur elle par Greuze, 469. — Sa mise noble et simple, 508. — Ce qu'elle répond à l'abbé Follet, à l'occasion d'une visite où l'ennui la gagne, XIX, 80. — Diderot se plaint d'elle dans une lettre à Mlle Volland, 239. — Discussion d'intérêt entre cette dame et M. de ***, 289.— Son origine et sa fortune citées comme un singulier exemple de la destinée des femmes, 408. — Elle a marqué dans le XVIIIe siècle par sa maison; pourquoi Diderot n'allait point chez elle, XX, 136, 137.

Geoffroy (*Julien-Louis*), critique; rédacteur de l'*Année littéraire*. — Il publie des articles d'une violence extrême contre Diderot, auteur de l'*Essai sur les règnes de Claude et de Néron*, III, 5. — Réponse de Diderot, 383, 389. — Son compte rendu de la reprise du *Père de Famille*, en 1811, VII, 177.

Geoffroy, le cadet. — Son procédé général pour l'analyse des viandes peut se distribuer en quatre parties, XIII, 274.

Géographie. — Ne point faire des études séparées de la géographie ancienne et de la géographie moderne, III, 493. — Ouvrages à consulter, 494.

Géologie. — Moyen de donner de l'attrait à l'étude de cette science, III, 493.

Géométrie. — Être géomètre, ou savoir la géométrie sont deux choses très-diverses, III, 452. — Est la meilleure et la plus simple de toutes les logiques, 454. — Est l'antidote de la superstition, *ibid*. — Est la boussole d'un bon esprit et le frein de l'imagination, 455. — Sa formule finale, 456. — L'esprit géométrique est le même que l'esprit juste, 542.

Georges (*François*) le *Vénitien*, philosophe pythagoréo-platonico-cabalistique du xvie siècle, XVI, 533. — Ses principes, 534.

Gerbert. — Voyez Sylvestre II.

Germes préexistants. — Examen de cette grave question, II, 110; IX, 411.

Gerson (*Jean*), théologien, XV, 301.

Geryon. — Homme d'une force extraordinaire, dont les poëtes ont fait un géant à trois corps, I, 204, alinéa 44.

Gessner (*Salomon*), écrivain suisse. — Demande à Diderot quelques-uns de ses opuscules pour les insérer dans une édition nouvelle de ses *Contes moraux*, V, 264. — Examen de son poëme la *Mort d'Abel*, VI, 324. — Son drame intitulé *Éraste* donne à Diderot le sujet des *Pères malheureux*, tragédie en un acte et en prose, VIII, 20. — Le *Sylvain*, opéra-comique de Marmontel, est un emprunt fait à l'*Éraste*, *ibid*.

Geste symbolique. — Lisez *Signe de croix*, I, 213. — Son pouvoir, *ibid.*, alinéas 64, 65.

Geste (le). — Il détermine l'intonation, et réciproquement, VII, 107. — Il est facile de l'écrire; quant à l'intonation, elle ne peut se noter, 108.

Gestes. — Exemples de leur éloquence, I, 354, 355. — Diderot, à la comédie, jugeait du talent des acteurs par la vérité de leurs gestes; manière dont il faisait cette étude, 359. — Le Sage, devenu sourd, allait à la représentation de ses pièces, les écoutant naturellement à la manière de Diderot, 360.

Gibert (*Joseph-Balthazar*), historien. — Ses savantes remarques sur la chronologie de Babylone et des Égyptiens, XIV, 165. — Preuve de la vérité de ses calculs, 166.

Giffart, libraire. — Éditeur d'un ouvrage auquel Diderot fait allusion, I, 184.

Gigon (don *Miguel*), chevalier de Saint-Jacques. — Forme une société de commerce avec Don Pablo Olavidès, VI, 468. — L'association prospère, *ibid*. — Don Pablo étant devenu odieux à l'Inquisition est indignement traité, 471. — Obtient à prix d'argent la mainlevée des biens, la réhabilitation et la liberté de Don Pablo, 472.

Ginguené (*Pierre-Louis*), littérateur français. — Publie, en 1791, un livre ayant pour titre *Lettres sur les Confessions de J.-J. Rousseau*, III, 7. — Prend parti dans cet ouvrage pour le Génevois contre Diderot, 8.

Giorgione (le). — Ce peintre, grand coloriste, tirait toutes ses carnations de quatre couleurs principales, XII, 112.

Girard (l'abbé), grammairien distingué, auteur d'un excellent livre intitulé: *la Justesse de la langue française, ou les Différentes Significations des mots qui passent pour synonymes*. — Livre réimprimé, en 1736, sous le titre de *Synonymes français*, III, 467. — La continuation de cet ouvrage serait bien digne de quelque membre de l'Académie, XIII, 269.

GIRARD (*Jean-Baptiste*), jésuite français. — Corrupteur de la belle Catherine Cadière, XV, 280. — Comment il échappe à un supplice mérité, *ibid.*

GIRARDON (*François*), l'un des plus célèbres sculpteurs français. — Perfection de sa figure de *la Piété* au tombeau du chancelier Séguier dans l'église Saint-Gervais de Paris, X, 224.

GIRGIRO L'ENTORTILLÉ. — Voyez CRÉBILLON.

GIROUST (*Marie-Suzanne*). — Voyez ROSLIN.

GIVRI (M. de). — Obtient le privilége de placer des carrosses dans les carrefours, et de les louer à l'heure ou à la journée, XIV, 31.

Glacer. — Signification de ce mot, employé comme terme d'art en peinture X, 169. — Graves inconvénients attachés à ce procédé, *ibid.*

Gland (le) et la Citrouille, fable de La Fontaine, VI, 263.

Glandes. — Il y a trois sortes de glandes, IX, 299. — Sécrétions qu'elles produisent, 300. — Ont des artères, des veines, des nerfs et des valvules, 301.

Glande pinéale. — Son emploi, I, 226, alinéa 27.

GLEICHEN (*Henri-Charles*, baron de), ministre de Danemark en France. — Donne de grands éloges à Vassé pour son tombeau du roi Stanislas, XI, 459. — Blâme fortement une statue de *Vénus*, exécutée, en 1769, par Guillaume Coustou le fils, pour le roi de Prusse, *ibid.* — Diderot le rencontre en Hollande, XVII, 451. — Il accompagne Diderot à Marly, 353. — Sympathie entre eux, 354. — Dîner chez lui, XIX, 186. — Ce qu'il raconte d'une comédie espagnole, *ibid.* — Sa réponse à une étourdie, 270.

GLÉNAT (M. de), espion de police. — M. de Sartines informe Diderot du rôle ordinaire de cet individu qu'il admet en confiance, I, XLVII. — Comment il s'introduit chez Diderot et le trompe, XIX, 130.

Gloire. — Son temple est situé au sommet d'un roc escarpé, III, 432. — La gloire littéraire, fondement de toutes les autres, 468.

* *Glorieux*. — Appréciation morale de ce caractère, XV, 41.

GLUCK, compositeur allemand. — Son parallèle avec Piccini donne lieu à des disputes entre les partisans de la musique allemande et ceux de la musique italienne, XII, 135.

Gluten. — Découverte de cette substance, faite en 1742 par Beccari, médecin de Bologne, IX, 255. — Propriétés de ce produit, 256. — Composition du gluten de la fibre animale, 277. — On le retrouve conservé dans les os des momies après deux mille ans écoulés, *ibid.* — Varie suivant les âges et les tempéraments, *ibid.* — Analyse chimique de cette substance, 278.

Gnostiques, philosophes orientaux. — Exposé de leur doctrine, XVI, 172-177. — Voyez *Barbeliots* et *Orientale (philosophie)*.

GODARD (*Léon*). — Confie à M. Assézat les copies de divers ouvrages de Diderot, réunis par lui-même, et collationnés sur les manuscrits originaux conservés à la Bibliothèque impériale de l'Ermitage à Saint-Pétersbourg, I, VI. — Auteur d'un livre plein de documents précieux, ayant pour titre : *Pétersbourg et Moscou, souvenirs du couronnement d'un tzar*, M. Godard a décrit en détail le palais de l'Ermitage et ses collections, LXVII, LXVIII.

GODEFROI DE BOUILLON. — Traverse la Hongrie à la tête des Croisés qu'il conduit à la conquête des lieux saints, XIV, 245. — Passe à Nicée la revue des sept cent mille hommes qui composent son armée, *ibid.* — Bat Soliman, soudan de Nicée, en deux rencontres différentes, *ibid.* — S'empare de Jérusalem, *ibid.* — Commande dans cette ville, *ibid.*

GODESCAL, prédicateur allemand. — Veut jouer le rôle de Pierre l'Hermite et subit le même sort : les aventuriers qui l'ont suivi sont massacrés en Hongrie, XIV, 245.

GOESCHEN, libraire allemand. — Publie, en 1804, une traduction de la satire de Diderot ayant pour titre : *Le Neveu de Rameau*, V, 362. — Particularités relatives à cette publication racontées par Gœthe, le traducteur, 363 et suiv.

GŒTHE (*Jean-Wolfgang*), célèbre écrivain allemand. — Ce qu'il raconte dans ses *Mémoires*, touchant *les Deux Amis de Bourbonne*, conte de Diderot, V, 264. — Publie, en 1804, une traduction du roman satirique de Diderot, ayant pour titre : *le Neveu de Rameau*, 362. — Schiller, qui lui avait communiqué le texte original, le félicite sur son travail, 363. — A la mort de Schiller (mai 1805) on perd la trace du manuscrit autographe de Diderot, *ibid*. — Prend part à une controverse sérieuse, qui s'élève, en 1821, au sujet d'une prétendue découverte de ce manuscrit, dont M. le vicomte de Saur donne, dit-il, une édition, 364. — Lettre que M. Brière, éditeur des *OEuvres complètes de Diderot*, lui adresse à l'occasion de cette fraude littéraire, *ibid*. — Sa réponse à M. Brière, 366. — Ses judicieuses réflexions sur le danger des publications controuvées, *ibid*. — Lettres à Schiller, 373, 374. — Son jugement sur l'ouvrage de Diderot, 375. — Sa lettre du 7 avril 1780, à Merck, au sujet de *Jacques le Fataliste*, VI, 7, 8.

GOIS (*Étienne-René-Adrien*), sculpteur, élève de Michel-Ange Slodtz. — Expose au Salon de 1767 le modèle en plâtre d'un groupe d'*Aristée désespéré de la perte de ses abeilles*, XI, 359. — Un *Buste en terre cuite*, 360. — Une *Image de la douleur*, marbre diversement jugé, et des *Dessins lavés au bistre et à l'encre de Chine*, d'un faire remarquable, sublimes et tout à fait d'un grand goût, *ibid*. — Le *Saint Bruno en méditation* que cet artiste expose en 1769, est un morceau de maître de premier ordre, 457. — Expose, en 1771, le *Portrait du docteur Bellot*, très-ressemblant, et plusieurs dessins, 539.

GOLDONI (*Charles*), poëte comique italien. — Auteur de *l'Enfant d'Arlequin perdu et retrouvé*, pièce qui le fit appeler à Paris, V, 477. — Remarque sur le dénoûment de sa comédie *le Bourru bienfaisant*, VI, 100. — Diderot est méchamment accusé par Fréron de plagiat pour une imitation de sa comédie *Il Vero Amico*, passée dans *le Fils naturel*, VII, 11. — Parallèle des deux ouvrages, par l'abbé de La Porte, où la fausseté de l'accusation est démontrée, *ibid*. à 18. — Réfute lui-même la mensongère accusation de Fréron, 175, 176.

GONCOURT (E. et J. de). — Leur livre intitulé : *Sophie Arnould*, donne sur cette comédienne des détails intéressants, VI, 312.

GONDOIN (Mme). — Dîne avec Diderot au Grandval ; mots plaisants de celui-ci, qui la font rire, XVIII, 462.

Gon, fondeur de l'Arsenal. — Diderot le recommande à Falconet pour la fonte de sa statue, XVIII, 313. — Il se réjouit de ce que Falconet s'est décidé à s'assurer le concours de cet homme, 327.

GORDON, personnage anglais que Diderot rencontre à la Haye. — Ce qu'il dit des Hottentots, XVII, 445. — Ce qu'il disait de Kolb, et de l'abbé Lacaille, 446.

GOUDAR (*Ange*), auteur d'un ouvrage intitulé : *les Intérêts de la France mal entendus*. — Jugement de Diderot sur ce personnage, XVIII, 480.

GOUFFIER (marquis de). — Fait des propositions folles à Mlle d'Oligny ; l'enlève ; est enfermé, XIX, 227.

GOUGENOT (l'abbé), conseiller au grand conseil. — Un des inspirateurs habituels de Greuze et de Pigalle, X, 451.

GOUJON (*Jean*), célèbre sculpteur. — Éloge de ses *Naïades* pour la fontaine des Innocents, XI, 19.

GOUSSE. — Histoire de ce singulier personnage, VI, 69. — Sa morale, 71. — Son procès, son incarcération, sa servante, 90.

GOUSSIER, dessinateur. — Diderot, détenu à Vincennes, le fait venir pour travailler avec lui aux dessins de l'*Encyclopédie*, XIII, 113. — Les premiers essais démontrent l'impossibilité d'une exécution satisfaisante, en présence des entraves que l'on éprouve, *ibid.*

Goût. — st le plus superstitieux et le plus inconstant de nos sens, I, 352. — Voyez *Sens.* — Cet organe est le dernier qui s'éteigne chez l'homme, IX, 338.

Goût, au figuré. — Définition de cette faculté acquise par l'expérience, X, 519. — Ne se rencontre jamais dans les tableaux flamands, XII, 75. — A ses caprices, 76. — Le bon est aussi vieux que le monde, *ibid.*

Gouvernement. — Sujet sacré auquel il n'est pas prudent de toucher, I, 181. — Quel serait le plus heureux gouvernement? Examen de cette question, VI, 448-450.

Gouverneur en chef. — Voyez Dieu. — Aucun de ses sujets ne l'a vu, I, 193, alinéa 3.

Gouverneurs. — Lisez *Archevêques,* I, 196, alinéa 25.

Goyen (*Jean-Joseph* Van), célèbre paysagiste hollandais. — Caractère distinctif de son talent, XII, 127.

Grâce. — De la grâce, de la négligence et de la simplicité dans les beaux-arts, XII, 119-121.

Grâce. — Voyez *Canne invisible.*

Grâce suffisante. — Ce qu'il faut entendre par ces mots, I, 266. — Elle se rencontre dans la religion naturelle, *ibid.*

Grâces (les) et *Psyché,* poëme de Wieland, traduit par Junker. — Examen de cet ouvrage, VI, 426.

Gracian (*Balthazar*), jésuite espagnol. — Ses ouvrages, XVI, 342.

Graffigny (*Françoise* d'Issembourg-d'Happoncourt, dame de). — Diderot cite son drame de *Cénie* comme l'un des modèles de son théâtre, VII, 6.

Grain cornu. — Voyez *Éperon.*

Graisse. — Rôle de cette humeur dans l'organisation animale et dans celle de l'homme en particulier, IX, 282-285.

Gramby (lord). — Anecdote sur ce personnage, XVII, 443.

Grammaire générale raisonnée. — Son utilité, III, 465. — Elle donne la clef des autres; celui qui la possède peut apprendre promptement quelque langue particulière que ce soit, *ibid.* — Celle de Port-Royal n'est qu'un essai superficiel. C'est encore un ouvrage à faire, 466. — Sans elle, un dictionnaire de langue manque de fondement, XIV, 416.

Grandisson, roman de Richardson. — La variété des caractères, la force des événements, et la conduite de tout l'ouvrage en font un chef-d'œuvre, V, 222. — Beautés de l'épisode de Clémentine, 226.

Grands. — Égards qu'on doit au rang qu'ils occupent dans la société, IV, 13. — Pourquoi l'homme de lettres doit préférer la société de ses égaux à la leur, 15.

Grands Critiques de la littérature. — Voyez *Gueux.*

Grands Écrivains de la France. — Comparés à ce qu'Athènes et Rome ont produit de plus beau, I, 428. — Racine à Euripide; Corneille à Sophocle; la *Henriade* de Voltaire, à l'*Iliade* et à l'*Énéide;* Molière à Plaute et à Térence; Ésope et Phèdre à La Fontaine; Bourdaloue et Bossuet à Démosthène; La Bruyère à Théophraste; Montesquieu à Platon, etc., *ibid.*

Grands Hommes vengés (les), ouvrage de l'abbé Chaudon sous le pseudonyme de *Des Sablons.* — Critique de cet ouvrage et de son auteur, VI, 351.

Grandval, comédien français. — Comment il joue dans *le Philosophe sans le savoir,* XIX, 360.

Grandval (le), propriété du baron-d'Holbach. — Notice sur ce château, XVIII, 393 (note).

* *Grave,* et *Gravité.* — Ce qui caractérise l'homme grave et la gravité, XV, 43. — En quoi la *gravité* diffère de la décence et de la dignité, 44.

* *Graveurs en caractères d'imprimerie.* — Par une injustice remarquable, les noms des plus habiles artistes en ce genre sont peu connus dans la république des lettres, XIV, 25.

Gravina (*J.-Vincent*), célèbre jurisconsulte. — Fonde avec quelques amis l'Académie des Arcadiens à Rome, et rédige, en 1696, les lois, au nombre de dix, qui en font la règle sous le protectorat de la reine Christine de Suède, XIII, 328.

Gravure. — Il y a divers genres de gravure, et chaque graveur a son *faire* particulier, X, 441. — Moyen de se connaître promptement en gravure, 442. — Estampes remarquables à prendre comme objet d'étude : I. le *Portrait du maréchal d'Harcourt*, dit le *Cadet à la perle*, gravé par Masson; II. les *Pèlerins d'Emmaüs*, par le même; III. *la Vérité portée par le Temps*, de Gérard Audran, et pour les petits sujets, Callot, La Belle, *ibid.* — Les Grecs n'ont point connu la gravure sur cuivre, 443. — Étude sur les différents procédés de gravure en taille-douce, *ibid.* — Les peintres jaloux de leur gloire ne doivent pas perdre de vue le graveur, 444. — La gravure tue le peintre qui n'est pas coloriste, *ibid.* — Traducteur du peintre, le graveur doit montrer le talent et le style de son original, *ibid.* — Divers genres de gravure : en losange, en carré, serrée, lâche, à l'eau-forte, à la pointe sèche, 445. — Ce qu'on distingue toujours dans une gravure bien faite, 446. — Gravure noire et dans le genre du crayon, 447.

Gravure en médailles. — La gloire des souverains est intéressée à l'encourager, X, 447.

Grecs. — Dans Athènes, les jeunes gens donnaient presque tous dix à douze ans à l'étude de la musique, I, 409. — De leur éducation musicale résultait l'enthousiasme pour un morceau sublime, *ibid.* — Ils ont été les précepteurs des Romains, III, 477. — Leurs bibliothèques, XIII, 443.

* Grecs (Philosophie des). — Leur histoire rapportée à trois époques principales, XV, 44. — 1° Celle des temps anciens, *philosophie fabuleuse*, 45. — 2° Celle du temps de la législation, *philosophie politique*, 57. — Celle du temps des écoles, *philosophie sectaire*, 63. — De la *secte Ionique*, 64. — Du *Socratisme*, 65. — Du *Cyrénaïsme*, *ibid.* — Du *Mégarisme*, *ibid.* — De la secte *Eliaque et Erétriaque*, *ibid.* — Du *Platonisme*, *ibid.* — Du *Cynisme*, *ibid.* — Du *Stoïcisme*, *ibid.* — Du *Péripatétisme*, 66. — De la secte *Samienne*, *ibid.* — De la secte *Eléatique*, *ibid.* — De l'*Héraclitisme*, *ibid.* — De l'*Epicuréisme*, *ibid.* — Du *Pyrrhonisme* ou *Scepticisme*, *ibid.* — Le pyrrhonisme, fin dernière de leur philosophie, 67.

Gredins, autrement *Chiens*, IV, 227. — Histoire d'Haria et de ses quatre chiens, 228.

Grégory, célèbre médecin écossais. — Comment il baptisait les enfants dans le sein de leur mère, XVIII, 490.

Grétry (*André-Ernest-Modeste*), célèbre compositeur. — Consulte Diderot sur un passage de sa belle partition de *Zémire et Azor*, V, 459.

Greuze (J.-B.). — Sa vanité, V, 397. — Ses tableaux au Salon de 1759 sont de médiocre valeur, X, 101. — Les tableaux qu'il expose au Salon de 1761 sont : un *Portrait de M. le dauphin*; le *Portrait de Babuti*, son beau-père; une *Petite Blanchisseuse*; son *Portrait*, par lui-même; le *Portrait de M*^{me} *Greuze en vestale*; une *Marchande de marrons*; un *Berger*; le *Paralytique secouru par ses enfants*; le *Fermier incendié*, dessin; un *Enfant qui boude*; une *Petite Fille qui se repose sur sa chaise*; tous méritent une attention particulière, 142-144. — Son tableau *d'un Père qui vient de payer la dot de sa fille*, connu sous le nom de l'*Accordée de village*, 151. — Cette charmante composition, commandée à Greuze par M. de Boisset qui la céda à M. de Marigny, a été gravée par J.-J. Flipart, et fait partie de la Galerie du Louvre, *ibid.* — Description de ce tableau, 152-155. — Le *Paralytique secouru par ses enfants*, désigné, dans le livret de 1763, sous le nom de la *Piété filiale*, fait aujourd'hui partie de la collection de l'Ermitage à Saint-Pétersbourg, 207. — Description de ce tableau, 208-210. — Le Salon de 1763 a de lui : Portrait de M. le duc de Chartres; Portrait de Mademoiselle; Portrait de M. le comte de Lupé; Portrait de Mlle de Pange; Portrait de Mme Greuze; remarquable perfection de ce dernier, 212. — S'est fait peintre et prédicateur de bonnes mœurs, 336. — Remarques au sujet de ce peintre, 341. — Expose, au Salon de 1765, un grand nombre de morceaux, quelques-uns médiocres, plusieurs bons, beaucoup d'excellents, 342. — Les treize principaux sont : I. La Jeune Fille qui pleure son oiseau mort, 343 ; tableau gravé par J.-J. Flipart. — A peint deux fois ce même sujet, mais d'une manière différente, 345. — II. L'Enfant gâté, 347. — III. Une Tête de fille, 348. — IV. Une Petite Fille qui tient un capucin de bois, ibid. — V. Une Tête en pastel, 349. — VI. Le Portrait de M. Watelet, ibid. — VII. Un Portrait de Madame Greuze ; anecdote de sa jeunesse, ibid. — VIII. Autres portraits de Madame Greuze, 350. — IX. Portrait du graveur Wille, 351. — X. La Mère bien-aimée, ibid. — Étude sur ce tableau, 352, 353. — XI. Le Fils ingrat, esquisse, 354. — Ce tableau, plus connu sous le nom de la Malédiction paternelle, est maintenant au Louvre, ibid. — XII. Le Mauvais Fils puni; description de cette sublime esquisse, 356, 357. — XIII. Les Sevreuses, esquisse digne d'Ostade, 359. — Description de son tableau des Étrennes de Mme de Grammont à M. de Choiseul (non exposé), 415, 416. — N'envoie rien au Salon de 1767, et ne veut plus exposer, XI, 4. — Cet artiste, supérieur dans son genre, dessine, imagine, colorie, a le faire et l'idée, 308. — Salon de 1769 : Septime Sévère reproche à son fils Caracalla d'avoir attenté à sa vie, 438. — Critique de ce tableau, 441, et XVIII, 249. — La Mère bien-aimée, anecdote relative à cet ouvrage, 443.

— Une Jeune Fille à la fenêtre, ibid. — Une Jeune Fille en prière à l'autel de l'amour, ibid. — Une Petite Fille en camisole, ibid. — Un Portrait du prince de Saxe-Gotha, 444. — Le Portrait du peintre Jeaurat, ibid. — Des dessins d'une beauté exquise, 445. — N'expose pas en 1771, 532. — Ce que Diderot dit de lui dans une lettre à Falconet, XVIII, 247. — Son amour-propre, 249. — Terrible soufflet qu'il vient de recevoir, 317. — Mot plaisant de ce peintre contre Mme Geoffrin, 469. — Veut être reçu par ses confrères comme peintre d'histoire, et est reçu comme peintre de genre, XIX, 326. — Dessine le profil de Diderot, XX, 116. — Reproductions de ce dessin, ibid. — Miniature d'après ce dessin, 117.

GRIFFET (le P.), jésuite. — Réponse qui lui est faite à une longue lamentation sur la sévérité dont on usait envers sa société, XIX, 123.

GRIMBLOT (Paul). — A édité les Souvenirs du baron de Gleichen, XVIII, 354.

GRIMM (Frédéric-Melchior, baron de), critique célèbre. — La Correspondance littéraire publiée sous son nom est, en grande partie, l'ouvrage de ses amis, I, XI. — Met Diderot en relations avec le prince de Galitzin, ambassadeur de Russie, LI. — Sollicité de l'Impératrice, et obtient pour Diderot un logement plus convenable que celui qu'il occupe, LVII. — Son attaque contre Bougainville, au sujet des Patagons, II, 195. — Ses remarques et ses notes sur le poëme les Saisons de Saint-Lambert, 239, 243, 247, 248, 250, 252, 254-258. — Note sur la famille de Diderot extraite de sa Correspondance, 280. — Préface annexe de la Religieuse, tirée de sa Correspondance de l'année 1770, V, 175. — Ce qu'il raconte de sa plaisanterie concertée avec Diderot, à l'égard du marquis de Croismare, 176. — Ce qu'il dit de Palissot et de sa comédie des Philosophes, ibid. — Compte rendu de la première représentation du Fils naturel, VII, 7. —

Son jugement sur la *Mort de Socrate*, de Voltaire, 316. — Diderot lui fait honneur de ses connaissances en peinture et en sculpture, X, 233. — L'*Antre de Platon*, sujet d'un dialogue entre Grimm et Diderot, 399 et suiv. — Lettre de Diderot relative au Salon de 1767, XI, 3-18. — Diderot fait son éloge dans une lettre qu'il écrit à Falconet, XVIII, 237. — Grimm accompagne la princesse d'Armstadt qui se dirige vers Pétersbourg, 330. — Épître, accompagnée de l'ouvrage de Boulanger, qu'il envoie à Sophie Volland, 345, 346. — Il avait la minute de plusieurs des ouvrages de Diderot, 349. — Il eut à sa disposition les copies des lettres adressées à Mlle Volland par Diderot, 350. — Joie qu'éprouve Diderot en revoyant Grimm, 397. — Son séjour avec Diderot et Mme d'Épinay à la Chevrette. Vie qu'ils y mènent, 449. — On y fait son portrait, 453. — Pourquoi il indispose Mme d'Épinay contre lui, 459. — Sa dispute avec M. Le Roi sur le génie qui crée et sur la méthode qui ordonne, 509. — Titres que Diderot lui donne, XIX, 52 (note). — Jugement de Diderot sur sa conduite, 93. — Il se rend en toute hâte en Westphalie auprès de son ami M. de Castries, grièvement blessé, 145. — Pourquoi il se brouille avec Diderot, 296. — Comment ils se raccommodent, 305. — Son retour, son rendez-vous chez Diderot; agréments qu'il a retirés de son voyage, 328. — Lettre que Diderot lui écrit dans laquelle il lui peint l'horreur que Rousseau lui inspire, 448. — Autre lettre sur différents sujets, 449. — Autre lettre dans laquelle Diderot lui écrit son impression au lendemain de la première représentation du *Philosophe sans le savoir*, 475. — Autre lettre dans laquelle Diderot le prie de rendre justice à M. Le Tourneur pour sa traduction des *Nuits d'Young*, XX, 13. — Autre lettre de Diderot, 14. — — Autre lettre sur la façon d'agir de Mme de Prunevaux avec M. de Foissy, 16. — Autre lettre sur le même sujet, 19. — Ce que Diderot a présumé en hâtant la déclaration de M. de Foissy, *ibid.* — Comment il critique la conduite de Mme de Prunevaux, 20. — Comment il qualifie les jérémiades de l'abbé Morellet, 22. — Autre lettre dans laquelle Diderot peint le genre de vie au Grandval, 23. — Le tour équivoque que ses affaires de cœur ont pris ne lui donne aucune inquiétude, 24. — Quoi que Grimm dise en faveur de Mme de Prunevaux, il ne mettra jamais son cœur à l'aise; pourquoi, 25. — C'est à Diderot que Grimm a dû son avancement, sa bonne fortune en Russie, 140.

GRISGRIF. — Effrayé du récit des aventures racontées par le bijou de Zobéide, sa femme, il prend la fuite en se bouchant les oreilles, IV, 271.

GRIZEL (l'abbé), faux dévot, sous-pénitencier de l'Église de Paris. — Compromis comme complice dans la banqueroute frauduleuse de Billard, caissier général de la Poste, VIII, 389. — C'était un tartufe, mais ce n'était pas le *Tartuffe*, *ibid.*

* *Grondeur.* — Espèce d'homme inquiet et mécontent qui exhale sa mauvaise humeur en paroles, XV, 68.

GROSIER (l'abbé J.-B.), continuateur de l'*Année littéraire* après la mort de Fréron. — Se déchaîne avec violence, dans le *Journal de littérature*, contre Diderot, auteur de l'*Essai sur les règnes de Claude et de Néron*, III, 4. — Réponses de Diderot à ses attaques, 74, 381 à 407.

Grossesses (cas rares de) extraordinaires et contre nature, IX, 408, 410.

GROS-THOMAS, célèbre arracheur de dents, XI, 290.

GROTIUS (*Hugues* DE GROOT), savant hollandais. — Approuve la réponse de Gallien aux Juifs qui demandaient la condamnation de saint Paul, III, 18. — Voltaire a traité son ouvrage *de Veritate religionis christianæ* de pauvre petit livre, VI, 352.

Grottes d'Arcy. — Beautés de la nature, qu'on voit dans cette localité de la

Bourgogne, II, 36. — Diderot les propose comme exemple dont l'art pourrait tirer profit, *ibid.*

Groupes. — Remarques sur la manière de les disposer en peinture et en sculpture, XI, 42, 338, 339. — Doivent se lier dans toute la composition, comme chaque figure dans le groupe, XII, 99. — Procédé de Carle Van Loo pour éclairer les siens, *ibid.*

GUA DE MALVES (*Jean-Paul* de), mathématicien. — Bizarreries de ce profond géomètre, XI, 125. — Ses ouvrages cités, *ibid.* — Conseille aux libraires éditeurs de l'*Encyclopédie* de suivre un plan différent de celui de Chambers, XIII, 109.

Guaniguèles. — Philosophes du Malabar ; à quoi ils passent leur vie, XVI, 41.

GUAY, graveur en pierre fines. — Avait son touret chez Mme de Pompadour, X, 245.

GUDIN DE LA BRENELLERIE (*Paul-Philippe*), membre associé de l'Institut. — Anecdote qu'il nous a conservée sur le *Père de famille* de Diderot, VII, 178. — Auteur d'une tragédie intitulée *Lothaire II ou le Royaume de France en interdit*, VIII, 516. — La première édition de cette pièce, imprimée en 1767, est brûlée à Rome en 1768 ; *ibid.* — Réimprimée en 1777 avec l'indication : *A Rome, de l'imprimerie du Vatican*, *ibid.* — Une troisième édition, sous la date de 1801, fut enlevée comme par miracle, *ibid.* — Beau trait de reconnaissance et de modestie de cet écrivain, qui devint l'ami de Diderot auquel il fait connaître Beaumarchais, 517.

GUÈBRES, sectateurs de Zoroastre. — Leur dispersion ne les a point anéantis en tant que nation, II, 97. — On les rencontre près d'Ispahan, XVI, 258.

Guèbres (les) *ou la Tolérance*, tragédie non représentée de Voltaire, VIII, 455. —Quand elle est imprimée pour la première fois, 456. — But de l'auteur en composant cet ouvrage, *ibid.* — Préface dans laquelle Voltaire attribue la pièce à feu Desmahis, l'un de ses plus aimables élèves, *ibid.* — Curieux caractère de la dédicace des libraires éditeurs à Voltaire, 457.

GUÉNEAU DE MONTBÉLIARD, jeune élève du collège d'Harcourt. — Soutient avec éclat, à l'âge de seize ans, une thèse sur les calculs intégral et différentiel, III, 453.

GUERCHY (*Claude-Louis* DE REGNIER, comte de). — Note biographique sur cet officier, VI, 121. — Aventure qui lui arrive au jeu, 123. — Suites de cette aventure, *ibid.*

GUÉRIN. — Les petits tableaux que ce peintre expose au Salon de 1761 ne méritent aucune mention, X, 144. — Au Salon de 1765 : ses *Dessineuses ;* une *Femme qui fait danser un chien ;* une *Écolière ;* un *Ange qui conduit un enfant au ciel*, quatre mauvais tableaux, 359. — Ses miniatures et ses petits tableaux à l'huile, d'après l'école d'Italie, exposés au Salon de 1767, ne méritent pas d'être décrits, non plus que les morceaux de son invention, XI, 218. — Talent nul, 307. — Quatre tableaux à l'exposition de 1769, mauvais, 429. — Diderot néglige de parler des petits tableaux qu'il envoie au Salon de 1771, dans la crainte, dit-il, de se tromper dans son jugement, 494. — Le *Lever* et le *Coucher du Soleil*, au Salon de 1775, sont de jolies choses, XII, 17. — Plusieurs tableaux qu'il expose en 1781 ne sont pas irréprochables, 46.

Guérisons singulières, IX, 425. — De la jalousie, de l'amour, de la douleur, *ibid.* — Des vapeurs, 426. — Celle du chevalier de Louville, rapportée par Maupertuis, *ibid.*

Guerres. — Engendrées par les préjugés, elles dureront tant qu'il y en aura, I, 183. — Sont le fruit de la dépravation des hommes ; leurs tristes résultats, XVI, 187.

Gueux. — Qualification commune donnée par Rameau (le neveu) aux feuillistes de l'*Avant-Coureur* (MEUSNIER DE QUERLON) LA COMBE et LA DIXMERIE ; les *Petites Affiches* (DE QUERLON et l'abbé AUBERT) ; l'*Année littéraire* (FRÉRON) ; l'*Observateur* (l'abbé DE

LA PORTE); le *Censeur hebdomadaire* (CHAUMERY et d'AQUIN), V, 444. — Ceux d'entre eux qui se détestent se réconcilient à la gamelle, *ibid.*

GUIDE (*Guido Reni*, dit LE). — La colère de son *Saint Michel* est aussi noble, aussi belle que la douleur du Laocoon, XII, 118.

Guides. — Lisez *Prêtres*, I, 195.

GUIFFREY (G.). — Remarques qu'il fait dans le *Traité des droits d'auteur* de M. Renouard, XVIII, 4. — Retrouve le manuscrit de la *Lettre sur le commerce de la librairie*, *ibid.*

GUIGNARD (*Jean*), jésuite. — Auteur d'écrits apologétiques de l'assassinat de Henri IV; est conduit à la Grève le 7 janvier 1595, XV, 279.

GUIGNES (*Joseph* de), orientaliste. — Publie l'*Éloge de la ville de Moukden*, poëme de l'empereur Kien-Long, traduit du chinois par le P. Amyot, jésuite missionnaire, VI, 397.

GUIMARD (*Marie-Madeleine*), dame DESPRÉAUX. — Type accompli de la comédienne facile et fastueuse, V, 421. — Diderot évite un tête-à-tête avec Mme de Coaslin, grâce à son indiscrétion, XIX, 302. — Comment il la connaît, 304.

GUIMOND DE LA TOUCHE. — *Voyez* LATOUCHE.

GUIZOT (*François*), historien. — Publie, dans les *Annales de l'Éducation*, la première partie d'un ouvrage de Diderot intitulé : *Plan d'une Université pour le gouvernement de Russie*, III, 411, 412. — Est en désaccord avec Diderot, 474, 493.

¶ Gulistan (le), ou *le Rosier du poëte Sadi*. — Analyse et extrait de cet ouvrage, IV, 483. — Signification du mot persan *Gulistan*, *ibid.* — Première fable, 485. — Deuxième fable, 486. — Troisième fable, *ibid.* — Quatrième fable, 487.

GUMILLA, missionnaire jésuite. — Discours qu'il rapporte d'une Indienne des rives de l'Orénoque, II, 258, 259.

GUSHMANN (*Gilles*), théosophe allemand, XVII, 257.

GUSTAVE III, roi de Suède. — Manière dont Diderot se proposait d'accueillir la visite de ce souverain, IV, 13. — Sa réponse à des félicitations sur ses glorieux succès, XVI, 189.

GUTTEMBERG (*Jean*), gentilhomme allemand. — Invente, vers 1440, les caractères mobiles en bois, XIV, 25. — Quel était avant lui l'état de l'imprimerie, *ibid.*

GUYARD (*Laurent*), sculpteur chaumontais. — Élève de Bouchardon, qui devient jaloux de son talent, X, 441. — Présente à l'Académie, en 1767, un *Mars au repos*, que son rival fait refuser, XI, 339. — Son caractère, XVIII, 265.

GUYON (*Jeanne* BOUVIER DE LAMOTHE, dame), célèbre quiétiste, auteur du livre des *Torrents*. — Son exaltation tenait de l'hystérie, II, 256. — Voltaire plaisante de l'attachement de Fénelon pour sa personne et pour ses idées quiétistes, VI, 352.

Gymnasia. — Écoles de l'Allemagne, destinées aux enfants de la noblesse et des citoyens aisés du tiers état, III, 418, 419. — Leur organisation, *ibid.* — L'instruction y est publique et gratuite, *ibid.* — Ce qu'on y apprend, 420.

Gymnosophistes. — *Voyez* Brachmanes. — Reconnaissaient un Dieu unique, mais corporel, XV, 201. — Dans leur philosophie morale, tout était grand et élevé, 202. — Exposé de leurs principes, *ibid.*

H

* *Habitation.* — Sens grammatical de ce mot, XV, 70.

Habitude (l'). — Celle de la vertu est la seule que l'on puisse contracter sans crainte pour l'avenir, VII, 184. — Elle nous captive, et devient une loi, 307. — Elle fixe l'ordre des sensations et l'ordre des actions, IX, 376.

* Acception morale de cette expression, XV, 70.

Haine. — Entre souverains et factieux, lorsque les haines ont éclaté, toutes les réconciliations sont fausses, II, 462. — Renfermée, elle est plus dangereuse que la haine ouverte, 477.

Examen philosophique de ce sentiment, XV, 72.
* *Haire*, vêtement.— Son usage, XV, 75.
Hales (*Alexandre* de), célèbre théologien. — Eut pour disciples Thomas d'Aquin et Bonaventure, XVII, 95. — Surnommé le *Docteur irréfragable*, *ibid*.
Hall (*Pierre-Adolphe*), miniaturiste suédois. — Élève d'Eckard et de Reichard, peintres allemands, XI, 450. — Patronné en France par Roslin, son compatriote, il y devient le peintre de la famille royale, *ibid*. — Expose, au Salon de 1769, une suite de portraits de cette famille, *ibid*. — La Tour et Vernet le tiennent en grande estime, 451. — Anecdote curieuse de sa vie d'artiste, 452. — A été le Van Dyck de la miniature, 526. — Expose au Salon de 1775 les *Portraits* du peintre *Robert* et de *l'abbé de Saint-Nom*, d'une grande perfection, XII, 24. — Ses miniatures de la *Princesse de Lamballe*, de la *Famille de M. le comte de Schouwalof*, et de *Lally-Tollendal*, au Salon de 1781, sont fort belles, 55.
Hallé (*Noël*). — Imitateur du coloris de Boucher; ce peintre expose au Salon de 1759 un tableau des *Dangers de l'amour et du vin*, toile sans valeur, X, 95. — Ses tableaux des *Génies de la Poésie*, *de l'Histoire*, *de la Physique et de l'Astronomie*, exposés au Salon de 1761, n'ont aucun mérite, 118. — Ce professeur est sans génie, *ibid*. — Son *Saint Vincent de Paule qui prêche* figure au même Salon; appréciation de ce mauvais tableau, 119. — Ce tableau appartient à l'église Saint-Louis de Versailles, *ibid*.— Son tableau d'*Abraham recevant les anges qui annoncent à Sara qu'elle sera mère d'un fils*; sa *Vierge avec l'Enfant Jésus*; ses deux petites *Pastorales*; son *Abondance*; son *Combat d'Hercule et d'Achéloüs*, exposés au Salon de 1763, toutes compositions misérables, 174. — Parmi ses tableaux, exposés au Salon de 1765 : *Trajan descendant de cheval pour entendre la plainte d'une pauvre femme*, 264. — *Hippomène et Atalante*, 267. — *L'Éducation des riches*, esquisse, 269.— *L'Éducation des pauvres*, esquisse, *ibid*.— Un seul, la *Course d'Hippomène et d'Atalante*, a un mérite réel, 268. — Au Salon de 1767, ce peintre expose deux tableaux : *Minerve conduisant la Paix à l'Hôtel de Ville*, XI, 26; *les Enfants de Scilurus*, 28. — Notre costume disgracieux, cause principale des défauts du tableau de *la Paix*, 217. — Jugement sur son talent, 305. — Son tableau d'*Ulysse qui reconnaît Achille au milieu des filles de Lycomède*, envoyé au Salon de 1769, est, malgré ses défauts, un des meilleurs de l'exposition, 395. — Expose au Salon de 1771 un *Silène dans sa grotte*, tableau destiné à être exécuté en tapisserie aux Gobelins, et une *Adoration des bergers*, 466, 467. — *Le Christ qui fait approcher de lui les petits enfants pour les bénir*, au Salon de 1775, mauvais, XII, 4.
Haller (*Albert* de). — Met en doute la réalité de la copulation du lapin avec la poule, affirmée par Réaumur, II, 188.
Halley (*Edmond*), astronome anglais. — Ses expériences sur la propagation du son, IX, 87.
* Hambéliens, une des quatre sectes anciennes du mahométisme, XV, 73.
Hamlet, tragédie de Shakespeare. — Mélange dangereux à imiter de tragique et de burlesque, VII, 137.
Hamlet, tragédie de Ducis, représentée, pour la première fois, le 30 septembre 1769. — Examen de cette pièce imitée de Shakespeare, VIII, 471.
* Hammon, surnom donné à Jupiter, qui, sous ce titre, était principalement adoré en Lybie, XV, 73. — Manière dont il rendait ses réponses quand on allait le consulter, 74. — Ce qu'il dit à Alexandre le Grand au récit de Quinte-Curce, *ibid*.
* Hanbalite, nom d'une des quatre sectes reconnues pour orthodoxes dans le mahométisme, XV, 74.
* Har. — Superstition encore existante chez les Indiens, XV, 75. — Ce qui doit arriver aux sectateurs de Maho-

met lors de la dernière incarnation de cette personne divine, *ibid.*

* *Hardi.* — Des différentes acceptions de ce mot tant au simple qu'au figuré, XV, 75.

HARDOUIN (le Père Jean), jésuite. — Auteur de l'*Apologie d'Homère*, où il explique le dessein de l'*Iliade* et de la *Théomythologie*, IV, 305. — Dit avoir retrouvé la *situation du Paradis terrestre*; ses *Paradoxes littéraires*, cités comme une rêverie, *ibid.* — Profond dans l'histoire, chimérique dans les sentiments; sceptique aussi ridicule qu'impie, il affectait les opinions les plus bizarres, XV, 280.

HARDOUIN (M.), nom d'un personnage qu'on retrouve dans les deux remaniements de la comédie de Diderot intitulée *Est-il bon? Est-il méchant?* VIII, 71 et 144. — Sous ce nom il est impossible de ne pas reconnaître l'auteur même, 71.

HARDOUIN DE PÉRÉFIXE, auteur d'une *Vie de Henri IV.* — Cité XIII, 396-398.

HARDY (*Pierre*), curé de Saint-Médard. — Sa dénonciation de Diderot au lieutenant de police, XX, 121.

HARIA. — Voyez *Gredins.* — Son mariage avec un cadet de Gascogne, IV, 228. — Suite d'aventures singulières, 229.

HARLEM, ville de Hollande. — Diderot la trouve très-jolie, XVII, 450. — Usage relatif aux accouchements, *ibid.* — Diderot fait plusieurs fois le voyage de Harlem avec le baron de Gleichen, 451.

Harmonie. — Musicale, oratoire, dissonances, I, 407. — Dans le langage elle fait peinture, VI, 425. — Sans elle, la pensée la plus rare reste sans effet, *ibid.* — Est en peinture ce que le nombre est en poésie, XI, 437.

* Des diverses acceptions de ce mot, XV, 76.

HARPAGUS, satrape mède. — Mot de basse flatterie à Astyage, l'assassin de son fils, III, 287.

HARTZ. — Les ouvriers qui exploitent les mines de cette contrée atteignent rarement l'âge de trente ans, II, 430.

HARVEY, célèbre médecin anglais. — Ses expériences et son opinion sur la génération, IX, 397, 398.

HAUY (*Valentin*), fondateur de l'institution des jeunes aveugles, I, 346. — La première idée de ses philanthropiques travaux, attribuée à Diderot par Eusèbe Salverte, *ibid.*

Havane (la), ville d'Amérique. — Tombe au pouvoir de l'Angleterre sous le règne du roi d'Espagne Charles III, VI, 461. — Les jésuites en prennent occasion pour fomenter une révolte, *ibid.*

Héautontimoruménos (l') ou *l'Ennemi de lui-même*, comédie de Térence. — Offre un mélange de comique et de tragique, VII, 138. — Motifs d'éviter ce défaut, *ibid.* — Cette pièce, à double intrigue, exigeait tout le génie du poëte pour réussir, 317. — Vérité du rôle de Clinia, 369. — Voyez *L'Andrienne.*

* *Hebdomadaire.* — Jugement sur les publications de ce genre, XV, 76, 77.

HÉBERT, grand vicaire de l'archevêque de Paris, V, 73. — La supérieure du couvent de Longchamp lui donne avis du grave désordre de la maison, *ibid.* — Voulant s'assurer par lui-même de la réalité des faits, il fera une visite au couvent, *ibid.* — Tortures préliminaires que l'on fait subir à Suzanne Simonin (*la Religieuse*), en prévision de cette visite, 74-78. — Vient à Longchamp, y célèbre la messe, et procède à un minutieux examen de Suzanne, 79-84. — Congédie Suzanne et passe à l'interrogatoire de la supérieure, 85. — Déclare cette femme indigne de ses fonctions, 86. — Fait une nouvelle visite à la communauté, 102. — Annonce à Suzanne qu'elle va changer de couvent, *ibid.* — Se fait renseigner sur la conduite qu'on a tenue à son égard depuis la perte de son procès, 103. — Ordonne à Suzanne de ne pas voir son avocat M. Manouri, et de lui envoyer, *sans les ouvrir*, les lettres qu'il lui pourrait écrire, 104. — Assiste à la réception de Suzanne au couvent d'Arpajon, et fait son éloge, 107.

* *Hébraïsant.* — De l'emploi grammatical de ce mot, XV, 77.

* *Hébraïsme.* — Manière de parler particulière à la langue hébraïque, XV, 77.

Hécyre (l'), comédie de Térence. — — Est une pièce du *genre sérieux*, genre à créer chez nous, VII, 135. — Voyez *L'Andrienne.*

HEINECCIUS (*Jean-Théophile*), jurisconsulte allemand. — Auteur à consulter sur la législation romaine, III, 506.

HEINSIUS (*Daniel*), philosophe stoïcien moderne, XVII, 230.

HEISTER (*Laurent*), chirurgien. — Ses ouvrages recommandés, IX, 215.

* *Hélas*, interjection de plainte, de repentir, de douleur, XV, 77.

HÉLOÏSE, nièce du chanoine Fulbert. — Ses amours avec Abélard, XVII, 91, 93.

HELVÉTIUS (*Claude-Adrien*). — Diderot inspirateur, sinon collaborateur, de son livre *de l'Esprit*, rend compte de cet ouvrage, II, 267-274. — Son livre *de l'Homme* est également réfuté par Diderot, 275. — Croyant faire le portrait de l'homme, Helvétius a fait le sien propre, 312. — Les ennuis que lui cause la publication de son livre *de l'Esprit* lui font dire : « J'aimerais mieux mourir que d'écrire encore une ligne. » Il oublie ce serment, et prépare son livre *de l'Homme*, 313, 314. — Homme d'esprit, il n'a point de génie, 341. — Diderot casse le premier jugement que, sur le manuscrit, il a porté du livre *de l'Homme*, et il en recommande la lecture, 358. — Comparé à Nicole, à Montaigne et à Charron, 394, 395. — Le chapitre x de son livre *de l'Homme* manque de retenue, 435. — Se trompe avec Longin et Boileau sur un passage d'Homère, 437. — Beau génie, grand penseur et très-honnête homme, aimait tendrement ses compagnons d'étude, 445.— Analogie de ses opinions avec celles de Locke, 455. — A réfuté avec force et précision quelques-uns des paradoxes de J.-J. Rousseau, III, 197. — Pourquoi il vit malheureux à sa belle terre de Voré, XVII, 344. — Ses paroles aux jésuites qui sont venus lui rendre visite à l'occasion de la maladie de sa femme, XIX, 29. — Sa dispute avec Diderot et Saurin. A quel sujet, 41. — Ses contradictions sur le même sujet, 42. — Il revient de Londres passionné pour les Anglais, 187.

HELVIA, mère de Sénèque le philosophe. — Était d'origine espagnole, III, 17. — Analyse d'une lettre que Sénèque, exilé en Corse, lui adresse sous le titre de *Consolation*, 327-331.

* *Hématites.* — Hérétiques dont il est parlé dans les *Stromates* de saint Clément d'Alexandrie, XV, 77.

HÉMERY (d'), exempt de police. — Opère en 1747, sur l'ordre du lieutenant de police Berryer, la saisie du manuscrit de l'ouvrage auquel Diderot a donné pour titre *la Promenade du Sceptique*, I, 173. — Cet agent, spécialement chargé de la police de la librairie, a laissé un curieux *journal* de ses hauts faits, *ibid.* — Le manuscrit de ce journal est conservé à la Bibliothèque nationale, *ibid.*

HENCKEL (*Jean-Frédéric*), naturaliste allemand. — Ses expériences sur le cobalt, XIII, 67.

* *Hennir*, cri du cheval. — Différente dans l'état de santé ou de maladie, cette voix de l'animal doit être étudiée, XV, 77, 78.

HENRI IV, roi de France. — Son discours à l'assemblée des notables, en 1596, XIII, 396 et suiv. — Ses paroles aux évêques, après la vérification de l'édit de Nantes, 398. — Langage qu'il tient au parlement, qui était venu lui faire des remontrances au sujet de cet édit, 399. — Fait transporter la bibliothèque de Fontainebleau au collége de Clermont, à Paris, 468.

HENRI DE PRUSSE (le prince), troisième fils du roi Frédéric-Guillaume. — Fait remettre à Caillard, ministre plénipotentiaire de la République française, le manuscrit de *Jacques le Fataliste*, VI, 4. — Sa lettre à l'Institut, *ibid.*—Conjectures sur la manière dont ce manuscrit est tombé entre ses mains, *ibid.*

* *Henriade* (la), poëme épique de Voltaire. — Jugement sur cet ouvrage, XV, 78.

Henriette, parade et farce en prose mêlée de vaudevilles. — Critique de cet ouvrage, VIII, 454.

HÉRACLIDE DE PONT, philosophe aristotélicien, XVI, 249.

HÉRACLITE, philosophe grec, né à Éphèse, professa la logique, la métaphysique, la théologie et la morale, XV, 66. — Voyez *Héraclitisme*.

* *Héraclitisme*, ou *philosophie d'Héraclite*. — Naissance, éducation et vie d'Héraclite, XV, 78 et suiv. — Sa logique, 80. — Sa physique, 81. — Sa morale, 83. — A eu parmi ses disciples Platon et Hippocrate, *ibid.* — De la physique d'Hippocrate, 84.

HÉRAULT, lieutenant de police. — Réponse que lui fait un aveugle qu'il menaçait du cachot, I, 286.

HERBELOT (*Barthélemy* d'), orientaliste. — Ce qu'il raconte touchant la jument de Mahomet, IV, 489.

HERENNIUS, philosophe éclectique. — Ce que l'on sait de lui, XIV, 318.

Hérésies. — Elles sont nécessaires; saint Paul l'a dit, II, 350.

HÉRILLE DE CARTHAGE, philosophe stoïcien, XVII, 225. — Sacrifice qu'il fait pour devenir le disciple de Zénon, 226.

HERMAN RISIRRICK, hérétique matérialiste brûlé à la Haye, XVII, 440.

Hermaphrodites. — Sur ces monstres de la génération, consulter l'ouvrage de Gaspard Bauhin, IX, 421.

HERMOSO (l'abbé). — Est arrêté comme complice des Jésuites dans un complot contre le gouvernement espagnol, VI, 464. — Ses aveux ne laissent aucun doute sur la participation des jésuites dans le complot, *ibid.*

*Hermès ou *Hermeas*, philosophe éclectique. — Son enseignement, ses disciples, XIV, 339.

HERMÈS TRISMÉGISTE, ou HERMÈS, ou MERCURE, ou THEUT, ou THOYT, ou THOOT, XIV, 383 et suiv.

Héroïsme. — D'où il naît, II, 367.

* Qualité morale, XV, 85.

Héros. — On en trouve partout. — Exemples cités, II, 409. — Voyez *Martyrs*.

HÉROUVILLE (*Antoine* DE RICOUART, comte d'), lieutenant général. — Auteur du *Traité des Légions*, donné sous le nom du maréchal de Saxe, V, 319. — Son mariage *inégal* (il avait épousé une charmante créature appelée Lolotte) l'empêcha d'arriver au ministère sous Louis XV, *ibid.* — A fourni des articles intéressants pour l'*Encyclopédie*, *ibid.* — Jaloux d'accélérer l'achèvement de son *Traité des Légions*, il excédait de fatigue ses coopérateurs, 321.

HÉSIODE, célèbre poëte grec, contemporain et rival d'Homère, XV, 55. — Les particularités de sa vie sont incertaines, *ibid.* — Analyse de sa théogonie, *ibid.* — Réflexion que fait naître la lecture de son poëme ayant pour titre *des Jours et des Travaux*, 56.

* *Hésitation*. — Mouvement de l'âme, XV, 86. — S'entend aussi de l'incertitude des mouvements du corps, *ibid.*

* *Hibrides*. — Signification de ce mot, XV, 87. — Voyez *Hybride*.

* *Hideux*. — De l'emploi de ce mot, XV, 87.

* *Hiéracites*. — Hérétiques anciens dont Hiéracas fut le chef, XV, 87. — Doctrine de cette secte répandue en Égypte, *ibid.*

* *Hiérarchie*. — Ce qu'il faut entendre par ce mot dans l'histoire de l'Église, XV, 88.

Hiérarchie ecclésiastique. — Voyez *État-major*.

HIÉROCLÈS, philosophe platonicien. — Professe la philosophie Alexandrine dans Athènes, XIV, 339.

HILAIRE (saint). — Sa tolérance et ses moyens de conviction en matière de religion, I, 489.

HILAS. — Origine de son infortune, IV, 371. — Ses diverses aventures, *ibid.* et suiv. — Sa rencontre avec Iphis, 374. — Suites de cette rencontre, 375.

HILMER, oculiste prussien. — Fait en 1749 l'opération de la cataracte à la fille de Simoneau, I, 280.

HINCMAR, archevêque de Reims. — Écrivain chrétien du IXe siècle, XV, 300.

HIPPARCHIA, sœur du philosophe Métrocle. — Éprise d'une violente passion pour Cratès de Thèbes, philosophe cynique, XIII, 264. — Comment elle l'épouse, *ibid.*—Devient, dit-on, aussi indécente que son mari; mais ce que l'on raconte n'a pas l'ombre de la vraisemblance, *ibid.*

HIPPOCRATE DE CHIO, mathématicien grec, II, 400.

HIPPOCRATE, le père de la médecine, né à Cos. — Ses *Aphorismes*, III, 335.— Avait des connaissances en pharmacie, IX, 216. — Était médecin et chirurgien, 217. — Son premier aphorisme, 221. — Étrange appel à sa science au cas de grossesse d'une courtisane célèbre par la beauté de sa taille, XIII, 38. — Sa physique, XV, 84.

Hippolyte et Aricie, opéra de Rameau, joué en 1738. — A été son premier vrai succès, IV, 174.

HIPPOMANÈS (le sénateur). — Ses aventures galantes avec Astérie, Phénice et Alphane, IV, 268.

HIPPON DE RHÉGIUM, philosophe pythagoricien. — Considère le froid ou l'eau, et la chaleur ou le feu, comme les premiers principes, XVI, 512.

* HIPPONE, déesse des chevaux et des écuries, XV, 93. — Contes absurdes nés du culte qu'on lui rendait, *ibid.*

HIRAGU, médecin (MONTAGNAT?), IV, 225.

Histoire des Celtes, par M. Pelloutier. — M. Chyniac, avocat au parlement, publie, en 1771, une édition plus complète de cet ouvrage, VI, 433.

Histoire de la chirurgie par Peyrilhe.— Compte rendu de cet ouvrage, IX, 470-476.

Histoire civile et naturelle du royaume de Siam, par M. Turpin, VI, 420. — Cet ouvrage a été supprimé par arrêt du conseil, *ibid.*

Histoire de la Grèce. — Diderot donne, en 1743, une traduction de cet ouvrage de TEMPLE STANYAN, I, XL.

Histoire du capitaine de Jacques le Fataliste, VI, 53 et suiv., 64.

¶ *Histoire de la Peinture en cire.* — Avertissement de Naigeon sur cet ouvrage, X, 45. — Ce traité devait paraître, en 1755, dans l'*Encyclopédie* sous le titre ENCAUSTIQUE; Diderot le

sacrifia et donna la préférence à l'article de M. Monnoye, qui a la plus grande ressemblance avec le sien, 46.

¶ *Histoire de la vie domestique de Jean-Jacques Rousseau*, ouvrage de Diderot, qu'il déclare avoir supprimé, III, 405.

Histoire d'Éma, écrit apocryphe attribué à Diderot, XX, 97.

Histoire de Richard Savage. — Examen critique de cet ouvrage, traduit de l'anglais par Le Tourneur, IX, 451.

Histoire du roi de Bohême et de ses sept châteaux, roman humoristique de Charles Nodier, VI, 7.

Histoire philosophique et politique des deux Indes. — Durant deux années entières, Diderot s'est occupé de cet ouvrage publié par l'abbé Raynal, I, XVII. — L'exactitude de ce fait est attestée par Henri Meister, écrivain suisse, secrétaire de Grimm, *ibid.* IV, 107. — L'abbé Raynal copie les morceaux que Diderot lui fournit, et en brûle les minutes, XX, 103, 104.

Histoire du parlement de Paris. — Examen critique de cet ouvrage, publié en 1769 sous le nom de l'abbé Big..., et qui est de Voltaire, VI, 402.

Histoire de Pierre le Grand, par Voltaire. — Critique de cet ouvrage par Diderot, XVIII, 517.

Histoire de la Russie depuis l'an 862 jusqu'en 1054, traduite du russe en allemand et de l'allemand en français. — Critique de cet ouvrage, XVII, 495.

Histoire universelle traitée relativement aux arts de peindre et de sculpter, ou Tableaux d'histoire. — Critique de cet ouvrage, XVII, 497.

Histoire de la littérature française au XVIIIe siècle, par A. Vinet. — Cet ouvrage contient un chapitre sur Diderot, XX, 144.

Histoire des Idées morales et politiques en France au XVIIIe siècle, par M. Jules Barni, ouvrage qui contient quatre leçons professées sur Diderot, XX, 144.

Histoire de la détention des philosophes et des gens de lettres à la Bastille et à Vincennes, par J. Delort. —

Pièces relatives à l'arrestation de Diderot extraites de cet ouvrage, XIII, 111, et XX, 121 et suiv.
Histoire naturelle. — Utilité et intérêt de son étude, III, 461. — Elle introduit à la chimie, 463.
Historiens sacrés. — Leurs écrits n'ont pas ce caractère divin qui seul pourrait effacer le témoignage des auteurs profanes, I, 145. — Raisons de douter, 146.
* *Historiographe.* — Signification spéciale et restreinte de ce mot, XV, 93.
* *Historique.* — De l'emploi de cette expression, XV, 94.
Hobbes (*Thomas*), philosophe anglais.— Ses grandes qualités, quoique athée, I, 59, à la note. — Son *Traité de la nature humaine* a devancé les affirmations de Locke, II, 296. — A terminé ce sublime ouvrage par des visions étranges, superstitieuses et folles, 301. — Avait peur des fantômes et des démons, 443. — Définit la religion une superstition autorisée par la loi, III, 490. — Son *Traité de la nature humaine*, déjà recommandé, 491. — Son livre des *Devoirs de l'homme et du citoyen*, ouvrage à étudier, 492. — Abrégé de sa vie, XV, 94 et suiv. — Principes élémentaires et généraux de sa philosophie, 102. — Meurt, en 1679, âgé de quatre-vingt-dix ans, *ibid.* — Son caractère, 121. — Sa philosophie est l'inverse de celle de J.-J. Rousseau, 122. — Son *Traité de la Nature humaine* bien supérieur aux écrits de La Bruyère et de La Rochefoucauld, 124. — Ses idées touchant la liberté, 480.
* *Hobbisme.* — Cet article de *l'Encyclopédie* est divisé en deux parties : Première partie, vie de Hobbes, XV, 94 et suiv. — Deuxième partie, principes fondamentaux de sa philosophie, 102 et suiv.
Hobzauzer (*Barthélemi*), fondateur de l'ordre des *Barthélemites*, XIII, 412.
Hocquet (Mme). — Sa manière de représenter *Vénus pudique* en fait la plus déshonnête créature possible, X, 242.

Hoffman, jurisconsulte allemand. — Auteur à consulter sur la législation romaine, III, 506.
* *Hofmanistes.* — Hérétiques qui prétendent que Jésus-Christ s'est fait chair de lui-même, XV, 124.
Hogarth (*Guillaume*), peintre anglais. — Démenti que Diderot lui donne X, 303. — Auteur d'un livre ayant pour titre : *Analyse de la beauté*, XI, 349, 350.
Holac, chef tartare. — Met à sac la ville de Cos, XVII, 51. — Protecteur du philosophe Étosi, *ibid.* — Fut un homme doux, ami des sciences et des savants, *ibid.*
Holbach (*Paul-Thiry*, baron d'). — Notice sur sa vie et ses ouvrages, III, 386, 387. — Sa *Morale universelle*, spécialement recommandée pour les études en Russie, 491. — Lettre que Diderot lui adresse sur la mort de Boulanger, VI, 339. — Peinture charmante et vraie de la société qu'il réunissait, X, 379. — Trait de générosité de cet homme de bien en faveur du peintre Oudry, XI, 6. — Diderot, dans ses lettres à Mlle Volland, ne le désigne presque jamais que par son titre, XVIII, 354 (noté). — Accompagne Diderot à Marly. Son caractère, son portrait, 354. — Conseils et réflexions à ce sujet, *ibid.* — Séjour de Diderot chez le Baron, au Grandval ; comment il y vit ; ses occupations, ses loisirs, 393. — Dialogue du baron d'Holbach avec Mme d'Aine, sa belle-mère, sur les excréments du grand Lama, 516. — Ses paroles ironiques après la lecture d'une vingtaine de pages de l'*Histoire universelle*, 527. — Il fait lire à Diderot une horrible anecdote sur Sha-Sesi Ier de Perse, 533. — Son exclamation ironique sur le beau moral, 534. — Son retour en France après un voyage en Angleterre. Ce qu'il pense de ce pays, XIX, 179, 182. — Son excellent procédé envers Kohaut, 246. — Conversation de Diderot et de Mme Le Gendre sur Mme d'Holbach, 258.
Hollande. — Description de ce pays,

XVII, 369-380. — Son histoire 381. — Son organisation politique et gouvernementale, 382. — Des fonctions du greffier nommé par les États généraux, 384. — De la composition du Conseil d'État, *ibid*. — Attributions de la Chambre des comptes et du haut conseil de guerre, 385. — La députation à l'armée, *ibid*. — Comment est composé le conseil des bourgmestres. Ce qu'est un commettant, 386. — Du stathoudérat, *ibid*. — Politique de la Hollande, 390. — Forces de ce pays, 392. — Ses impôts, 393. — Milice, marine et colonies, 394. — Organisation de l'amirauté, 395. — Ce que sont payés les hommes de mer, 395-396. — Ce que sont les colons hollandais, 398. — La noblesse, 399. — La magistrature, *ibid*. — Comment se rend la justice, 400. — Attributions de la chambre de désolation, de la cour des rixes, de la Chambre du *gratis pro Deo*, 401. — Le notariat, 402. — De quelques lois, *ibid*. — Les maisons de force, la police, 403. — Comment se fait la police à Amsterdam, 405. — Du commerce en Hollande, 406. — Caractère général du Hollandais, 410. — Condition des étrangers, 411. — Des manufactures de Hollande, *ibid*. — Des mœurs de ce pays, 414-418. — De l'économie domestique, 418. — Dépense d'une maison particulière, 420. — Des domestiques, 421. — Des liqueurs spiritueuses et autres denrées, 422. — Coutumes et usages divers des Hollandais, 424. — De l'éducation chez ce peuple, 426. — Savants qui ont illustré le pays, 427. — La comédie, le concert, 429. — La peinture, la sculpture et l'architecture, 430. — De la religion, *ibid*. — Les juifs en Hollande, 431. — Du gouvernement ecclésiastique, 433. — Comment est composé le clergé protestant, 436. — Comment la religion est pratiquée, 437. — Les hôpitaux sont peu nombreux, 438. — Comment on procède aux inhumations, *ibid*. — Ce que disent les Hollandais de Batavia lorsqu'ils apprennent la mort de leurs parents, amis ou associés, 439. — Malgré la diversité des cultes, la nation ne fait qu'un même corps civil, 440. — Ce que sont les *Clopes* et les *Béguinages*, 442. — Voyage dans quelques villes de Hollande : la Haye. 443. — Scheveling, 448. — Leyde, Harlem, 450. — Amsterdam, 451. — Delft, Utrecht, 454. — Saardam, 455, — Rotterdam, 457.

Holmes (*Gervaise*), ministre protestant anglais. — Son entretien avec Saunderson sur l'existence de Dieu, I, 307 à 311.

Homère. — Remarques sur le discours d'Ajax, I, 378, 379, 417, 418. — Grandeur et simplicité des discours qu'il met dans la bouche de Priam aux genoux d'Achille, VII, 340. — Exemples de l'art avec lequel il arrive à porter dans l'âme des sensations extrêmes et opposées, 352. — Les sujets qu'il fournira à la peinture seront toujours grands, XII, 82. — Théologien, philosophe et poëte, il écrivait environ 900 ans avant l'ère chrétienne, XV, 56.

Homme. — Sous l'autorité des lois, et avec le secours de la religion, il vit d'une façon moins conforme à sa nature que ne font les animaux, I, 76. — Exemples cités, 77. — A été créé pour vivre en société, 99. — Funestes effets de son isolement, 100. — Triste condition du coupable, 117. — Formule à employer pour la confection de toutes pièces d'un homme *secundum artem*, II, 109, 110. — Est perfectible, tandis que l'animal ne l'est pas ; raison de cette différence, 323. — Est-il bon ou méchant en naissant ? 406. — Rien de si rare qu'un homme tout à fait méchant, si ce n'est peut-être un homme tout à fait bon, VII, 156. — A dans sa nature deux principes opposés : l'amour-propre et la bienveillance, 181. — Examen physiologique de l'homme, IX, 270-276. — Faire de l'homme un centre commun auquel tout vient aboutir, tel est le but de l'*Encyclopédie*, XIV, 453.

* Semblable aux animaux par ce qu'il a

de matériel, XV, 124. — Son histoire commencée après le moment de sa naissance, et continuée durant toute la durée de sa vie, 125-136. — Table des probabilités de la vie humaine, 137-138. — En politique, l'homme vaut par le nombre et constitue l'une des véritables richesses de l'État, 138.

Homme aux quarante écus (l'), roman de Voltaire. — Est associé à la condamnation du *Christianisme dévoilé*, XIX, 284. — Quel ressentiment en est la cause, *ibid*.

Homme d'État.— Celui qui craint de perdre sa place n'osera jamais de grandes choses, III, 243.

Homoousious (l'), mot grec qui signifie de même substance; danger de le confondre avec le mot ὁμοιούσιος, employé par les Ariens, I, 185.

Honnêteté théologique, ouvrage dirigé contre Cogé, Riballier, etc. — Quel en est le véritable auteur, XIX, 264.

Honneurs. — Monnaie qui hausse et qui baisse, II, 422.

* *Honoraires, Appointements, Gages.*— Acceptions différentes de ces termes, XV, 140.

HONTAN (le baron de la), gentilhomme gascon.— Son mot plaisant sur la mort du Christ, I, 164.

HOOCKE (*Luce-Joseph*), docteur de Sorbonne, professeur de philosophie, écrivain d'origine anglaise. — Son livre des *Principes de la Religion*, etc., recommandé comme un modèle de théologie dogmatique, III, 515.

HOOP (M.), chirurgien écossais. — Il philosophe avec Diderot et d'Holbach au Grandval, XVIII, 406. — Sa promenade avec Diderot au Grandval; leur entretien politique, 487. — Histoire de la famille Hoop, 488. — Il étudie la médecine, voyage, fait le commerce, 489. — Anecdote polissonne, 490. — Sa conversation avec le baron d'Holbach sur ce qui serait arrivé à l'Europe si le Concile de Trente avait permis le mariage des prêtres, 492. — Comment il fut trompé par un commerçant chinois, 499. — Son avis sur l'anéantissement, 511. — Diderot s'attache de plus en plus à M. Hoop. Pourquoi, 526. — Comment Hoop explique le *spleen* anglais, 530. — Il défend avec beaucoup de vigueur les formalités chinoises, 533. — Décrit une tempête qu'il essuya, XIX, 5. — Ce qu'il dit des montagnards écossais, 8. — Ce qu'il raconte encore des Chinois, 11. — Ses boutades, 24.

* *Hôpital*. — Signification primitive de ce mot, XV, 140. — Vues générales sur la manière de rendre les hôpitaux dignes de leur fin, 141.

HORACE, poëte latin cité par le médecin Bordeu, II, 183. — Diderot lui emprunte l'épigraphe de son Dialogue (*Supplément au Voyage de Bougainville*), 193. — Ses occupations à la campagne, 434. — Sa fable du *Rat de ville et du Rat des champs*, III, 352. —Interprète des dieux, il ne pardonne pas la médiocrité aux poëtes, VI, 44. — Lettre de Diderot à l'abbé Galiani sur la manière dont il faut traduire la sixième ode de son troisième livre, 289. — Lettre à Naigeon sur un passage de la première satire de son second livre, 303. — Manière dont il critique le caractère de Ménédème dans l'*Héautontimorouménos* de Térence, VII, 139. — Homme de génie qui parle en poëte à des poëtes, 322. —Prescrit la modestie et la simplicité dans la proposition, XVI, 435.

HORN, en latin HORNIUS (*George*), historien et géographe allemand. — Jugement qu'il porte sur la science d'Adam, soit avant, soit après sa chute, XIII, 302. — Voit dans Caïn le fondateur d'une secte de philosophie, 303.

HORNIUS (docteur). — Son raisonnement sur la question de savoir si Adam, le premier homme, a été philosophe, XIII, 299.

¶ *Horoscope* (mon) *envoyé à M*^{me} *de M****, poésie, IX, 56.

Hospice de charité, institutions, règles et usages de cette maison, par Mme Necker. — Appréciation de cet ouvrage, XX, 76.

HOSTEIN (*Hippolyte*), littérateur. — Directeur du théâtre de la Gaîté en 1854, VIII, 140. — Lettre que lui écrit Charles Baudelaire pour l'engager à faire représenter la comédie inédite de Diderot *Est-il bon? Est-il méchant? ibid.* — Sa réponse à Baudelaire, 141.

* *Hostilités.* — L'humanité n'en permet pas de toutes les espèces, XV, 143. — Il y a de ces actions qu'aucun motif ne peut excuser, *ibid.*

* *Hôtel-Dieu.* — Le plus étendu, le plus nombreux, le plus riche et le plus effrayant des hôpitaux de Paris au xviime siècle, XV, 144.

Hôtesse du Grand-Cerf (l'). — Son portrait, VI, 124. — Ses aventures, 125, 126. — Élevée à Saint-Cyr, elle se refuse à raconter les incidents qui l'ont conduite à l'auberge qu'elle tient, 133. — Sentence arbitrale qu'elle prononce dans un différend entre Jacques le Fataliste et son maître, 173.

HOTTENTOTS. — Ce qu'en raconte un Anglais à Diderot, XVII, 445. — Opinion du docteur Robert, *ibid.* — Ils se frottent avec de la graisse, 446.

* *Houame* ou *Houaine*, secte mahométane. — Loi particulière qui la régit, XV, 145.

HOUDARD DE LA MOTTE (*Antoine*). — Diderot peint son caractère sous le nom de Ricaric dans les *Bijoux indiscrets*, IV, 280 et suiv. — Son opinion sur les censeurs, les glossateurs, les commentateurs et les éditeurs d'œuvres posthumes, 288. — Mme de Pompadour lui fait obtenir une pension sur la cassette du Roi, *ibid.* — Anecdote relative à la première représentation de sa tragédie d'*Inès de Castro*, VIII, 352.

HOUDETOT (*Sophie* DE LA LIVE DE BELLEGARDE d'). — Son rôle dans une querelle survenue entre J.-J. Rousseau et Diderot, III, 8. — Est une femme pleine d'âme et de sensibilité, XVIII, 409. — Huitain qu'elle fait au moment du départ de Saint-Lambert, 410. — Sa visite à la Chevrette, 451, 470.

HOUDON (*Jean-Antoine*). — Diderot envoie à la ville de Langres son buste en bronze exécuté par cet habile statuaire, I, LIX. — La ville lui adresse un souvenir, auquel il répond par le don des plâtres du buste coulé en bronze, LX. — Expose, au Salon de 1771, un modèle de grandeur naturelle d'une statue de *Morphée*, XI, 542; les *Portraits de M. et* Mme *Bignon*; le *Portrait* de *Diderot*; le *Portrait* de Mme *de Mailly*; une *Tête d'Alexandre*, médaillon d'un beau caractère, 543. — Note de M. Walferdin sur les terres cuites de ce grand artiste, *ibid.* — Expose, en 1781, une magnifique statue en marbre du *maréchal de Tourville*, représenté au moment où il va livrer le combat de la Hogue, XII, 67. — A la même exposition, il envoie: 1° la *Statue de Voltaire*, qui décore aujourd'hui le vestibule du Théâtre-Français; 2° un très-bon *Portrait*, buste en marbre *du médecin Tronchin*; 3° un joli buste d'enfant, 68, 69. — Auteur de bustes en marbre de Diderot, XX, 110, 111.

HOUEL (*Jean-Pierre-Louis-Laurent*), élève de Casanova. — Les tableaux à l'huile et à gouache qu'il expose au Salon de 1784 offrent de l'intérêt, XII, 56, 57.

* *Houris.* — Créatures privilégiées destinées aux plaisirs des fidèles croyants dans le paradis de Mahomet, XV, 145.

HOUSSAYE (*Arsène*), littérateur, ex-directeur du Théâtre-Français. — M. Champfleury lui remet le manuscrit d'une comédie inédite de Diderot intitulée: *Est-il bon? Est-il méchant?* VIII, 138. — Après trois ans de séjour dans les cartons du théâtre, l'ouvrage est soumis à l'examen de M. Eugène Laugier, qui rend un avis favorable, *ibid.* — Refuse la pièce par le motif qu'elle est en *quatre actes*, et que cette forme n'est pas dans les habitudes du théâtre, *ibid.*

HOUTEVILLE (l'abbé), auteur de *la Religion prouvée par les faits*, VI, 352.

HOUX TOUJOURS VERT (M. du). — Nom plaisant sous lequel Diderot désignait quelquefois Grimm, son ami, X, 238; XI, 17.

HOWYN DE TRANCHÈRE. — Les éditeurs de la présente édition reçoivent de lui la copie des manuscrits déposés à la Bibliothèque de l'Ermitage, XVII, 474.
— Lettre inédite de Diderot qu'il communique, XIX, 492.

HUDSON (le Père), supérieur d'une maison de prémontrés. — Ses aventures, VI, 183 et suiv. — Abuse de son ministère de confesseur pour corrompre une jeune fille qu'il enlève, 184. — Va chez des filles de joie, où il est surpris par le guet, 185. — Adresse avec laquelle il se tire de cette affaire, ibid. — Est dénoncé au général de l'ordre; une information est dirigée contre lui, ibid. — Danger qu'il court, 186. — Trame odieuse qu'il ourdit, de concert avec une jeune fille qu'il a séduite, pour perdre les deux commissaires-informateurs, ibid. — Déjoue ceux qui avaient mission d'éclairer sa conduite, ibid. — Attire Richard dans un piège, 187, 188. — Le fait arrêter et conduire en prison, 190. — Rôle hypocrite qu'il joue pour obtenir son élargissement, ibid. — Sa rencontre avec Richard devenu libre, 191. — Leur curieux entretien, 192.

HUE (J.-F.). — Six tableaux de genre, que cet artiste expose au Salon de 1781, sont fort jolis, quoique les figures soient généralement mal dessinées, XII, 60, 61.

* *Huée*, cri d'improbation, XV, 145.

HUET (*Jean-Baptiste*), dessinateur, peintre, graveur, élève de Le Prince, né au Louvre. — Débute, en 1769, par l'envoi au Salon de quinze *tableaux d'animaux;* tout cela discordant et sans harmonie, XI, 437. — Le Salon de 1771 reçoit de lui sept tableaux de genre; décrits 506, 507. — Cet artiste a du talent et est laborieux; cependant il lui reste fort à faire pour égaler Desportes et Oudry, ibid. — Son tableau de réception, exposé en 1775 dans la galerie d'Apollon, est d'un mérite inappréciable, XII, 19. — Il y a des choses à louer dans le paysage qu'il expose en 1781, 46.

HUET (*P.-Daniel*), évêque d'Avranches. — Diderot a lu son *Traité philosophique de la faiblesse de l'esprit humain*, sans en tirer des preuves concluantes en faveur du christianisme, I, 153. — Le jugement de Voltaire sur cet ouvrage, critiqué par M. des Sablons (l'abbé Chaudon), VI, 352.
— Inclina de bonne heure au scepticisme, XVI, 485.

HUEZ (d'). — Quatre bas-reliefs de ce sculpteur, exposés au Salon de 1761, et représentant *Huit Vertus qui portent des guirlandes*, sont de grand goût, X, 148. — Expose, au Salon de 1765, une mauvaise statue de *saint Augustin*, 436. — Exclamation indiscrète d'un artiste en passant devant ce marbre, ibid. — Envoie à l'exposition de 1769 une *Vénus qui demande des armes pour son fils,* modèle sans valeur, 456. — Son envoi au Salon de 1771 comporte quatre numéros, et mérite d'être remarqué, 537.

HUGO (*Victor*). — Son erreur relative à l'incarcération de Diderot à Vincennes, I, 431. — Ce qu'il dit de la complicité des faiseurs de satires ou de caricatures avec la police, ibid. — Considère l'estampe de *Diderot fouetté* comme une preuve du fait, ibid.

HUGUES, frère de Philippe Ier, roi de France. — Passe en Asie à la tête de trois cent mille hommes, Allemands et Italiens, XIV, 246. — Est battu par Soliman, ibid. — Sa mort, ibid.

Huiles. — Voyez *Baume*.

Humanité (l') ou le *Tableau de l'indigence*, triste drame, par un aveugle tartare. — Cette pièce, qui a été imprimée quatre ans après *le Fils naturel,* a été faussement attribuée à Diderot, VII, 3. — Insérée dans le recueil de ses œuvres publié à Londres en 1773, elle en a toujours été rejetée depuis, 6. — Quérard l'attribue à un écrivain nommé Randon, ibid.

* *Humanité*. — Qualité morale, XV, 145. — Sa manière d'être, 146.

* *Humble*. — Se dit des personnes et des choses, XV, 146.

HUMBOLDT (*Alexandre* de). — Note sur le travail incessant de la nature, II, 57. — Conclusions qu'on pourrait en tirer, si la foi et la révélation ne s'y opposaient pas, 58.

* *Humeur*. — Nom donné aux différents états de l'âme, XV, 146.

* *Humilité*, qualité morale, XV, 146. — Ce qui la caractérise, ses causes et ses effets, 147.

Humilité (l'). — Est mensonge ; il faut s'estimer pour être estimable, II, 86.

* *Humour*. — Mot anglais employé pour désigner une plaisanterie originale, XV, 147.

Hus (*Jean*), hérésiarque brûlé vif à Constance en 1415, I, 185.

Hus (*Adélaïde-Louise-Pauline*), actrice du Théâtre-Français. — A pour amant le contrôleur général des finances Bertin, auquel elle donne pour successeur Vieillard, le fils du directeur des Eaux de Passy, V, 403. — Ce que Rameau (le neveu) dit à son sujet, 404. — Sans-façon dont elle usait avec Bertin, 437. — Manière dont le parasite Rameau se conduit auprès d'elle, *ibid*. — Anecdote d'alcôve entre elle et Bertin, 452. — Diderot raconte à Mlle Volland son aventure avec Vieillard, XIX, 43. — Notice sur elle, *ibid*. (note). — Suites de son aventure, 46. — Scène avec Brizard, 57. — Elle tire une grosse somme de Bertin pour payer ses dettes, 64.

HUSSEIM, officier de la cour de Mangogul. — Sa fureur en entendant ce que dit le bijou de sa femme, IV, 160.

HUTCHESON (*François*), moraliste irlandais. — Son livre intitulé : *Philosophiæ moralis Institutio compendiaria*, cité et recommandé, III, 492. — Manière dont ce célèbre professeur caractérise le *beau*, X, 8 et suiv. — Son système, plus singulier que vrai, se recommande cependant par un grand nombre d'observations délicates, 17, 23. — Erreur de son système de philosophie morale, XI, 25.

HUTIN, directeur de l'Académie de peinture de S. A. l'Électeur de Saxe. — Envoie au Salon de 1769 un tableau des plus médiocres représentant deux *Servantes saxonnes*, XI, 414.

Hybride, ou *Ybride*. — Véritable signification de ce mot, III, 15. — Voyez * *Hibrides*.

* *Hylopathianisme*, espèce d'athéisme philosophique, XV, 148. — Thalès, accusé par Aristote d'être l'auteur de cette opinion, est défendu par Cicéron, Diogène Laërce, Clément d'Alexandrie, *ibid*.

Hymen (l'), *réformateur des abus du mariage, ou le Code conjugal*, ouvrage attribué à Diderot, XX, 98.

¶ *Hymne à l'amitié, pour être chanté et récité dans son temple*, poésie inédite, IX, 32.

HYPASE, philosophe pythagoricien. — Ce qu'il dit du feu, XVI, 523.

HYPATIE, fille de Théon, mathématicien d'Alexandrie. — Rang distingué qu'elle occupe parmi les philosophes éclectiques, XIV, 341. — Son éducation en fit un prodige, *ibid*. — Personne aussi bien qu'elle n'a possédé Aristote et Platon, *ibid*. — En elle se trouvaient réunies toutes les perfections, *ibid*. — Comment la considération dont elle jouissait devint l'occasion de sa perte, *ibid*. — Meurt assassinée par une troupe de scélérats qui l'entraînent dans l'église d'Alexandrie appelée la *Césarée*, 344. — Sa mort couvre de déshonneur le patriarche d'Alexandrie, et marque la fin de la secte éclectique, *ibid*.

Hypocrisie. — Vertu sacerdotale, III, 511.

Hypocrite. — Souvent on le rencontre enveloppé du vêtement sacerdotal, III, 77. — Molière en a donné le parfait modèle dans *Tartuffe*, *ibid*. — L'hypocrite a le cœur faux, VII, 389.

* Définition de ce caractère, XV, 150. — Portrait d'un hypocrite, *ibid*.

Hypostase, Union hypostatique. — L'initiation à ces mystères de la théologie est-elle nécessaire pour faire un bon citoyen ? I, 182. — Le Christ n'a rien dit de pareil, 183.

Hypothèses. — Moyens proposés pour leur étude, II, 45 et suiv. — Exemple pris de la génération, 47.

Hystérie. — Ravages de cette maladie particulière à la femme, II, 255. — Mᵐᵉ Guyon, sainte Thérèse, citées comme exemples, 256. — Moyen employé par Boerhaave pour couper court à une épidémie hystérique, 257.

I

Iarcha, célèbre philosophe indien de la secte des Gymnosophistes. — Tout ce qu'on raconte de lui est fabuleux, XV, 201.

Ichtias, philosophe grec, de la secte Mégarique, XVI, 113.

Iconographie. — Bustes, statuettes, médaillons de Diderot, XX, 109. — Peintures à l'huile, miniatures, dessins, 113. — Estampes d'après l'original, et de fantaisie, 117. — Représentations de Diderot avec d'autres personnages, 118. — Caricatures et allégories, 120.

Idéalistes. — Système de ces philosophes, I, 304.

Idée platonique. — Prix que les femmes devraient mettre à leurs faveurs, II, 293.

Idées. — Celles de Diderot sur la couleur, X, 468. — La peinture a été le premier moyen de leur transmission, XIV, 433. — L'Écriture vint plus tard, *ibid*. — Des avantages et des défauts de chaque mode, 434. — Nous avons plus d'idées que de mots; conséquences de ce fait, XII, 77.

¶ *Idées accessoires*, fragment inédit, IV, 28. — Confusion qu'elles causent, 29.

* *Identité*. Judicieux emploi de cette expression métaphysique, XV, 151.

Idiaquez, jésuite espagnol. — Dirige, à Villa-Gracia, une imprimerie d'où sortent des écrits hostiles à la France, VI, 459. — Charles III, roi d'Espagne, informé de ce fait, supprime l'établissement, *ibid*.

* *Idiot*. — Ce qui le constitue, XV, 152. — En quoi il diffère de l'imbécile, *ibid*.

Idiotismes. — Signification de ce mot, V, 419. — Le style de Fontenelle fourmille d'*idiotismes* français, *ibid*. — Il y a des *idiotismes* de métier, il y en a de moraux, *ibid*. — Les plus communs, 420. — Les exceptions à la conscience générale sont des idiotismes moraux nommés par quelques-uns *tour du bâton*, 421. — Nos gallicismes sont autant d'idiotismes, XIV, 446.

Idolâtrie. — Quelle en est la première source d'après les athées, XVI, 351. — Opinion de Newton sur l'origine de l'idolâtrie, 352. — Système de l'abbé Pluche sur le même sujet, 359. — L'idolâtrie communique aux hommes les défauts des dieux, 366.

Idumée, lisez Judée, I, 209, alinéa 56.

Iduméens, lisez Juifs, I, 209, alinéa 56.

Idylles de Saint-Cyr, poëme de Dorat. — Compte rendu de cet ouvrage, imprimé avec un luxe qui en fait le seul mérite, VI, 415.

Iffland (*Auguste-Guillaume*), auteur et acteur allemand. — Accorde dans ses *Mémoires* une grande place aux drames de Diderot, VII, 173.

* *Ignominie*, dégradation morale. — Ce qui la produit, XV, 153.

Ignorance. — Doux oreiller pour une tête bien faite, I, 139. — Est moins éloignée de la vérité que le préjugé, 354. — Est le partage de l'esclavage et du sauvage, III, 429.

* Ce qui la constitue en métaphysique, XV, 153. — Causes dont elle dérive, 154. — En morale, ce défaut diffère de l'erreur, 155.

Ile des Lanciers, dans l'archipel de Pomotou. — Bougainville, qui la découvrit en 1768, la trouva habitée; en 1826, le capitaine anglais Beechey la visite et la trouve déserte, II, 202.

* *Iliade*. — Le plus parfait des poëmes d'Homère, XV, 157. — Court examen de cet ouvrage, 158 et suiv.

* *Illaps*, terme de théologie. — Espèce d'extase contemplative; ses effets, XV, 160.

* *Illicite*. — Ce qui est défendu par la loi, XV, 160.

* *Illimité*. — Terme relatif au temps, à l'espace, à la puissance, XV, 160

Illusion (l'). — But commun du poëte dramatique et du romancier, VII, 330. — Comment on parvient à la produire, *ibid.*
* Comment on l'obtient, XV, 161.
Il Vero Amico (le Véritable Ami), comédie de Goldoni. — L'auteur a fondu dans cette farce en trois actes des caractères de l'*Avare* de Molière, VII, 317.
* *Imaginaire*. — Pourquoi ce mot ne s'oppose point à *réel*, XV, 162.
Imagination. — Ce qui la constitue et la caractérise, VII, 333. — Comment on arrive à en faire l'application, *ibid.* — Étude physiologique de cette faculté de l'esprit, IX, 363. — Extase, *ibid.* — Force d'une image ou d'une idée, 365. — Qualité commune avec le jugement, elle lui est presque opposée, XI, 131. — Ne crée rien, elle imite, compose, combine, exagère, agrandit, rapetisse, s'occupe de ressemblances, *ibid.* — Est la qualité dominante du poëte, *ibid.*
* De son pouvoir sur les femmes enceintes, XV, 162. — Suite d'exemples à ce sujet, 163-165.
IMBERT (*Barthélemy*). — Son poëme en quatre chants, *le Jugement de Paris*, n'est recherché aujourd'hui que pour la gravure, VI, 434.
* *Imitation*. — Représentation artificielle d'un objet; est toujours un effet de l'art, XV, 168.
Imitation de la nature. — Exemple tiré de trois arts : la poésie, la peinture et la musique, I, 386 et suiv. — Une femme mourante : le peintre montre la chose même; le poëte et le musicien emploient des hiéroglyphes, 387.
¶ *Imitation de l'ode d'Horace*, poésie, IX, 45.
¶ *Imitation de la satire d'Horace*, poésie inédite, IX, 47.
* *Immatérialisme* ou *Spiritualité*. — Opinion métaphysique de ceux qui admettent dans la nature deux substances essentiellement différentes, XV, 169. — Dissertation sur ce sujet; *ibid.* — Opinion d'Anaxagoras, 169; de Platon, 171; de Cicéron, *ibid.*; d'Origène, 174; de Tertullien, *ibid.*; de saint Justin, 176; de Tatien, *ibid.*; de saint Clément d'Alexandrie, 177; de Lactance, *ibid.*; d'Arnobe, etc., etc., *ibid.* — Époque à laquelle la pure *spiritualité* de Dieu fut connue, 179.
* *Immobile*. — Emploi de ce mot au simple et au figuré, XV, 183.
* *Immonde*, expression inventée par le préjugé, XV, 183.
* *Immortalité*. — Réflexions y relatives, XV, 183. — Si cette espèce de vie qu'on s'efforce d'acquérir dans la mémoire des hommes est une chimère, c'est la chimère des grandes âmes, 184.
Immortalité (sentiment de l'). — Voyez ¶ *Lettres à Falconet*.
* *Impardonnable*. — Plus sévères dans leurs jugements que Dieu même, les hommes n'ont point de pardon pour certaines actions, XV, 185.
* *Imparfait*. — Ce à quoi il manque quelque chose, XV, 185.
* *Impartial* et *Impartialité*. — Qualité morale aussi essentielle que rare, XV, 185.
Impasse. — Note de Voltaire sur l'emploi de ce mot, qu'il veut faire prévaloir en remplacement du mot grossier *cul-de-sac*, l'*Angiportus* des Romains, VI, 88.
* *Impassible*, *Impassibilité*. — Attributs de la divinité, XV, 186. — L'enthousiasme et le fanatisme peuvent produire l'*impassibilité*, *ibid.*
* *Imperceptible*. — De l'emploi de ce mot au simple et au figuré, XV, 186.
* *Impérieux*. — Se dit de l'homme, du caractère, du geste et du ton, XV, 187.
* *Impérissable*. — Presque tous les anciens philosophes ont dit de *la matière* qu'elle était *impérissable*, XV, 187.
Impie, *Impiété*. — Qu'est-ce qu'un impie ? Tout le monde l'est-il, ou personne ? I, 141. — Le doute, en matière de religion, n'est point un acte d'impiété, 158.
* *Importance*, terme relatif à la valeur d'un objet, XV, 188. — D'*importance* on a fait *important*, qui se prend à peu près dans le même sens, *ibid.*
* *Imposant*, adj.; *Imposer*, v. act. —

Termes qui s'appliquent aux personnes et aux choses, XV, 189.
* *Imposture.* — Manière dont elle se produit, XV, 189.
Impôts. — Projet et réflexions sur ce sujet, IV, 481.
* *Impression.* — Acceptions diverses de ce mot, XV, 190.
Imprimerie. — Sur quels ouvrages portèrent ses essais, XVIII, 9. — Ce qu'il arrivait aux Estienne, aux Morel, et autres habiles imprimeurs, 12. — Comment les imprimeurs obtinrent un privilége *exclusif* pour leur commerce, 15. — Nouvelles représentations de l'imprimerie sur les limites de son privilége, 16. — Époque à laquelle l'imprimerie s'établit à Paris, 71.
* *Improbation.* — Exemples donnés pour fixer la véritable acception de ce mot, XV, 190.
Impromptu (l'). — A un caractère que la chose préparée ne prendra jamais, VII, 377.
¶ *Impromptu fait au jeu,* extrait de la Correspondance de Grimm, IX, 68.
* *Impuni, Impunité, Impunément.* — L'impunité encourage au crime, XV, 190, 191.
* *Impureté.* — Terme générique qui, en morale, comprend tous les dérèglements qui ont rapport aux plaisirs charnels, XV, 191. — La religion des païens était remplie de divinités qui favorisaient l'*impureté*, 192. — Extraits de la *Cité de Dieu* de saint Augustin sur ce sujet, *ibid.*
* *Inadvertance.* — Un des défauts de l'enfance, XV, 193.
Incarnation. — Pensées diverses sur ce sujet, I, 167. — Rapprochement entre le cygne de Léda et la colombe de l'Évangile, *ibid.*
Incas (les) *ou la Destruction de l'empire du Pérou,* poëme en prose, de Marmontel, V, 258. — Cet ouvrage donne lieu à une contestation entre Marmontel et Saint-Lambert, auteur de *Ziméo, ibid.*
Incendie de Lyon. — Sénèque fait le récit de ce terrible événement dans sa XCI^e lettre à Lucilius, III, 261.

Incendie de Rome, III, 130. — Néron, spectateur du haut de la tour de Mécène, en habit de théâtre, chante l'embrasement de Troie, 131.
Inceste, II, 233, 234. — Ne blesse en rien la nature; est en honneur chez les Taïtiens, *ibid.*
INCHLIF (*William*), disciple de l'aveugle-né Saunderson; écrit la vie de son maître, I, 312. — Récit qu'il fait de ses derniers moments, *ibid.*
Incidents (Des). — Le poëte doit être difficile dans leur choix, et sobre dans leur usage, VII, 326. (Voy. *Sommaire,* p. 302).
* *Incogniti.* — Nom d'une société littéraire établie à Venise; sa devise, XV, 193.
* *Incommode.* — Tout ce qui nous gêne, XV, 193.
* *Incompréhensible.* — Valeur métaphysique de ce mot, XV, 193.
* *Inconnu.* — Adjectif qui se joint toujours à quelque chose qu'on connaît, XV, 194.
* *Inconséquence, Inconséquent.* — Défaut qui se rencontre dans les idées, dans le discours et dans les actions, XV, 194.
¶ *Inconséquence du jugement public* (sur l') *de nos actions particulières,* V, 333. — Histoire de madame de La Carlière et du chevalier Desroches, 335-357.
* *Inconsidéré.* — Se dit des personnes et des choses, XV, 194.
* *Inconstance.* — Effet moral sujet à des appréciations diverses, XV, 195.
Incontinence. — Comment ce vice est opposé au bonheur de la société, XVII, 140.
Incrédule. — Questions embarrassantes qu'il fait touchant la divinité des livres sacrés, I, 154. — Comment on y répond, *ibid.*
Incrédulité. — Elle est, a dit Diderot mourant, le premier pas vers la philosophie, I, LVII. — Elle est quelquefois le vice d'un sot, 140.
* *Incroyable.* — Expression souvent hyperbolique, XV, 195.
Incuriosité. — Doux oreiller, disait Montaigne, I, 139.

* *Indécent*. — Tout ce qui est contre le devoir, la bienséance et l'honnêteté, XV, 196.
* *Indécis*. — Adjectif qui se prend quelquefois substantivement, XV, 197.
* *Indépendance*. — Pierre philosophale de l'orgueil humain ; chimère après laquelle l'amour-propre court en aveugle, XV, 197.
INDES (*Compagnie des*). — Caricatures et plaisanteries dont elle est l'objet, XI, 448 (note). — Grand bruit à cette compagnie ; à quelle occasion, XIX, 312. — Elle est anéantie, 314.
Indes galantes (les), opéra de Rameau, V, 398.
* *Indiens*. — Histoire de leur philosophie, XV, 200-203. — Leurs philosophes partagés en trois sectes : les *Brachmanes*, les *Gymnosophistes* et les *Pramnes*, 200.
* *Indifférence*. — État particulier de l'âme, XV, 203. — Sources diverses d'où elle procède, *ibid*.
* *Indigent*. — Classe d'hommes inconnue chez les sauvages, XV, 204.
* *Indignation*. — Sentiment mêlé de mépris et de colère, XV, 204.
* *Indiscret*. — Comment on peut l'être, XV, 204, 205.
* *Indispensable*. — De l'emploi de ce mot, XV, 205.
* *Indissoluble*. — Réflexions sur cette qualification appliquée au lien conjugal, XV, 205.
* *Indistinct*. — Ce qu'on doit entendre par ce mot, XV, 205.
* *Indocile, Indocilité*. — Les peuples sauvages sont d'un naturel *indocile*, XV, 206. — *L'indocilité* naît ou de l'opiniâtreté, ou de l'orgueil, ou de la sottise, *ibid*. — La sottise des maîtres fait souvent *l'indocilité* des enfants, *ibid*.
Indolence. — Passion léthargique, amour désordonné du repos, qui décourage l'âme et engourdit l'esprit, I, 111. — La fainéantise déprave les organes, 112. — Est une source intarissable de chagrins, *ibid*.
* En morale, privation de sensibilité morale, XV, 206.

Indolent. — Inutile à lui-même, il s'expose à manquer dans le besoin de secours étrangers, I, 112.
* *Induction*, terme de logique. — Dissertation sur la valeur de cette manière de raisonner, XV, 206-216.
* *Indulgence*. — Disposition morale qui caractérise la vertu éclairée, XV, 216.
Inégalité des richesses. — Comment elle pourrait devenir la base de la félicité publique, II, 417. — Les moyens de la prévenir proposés par Helvétius : Diderot les désapprouve, 419.
Inès de Castro, tragédie d'Houdart de La Motte. — Anecdote relative à la première représentation de cette pièce, VIII, 352.
Infibulation. — Conséquences de cette opération cruelle et bizarre, II, 210. — Palingénésie funeste, *ibid*.
* *Infidélité*. — Idée attachée à ce mot en morale, XV, 217.
* *Infortune*. — Ce qui la caractérise, XV, 218.
¶ *Infortunée* (*l'*) *ou les Suites d'une grande passion*. — Plan d'une tragédie sous ce titre, VIII, 337.
* *Ingénieux*. — Se dit des personnes et des choses, XV, 219.
* *Ingénuité*, qualité de l'âme. — L'innocence la produit, XV, 219. — En quoi elle diffère de la naïveté, *ibid*.
Ingrat. — Un souverain le doit être souvent, s'il veut éviter d'être faible, II, 471.
Ingratitude. — Vice purement négatif, I, 116. — D'où elle dérive, *ibid*.
* *Inhumanité*. — Vice qui fait sortir l'homme de son espèce, XV, 219.
* *Injure et Tort*. — Synonymes ? XV, 220.
* *Inné*. — Il n'y a d'*inné* que la faculté de sentir et de penser, XV, 220.
* *Innocence*. — Assemblage de toutes les vertus, exclusion de tous les vices, XV, 220.
Innocence baptismale. — Voyez *Robe blanche*.
INNOCENT X, pape. — Sa bulle au sujet des cinq propositions attribuées à Jansénius, XV, 260. — Son bref de 1654 pour le même objet, *ibid*.

Innovations religieuses. — Sont à craindre dans un gouvernement, I, 143. — Opinion de l'empereur Julien sur le danger qu'elles offrent, *ibid.*

¶ *Inoculation (l').* — Examen d'un mémoire de d'Alembert sur ce sujet, IX, 207. — Obstacles qu'elle rencontre dans les villes, XIX, 293. — Succès qu'elle obtient dans le petit hôpital de Gatti, 301.

* *Inquiétude.* — Agitation morale ; causes diverses qui la produisent, XV, 221.

Inquisiteurs, I, 198, où ils sont appelés les archers et les bourreaux de l'armée, alinéa 28.

Inquisition. — Conseil de guerre, I, 198, alinéa 28.

Inquisition d'Espagne. — Charles III réduit son autorité, VI, 470. — Comment elle renaît plus féroce que jamais, 471.

* *Insensé.* — Épithète injurieuse qui s'applique à deux sortes d'hommes, XV, 221.

* *Insensibilité.* — Ses effets en morale, XV, 221. — Elle fait des monstres, 222.

* *Inséparable.* — Il n'y a rien d'*inséparable* dans la nature, XV, 224.

* *Insertion de la petite vérole* (vaccine). — Découverte admirable due à Édouard Jenner, célèbre médecin anglais, XV, 224.

* *Insigne.* — Se dit des personnes et des choses, et se prend tantôt en bonne, tantôt en mauvaise part, XV, 224.

* *Insinuant.* — Se dit des personnes et des choses, XV, 225.

* *Insolent.* — Traits distinctifs de ce caractère, XV, 225.

Inspirés. — Fourbes ou visionnaires pour la plupart, I, 190, alinéa 4.

* *Instabilité.* — Terme de grammaire ; de son emploi, XV, 226.

Instinct. — Ce qu'il est, IX, 329. — Détruit par notre éducation, nous ne pouvons le connaître, 377. — Est plus éveillé dans le sauvage, *ibid.* — Conversation sur ce mot, XIX, 116.

* Cet article, dans l'*Encyclopédie*, n'est pas de Diderot, mais de Georges Leroy, lieutenant des chasses au parc de Versailles, XV, 226 (note).

Instruction. — Elle donne à l'homme de la dignité, III, 429. — Elle adoucit les caractères, éclaire sur les devoirs, etc., *ibid.*

Instruction pastorale de Mgr l'évêque d'Auxerre, etc., au sujet de la Thèse de l'abbé de Prades, I, 441.

Instruction publique. — Des auteurs qui ont écrit sur cette matière, III, 430. — L'enseignement n'est point arbitraire, c'est une chose difficile, 431. — De l'ordre des études, 442. — Objet d'une école publique, 444. — Différence de l'ordre des études dans une école ou dans un ouvrage, 446. — Plan général de l'enseignement d'une université, 448, 449. — Plan réduit, 450. — Pour les quatre facultés, voyez la table du tome III, 548-550.

¶ *Instructions pour les élèves dans l'art de la critique moderne, tirées de la pratique des grands maîtres*, ouvrage dont Diderot n'a conservé qu'un article, III, 405.

Insuffisance. — Avouer son insuffisance, grande leçon à donner, II, 15. — Avantages qu'on retire de cet aveu, *ibid.*

* *Insupportable.* — Se dit des personnes et des choses, XV, 226.

* *Intègre, Intégrité.* — Qualité principale du juge, de l'arbitre et du souverain, XV, 226. — Des diverses acceptions de ces mots, 227.

Intégrité. — Ce qu'il faut entendre par ce mot, I, 13. — Définition de l'intégrité morale, *ibid.* — Cicéron l'a bien définie, *ibid.* — Ce qui la constitue, 64.

Intellect. — Propriété de l'âme, commune à l'homme et à la bête, XV, 227. — Celui de la bête est borné, celui de l'homme ne l'est pas, *ibid.*

Intellectuel. — Acceptions diverses de cet adjectif, XV, 227. — Ce mot s'emploie dans un sens opposé à matériel, *ibid.*

Intelligence. — Helvétius réduit toutes les fonctions intellectuelles à la sensibilité, II, 267.

* Exemples des diverses acceptions de ce mot, XV, 228.

Intempérance. — Ses effets, I, 106, 107.
Intendant. — Histoire de l'intendant de M. de Saint-Florentin et de la pâtissière de la rue de l'Université, VI, 97 et suiv.
* *Intention*. — Caractères qu'elle peut revêtir, XV, 228, 229.
Intérêt. — Il a engendré les prêtres, I, 183. — Ce mot, mal compris, a excité le murmure des hypocrites et des ignorants contre La Rochefoucauld et contre Helvétius, III, 316.
Intérêt (en littérature). — D'où il naît, VII, 340. — Ce qui le soutient, *ibid.* et suiv. (Voy. *Sommaire*, p. 302.)
* Acceptions diverses de ce mot, en morale, XV, 229; en littérature, 232.
* *Intérieur*, terme de grammaire dont le corrélatif est *extérieur*, XV, 233. — De l'emploi de ces mots au physique et au moral, *ibid.*
* *Intermède*. — Poëme burlesque ou comique, composé pour être mis en musique, XV, 233. — La France a peu d'ouvrages de ce genre, l'Italie en a une infinité, *ibid.*
* *Interne*. — Réflexion sur la difficulté de déterminer la différence entre *intérieur* et *interne*, XV, 234.
¶ *Interprétation de la nature*. — Voyez *Pensées sur l'interprétation*.
* *Interruption*, figure de rhétorique. — Racine en a fait un heureux emploi dans *Andromaque*, XV, 234.
Intestins, Rate, Pancréas, et Péritoine. — Remarques physiologiques sur ces organes, IX, 385. — Intestins grêles, 386. — Gros intestins, 387. — Rate, *ibid.* — Pancréas, 388. — Péritoine, 389.
INTIERI (*Barthélemy*), homme de lettres toscan, géomètre, mécanicien de premier ordre. — Invente une étuve à blé, VI, 440. — L'abbé Galiani fait connaître cette utile machine par un ouvrage qu'il publie sous le nom de l'inventeur, 441.
* *Intimider*. — Émouvoir l'âme, XV, 234.
Intolérance. — Blâmée par le Christ, I, 182. — Ses moyens d'action sont impies, 486. — Elle soumet le prince au prêtre, II, 448. — Elle est l'apanage du prêtre, III, 511.
* Définition morale de ce mot, XV, 235. — Deux sortes d'*intolérance*, l'ecclésiastique et la civile, *ibid.* — Recueil de pensées sur ce sujet, *ibid.* à 240.
* *Intolérant*. — L'intolérant est presque toujours un homme sans religion, XV, 240.
Intonation. — Elle détermine le geste, et réciproquement, VII, 107.
* *Intrépidité*. — Force extraordinaire de l'âme; ce qui la caractérise, XV, 240. — Moyen de la redoubler, *ibid.*
* *Intrigue*. — Ressource des âmes faibles et vicieuses, XV, 241.
¶ *Introduction aux grands principes*, II, 71. — Avertissement de Naigeon, 73. — Dialogue entre trois personnages : un sage, un prosélyte et un parrain, 75 à 79. — Second dialogue : *Le Prosélyte répondant par lui-même*, 80 à 88. — Examen de ce second dialogue, 89 à 93. — Réponse de Diderot à cet examen, 94 à 99.
Inustion de la peinture en cire. — Description de ce procédé, X, 65. — Ses précieux résultats, 66.
* *Invariable*. — S'emploie au physique et au moral, XV, 241.
INVAUX (MAYNON D'). — Nommé contrôleur général; sa première opération, XIX, 281. — Calembour sur lui, 282. — Son premier projet. Avec quels personnages il est lié, 290.
Inventeurs. — Pourquoi nous les admirons, II, 348.
Inversions. — Condillac et Du Marsais ont traité cette matière, I, 349. — L'abbé Batteux l'ayant aussi traitée, c'est à lui que Diderot adresse une réponse sur ce sujet, *ibid.* — L'étude de la formation des langues est indispensable à l'examen proposé, *ibid.* — Manière dont elles se sont introduites dans les langues, 351. — Celles que nous employons aujourd'hui en grec et en latin n'auraient pas eu cours au temps de Cicéron et de Démosthène; nos discours grecs et latins sont du français habillé à l'antique, 361. — Remarque sur celle de Cicéron au

commencement de l'*Oraison pour Marcellus*, 364 et suiv. — Cette question est compliquée, 369. — La langue française est celle qui en a le moins, 371.

* *Invincible*. — Anecdote au sujet de ce mot employé comme épithète, XV, 241.
* *Inviolable*. — Ce qui ne sera point violé, ou qui ne le doit point être, XV, 241.
* *Invisible*. — Ce qui échappe à la vue, XV, 241.
* *Involontaire*. — Ce à quoi la volonté n'a point eu de part, XV, 242.
* *Ionique* (secte), école philosophique fondée par Thalès de Milet, XV, 242. — Histoire et doctrine de cette secte, 243-252.

Iphigénie en Tauride, tragédie de Guimond de La Touche, VII, 322. — Observations sur cet ouvrage, VIII, 427.

IPHIS. — Comment elle rencontre Hilas, IV, 374. — Suites de cette rencontre, 375.

* *Irascible*, terme de philosophie scolastique, XV, 252.

IRÉNÉE, philosophe chrétien du IIᵉ siècle, XV, 293.

* *Irréconciliable*. — Terme relatif à des passions odieuses, XV, 253.
* *Irréligieux*. — Terme de grammaire encore peu usité dans son acception générale, XV, 254.
* *Irrésolution*. — État fâcheux de l'âme, XV, 254.
* *Irrévérence*. — De l'emploi de ce mot, XV, 254.

ISAAC, fils d'Abraham et de Sara. — Épouse Rébecca; détails sur son histoire, I, 202.

ISEC, veuve d'un lieutenant général de l'armée de Mangogul. — Sollicite une pension de celui-ci, IV, 234. — Ce que dit son bijou, *ibid*.

ISIDORE DE SÉVILLE (*Hispalensis*), célèbre prélat espagnol, écrivain chrétien du VIIᵉ siècle, XV, 300.

ISIS, divinité des Égyptiens. — Doctrine de ses prêtres, XIV, 388. — C'était la lune, 391.

ISMÈNE. — Elle n'est pas inquiète sur ce que dira son bijou, IV, 167. — Sa conversation avec celui-ci, 168 et suiv.

* *Isolé, Isoler*. — Sens grammatical de ces mots, XV, 255.

ITALIE. — Pourquoi un voyage dans cette contrée est si utile aux artistes, XI, 241.

Ivresse. — Comment ce défaut est opposé au bonheur de la société, XVII, 140.

Izeschné, second livre du *Vendidadsalé*. — Ce qu'y recommande Zoroastre, XVII, 223.

J

Jaback. — Signification de ce mot, VI, 33.

JACOB, patriarche hébreu, second fils d'Isaac et de Rébecca. — Sa vie tant soit peu légère, I, 202, alinéa 39.

JACOBI (*Jean-George*), chanoine d'Halberstadt. — Jugement sur une traduction de ses œuvres, VI, 424. — Poëte généralement admiré en Allemagne, combien il a perdu en passant dans notre langue, *ibid*. — Son poëme lyrique intitulé l'*Élizée* est sans intérêt, *ibid*.

JACQUES II, roi d'Angleterre. — Son attachement au culte de l'Église romaine amène des troubles sérieux dans le royaume, VIII, 5.

¶ *Jacques le Fataliste et son maître*, roman écrit en 1773, imprimé pour la première fois en 1796, VI, 1. — Notice préliminaire par M. Assézat, 3. — Publié d'après une copie offerte par le prince Henri de Prusse à l'Institut de France, *ibid*. — Éditions diverses qui en ont été faites, *ibid*.

Ses principaux épisodes : Le porteballe, 33 et suiv. — Javotte, 36. — Frère Ange, 48. — MM. Le Pelletier et Aubertot, 60, 61. — Le capitaine de Jacques, 64 et *passim*. — Gousse, 69. — Prémonval et Mˡˡᵉ Pigeon, 70. — Le cheval du bourreau, 76. — Nicole et l'hôtesse du Grand-Cerf, 94. — Le pâtissier de la rue de l'Université, 96. — Le marquis des Arcis et Mᵐᵉ de la Pommeraye, 111 et suiv. — La Gaine et le Coutelet, fable 119. — M. de Guerchy, 121. — Mᵐᵉ et

Mlle d'Aisnon, Mme de La Pommeraye et le marquis des Arcis, 127 et suiv. — Jacques et Denise, 167, 197. — Comment Jacques perd son pucelage, 198, 200. — Histoire de Bigre, de Justine et de Jacques, 201 et suiv. — Ses amours avec Suzanne, 211; avec Marguerite, 213. — Histoire d'un petit bossu paillard, 218-221. — Le passe-temps de Jacques en voyage quand il ne parle pas, 223-224. — Amours de son maître : histoire d'Agathe, des usuriers et du chevalier Saint-Ouin, 226-235. — Histoire de Desglands et de son emplâtre, 255-261. — Le cheval retrouvé, 267. — Suite de l'histoire d'Agathe, 269 et suiv. — Suite des amours de Jacques et Denise, 276-280. — Est jeté en prison, 282. — Rendu à la liberté, il est enrôlé dans la troupe de Mandrin, 286. — Sauve du pillage le château de Desglands attaqué par les Mandrins, ibid. — Là il retrouve son maître, et aussi Denise qu'il épouse, ibid. — Ses réflexions philosophiques sur les conséquences possibles de cette conclusion de ses amours, 287.

JADDUS, souverain sacrificateur, chef des Rabbinistes ou Traditionnaires, XV, 338. — Fait un miracle en présence d'Alexandre le Grand, ibid.

* JAKUTES OU YAKUTES, nation tartare, païenne, de la Sibérie orientale; notice, XV, 255.

JAL (A.), littérateur français, né à Lyon en 1791. — Son injuste partialité au sujet des mémoires de Mme de Vandeul sur Diderot, I, XXVII, XXXIX. — A réuni, dans son Dictionnaire critique, nombre d'actes authentiques sur Diderot et sa famille, LXIII. — Extraits de ces actes, ibid. et LXIV.

Jalousie. — Sentiment injuste; conséquence de nos fausses mœurs, II, 243.
* Passion cruelle et mesquine, XV, 256.

Jaloux (le), comédie de Rochon de Chabannes. — Anecdote relative au prodigieux talent de l'acteur Molé dans cette pièce, VIII, 346.

JAMBLIQUE, philosophe néo-platonicien. — Une des lumières principales de l'École d'Alexandrie, XIV, 324. — Né de parents illustres, il eut pour instituteur Anatolius, 325. — Professa une philosophie mystique, ibid. — A beaucoup écrit; a laissé une *Vie de Pythagore*, une *Exposition des mystères égyptiens*, etc., etc. — Sa mort en l'an 333 de l'ère chrétienne, ibid. — Son exposé de la philosophie morale des éclectiques, 376 et suiv.

JAMES (*Robert*), médecin anglais; auteur d'un *Dictionnaire universel de médecine*, ouvrage traduit en français par Diderot en société avec Eidous et Toussaint, I, XL.

JANIN (*Jules-Gabriel*), célèbre critique. — A essayé de continuer l'œuvre de Diderot, dans un livre intitulé : *La Fin d'un monde et du Neveu de Rameau*, V, 386. — Comment il montre Diderot, dans ses relations avec Mlle Volland, XVIII, 348.

JANKOWITZ DE JESZENISCE (Mme la baronne), petite-fille de Falconet. — Lègue à la ville de Nancy des papiers venant de son grand-père, XVIII, 79. — Avait brûlé des autographes de Diderot, et les copies des réponses de Falconet, 80.

JANNACCONE (*Dominique*), grand-maître des hautes-œuvres à Naples. — Une plaisanterie poétique de l'abbé Galiani, âgé de vingt ans, nous a conservé son nom, VI, 441.

* Jansénisme. — Dispute religieuse née à l'occasion d'un ouvrage de Cornélius Jansénius, XV, 256. — Histoire abrégée de cette querelle, 257-264.

* Janséniste. — Nom donné au XVIIIe siècle à un objet de mode à l'usage des femmes modestes, XV, 264.

Jansénistes. — Secte de gens austères, leur doctrine, I, 199, alinéa 31.

JANSÉNIUS (*Corneille*), évêque d'Ypres. — Fait ses premières études à Utrecht et à Louvain, XV, 256. — Amené à Bayonne, par le célèbre Du Verger de Hauranne, abbé de Saint-Cyran, il y passe douze ans en qualité de principal du collége, ibid. — Rentre à Louvain, y prend le bonnet de docteur, 257. — Est nommé à l'évêché d'Ypres, ibid. — Meurt de la peste, en 1638, ibid. — Laisse par son testament à quelques amis le soin de publier le livre intitulé : l'*Augustinus*, auquel il avait travaillé pendant vingt ans, ibid. — L'ouvrage est publié en 1640 à Louvain, ibid. — Histoire des disputes religieuses que cette publication suscite, ibid. à 264.

JAPHET D'ARMÉNIE (dom), I, 196, alinéa 25.

* JAPONAIS. — Possèdent plusieurs belles bibliothèques, XIII, 451. — Doivent aux Chinois toutes les connaissances philosophiques, politiques et superstitieuses qu'ils ont eues avant que les Portugais aient abordé chez eux, XV, 264. — François Xavier, jésuite, envoyé par Ignace de Loyola, va au Japon en 1549 prêcher la foi chrétienne; cet apôtre maladroit y rend sa religion odieuse, ibid. — Ont sur l'antiquité de leur origine les mêmes idées fabuleuses que les Chinois, 265. — Leur histoire, écrite par le célèbre Kempfer, mérite d'être lue, ibid. — Extraits de cet ouvrage, 265-272.

Jardiniers (les), opéra-comique de Davesne, représenté, en 1771, sur le théâtre de la comédie italienne, VIII, 502. — Analyse de cette pièce, ibid. à 505.

* *Jargon.* — Des diverses acceptions de ce mot, XV, 272.

JAUCOURT (le chevalier de). — Après la retraite de d'Alembert, redouble d'activité dans son concours à la rédaction des dix derniers volumes de l'*Encyclopédie*, XIII, 126; XIX, 24, 35. — Lettre (inédite) que Diderot lui adresse à propos de l'*Encyclopédie*, 423.

JAUREGNY (don *Domingo*), Espagnol d'une grande opulence et d'un mérite reconnu. — Se porte garant du Péruvien don Pablo Olavidès, qu'il fait mettre en liberté, VI, 408.

JAVOTTE. — Histoire plaisante, VI, 36.

JEAN (saint). — Apôtre et évangéliste; cité, I, 210, alinéa 59.

JEAN, frère de JACQUES LE FATALISTE, son histoire, VI, 47 et suiv. — Meurt dans le tremblement de terre de Lisbonne, 51.

JEAN III, roi de Portugal. — Prince zélé pour la propagation du christianisme, s'adresse à Ignace de Loyola pour porter au Japon et aux Indes la connaissance de l'Évangile, XV, 274.

JEAN DE BRIENNE, roi de Jérusalem. — Son armée, ayant reçu d'Europe des renforts considérables, réunit cent mille hommes devant Ptolémaïs, XIV, 248. — Fait prisonnier à Damiette par Meledin, qui le garde en otage, ibid. — Rendu à la liberté, il donne sa fille à l'empereur Frédéric II avec ses droits au royaume de Jérusalem, ibid.

JEAN LE ROND. — Voyez D'ALEMBERT.

JEAURAT (*Etienne*). — Expose au Salon de 1759 divers tableaux de peu de mérite : des *Musulmans qui conversent*; des *Femmes du sérail qui travaillent*; une *Pastorale*; un *Jardinier avec sa jardinière*. Ce peintre a le coloris de Boucher, mais sans ses grâces, sans son feu, sans sa finesse, X, 94. — Le *Songe de Joseph*, qu'il expose au Salon de 1761, n'est autre chose qu'un homme endormi au-dessous des pieds d'un ange, 114. — Était autrefois le Vadé de la peinture, 173. — Les *Citrons de Javotte*, qu'il expose au Salon de 1763, réclament l'indulgence pour ses cheveux gris et sa main tremblante, 173. — Trois tableaux qu'il envoie au Salon de 1769 sont dépourvus de tout mérite, XI, 394. — Son portrait peint par Greuze, 444.

* JÉHOVA, nom de Dieu dans la langue hébraïque, XV, 273. — Origine de ce mot, ibid.

JÉLIOTTE (*Pierre*), célèbre chanteur. — Crée, en 1753, le rôle de Colin, dans le *Devin du village*, de J.-J. Rousseau, XII, 163.

JENNER (*Édouard*), célèbre médecin anglais, auteur de la découverte de la vaccine, XV, 224.

JÉRÔME (saint). — Ce qu'il disait aux hérésiarques de son temps, touchant les femmes, II, 253.

JÉRUSALEM. — Rome, au temps du Christ

y entretenait une nombreuse garnison, I, 209, alinéa 56.

Jésuites (les). — Séductions qu'ils emploient pour attirer à eux le jeune Diderot, I, xxx. — Troupe auxiliaire, I, 197, 198, alinéas 28, 29. — Ils inventent des pantoufles de duvet et des mitaines de velours (une dévotion aisée), 200, alinéa 31. — Leur expulsion du Paraguay, en 1768, rapportée par Bougainville, II, 201. — Leur conduite en cette contrée, 210. — Pourquoi cette société a produit peu de grands hommes, 291. — Leur doctrine favorisait le larcin, 423. — De leur gouvernement, *ibid.* — Leur maxime touchant la calomnie, III, 13. — Sont chassés d'Espagne, VI, 458. — Charles III, qui les connaît, a résolu de mettre un terme à leurs intrigues, 460. — Ils prêchent la révolte, 461. — Leurs complots sont découverts, et leur expulsion du Paraguay est résolue, 465. — L'ordre est exécuté, *ibid.* Leur compagnie, fondée en 1538 par Ignace de Loyola, éprouve d'abord quelques difficultés à s'établir, XV, 273. — Obtiennent, en 1540, la bulle du pape Paul III, qui institue leur ordre, 274. — Benoît XIV les appelait les janissaires du Saint-Siège, *ibid.* — Organisation et accroissements illimités de l'ordre, 275. — Leur réponse à cette question : Qu'est-ce qu'un *jésuite ?* 276. — Leur régime gouvernemental, *ibid.* — Prérogatives du général, *ibid.* — Un article de leur constitution les rend, par serment, espions et délateurs les uns des autres, 278. — Immense et rapide développement de leurs établissements, *ibid.* — *Abrégé chronologique de leur histoire*, depuis la fondation de l'ordre jusqu'à l'arrêt du parlement de Paris (6 août 1762) qui supprime cette société dangereuse, *ibid.* et suiv. — Bannis d'Anvers en 1578, pour s'être refusés à la pacification de Gand, *ibid.* — Trois des leurs sont mis à mort, en 1581, pour avoir conspiré contre Élisabeth d'Angleterre, *ibid.* — Dans le cours du règne de cette grande souveraine, ils trament cinq conspirations contre sa vie, *ibid.* — En 1588, ils animent la ligue formée en France contre Henri III, *ibid.* — Sont chassés de Hollande en 1598, 279. — En 1604, Frédéric Borromée les chasse du collège de Bréda, *ibid.* — En 1605, Oldecorn et Garnet, jésuites anglais, sont mis à mort comme auteurs de la conspiration des poudres, *ibid.* — En 1606, ils sont chassés de l'État de Venise, *ibid.* — En 1610, Ravaillac, dont ils ont dirigé la main, assassine Henri IV, *ibid.* — Dans la même année, Mariana, jésuite espagnol, publie, sous le titre de *l'Institution du prince*, l'apologie du meurtre des rois, *ibid.* — En 1618, ils sont chassés de Bohême, *ibid.* — En 1619, ils sont bannis de Moravie, *ibid.* — En 1631, ils ensanglantent le Japon, *ibid.* — En 1641, ils allument en Europe la querelle absurde du jansénisme, 280. — Indignée de leur dépravation et de leur rapacité, Malte, en 1643, les rejette loin d'elle, *ibid.* — En 1646, ils font à Séville une banqueroute considérable, *ibid.* — En 1703, leur basse jalousie détruit Port-Royal, *ibid.* — En 1723, Pierre le Grand les bannit de ses États, *ibid.* — En 1755, ceux du Paraguay organisent une révolution, *ibid.* — L'attentat parricide commis en 1757 sur la personne de Louis XV est l'œuvre de leur protégé, 281. — En 1758, trois des leurs : Malagrida, Matos et Alexandre, assassinent Joseph Ier, roi de Portugal, *ibid.* — En 1759, ils sont chassés de la domination portugaise, *ibid.* — En 1761, les tribunaux français déclarent leur société solidaire de la banqueroute du P. La Valette, supérieur des missions à la Martinique, *ibid.* — Les révélations que ce procès amène déterminent l'extinction de l'ordre en France, *ibid.* — Il n'est sorte de doctrines perverses que cette société n'ait enseignées, *ibid.* — Lire, dans les *Assertions*, l'arrêt du Parlement de Paris, publié le 6 août 1762, la liste infamante des condamnations qu'ils ont subies à tous les tribunaux du monde chrétien, 282. — Prédiction de François de Borgia, leur troisième général, touchant les causes de la destruction de l'ordre, 283. — Examen des faits qui ont précipité leur chute, 284-286. — Note de Naigeon sur la manière dont Diderot a voulu envelopper sa pensée dans cet article de doctrine exotérique, 287. — Ils sont détruits en Portugal. A quelle occasion, XVIII, 410. — Conversation de deux jésuites avec Helvétius, qu'ils visitent lors de la maladie de sa femme, XIX, 29. — Trois d'entre eux sont condamnés et brûlés en Portugal, 66. — Expulsion de France de cette société. Réflexions sur son esprit, 98. — Les jésuites sont chassés de Bretagne par un avocat général ; suites de cette affaire, XX, 27 et suiv.

JÉSUS-CHRIST. — Voyez CHRIST.

JÉSUS-CHRIST. — Étant Dieu, se prie lui-même sur le mont des Oliviers, I, 164. — Tenté par le diable, conte digne des *Mille et une Nuits*, 167. — Sa belle morale, 183.

* Fondateur de la religion chrétienne, XV, 287. — Ne fut point un philosophe ; ce fut un Dieu, *ibid.* — Le platonisme a été la doctrine philosophique de ses premiers disciples, 290. — Saint-Justin fut des premiers philosophes qui embrassèrent la doctrine évangélique, 291.

JÉTHRO. — Prince du pays de Madian ; accueille Moïse poursuivi pour le meurtre d'un Egyptien, I, 200, alinéa 35.

* Jeu. — Ses effets, XV, 302. — Réflexions sur les joueurs, XIX, 244.

JEUDY-DUGOUR, homme de lettres français naturalisé russe. — A eu entre les mains un ensemble d'œuvres qui semblaient à jamais perdues, XVIII, 350. — Extrait d'une lettre adressée par lui à Beuchot, à propos des manuscrits de Diderot, 351.

Jeux troyens. — Institués par Énée, à la descente, en Italie, sont introduits dans Albe par Ascagne, III, 52. — Ils passent à Rome, où ils se perpétuent sous les empereurs, *ibid.* — Néron, encore enfant, les préside sous le titre de Prince de la jeunesse, *ibid.*

* *Joanites.* — Nom donné au ve siècle aux disciples de saint Jean Chrysostome, demeurés dans sa communion après son exil, XV, 302.

JOCHANAN, célèbre docteur juif, collecteur du Talmud de Jérusalem, XV, 360.

JODIN (Mlle), comédienne. — Intérêt que Diderot prend à elle, XIX, 318. — Elle est décrétée de prise de corps, et mise en prison. Pourquoi, *ibid.* — Notice sur elle, 379. — Lettres que Diderot lui écrit, 381. — Voyez ¶ *Lettres à mademoiselle Jodin.*

JODIN (*Pierre*), horloger. — Collaborateur de Diderot à l'*Encyclopédie*, XIX, 379.

Jogiguèles. — Espèces de philosophes du Malabar ; leur manière de vivre, XVI, 41.

JOHNSON (le général). — Sauve Dieskau de la fureur des Iroquois, XIX, 7.

JOLIET (*Charles*). — Auteur d'un ouvrage intitulé *l'Esprit de Diderot, maximes, pensées, fragments*. Extraits de ses ouvrages, XX, 142, et d'une nouvelle intitulée *le Mariage de Diderot*, 145.

JOLLAIN, peintre, élève de Pierre. — Expose, au Salon de 1767, trois mauvais tableaux, désignés comme suit au livret : *l'Amour enchaîné par les Grâces*, XI, 303 ; — *Bélisaire*, *ibid.*; — un *Ermite*, 305. — Le tableau de Bélisaire est en partie un plagiat, 304 ; ce qui n'est pas d'emprunt est nul, *ibid.* — A Bélisaire, chanté par Marmontel, proscrit par la Sorbonne, il ne manquait que d'être peint par Jollain, 305. — Talent absolument nul, 307. — Le *Refuge*, grande toile qu'il expose au Salon de 1769, est tellement au-dessus de ses autres ouvrages que Diderot doute qu'il en soit l'auteur, 446, 447. — *L'Entrée de Jésus-Christ dans Jérusalem*, et trois autres tableaux qu'il expose au Salon de 1771, ensemble quatre mauvais ouvrages, 519-521. — Au Salon de 1775, nulle mention, XII, 20. —

Trois tableaux exposés au Salon de 1781 ne présentent absolument rien de bon, 48, 49.

JOLY DE FLEURY (*Omer*), avocat général au Parlement de Paris. — Son réquisitoire contre l'*Encyclopédie*, XIII, 117. — Fait révoquer le privilége accordé pour l'impression de cet ouvrage, 118, 119.

JOMELLI (*Nicolo*), compositeur célèbre. — Effet prodigieux produit par Rameau (le neveu), chantant divers fragments des *Lamentations de Jérémie*, mottet de sa composition, V, 464.

JONAS. — Comment serait traité celui qui voudrait jouer son rôle parmi nous, I, 144.

JONCOURT (*Elie* de), écrivain français réfugié en Hollande. — Donne, en 1756, une traduction des *Eléments d'algèbre* de l'aveugle-né Saunderson, I, 300.

* Joques. — Brahmines du royaume de Narsingue, XV, 302.

* JORDANUS BRUNUS. — Histoire de sa philosophie et de sa vie, XV, 302. — Brûlé vif, le 17 février 1600, dans le champ de Flore, à Rome, 303. — Ses écrits sont très-rares et la lecture en est pénible, *ibid*. — Axiomes principaux de sa philosophie, 303-308. — Remarques générales sur ses idées, 308-310.

JOSEPH (*Jacques-Philippe*). — Voyez SAINT-QUENTIN.

JOSEPH, fils de Jacob, I, 202, alinéa 39.

JOSEPH Ier, roi de Portugal, assassiné en 1758 à la suite d'un complot formé et conduit par les jésuites Malagrida, Matos et Alexandre, XV, 281.

JOSÈPHE, l'historien des Juifs. — Qu'a-t-il dit ou pensé de Jésus-Christ, I, 210. — Altérations faites à son texte, 211. — N'a rien dit touchant le massacre des enfants de Bethléem, ordonné par Hérode, *ibid*., alinéa 60. — Son ouvrage *les Antiquités judaïques*, cité, III, 32, 33. — Parle avec éloge des connaissances que les enfants de Seth avaient acquises avant le déluge, XIII, 303.

Jouer. — Considérations morales et mathématiques sur le jeu, XV, 310, 311.

Joueur (le), comédie de Dufresny; citée, I, xxxv.

Joueur (le) (the Gamester), tragédie-drame d'Edward Moore. — Notice sur cet ouvrage, VII, 413. — Le Beverley, de Saurin, est une amplification de ce drame plutôt qu'une imitation du *Marchand de Londres*, de Lillo, auquel on l'a comparé, *ibid*. — En 1760, Diderot traduit cette pièce qu'il destine au théâtre français, *ibid*. — D'Argental en obtient la lecture; l'ouvrage n'est pas reçu, et Diderot le laisse dans l'oubli, *ibid*. — Imprimé pour la première fois en 1819, et de nouveau dans cette édition des *Œuvres complètes de Diderot*, 417-525.

* *Jouissance*. — Sensation produite par la plus auguste et la plus générale des passions, XV, 312, 313. — (*Remarque de M. Jean Devaines sur la délicatesse avec laquelle Diderot a traité ce sujet dans* l'Encyclopédie, V, 7.)

* *Journalier*. — Ouvrier qui travaille de ses mains, et que l'on paye au jour la journée, XV, 314.

Journaliste. — Son portrait moral, III, 405.

* Qualités qu'il doit avoir, XV, 314, 315.

Journée (une) chez Diderot, comédie de MM. Michel Carré et Raymond Deslandes, XX, 146.

* *Journée de la Saint-Barthélemy* (24 août 1572), date à jamais exécrable, a eu pour apologistes: Caveyrac, prieur de Cubiérètes; Jean des Caurres, curé de Pernay; le P. Turselin, jésuite; Guy de Pibrac, l'auteur des Quatrains, III, 402, 403; XV, 316.

Journée du Collége (la). — Son emploi, III, 522, 523.

JOUVENCY, jésuite. — A osé, dans l'histoire qu'il a écrite de son ordre, mettre au rang des martyrs les assassins des rois, XV, 280. — Son ouvrage condamné au feu, *ibid*.

JOUVENET (*Jean*), peintre d'histoire, élève de Lebrun. — Éloge de sa *Résurrection de Lazare*, tableau d'abord placé à Saint-Nicolas-des-Champs, XII, 91.

— Ce tableau est aujourd'hui au musée du Louvre, *ibid*. — Réflexions de Diderot sur sa *manière jaune*, dans une lettre à Falconet, XVIII, 169.

JOVIEN, empereur romain. — Pour complaire à sa femme, il fait détruire la magnifique bibliothèque d'Antioche, XIII, 446.

JUDA, illustre docteur juif, surnommé *le Saint*, XV, 357. — Doit sa grande réputation au livre appelé *Misnah*, 359 ; voyez ce mot.

* JUDAÏSME, religion des Juifs, XV, 316. — Était autrefois partagé en plusieurs sectes, *ibid*. — N'en compte plus que deux maintenant : les *caraïtes* qui n'admettent pas d'autre loi que celle de Moïse, et les *rabbins* qui y joignent les traditions du Talmud, *ibid*.

JUDAS, Galiléen, I, 210, alinéa 59.

Judicieux, terme de grammaire, XV, 317.

Jugement. — Se rencontre rarement avec une grande mémoire, I, 370. — Il suppose la comparaison de deux idées, II, 300. — A des qualités communes et presque opposées à l'imagination, XI, 131. — Il observe, compare et ne cherche que des différences, *ibid*. — Est la qualité dominante du philosophe, *ibid*. — Le critique, qui a pour mission de remarquer les défauts, a besoin d'un grand jugement, 132.

Jugement de Pâris ; Junon et Ganymède ; Aurore et Céphale, trois vieilles fables traitées d'un ton grivois et libertin ; ouvrage de mauvais goût, VI, 434. — Ce livre, de Barthélemy Imbert, est encore recherché pour les gravures, *ibid*.

Juif d'Utrecht (le), histoire plaisante, V, 479. — Voyez PINTO.

JUIFS. — Ne reconnaissent pas leur roi, I, 190, alinéa 4. — Moïse les conduit vers la Terre promise, 203, alinéa 42. — Continuant de méconnaître le Christ, alinéa 44. — Pourquoi ils ont subsisté comme nation, II, 97. — Ne sont pas le seul peuple qui ait survécu à sa dispersion ; les Guèbres et les Banians sont dans le même cas, *ibid*. — Les juifs en Hollande, XVII, 431.

* Juifs (Philosophie-des), XV, 318-400. — Nous n'analyserons point ici l'histoire de cette nation, la plus ancienne que nous connaissions : il faut lire l'article dont voici les divisions :

I. *Philosophie des Juifs depuis le retour de la captivité de Babylone jusqu'à la ruine de Jérusalem*, 319. — II. *Histoire des Samaritains*, 320. — III. *Doctrine des Samaritains*, 322. — IV. *Colonie des Juifs en Égypte*, 328. — V. *Secte des Saducéens*, 331. — VI. *Doctrine des Saducéens*, 333. — VII. *Mœurs des Saducéens*, 337. — VIII. *Origine des Caraïtes*, *ibid*. — IX. *Doctrine des Caraïtes*, 339. — X. *Secte des Pharisiens*, 341. — XI. *Doctrine des Pharisiens*, 342. — XII. *Mœurs des Pharisiens*, 345. — XIII. *Origine des Esséniens*, 346. — XIV. *Histoire des Esséniens*, *ibid*. — XV. *Des Thérapeutes*, 351. — XVI. *Origine du Talmud et de la Gémare*, 360. — XVII. *Jugements sur le Talmud*, 362. — XVIII. *Des grands hommes qui ont fleuri chez les Juifs dans le XIIe siècle*, 371. — XIX. *De la Philosophie exotérique des Juifs*, 378. — XX. *Idée que les Juifs ont de la Divinité*, *ibid*. — XXI. *Sentiment des Juifs sur la Providence et sur la liberté*, 381. — XXII. *Sentiment des Juifs sur la création du monde*, 384. — XXIII. *Sentiments des Juifs sur les anges et les démons, sur l'âme et sur le premier homme*, 386. — XXIV. *Dogmes des péripatéticiens adoptés par les Juifs*, 397.

JULES ROMAIN (*Julio Pipi*), célèbre peintre de l'école italienne, élève de Raphaël. — Déshonore son talent en peignant pour Arétin des sujets licencieux, sur lesquels ce poëte fit ses trop célèbres sonnets, XI, 189. — Pourquoi ces infâmes et belles estampes ont été vouées à une prompte destruction, *ibid*.

Jules et Sophie, ou le Fils naturel, roman faussement attribué à Diderot, VI, 6. — Quelques exemplaires d'un deuxième tirage ont paru sous le titre : *le Chartreux*, *ibid*.; XX, 100.

JULIART. — Ce peintre expose, au Salon de 1761, des *Paysages* dont on ne dit rien, X, 137. — Les tableaux qu'il expose au Salon de 1765, peints pour M. de La Ferté, intendant des menus, ne méritent pas d'autre mention, 325, 326. — Trois paysages, qu'il expose au Salon de 1767, parmi lesquels une *Fuite en Égypte*, ne valent pas la peine d'être décrits, XI, 160-162. — Talent nul, 306. — Trois paysages au Salon de 1781, très-mauvais, XII, 44.

JULIE, la plus jeune fille de Germanicus et d'Agrippine, sœur de Caligula. — Reparaît à la cour de Claude, III, 38. — Sa perte est résolue par Messaline, *ibid.* — Est accusée d'adultère avec Sénèque, 39. — Est enlevée à l'insu de l'empereur, envoyée en exil et mise à mort, *ibid.*

Julie, ou *le Bon Père*, comédie en trois actes et en prose, représentée, en 1769, à la Comédie-Française. — Compte rendu de cet ouvrage, VIII, 477-482.

Julien (l'empereur). — Fragment d'un édit de ce prince touchant le christianisme, I, 143. — On peut lui reprocher le paganisme, mais non l'apostasie, 144. — Le choix malheureux qu'il fit, dans un âge avancé, en faveur du culte de ses aïeux, fut le résultat de son éducation, *ibid.* — Ses ouvrages qui nous sont parvenus ne nuisent point à la vérité du christianisme : ils sont simplement désavantageux à quelques chrétiens de son temps, 145. — Voltaire en a fait un très-bel éloge, VI, 352. — Fonde deux bibliothèques : une à Constantinople, l'autre à Antioche ; paroles qu'il fait graver sur leurs frontons, XIII, 447. — Étudie la philosophie éclectique sous Édésius, sous Eusèbe de Minde, qu'il quitte pour se livrer à l'enseignement de Maxime d'Éphèse et de Chrisantius, XIV, 329. — Se fait accompagner par Maxime dans son expédition de Perse, 330. — Sa mort, *ibid.* — Notice sur cet homme extraordinaire que l'on a nommé *le fléau du christianisme*, et l'honneur de l'éclectisme, 334-337.

JULIEN (*Pierre*), sculpteur. — Expose, en 1781, une figure d'*Érigone*, en marbre, et une *Tête de Vestale*, XII, 69. — Le musée du Louvre conserve de cet élève de G. Coustou la figure du *Gladiateur mourant*, marbre qui lui valut le titre d'Académicien, *ibid.*

JULIENNE (M. de), amateur de tableaux. — La vente de sa belle collection, faite à sa mort en 1767, a produit beaucoup plus qu'elle n'avait coûté, XI, 5.

JULLIEN (*Adolphe*). — Jugement qu'il porte sur Diderot, V, 439. — Auteur de l'ouvrage intitulé : *La Musique et les Philosophes au* XVIIIe *siècle*, XII, 138. — Son jugement sur les philosophes qui composaient le *Coin de la Reine*, *ibid.*

Jument (la Petite). — Treizième essai de l'anneau magique, IV, 253.

JUNKER (*Georges-Adam*), professeur de langue allemande à l'École militaire. — Examen de sa traduction du poëme de Wieland : *Les Grâces et Psyché*, VI, 426.

Jurisconsultes. — Mauvais politiques, II, 502.

Juste et Injuste. — Le sentiment d'injustice ou d'équité nous est aussi naturel que nos affections ; il est inné, I, 43.

* Termes d'un sens vague, XV, 400.

JUSTE DE TIBÉRIADE. — Ce qu'il a raconté touchant le Christ, I, 210, alinéa 59.

JUSTE-LIPSE, savant philologue hollandais cité, III, 24. — Jugement qu'il porte sur la *Consolation à Helvia*, de Sénèque, 224, 225. — Doute que le fragment intitulé *la Consolation à Polybe*, soit de Sénèque, 347, 348. — Est un des restaurateurs de la philosophie stoïcienne, XVII, 228. — Sa vie, *ibid.*

JUSTI (de), chimiste. — Ses expériences sur le cobalt, XIII, 69.

Justice. — C'est la fidélité à tenir les conventions établies, II, 85. — Variant selon les pays, elle ne peut être autre chose que l'observation des lois, 86. — Réponse à la précédente remarque, 93. — On doit toujours la pratiquer, 461. — Son exercice est le lien le plus sûr pour attacher le peuple, 478. — Elle doit être prompte, ibid. — Est la première vertu de celui qui commande, VII, 183.

Justification de plusieurs articles du Dictionnaire encyclopédique, ou Préjugés légitimes contre Abraham Chaumeix, écrit de l'abbé Montlinot, attribué à Diderot, XX, 99.

JUSTIN (saint), philosophe et martyr au IIe siècle. — Après avoir été stoïcien, péripatéticien, pythagoricien et platonicien, se convertit au christianisme, XV, 291. — Ce qu'il pensait des anges, ibid.

JUSTINIEN, empereur d'Orient. — Ses violences à l'égard des Samaritains, désapprouvées par tous les hommes sages, I, 489. — La haine qu'il porte aux philosophes amène la ruine des lettres, XV, 299.

JUVÉNAL, poète satirique latin. — Célèbre la libéralité de Sénèque, III, 155.

JUVET (Hugues-Alexis), docteur en médecine, médecin de l'hôpital militaire de Bourbonne. — Soigne Mme de Prunevaux et le père de Diderot, XVII, 334. — Jugement de Diderot sur lui, 352.

K

KAIO-MORTS OU GAIOMARD. — Nom du premier homme, dans la religion de Zoroastre, XVII, 326.

Kamschatka, province de Russie. — Ses habitants sont de la plus grande industrie à se faire des vêtements; pourquoi, II, 395.

KANOGLOU. — Nom que Diderot donne à Louis XIV, dans les *Bijoux indiscrets*. — Ce qu'a été son règne, IV, 355.

KARSCH OU KARSCHIN, improvisatrice prussienne; type de la femme hystérique, II, 255.

KEING, archevêque de Dublin. — Manière dont il envisage la *liberté* de l'âme humaine, XV, 506.

KELLY (*Hugues*), auteur irlandais. —

Mme Riccoboni donne, en 1769, une élégante traduction de sa comédie *la Fausse Délicatesse*, VIII, 465.

KEMPFER (*Engelbert*), célèbre voyageur allemand. — Ce qu'il rapporte sur l'*agnus scythicus*, XIII, 240. — Ses conjectures sur l'origine de la divinité indienne Xekia, 382. — Son *Histoire du Japon* tient un rang distingué parmi les meilleurs livres, XV, 265. — Ce qu'il rapporte au sujet de la *ligature*, maléfice en usage à Macassar, à Java, à Siam, etc., 515.

Kermesses. — Signification de ce mot, XII, 96. — Ce qu'on remarque dans les *Kermesses* de Teniers, 97. — Les tableaux de ce peintre en offrent une fidèle représentation, XVII, 417.

KERSAEL. — Jeune homme de naissance, est accusé de viol, IV, 237. — Conséquences légales de ce crime, ibid. — Les indiscrétions du bijou de Fatmé, son accusatrice, établissent son innocence, 242. — Récompenses que lui accorde Mangogul, ibid.

KEYSER, médecin hollandais, cité, X, 298; XI, 260.

KIEN-LONG, empereur de la Chine et de la Tartarie. — Compte rendu de son poème intitulé : *Éloge de la ville de Moukden et de ses environs*, traduit du chinois par le P. Amyot, VI, 397. — Ses maximes de gouvernement, 398. — Est auteur d'une ode sur le thé, composition remplie de verve, de grâce, de sentiment, de sagesse et de goût, 401.

KING (le pasteur). — Ce que Diderot écrit de lui à Falconet, XVIII, 288. — Pourquoi Diderot lui lavera la tête, 309. — Jugement que porte Diderot sur lui, 314.

King. — Nom donné par les Chinois à cinq livres qu'ils vénèrent comme sacrés, XV, 403. — Chaque livre a son nom particulier, 404. — Confucius a fait une compilation du quatrième et du cinquième, 405.

KNIPHERGEN (*François* VAN), paysagiste de l'École flamande. — Caractère distinctif de son talent, XII, 127.

KNORRIUS. — Ce qu'il rapporte du docteur juif Siméon Jochaïdes, dont il a publié les ouvrages, XV, 369.

Knox (Jean), célèbre prédicateur écossais. — S'élève avec fureur contre la reine Marie-Stuart, XVI, 469.

Konote, philosophe japonais de la secte de Xéhia, XV, 266. — Établit la doctrine ésotérique et exotérique de Fohi, 267. — Les Japonais lui élèvent le Fakubasi, ou temple du *Cheval blanc*, qui subsiste encore, *ibid.*

Kœrner (*Chrétien-Godefroi*), littérateur allemand. — Quinze jours avant sa mort, Schiller lui adresse une intéressante lettre sur *le Neveu de Rameau* dont Gœthe achève la traduction, V, 375.

Kohaut, célèbre joueur de luth. — Excellent procédé de d'Holbach à son égard, XIX, 246. — Est conduit par sa curiosité maligne au concert donné à l'occasion de la fête de Diderot. Ce qu'il y comptait faire, 338.

Koran (le), ou *Alcoran*, contient toute la religion des Turcs, IV, 78. — Livre sacré des musulmans; fut d'abord le seul livre, XVII, 37. — Est interprété dans divers sens, 39. — Cité dans une conversation de Diderot sur les Sarrasins, au Grandval, XVIII, 421.

L

Labat (le Père). — Ce qu'il raconte dans une description de la Sicile, V, 303.

La Belle (*Alexis-Simon*), peintre et graveur. — Ses petits sujets de gravure, modèles à étudier, X, 442, 443.

* *Labeur.* — De l'emploi de ce mot, qui commence à vieillir, XV, 405.

Labienus (*Titus*), tribun du peuple. — Stratagème dont il use à Pharsale, II, 501.

La Bletterie (l'abbé *J.-Ph.-René* de), oratorien, auteur d'une traduction de Tacite. — Cité XI, 108. — Trait que Voltaire lui décoche, XIX, 274.

Laborde (de), banquier de la cour. — Fait exécuter huit grands tableaux par Joseph Vernet, XI, 385. — Refuse l'envoi de ces tableaux au Salon de 1769, où ils devaient figurer, 386. — Se figure qu'on paye avec de l'argent tout ce qu'on doit à un artiste, XVIII, 317.

* *Laborieux.* — Sous le joug du despotisme les peuples cessent d'être laborieux, XV, 406.

* *Labourage* ou *Agriculture.* — Art fort honoré chez les anciens, XV, 406. — Noms de familles romaines rendues célèbres par les travaux des champs, 407.

* *Laboureur.* — On ignore l'importance de cet état si l'on y attache des idées de grossièreté, d'indigence et de mépris, XV, 407. — Devoir d'un gouverneur éclairé à son égard, 408.

La Bruère (X***), auteur de *Dardanus*, opéra mis en musique par Rameau, IV, 175.

La Bruyère (*Jean* de), cité avec éloges, I, 11; III, 226. — Portraitiste habile, XII, 316.

La Carlière (Mme de), citée, II, 249. — Son aventure avec le chevalier Desroches, V, 339 et suiv. — Ses procès avec les héritiers de son mari, *ibid.* — Épouse Desroches, 343. — Devenue mère, elle remplit scrupuleusement tous les devoirs de la maternité, 344. — Desroches s'engage dans une intrigue, 344, 345. — L'intrigue est découverte; noble conduite de madame Desroches, 346. — Suites de cette découverte, 347 et suiv. — Vit séparée de Desroches et reprend son nom de veuve, 350. — Sa mort, 354.

La Chalotais (*Louis-René* Caradeuc de), procureur général au Parlement de Bretagne. — Passage cité de son célèbre Mémoire contre les Jésuites, XV, 282 — Auteur d'un *Essai d'éducation nationale*, XVII, 360. — N'a fait, dans cet ouvrage, rien qui vaille. Pourquoi, *ibid.*.

La Chambre (*François* Ilharat de), théologien français. — Son *Traité de la véritable religion*, ouvrage à consulter, I, 21. — Ce qu'il dit de l'athéisme spéculatif négatif, 50.

La Chau (l'abbé Géraud de), bibliothécaire du duc d'Orléans. — Auteur d'une *Dissertation sur les attributs de Vénus*, XII, 127 (note). — Diderot le rencontre chez Mme Bouchard, XIX, 337. — Notice sur lui, *ibid.* (note).

La Chaux (Mlle de), auteur d'une traduction des *Essais sur l'entendement humain*, de Hume, I, 396. — Diderot lui adresse sa *Lettre sur les sourds et muets*, 398 et suiv. — Traduit le *Banquet* de Xénophon, qu'elle se propose de comparer avec celui de Platon, 410. — Sa passion pour Gardeil; son histoire et ses malheurs, V, 318 et suiv. — Prodiges de travail et de science qu'elle accomplit pour alléger la tâche de son indigne amant, 321. — Soins assidus que lui rend le docteur Le Camus, *ibid.* — Obtient de Diderot une démarche en sa faveur auprès de Gardeil; insuccès de cette tentative, 322-327. — Sa traduction des *Essais sur l'entendement humain*, revue par Diderot, est imprimée en Hollande; elle est bien accueillie du public, 328. — Le docteur Le Camus se prend de passion pour elle, *ibid.* — Manière dont elle y répond, 329. — Ecrit un roman intitulé les *Trois Favorites*, *ibid.* — Fait à Mme de Pompadour l'envoi du manuscrit, 330. — Suites inespérées de cette démarche délicate, *ibid.* — Sa mort, 331.

Lâche. — Estimer la vie plus qu'elle ne vaut, c'est être lâche, I, 102. — Le lâche est malheureux, 103. — Le mauvais chrétien qualifié lâche, 192, alinéa 8.

La Chétardie (*Joachim-Jacques* Trotti de), diplomate français; cité, VI, 352.

La Condamine, célèbre voyageur. — Ce qu'il a dit de la taille extraordinaire des Patagons; démenti par Bougainville, II, 201, 214. — Devenu sourd à Quito, XIX, 36. — On lui objecte cette infirmité pour ne pas le recevoir à l'Académie, *ibid.* — Lettre que Diderot lui écrit pour le prier de lui procurer deux brochures, 427.

Lactance, écrivain chrétien, né en Afrique. — Avait en haine toutes les sectes philosophiques, XV, 294. —
Refusait à Socrate et à Platon le mérite d'avoir dit d'eux-mêmes quelque chose de bien, *ibid.* — Ses ouvrages, précieux d'ailleurs, sont défigurés par un grand nombre de puérilités, 295.

Lacyde de Cyrène, philosophe grec. — Professe la doctrine d'Arcésilas, XVI, 333.

Ladvocat (*Jean-Baptiste*), biographe, bibliothécaire de la Sorbonne. — Son discours au sujet d'un projet du garde des sceaux Machault, II, 426. — Auteur d'une grammaire hébraïque recommandée, III, 514.

La Ferté (M. de), intendant des menus-plaisirs. — Son admiration pour le talent du paysagiste Juliart, X, 326.

La Fontaine. — Son buste, couronné de myrtes, concourt à l'ornement de la bibliothèque de l'*Allée des fleurs*, I, 237, alinéa 7. — Ses contes y figurent avec honneur, *ibid.* — Notice sur lui, X, 332. — Ses descendants obtiennent le privilége de ses *Fables*, XVIII, 26.

La Fosse, commissaire de police, frère de l'auteur de *Manlius*. — Plaisante réponse que lui fait Alexis Piron, X, 386.

La Fosse (*Antoine* de), sieur d'Aubigny, auteur de *Manlius*. — Sa traduction d'Anacréon n'est pas dépourvue de charmes, VI, 424.

La Frenaye, bijoutier. — Voyez Frénicol.

La Grange (N.), traducteur des *OEuvres de Sénèque* le philosophe. — Son éloge, III, 12. — Notes de Naigeon sur le mérite de cette traduction, 212, 334. — Sa traduction de Lucrèce n'est qu'une copie sans couleur, sans force et sans vie, 478.

Lagrenée (*Louis-Jean-François*), peintre surnommé *l'Albane Français*. — Une *Assomption*, *Vénus aux forges de Lemnos*, l'*Enlèvement de Céphale par Aurore*, un *Jugement de Pâris*, un *Satyre qui s'amuse de la flûte de Pan*, et plusieurs petits tableaux figurent au Salon de 1759, X, 96. — Ses progrès, 180. — Sa *Suzanne surprise au bain par les deux vieil-*

lards, exposée au Salon de 1763, le place en première ligne, 180. — Au même Salon dix autres tableaux : l'*Aurore qui quitte la couche du vieux Titon*, médiocre composition; la *Douce Captivité*, bon tableau; le *Massacre des Innocents*, on y remarque de beaux groupes; *Josué, combattant contre les Amorrhéens, commande au soleil de s'arrêter et remporte une victoire complète*, œuvre imparfaite; la *Mort de César*, mauvaise ébauche; *Servius Tullius jeté du haut des degrés du Capitole et assassiné par les ordres de Tarquin; un Christ en croix*, mauvais dessin à la sanguine, 181, 182. — Deux petits tableaux de *Vierge*; ils ont la douceur charmante et le moelleux du pinceau du Guide, 183. — Surprenants progrès qu'il a faits dans son art, 272. — Expose quatorze tableaux au Salon de 1765. : I. *Saint Ambroise présentant à Dieu la lettre de Théodose, après la victoire de cet empereur sur les ennemis de la religion*, 273. — II. *L'Apothéose de saint Louis*, ibid. — III. *Diane et Endymion*, 274. — IV. *La Justice et la Clémence*, 275. — V. *La Bonté et la Générosité*, ibid. — VI. *Le Sacrifice de Jephté*, 276. — VII à X. Quatre tableaux de *la Vierge*, 278. — XI. *Le Retour d'Abraham au pays de Chanaan*, 279. — XII. *La Charité romaine*, ibid. — XIII. *La Madeleine*, 281. — XIV. *Saint Pierre pleurant sur son péché*, ibid. — Ce qui manque à cet artiste pour le rendre parfait, 282. — Peint, pour le boudoir d'un financier, quatre tableaux : la *Vérité*, la *Vertu*, la *Justice* et la *Religion*; causes de leur médiocrité, XI, 8. — Son épigraphe, 47. — Expose, au Salon de 1767, quatre tableaux de même grandeur, représentant les quatre états : le *Peuple*, le *Clergé*, la *Robe* et l'*Epée*, 48. — I. *L'Épée, ou Bellone présentant à Mars les rênes de ses chevaux*; ibid.; — II. *La Robe, ou la Justice que l'Innocence désarme, et à qui la Prudence applaudit*, 49; — III. *Le Clergé ou la Religion qui converse avec la Vérité*, 50; — IV. *Le Tiers État ou l'Agriculture et le Commerce qui amènent l'abondance*, 52. — Envoie au même Salon les tableaux suivants : *le Chaste Joseph*, 53. — *La Chaste Suzanne*, 54. — *L'Amour rémouleur*, 56. — *Jupiter et Junon, sur le mont Ida, endormis par Morphée*, 58. — *Mercure, Hersé et Aglaure jalouse de sa sœur*, 60. — *Persée, après avoir délivré, Andromède*, 61. — *Le Retour d'Ulysse et de Télémaque auprès de Pénélope*, 63. — Diderot rétracte ce qu'il avait dit de lui en 1763 et 1765. (Voyez tome X, pages 180, 183, 272.) — Toujours au même Salon : *Renaud et Armide*, 65. — *La Poésie et la Philosophie*, 66. — *Une Baigneuse*, 67. — *La Tête de Pompée présentée à César*, 68. — *Le Dauphin mourant reçoit la couronne de l'immortalité, que lui présente le duc de Bourgogne*, 71. — Critique sur ce tableau d'abord demandé à Greuze, et confié en fin de compte à Lagrenée par le duc de La Vauguyon, précepteur du prince, 72. — Entretien de Diderot avec Naigeon à l'occasion de ces dix-sept tableaux que Lagrenée a produits en deux ans, 78. — Jugement sur son talent, 305. — Vingt-cinq nouveaux tableaux, qu'il envoie au Salon de 1769, sont décrits et jugés, 398-406. — La fécondité de cet artiste est telle qu'il envoie au Salon de 1771 dix-huit tableaux; décrits et jugés, 468-475. — *Diane et Endymion, la Fidélité, Armide désespérée de n'avoir pu se venger de Renaud*, tableaux du Salon de 1775, vivement critiqués par Saint-Quentin, XII, 7, 8. — Examen critique de treize tableaux envoyés au Salon de 1781, 37-39.

LAGRENÉE (*Jean-Jacques*), dit *le Jeune*. — Élève de son frère, académicien, professeur à la manufacture de Sèvres. — Expose, au Salon de 1771, *Saint Paul prêchant dans l'Aréopage*, XI, 526; — *La Présentation au Temple*, 528; — *Un Jeune homme faisant une libation à Bacchus, un Satyre jouant avec un enfant*, 529; — *Une esquisse et plusieurs dessins*, 530. — Au Salon de 1775, il expose *l'Hiver*, son tableau de réception; *l'Homme placé entre le vice et la vertu*, mauvais; et de fort belles *esquisses* sur papier bleu; XII, 22. — Examen critique de onze tableaux qu'il expose en 1781, 30-33.

La Harpe, (*J.-François* de), critique et polygraphe. — Devenu l'ennemi des philosophes, il s'acharne particulièrement contre Diderot, I, 6. — Lui attribue de mauvais livres dont il n'est pas l'auteur, *ibid.* — Diderot loue publiquement son *Éloge de Fénelon, ibid.*, et II, 386, 387. — Ses ouvrages peu estimés, *ibid.* — Calomnie la mémoire de Diderot, auteur de l'*Essai sur les règnes de Claude et de Néron*, III, 5, 6, 407. — Fait représenter, en 1770, son drame de *Mélanie*, V, 175. — Jugement de son *Éloge de Fénelon* dans une lettre à Mme M., XX, 35.

La Haye. — Diderot y habite chez le prince Galitzin, XVII, 442. — Population de cette ville, *ibid.* — Ce que Diderot y entend raconter à un Anglais, 443.

La Hire (*Philippe* de), savant géomètre. — Sa curieuse découverte en faisant l'épure du dôme de Saint-Pierre de Rome, X, 519. — Qui est-ce qui inspira cette courbe à Michel-Ange, *ibid.*

La Hontan, gentilhomme gascon. — Son mot excellent sur Dieu, qui fait mourir Dieu pour apaiser Dieu, I, 164.

* *Laideur.* — Ce qui la détermine, XV, 410.

Lainez, général des Jésuites. — Son pouvoir despotique et permanent, XV, 275.

Lairesse. — Procédé employé par ce peintre pour se rendre compte de la manière d'éclairer ses groupes, XII, 99. — Idée singulière de cet artiste, 101. — Ce qu'il entend par seconde couleur, 108. — Ce maître était plus jaloux de la perpétuité de son art que de sa propre réputation, 113. — Procédés de sa magie pratique, *ibid.* —

On a de lui plusieurs tableaux précieux par leur beauté, mais si obscurs, que personne n'a pu encore en expliquer le sujet, 124.

Lalande (*Joseph-Gérôme* Le Français de), célèbre géomètre. — Achève l'*Histoire des mathématiques* de Montucla, V, 319.

La Live de Jully (*Ange-Laurent* de). — Note biographique sur ce peintre amateur, X, 49. — Ce qui l'a rendu fou furieux, XVIII, 247. — Diderot voudrait que l'on achetât, pour l'impératrice, le cabinet de ce personnage, 308.

Lallemand, médecin, professeur de la faculté de Montpellier. — Sa définition de l'amour, I, 166.

Lama (le Grand). — Dialogue entre d'Holbach et sa belle-mère sur les excréments du Grand-Lama, XVIII, 516.

Lamarck (*J.-B.-P.-Antoine* de Monet, chevalier de), naturaliste. — Ce qu'il dit dans sa *Philosophie zoologique*, II, 137.

La Mare (*Philibert* de), érudit français. — A sa mort, l'abbé Bignon fait acheter ses manuscrits pour la *Bibliothèque du roi*, XIII, 472.

La Marre (l'abbé de), auteur des paroles de *Titon et l'Aurore*, opéra du compositeur Mondonville, XII, 147. — Son caractère; sa vie riante, XIX, 22. — Sa fin tragique, 23 (note).

Lamartine (*Alphonse* de), poëte célèbre. — Son poëme *la Mort de Socrate* se rapproche beaucoup de la sublime esquisse tracée par Diderot, VII, 316.

Lambert (*Joseph-Suel*), bourgeois de la ville de Romans. — Fait décréter de prise de corps, et condamner par le parlement de Grenoble Reymond Duchelas, conseiller audit parlement, convaincu d'assassinat, VI, 390. — Duchelas, contumax, est roué en effigie, 391.

La Mettrie (*Offray* de), auteur de l'*Anti-Sénèque*. — A parlé de la doctrine du philosophe sans la connaître, III, 217. — Son *Traité du bonheur*, ouvrage d'un écrivain qui n'a pas les pre-

mières idées d'une saine morale, *ibid.*
— Diversement jugé par Diderot, Frédéric II, M. Assézat, 218, à la note. — Voltaire en a fait un éloge qui ne tire pas à conséquence, *ibid.* —Frédéric II a composé en sa faveur un *Éloge* qu'il a fait lire à l'Académie de Berlin, *ibid.* — Est mort victime de son intempérance et de sa folie, *ibid.*

LAMOIGNON (le chancelier de). — Voyez MALESHERBES.

LA MORLIÈRE (*Charles-Jacques-Louis-Auguste* DE LA ROCHETTE, chevalier de). — Auteur d'*Angola*, histoire indienne ; chef de cabale (lisez *de claque*) au théâtre ; est parfaitement peint dans le *Neveu de Rameau* comme le type du faux brave, V, 428. — M. Adolphe Rochas lui consacre une notice dans la *Biographie du Dauphiné*, et Monselet le fait figurer dans *les Oubliés* et *les Délaissés*, *ibid.*

LAMOTHE-LE-VAYER (*François*), auteur d'*Orasius Tubero* et de l'*Hexaméron rustique*. — Jugement de Voltaire sur cet écrivain, VI, 353. — Ses principes philosophiques, XVI, 484.

LAMOTTE. — Voyez HOUDARD DE LAMOTTE.

LAMPEDOUSE (la), petite île déserte de la mer d'Afrique. — Détails curieux sur cet îlot, situé à égale distance de la côte de Tunis et de l'île de Malte, VII, 108, 109.

LAMPRIDE (*Ælius-Lampridius*), historien latin, cité, III, 56. — Remarquable fragment de sa *Vie de Commode* traduit par Diderot, VI, 336-338.

LAMPROCLE, fils de Socrate et de Xantippe. — Conversation dans laquelle Socrate l'exhorte à honorer sa mère, malgré les défauts de celle-ci, XVII, 155.

LANCIERS (l'île des), dans l'archipel Pomotou. — Bougainville la découvre en 1768, et s'étonne de la trouver habitée ; Beechey la visite en 1826, elle est complètement déserte, II, 202. — Causes diverses possibles de cette dépopulation, 210.

LANDÈS, fameux traiteur chez qui Diderot faisait des parties, XX, 140.

LANDOIS (*Paul*), auteur présumé d'une tragédie en un acte et en prose, intitulée *Sylvie ou le Jaloux*, VII, 6. — Diderot citait cette pièce comme modèle du théâtre de l'avenir, 119. — Lettre que Diderot lui envoie pour répondre à différents sujets, XIX, 432.

L'*Andrienne*, comédie de Térence. — Art dont l'auteur a fait preuve dans la conduite de cet ouvrage, VII, 317. — En transportant l'intrigue de *la Périnthienne* de Ménandre dans sa pièce, Térence a fait une pièce composée, *ibid.* — Pourquoi le rôle de Pamphile paraît faible, 369.

LANFRANC, archevêque de Cantorbery, abbé de Saint-Étienne. — Un des rares savants du XIᵉ siècle, XV, 301.

LANGEAC (le chevalier *Sabatin* de). — L'Académie française couronne une mauvaise pièce de vers de cet écrivain, XI, 374 ; XVIII, 297. — Dialogue à ce sujet, entre Chamfort et Marmontel, XI, 375. — Vers que l'on a faits à propos de sa pièce de poésie, XIX, 279. — Lettre (inédite) que Diderot lui écrit pour l'engager à acheter une œuvre d'art dont l'auteur est dans le besoin, XX, 82.

* LANGRES, ville de France. — Était, au temps de Jules César, la métropole du peuple appelé *Lingones*, XV, 411. — Notice sur ses révolutions, ses antiquités, ses hommes illustres, etc., 412-414. — Situation de cette ville, XVII, 355. — Antiquités que l'on trouve dans les environs, 356. — Son histoire, *ibid.* — Son commerce, 358. — État de l'agriculture aux environs, 358. — Promenades de Langres, 359. — Situation de l'instruction publique dans cette ville, 359. — Vieille prophétie sur Langres, 360. — État sanitaire de la ville et des alentours, 361.

Langues. — L'étude de leur formation, indispensable pour bien traiter la matière des inversions, I, 349, 362. — La langue française est celle qui a le moins d'inversions, 371. — C'est celle de la vérité, *ibid.* — Elle est faite pour instruire, c'est la langue du sage, 372. — Désavantages des langues à inversions, *ibid.* — Toutes ont passé par trois états : *naissance, formation, perfection, ibid.* — A force de raffiner, nous avons appauvri la nôtre, 388. — Sénèque dit que, de son temps, la langue latine s'était appauvrie, III, 240. Il conviendrait d'en remettre l'étude au sortir des écoles, 470, 471. — Manière de les étudier, 473. — De la version et du thème, 474. — Comment les langues s'enrichissent, XIV, 437. — Conditions nécessaires pour les rendre fixes, 445.

Langue française. — Admirable dans les choses utiles, elle sait se prêter aux choses agréables, I, 392. — Prend tous les caractères avec succès ; grands écrivains cités comme exemples, *ibid.* — Sa connaissance parfaite est le fondement de toute science, XIV, 429. — Un idiome commun à tous les peuples rendrait la science universelle, *ibid.* et 430. — Pour chaque peuple, son idiome est le symbole d'une multitude de choses hétérogènes, *ibid.*

Langue franque. — Son imperfection, I, 362. — A pour base un italien corrompu, *ibid.*

LANGUET, curé de Saint-Sulpice. — Le plus grand charlatan de son état et de son siècle, X, 440. — Beauté de son mausolée dû au ciseau de René-Michel Slodtz, *ibid.*

* *Langueur.* — De l'acception morale de ce mot, XV, 414.

LA NOUE (*Jean* SAUVÉ, dit). — Auteur de la tragédie de *Mahomet II*, VII, 147. — Scène de cette pièce citée comme exemple de ce qu'il faut représenter, *ibid.*

Lanterne sourde. — Vision béatifique qui se passe dans la glande pinéale, ou dans le corps calleux, I, 226, alinéa 27.

LAOCOON, belle statue antique grecque. — Pourquoi la jambe raccourcie est plus longue que l'autre, X, 422. — Ce qui caractérise la beauté de ce groupe, et spécialement celle de Laocoon, 488. — Vu par la gauche, ce groupe si simple, si beau, paraît maussade, et c'est pourtant jusqu'à présent le plus beau morceau de sculpture connu, 510.

* LAO-KIUN. — Nom donné, en Chine, à une secte qui l'a pris du nom de son fondateur, XV, 414. — Histoire de ce personnage, 415.

LA PEREYRE (*Isaac* de). — Écrit un livre où il prouve l'existence des préadamites, XVI, 387. — Idée générale de son système, *ibid.*

LA PEYRONIE (*Fr.* de), premier chirurgien de Louis XV ; cité II, 153.

LA POMMERAYE. — Voyez POMMERAYE.

LA PORTE (l'abbé *Joseph* de), grand compilateur ; rédacteur de l'*Observateur littéraire*. — Cause la mésaventure de Rameau chez le financier Bertin, V, 444. — Défend victorieusement Diderot accusé de plagiat, VII, 11, 18. — Raconte l'aventure de la petite Hus, XIX, 43. — Lettre que Diderot lui écrit, 454.

* LAQUAIS, hommes à gages, leurs fonctions, XV, 415. — Le luxe les a multipliés, 416. — Sont une plaie sociale, *ibid.*

LARCHER (*Pierre-Henri*), érudit. — Auteur d'une réfutation de l'ouvrage de Voltaire intitulé *Philosophie de l'histoire*, XI, 56. — Note sur cet écrivain et sur sa traduction d'Hérodote, XII, 127.

LA RIVIÈRE (LE MERCIER de), conseiller au Parlement. — Diderot annonce à Falconet le départ de ce personnage pour Saint-Pétersbourg ; son caractère, XVIII, 236. — Ce que Diderot répond à Falconet à propos d'un factum contre M. de La Rivière, 257. — Diderot désapprouve toujours la conduite de Falconet à l'égard de ce personnage, 272. — Ce qu'il répond aux allégations de Falconet sur M. de La Rivière, 280. — Reproches à Falconet, 287. — Diderot ne s'explique pas la rivalité qui existe entre Falconet et M. de La Rivière, 291. — Capacités administratives de ce dernier, 293.

LA ROCHEFOUCAULD (*François* VI, duc de), auteur du livre des *Maximes*. — Rétracte noblement l'injure faite à Séné que par ses trois premiers éditeurs, III, 160. — Courtisan janséniste ; calomniateur de la nature humaine, XII, 316.

La Rochefoucauld (*Louis-Alexandre* de). — A fourni au peintre Roslin le sujet d'un tableau de famille. — Description de cette maussade composition, X, 316. — Sa belle conduite pendant la disette de 1757 pouvait fournir à Greuze une réunion de portraits d'un tout autre mérite, 318. — Idée de la composition qu'il proposait, *ibid.*

Larousse (*Pierre*), auteur d'une *Étude nouvelle sur Denis Diderot, l'encyclopédiste du* XVIIIe *siècle*, XX, 143.

Latouche (*Guimond* de), auteur d'*Iphigénie en Tauride*, VII, 322. — Observations sur cette pièce, VIII, 427.

La Tour (*Maurice-Quentin* de), peintre en pastel. — Refuse d'exposer au Salon de 1759, par suite de la mauvaise place accordée à ses portraits, X, 98. — Expose, au Salon de 1761, le portrait du vieux *Crébillon* et celui de M. *Laideguive*, notaire ; ces beaux pastels ajoutent beaucoup à sa réputation, 130. — Ses portraits du *Prince Clément*, de la *Princesse Christine de Saxe*, du *Dauphin* et surtout du célèbre sculpteur *Le Moyne*, exposés au Salon de 1763, sont d'une remarquable beauté, 197. — Originalité de son caractère, *ibid.* — Ne va à la cour que pour dire aux grands leur vérité, *ibid.* — Avait une grande admiration pour le peintre Mengs, 198. — Son portrait de J.-J. Rousseau est une belle chose, ce pouvait être un chef-d'œuvre ; ce qu'on aurait dû y trouver à cet effet 483. — N'envoie rien au Salon de 1767, et ne veut plus exposer, XI, 4. — A un technique qui lui est propre, 98. — Déplorable fragilité de ses chefs-d'œuvre, *ibid.* — Beauté de ses portraits de l'oculiste Demours, de l'abbé de Lattaignant, 151. — Sa manière de peindre, *ibid.* — Ses portraits peints par lui-même et celui peint par Perroneau, 152. — Excellent pastelliste. Grand magicien, 306. — Abandonne, ou du moins néglige son art et se livre à l'étude du latin, 411. — Diderot, lui faisant visite en 1769, le trouve occupé à peindre un second portrait de Restout, dont il veut honorer la mémoire, *ibid.* — Son entretien avec Diderot dans cette rencontre, 412.

Latour de Franqueville (Mme). — Auteur de *Jean-Jacques Rousseau vengé par son amie*, brochure citée, III, 198.

Lattaignant (l'abbé *Gabriel-Charles* de). — Son portrait par le pastelliste de La Tour fait l'admiration générale, XI, 151.

Laugier (*Eugène*). — Son rapport favorable à la représentation de *Est-il bon ? Est-il méchant ?* VIII, 139.

Laugier (l'abbé *Marc-Antoine*). — Réponse de Diderot à son ouvrage posthume intitulé : *Manière de bien juger dans les ouvrages de peinture*, XIII, 98-101. — Notice sur cet écrivain, 102-103.

Lauraguais (*Louis-Léon-Félicité*, duc de Brancas, comte de). — Jaloux des assiduités du prince d'Hénin auprès de Sophie Arnould, sa maîtresse, il rompt avec elle, V, 416. — Chimiste distingué, il fait revivre l'art du porcelainier, *ibid.* — Ce que Diderot écrit de lui à Falconet, XVIII, 268. — Accident arrivé à sa femme, XIX, 32. — Sa tragédie de *Clytemnestre* lue à Diderot, 48. — Son départ pour Genève. Son amour-propre excessif, 53. — Son caractère singulier. Anecdote de deux jeunes chimistes, 60. — Il est abandonné par Mlle Arnould, 63. — Son retour de Genève. Sa ridicule vanité. Satire sur la désertion de Mlle Arnould, 68. — Sa lettre d'excuse à cette demoiselle, 75.

Laurent de Crémone. — Est envoyé en Éthiopie par le pape Grégoire XIII pour visiter la bibliothèque du monastère de la Sainte-Croix, XIII, 451. — Origine de cette bibliothèque, renfermant plus de dix millions de volumes, *ibid.*

Lavaisse (le Père), cordelier. — Aumônier de *La Boudeuse*, commandée par Bougainville, II, 219. — Son entretien avec le Taïtien Orou, 220 et suiv. — Épreuve délicate à laquelle il se trouve soumis, 222. — Manière dont il s'en tire, *ibid*. — Curieuses questions du Taïtien sur le célibat des moines, des prêtres et des religieuses, 238, 239. — Sa religion et son état ne l'empêchent pas de supporter avec succès trois nouvelles épreuves, *ibid*. — Au moment de quitter l'île, il se plaint de la brièveté de son séjour, 240. — Moine en France, sauvage dans Taïti : modèle à imiter, 249.

LA VALETTE (le Père), jésuite, supérieur des missions à la Martinique. — Fait une banqueroute considérable. La société entière est reconnue solidaire, et condamnée à payer les dettes, XV, 281. — Cette affaire amène l'extinction de la société en France, *ibid*.

LAVATER, célèbre phrénologiste. — Ce qu'il croyait reconnaître dans la physionomie de Diderot, I, XIV. — Son éloge par Meister, XX.

LAVERDY. — Voyez AVERDY.

LA VRILLIÈRE (PHÉLIPEAUX de). — Voyez SAINT-FLORENTIN.

LE BARBIER (*Jean-Jacques-François*), dit l'*Aîné*. — Emprunte au poëme des *Mois* de Roucher le sujet du tableau le *Siége de Calais*, qu'il expose au Salon de 1781, XII, 59. — Envoie au même Salon trois autres tableaux de peu de mérite, 60.

LE BAS (*Jacques-Philippe*), graveur de talent, mais libertin. — Plus amoureux de l'argent que de son art, X, 204. — A gravé le tableau de Le Prince représentant la *Vue d'une partie de Pétersbourg*, 373. — Cet artiste a porté un coup mortel à la bonne gravure, par une manière qui lui est propre, dont l'effet est séduisant, et que ses élèves s'efforcent inutilement d'imiter, 449. — Expose, au Salon de 1765, quatre estampes de la troisième suite des *Ports de France*, de Vernet, gravées en société avec Cochin, *ibid*. — Avait été élève d'Hérisset, *ibid*. — Continue avec Cochin la suite des *Ports de France* de Vernet, qu'il expose au Salon de 1767, XI, 364. — Les estampes que cet habile graveur expose en 1771 sont admirables, 545, 546.

— Comment Diderot apprécie Le Bas dans une lettre à Falconet, XVIII, 248.

LE BEL, avocat. — Jugement sur son *Art poétique d'Horace, mis en ordre*, VI, 384. — Auteur d'un *Traité d'éducation* et de divers ouvrages cités, 385.

LE BEL (*Antoine*). — Ce peintre expose, au Salon de 1761, un *Soleil couchant*, peint à la manière de Claude Lorrain, X, 132. — *Une Petite Chapelle sur le chemin de Conflans* et *un Intérieur de village*, tableaux faibles, unis, léchés, *ibid*. — Ses *paysages*. A la vue de ceux qu'il expose au Salon de 1765, on se demande comment Chardin, Vernet et Loutherbourg ne font pas tomber les pinceaux de la main de cet artiste, 309. — Les paysages qu'il expose au Salon de 1767, on les voit, il se peut qu'on les regarde, mais on ne les *considère* pas, XI, 153, 154. — Artiste nul, 306. — Son envoi au Salon de 1769 ne mérite aucune attention, 414.

LE BLANC DE GUILLET (l'abbé *Antoine*). — Sa tenue ordinaire dans les réunions littéraires, V, 440. — Ne peut arriver à l'Académie malgré la protection de Mme de Pompadour, 476.

LE BRETON. — Imprimeur de l'*Encyclopédie* ; corrige à sa façon les ouvrages de Diderot, I, XLIII, et XIII, 124. — Est présumé avoir fourni à Diderot les matériaux de sa *Lettre sur le commerce de la librairie*, XVIII, 6. — Donne des soirées bruyantes. Diderot y prend la défense du libraire Cramer de Genève, XIX, 71. — Plaintes de Diderot contre lui, 167. — Lettre de Diderot qui lui fait des reproches de la façon dont il a mutilé la partie philosophique de l'*Encyclopédie*, 467-472. — Lettre que Diderot lui adresse, dans laquelle il critique le reproche de Luneau d'avoir dépassé, pour l'*Encyclopédie*, le nombre de volumes annoncé, XX, 29. — Comment il répond à la prétendue profusion des planches, alléguée par Luneau, 33.

LE BRETON (Mme), femme du précédent. — Son caractère, XIX, 58. — Sa réponse singulière à Diderot sur la cause de ses inégalités, 59, 68.

Le Brun, brocanteur. — Son histoire et celle de ses compères, VI, 227. — Le chevalier de Saint-Ouin lui présente le maître de Jacques, *ibid.*

Le Camus (*Antoine*), médecin.—Secourt dans son indigence et console dans ses peines l'infortunée Mlle de La Chaux, victime de l'infâme Gardeil, V, 324. — Se prend de passion pour sa cliente, 328. —Déclaration de Mlle de La Chaux à ce sujet, 329. — Cet homme de bien a laissé de nombreux souvenirs de bienfaisance, 330. — On a de lui un grand nombre d'ouvrages de médecine et de littérature, *ibid.* — Cité, IX, 427.

Leclerc (*Jean*), célèbre critique, III, 466. —Sa *Logique*, formée sur le plan et d'après le livre de Locke, *de Intellectu humano*, préférable à toutes les précédentes, XV, 530.

Le Clerc de Montmercy, avocat au Parlement de Paris. — Savant d'une grande distinction; son dédain extraordinaire de la plus modeste aisance, XI, 265.

Le Cointe (le Père), jésuite, auteur des *Mémoires sur la Chine,* cité, I, 480.

Le Comte (*Félix*), sculpteur. — Envoie à l'Exposition de 1769 plusieurs marbres d'un grand mérite, XI, 457.— Expose, en 1771, *OEdipe détaché par un berger de l'arbre où il avait été exposé,* groupe en marbre qui se voit aujourd'hui au Louvre, Sculpture moderne, n° 303 *ter*, 539. — Une *esquisse d'une bacchanale d'enfants*, les *Sept Sacrements,* très-beaux bas-reliefs en terre cuite, 540. — *Le Triomphe de Terpsichore,* esquisse d'un beau bas-relief exécuté pour Mlle Guimard, 541.
— Expose en 1781 deux figures en talc représentant : l'une la *Justice*, l'autre la *Prudence*, et un *Portrait en médaillon du cardinal de La Rochefoucauld*, XII, 67.

* Leçon. — Action d'instruire; ce que sont généralement les leçons, et ce qu'elles devraient être, XV, 416, 417.

¶ *Leçons de clavecin, et Principes d'harmonie*, par Bemetzrieder, XII, 171-524. — Diderot met cet ouvrage en état d'être publié, 525-534.

Lecture. — Système de lecture proposé par Diderot, III, 10. — *Nouveau Système applicable à toutes les langues,* proposé par un jeune ecclésiastique, VI, 435.

Lecture (la) chez Diderot, peinture à l'huile par Meissonier, XX, 119.

Lécuyer, colporteur. — Condamné à cinq ans de galères; comment et pourquoi; détails à ce sujet, XIX, 283. — Nom de son juge; anecdote à son sujet, 298.

Leczinska (*Marie*), reine de France, femme de Louis XV, IV, 138. — Voyez Manimondanda.

Lefebvre, médecin à Paris. — Lettre, à lui adressée, au sujet de la grossesse contre nature d'un soldat, IX, 408.

Lefranc de Pompignan (le marquis). — S'attire les sarcasmes de Voltaire, VI, 353.

Légal, célèbre joueur d'échecs, V, 387.

Legendre de Villemorien. — Voyez Villemorien.

Le Gendre, inspecteur général des ponts et chaussées, marié à une sœur de Sophie Volland, XVIII, 342. — Était un fin amateur en choses d'art, 343.

Le Gendre (Mme), épouse du précédent, sœur de Mlle Volland, XVIII, 342. — Voyez *Lettres à Mademoiselle Volland,* dans lesquelles Diderot l'appelle tantôt Mme Le Gendre, tantôt *Uranie.*

Le Gendre (Mlle) fille de la précédente. — Lettre que Diderot lui écrit, XX, 6.

* *Légèreté.* — Ce mot a deux sens en morale, XV, 417.

Légier (*Pierre*), littérateur. — Voyez *Amusements poétiques.*

* *Législateur.* — Personnage politique; sa mission, XV, 417. — Ses devoirs, ses moyens d'action, 418-436.

* *Législation.* — La meilleure est celle qui est la plus simple et la plus conforme à la nature, XV, 436.

Législation (de la) et du Commerce des grains, ouvrage de Necker. — Lettre que Diderot adresse à Necker au sujet de cet ouvrage, XX, 68.

Lehmann (*Jean-Gottlob*), minéralogiste allemand. — Ses expériences sur le cobalt, XIII, 68.

Leibnitzianisme, ou philosophie de LEIBNIZ, XV, 436. — Notice sur la vie et les ouvrages de ce savant universel, 437. — Analyse succincte de sa philosophie, 451-472.

LEIBNIZ (*Godefroi-Guillaume*, baron de), savant universel dont on écrit à tort le nom avec un *t* (LEIBNITZ). — Partage avec Newton la gloire de la découverte du *calcul différentiel*, II, 38. — Son amour pour la science suffisait à remplir sa vie entière, 310-311. — Les femmes, les dignités, les richesses, tous les biens physiques, ne pouvaient le tenter, 312. — Son livre intitulé *Essais de Théodicée* témoigne de son génie supérieur, 348. — Fait l'application des signes à l'algèbre, 368. — Notice sur sa vie et ses ouvrages, XV, 436 et suiv. — Note de Naigeon sur la querelle qui s'éleva entre Leibnitz et Newton, à l'occasion de la découverte du *calcul différentiel*, 442-447. — Grandeur et sublimité de ses écrits, qui n'ont jamais été réunis en corps d'ouvrages, 472-473. — Son système touchant la liberté de l'âme humaine, 502-503. — Entre en dispute avec Bayle au sujet du manichéisme, XVI, 72 et suiv.

LE KAIN (*Henri-Louis*), célèbre tragédien. — Supérieur à Quinault-Dufresne dans le rôle d'Orosmane, quoiqu'il n'eût aucun de ses avantages extérieurs, VIII, 353. — Sur la scène il paraissait beau, 373.

LÉLUT (*Louis-Francisque*). — Ce que ce savant physiologiste dit du *Démon de Socrate* et de l'*Amulette de Pascal*, II 24.

LEMAITRE DE CLAVILLE (*Charles-François Nicolas*). — Moraliste français, cité pour les nombreuses éditions de son *Traité du vrai mérite*, ouvrage aujourd'hui complètement oublié, VI, 302, et XI, 294.

LE MAURE (la), célèbre cantatrice de l'Opéra (1727-1750), IV, 175.

LEMIERRE (Mlle), célèbre cantatrice. — Épouse, en 1762, le chanteur Larrivée, son camarade à l'Opéra, V, 416.

LE MIERRE (*Antoine-Marin*), poëte, auteur de la *Peinture*, poëme didactique en trois chants. — Examen de cet ouvrage, XIII, 78-97. — Ce poëte a de la chaleur, mais il est inégal et barbare, 96. — Sa prose ne prévient pas en faveur de sa poésie, *ibid.*

LEMOINE (le Père), cordelier. — Confesseur ordinaire au couvent de Sainte-Eutrope, à Arpajon, V, 142. — Son portrait, 143. — La supérieure le traite d'homme ridicule, *ibid.* — Au tribunal de la pénitence, il interroge Suzanne Simonin (*la Religieuse*), et lui enjoint d'éviter les caresses de la supérieure, qu'il compare à Satan, 145. — Est traité de visionnaire par l'indigne supérieure, 150. — Cesse ses fonctions de directeur à Sainte-Eutrope, 151.

LE MONNIER (l'abbé *Guillaume-Antoine*). — Manière dont il traduit un passage de l'*Eunuque* de Térence, I, 46, 47. — Notice sur lui, XIX, 355. — Lettres que Diderot lui adresse, 360-376. — Voyez *Lettres à l'abbé Le Monnier*.

LE MONNIER (*P.-Ch.*), astronome français. — Il fut le maître de Lalande, II, 11.

LE MOYNE (*Jean-Baptiste*), sculpteur. — Expose, au Salon de 1761, cinq bustes : *Madame de Pompadour* ; *Mademoiselle Clairon* ; *une Jeune Fille* ; ces trois premiers sans valeur ; ceux de *Crébillon* et de *Restout* ne sont pas sans mérite, X, 145. — Expose, au Salon de 1763, trois bustes : le *Roi*, la *Comtesse de Brionne*, le peintre *La Tour*, 225. — Fait bien le portrait ; c'est son seul mérite, 424. — Les bustes de la *Comtesse de Brionne*, de la *Marquise de Gléon* et de *Garrick*, qu'il envoie à l'Exposition de 1765, peuvent être regardés, 425. — Expose, au Salon de 1767, les *Bustes de M. de Trudaine*, XI, 348 ; de *Montesquieu*, de *Gerbier*, marbres, inférieurs aux terres cuites qu'il envoie à la même Exposition, 349. — Envoie, au Salon de 1769, le buste en marbre du *chancelier Maupeou*, le père, et celui de la *comtesse d'Egmont*, 453-532. — Envoie au Salon de 1771 le buste de la *Comtesse d'Egmont*, qui était au dernier Salon, une *Jeune Fille représentant la Crainte*, et quelques *Têtes*, 532, 533. — Observation sur sa statue de Louis XV, élevée dans une des cours de l'École militaire, XII, 95, et XIII, 76. — Sentiment d'amitié qu'il porte à Falconet, XVIII, 222. — Ce que lui fait le différend de Falconet et de M. de La Rivière, 272. — Il joue un plat rôle dans l'affaire de l'élève Moitte, 297-298.

LEMPEREUR (*Simon*). — Expose, au Salon de 1765, trois gravures d'après Carle Van Loo, Pierre et Watelet, X, 452. — Un *Portrait de Watelet* d'après le dessin de Cochin, et l'*Apothéose de M. de Belloy* d'après un tableau de Jollain, que cet artiste expose, au Salon de 1767; deux gravures, la première assez bien, l'autre mauvaise de tout point, XI, 365-366. — Son ouvrage sur la fonderie, XVIII, 326.

LENFANT. — Expose, au Salon de 1761, deux dessins représentant les *Batailles de Lawfeld et de Fontenoy*, X, 131. — Ces tableaux sont aujourd'hui au musée de Versailles, *ibid.*

LENGLET DU FRESNOY (l'abbé). — Son *Introduction à l'Histoire*, ouvrage classique recommandé, III, 494.

LE NOBLE. — Auteur du roman d'*Épicharis*, faussement attribué à Saint-Réal, III, 366.

LE NÔTRE (*André*), célèbre dessinateur de jardins, VI, 411.

LÉON VI, le *Sage* et le *Philosophe*, empereur d'Orient. — A pour maître le savant Photius, XV, 299. — A passé pour un des hommes les plus instruits de son temps, *ibid.* — Liste des savants qui ont illustré son règne, *ibid.*

LÉONARD (*Nicolas-Germain*), poëte et romancier, né à la Guadeloupe. — Compte rendu de plusieurs de ses ouvrages, VI, 417.

LE PAIGE. — Diderot se plaint que Falconet ne lui réponde rien sur ce personnage, XVIII, 304.

L'ÉPÉE (*Charles-Michel*, abbé de), fondateur de l'Institution des sourds-muets, cité, I, 346.

LE PELLETIER, bourgeois d'Orléans. — Anecdote sur cet homme charitable, VI, 60. — Diversement jugé par les pauvres et par les riches, 61.

LÉPICIÉ (*Michel-Nicolas-Bernard*). — Expose, au Salon de 1765, les trois mauvais tableaux suivants : I. *La Descente de Guillaume le Conquérant en Angleterre*, X, 387; — II. *Jésus-Christ baptisé par saint Jean*, 389; — III *Saint Crépin et saint Crépinien distribuant leur bien aux pauvres*, 391. — Son *Saint Crépin* est un plagiat, il appartient à Le Sueur, 392. — Au Salon de 1767, cet artiste expose : Un *Christ faisant approcher les enfants qu'on lui présente*, XI, 289. — La *Conversion de saint Paul*, 291. — Un *Tableau de famille*, 292. — Étrange engouement du public pour cette mauvaise toile, *ibid.* — Pauvre artiste, 307. — Appréciation de huit mauvais tableaux qu'il expose au Salon de 1769, 434. — Treize tableaux envoyés à l'Exposition de 1771 accusent quelque progrès, 479-481. — Critique malveillante de Saint-Quentin sur cinq tableaux exposés au Salon de 1775, XII, 9-11. — Six tableaux exposés en 1781 n'ont rien qui les recommande, 34-36.

LÉPIDA (*Domitia*), petite-nièce d'Auguste, sœur de Domitius et tante de Néron. — Sa rivalité contre Agrippine cause sa perte, III, 53. — Accusée de sortilége, elle est condamnée et mise à mort, *ibid.*

LÈPRE. — Arétée, célèbre médecin grec, a fait de cette hideuse maladie la plus remarquable description, IX, 473. — Peyrilhe, dans son *Histoire de la Chirurgie*, donne d'intéressants détails sur les moyens employés pour la combattre, *ibid.*

LE PRINCE (*Jean-Baptiste*). — Débute avec distinction au Salon de 1765, où il expose les quinze tableaux suivants : I. *Vue d'une partie de Pétersbourg*; tableau gravé par Le Bas, X, 373; — II. *Parti de troupes cosaques revenant d'un pillage*, 374; — III. *Préparatifs pour le départ d'une horde*, *ibid.*; — IV. *Pastorale russe*, 375; — V. *La*

Pêche aux environs de Saint-Pétersbourg, 376; — VI. *Quelques Paysans qui se disposent à passer un bac*, ibid.; — VII. *Vue d'un pont de la ville de Nerva*, ibid.; — VIII. *Halte de Tartares*, 377; — IX. *Manière de voyager en hiver*, ibid.; — X. *Halte de Paysans en été*, 378; — XI. *Le Berceau pour les enfants*, 380; — XII. *L'Intérieur d'une chambre de paysan russe*, 381; — XIII. *Vue d'un moulin dans la Livonie*, 382; — XIV. *Un Paysage, avec figures vêtues en différentes modes*, ibid.; — XV. *Le Baptême russe*, 383. — Détails sur ce tableau et sur la cérémonie, *ibid.* — Agréé par l'Académie à son retour de Russie, il en devient bientôt membre sur la présentation de ce tableau du *Baptême*, 384. — Fait pour Saint-Lambert les dessins du poëme des *Saisons*, XI, 72. — Le Salon de 1767 ne renferme pas moins de quinze tableaux désignés ci-après, et décrits aux pages indiquées : I. *Une Fille couronne de fleurs son berger pour prix de ses chansons*, 200; — II. *On ne saurait penser à tout*, 201; — III. *La Bonne Aventure*, 202; — IV. *Le Berceau ou le Réveil des petits enfants*, 203; — V. *L'Oiseau retrouvé*, 206; — VI. *Le Musicien champêtre*, ibid.; — VII-VIII. *Une Fille charge une vieille de remettre une lettre, et pour pendant, un Jeune Homme récompense le zèle de la vieille*, 209; — IX. *Une Jeune Fille endormie surprise par son père et sa mère*, 210; — X. Une autre *Bonne Aventure*, 212; — XI. *Un Concert*, ibid.; — XII. *Le Caback, ou espèce de guinguette aux environs de Moscou*, 214; — XIII. *Portrait d'une jeune fille quittant les jouets de l'enfance pour se livrer à l'étude*, ibid.; — XIV. *Portrait d'une femme qui brode au tambour*, ibid.; — XV. *Portrait d'une fille qui vient de recevoir une lettre et un bouquet*, ibid. — Ce qui contribue à faire le charme de ses tableaux, 215. — Cet artiste fait beaucoup; il n'est pas sans talent; mais il faut attendre, 307. — Ses tableaux du Salon de 1769 sont de la plus grande médiocrité, 428. — Vingt-neuf estampes, gravées par un procédé de son invention, figurent honorablement à cette Exposition, *ibid.* — On remarque de lui à l'exposition de 1771 : *Un Médecin, un Géomètre, l'Intérieur d'un cabaret, Plusieurs femmes au bain, le Portrait d'un enfant*, une *Suite de bambochades*, et enfin plusieurs *Estampes* gravées par son procédé, 492-494. — *Un Avare, un Jaloux, un Nécromancien, l'Extérieur d'un cabaret de village*, une *Vue d'après nature*, ensemble cinq tableaux de l'Exposition de 1775, font l'objet de l'admiration de l'atrabilaire Saint-Quentin, XII, 14, 16. — Sa mort, 41. — Le Salon de 1781 reçoit l'envoi posthume de plusieurs jolis tableaux de cet artiste, 41-42.

LE QUESNOY. — Voyez DUQUESNOY.

LERMINIER (E.), auteur de l'*Influence de la Philosophie du* XVIIIe *siècle sur la législation et la sociabilité du* XIXe *siècle*. — Consacre dans cet ouvrage un chapitre à Diderot, XX, 143.

LE ROI (*Julien*). — Note biographique sur cet horloger célèbre, VI, 33.

LE ROMAIN (M.), auteur d'articles sur les sucres dans l'*Encyclopédie*, cité dans les *Lettres à Mlle Volland*, XIX, 256.

LE ROUGE (l'abbé), ancien syndic de la Sorbonne. — De la conformité de son sentiment avec celui exprimé dans la Thèse de l'abbé de Prades, I, 439.

LEROUX DE LINCY (*Adrien-Jean-Victor*), archéologue. — Auteur du *Livre des proverbes français*, cité, VI, 389.

LE ROY (*Ch.-Georges*), collaborateur à l'*Encyclopédie*. — Sa visite au Grandval, XVIII, 500. — A quoi Diderot le compare dans sa retraite des Loges, 500. — Danger pour les jeunes paysannes qui l'approchent, 501. — Une seule fois malheureux en amour; dialogue à ce sujet, 507. — Sa dispute avec Grimm sur le génie qui crée et la méthode qui ordonne, 509. — Son aventure burlesque avec madame d'Aine, 515. — Il boude toujours madame de..., XIX, 78. — Auteur d'un libelle intitulé *Réflexions sur la ja-*

lousie *pour servir de commentaires aux ouvrages de Voltaire,* attribué à tort à Diderot, XX, 99.

LE SAGE, auteur de *Gil-Blas,* du *Diable boiteux,* du *Bachelier de Salamanque,* de *Turcaret,* et d'un grand nombre de pièces de théâtre, I, 360. — Devenu extrêmement sourd dans sa vieillesse, il allait néanmoins au théâtre à la représentation de ses pièces; ses remarques à ce sujet, *ibid.* — Était père de l'excellent acteur Montmény, *ibid.* — Meurt en 1747, chez un autre de ses fils, chanoine à Boulogne-sur-Mer, VIII, 417. — Voyez *Gestes.*

LESCORNÉ (*Joseph*), sculpteur. — Auteur d'un buste de Diderot, XX, 112.

Lese-Schreib und Rechen-Schulen. — Ce sont les écoles primaires de l'Allemagne, III, 416. — Ce qu'on y enseigne, et ce qu'on peut en tirer de bon, 417.

L'ESPINASSE (Mlle de). — Son entretien avec le médecin Bordeu au sujet d'un *Rêve de d'Alembert* dont elle a recueilli quelques paroles confuses, II, 122-181. — Suite de cet entretien, 182-191. — Interdit son salon à l'abbé Bourlet de Vauxcelles, 196.

LESSING (*Gotthold-Ephraïm*), littérateur allemand. — Ses judicieuses remarques sur le chapitre XXXVIII des *Bijoux indiscrets*, IV, 279. — Attribue à tort à Diderot un drame intitulé l'*Humanité, ou le Tableau de l'Indigence,* VII, 5, 6. — Répond aux remarques malveillantes de Palissot sur le *Fils naturel*, 7. — Son drame *Miss Sara Sampson,* traduit par Trudaine de Montigny, est joué, à Saint-Germain-en-Laye, sur le théâtre particulier du duc d'Ayen, 17. — Réfute une remarque de Diderot sur le caractère de Ménédème dans l'*Héautontimoruménos* de Térence, 139, 140. — Traduit en allemand le *Père de famille* de Diderot, 175. — Sa réponse à une critique de Palissot touchant le titre du *Fils naturel*, 338.

* *Leste.* — Acceptions diverses de ce mot, XV, 473.

LE SUEUR (*Eustache*), peintre célèbre.—

Beauté des tableaux du *Martyre de saint Gervais et de saint Protais,* qui décorent l'église Saint-Gervais de Paris, X, 191. — Un de ces tableaux, retiré de l'église, est actuellement au Louvre (n° 520); il a été gravé par Gérard Audran et par Baquoy, *ibid.* — Son tableau de *saint Bruno expirant,* peint pour le cloître des Chartreux, et qui se voit maintenant au Musée du Louvre, cité avec éloge, XII, 91.

LE TOURNEUR. — Auteur d'une traduction de l'*Histoire de Savage,* IX, 451. — Sa traduction des *Nuits d'Young* est pleine d'harmonie, et de la plus grande richesse d'expression, XX, 13.

¶ *Lettre à madame la comtesse de Forbach,* sur l'éducation des enfants, III, 540.

¶ *Lettre à M. l'abbé Galiani,* sur la sixième ode du troisième livre d'Horace, VI, 289. — Diderot le fait juge entre lui et Naigeon sur la manière de traduire l'*immeritus* du premier vers; *immeritus* qu'il faut rapporter à *majorum* et non pas à *delicta,* 290 — Motifs en faveur de son interprétation, 291-302.

¶ *Lettre à M***, sur l'abbé Galiani,* VI, 440.

Lettre au P. Berthier sur le matérialisme. — Cet ouvrage, faussement attribué à Diderot, par La Harpe, est de l'abbé Coyer, I, 6; XX, 99.

Lettre aux Académiciens du royaume. — Compte rendu de cet écrit anonyme, présumé de l'abbé Coyer, VI, 372.

Lettre de Barnevelt à Truman, héroïde de Dorat. — Examen critique de cet ouvrage, VIII, 449.

Lettre de Brutus sur les chars anciens et modernes, ouvrage de Delisle de Sales. — Examen critique, IX, 466.

Lettre de madame Riccoboni à Diderot, dans laquelle elle critique le *Père de famille,* VII, 395.

Lettre de M. de Ramsay à Diderot sur le Traité des délits et des peines, IV, 51.

Lettre de M. Raphael le Jeune à un de ses amis, etc. — Analyse de cette brochure, XVII, 500. — Comment les peintres paresseux y sont traités, 501.

¶ *Lettre d'un citoyen zélé*, à M. D***, maître en chirurgie, IX, 213.

¶ *Lettre historique et politique adressée à un magistrat sur le commerce de la librairie*, XVIII, 3 à 75. — Voyez Librairie.

¶ *Lettre sur Boulanger*, adressée au baron d'Holbach, VI, 339. — Note de Naigeon, *ibid*. — Imprimée pour la première fois en tête de l'*Antiquité dévoilée*, édition de 1766, in-4°, *ibid*. — Voyez BOULANGER.

¶ *Lettre sur la résistance de l'air au mouvement des pendules*, IX, 168.

¶ *Lettre sur les Atlantiques et l'Atlantide*, IX, 225. — Date de sa première publication, *ibid*.

¶ *Lettre sur les aveugles à l'usage de ceux qui voient*, I, 275. — Cet ouvrage, composé et publié en 1749, motive l'arrestation de Diderot qui, conduit à Vincennes, y resta captif durant cent jours, XLII, XLIII, et 277. — Diderot adresse cette lettre à Mme de Puisieux, sa maîtresse, 279.

¶ *Lettre sur les sourds et muets, à l'usage de ceux qui entendent et qui parlent*, I, 343. — Notice préliminaire, 345. — Objet de cette lettre, 349. — Curieuse anecdote sur un muet de naissance témoin d'une partie d'échecs, 356. — Résumé analytique de cette lettre, 389-391. — Remarques du journaliste de Trévoux sur cette lettre, 411.

Lettres apostoliques. — Nom donné aux nombreuses bulles des papes en faveur des jésuites, XV, 274. — Étendue des pouvoirs et des priviléges qu'elles leur accordaient, *ibid*.

¶ *Lettres à Falconet*. — Notice préliminaire, XVIII, 79. — Diderot lui fait des reproches sur l'indifférence qu'il montre pour les suffrages de la postérité, 85. — Réflexions à ce sujet, 86. — L'éloge des contemporains n'est jamais pur; il n'y a que celui de la postérité qui le soit, 88. — Il n'y a point de plaisir senti qui soit chimérique; preuves, *ibid*. — Les grands noms sont à l'abri des ravages du temps. La poste et l'imprimerie rendent la lumière de l'esprit impérissable, 89. — Quel est le sentiment qui rend capable de grandes choses, *ibid*. — Quelle espèce d'immortalité est au pouvoir de quelques hommes, 90. — Philosophie meurtrière de Falconet, *ibid*. — Réfutation de ses sophismes concernant son indifférence prétendue pour les suffrages de la postérité, 91. — A quoi tendent le sentiment de l'immortalité et le désir de s'illustrer, preuves, 94. — Falconet répond quelquefois à ses propres objections, *ibid*. — L'insuffisance et la paresse méprisent seules les suffrages des temps à venir, 94. — La postérité n'est point un rêve, 99. — Contradiction de Falconet, *ibid*. — On n'est ni fou, ni insensé d'espérer que la postérité nous rendra justice, 100. — Le jugement de la postérité est la seule consolation de l'homme en mille circonstances malheureuses, 102. — L'émulation se proportionne secrètement au temps, la durée, au nombre des témoins, 103. — Le sentiment de l'immortalité, le respect de la postérité, n'excluent aucune sorte d'émulation, *ibid*. — Exemple de Thomas composant son poëme épique sur le czar, *ibid*. — De Milton cherchant un imprimeur pour faire la première édition de son poëme, 105. — Différence du jugement que nous portons des vivants, et de celui que nous portons des morts, 106. — Falconet est un ingrat envers ses contemporains, ou en contradiction avec lui-même. L'ambition qui porte ses vues au delà du temps présent ne peut jamais être attaquée, *ibid*. — Socrate oubliant la cause de sa vie pour plaider celle de l'honneur des Athéniens, est un exemple de la force du sentiment de l'immortalité, 107. — Ce n'est point à Homère poëte que Platon et d'autres sages ont refusé leur hommage, mais à Homère théologien, 109. — La voix des zoïles n'est pas celle de la postérité, *ibid*. — L'idée du présent et celle de l'avenir sont inséparables. La force de la dernière varie comme toutes les autres idées ; elle se développe davantage dans les beaux siècles des nations, 110. — Réponse à une objection de Falconet, tirée de l'exemple d'une femme enivrée du plaisir de savoir qu'on la voit belle où elle n'est pas, *ibid.* — Quels sont les témoins qui déposent du talent de Phidias, d'Apelles, d'Agasias, 111. — Ce que prouve l'objection tirée des bons ouvrages détruits et des mauvais épargnés par le temps, 112. — Malgré soi, on prend intérêt à son siècle, *ibid.* — C'est une plaisanterie cruelle et injuste que de réduire tout le mérite du Jupiter de Phidias à sa taille colossale, 113. — Contradictions de Falconet ; son jugement injuste sur Pline, *ibid.* — Le pressentiment de l'avenir et la jouissance anticipée des éloges de la postérité sont naturels au grand homme. Preuve qu'en donne Falconet lui-même, 115. — Falconet a assisté à son oraison funèbre, et ne l'a pas entendue sans plaisir, 118. — Ce qu'il dit de son mépris pour la postérité ne peut être cru de personne, 119. — Le discours que Fontenelle tint un jour sur le même sujet fit peine à ceux qui l'entendirent, et personne n'y crut, 120. — Le génie n'est pas la cause unique des grandes choses, *ibid.* — Les hommes extraordinaires qui se suffisent pleinement à eux-mêmes n'existent pas, 121. — Pourquoi élève-t-on des monuments à ceux qui ne sont plus, *ibid.* — Les peines et les plaisirs réels ou physiques ne sont presque rien ; les peines et les plaisirs d'opinion sont sans nombre, 123. — Comment Falconet va au delà de son propre système, 124. — Conclusion, 125. — Les vérités de sentiment sont plus inébranlables dans notre âme que les vérités de démonstration rigoureuse, *ibid.* — Comment Diderot apprécie la réponse de Falconet, 126. — Description du tableau de Polygnote, d'après Pausanias, 128. — Réflexions sur ce tableau, qui tendent à prouver qu'il n'est point l'ouvrage d'un art naissant, 133 et suiv.

— Réponse de Diderot à Falconet sur ses observations touchant le sentiment de l'immortalité, 141. — Nouvelles observations de Falconet sur cette réponse, 142. — Différence des syllogismes de l'orateur et du philosophe, *ibid.* — Il s'agit de savoir si le sentiment de l'immortalité est utile, et si le respect de la postérité peut jamais être nuisible, 143. — Réflexions sur l'examen, par Falconet, du Jupiter olympien de Phidias, 156. — Sur sa critique de Pline, 159. — Sur sa critique de Voltaire, 168. — Sur la *manière jaune* de Jouvenet, critiquée par Falconet, 169. — Reprise de Diderot sur le sentiment de l'immortalité ; réplique de Falconet, 171. — Nouvelles idées que Diderot jette dans la dispute ; elles seraient toutes sans vérité si le sentiment de l'immortalité n'est que chimère, 178. — Reprise de la discussion sur le tableau de Polygnote. Répliques de Falconet, 190. — Listes des sottises de Diderot et des inadvertances de Falconet, 209. — Diderot demande à Falconet des détails sur son voyage et son arrivée à Pétersbourg, 215. — Il rappelle à Falconet et à Mlle Collot que ce serait une injure cruelle pour lui que de les voir s'adresser à d'autres pour un service qu'il pourrait leur rendre, 246. — Il engage Falconet à peu fréquenter l'ambassadeur de France. Pourquoi, 218. — Détails sur des bustes exécutés par Mlle Collot, 219. — Lettre de Diderot sur différents sujets, *ibid.* — Il reproche encore à Falconet son mépris pour l'immortalité ; il lui oppose l'impératrice de Russie, 223. — Il compte le revoir, 225. — Trait qu'il faut transmettre à la postérité, *ibid.* — Il attend impatiemment une lettre du général Betzky ; pourquoi, 226. — Comment on a dégoûté Simon de la Russie et des Russes, 227. — Pourquoi Diderot n'a pas montré d'empressement à l'invitation de Falconet de célébrer l'impératrice dans quelque petit ouvrage, 228. — Projet d'un vocabulaire pour l'usage du peuple russe, *ibid.* — Diderot demande à Falconet des nouvelles de sa statue de Pierre Ier, 229. — Jugement sur l'impératrice de Russie, 230. — Il a la certitude de revoir Falconet, 231. — Raisons qu'il donne pour la confection d'un vocabulaire, 232. — Il annonce à Falconet l'arrivée prochaine de Le Mercier de La Rivière, conseiller au Parlement, 236. — Éloge de celui-ci, *ibid.* — Éloge de Grimm, 237. — Diderot donne à Falconet des nouvelles de sa famille, 238. — Autres nouvelles qu'il lui apprend, *ibid.* — Il compte revoir Falconet et remercier l'impératrice, 240. — Il félicite Falconet d'avoir traité honnêtement Voltaire, 241. — Il a obtenu le titre d'académicien, 242. — Raisons qui retardent son voyage, 244. — Amour qu'il a toujours pour Mlle Volland, *ibid.* — Il a encore quatre volumes de l'*Encyclopédie* à terminer, 246. — Détails sur Greuze, Chardin, Baudouin, 247, 248. — Le Bas est un fripon, *ibid.* — Détails sur Cochin, Greuze, 249. — Sur le *Septime Sévère* de celui-ci, et autres œuvres, 250. — Critique des docteurs de Sorbonne, 251. — Épitaphe du comte de Caylus, 251. — Diderot se plaint de la goutte, 252. — Sa séparation avec le prince Galitzin, *ibid.* — Ses tentatives pour acquérir les collections de Gaignat, 253. — Il a reçu le manuscrit de sa dispute avec Falconet sur le sentiment de l'immortalité. Il va revoir cette dispute, 254. — Son avis à Rulhières sur l'ouvrage de celui-ci, 255. — Il a reçu le buste de l'impératrice, 256. — Il est scandalisé du factum contre M. de La Rivière, 257. — Jugement sur ce personnage, 258. — Diderot craint que la liaison de Falconet avec M. de La Fermière ne finisse mal, 260. — Ce qu'il dit des critiques, *ibid.* — Il consent à ce que leur dispute sur l'immortalité soit imprimée, mais pas à Pétersbourg; pourquoi, 261. — Conseils qu'il donne à Mlle Collot, 263. — L'intolérance du gouvernement s'accroît de jour en jour, 265. — Pourquoi il ne veut pas encore marier sa fille, *ibid.* — Il engage Falconet à lire le mémoire de Simon, 267. — Autre lettre sur divers sujets, 268. — Comment il juge J.-J. Rousseau, 269. — Conduite que Falconet doit tenir en face des prétentions de Fontaine, 271. — Il persiste à désapprouver la conduite de Falconet à l'égard de M. de La Rivière, 272. — Encore un mot sur M. de La Rivière, *ibid.* — Tout ce qui se fera bien se fera d'après ses principes, 274. — Réponse sur différents sujets, 276. — Ce que Diderot répond aux allégations de Falconet sur M. de La Rivière, 280-281. — Il est touché de l'amitié de M. de La Fermière et de M. de Nicolaï, 282. — Encouragements à Mlle Collot, *ibid.* — Conseils qu'il donne à Falconet et à Mlle Collot, 283. — La réserve de M. de La Fermière ne le surprend point, 284. — Comment il juge Mme Therbouche, *ibid.* — Reproches à Falconet à propos de M. de La Rivière, 287. — Ce qu'il écrit du pasteur King, 288. — Falconet est le Jean-Jacques de la sculpture, 289. — Diderot ne s'explique pas la rivalité de Falconet et de M. de La Rivière, 291. — Il veut que Falconet fasse le bonheur de Mlle Collot, 292. — Ce qu'il répond sur les capacités administratives de M. de La Rivière, 293. — Délicatesse de M. Collin, 294. — Ce qu'il répond à Falconet qui se plaint des contrefaçons de ses ouvrages, 295. — Il revient bien disposé pour Fontaine, pourquoi, 296. — Deux de nos académies viennent de se mettre dans la boue, 297-298. — Résultat de l'injustice de l'Académie de peinture, 299. — Description du bas-relief de Millot, que l'Académie n'a pas couronné, *ibid.* — Description de quatre grands tableaux d'histoire qui sont au Salon de cette année (1768), 300. — Le prince de Galitzin a demandé pour l'impératrice un tableau à chacun de nos bons artistes, 301. — Note sur M. de Villiers ou Charlot, 302. — Ce qui s'est passé à l'Académie de peinture le samedi qui a suivi la distribution des prix, 303. — Diderot recommande à Falconet un jeune homme qui part pour Pétersbourg, 304. — Ce qu'il répond à Falconet sur Casanove, 305. — Ce que Diderot a acheté à la vente Gaignat pour l'impératrice, 306. — Comment on veut ruiner le crédit de l'impératrice, 308. — Il voudrait que l'on achetât pour celle-ci le cabinet de M. de La Live, 308. — Précautions que le climat exige pour la conservation des statues, 310. — Diderot se plaint de ne pas avoir de réponse à ses lettres, *ibid.* — Il est charmé que Falconet ait conservé des duplicatas de ses lettres, 311. — Il a vu la statue de Falconet, des Invalides, 312. — Jugement qu'il porte sur le pasteur King, 314. — Il engage toujours l'impératrice à acheter le cabinet de M. de La Live, 314. — Autre lettre sur divers sujets, *ibid.* — Falconet ne doit pas abandonner la fonte de sa statue à un homme sans expérience, 316. — Le Moyne, chargé de reproduire Diderot en marbre, lui promet un masque que celui-ci enverra à Pétersbourg, *ibid.* — Le Salon est mesquin cette année (1769), 317. — Le prince de Galitzin apprend à Diderot que Falconet a fait une œuvre sublime, 318. — Diderot a trouvé deux beaux Vandermeulen pour l'impératrice, 319. — Il recommande M. de Romilly à Falconet, 320. — Détails sur les deux Vandermeulen, 321. — Il donne à Mlle Collot des nouvelles de son frère, 322. — Il a eu l'honneur de faire sa cour à la princesse Dashkoff, 323. — Il félicite Mlle Collot sur ses plâtres, *ibid.* — Encouragements à Mlle Collot, 324. — Diderot a vu trois brochures de Falconet, 324. — Caractère du frère de Mlle Collot, 325. — Nouveaux tableaux que Diderot envoie pour l'impératrice, 325. — Diderot est profondément offensé d'une lettre de Falconet, 326. — Il félicite Falconet d'avoir appelé Gor pour assurer le succès de son travail, 327. — Ce qu'il dit du comte Strogonoff, 327. — Diderot vient de faire l'acquisition de la galerie du baron de Thiers pour l'impératrice, 328. — La vente des tableaux de M. de Choiseul monte à un prix exorbitant, *ibid.* — Sentiments d'amitié que Diderot renouvelle à Falconet, 329. — Diderot ne sera pas content qu'il n'aille s'établir à Pétersbourg, près de Falconet, *ibid.* — Il le prie de recevoir M. Levesque, 330. — Il va partir demain pour la Haye et de là pour Pétersbourg, *ibid.* — Le prince Nariskin a souhaité voyager avec lui, 331. — Ce qu'il écrit à Falconet à propos de Bouchardon, 332. — De l'habillement en matière d'art, 333. — Description du cheval de Marc-Aurèle, 334. — On trouve singulier que Falconet ait confié à Mlle Collot l'exécution de la tête de sa statue, 335.

¶ *Lettres à mademoiselle Volland.* — Notice préliminaire, XVIII, 339. — Diderot fait à Mlle Volland le récit de sa partie de Marly, 354. — Il lui envoie la lettre de Rousseau à d'Alembert sur les spectacles, 356. — Son horreur pour le vice, 357. — Ses plaintes contre la sœur de sa maîtresse, 358. — Il lui parle de sa tendresse et de la mort de son père, 360. — L'entretient de ses affaires domestiques, 362. — Tout ce que Sophie lui a dit de Mme Le Gendre l'intéresse vivement, 363. — Du caractère de son frère et de sa sœur, 364. — Patrimoine que laisse leur père, 364. — Il s'apitoie sur la maladie de l'enfant de Mme Le Gendre, 367. — Description d'un bosquet aux environs de Langres, 368. — Il se félicite d'avoir rapproché son frère et sa sœur, 370. — Son inquiétude sur Grimm, *ibid.* — Il se plaint de ne pas recevoir de lettres de son amie, et de la vie tumultueuse qu'il est obligé de mener à Langres, *ibid.* — Sa joie de la lettre qu'il vient de recevoir de Grimm. Souvenirs et reconnaissance de ses anciens condisciples, 371. — Diderot rend compte à son amie de la manière dont il a arrangé les affaires entre son frère et sa sœur, et comment il a fondé la paix domestique, 373. — Caractère des

Langrois, 376. — Caractère particulier de Diderot, *ibid.* — Sa mélancolie causée par l'affaire des partages, 377. — Détails sur la maladie et la mort de son père, *ibid.* — Scène attendrissante après la signature des partages, 378. — Brouillerie entre le frère de Diderot et sa sœur. Comment il parvient à les rapprocher, 379. — Scènes d'adieux, 381. — Description de Vignory. Route de Provenchère, 382. — Séjour à Guémont, 383. — Aventure d'une marquise à Langres, 385. — Arrivée de Diderot à Isle, chez Mme Volland. Description de ce séjour, 386. — Entretiens avec cette dame, 389. — Il répond aux lettres de Mlle Volland, 390. — Son inquiétude sur l'arrêt du Conseil qui suspend l'entreprise de l'*Encyclopédie*, 389, 391. — Son séjour au Grandval, terre du baron d'Holbach; comment il y vit ; ses occupations ; ses loisirs, 393 et suiv. — Son ennui et son chagrin de ne pas être avec son amie, 396. — Sa joie en revoyant Grimm, 397. — Lettres ou billets d'amour à son amie, 399. — — Conversation de Diderot avec d'Alembert au sujet de l'*Encyclopédie*, 400. — Ses réflexions sur l'opinion que les hommes ont de la vertu, 403. — La constance lui paraît la plus difficile et la plus rare des vertus de l'homme, 404. — Diderot est tourmenté d'inquiétude de ne pas recevoir de lettre de son amie, 405. — Projet de finances qui lui est soumis, 406. — Paradoxe soutenu par lui, en présence de l'Écossais Hoop et de Mme d'Aine, sur l'éternité de l'existence des êtres vivants, 407. — Application qu'il en fait à son amie et à lui, 409. — Nouvelle lettre où il peint ses tourments et ses inquiétudes, 411. — Il est enfin tranquillisé par une lettre de Mlle Volland, 412. — Son avis sur le jeu de Mlle Sophie Arnould dans le rôle de Colette du *Devin du village*, 413. — Il prédit à son amie que sa sœur se perdra par son commerce de lettres, 414. — Détails sur la vie qu'il mène au Grandval, 415. — Promenade sur les bords de la Marne, 417. — Conversation sur l'histoire de la philosophie chez les Sarrasins; comment elle est entrecoupée par les interlocuteurs, 418 et suiv. — Diderot préfère la douce folie que lui inspire son amie à toute la sagesse des nations, 429. — Réflexions philosophiques. A quelle occasion, 430 et suiv. — Mauvaise digestion. Mélancolie causée par le silence de son amie, 432. — Les *Il faut,* vers envoyés à sa maîtresse, 433. — Ses craintes de ne plus être aimé. Sur quoi fondées, 434. — Ses plaintes à son amie, 435. — Son analyse du *Spartacus* de Saurin, 436. — Raconte les tracasseries d'auteur qu'il a à essuyer, 437. — Se plaint encore de ne pouvoir voir son amie, 438. — Rend compte de l'impression que lui a faite le jeu du comte Oginski sur la harpe, 438. — Prend des arrangements avec son amie pour assurer leur correspondance, 440. — Lui parle d'un enfant de cinq ans qui est un prodige par le savoir et l'intelligence, 441. — D'un discours de d'Alembert sur la poésie. D'une épître de Satan et de Voltaire, *ibid.* — Il envoie l'*Épître du Diable* et *Tancrède* à Mlle Volland, 443. — Lui donne des conseils sur la conduite qu'elle doit tenir avec sa mère, *ibid.* — Cherche à lui faire supporter leur séparation momentanée, 445. — Ce qu'il pense et juge des *Métamorphoses* d'Ovide, 446. — Récit d'un souper chez Damilaville. Indigestion qui en est la suite, 447. — Envoi du *Discours sur la satire des Philosophes*, 448. — Projet de raccommoder le *Joueur*, *ibid.* — Séjour à la Chevrette. Comment Diderot y vit avec Grimm et Mme d'Épinay, 449. — Son opinion sur l'*Épître du Diable*, 451. — M. de Saint-Lambert et Mme d'Houdetot à la Chevrette, *ibid.* — Fête et foire à la Chevrette, 452. — Scène de salon, 453. — Emploi de la journée, *ibid.* — Conversation entre Diderot et M. de Villeneuve sur Mme Volland et ses filles. Soirée, 454. — Famille d'Épinay, 455. — Accident arrivé à Diderot, 457. — On fait son portrait et celui de Mme d'Épinay, *ibid*. — Lettres de Saurin. Déclaration à Mme d'Épinay. Comment elle est reçue. Sa réponse à une observation de Diderot, 458. — Bons mots de celui-ci, 460. — Son portrait achevé attire des éloges au peintre, 462. — Il va au Grandval avec Mme d'Épinay. Quelle compagnie il y trouve, 463. — Les filles de Mme d'Holbach, *ibid*. — Conversation sur les Chinois. Anecdoctes sur un empereur de la Chine, 464. — Diderot ne croit point à tout ce qu'on raconte de ce peuple, 465. — Beauté du portrait de Diderot. Comment il est représenté. A qui il est destiné, *ibid*. — Ce que Diderot a oublié de dire sur les Chinois dans sa dernière lettre, 466. — Sentiments de Diderot pour la sœur de son amie, 467. — Réflexions et conversation sur la nature humaine et sur la destinée différente des sots et des gens d'esprit, 468. — Idée particulière que Diderot s'est formée de l'esprit et du caractère de son amie et de sa sœur, 469. — Mot plaisant du peintre Greuze contre Mme Geoffrin. Diderot le tourne en sens contraire contre Mme Le Gendre, *ibid*. — Séjour à la Chevrette, 470. — Saurin consulte Diderot sur le plan d'une pièce. Celui-ci le renverse et en fait un autre. Quel en est le sujet, 473. — Promenade avec Mme d'Épinay, Grimm et Mme d'Houdetot, 474. — Le curé de la Chevrette, 476. — Anecdotes qu'il raconte sur des amants malheureux, *ibid*. — L'*Extravagance fatale*, tragédie anglaise, 478. — Les *Intérêts de la France mal entendus*, réflexions sur cet ouvrage, 480. — La fille de Diderot malade. Réponses dures de Mme Diderot aux questions les plus obligeantes. Dîner avec Grimm, *ibid*. — Chute de Diderot dans la rue des Prouvaires, 481. — Il prie Sophie de prêcher l'indulgence à sa sœur, 482. — Réflexions philosophiques et amoureuses, *ibid*. — Départ projeté pour le Grandval, 484. — Soupers chez Damilaville, *ibid*. — Mlle Diderot va mieux, 485. — Accueil fait à Diderot au Grandval, 486. — Dialogue avec Mme d'Holbach, 487. — Promenade et entretien politique avec Hoop, 487. — Entretien avec Gaschon sur Mme Volland et ses deux filles, 491. — Réflexions sur le gouvernement sacerdotal, à la suite d'une conversation de Hoop avec le baron d'Holbach, 492. — Orgueil des Jésuites, souverains et pontifes du Paraguay, 495. — Autres réflexions sur la corruption des mœurs, *ibid*. — Sur celles d'autrefois et sur celles du jour, 496. — Sur les passions fortes, 497. — Sur le rapport entre la dévotion et la tendresse, 498. — Priviléges des prêtres en certains pays, 498. — Encore un mot sur les Chinois, 499. — Histoire du petit chien Pouf, 502. — Diderot loue son amie de la promptitude avec laquelle elle a démêlé l'injustice d'un arrangement qu'on lui proposait. Ses réflexions et ses conseils à cette occasion, 504 et suiv. — Récit d'une journée au Grandval. Noms des personnages de la société, 507. — Dîner. Le Roy une seule fois malheureux en amour. Dialogue à ce sujet, *ibid*. — Mme Geoffrin. Sa mise noble et simple. M. Schistre jouant de la mandore à ravir, 508. — Dispute entre Grimm et Le Roy sur le génie qui crée et sur la méthode qui ordonne, 509. — Fable de l'abbé Galiani à ce sujet, *ibid*. — Son talent supérieur pour la débiter, 511. — Pourquoi les anciens ont dit que le cygne chante mélodieusement en mourant. Horreur que nous avons tous pour l'anéantissement. Sentiment contraire de Hoop à cet égard, *ibid*. — Anecdote de Diderot à cette occasion, 512. — Entretien sur l'existence d'un Dieu. Opinion de Diderot à ce sujet, *ibid*. — Trait rapporté d'après Leibniz, 513. — Singulières transitions dans la conversation quand la compagnie est un peu nombreuse, *ibid*. — Aventure burlesque entre Mme d'Aine et Le Roy, 515. — Conduite impertinente de M. d'Aine fils avec une dame, 516. — Le baron d'Holbach raconte à sa belle-mère l'histoire des excréments du grand Lama. Dialogue entre eux, *ibid.* — *Histoire de Pierre le Grand*, par Voltaire, 517. — Critique qu'en fait Diderot, *ibid.* — Nouveaux conseils de celui-ci à son amie sur son affaire avec Vissen, 519. — Il ne sait pas la langue froide et vide qu'on parle aux indifférents. Se représente le plaisir qu'aura son amie quand elle recevra son paquet de lettres, 521. — C'est un peu la faute des femmes si les hommes sont aimables sans être honnêtes, 522. — Réflexions sur le caractère de Mme Le Gendre à l'occasion de la mort de M. Marson qui l'aimait, 523. — Conte de l'abbé de Voisenon. *Facéties* de Voltaire. *Vision de Palissot*. Ce qu'est devenue sa comédie des *Philosophes*, 523. — De qui est le *Discours sur la satire des philosophes*. Nouveaux conseils à Sophie sur ses affaires d'intérêt, 524. — Réflexions sur M. Marson et Mme Le Gendre, *ibid.* — Caractère de M. Gaschon, 525. — Diderot s'attache de plus en plus à M. Hoop. Pourquoi, 526. — Anecdote sur la courtisane anglaise miss Philipps, *ibid.* — Mlle d'Ette, *ibid.* — Peinture d'une espèce d'hommes qu'on appelle *honnêtes gens*, 527. — Diderot conseille à Sophie de fuir à Pékin ou à Avignon, 528. — L'hypocrisie habituelle étouffe le cri de la conscience, *ibid.* — Coquetterie de Mme Le Gendre, 529. — Explication du *spleen* anglais, par M. Hoop, 530. — Diderot aime les vents violents, la pluie, la tempête, 531. — Tibulle sentait comme lui, avec quelque différence pourtant, *ibid.* — A qui le ciel qui se fond en eau est-il favorable? *ibid.* — Secret pour gagner au jeu. Mme Le Gendre supposée entre les deux vieilles momies, M. Hoop et le docteur Sanchez, 532-533. — Diderot ennemi des formalités chinoises. Pourquoi, *ibid.* — Comment il passe son temps au Grandval, 535. — Idée folle qui le fait toujours rire, 536. — Son départ du Grandval. Adieux touchants, XIX, 1.

— Amitié de Mme d'Holbach pour lui, *ibid.* — Son retour à Paris. Il retrouve toute sa famille malade, 2. — Ses occupations, *ibid.* — Portrait de l'abbé Marin. Scène de fantaisie, 3. — Dieskau, ami du maréchal de Saxe. Marchais, jeune marin, *ibid.* — Promenade avec lui et M. Hoop, 5. — Visite au Grandval. Conversation intéressante, *ibid.* — Retour de Diderot à Paris, 14. — Exemple d'amour de la part d'un chien, *ibid.* — Réflexions sur l'*Iphigénie* de Racine, 15. — Réponse à quelques articles des lettres de Sophie, 16. — Voyage de l'abbé Chappe en Sibérie, 19. — Conseil de Diderot à Desmarets, qui devait faire ce voyage, 20. — Anecdote d'un amant qui sollicitait les faveurs de sa maîtresse. A quelle occasion, 20-21. — Bouffées de résignation de Diderot. Exemple d'un homme constamment résigné par tempérament, 22. — *La Confession de Voltaire*, 23. — Voltaire se plaint à Grimm du silence de Diderot, 24. — Son irritabilité, *ibid.* — Diderot se plaint de ses collègues de l'*Encyclopédie*. Travail immense du chevalier de Jaucourt, *ibid.* — Boutades de l'Écossais Hoop, *ibid.* — Folies de Mme d'Aine. Originalité du baron d'Holbach. Marivaudage de Diderot. Dîner avec Damilaville. Son caractère, 25. — Conseil à Uranie (Mme Le Gendre). Qu'est-ce que la sensibilité? Pourquoi les parents doivent excuser les fautes de leurs enfants, 26. — Les gens du monde n'ont point d'honneur. Pourquoi, 27. — Il blâme Sophie de quelques débauches de table. Se plaint d'être indisposé, 28. — Sa fille Angélique s'est arraché un ongle du gros orteil, *ibid.* — Étrange procédé de sa sœur, *ibid.* — Réflexions sur la pièce de *Caliste*, de Colardeau, 29. — Esclaves chrétiens qui recouvrent leur liberté. Comment, 30. — Anecdote plaisante de deux moines et de deux jeunes filles, racontée par l'abbé Galiani, 30. — Visite à Mlle Boileau, 32. — Arrivée de Mme de Solignac, 33. — Rencontre avec Colardeau. Son portrait, *ibid.* —

Rencontre avec Saurin, *ibid.* — Observations sur un vers de la tragédie de *Caliste*, 34. — La retraite et le silence nécessaire aux amants, *ibid.* — Diderot obligé d'écrire à Voltaire, et de lui envoyer ses observations sur *Tancrède*, 35. — Il se plaint de la lenteur de ses collègues de l'*Encyclopédie*, *ibid.* — Il se félicite de ce que son amie a le caractère un peu baroque, *ibid.* — Il se désespère des injustices qu'on fait à La Condamine, 36. — Et du procédé de d'Alembert envers lui, *ibid.* — Prend la défense de Grimm auprès de Mme d'Épinay. Anecdote plaisante de l'abbé Galiani, 37. — Sa mauvaise humeur contre son frère l'abbé. Visite que lui fait Buffon. Diderot aime les hommes qui ont, comme Buffon, une grande confiance en leurs talents, 39. — Nouvelles brouilleries à l'occasion de l'*Encyclopédie*. Joie de Diderot au sujet de son *Père de famille*, joué à Marseille, 40. — Ses remercîments à Voltaire, *ibid.* — Sa dispute avec Helvétius et Saurin, en présence de trois dames. Sur quel sujet, 41. — Leurs contradictions sans s'en apercevoir, disant ensuite les choses les plus fortes en faveur du sentiment qu'ils ont combattu, 42. — Sa tristesse à l'occasion de sa fille, *ibid.* — Autre sujet de peine pour l'*Encyclopédie*, 43. — Scène fâcheuse, *ibid.* — Ses réflexions sur l'enterrement et le testament de Clarisse, héroïne du roman de Richardson, conformes à celles de son amie, 47. — Il gronde Uranie de ce qu'elle ne ménage pas sa santé, *ibid.* — Travaille pour Grimm sur les tableaux exposés au Salon, *ibid.* — Explique à Sophie ce que c'est que les *Cacouacs* et *Briochet*. Loue les beaux vers de la tragédie de *Clytemnestre*, par le comte de Lauraguais, 48. — Réflexions sur le roman de *Clarisse*, 49. — Jugement, 50. — Sur la conduite de Sophie envers sa mère, *ibid.* — Sur le caractère d'Uranie, 51. — Sur l'ignorance, *ibid.* — Plaintes contre Grimm. A quelle occasion, 52. — Nouvelles de la cour, *ibid.* — Il prie ses amies de se défaire incessamment de la charge de lieutenant-général criminel de l'univers, qu'elles s'étaient arrogée après la lecture de *Clarisse*, 54. — Nouveaux travaux pour Grimm, 56. — Quels sentiments la lecture de l'histoire lui inspire, 57. — Son nouvel arrangement avec les libraires. Son projet de vendre sa bibliothèque, *ibid.* — Son séjour à Massy, avec le libraire Le Breton et sa femme. Caractère de cette dame, 58. — Singulière réponse qu'elle fait à Diderot sur la cause de ses inégalités, 59. — Travail pénible auquel Diderot se livre, 60. — Ses idées sur le vrai bonheur. Ses projets pour sa fille, 61. — Ses réflexions sur les bienfaiteurs et les ingrats, *ibid.* — Sur les libertins, et le faible des femmes pour eux, 62. — Ses questions à une petite veuve qui vint dîner chez lui. Réponse de la petite veuve qui fait rire à gorge déployée la dévote Mme Diderot, 65. — Récit d'un dîner donné chez lui pour le jour de sa fête. Compliment et bouquet de sa fille, 66. — Chansons écossaises et autres morceaux promis à Sophie, 67. — Bulle d'excommunication lancée contre les encyclopédistes, 68. — Anecdote sur un avocat consulté par un fripon, *ibid.* — Petites fêtes données par Mme Diderot, 70. — Soirées bruyantes chez le libraire Le Breton, 71. — Diderot y prend la défense de Cramer, libraire de Genève, *ibid.* — Son inquiétude sur la santé de sa fille, 72. — Dîner avec deux petits Allemands. Leur innocence, leur esprit, leur candeur. Fables qu'ils racontent, 73. — Dîners aux Champs-Élysées, chez Montamy, 76. — Son indisposition, *ibid.* — Scène attendrissante à l'installation de la statue du roi de Danemark, racontée par un Français. Enthousiasme de Diderot, 78. — Sa devise est d'aimer, ou faire le bien, 81. — Dispositions de sa fille pour le clavecin. Fête de Mme Diderot, 84. — Aventures qui arrivent à Diderot dans sa jeunesse, et qui lui inspirent du dégoût pour certaines femmes, 85. —

Son apologie pour les passions fortes, 87. — Portrait d'une dame de sa connaissance, *ibid.* — Cas de conscience proposé à Sophie, 88, 89. — Nouvel arrangement avec ses libraires. Sa sœur séparée d'avec son frère l'abbé, 90. — Il attend toujours l'*Horace* en question, *ibid.* — Talents naturels de sa fille. Sa mauvaise éducation, 91. — Peinture de la demeure d'un pauvre diable, *ibid.* — Mot plaisant de Piron sur l'aventure du prince de Beauffremont, 92. — Conversation avec Suard, *ibid.* — Bonne action, et bien faite, 93. — Désolation de Mme Riccoboni au sujet des satires qu'on fait sur elle et sur ses ouvrages, *ibid.* — Désespoir d'une mère de la perte de son enfant, 94, 95. — Passage de Métastase qui peint fortement la tendresse des mères, 96. — Conseils à Uranie, *ibid.* — Affaire des Calas, plaidée par Voltaire, 97. — Expulsion des Jésuites. Réflexions sur l'esprit de cette société, 98. — Jugement sur Voltaire, 100. — Diderot entre deux infirmeries, *ibid.* — Affaire proposée par l'abbé Raynal, manquée, 101. — Caractère de Mme de ***, 102. — Pourquoi la beauté dans la vieillesse est plus commune chez les hommes que chez les femmes, *ibid.* — Quelle équité il faut attendre de tout le monde. Traductions de Diderot, 104. — Ouvrage sur l'institution publique, 105. — Comment on peut instruire et former les enfants en jouant avec eux, 106. — Bonne action d'un petit garçon, 107. — Réflexions à ce sujet, *ibid.* — Quels époux étaient dignes des trois filles de Mme Volland, 108. — Incendie chez cette dame. Inquiétude de Diderot, 109. — Il envoie à Sophie son éloge de Richardson, et lui souhaite sa fête, 110. — Lui parle encore de l'incendie, et de ses inquiétudes pour elle, 111. — Ses travaux, 112. — Il demande à Sophie un état un peu exagéré de la perte que lui a faite l'incendie, afin de solliciter pour elle une réduction de son vingtième, *ibid.* — Objections aux réponses qu'on lui a faites sur le cas de conscience qu'il a proposé, 113. — Singulière requête d'un amant à sa maîtresse. Consentement plus singulier de la maîtresse, 115. — Conversation sur l'*instinct* et sur les principes du goût, 116. — Reproches à Uranie sur son indifférence pour sa santé, 121. — Récit d'un voyage à la Briche. Description de ce lieu, 122. — Conversation entre Damilaville Grimm, l'abbé Raynal, le docteur Gatti et Diderot, *ibid.* — Charmes du séjour de l'Italie, 123. — Carnaval de Venise, *ibid.* — Anecdotes, 124 et suiv. — Plaintes de Diderot concernant Mme Volland, *ibid.* — Il annonce à Sophie le succès presque assuré de sa négociation pour la réduction de son vingtième, 129. — Se plaint de l'humeur de sa femme, *ibid.* — Informe son amie qu'il va s'occuper de l'éducation de sa fille, 130. — Lui rend compte d'un espion qu'il recevait depuis longtemps chez lui sans défiance, *ibid.* — Se plaint des fantaisies d'une malade qu'il soigne, 133. — Parle de certaines circonstances de la vie, qui nous rendent plus ou moins superstitieux. Se cite pour exemple, *ibid.* — Réponse de Marlborough à Montesquieu, et de Montesquieu à une Anglaise, 134. — Mot de Montesquieu à Suard sur la confession; réponse de Suard, *ibid.* — Trait de générosité du roi de Prusse, *ibid.* — Description des jardins et des appartements de Marly, 135. — Pourquoi plus la vie est remplie, moins on y est attaché, 136. — Il est résolu à ne plus attendre les lettres de son amie à certains jours marqués. Pourquoi, 137. — Construction de la place de Reims et d'un canal, 138. — Ce qu'est le présent de la nature que l'on appelle la vie, *ibid.* — Anecdote d'une dame malade d'un certain mal, 139. — Autre anecdote d'un prêtre géomètre disant la messe, *ibid.* — Journées de Diderot à Paris, 140. — Ses espérances sur la révolution que produira l'*Encyclopédie* sur les esprits, *ibid.* — Prière du philosophe musulman, 141. — Réduction du vingtième obtenue, *ibid*. — Moyens qui, selon Diderot, auraient dû être employés dans la défense de Calas par Élie de Beaumont ou par Voltaire, 141. — Maladie de sa femme. Danger qu'elle a couru, 143. — Il se plaint à Sophie de ce qu'elle ne lui apprend rien de ce qu'elle doit faire, et le laisse deviner. Ses souhaits pour elle, 144. — Il n'ose prononcer sur les suites de la maladie de sa femme, 144. — Prend tout le soin de ses affaires domestiques, surtout celui de l'éducation de sa fille, 145. — Rend compte des offres brillantes qui lui ont été faites de la part de l'impératrice de Russie, *ibid*. — Loue et critique le *Commentaire* de Voltaire sur le *Cinna* de Corneille, 146. — Mesures prises pour que la *Correspondance* de Grimm ne souffre point de son absence, *ibid*. — Réflexions mélancoliques sur la vie, *ibid*. — Diderot invite son amie à un concert, 147. — Lui fait de tendres reproches. A quelle occasion, 148. — Se plaint de la multitude de ses occupations, 149. — Dîner projeté avec ses amies, 150. — Doux souvenir de la table verte, *ibid*. — Réflexions sur le mélange de biens et de maux dont la vie est semée, *ibid*. — Doléances sur le déménagement de ses amies, 151. — Visite chez M. Colin de Saint-Marc. A quel sujet. *ibid*. — Comment il en est reçu, 152. — Diderot rappelle à cette occasion une scène qu'il eût bien voulu renouveler, *ibid*. — Chagrin et tourment que lui cause l'indiscrétion du baron d'Holbach, 154. — Et la *Neuvaine de Cythère*, poëme de Marmontel, 155. — Beau rêve qu'il fait et dont il propose la réalisation à Sophie, 156. — Son indisposition, 157. — Sciatique de Mme Diderot. Friction ordonnée, *ibid.*, et exécutée par sa servante et par son mari, 158. — Entrevue avec la princesse de Nassau-Sarrebruck, *ibid*. — Portrait et caractère de cette princesse, *ibid*. — Rétablissement de la santé de Diderot, *ibid*. — Fin de l'entreprise de l'*Encyclopédie*. Ce qu'elle a valu à Diderot, 159. — Comment il faut élever les garçons, *ibid*. — Dîner au Luxembourg, donné par Damilaville, 161. — Dureté d'un carme, *ibid*. — Conversation avec un autre moine sur le sentiment de l'amour paternel, *ibid*. — Sur le célibat, et sur la requête des bénédictins, pour être sécularisés, 162. — Pourquoi le récit d'une bonne action nous est agréable, 163. — Pourquoi et à qui il ne l'est pas toujours, *ibid*. — Deux réflexions sur l'éloquence, *ibid*. — Miroir magique désiré. Pourquoi, 164. — Puis rejeté, *ibid*. — Conversations charmantes, 165. — M. Gaschon et Mme Le Gendre, *ibid*. — Conseil de Diderot contre l'acquisition que M. Le Gendre veut faire d'une maison, 167. — Fin prochaine de l'*Encyclopédie*, *ibid*. — Arrangement fait à la satisfaction de Diderot, *ibid*. — Ses plaintes contre le libraire Le Breton, *ibid*. — Projet de souscription pour les Calas, arrêté, 168. — Mot de Diderot à l'occasion de Mme Necker, 170. — Aventure de fiacre, *ibid*. — Méfiance et crainte de Diderot à l'occasion de Mme Le Gendre, 171. — Ses petites peines. Sa prédiction accomplie au sujet de l'acquisition d'une maison, 172. — Sa réponse à M. Legrand à cette occasion, *ibid*. — Dîner chez M. Gaschon, 173. — Chez les Van Loo. Rencontre du peintre anglais Ramsay, 174. — Il blâme la conduite politique de Mme Le Gendre envers son tenant, 175. — Instruit son amie de l'emploi qu'il a fait de l'argent qu'il a reçu de l'impératrice de Russie, 176. — Ses conversations avec la sœur de Sophie, sur les suites que doit avoir la réponse *je vous aime aussi* d'une femme mariée à un homme qui a osé lui dire *je vous aime*, 177. — Dîner avec la mère de Damilaville. Caractère de cette dame, âgée de quatre-vingts ans, 181. — Anecdote d'un avare attaqué par des voleurs, *ibid*. — Conversation sur les mœurs et le caractère des

Anglais, 182. — Leurs missionnaires. Anecdotes à ce sujet, 184. — Les déistes en grand nombre en Angleterre, 185. — Diner chez le baron de Gleichen, 186. — Analyse d'une comédie sainte espagnole, *ibid.* — Diners chez la sœur de Sophie. Conduite qu'y tient M. de Neufond, 187. — Réflexions sur diverses affaires, 188. — Sur la retraite, l'étude et le travail auxquels Diderot s'est livré depuis quelque temps, 190. — Effet extraordinaire qu'a causé sur lui un musicien merveilleux, 193. — Aventure singulière d'une dame aimée tour à tour par deux hommes honnêtes, 194. — Il rend compte d'un ouvrage qu'il a entrepris d'après quelques plaisanteries de Falconet, 200. — Son goût pour la solitude, *ibid.* — Amour de M. Wilkes pour une courtisane de Naples. Comment il en est récompensé. Sa conduite généreuse envers elle, 202. — Malade guéri à la Charité, malgré le père infirmier, 204. — Triste état d'un amant désespéré, 205, 206. — Critique d'un opéra-comique de Marmontel, 207. — D'une comédie et d'une tragédie, 208. — D'une traduction. Mémoire d'un Écossais au sujet d'un enfant supposé, *ibid.* — Mort du Dauphin, père de Louis XVI. Sa patience héroïque. Ses qualités, 209. — Ses grandes connaissances. Son esprit tolérant, 210. — Arrivée de Rousseau à Paris. Réflexions à son sujet, *ibid.* — Mot charmant de M. de Saint-Lambert, 210. — *Le Philosophe sans le savoir*, comédie de Sedaine. — Succès de cette pièce, 212. — Éloge qu'en fait Diderot, *ibid.* — Conversation avec Mme Le Gendre, 213. — Indisposition de cette dame, 216. — Tracasserie domestique qu'elle s'attire par son étourderie, *ibid.* — Mariage de Suard. — Réflexions à cette occasion, 217. — Aventure singulière arrivée à l'amant désespéré dont il est parlé plus haut, 218. — Diderot est chargé du projet de tombeau que le roi a ordonné pour le Dauphin. Premier projet, 219. — Deuxième projet, 220. — Troisième projet, *ibid.*

— Vers de l'abbé de Boufflers, 221. — Réflexions sur les trois projets de monuments, 223. — Quatrième projet, 225. — Cinquième projet, *ibid.* — Dialogue entre un cardinal et un espion, 226. — Histoire de Mlle Basse, danseuse de l'Opéra, et de M. Prevot, 227. — Histoire du marquis de Gouffier et de Mlle d'Oligny, *ibid.* — État de la santé de la sœur de Sophie, 228. — Récit de Diderot sur ses occupations, 229. — Conversation curieuse avec Mme Le Gendre, 230. — Son voyage à Sainte-Périne de Chaillot, 231. — Sa conversation avec Mme Le Gendre, au sujet de Digeon, 236. — Il se plaint de l'injustice de ses amis, et fait une sortie contre l'amitié, 237. — Est ramené à ses amis. Dine avec eux, 238. — Dispute sur un principe de peinture, *ibid.* — Il se plaint de Mme Geoffrin, 239. — Des sollicitations que lui fait Falconet d'aller en Russie, 240. — Et de la perte des avantages qu'il croyait tirer du don de l'impératrice de Russie, *ibid.* — Discussion sur les beaux-arts, 242. — Mme Le Gendre n'a que des idées d'amour dans la tête, et point de sentiments dans le cœur, 243. — Petite querelle de Diderot avec Naigeon, *ibid.* — Humeur au jeu. Opinion d'une fille sur les passions sérieuses, 244. — Séjour à Grandval, 245. — Folie de Mme d'Aine, 245. — Repas au Grandval, 246. — Envoi de livres philosophiques, *ibid.* — Souhait de Diderot sur le christianisme, 247. — Son amour scrupuleux. Portrait de Mme d'Aine la jeune, 248. — Simplicité du prince Galitzin, 250. — Maison et jardins de M. d'Ormesson d'Amboile, 251. — Vie qu'on mène au Grandval, 252. — Coquetterie perdue de Mme Le Gendre, *ibid.* — Réflexions sur la sagesse des hommes qui n'ont plus les moyens d'être fous, 253. — Confession de Diderot à ce sujet, *ibid.* — Caractère de chacun des membres de la société de Diderot, 255. — Visite à Mme Le Gendre, 257. — Conversation sur la baronne d'Holbach, 258. —

Chimère d'un sixième sens donné par la nature pour juger du bon et du beau, 259. — Conversation avec Mme de Blacy, 260. — Mme d'Aine devenue esprit fort, 261. — Singulière conversation avec elle, 262. — Envoi du portrait de Diderot par Michel Van Loo. Critique qu'en fait Mme Diderot, 263. — Diderot au concert des Tuileries. Mène deux Anglais chez Eckard. Belle musique qu'il y entend, 266. — Puis chez Mlle Bayon. Reçoit une lettre de la princesse Galitzin. Bizarrerie de cette lettre, 267. — Écrit à M. de Saint-Florentin. A quelle occasion, 268. — Son assiduité auprès de Damilaville malade, 269. — Sa maison devient un petit hôpital, 270. — Sa lettre de réprimande à Suard. A quelle occasion, 271. — Ses matinées, 272. — Son humeur contre les quarante de l'Académie, qu'il appelle des oies, 273. — Scène assez vive entre Marmontel et Chamfort, ibid. — Trait décoché par Voltaire à La Bletterie, 274. — L'Académie de peinture se déshonore par son jugement. Détails à ce sujet, ibid. — Trait singulier de Falconet, 277. — Succès de la lettre à M. de Saint-Florentin, 280. — Ce qu'il arrive à un garçon apothicaire, acheteur de deux exemplaires du Christianisme dévoilé, 283. — Indisposition de Diderot et de sa femme, 285. — Celui-ci se plaint de ne pas recevoir de lettre de Mlle Volland, 287. — Il se plaint des procédés d'un parent de cette demoiselle. Ses menaces contre lui, 289. — Rendez-vous mystérieux avec une dame. Lettres à cette occasion, 290. — Bouquet offert à Mme Diderot. Fête et souper, 292. — Le rendez-vous à Vincennes, 294. — Brouillerie avec Grimm à l'occasion du prince de Saxe-Gotha, 296. — Diderot se plaint de n'avoir pas de nouvelles d'un paquet qu'il a envoyé, 297. — Dîner avec le baron d'Holbach et l'abbé Galiani. Entretien sur l'exportation des grains et sur l'agriculture, 298. — Remarque singulière sur la religion de Jésus-Christ, 299. — Mme Therbouche, en route pour Bruxelles 302. — Description du jardinet de la rue Saint-Thomas-du-Louvre, 303. — D'où Diderot connaît Mlle Guimard, 304. — Raccommodement avec Grimm. Rencontre avec un jeune prince étranger. Diderot trompe les trompeurs, 305. — Mauvais état des affaires de Mme Therbouche, ibid. — Amitié de Diderot pour sa fille. Esprit précoce de celle-ci, 306. — Son entretien avec son père, 307. — Dîner refusé, 308. — Diderot annonce à Mlle Volland plusieurs ouvrages philosophiques de la composition de d'Holbach. Ses plaisanteries à ce sujet, ibid. — Lui fait part de ses occupations et des reproches qui lui viennent de tous côtés, 309. — Morceau de Diderot à l'occasion du poëme de Narcisse, 311. — Grand bruit à la Compagnie des Indes, et à la Comédie-Française. A quelle occasion, 312. — Représentation du Père de famille; détails à ce sujet, 314. — La Compagnie des Indes anéantie, ibid. — Mme Diderot va à la représentation du Père de famille, 316. — Emotions qu'elle y éprouve, ibid. — Travaux de Diderot, ibid. — Il reçoit une comédie de Voltaire intitulée le Dépositaire, 317. — Sa conversation avec sa fille au sujet de la coiffure appelée calèche, ibid. — Son dialogue intitulé le Rêve d'Alembert, 318. — Ses deux voyages chez M. et Mme de Salverte, 319. — Il se débarrasse de l'édition de l'Encyclopédie, et congédie Panckoucke. Comment, ibid. — Continuation des succès du Père de famille, 320. — Dîner à Neuilly, ibid. — Travaux de Diderot, ibid. — Ses promenades et entretiens avec sa fille, 321. — Dîner singulier avec deux moines, ibid. — Aventure à la dernière représentation du Père de famille. Visite de l'avocat général Dupaty, 323. — Diderot aspire ardemment après le retour de Grimm, 325. — Portrait de M. et de Mme de Salverte, de M. et de Mme de Vaisnes, 327. — Retour de Grimm. Son rendez-vous chez Diderot. Agréments

qu'il a retirés de son voyage, 328. —
Séjour de Diderot au Grandval, 330.
— Son projet d'y passer l'hiver, ibid.
— Projet d'amener les eaux de la rivière d'Yvette au haut de l'Estrapade,
ibid. — Voyage de Diderot à Bourbonne-les-Bains, avec Grimm. — Portrait
de M. et de Mme de Sorlières, 332. —
Description de Bourbonne, ibid. —
Diderot revoit sa sœur à Langres. Son
projet d'aller à Isle voir Mlle Volland
et sa mère, 333. — Son voyage et son
séjour à Châlons, chez Mlle Duclos.
Comment il y est reçu. Compagnie
qu'il y trouve 335. — Son retour à
Paris. Dans quel état il s'y trouve,
336. — Sa visite à M. et Mme Digeon
et à Mme Bouchard. Arrangement pour
des papillons. Voyage à la Briche, 337.
— Concert et grand souper le jour
de sa fête, 338. — Visite de Philidor,
ibid. — Partie au Grandval. Indigestion
de Diderot, 339. — Ses occupations,
ibid. — Jugement sur l'ouvrage de
l'abbé Morellet contre les Dialogues de
l'abbé Galiani, ibid. — Second voyage
au Grandval. Retour à Paris. Inquiétudes et souffrances de Diderot, 340.
— Danger qu'il court d'être brûlé,
341. — Voyage à La Haye. Caractère
des Hollandais, 342. — Caractère de la
princesse Galitzin, ibid. — Les deux
Bentink, 343. — Diderot va en Russie
avec M. de Nariskin, chambellan de
l'impératrice, 344. — Ses adieux à
Mlle Volland et à ses autres amies, 344.
— Lettre datée de Pétersbourg, 345.
— Retour à la Haye, 346. — Récit
de dangers qu'il a courus, ibid. —
Comment l'impératrice l'a accueilli et
traité. Grâces qu'il en a obtenues, 347.
— Caractère de cette princesse. Liberté dont Diderot a joui auprès
d'elle, ibid. — Il refuse de passer à
Berlin, quoique le roi de Prusse l'y
ait invité, 350. — Coliques et mal de
poitrine que lui a causés la rigueur
du froid, ibid. — Sa manière de vivre
à La Haye avec la princesse Galitzin,
ibid. — Son projet de vie pour les
dix années qu'il peut encore espérer,
351. — Sa sensibilité augmentée avec
l'âge, 352. — Son prochain retour à
Paris. Collection qu'il porte à Mme Bouchard. Baisers qu'elle lui vaudra, ibid.
¶ Lettres à l'abbé Le Monnier, XIX,
353. — Notice préliminaire, 355. —
Diderot le prie de lui rendre un service. Conseils qu'il donne à l'abbé Le
Monnier à la fin de sa lettre, 359. —
Critique du Philosophe sans le savoir,
ibid. — Comment Brizard et Grandval
jouent dans cette pièce, 360. — Observations sur un Dialogue sur la
raison humaine de Le Monnier, 361.
— Conseils à Le Monnier, 364. —
Témoignage d'amitié, 365. — Diderot
lui demande une copie de l'Oiseau
plumé, et le Muphti qu'il voudrait
envoyer à l'impératrice de Russie,
366. — Il lui retourne ses Adelphes
corrigés, ibid. — Invitation à venir
passer une journée à la campagne,
367. — Diderot ne lui renverra ses
comédies qu'après les avoir lues, 368.
— Il lui promet de faire tout ce
qu'il pourra pour empêcher Sartine
de faire une injustice, 369. — Il a besoin de lui parler de sa position domestique, ibid. — Invitation à dîner,
370. — Une indisposition de Sedaine
fait renvoyer ce dîner à un autre jour,
ibid. — Il a reçu de nouvelles épreuves
du Perse, de Le Monnier, ibid. —
Conseil qu'il lui demande, 371. —
Diderot lui envoie un mémoire pour
le président de Maupeou. Objet de ce
mémoire, 371. — Réflexion sur Rousseau, 372. — Diderot prie Le Monnier
de revenir au plus tôt auprès de lui
et de leurs amis, ibid. — Il le prie de
solliciter Target pour Vallet de Fayolle,
373. — Mérites de celui-ci, 374, 375.
¶ Lettres à Mlle Jodin, XIX, 377. — Notice préliminaire, 379. — Conseils que
Diderot donne à Mlle Jodin, 381. —
Il a reconnu en elle une grande qualité, 382. — Conseils sur l'art dramatique, ibid. — La mère de Mlle Jodin
est la plus infortunée créature que
Diderot connaisse. Pourquoi, 383. —
Réflexions sévères de celui-ci, 384. —
A propos de quoi Diderot est bien aise
de voir que Mlle Jodin a conservé son

honnêteté et sa sensibilité. Nouveaux conseils, 385. — Nouveaux conseils sur l'art dramatique, 386, 387. — Autres conseils, 389. — Caractère de la mère de Mlle Jodin, 391. — Succès de l'actrice qui succède à Mlle Clairon, 391. — Diderot reproche à Mlle Jodin de se laisser aller sur la scène à un balancement de corps très-déplaisant, 393. — Il la félicite et la complimente de la résolution qu'elle a de placer une somme à fonds perdu, 394. — Il lui demande si elle a résolu de passer à Saint-Pétersbourg dans la troupe de l'impératrice de Russie, 395. — Ce que disait Garrick des vers de Racine, 396. — Ce n'est pas assez d'être grande actrice, il faut encore être honnête femme, 396. — Diderot est rassuré de l'avenir par le bon emploi qu'elle fait de son argent, 397. — Conditions qu'on lui propose pour le service de l'impératrice de Russie, 398. — Comment Diderot juge son indiscrétion, 400. — Deux amants qui s'adressent des propos grossiers s'avilissent tous deux, ibid. — Sa mère a gagné son procès. Contre qui, 401. — Conseils sur sa liaison avec son amant, 402. — Observations de Diderot à propos de la pension qu'elle fait à sa mère, 403. — Conseils de Diderot sur la conduite qu'elle doit tenir avec son amant, 405. — Il est heureux de la manière dont elle en use avec sa mère, 406. — Conduite de son oncle envers celle-ci, ibid. — Il engage l'oncle à avoir pitié de la nièce, 407. — Il félicite Mlle Jodin de jouir d'un revenu dont rien ne peut la priver, 408. — Compare sa situation actuelle avec le passé, lorsqu'elle avait quatorze ans, ibid. — Cite dans le même cas la fortune de Mme Geoffrin, ibid., et celle de Mme du Barry, 409. — Conseils que Diderot lui donne, 410. — Il la félicite du succès de son début à Bordeaux, ibid. — Il l'informe que toutes ses affaires sont dans le meilleur ordre, 411. — Nouveaux conseils, 412.

¶ *Lettres à divers.* — Voyez *Correspondance générale.*

¶ *Lettres de Diderot qui ne font point partie de la Correspondance générale.* — A son frère, I, 9. — Sur les Aveugles, 275. — Sur les Sourds-Muets, 343. — A son frère, 485. — A Mme la comtesse de Forbach, III, 540. — A M. de Ramsay, peintre du roi d'Angleterre, IV, 52. — A M. l'abbé Galiani, sur la sixième ode du troisième livre d'Horace, VI, 289. — A Naigeon, sur la première satire du second livre d'Horace, 303-316. — Au baron d'Holbach, sur Boulanger, 339. — A M. X***, sur l'abbé Galiani, 440-443. — A la princesse de Nassau-Sarrebruck, VII, 178. — Au sujet d'un écrit du marquis de Chastellux, VIII, 506. — A Grimm, en lui adressant le salon de 1767, XI, 3-18. — A Grimm, au sujet du peintre Casanove, 197. — Au P. Berthier, jésuite, sur le *Prospectus de l'Encyclopédie*, XIII, 165. — Au même, 168. — Lettres à Falconet, XVIII, 77 à 335. — Lettres à Mlle Volland, 354 à XIX, 352. — Lettres à l'abbé Le Monnier, 353 à 375. — Lettres à Mlle Jodin, 377 à 412.

Lettres de Diderot, vendues publiquement, que les éditeurs de la présente édition n'ont pu se procurer, XX, 106.

Lettres d'Amabed. — Roman de Voltaire publié en 1769, sous le pseudonyme de l'abbé Tamponet, VI, 366. — Compte rendu de cet ouvrage, 367.

Lettres de Sénèque. — Au nombre de cent vingt-quatre, toutes sont admirables, III, 275. — Elles sont trop pleines, trop substantielles, pour être lues sans interruption, *ibid.*

Lettres d'un fermier de Pensylvanie aux habitants de l'Amérique méridionale (sur les). — Remarques sur cet ouvrage de Dickinson, traduit par Barbeu du Bourg, IV, 86.

Lettres écrites de la campagne. — Ouvrage de J.-Robert Tronchin, jurisconsulte genevois, IV, 72.

Lettres sur l'esprit du siècle. — Ouvrage publié, en 1769, par dom Deschamps, bénédictin, VI, 368. — OEuvre détestable d'un jeune fanatique, 369.

LEVASSEUR (Mlle). — Maîtresse de J.-J.

Rousseau; depuis, sa femme, I, LXI.
LEUCIPPE, philosophe éléatique, XIV, 400. — Peut être regardé comme le fondateur de la philosophie corpusculaire, *ibid*. — En quoi il diffère d'Épicure, 401.
LEVALLOIS (*Jules*). — Rapprochement injurieux qu'il fait entre Diderot et un personnage d'un roman d'Alph. Daudet, XVIII, 340.
LEVASSEUR (*Jean-Charles*), graveur. — Expose, au Salon de 1771, *Diane et Endymion*, d'après J.-B. Van Loo, XI, 547. — Cette planche est son morceau de réception à l'Académie, *ibid*.
LÉVESQUE (M.). — Diderot le charge d'une lettre pour Falconet, XVIII, 330. — Caractère de ce personnage, qui va remplir une place de gouverneur à l'hôtel des Cadets, à Pétersbourg, 330.
LEVESQUE DE BURIGNY. — Voyez BURIGNY.
* *Liaison*. — Sens métaphysique de ce mot, XV, 473. — La plus intime de toutes est celle de la cause avec l'effet, 475.
LIBANIUS, philosophe stoïcien. — Reçoit dans son école de Nicomédie l'empereur Julien, qui la fréquente malgré la défense de l'empereur Constance, XIV, 335.
* *Liberté*. — Étude sur cette faculté de l'âme, sans laquelle les hommes ne seraient que de purs automates, XV, 478-508. — La liberté est un mot vide de sens, XIX, 435.
* *Liberté naturelle*. — Droit donné par la nature à tous les hommes, XV, 508.
* *Liberté civile*. — Ce qui la constitue, XV, 509.
* *Libertinage*. — Habitude que la morale condamne, XV, 510.
Libertins. — Habitués de *l'Allée des fleurs*, I, 219, alinéa 9, 10.
Librairie (*Commerce de la*). — En quoi consiste un fonds de librairie, XVIII, 10. — Résultats de la contrefaçon, 12, 14. — Dans quelles conditions était délivré le privilége, 20. — Lettres patentes qui défendent d'imprimer un livre sans le privilége du roi, 22.—Contestations de différents libraires, 24. — C'est un paradoxe d'avancer qu'il n'y a que les priviléges qui puissent soutenir la librairie, 28. — Le libraire peut tirer d'un ouvrage qui lui appartient tel parti qu'il lui conviendra, 30. — Connaissances de Diderot sur la librairie, 33. — Par la concurrence les livres deviendront communs, mais faits d'une façon misérable, 35. — Quel sera l'effet de l'abolition des priviléges de librairie, 46. — Un auteur ne connaît pas la valeur de son premier ouvrage, 47. — Les productions littéraires sont insaisissables, 48. — Comment on peut obtenir la réimpression d'ouvrages importants, 53. — Nature des échanges du libraire français avec le libraire étranger, 56. — Vœux de Diderot sur le commerce de la librairie, 58 et suiv. — Il est impossible d'intercepter les livres dangereux à la frontière, 61. — Il est utile pour les lettres et la librairie de multiplier les permissions tacites à l'infini, 66. — Origine des colporteurs, 71 et suiv. — Concessions qui devraient être faites aux libraires, 74, 75.
* *Librairie*. — Note sommaire sur ce genre de commerce, XV, 511-512.
* *Licence*. — De la signification grammaticale, littéraire et morale de ce mot, XV, 512.
* *Ligature*. — État d'impuissance vénérienne causée par quelque charme ou maléfice, XV, 514. — Auteurs qui ont traité de cette matière : Delrio, Bodin, 514; Kempfer, 515; Marshal, 516. — Citation de Montaigne sur ce sujet, 516-518.
LIGNAC (l'abbé *Joseph-Adrien* LELARGE de), auteur des *Lettres* (dix) *à un Américain sur l'Histoire naturelle de Buffon et sur les Observations microscopiques* de Needham, II, 51.
LILLO (*George*), auteur dramatique anglais. — Il créa la tragédie bourgeoise, et précéda Diderot en ce genre. Sa tragédie de *Barnwell* ou *l'Apprenti de Londres*, citée, VII, 95. — Ce même ouvrage cité sous le titre : le *Marchand de Londres*, 413. — Dorat fait de la principale situation

de cette pièce le sujet d'une héroïde médiocre, VIII, 449.

LINNÆUS. — Singulier raisonnement de ce naturaliste méthodiste, II, 44-45.

LINSCHERING, géomètre allemand. — Son ingénieuse méthode d'enseignement, II, 403.

LINUS, théologien, philosophe, poëte, musicien, XV, 49. — Fut l'inventeur du vers lyrique et de l'art de filer les intestins des animaux, *ibid.* — Eut pour disciples Hercule, Thamiris et Orphée, *ibid.* — Tué par Hercule, *ibid.*

LIONNAIS (la), danseuse de l'Opéra, I, LXI. — Comment Diderot se guérit de son amour pour elle, XVIII, 340.

LIOTARD (*Jean-Étienne*), célèbre peintre en émail, XIV, 412.

LITTRÉ (*Maximilien-Paul-Émile*), philologue. — Comment il écrit et traduit le mot *dessouci*, néologisme introduit en français par Diderot, III, 208.

LIVILLA, sœur de l'empereur Claude, III, 32.

Livre rouge (le). — Non donné au Registre de la police, VI, 232.

Livres classiques. — Pour la *Faculté des arts*, première classe, III, 457. — Seconde classe, 458. — Troisième classe, 459. — Quatrième classe, 461, 462. — Cinquième classe, 463. — Sixième classe, 464, 466. — Septième classe, 467. — Huitième classe, 468. — Auteurs Grecs, 479. — Auteurs Latins 482. — Sont presque tous à faire, 532. — Pourquoi ils sont si rares, *ibid.* — C'est une tâche à proposer à tous les savants, 533.

Livres inspirés. — Ils renferment deux morales, II, 517. — Voyez *Déistes*.

LOCATELLI, célèbre violoniste, V, 409.

LOCKE (*Jean*), philosophe anglais. — Damné par les dévots, I, 153. — Son opinion sur les aveugles-nés qui recouvreraient la vue, 314. — Nie qu'il y ait une liaison essentielle entre la vue et le juger, 315. — Sa manière de juger, mise en regard de celle de l'aveugle-né Saunderson, 326. — Attribue les idées aux organes des sens, II, 295. — Vanité de ses principes, 297.

* Notice sur sa vie, ses ouvrages, et sa philosophie, XV, 519 à 524. — Ses ouvrages sur l'entendement humain tendent à perfectionner la logique, 528. — Sa philosophie, comparée à celle de Descartes et de Malebranche, 529.

LOCUSTE, empoisonneuse romaine. — Fournit à Néron le poison qui fait périr Claude et Britannicus, III, 53. — Elle tient école et fait des élèves de son art, 81.

LOGAN, chef de la nation des Schawanches. — Discours qu'il tient à lord Dunmore, gouverneur de la Virginie, XVII, 503.

* *Logique.* — Art de penser juste, III, 464 et XV, 524. — Se nomme souvent *dialectique*, et quelquefois art *canonique*, 525. — Manière dont Bacon la divisé, *ibid.* — Causes du discrédit dans lequel elle est tombée, *ibid.* — Zénon d'Élée en fut le fondateur, 526. — Se relève de son abaissement sous Descartes, 528. — Ses progrès dus aux ouvrages de Locke, de Malebranche, de Crousaz, du père Buffier, de M. Leclerc, de M. Wolff, *ibid.*, 531. — La *logique* est-elle une science? Est-elle un art? Réponse à ces questions, 536.

Logique (la), ouvrage perdu dont Diderot serait l'auteur, XX, 103.

* *Loi naturelle.* — Est l'ordre éternel et immuable qui doit servir de règle à nos actions, XVI, 1. — Est fondée sur la distinction essentielle entre le bien et le mal moral, 3. — Il est impossible de la méconnaître, *ibid.*

Lois. — Leur origine, II, 396. — Danger de se mettre au-dessus d'elles, V, 279. — Sont de deux sortes, 394. — Les unes d'une équité et d'une généralité absolue; les autres, bizarres, ne doivent leur sanction qu'à l'aveuglement ou à la nécessité des circonstances, *ibid.*

* *Loisir.* — Temps vide que nos devoirs nous laissent, XVI, 3.

LOLLIA (*Paulina*). — Agrippine l'oblige à se tuer, parce qu'elle lui a disputé la main de Claude, III, 46, 47.

LOLOTTE. — Nom d'une femme de basse extraction, mariée au comte d'Hérouville, V, 319. — Cette mésalliance a de fâcheuses conséquences pour l'avancement du comte, *ibid.*

LOMBARD (*Pierre*), célèbre théologien scolastique. — Fut chargé de l'éducation des enfants de France, XVII, 94.

LOMONOSOFF. — A traduit en français une *Histoire de la Russie*, XVII, 495. — Pourquoi Diderot le trouve un peu superstitieux, *ibid.*

Longchamp, couvent de femmes près Paris. — Suzanne Simonin (*la Religieuse*) est conduite dans cette maison après sa sortie du couvent de Sainte-Marie, V, 33. — La Le Maure de l'Opéra avait fait profession dans ce couvent, *ibid.* — Relevée de ses vœux, elle y allait chaque année les mercredi, jeudi et vendredi de la semaine sainte pour la célébration des offices chantés par les chœurs de l'Opéra, *ibid.*

LONGIN (*Denis*), célèbre rhéteur. — Son *Traité du Sublime*, ouvrage à consulter, III, 486. — Ses conseils aux orateurs, XII, 85. — Philosophe de la secte éclectique, il excelle surtout dans les lettres, XIV, 318. — Précepteur de Zénobie, reine de Palmyre, *ibid.* — Est mis à mort par ordre de l'empereur Aurélien, *ibid.* — Sa fermeté au moment suprême, *ibid.*

LORIOT (*Antoine-Joseph*), ingénieur-mécanicien; inventeur de l'*Art de fixer la peinture au pastel sans en altérer l'éclat ni la fraîcheur.* — Son portrait peint par Jean Valade, dont moitié est fixée par son procédé, figure au Salon de 1763, X, 205.

LOSSENKO, dessinateur russe. — Diderot regrette de ne l'avoir pas connu, XVIII, 335. — Ce que Falconet dit de lui, 336 (note).

Lothaire II, ou le royaume de France en interdit, tragédie de Gudin de la Brenellerie. — Cette pièce, imprimée en 1767, brûlée à Rome en 1768, est réimprimée en 1777 avec cette inscription : *A Rome, de l'imprimerie du Vatican,* VIII, 516.

LOUANDRE (*Charles*). — Erreur de ce littérateur touchant l'influence qu'il attribue au roman de Diderot, *la Religieuse,* sur le décret du 27 février 1790 portant suppression des couvents, V, 3.

* *Louange.* — C'est le discours, l'écrit ou l'action, par lesquels on relève le mérite de quelqu'un ou de quelque chose, XVI, 4.

* *Louer.* — C'est témoigner qu'on pense avantageusement, XVI, 4.

LOUIS VII, dit *le Jeune*, roi de France. — Entreprend la seconde croisade à la persuasion de saint Bernard, XIV, 246. — Battu par les Turcs près de Laodicée, il rentre en France, *ibid.* — Répudie sa femme, qu'il avait emmenée en Palestine, pour cause d'inconduite pendant le voyage, *ibid.*

LOUIS IX ou SAINT LOUIS, roi de France. — Ce qu'il aurait été, suivant Frédéric II, roi de Prusse, s'il eût vécu de son temps, II, 491. — Part pour la Terre-Sainte, avec sa femme, ses trois frères et leurs épouses, XIV, 249. — Presque toute la chevalerie de France le suit, *ibid.* — Marche contre Melec-Sala, soudan d'Égypte, *ibid.* — Une partie de son armée périt de maladie; l'autre est défaite à la Massoure, 250. — Le comte d'Artois, son frère puîné, est tué et saint Louis est fait prisonnier avec ses deux autres frères, *ibid.* — Il se rachète; sa rançon payée, il demeure quatre ans en Palestine, visite Nazareth, et revient en France avec le dessein de former une autre croisade, *ibid.* — Celle-ci, *entreprise pour l'extirpation des infidèles,* est dirigée sur Tunis. Malheureuse dès le début, elle se termine par la mort du roi, *ibid.*

LOUIS XII, roi de France. — S'applique, pendant tout son règne, à augmenter la bibliothèque de Blois, qu'il réunit à la couronne, XIII, 466.

LOUIS XIV, roi de France. — Est désigné sous le nom d'ERGUEBZED, dans les *Bijoux indiscrets,* IV, 137. — Est parfois aussi nommé KANOGLOU, 138. — Appelle à la cour l'aruspice Codindo, pour avoir l'horoscope de son fils, 143. — Trouve le Puget *trop cher* pour l'employer à l'avenir; mot malheureux dit à l'occasion de l'admirable *Milon de Crotone*, exécuté par cet artiste, XIII, 44.

Louis XV, roi de France.— Figure, dans les *Bijoux indiscrets*, sous le nom de Mangogul : pour le rôle qu'il y remplit, voyez ce nom. — Premières années de son règne, IV, 144. — Éloigne du ministère le comte d'Hérouville, pour cause d'un mariage inégal, V, 319. — Ce qu'il trouve à Croix-Fontaine lors d'une visite qu'il fait au financier Bouret, 453. — S'oppose à l'admission de Diderot à l'Académie française, VII, 172. — Sa statue par Le Moyne est élevée dans la cour de la chapelle de l'École militaire, XIII, 76-77.

Louis DE FRANCE, fils de Louis XV et de Marie Leczinska. — Voyez DAUPHIN (monseigneur le).

Louis (*Antoine*). — Note sur ce célèbre chirurgien, VI, 23. — Cité, XI, 260. — Constate, en 1755, la grossesse d'une femme anélytroïde, IX, 410. — Malgré l'authenticité du fait, le Parlement condamne la thèse soutenue à ce sujet, *ibid*. (note).

LOUTHERBOURG (*Philippe-Jacques*). — A l'âge de vingt-deux ans, cet artiste expose, au Salon de 1763, un grand nombre de paysages d'un faire merveilleux, X, 198. — Comme peintre d'animaux, il se place d'emblée au premier rang, *ibid*. — Comparé à Berghem et Carle Vernet, il a la fraîcheur du premier et toutes les qualités du second, 199. — Expose, au Salon de 1765 : un *Rendez-vous de chasse*, 366. — *Matinée après la pluie*, 369. — Un *Orage au soleil couchant*, *ibid*. — Une *Caravane*, 370. — Des *Voleurs attaquant des voyageurs*, 371. — Les mêmes *Voleurs pris et conduits par des cavaliers*, *ibid*. — Plusieurs tableaux de *Paysage*, *ibid*. — Une *Nuit*, son plus beau morceau, 372. — Deux délicieux petits paysages : le *Point du jour au printemps* et le *Coucher du Soleil en automne*, *ibid*. — Tout ce qu'il fait est de réminiscence ; il copie Wouwermans et Berghem, XI,

83. — Ses compositions exposées au Salon de 1767 embrassent quatre classes : des *batailles*, des *marines et des tempêtes*, des *paysages*, des *dessins*, 270. — Description de dix-huit tableaux de cette exposition, 271-288. — Ce peintre a un talent prodigieux, 287. — Grand, très-grand artiste, 307. — Mis en parallèle avec Casanove, 423. — Les quatorze tableaux qu'il envoie au Salon de 1769 sont tous fort beaux ; il n'y a que du plus au moins, 431, 432. — Description de vingt-un tableaux de ce maître, exposés en 1771, tous d'un grand mérite, 497-502.

LOUVILLE (*Jacques-Eugène* D'ALLONVILLE, chevalier de). — Resté muet et sans connaissance durant quarante heures, Maupertuis le fait parler au dernier moment de sa vie, IX, 426.

LOUVOIS (*Camille* LE TELLIER, abbé de). — Réunit, en 1684, les charges de *maître* et de *garde de la librairie*, XIII, 470.

LOVELACE. — L'un des personnages de *Clarisse Harlowe*, roman de Richardson, V, 222. — Offre l'assemblage des qualités les plus rares et des vices les plus odieux, *ibid*.

LOYOLA (*Ignace* de), fondateur de l'ordre des Jésuites, XV, 273. — Se décore du titre de chevalier de Jésus-Christ et de la Vierge Marie, *ibid*. — Est choisi par Jean III, roi de Portugal, pour porter la connaissance de l'Évangile aux Japonais et aux Indiens, 274.

* *Lubrique, Lubricité*. — Termes qui désignent un penchant excessif dans l'homme pour les femmes, et dans la femme pour les hommes, XVI, 5.

LUCAIN, poëte latin. — Fils d'Annæus Méla, et neveu de Sénèque le philosophe ; loué par Tacite, III, 20. — Se rend méprisable par ses délations contre sa mère, 21. — A fait plus de honte aux siens par son crime que d'honneur par ses vers, *ibid*. — Diderot le méprise et ne veut plus le lire, 137.

LUCILIUS, chevalier romain. — Ami et élève de Sénèque dans la philosophie stoïcienne, III, 201. — Analyse de cent vingt-quatre lettres que Sénèque lui a écrites, 204-275. — Diderot considère cette correspondance comme un cours complet de morale, 201.

LUCRÈCE, célèbre poëte et philosophe latin. — Son beau poëme *de la Nature*, cité, VII, 352.

¶ *Lui et Moi*, dialogue entre Diderot et Rivière, XVII, 475-485.

LULLI (*Jean-Baptiste*), musicien célèbre. — Voyez UTMIUTSOL.

Luminaire des églises. — Pourquoi il n'y a guère d'apparence qu'on le supprime, XVI, 185. — On pourrait en économiser les trois quarts, *ibid.* — A combien se monterait pour le pays l'épargne réalisée ainsi, *ibid.* — Que de bien à faire avec cette économie, 186.

LUNDBERG (*Gustave*), pastelliste. — Expose au Salon de 1767 un portrait du baron de Breteuil, XI, 150.

Luneau de Boisjermain, auteur-libraire. — Remarques sur sa brochure *le Zinzolin*, VI, 380. — S'appuie sur le témoignage de Diderot pour attaquer en restitution de souscriptions les libraires-éditeurs de l'*Encyclopédie*, XIII, 124. — Lettre que Diderot lui adresse, XX, 7. — Diderot, dans une lettre à Briasson et à Le Breton, critique le reproche de Luneau d'avoir imprimé l'*Encyclopédie* en plus de volumes qu'il n'en avait été annoncé, 29. — Comment Diderot répond à la prétendue profusion des planches, alléguée par Luneau, 33. — Conversation de Luneau et de Diderot, 134.

Lunules, terme de géométrie. — Problème résolu par Hippocrate de Chio, II, 400.

Lupus, centurion romain. — Égorge Cæsonia, femme de Caligula, sur l'ordre de Cassius Chéréa, III, 32. — Après la mère il tue la fille, *ibid.*

LUSIGNAN (*Gui de*), roi de Jérusalem. — Marche contre Saladin, est vaincu et fait prisonnier, XIV, 246. — Recouvre la liberté au bout d'un an, *ibid.*

LUTHER (*Martin*), cité, I, 185. — Fut un vrai syncrétiste en matière de religion; épithète que Diderot lui donne, XVI, 306.

Luxe. — Sa définition, II, 414.

* Cause première du luxe, XVI, 5. — Il a été de tout temps le sujet des déclamations des moralistes, *ibid.* — Éloges que quelques politiques en font, 6. — Les censeurs du luxe sont contredits par les faits, 7 et suiv. — Les passions qui mènent au luxe ne sont pas les seules nécessaires; elles doivent s'allier à l'ambition, l'amour, la gloire, l'honneur, 14 et suiv. — La première opération pour remettre le luxe dans l'ordre, c'est le soulagement des campagnes, 29.

Luxure, luxurieux. — Aimer le sexe et les autres plaisirs des sens avec excès, c'est être luxurieux, I, 102. — Il est une luxure d'un ordre supérieur, celle-ci a ses limites que la créature ne peut franchir sans danger, 108.

LYCON, philosophe péripatéticien. — Eut un talent particulier pour instruire les jeunes gens, XVI, 247.

LYCURGUE. — Ses lois incompatibles avec un grand État et avec un État commerçant, II, 442. — Assujettit le peuple grec à une espèce de règle monastique, XV, 58. — Il n'écrivit point ses lois, devenues le sujet des chants de Tyrtée et de Terpandre, *ibid.*

Lymphe. — Voyez *Vaisseaux lymphatiques*.

LYSIPPE, célèbre peintre grec, de l'école d'Égine. — La signature de ses tableaux indiquait qu'ils étaient peints à l'*Encaustique*, X, 50.

M

MABLY (l'abbé de). — Agresseur des principes de M. de La Rivière, XVIII, 275.

* *Macariens*. — Temps où le consul Macarius fut envoyé par l'empereur Constance, pour ramener les Donatistes dans le sein de l'Église, XVI, 30.

Macbeth, tragédie de Shakespeare. — Belle situation de cette pièce, I, 354, 355.

MACCLESFIELD (*Anne*), mère coupable du

malheureux Savage. — Nommé à tort *Manlesfield*, IX, 452.

* *Macération.* — Douleur corporelle qu'on se procure dans l'intention de plaire à la Divinité, XVI, 30.

* *Mâcher.* — Briser et moudre les aliments sous les dents pendant un temps convenable, XVI, 31.

MACHIAVEL (*Nicolas*), fameux politique florentin. — Notices sur sa vie, XVI, 32, 343. — Ses ouvrages, 33, 344.

* *Machiavélisme.* — Politique détestable ou art de tyranniser dont Machiavel a répandu les principes, XVI, 32.

* *Machiavéliste.* — Homme qui suit dans sa conduite les principes de Machiavel, XVI, 33. — Les antimachiavélistes, 345.

* *Machinal.* — Ce que la machine exécute d'elle-même, sans aucune participation de notre volonté, XVI, 33. — Exemples qui distinguent le *mouvement machinal* du *Mouvement libre ou volontaire*, 34.

MACHY (de). — Ce peintre expose, au Salon de 1761, l'*Intérieur de l'église de Sainte-Geneviève* et une *Vue du Péristyle du Louvre*, morceaux dont le sujet intéresse, X, 136. — De lui au même Salon, l'*Intérieur d'un Temple* et deux petits tableaux de *Ruines*, 137. — Expose, au Salon de 1763, cinq tableaux : l'*Intérieur de l'église de la Madeleine* ; le *Péristyle du Louvre*, du côté de la rue Fromenteau ; deux *Ruines* (à la gouache) *de la Foire Saint-Germain incendiée* ; l'*Installation de la statue de Louis XV* ; les quatre premiers ne sont pas sans mérite, 214, 215. — Parallèle entre cet artiste et Servandoni, 323. — Examen critique de cinq tableaux qu'il envoie au Salon de 1765 : I. Le *Portail de Sainte-Geneviève le jour que le roi en posa la première pierre* : II. *La Colonnade du Louvre* ; III. Le *Passage sous le péristyle du Louvre du côté de la rue Fromenteau* ; IV. *La Construction de la nouvelle Halle* ; V. *Des Ruines*, ce dernier, vrai tableau de lanterne magique, 324. — Quatre tableaux, représentant divers monuments de Paris, qu'il envoie au Salon de 1767, décrits, XI, 158, 160. — Réflexions sur cet artiste, mis en parallèle avec Robert, 256. — Son talent spécial, 306. — Ses tableaux au Salon de 1771 ont toujours le mérite qu'on leur connaît, 486. — Au Salon de 1775, il se montre inférieur à lui-même, XII, 17. — Se relève au Salon de 1781, 42.

MACKLIN, comédien anglais. — Prétendait que les impressions qui subjuguent le comédien, et le soumettent au poëte, lui sont très-nuisibles, VIII, 421. — Sa rivalité avec Garrick, *ibid.* (note).

MACOCO (le Grand). — Souverain du royaume d'Ansico, en Afrique, XIII, 297. — On tue deux cents hommes par jour pour alimenter sa table, *ibid.*

MACROBE (*Aurelius*), philosophe platonicien, écrivain latin du ve siècle, XV, 299.

¶ *Madame de Linan, ou l'Honnête Femme*, comédie. — Plan de cet ouvrage, VIII, 261.

MADIN (Mme). — Voyez MOREAU-MADIN.

Mage. — Signifie *adorateur* ou *prêtre du feu*, XVI, 260. — De l'origine du magianisme ; du caractère du mage ; des classes des mages, *ibid.* — Des devoirs des mages ; de leurs sectes, 261. — De leur philosophie, 262.

Magie. — Ce qu'elle est dans la philosophie occulte, XVI, 536. — Est un art sacré, 540.

MAGINVILLE (l'abbé de). — Dépensait volontiers vingt louis pour donner à dîner, et volait un petit écu au jeu, XI, 127. — Raison de cette bizarrerie, *ibid.*

* *Magistrat.* — Quel fut le premier magistrat, XVI, 35. — Ce que ce nom signifie dans notre langue, 36. — Vertus essentielles au magistrat, *ibid.*

* *Magistrature.* — L'exercice d'une des plus nobles fonctions de l'humanité, XVI, 37. — On peut aussi entendre, par ce mot, le corps des magistrats d'un État, *ibid.*

* *Magnanime*. — Définition morale de ce mot, XVI, 37.
Magnétisme. — Conjectures sur ce phénomène, II, 27.
* *Magnifique*. — Définition grammaticale de ce mot, XVI, 38.
Magon (M.), directeur de la Compagnie des Indes, neveu de Maupertuis. — Son caractère, XVIII, 534.
Mahomet, prophète célèbre, fondateur de l'islamisme. — Était environné d'idolâtres, de zabiens, de juifs et de chrétiens, XVII, 37. — Peut être considéré comme le plus grand ennemi de la raison humaine, *ibid.* — Comment il établit sa doctrine, 75.
Mahométans. — L'esprit d'intolérance qui les anime se conçoit, I, 182. — Une religion de paix et d'amour ne peut les imiter, *ibid.* — Voyez *Sarrasins* et *Arabes*.
Maillebois (*Yves-Marie*, comte de), général français. — Est condamné comme calomniateur à l'occasion d'un *Mémoire* contre le maréchal d'Estrées, II, 454. — Est décrété d'accusation par l'Assemblée nationale (1791), *ibid.* — Meurt à Liége, *ibid.*
Maïmonides (*Moïse*), fils de Maïmon, célèbre rabbin, né à Cordoue en 1131, XV, 373. — Histoire de sa vie, 374-390.
Maine (Anne-Louise de Bourbon, duchesse du). — Est enfermée à la Bastille, à l'occasion de la conjuration du prince de Cellamare, II, 255. — Fait les aveux les plus complets, *ibid.*
* *Maintien*. — Définition grammaticale de ce mot, XVI, 38.
Maître. — Les élèves qu'ils ont formés fournissent un moyen sûr de les juger, III, 529. — Quelles doivent être leurs qualités, *ibid.* — Leurs fautes ne doivent jamais être traitées légèrement, 530. — Manière d'enseigner, 531. — Stipendiés par l'État, ils doivent encore avoir l'assurance d'une pension viagère après un certain nombre d'années de bons services, *ibid.*
Maîtres et valets. — Réflexion sur ce sujet, VI, 107.
Maîtresses des princes. — Effets de leur empire, III, 74. — Les courtisans pervers se pressent autour d'elles, *ibid.* — L'empire du souverain, moins tyrannique et moins capricieux que le leur, *ibid.* — On peut sans conséquence déshonorer une nation par la perte d'une bataille, mais non adresser un mot ou un geste de mépris à une favorite, 125.
Majores. — De la valeur réelle de ce mot latin, VI, 292 et suiv.
Makaley (Mme), auteur d'une *Histoire d'Angleterre*. — Citée par Helvétius, qui l'appelle *Caton de Londres*, II, 365.
Makarty (l'abbé). — Son talent comme conteur le fait rechercher dans le monde, II, 360.
Mal (le). — Son origine; son existence est une suite nécessaire des lois de la nature, II, 85. — Un monde sans mal ne se peut concevoir, *ibid.* — Il vient ou de Dieu qui nous éprouve, ou du diable qui nous tente, V, 20.
* *Malabares* (*philosophie des*), XVI, 38. — Leur religion, leurs prêtres, 39. — Théologie des peuples du Malabar, 42. — Physique de ces peuples, 46. — Leur morale, *ibid.*
Malacarne (*Vincent*), chirurgien italien, l'un des fondateurs de l'anatomie comparée, IX, 314. — Ses études remarquables sur le cerveau, *ibid.*
Malachi, célèbre casuiste musulman, XVII, 47.
Malade. — Histoire plaisante d'un malade guéri à la Charité, malgré le père infirmier, XIX, 204.
* *Maladroit, Maladresse*. — Se disent du peu d'aptitude aux exercices du corps, aux affaires, XVI, 49.
Malagrida (*Gabriel*), jésuite portugais. — Forme et conduit le complot contre la vie de Joseph Ier, roi de Portugal, XV, 281.
* *Mâle*. — Terme qui désigne, dans toutes les espèces d'animaux, le sexe de l'homme dans l'espèce humaine, XVI, 49. — Acception de ce mot au figuré, *ibid.*
Malebranche (*Nicolas*), philosophe et théologien. — Son livre de *la Recher-*

che de la *Vérité* tend à perfectionner la logique, XV, 528. — Sa philosophie comparée à celle de Locke, 529. — Son immense talent a servi à établir la réputation de Descartes, *ibid*. — Notice sur lui; sa philosophie, XVI, 49-53. — Ce qu'il prouve à propos du *raisonnement*, XVII, 7.

* *Malebranchisme*, ou *Philosophie de Malebranche*, XVI, 49-53.

* *Malédiction*. — Définition grammaticale de ce mot, XVI, 53. — Terme de jurisprudence, 54.

* *Maléfice*. — Sorte de magie ou sorcellerie, XVI, 54. — L'œil a toujours été regardé comme le siége ou l'organe du maléfice, 55. — Le maléfice ne s'envoie que par une personne irritée, 56. — Ce que les démonographes entendent par *maléfice*, 57.

MALESHERBES (*Chrétien-Guillaume* LAMOIGNON de). — Avertit Diderot qu'il va donner l'ordre d'enlever ses papiers et ses cartons, et en reçoit la moitié chez lui pour en prévenir la saisie, I, XLV. — Donne une face nouvelle à la *librairie*, XV, 512. — Lettre (inédite) de Diderot qui lui proteste n'être pas l'auteur du *Mémoire pour Abraham Chaumeix*, XIX, 455. — Autre lettre inédite, dans laquelle Diderot répudie la paternité d'une brochure intitulée *Préface de la Comédie des philosophes*, tout en protestant de son mépris pour cette comédie, 455.

* *Malfaisant*. — Terme de grammaire et de morale, XVI, 57.

MALFILATRE (*Jacques-Charles* DE CLINCHAMP de), poëte ignoré de son vivant. — Compte rendu critique de son poëme *Narcisse dans l'île de Vénus*, VI, 355. — Notice sur sa vie malheureuse et sa fin prématurée, 361. — Cité, XIII, 97. — Diderot apprend à Mlle Volland qu'il a fait une pièce de poésie à l'occasion du *Narcisse*, XIX, 311.

MALHERBE (*François* de), poëte. — Beautés de l'ode qu'il adresse à Louis XIII pour l'exhorter à la conquête de La Rochelle, VI, 413.

Malheur. — Il resserre les liens de l'amitié, V, 278. — A pour effet de rapprocher les hommes, VII, 95.

Malice, malignité. — Penchants vicieux; ce qui les caractérise, I, 77. — Passions dénaturées, 113.

* *Malice*. — Disposition à nuire, mais avec plus de finesse que de force, XVI, 57.

* *Malignité*. — Malice secrète et profonde, XVI, 58.

* *Malintentionné*. — Se dit de celui qui a le dessein de nuire, XVI, 58.

MALOET, un des médecins de Diderot, I, LVI.

MALPIGHI (*Marcel*), savant médecin. — Ses travaux anatomiques et ses observations ont plus servi à ébranler le matérialisme que tous les raisonnements de la métaphysique, I, 133.

* *Malveillance* et *Malveillant*. — Emploi de ces termes, XVI, 58.

MALVES (GUA de). — Voyez GUA DE MALVES.

MALVES (Mme de), femme du mathématicien Gua de Malves. — Diderot lui dédie sa comédie intitulée *la Pièce et le Prologue*, VIII, 73.

MALVILLE (*Marie* de), grand-mère maternelle de Mme de Vandeul. — Voyez CHAMPION (*Marie*, veuve).

MAMERT (*Claudien*), écrivain chrétien du ve siècle, XV, 298.

MANDEVILLE (*Jean* de), célèbre voyageur anglais. — Auteur de la *Fable des Abeilles*; sa philosophie, IV, 102, 103. — Cité, X, 299.

* *Mânes*. — Divinités domestiques des anciens païens, XVI, 59. — Diverses étymologies de ce mot, *ibid*. — Ce qu'Apulée dit de la doctrine des mânes dans son livre *de Deo Socratis*, 60.

MANÈS, philosophe d'origine perse. — Fondateur du *Manichéisme*, XVI, 61.

MANGOGUL. — Nom sous lequel le roi Louis XV est désigné dans *les Bijoux indiscrets*, IV, 137. — Reçoit du génie Cucufa un anneau magique, 148. — Éprouve la tentation d'en faire l'essai sur Mirzoza (Mme de Pompadour), 149. — La favorite obtient l'abandon de cette idée, 150. — Fait successivement, et toujours avec succès, trente essais, 152, 156, 159, 166, 170, 175, 214, 216,

218, 227, 232, 237, 253, 259, 267, 270, 276, 289, 293, 298, 306, 328, 350, 361, 366, 375. — Échantillon de sa morale, 222. — Lieu où il place l'âme de la femme, 224. — Sa définition des femmes, 225. — Son rêve, ou voyage dans la région des hypothèses, 255. — Se fait expliquer, par l'onéirocritique Bloculocus, un songe extraordinaire, 302. — Assiste au récit de l'*Oiseau blanc*, conte bleu, 416.

Manichéens. — Que deviennent-ils avec la nécessité prétendue de leurs principes, I, 27 (note). — Le dogme des Manichéens est l'éponge de toutes les religions, XVI, 66.

* *Manichéisme.* — Secte d'hérétiques fondée par un certain Manès, Perse de nation, XVI, 61. — Le dogme des deux principes est le fond de leur doctrine; il est beaucoup plus ancien que Manès, 62 et suiv. — Quelques-unes des raisons qu'on peut opposer au manichéisme, 65-90.

Manière (la). — Son origine en peinture, X, 464. — Vice contracté à l'Académie, *ibid.* — Comment on peut l'éviter, 465. — Elle vient du maître, de l'académie, de l'école; il n'y en aurait ni dans le dessin, ni dans la couleur, si l'on imitait scrupuleusement la nature, 467. — Dissertation sur ce défaut, XI, 368. — Est un vice commun à tous les beaux-arts, 369. — Se dit en bonne et en mauvaise part, 370. — Il y a une manière nationale, *ibid.* — Elle influe sur toutes les parties de la peinture, 371. — Consiste à s'écarter des convenances, 372. — Se fait remarquer dans tout ce qui est romanesque, 373. — Est dans les beaux-arts ce que l'hypocrisie est dans les mœurs, XII, 121.

Manière de bien juger dans les ouvrages de peinture, ouvrage posthume de l'abbé Laugier. — Critique de cet ouvrage, XIII, 98.

* *Manières.* — Usages établis pour rendre plus doux le commerce des hommes entre eux, XVI, 90. — En quoi elles consistent pour la plupart, 91. — Doivent exprimer le respect des inférieurs à l'égard des supérieurs, 92. — Doivent changer selon les différentes formes de gouvernement, *ibid.* — Peuples chez qui les manières étaient mises au rang des lois, 94. — Doivent être un des objets de l'éducation, 95. — Pourquoi elles survivent aux mœurs, 96.

* *Manières, Façons.* — Emploi de ces synonymes, XVI, 96.

Manille, effrénée brelandière de la cour de la Manimonbanda, IV, 170. — Mangogul fait sur elle l'essai de l'anneau magique, 171. — Tout en elle parle jeu, *ibid.* — Suite de ses révélations, 172, 173.

Manimonbanda. — Nom qui, dans les *Bijoux indiscrets,* désigne la reine, femme de Louis XV, IV, 138.

Manouri, avocat. — Prend connaissance de la demande en résiliation de vœux formée par Suzanne Simonin (*la Religieuse*), V, 60. — Après une visite à Longchamp, il se charge de sa cause, *ibid.* — S'applique à protéger sa cliente contre les persécutions du couvent, 67. — Ne peut conférer avec Suzanne, 74. — Le procès se suit, un premier mémoire fait peu de sensation, 86. — Publie un second mémoire qui produit plus d'effet, 89. — Écrit à Suzanne une lettre qu'elle n'a pas lue au moment où il vient la visiter, 92. — Le procès perdu, il offre à Suzanne la continuation de ses services, *ibid.* — S'offre à la faire changer de maison, 94. — Ses démarches sont couronnées de succès, 102. — Se présente à Longchamp, où il n'est pas reçu, 104. — Écrit à Suzanne le lendemain; sa lettre, *sans avoir été ouverte,* est envoyée au grand-vicaire M. Hébert, *ibid.* — Assiste avec M. Hébert à la scandaleuse séance d'introduction de sœur Suzanne au couvent d'Arpajon, 109.

* *Manstupration* ou *Manustupration.* — Étymologie de ce nom et de ses synonymes *Mastupration* et *Masturtion,* XVI, 96. — L'action représentée par ce mot est aussi appelée *onania* et *onanisme, ibid.* — Examen physiolo-

gique servant à prouver qu'elle n'est point un mal en médecine, 97-98. — Il est rare que ceux qui la pratiquent ne tombent pas dans l'excès, *ibid*. — Maladies qui en résultent, *ibid*. à 100. — Observations sur les accidents qu'entraîne cette funeste passion, 100. 104. — Réflexions pratiques sur le traitement ordinaire des maladies provoquées par la manstupration, 104, 105.

Maquignons. — En fait de chevaux tous les hommes sont maquignons, VI, 46. — En quoi ne le sont-ils pas? *ibid*.

Marabous ou *Marbouts*. — Nom que les Mahométans donnent à des prêtres, XVI, 105. — Diffèrent peu des autres hommes, mais sont facilement reconnaissables à leur air hypocrite et réservé, 106. — Ne se marient qu'entre eux, *ibid*. — Vénération du peuple pour eux, *ibid*. — Leur commerce, 106, 107.

Marat (*Jean-Paul*), médecin. — Erreurs de son ouvrage intitulé *De l'Homme ou de l'influence de l'âme sur le corps*, IX, 378. (Ce personnage est le même que le fameux démagogue connu sous ce nom.)

Marc (saint), évangéliste, principal colon de l'Allée des épines. — Sa conversation avec Ménippe, I, 208, 210 et suiv. — Ménippe, peu satisfait de ses discours, se retire de l'Allée des épines, et le laisse haranguer sa recrue et travailler à peupler son allée, *ibid*.

Marc-Aurèle. — Traduction d'une de ses pensées, par M. de Joly, I, 166.

Marcel, célèbre maître de danse, III, 432. — Cité, X, 241, 489. — *Maniérait* ses élèves, XI, 372. — Était le plus insipide modèle qu'un acteur eût pu choisir, 373.

¶ *Marchand de loto* (le), *Étrennes aux dames*, poésie, IX, 66.

Marchais, jeune marin, XIX, 3. — Vieilli par la fatigue. Description de la vie qu'on mène sur mer, 4.

Marcia, fille de l'historien Cremutius Cordus. — Sauve du bûcher les ouvrages de son père dont Séjan avait fait ordonner la destruction, III, 276. — Son éloge par Sénèque, *ibid*.

Maréchal (mylord). — Comment il jugeait J.-J. Rousseau dans sa querelle avec Diderot, III, 7.

Marescot (M. le baron de). — Communique un curieux billet adressé par Diderot à Emmanuel Bach, XX, 91. — Cette communication est accompagnée de l'extrait d'un recueil inédit de nouvelles à la main, terminé par un quatrain attribué à Diderot, *ibid*.

Marforio. — Statue, à Rome, à qui les satiriques font donner la réplique à Pasquin, XVI, 205.

Margraff (*André-Sigismond*), chimiste allemand. — Ses expériences sur le cobalt, XIII, 68.

Marguerite. — Ses amours avec Jacques, VI, 213.

¶ *Mari libertin puni* (le), divertissement. — Plan de cet ouvrage, VIII, 265-284.

Mariage. — Dette que chacun doit payer à la société, II, 80. — Suite de questions sur ce sujet, 241. — Ce qui en fait une source de dépravation, 245.

Mariage (le) *de Diderot*, nouvelle par Ch. Joliet, XX, 145.

Mariana (*Jean*), jésuite espagnol. — Publie en 1610, après l'assassinat de Henri IV par Ravaillac, sous le titre d'*Institution du Prince*, une apologie du meurtre des rois, XV, 279.

Marianne, ou les Aventures de la comtesse de ***, roman de Marivaux, I, 237, alinéa 7.

Marie-Thérèse d'Autriche, XI, 347.

Marigny (*Abel-François* Poisson, marquis de Ménars de). — Achète de M. de Boisset le tableau de Greuze connu sous le nom de *l'Accordée de Village*, X, 154. — Cette charmante composition, gravée par J.-J. Flipart, fait aujourd'hui partie de la Galerie du Louvre, sous le n° 260 de l'École française, *ibid*. — Commande à Carle Van Loo son tableau des *Arts suppliants*, 245. — Ce tableau allégorique a été fait en l'honneur de Mme de Pompadour, sœur de Marigny, *ibid*.

Marillier (*Clément-Pierre*), dessinateurgraveur. — Ses belles vignettes pour les OEuvres de Dorat font encore rechercher cet ouvrage, VI, 415.

MARIN (l'abbé). — Son portrait; scène de fantaisie, XIX, 3.

MARINUS, philosophe éclectique. — Succède à Proclus, XIV, 340. — A pour disciples Hégias, Isidore et Zénodote, ibid.

MARIUS (Caius), général romain. — Paroles remarquables que Salluste met dans sa bouche, III, 483.

MARIVAUX (P. CARLET DE CHAMBLIN de), auteur des romans le Paysan parvenu et la Vie de Marianne. — Cité, I, 237, alinéa 7. — Pourquoi les Anglais estiment beaucoup ses ouvrages, 302. — Cité, IV, 336.

MARLY. — Voyage de Diderot à ce lieu; description qu'il en fait, XVIII, 353 et suiv. — Autre description des jardins et des appartements de Marly, XIX, 135.

MARMONTEL (Jean-François). — Son opinion sur Sénèque et ses écrits, III, 229. — Embrasse la cause de Diderot contre les critiques violentes de l'abbé Grosier, 382 à 405. — Fait l'éloge de Naigeon, 404. — Une contestation s'élève entre Saint-Lambert et lui à l'occasion du poëme intitulé les Incas, V, 258. — Mot sanglant qu'il adresse à l'abbé Morellet, VI, 396. — Emprunte à l'Éraste de Salomon Gessner le sujet de son opéra comique Sylvain, VIII, 20. — Son apostrophe à Diderot au sujet de Sedaine, 383. — Réforme ses idées premières sur la musique dramatique, 509. — Mot de Voltaire sur sa tragédie de Denys le Tyran, XI, 119. — Son Portrait peint par Perroneau, 155. — Jugement sur sa poétique, 173. — Jugement sur son Bélisaire, roman philosophique, 305. — Son poëme la Neuvaine de Cythère cité avec éloge, 333. — Son plaisant dialogue avec Chamfort, 375 et XIX, 273. — Son Bélisaire, beau sujet manqué, XVIII, 238. — Son inquiétude au sujet de la Neuvaine de Cythère, XIX, 155. — Critique de son opéra-comique la Bergère des Alpes, 207. — Il reçoit une lettre et un beau présent du fils de la reine de Suède à l'occasion de son Bélisaire, 264. — Et un compliment de la part de l'empereur et de l'impératrice d'Allemagne, ibid. — Sa dispute avec deux évêques, 265. — Lettre que Diderot lui écrit, 454.

¶ MARQUISE DE CLAYE (la) et SAINT-ALBAN, dialogue, IV, 449.

Marraine. — Témoin obligé d'un enrôlement, I, 191, alinéa 6.

MARSAIS (du). — Voyez DUMARSAIS.

MARSY (SAUTEREAU de), éditeur de l'Almanach des Muses, III, 69.

MARSY (François-Marie de), littérateur. — Son poëme intitulé Pictura carmen, imité par Le Mierre, XIII, 78.

MARTIAL, poëte latin. — Nous lui devons la connaissance d'une foule de mots, de traits historiques, d'anecdotes et d'usages, qu'on ne trouve point ailleurs, III, 258.

MARTIN. — Trois tableaux de cet artiste exposés au Salon de 1771, mauvais, XI, 530, 531. — Une Madeleine mourante, une Famille espagnole, qu'il envoie au Salon de 1775, sont sans dessin et sans couleur, XII, 24. — Au Salon de 1781, son Sacrifice d'Iphigénie, quelque mérite de composition et puis c'est tout, 55. — De mauvais portraits, 56.

Martyrs. — Le vrai martyr attend la mort, I, 142. — Ce qui les fait, I, 206, alinéa 48.

* Massacre. — Emploi de ce terme de grammaire, XVI, 107.

Massacre des Innocents. — Maladresse des historiens juifs à ce sujet, I, 211, alinéa 60.

MASSARD (Jean). — A gravé sous le nom de la Voluptueuse un portrait de Mme Greuze (Mlle Babuti), peint par son mari, X, 351.

Masse. — En physique, ne pas la confondre avec l'action, II, 6.

MASSON (Antoine), célèbre graveur. — Son beau Portrait du Maréchal d'Harcourt, dit le Cadet à la perle, d'après Nicolas Mignard, et son estampe *les Pèlerins d'Emmaüs,* modèles à étudier, X, 442.

Matadors. — Titre donné à certains princes maltraités par les papes, I, 196, alinéa 24.

Mathématiques. — Voyez ¶ *Mémoires sur différents sujets de mathématiques.*

MATHOS ou MATOS *(Jean),* jésuite portugais. — L'un des complices de l'assassinat de Joseph Ier, roi de Portugal, XV, 281.

Matière. — Elle est divisée en matière morte et en matière vivante. Suite de questions intéressantes sur ce sujet, II, 58, 59. — Ce qu'il faut pour la mettre en mouvement, 6. — La supposer indifférente au mouvement et au repos, c'est n'avoir pas des idées nettes de la résistance, 64. — Erreurs des philosophes à ce sujet, 65, 69.

Matrice. — Étude physiologique de cet organe, IX, 391. — N'est point un organe essentiel à la vie de la femme, 393, 472.

MATTER *(Jacques),* historien et philosophe. — A donné dans son livre *le Mysticisme en France au temps de Fénelon,* une intéressante étude sur le quiétisme et sur Mme Guyon, II, 256.

MATY *(Matthieu),* savant médecin anglais, secrétaire de la Société royale de Londres. — A été induit en erreur touchant les Patagons, 201.

MAUPEOU *(René-Nicolas),* chancelier de France. — Son impopularité, II, 380. — Son éloge par Voltaire, V, 398.

MAUPERTUIS. — Voyez BAUMANN.

MAUPERTUIS, auteur du *Système de la Nature,* qu'il publie d'abord en latin sous le pseudonyme d'un professeur d'Erlangen, II, 5 à 15. — Baumann était le pseudonyme adopté pour l'édition latine, 16. — Objet et analyse de son remarquable ouvrage, 45-48. Examen des conséquences de son système, 49. — Ce qu'il dit au chevalier de Louville, moribond, frappé d'apoplexie, pour l'obliger à parler, IX, 426. — Obtient réponse et gagne son pari, *ibid.*

MAUREPAS *(Jean-Frédéric* PHÉLYPEAUX, comte de). — Présente au roi Louis XV un mémoire sur le commerce avec les colonies anglaises, V, 315. — Son zèle pour les intérêts de la *Bibliothèque du roi,* XIII, 474. — On lui doit l'établissement de l'école des jeunes élèves de langues, instruits à Constantinople aux dépens du roi, 475.

MAXIME D'ÉPHÈSE, philosophe éclectique. — Un des précepteurs de l'empereur Julien, XIV, 329. — Il eut Édésius pour maître, 330. — Il était savant, et ses connaissances variées fournissaient un aliment inépuisable à son enthousiasme, *ibid.* — Accompagne Julien dans son expédition de Perse, *ibid.* — La mort de l'empereur le fait tomber dans un état déplorable, *ibid.* — Valentinien et Valens le font charger de chaînes, *ibid.* — Son innocence reconnue, il est rendu à la liberté, *ibid.* — Est condamné à une amende que sa pauvreté l'empêche de payer, *ibid.* — Est relégué dans le fond de l'Asie, où de plus grands malheurs l'attendent, *ibid.* — A peine arrivé au lieu de son exil, il est emprisonné et livré aux plus cruels traitements, *ibid.* — Lassé de vivre, il demande du poison à sa femme qui, avant de le lui présenter, en prend la plus grande partie et meurt sous ses yeux, *ibid.* — Il survit par les soins d'Éléarque, préfet d'Asie, 331. — Rentre à Constantinople, *ibid.* — Sa fin tragique, *ibid.*

Maximes. — Il n'est guère de maximes de morale dont on ne puisse faire un aphorisme, et réciproquement, VI, 262.

MAYENNE *(Charles* DE LORRAINE, duc de). — Stratagème dont il use aux portes de Mantes, II, 501.

MAYNON D'INVAUX. — Voyez INVAUX.

MAYOT, célèbre joueur d'échecs, V, 387.

MEAD (docteur), célèbre médecin anglais. — Comment il guérit un Anglais hypocondriaque, XVII, 337.

MEAUX (Mme de). — Diderot lui rend visite à Bourbonne-les-Bains, V, 263. — Charade en vers que Diderot adresse à Mme de Prunevaux, sa fille, IX, 50.

Méchanceté. — Elle a sa source dans le tempérament, I, 31.

Méchant. — Étranger aux affections sociales, le méchant est incapable de juger les plaisirs qu'elles causent, I, 80. — Sa conscience le tient en crainte continuelle, 90. — Tourments qu'endure l'être pervers qui ne peut se cacher, I, 117. — Il mérite toute l'aversion du genre humain, ibid. — Ses affections dénaturées le rendent souverainement malheureux, ibid. — S'il est athée, il est juge et partie, II, 61. — Il ne rit jamais; pourquoi, IV, 472.

Meckel (J.-Fréd.), anatomiste allemand. — Ses expériences réitérées sur le cerveau, IX, 317.

* Méconnaissable, Méconnaissance, Méconnaissant, Méconnaître. — Acceptions diverses de ces termes, XVI, 107.

* Mécontent, Mécontente, Mécontenté, Mécontentement. — Termes relatifs à l'impression pénible que notre conduite laisse dans l'esprit des autres, XVI, 107.

Médecine. — Lettre sur les troubles qui, en 1748, divisaient la médecine et la chirurgie, IX, 213. — Son état en Grèce au temps d'Hippocrate, 220. — Les remèdes, souvent plus nuisibles que salutaires, 427.

Médecins. — Avantages à retirer de leur triple connaissance en médecine, en chirurgie et en pharmacie, IX, 216. — Nécessité de leur union dans un même corps avec les chirurgiens, 217. — Où se trouvent les grands médecins, 428.

Médée, tragédie perdue de Sénèque, III, 354.

Médiastin. — Ligament des poumons, formé par la réunion des deux sacs elliptiques de la plèvre, IX, 289. — Son utilité, 306.

* Médisance. — Elle est permise et quelquefois nécessaire, XVI, 108. — Ce qu'on entend communément par ce mot, ibid.

* Méditation. — Opération de l'esprit qui s'applique fortement à quelque objet, XVI, 108.

Médoc (le duc de). — Freston, son enchanteur, comparé au diable, I, 214.

* Méfiance. — Crainte habituelle d'être trompé, XVI, 109.

* Mégarique (secte). — Euclide de Mégare en fut le fondateur, XVI, 110. — Principaux philosophes de cette secte, 110 à 114.

Meinières (J.-B.-F. Durey de), président de chambre. — Sa conduite avec un procureur au Parlement; scène curieuse, XIX, 152. — Notice sur lui, ibid. (note).

Meissonier, peintre français. — A intitulé un de ses tableaux le Neveu de Rameau, V, 385. — Description de cette toile, exposée en 1860 dans un local privé, et, en 1867, à l'Exposition universelle, ibid. — Est l'auteur d'une peinture à l'huile : La Lecture chez Diderot, XX, 119.

Meister (Jacques-Henri), littérateur suisse. — Secrétaire de Grimm, le supplée souvent dans la rédaction de la Correspondance littéraire, I, xi. — A vécu dans la familiarité de Diderot, ibid. — Sa brochure : Aux mânes de Diderot, xiii-xxiii. — Son Éloge de Lavater, xx. — Cite avec éloge le discours d'un vieillard dans le Supplément au voyage de Bougainville, II, 197. — Ses réflexions sur l'effet produit par les ouvrages dramatiques de Diderot, VII, 173. — Lettre que Diderot lui écrit pour le prier de lui envoyer Roland, son copiste, XX, 85.

Méla (Annœus), père du poëte Lucain. — Tacite en parle d'une manière équivoque, III, 21. — Fabius Romanus, au moyen de lettres contrefaites, l'enveloppe dans un complot contre Néron, 22. — Se fait couper les veines pour échapper au tyran, ibid. — Laisse, par son testament, des sommes considérables à Tigellin, favori de Néron, ibid. — Sénèque le Rhéteur, son père, en parle avec avantage, 23.

Mélampe, théologien, philosophe, poëte et médecin grec de l'époque fabuleuse.

— On lui élève des temples après sa mort, XV, 54, 55.

Mélancolie, habitude de tempérament, qui porte à la méditation, II, 354, 355.

* Sentiment habituel de notre imperfection, XVI, 114.

Mélanges de littérature, d'histoire, etc., par d'Escherny. — Extrait de cet ouvrage, XX, 136.

Mélanie, drame de La Harpe. — Cet auteur en dut sans doute l'idée à la Religieuse de Diderot, V, 5. — Remarque au sujet du silence que cet auteur a gardé sur le roman de Diderot la Religieuse, 175, 176.

MELEC-SALA, soudan d'Égypte. — Saint Louis marche contre lui à la Massoure, XIV, 249, 250.

MELEDIN ou MALEK KAMEL, soudan d'Égypte. — Recouvre Damiette sur les croisés, XIV, 248. — Fait prisonnier Jean de Brienne, roi de Jérusalem, qu'il garde en otage, ibid.

MÉLISSE, philosophe éléatique, né à Samos. — A écrit un ouvrage intitulé De l'Être et de la Nature, XIV, 398, 399.

MELLINI, graveur. — Expose au Salon de 1765, artiste médiocre, X, 452. — Au Salon de 1767, il expose un portrait, d'après feu Alard, dit le livret, XI, 366.

¶ Mélodrame (Lettre sur le Traité du), VIII, 506-510. — Voyez CHASTELLUX.

MELON (Jean-François), économiste français, secrétaire du Régent. — Voltaire en faisait grand cas, IV, 81. — Est le premier qui ait remué les matières économiques ; sans lui peut-être cette science serait encore à naître, 82.

MELOT (Anicet), garde des manuscrits de la Bibliothèque du roi. — Éminents services rendus par ce savant, XIII, 473.

Membranes. — Comment elles se produisent, IX, 281.

Mémoire. — Cette faculté, très-développée, va rarement avec le jugement, I, 370. — Elle peut nuire à la comparaison tranquille des idées, ibid. — En quoi elle consiste, II, 112-113. — Elle conserve en nous la conscience du moi, 160. — Effets singuliers de la maladie à son encontre, 161-162. — Elle ne réside qu'en un endroit, centre commun de toutes les sensations, 168. — Sa définition selon Bordeu, 169. — Étude physiologique de cette faculté, IX, 366. — Son empire sur la raison, 369.

Mémoire contenant le projet d'une pompe publique, etc. — Examen de cette brochure, IX, 441.

Mémoire pour Abraham Chaumeix contre les prétendus philosophes Diderot et d'Alembert, ou Réfutation, etc., brochure attribuée tantôt à Diderot, tantôt à Morellet, XX, 98. — Pourquoi l'on doit se prononcer pour la négative, ibid.

Mémoire sur Diderot, par M. Damiron, XX, 142.

Mémoires historiques et philosophiques sur la vie et les ouvrages de Denis Diderot. — Le manuscrit autographe de cet ouvrage de Naigeon, conservé par Mme de Villeneuve sa sœur, est acheté à la vente de sa bibliothèque, par M. Brière, libraire, qui le publie en 1821, V, 362. — Cité, XX, 141.

Mémoires pour servir à l'histoire de la vie et des ouvrages de Diderot, par Mme de Vandeul, sa fille, I, XXV; XX, 142.

¶ Mémoires sur différents sujets de mathématiques, IX, 73. — Notice préliminaire, 75. — Remarque intéressante sur la première édition d'une partie de ces mémoires publiée en 1748, ibid. — Premier mémoire : Principes généraux d'acoustique, 83. — Second mémoire : Nouveau compas, examen de la développante du cercle, 132. — Troisième mémoire : Examen d'un principe de mécanique sur la tension des cordes, 153. — Quatrième mémoire : Projet d'un nouvel orgue, 156-167. — Cinquième mémoire : Lettre sur la résistance de l'air au mouvement des pendules, 168-181. — Conclusion des cinq mémoires, 182. — Réflexions sur une difficulté proposée contre la manière dont les Newtoniens expliquent la cohésion des corps et les autres phénomènes qui s'y rapportent, 183-191. — Note sur un mémoire de d'Alembert concernant le calcul des probabilités, 192-206. — Examen d'un écrit de d'Alembert sur l'inoculation, 207.

Mémoires sur la vie, les miracles, et l'histoire de Jésus-Christ. — Livre supposé, I, 206, à la note.

* *Menace*, signe extérieur de la colère ou du ressentiment, XVI, 115. — Ce terme est employé métaphoriquement en cent manières différentes; exemples, *ibid*.

MÉNAGEOT (*François-Guillaume*), élève d'Augustin, de Deshays, de Boucher et de Vien. — Expose au Salon de 1781 : *Léonard de Vinci expirant dans les bras de François Ier*, grande et belle composition, XII, 52. — Au même Salon, l'*Étude qui veut arrêter le Temps*, morceau de réception de cet artiste, 53. — L'*esquisse de Léonard de Vinci* appartient aujourd'hui à M. Walferdin, *ibid*.

MÉNANDRE, faux Messie, disciple de Simon le Magicien, XV, 327. — Se disait envoyé de Dieu, *ibid*.

MÉNARD (*Louis*). — Auteur du *Diable au café*, dialogue signé *Diderot*, XX, 100.

MENCIUS, philosophe chinois. — Le plus célèbre de sa nation après Confucius, XIV, 127. — A la réputation de l'avoir emporté en subtilité et en éloquence sur Confucius, mais de ne l'avoir point égalé par l'innocence des mœurs, la droiture du cœur et la modestie des discours, *ibid*.

* *Menée*. — Pratique secrète et artificieuse, XVI, 115.

MÉNESTRIER (*Claude-François*) jésuite. — A donné, dans sa *Bibliothèque curieuse et instructive*, une intéressante histoire du jeu de cartes, XIV, 32.

MENGS (*Antoine-Raphaël*), célèbre peintre allemand. — Est attaché à la cour d'Espagne en qualité de premier peintre du roi Charles III, X, 198. — Deux de ses pastels : l'*Innocence* sous la figure d'une jeune fille qui caresse un agneau, et le *Plaisir* sous la figure d'un jeune garçon, sont l'objet de l'admiration de La Tour, *ibid*. — Sa *Courtisane athénienne* et son *Philosophe stoïcien* sont également des pastels d'une grande beauté, *ibid*. — Causes de la supériorité qu'il a acquise et conservée dans son art, 320.

MENG-TSEU, philosophe chinois, nommé par nos anciens missionnaires MENCIUS. — Voyez ce nom.

MÉNIPPE, philosophe cynique. — Plus recommandable pour sa manière d'écrire que pour sa philosophie, XIV, 265. — Quelle fut la cause de sa mort, *ibid*.

MÉNIPPE, philosophe thébain, habitué de l'Allée des marronniers, I, 206. — Son entretien avec ceux qui ont planté l'Allée des épines (les chrétiens), *ibid*. et suiv. — Invite Marc à lui raconter les merveilles de son maître, 208. — Applaudit à sa morale, qu'il ne trouve pas nouvelle, *ibid*. — S'étonne de l'ignorance dans laquelle il se trouve des prodiges qui ont éclaté durant trois ou quatre ans sans que Rome en ait été informée, 209. — Peu satisfait de la réplique de Marc, il sort de l'Allée des épines, 210.

Mensonge. — Ses avantages sont d'un moment, II, 177. — Celui qui dîne et soupe du mensonge n'aime pas celui qui prêche la vérité, III, 77. — Il est toujours nuisible, VII, 180.

* *Mensonge officieux*. — Anecdote qui le justifie, XVI, 116.

Mentagre. — Sorte de dartre hideuse du menton, IX, 473. — Devenue contagieuse, sous le règne de Tibère, ce prince défend, par un édit, *le baiser de cérémonie* en usage chez les Romains, *ibid*.

Mention. — Témoignage ou rapport par écrit ou de vive voix, XVI, 116.

* *Mépris*. — Ce terme se traduit par insolence, hauteur ou fierté, selon qu'il a pour objet nos supérieurs, nos inférieurs ou nos égaux, XVI, 117.

Méprise d'Arras (la), ou *Affaire du sieur Montbailly*. — Voyez MONTBAILLI.

Méprises (les), comédie en un acte. — Compte rendu incomplet de cette pièce, VIII, 516.

* *Mercenaire*. — Acceptions de ce mot, XVI, 117. — D'après Machiavel, les peuples sont corrompus sans ressource dès qu'ils sont obligés d'entretenir des soldats *mercenaires*, *ibid*.

MERCIER (*L.-Sébastien*), auteur du *Tableau de Paris*. — Fait dans cet ouvrage le portrait du Neveu de Rameau, V, 381. — Lettre que Diderot lui écrit, XX, 83.

MERCK (*Jean-Henri*), littérateur allemand. — Lettre que Gœthe lui adresse au sujet de *Jacques le Fataliste*, VI, 7.

Mercure Trismégiste. — Troisième fondateur de la sagesse des Égyptiens, qui l'ont adoré sous le nom d'*Hermès Trismégiste*, XIV, 383. — Ses livres, formant quarante-deux volumes, renfermaient toute la science des Égyptiens, 390. — La plupart de ses livres ont disparu dans l'incendie de la bibliothèque d'Alexandrie, 393.

Mères. — Avis aux mères sur les dangers auxquels sont exposées leurs filles, II, 261.

MÉRIGAULT (Mlle). — A eu entre les mains une copie de la *Promenade du Sceptique*, I, 173.

Mérite (le). — D'où il dépend, I, 38.

MERSENNE (le Père *Marin*). — Ce qu'il pensait de la propagation du son : erreur consignée dans son ouvrage intitulé : *Harmonie universelle contenant la théorie et la pratique de la musique*, IX, 87. — Condisciple de Descartes, il le met en rapport avec Hobbes, XV, 98.

MERVAL, brocanteur, courtier d'usure, VI, 230. — Le maître de Jacques est conduit chez lui par le chevalier Saint-Ouin et ses acolytes, *ibid*. — Fait le métier d'entremetteur, 231. — Discours qu'il tient à l'emprunteur, 232. — Est dénoncé pour ses friponneries, 236. — L'affaire n'a pas de suites, 237.

MESCHIA et MESCHINE. — Personnages qui, dans la religion de Zoroastre, correspondent à Adam et Ève dans la Bible, XVII, 326.

MESSALINE (*Valérie*), impératrice romaine. — Épouse publiquement le Romain Silius, III, 31, 37. — Résout la perte de Julie et de Sénèque, 38. — Cérémonie de ses noces avec Silius, 43. — Claude, instruit de son forfait, la fait arrêter, *ibid*. — Est ramenée au palais impérial dans un tombereau, *ibid*. — S'enfuit dans le jardin de Lucullus, où Narcisse, au nom de Claude, la fait mettre à mort, et laisse son cadavre à Lépida, sa mère, 45.

Messe. — Voyez *Eucharistie*, ou *Transsubstantiation*.

Métamorphoses d'Ovide. — Comment Diderot les juge, XVIII, 446.

Métaphysiciens. — Seuls auteurs auxquels il soit permis d'être obscurs, II, 39.

Métaphysique. — Toutes ses billevesées ne valent pas un argument *ad hominem*, I, 132. — Elle a moins fait pour ébranler l'athéisme que n'ont fait les ouvrages de Malpighi, de Newton, etc., I, 133. — Elle fait tout au plus des sceptiques, *ibid*.

MÉTASTASIO ou MÉTASTASE, célèbre poëte italien. — Ses tragédies lyriques ont inspiré les grands compositeurs, VIII, 458. — Passage de ce poëte qui peint fortement la tendresse des mères, XIX, 96.

* *Métempsycose*. — Les Indiens, les Perses, et en général tous les Orientaux, l'admettaient comme un dogme particulier, XVI, 118. — Ce dogme souffrit trois espèces de révolutions, *ibid*. — Embarras des juifs qui admettent la métempsycose comme moyen de résurrection, XVII, 23.

Méthode. — Dans bien des circonstances, elle gêne l'esprit et captive la mémoire en pure perte, VI, 375. — Excellente dans les choses de raisonnement, elle est mauvaise dans celles de nomenclature, 376. — Elle naît quand il n'y a plus de génie, XI, 132.

Méthodistes (les). — Sont, de tous les philosophes, les plus entêtés, II, 44. — Preuve tirée du raisonnement du naturaliste Linnæus, 44, 45.

Métra, journaliste. — Insère, dans la *Correspondance secrète*, sous la date du 19 janvier 1776, des notes écrites par Diderot à la marge d'une traduction de Tacite, II, 459. — Ces notes sont aujourd'hui publiées dans les OEuvres sous le titre de *Principes de la politique des Souverains*, 461-502. — Insère dans le même journal, à la date du 23 juillet 1776, l'*Entretien d'un philosophe* (Diderot) *avec la maréchale de**** (Broglie); dans cette édition des OEuvres, 505-528.

MÉTROCLE, philosophe cynique, XIV, 264.

MÉTRONAX. — La lettre XCIII, de Sénèque à Lucilius sur la mort de ce philosophe, citée avec éloge, III, 261.

MEURSIUS (*Joan*), pseudonyme de Nicolas CHORIER, avocat au parlement de Grenoble. — Son buste, couronné de myrtes, contribue à l'ornement de l'Allée des fleurs, I, 237, alinéa 7.

MICHEL-ANGE (*Buonarotti*) peintre, sculpteur et architecte de premier ordre. — Qui a pu lui inspirer la courbe de son dôme de Saint-Pierre de Rome, X, 519.

MICHEL LE JEUNE, empereur d'Orient. — Tente de relever le culte des lettres et de la philosophie, entièrement négligées durant tout le VIIIe siècle, XV, 299.

MIERIS (*Franz*), célèbre peintre hollandais. — Son tableau *l'Observateur distrait* est représenté, au Salon de 1767, par la belle gravure de Georges Wille, XI, 365.

MIGNARD (*Nicolas*), peintre. — Son *Portrait du maréchal d'Harcourt* connu sous le nom du *Cadet à la perle*, gravé par Masson, mérite d'être étudié pour la hardiesse du burin, X, 442.

MIGNOT, statuaire. — Expose au Salon de 1759 un remarquable buste de *Diane*, X, 103. — Une *Bacchante endormie*, qu'il expose au Salon de 1761, est placée, d'une voix unanime, par tous les statuaires au rang des antiques, 224. — Rien de cet artiste au Salon de 1763; Diderot révèle à son sujet une manœuvre en usage parmi les sculpteurs, *ibid*. — Le Salon de 1765 reçoit de lui un *bas-relief* représentant *une Naïade vue par le dos*, 437. — Ce joli bas-relief a été exécuté en pierre, de grandeur naturelle, à la fontaine des Haudriettes, au Marais, *ibid*.

MILET et MILÉSIENNES. — Manière dont les magistrats de Milet répriment la fureur du suicide, II, 257.

MILLET (*Francisque*), paysagiste. — *Voyez* FRANCISQUE MILLET.

MILLOT (*René*), sculpteur, élève de Le Moyne. — Une flagrante injustice de l'Académie le prive, en 176 , du prix auquel il avait droit, XI, 377. — Scènes tumultueuses à cette occasion, 378. — Description détaillée de son bas-relief, que l'Académie fait mettre en morceaux, ainsi que tous ceux du concours, voulant par ce moyen anéantir la preuve de son injustice, *ibid*. et 379. — Falconet s'offre généreusement à lui venir en aide, 380. — Sa belle réponse aux propositions que Diderot lui fait au nom du maître, *ibid*. — Comment Diderot juge l'Académie de peinture à propos de son injustice au détriment de Millot, XVIII, 297. — Ce que celui-ci répond à Diderot après la proposition de Falconet, 298. — Description de son bas-relief, 299.

MILLOT (l'abbé). — Son *Abrégé de l'Histoire de France*, recommandé comme un livre bien conçu, bien écrit, sage et hardi, III, 494.

Milon de Crotone essayant ses forces, statue, en marbre, du sculpteur EDME DUMONT, exposée au Salon de 1769, XI, 456. — Cette figure est aujourd'hui placée au Musée du Louvre, Sculpture moderne, n° 293, *ibid*.

MILTON (*John*), célèbre poëte anglais, cité I, 213, alinéa 65. — Reproche qu'on lui fait au sujet du démon, *ibid*.

MINERVE, déesse de la Sagesse et des Arts. — Remplit le rôle de guide dans le rêve ingénieux de Mirzoza, IV, 293.

Mines. — De leur exploitation, IV, 48. — Ont un côté séduisant, mais le revers est affreux, 49. — Les travaux qu'elles exigent démontrent que l'origine du monde doit être reculée bien au delà de l'antiquité connue, 50.

Minos, roi de Crète, législateur des Crétois, frère et successeur de Rhadamante, XV, 59.

Minotaure (le). — Sacrifices que les Athéniens avaient coutume de faire à ce monstre, V, 493.

Minutius-Félix, orateur latin. — Ses maximes touchant la religion, I, 487.— Ses pensées contre l'intolérance, XV, 237.

Miracles. — Ce n'est point par des miracles qu'il faut juger de la mission d'un homme, I, 143. — Tous les peuples ont des miracles dans leur histoire, 148. — Avec eux on démontre tout, mais on ne prouve rien, *ibid.* — Inutiles pour démontrer la vérité d'une religion, 149. — Ceux qui en voient y sont résolus d'avance, 151. — La raison seule fait des croyants, 152. — Prouver l'Évangile par un miracle, c'est prouver une absurdité par une chose contre nature, 161. — Pourquoi ceux de Jésus-Christ sont-ils vrais, et ceux d'Esculape, d'Apollonius de Tyane et de Mahomet sont-ils faux? *ibid.* — Ceux de Jésus-Christ n'ont pu convertir le peuple juif, 162. — Ceux de Vespasien racontés par Tacite, III, 262, 263.

Miroir (le), journal littéraire. — Son compte rendu, dans le n° du 5 février 1822, d'une traduction du *Neveu de Rameau,* qu'il accepte comme l'œuvre originale de Diderot, V, 367.

Minzoza. — Nom sous lequel Mme de Pompadour figure dans les *Bijoux indiscrets,* IV, 137, 145. — Elle possédait au souverain degré l'art de bien raconter, *ibid.* — Avait peu de tempérament, *ibid.* — Se trouvait vieille à vingt-deux ans, 146. — Propose au sultan (Mangogul ou Louis XV) de le distraire par le récit des aventures galantes de sa cour, *ibid.* — Mangogul lui révèle le don d'un anneau magique que lui a fait le génie Cucufa, 150. — Ses terreurs à cette nouvelle, *ibid.* — Obtient du sultan la promesse qu'il n'en fera pas l'essai sur elle, 151. — Éprouve un grand trouble après une première épreuve faite sur Alcine, 155. — Demande inutilement à Mangogul qu'il renonce à l'emploi de l'anneau diabolique, *ibid.* — Sa métaphysique, 243. — Disserte sur l'âme, 244. — Prend part à un grave entretien sur les lettres, 279. — Ses idées sur le théâtre, 284. — Rêve dans lequel Minerve lui fait voir les bustes d'Homère, de Virgile, de Pindare, d'Horace, de Socrate, de Platon, d'Anacréon, de La Motte, de Voltaire, 293-295. — Demande à Bloculocus l'explication d'un songe, 301. — Se fait raconter l'*Oiseau blanc,* conte bleu, 381-441.

Misanthrope. — Le genre humain lui est à charge, I, 115. — La haine est toujours son premier mouvement, *ibid.*

Misanthrope (le), comédie de Molière. — La première scène de cet ouvrage est un chef-d'œuvre, malgré l'indécision où se trouve le spectateur sur le personnage principal, VII, 350.

Misanthropie. — Maladie du tempérament; elle est quelquefois épidémique, I, 115. — On peut la regarder comme le revers de l'hospitalité, *ibid.* — C'est un penchant dénaturé, *ibid.*

¶ *Miscellanéa artistiques,* XIII, 1-104. — Voyez la table des matières du tome XIII.

¶ *Miscellanéa dramatiques,* VIII, 428. — Voyez la table des matières du tome VIII.

¶ *Miscellanéa littéraires,* VI, 317. — Voir la table des matières du tome VI.

¶ *Miscellanéa philosophiques,* le tome IV, en entier. — Voyez la *Table des matières* du tome IV.

* *Misérable.* — Sens divers de cette expression, XVI, 119.

Misère. —Ennemie redoutable de la probité, III, 491.

* État de l'homme misérable, XVI, 119.

Misnah. — Nom donné par Juda, son auteur, au recueil du droit civil et canonique des Juifs, XV, 358. — Époque à laquelle fut composé cet important ouvrage, qu'il ne faut pas confondre avec le Talmud, 359.

Missionnaires, I, 197, alinéa 23. — Point important qu'ils devraient bien concevoir, XVI, 427. — Anecdotes sur les missionnaires anglais, XIX, 184.

Mitaines de velours. — Invention des Jésuites, faite en opposition de la rigidité des Jansénistes, I, 200, alinéa 31.

MITHRAS. — Divinité des Perses, XVI, 262.

Mitre. — Ornement de la tête des évêques et des abbés dans les cérémonies religieuses, I, 196, alinéa 25.

MITRESKI. — Chargé par l'impératrice de Russie de former une troupe de comédiens, XIX, 397. — A chargé Diderot de demander à Mlle Jodin s'il peut compter sur elle, et à quelles conditions, 398.

MODE (la). — En fait de modes, ce sont les fous qui font la loi et l'imposent aux sages ; les courtisanes la donnent aux honnêtes femmes, IV, 207.

MODÈLE. — Son usage est indispensable; partout où il est honteux d'en servir, l'artiste peintre ou sculpteur fera rarement de belles choses, XII, 114.

MODÈLE HONNÊTE (le), sujet de tableau demandé par Greuze, indiqué par Diderot, exécuté par Baudouin et gravé par Moreau le jeune, IX, 74.

MODÉRATION. — Pour faire son éloge et relever son excellence, il suffit de considérer les désordres de l'ambition, I, 111.

MODERATUS, philosophe pythagoricien. — Vécut sous Néron, XVI, 526.

* *Modicité*, *Modique*. — Terme relatif à la quantité, XVI, 119.

* *Modification*, *Modifier*, *Modificatif*, *Modifiable*. — Différentes acceptions de ces mots, XVI, 119.

Mœurs. — La science des mœurs faisait la partie principale de la philosophie des Anciens, I, 11.

* Actions libres des hommes, naturelles ou acquises, bonnes ou mauvaises, susceptibles de règle et de direction, XVI, 120. — Motifs de leur variété chez les divers peuples, *ibid*.

Mœurs (des) dans la poésie dramatique, VII, 369. (Voy. *Sommaire*, p. 304.)

Moines, I, 197, 198, alinéa 28, 29. — Leur rôle au XVIIIe siècle, II, 99. —

Conversation avec un moine sur le sentiment de l'amour paternel, XIX, 161. — Dîner singulier de Diderot avec deux moines, 321.

¶ *Moïsade* (la). — Notice de M. Assézat, sur ce morceau attribué à Diderot, IV, 118. — La création, 119. — La chute d'Adam, 120. — Le déluge, *ibid*. — Noé, *ibid*. — Cham, maudit, 121. — Les patriarches, *ibid*. — Abraham, *ibid*. — Isaac et Jacob, *ibid*. — Esaü, 122. — Moïse, *ibid*. — Pharaon et les plaies de l'Égypte, 123. — La fuite d'Égypte, 124. — Le passage de la mer Rouge, *ibid*. — Le *Décalogue*, *ibid*. — Dathan et Abiron, 125. — L'Égypte anéantie, 126. — Imprécation contre Moïse, *ibid*. — Réflexions et réplique, 127.

MOÏSE. — L'autorité de ses écrits comparée à celle des historiens profanes, I, 145. — Mauvais tours qu'il joue à Pharaon, roi d'Égypte, 201. — Enferme le *Décalogue* dans le tabernacle, 202. — Fait Aaron, son frère, pontife héréditaire, 203. — On murmure, il anéantit les rebelles, *ibid*. — Se met en marche pour la Terre promise, abandonne ceux qu'il y conduisait, non sans leur faire des recommandations, et va mourir de faim dans une caverne, *ibid*. — Manière dont il représente notre globe au commencement de son histoire (*la Genèse*), XIV, 89.

MOISSY (M. de), auteur de différents ouvrages. — Se charge d'une lettre de Diderot pour Falconet, XVIII, 329.

MOITTE (*Pierre-Etienne*), graveur. — Le *Donneur de sérénade*, qu'il expose au Salon de 1765, mauvais, X, 450. — La *Paresseuse* d'après Greuze, supportable, 451. — De 1722-1780, a gravé principalement d'après La Tour et Restout, *ibid*. — Expose, au Salon de 1767, un *Portrait de Duhamel du Monceau*, XI, 366. — Expose en 1771 un *Portrait de feu Restout*, 547.

MOITTE, sculpteur, élève de l'Ecole des protégés, XI, 376. — Pigalle, son maître, force l'Académie à lui adjuger le prix de l'année 1767, qu'il ne méritait pas, 377. — Scènes tumultueuses occasionnées par cette injustice, *ibid.* — Honteux de son élection, il est un mois entier sans entrer à la pension, 381. — Ne pas inférer de cette histoire que Moitte ne fut pas un bon élève, *ibid.* — Diderot raconte cette histoire à Falconet, XVIII, 297.

Moivre (*Abraham*), mathématicien. — Le livre *de la doctrine des chances* (*The Doctrine of chances*) est son principal ouvrage, II, 352. — Ami de Newton, il fut choisi comme un des juges de la dispute entre celui-ci et Leibnitz sur la priorité de la découverte du calcul infinitésimal, *ibid.*

Mokuris, philosophe japonais. — Annonce la doctrine d'un dieu ordonnateur du monde et protecteur des hommes, sous le nom d'Amida, XV, 267.

Môle. — Conjectures sur cette masse informe qui s'engendre dans la matrice de la femme, II, 25-27.

Molé, acteur célèbre. — Sa querelle avec Fréville et sa femme au sujet du *Fils naturel* de Diderot, fait interrompre la représentation de cet ouvrage, VII, 8. — Fait, à Paris, le succès du *Beverley* de Saurin, 415. — Anecdote de métier relative à son jeu, VIII, 346. — Était un automate à ses débuts, 352 et 377. — Auteur d'une comédie demeurée inédite, ayant pour titre le *Quiproquo*, 511. — Examen critique de cette pièce, *ibid.* à 515.

Molécule. — Toute molécule est animée de trois sortes d'actions, II, 68.

Molière (*Jean-Baptiste* Poquelin de). — Sa comédie de l'*Imposteur* (*Tartuffe*), citée comme exemple de l'inutilité de l'exposition, VII, 346. — Cette pièce offre la preuve que, dans un ouvrage bien conduit, l'exposition se fait à mesure que le drame s'accomplit, *ibid.* — Est souvent inimitable ; ses *Femmes savantes* font tomber la plume des mains, 366. — Adresse dont il use dans *Tartuffe, ibid.* et XVI, 400.

Molina (*Louis*), jésuite espagnol. — Publie, en 1588, ses pernicieuses rêveries, XV, 279.

Molineux. — Son opinion sur les sensations des aveugles-nés qui recouvreraient la vue, I, 314. — Expérience qu'il propose à ce sujet, *ibid.* — Locke partage son avis, *ibid.*

Molza (*Tarquinia*), femme érudite du XVIe siècle. — Fut l'amie de François Patrice, XVI, 543.

* *Momerie.* — Emplois divers de ce terme, XVI, 121.

¶ *Mon Père et Moi,* dialogue, IV, 475.

Monastères de filles, I, 200, où ils sont appelés *Cages.*

Monde matériel (le). — Résultat du jet fortuit des atomes, suivant les athées, I, 135. — Discussion de cette idée, 136. — Sujet traité dans la *Promenade du Sceptique,* 177-250. — Ce qu'il peut être, II, 48. — Considéré sous certains points de vue, il paraît bien vieux ; à beaucoup d'égards, au contraire, la terre ne semble habitée que d'hier, 60.

Mondonville (*Jean-Joseph* de), dit Cassanea, compositeur de musique, auteur de l'opéra *Titon et l'Aurore,* XII, 147.

Monet (*Jean*), auteur et directeur dramatique. — Auteur des *Mystifications de Poinsinet,* V, 450.

Moni (de), prêtre, curé de Langres. — Subit l'opération de la pierre, sans manifester la moindre douleur, II, 166, 167.

Moni (Mme de), supérieure de l'abbaye de Lonchamp. — Entre en charge au moment de l'admission de Suzanne Simonin (*la Religieuse*) dans cette maison, V, 35. — Son éloge, *ibid.* — Sa belle conduite pendant les deux années du noviciat de sœur Suzanne, 36-40. — Sa mort, 41.

Monima, dame de la cour de Mangogul. — Prétend ne pas craindre que son bijou parle, IV, 158. — Ce que dit ce dernier, *ibid.*

Monnet (*Charles*). — Premier prix de l'Académie en 1753, agréé en 1765 ; il expose, au Salon de cette année, un *Saint Augustin écrivant ses confessions,* mauvais tableau, X, 410. — Un *Christ expirant sur la croix,* et un petit tableau de l'*Amour,* non moins mauvais, *ibid*. — Une *Madeleine en méditation*, qu'il expose au Salon de 1767; tableau à envoyer chez Tremblin, au pont Notre-Dame, XI, 297. — Artiste sans talent, 307. — Cinq tableaux qu'il expose au Salon de 1771, tous de la plus grande médiocrité, 518, 519. — Toujours agréé, jamais académicien, expose en 1775, *Borée* et *Orythie*, deux mauvais dessus de porte, XII, 23. — *Vénus sortant du bain*, et les *Portraits* qu'il expose en 1781 ne méritent pas qu'on s'y arrête, 55.

MONNOYE. — Diderot lui abandonne l'article *Encaustique* de l'Encyclopédie, que lui-même avait préparé, X, 46.

Monologue. — Son rôle dans le drame, VII, 368.

MONOT (*Martin-Claude*), sculpteur, élève de Vassé. — Expose au Salon de 1769 un *Amour décochant ses traits*, modèle en plâtre, mauvais; une *Jardinière grecque*, modèle en plâtre de bon style; une bonne *Tête de Bacchante* en marbre; un *Portrait de l'avocat Target*, marbre de grandeur naturelle, XI, 458. — Envoie à l'Exposition de 1771 : le *Génie du printemps qui enchaîne de fleurs un signe du zodiaque*; le *Portrait en marbre de M*^{me} *la marquise de Ségur*; le *Portrait du sculpteur Vassé*, 542. — Expose, en 1781, une *Jardinière*, en marbre; une *Tête de l'Amour*; une *Tête de Faune*, une *Tête de Bacchante*; deux figures en marbre : *Psyché visitant l'Amour*, XII, 70.

Monstres humains. — Exemples cités par le médecin Bordeu, II, 147, 148. — Causes qui les produisent, *ibid*. — Leur formation dépend de la prédominance d'un sexe sur l'autre, 150. — Conformations héréditaires, IX, 418.

MONTAIGNE (*Michel* de). — Ce qu'il rapporte touchant la perte de plusieurs livres des *Histoires* de Tacite, I, 9, 10. — Jugement sur les athées, 19, à la note. — Donne aux Pyrrhoniens un étendard avec la devise : *Que sais-je?* 217. — Son grand art à prouver, II, 272. — Son livre des *Essais* comparé au livre de *l'Homme* par Helvétius, 290. — Jugement qu'il porte de l'historien Dion, III, 120. — Traite d'impertinentes les accusations de Dion contre Sénèque, 187. — Est le bréviaire des honnêtes gens, 235. — Son éloge comme écrivain, *ibid*. — Son estime pour Sénèque et ses ouvrages, 372-373. — Est un des sectateurs du pyrrhonisme, XVI, 485.

MONTAMY (*Didier-François* d'ARCLAIS de), savant français, auteur d'un *Traité de la peinture sur émail*, V, 416. — Diderot a été, en 1765, l'éditeur de cet ouvrage, X, 60. — Voit chez le duc d'Orléans un tableau peint à l'*Encaustique* par le procédé de Bachelier dont il découvre le secret, 66, 67. — Partie de son *Traité des couleurs pour la peinture sur émail*, qui appartient en propre à Diderot, XIII, 48-69. — Son goût pour les sciences et les arts, XVIII, 399. — Son caractère, son genre d'esprit, XIX, 139.

MONTBAILLI, bourgeois de Saint-Omer. — Mis à mort comme parricide, VI, 428. — Son innocence est reconnue, ainsi que celle de sa femme, après deux ans; leur procès en réhabilitation, *ibid*.

MONTBRON (FOUGERET de). — Ses ouvrages, son portrait, VI, 304. — Manière dont il sentait la musique de Lulli, 305.

MONTESQUIEU (*Charles* DE SECONDAT, baron de), auteur de l'*Esprit des lois*, cité, I, 185. — Voltaire lui a refusé le génie, VI, 353. — Plaisanterie que lui fait mylord Chesterfield, lors de son séjour à Venise, XIX, 124 et suiv. — Réponse que lui fait le fameux Marlborough, 134. — Son mot à Suard sur la confession, *ibid*.

MONTFAUCON. — Gibet autrefois fameux, XVI, 121. — Épigramme de Marot sur la mort de Semblançay, *ibid*.

MONTFAUCON (le Père *Bernard* de), auteur de l'*Antiquité expliquée*. — A donné dans le quatrième volume de cet ouvrage une remarquable description des immenses *aqueducs* de Rome, XIII, 312.

Montgeron. — Voyez Carré de Montgeron.

Montlinot (abbé de). — Auteur de la *Justification de plusieurs articles du Dictionnaire Encyclopédique, ou Préjugés légitimes contre Abraham Chaumeix*, ouvrage attribué à tort à Diderot, XX, 99.

Montméy (*Louis-André de*), comédien célèbre, fils de Le Sage, l'auteur de *Gil Blas*, etc., I, 360. — Un des hommes les plus estimables qui aient exercé l'art du comédien, VIII, 354. — Jouait avec un égal succès tous les rôles de son répertoire dont il se donnait le masque, *ibid.* et 392. — Cet acteur, qui était la candeur et l'honnêteté même, jouait supérieurement le rôle de Tartuffe, 417. — Mort subitement, *ibid.*

Montmorency (le baron de). — Reçoit le commandement de Bourgogne, XIX, 52.

Montmorin (de), évêque de Langres. — L'abbé Diderot, frère puîné du philosophe, lui demeure attaché pendant toute sa vie, I, lix.

Montre. — Son mécanisme comparé à celui du monde, I, 229, alinéa 33.

Montucla (*J.-Étienne*), savant mathématicien. — Ce qu'il dit de Grégoire de Saint-Vincent recherchant la solution du problème de la quadrature du cercle, II, 348. — Auteur de l'*Histoire des mathématiques*, V, 319. — Est appelé, par le lieutenant général comte d'Hérouville, pour concourir à une *Histoire générale de la guerre dans tous les siècles et chez toutes les nations*, *ibid.* — Son *Histoire des mathématiques* est achevée par le géomètre Lalande, *ibid.*

¶ *Monument sur la place de Reims*. — Nom donné à une belle statue de Louis XV due au ciseau de Pigalle, XIII, 29. — Défaut considérable dans les détails de ce monument, 30. — Il y a dans cette composition des pensées justes et grandes, mais l'expression n'en est pas une, 31. — Note sur l'inscription qui décore cet ouvrage, *ibid.*

Moore (*Edward*), auteur du *Joueur* (*the Gamester*), tragédie-drame en prose, VII, 120. — Cette pièce, longtemps attribuée à Lillo, a été traduite et arrangée pour la scène française par Diderot, *ibid.* — Voyez ¶ *Joueur (le)*, VII, 413.

Morale (la), ou *Science des mœurs*. — Faisait la partie principale de la philosophie des anciens, I, 11. — Nous la traitons avec moins d'égards, 12. — Dans l'*Essai sur le mérite et la vertu*, traduit de l'anglais de mylord Shaftesbury, ce sujet est examiné avec soin, *ibid.* — Il n'est question dans cet *Essai* que de la vertu morale, *ibid.*

Morale universelle (la), ou les *Devoirs de l'homme fondés sur la nature*, par le baron d'Holbach; ouvrage cité, III, 181. — S'il y en a une, où la chercher, où la trouver? VI, 444. — Tout système de morale qui tend à éloigner l'homme de l'homme est mauvais, VII, 182.

Moramere, savant arabe. — Inventa les caractères arabes, XVII, 36. — Cité dans une conversation sur les Sarrasins chez le baron d'Holbach, XVIII, 419.

Morand (*Sauveur-François*). — Médecin et chirurgien, également distingué dans l'une et l'autre branche de l'art de guérir, IX, 219.

¶ *Morceau de Diderot inséré dans le Discours sur l'inégalité des conditions parmi les hommes*, de J.-J. Rousseau, IV, 100.

Moreau (J.-N.). — Fait adopter, pour désigner les *Encyclopédistes*, le sobriquet de *Cacouacs*, XIII, 117. — Voyez *Cacouacs*.

Moreau le Jeune (*Jean-Michel*), dessinateur célèbre. — Figure pour la première fois au Salon de 1781, où il expose : *Cérémonie du sacre de Louis XVI; Arrivée de J.-J. Rousseau au séjour des grands hommes*, dessins spirituels et bien composés,

XII, 71. — Ses têtes au pastel, au même Salon, ni belles ni bien peintes, *ibid.*

MOREAU-MADIN (Mme), femme d'un officier retiré à Versailles. — Consent à recevoir sous son couvert toutes les lettres timbrées de *Caen* que le marquis de Croismare écrit, croit-il, à sœur Suzanne Simonin (*la Religieuse*), V, 183. — Ces lettres sont remises à Diderot, *ibid.* — Diderot et Grimm usent de son nom et de sa confiance pour entretenir l'erreur du marquis de Croismare, 185, 187, 190, 193, 196, 200, 201, 202.

MOREL (dom). — Remplace le Père Lemoine comme directeur spirituel du couvent Sainte-Eutrope à Arpajon, V, 155. — Se fait raconter par Suzanne Simonin (*la Religieuse*) les événements de sa vie, *ibid.* — Confesseur de Suzanne, elle était sa confidente, 156. — Tous deux étaient entrés en religion par contrainte, *ibid.* — Demeurait sur la réserve en parlant de la supérieure, 157. — Approuve l'éloignement que le Père Lemoine lui a inspiré pour la supérieure, 158. — Se refuse à donner aucune explication à ce sujet, 159. — Nomme folie l'état dans lequel la supérieure est tombée, *ibid.* — Est persécuté par ses supérieurs, 160. — Persuade Suzanne Simonin de se sauver du couvent, *ibid.*

MORELLET (l'abbé). — Récit d'une visite qu'il fit, en 1752, à l'abbé de Prades, I, 434. — Son pamphlet intitulé *la Vision de Charles Palissot*, V, 377. — Publie, en 1770, le *Prospectus d'un dictionnaire du commerce*, VI, 393. — Examen de ce projet, *ibid.* — Mot plaisant sur ce projet, qu'il n'exécute pas, *ibid.* — Cède les matériaux qu'il a recueillis à Peuchet, qui publie le *Dictionnaire universel de géographie commerçante*, *ibid.* — Mots sanglants de Suard et de Marmontel à son égard, 396. — Est nommé secrétaire du bureau du commerce; son caractère, XIX, 290. — Il fait un mémoire contre la Compagnie des Indes, 312, 314. — Son ouvrage contre les dialogues de l'abbé Galiani est plein d'amertume, 339. — Sentiment de Diderot sur sa *Réfutation du Dialogue sur le commerce des blés*, XX, 8. — Jugement de l'abbé Galiani sur lui, 10. — Comment Diderot qualifie ses jérémiades, 22.

MORELLY, écrivain politique et socialiste. — Est l'auteur du *Code de la Nature*, ouvrage faussement attribué à Diderot par La Harpe, I, 6; XX, 98.

MORET, mousquetaire. — Sa plaisante aventure au sujet d'un tableau de Brenet, XI, 266.

MORLIÈRE, peintre en émail, XIV, 409.

MORPHYSE. — Diderot, dans ses *Lettres à Mademoiselle Volland*, donne ce nom à Mme Volland, mère de Sophie Volland.

Mort. — L'enfant y court les yeux fermés; l'homme est stationnaire; le vieillard y arrive le dos tourné, IX, 276. — C'est une impolitesse cruelle que de parler de la mort devant un vieillard, *ibid.*

Mort d'Abel (la), poëme de Gessner. — Examen de cet ouvrage, VI, 324.

Mort de Socrate (la), drame en trois actes et en prose. — Voyez SAUVIGNY. Voltaire a traité ce sujet sans succès, VII, 316. — M. de Lamartine s'est plus rapproché de la sublime esquisse de Diderot, *ibid.* — Cette esquisse conforme à l'histoire, 381-384.

Mortifications. — Leur utilité, I, 224, alinéas 21, 22.

* *Mosaïque et Chrétienne (Philosophie)*. — Son origine, XVI, 122. — Cette espèce de philosophie n'était pas nouvelle, 123. — Ceux qui l'ont embrassée se sont contentés d'éclairer quelques points de l'Écriture par les découvertes des philosophes; quel en a été le résultat, *ibid.* à 124. — Auteurs divers qui ont traité de cette philosophie dans leurs ouvrages, *ibid.* et suiv. — Analyse du système de Thomas Burnet, 127. — Analyse de celui de Bayer, 130. — Ce qu'il s'ensuit de l'examen des systèmes de ces différents écrivains, 131. — Hypothèse de Moïse, selon Coménius, *ibid.* et suiv. — Note de Naigeon sur cet article de l'*Encyclopédie*, 134.

Mosheim (*Joseph-Laurent* de), savant théologien de Lubeck. — Sa traduction des *Origines ecclésiastiques* de Bingham, préférable à l'original anglais, III, 516. — Ses divers ouvrages à consulter, *ibid*.

Mot du guet, I, 193, alinéa 9, et 228, alinéa 31.

* *Motif.* — Définition grammaticale de ce terme, XVI, 134.

Mots techniques. — La connaissance de la valeur de ces mots est un moyen assuré de faire des progrès dans une juste appréciation des tableaux, XII, 113.

Mouchy (*Louis-Philippe*), sculpteur. — Expose, au Salon de 1767, *le Repos d'un Berger*, modèle en plâtre, XI, 361. — Deux *Enfants* et deux *Médaillons*, 362. — Demande à Pigalle, son maître, de lui donner sa nièce en mariage; réponse de Pigalle, *ibid*. — Envoie à l'exposition de 1769 le marbre du *Repos du Berger*, dont le plâtre a figuré au Salon précédent, 456. — Ce marbre se voit au Louvre, Sculpture moderne, n° 292, *ibid*. — Son envoi au Salon de 1771 consiste en divers modèles de décoration pour l'Ecole militaire, 538. — Expose, en 1781, le modèle en plâtre d'une statue du *Duc de Montausier*, gouverneur des enfants de France, XII, 66.

Moukden, ville de la Chine. — Examen de l'*Éloge* de cette ville, poëme composé par l'empereur Kien-Long, VI, 397.

Moulin (M.). — La présente édition lui est redevable d'une lettre de Diderot à Sartine, XIX, 462.

Mouton. — Ce qu'on entend par ce mot en politique, II, 464. — Les cours en sont pleines, *ibid*.

Mouvement. — Nécessaire à la santé, I, 111. — D'où naît celui de la matière, II, 66. — Des mouvements volontaires et involontaires, IX, 326. — Du mouvement animal, 327. — Du mouvement et de la vie propres à un organe, 329. — De l'instinct animal, *ibid*. —

L'existence d'une âme est-elle indispensable au mouvement et à la vie de l'homme? *ibid*. — Du mouvement involontaire, 330.

Muet de convention. — Parti que l'on pourrait tirer d'un pareil personnage pour l'étude de la formation des langues, I, 351. — Son rôle devrait différer de la pantomime ordinaire, 352. — Expériences proposées, 353 et suiv.

* *Multitude.* — Grand nombre d'objets rassemblés, XVI, 137. — Se dit des personnes et des choses; exemples de son emploi, *ibid*.

Munich (*Christophe* Burchard, comte de), général, d'origine allemande, au service de la Russie. — Sa remarquable fidélité à Pierre III, II, 467. — Lettre que lui écrit Diderot, dans laquelle il le prie de répondre à différentes questions économiques sur la Russie, XX, 45.

* *Munificence.* — Libéralité royale; emploi de ce terme, XVI, 137.

Muralt (Ed. de), conservateur de la Bibliothèque impériale de l'Ermitage à Saint-Pétersbourg. — Transmet à M. Assézat le catalogue raisonné des manuscrits de Diderot, conservés à l'Ermitage, IX, 453.

Muret (*Marc-Antoine-François*), savant littérateur. — Curieuse anecdote sur sa merveilleuse guérison, III, 362, 363. — Son panégyrique de Charles IX, dans lequel il fait l'éloge de la Saint-Barthélemy, a flétri son nom, *ibid*. — Annotateur célèbre des auteurs latins, 370. — Mot de caractère qui lui sauve la vie, VI, 310.

Muscles. — Organes soumis à l'action des nerfs, IX, 321. — Effets de la lâcheté sur le sphincter de l'anus, 323; de la joie immodérée sur le sphincter de la vessie, 324. — Dénomination des différentes parties dont un muscle se compose, *ibid*. — Considérations physiologiques sur leur action, 325.

Musée, poëte lyrique, natif d'Athènes, disciple d'Orphée, XV, 54. — Le poëme intitulé *Héro et Léandre* lui a été faussement attribué, *ibid.* — Beaucoup d'auteurs assurent qu'il n'a jamais existé, *ibid.*

Muselière. — Machine inventée par le bijoutier Frénicol, IV, 210. — Voyez FRÉNICOL.

Musique. — Jugement de Mlle de Solignac, qui la considère comme le plus violent et le premier des beaux-arts, I, 335. — Expressive et délicieuse dans le silence de la nuit, 336. — Touchant tableau de ses effets sur Mlle de Solignac, *ibid.* — Il y a, en musique, deux styles, l'un simple et l'autre figuré, VII, 162. — L'*Iphigénie* de Racine fournirait à un musicien de génie des morceaux sur lesquels il pourrait déployer à son choix toute l'énergie et toute la richesse de chaque style, 163-165. — Serait-elle soumise aux caprices des peuples, à la diversité des lieux et à la révolution des temps? IX, 83. — Elle a des principes invariables et une théorie, 85. — Son objet et sa fin, 86. — Du son en général et des espèces de sons, 87-98. — De l'oreille; ce qu'on entend en musique par une *octave,* une *seconde,* une *tierce,* une *quarte,* etc., 99, 100. — Du son considéré comme fort ou faible, 102. — De la force du son, 107. — De la seconde espèce de son, 113. — De la troisième espèce de son, 115. — Système des sauts, 119. — Expériences à faire, 123. — De la fixation du son, 126. — *Querelle des Bouffons* (Gluckistes et Piccinistes), XII, 137.

MUSSET-PATHAY (*V.-D.*) — Auteur d'une *Histoire de la vie et des ouvrages de J.-J. Rousseau.* — Sa notice sur le médecin Th. Tronchin, VI, 112.

MUTHEL, musicien, cité, XII, 302, 321.

MYLIUS, écrivain allemand. — Publie, en 1792, une traduction du roman de Diderot, intitulé *Jacques le Fataliste,* VI, 3. — Dans sa préface, il qualifie l'original : l'une des pièces les plus précieuses de la succession littéraire non imprimée de l'auteur, *ibid.* — Le manuscrit qu'il reçut en communication lui fut confié sous la promesse solennelle de ne pas publier le texte français, *ibid.*

MYLIUS, jeune peintre, élève de Gérard Dow. — Meurt victime de l'atrocité des Prussiens, XII, 132.

MYSON, philosophe grec. — Substitué à Périandre, comme l'un des *Sept Sages,* par les Grecs, ennemis du despotisme et de la tyrannie, XV, 59. — Ses qualités distinctives, *ibid.*

Mystère (le). — Rien n'est plus contraire au progrès des connaissances, X, 47. — Principes de Diderot sur ce sujet, *ibid.*

Mystères. — Choses merveilleuses qu'on ne voit point avec les yeux, et que la Foi oblige à croire, I, 192, alinéa 9. L'impossibilité de les comprendre n'est pas une raison suffisante pour les rejeter, II, 92.

Mythologie. — Nécessité de son étude, III, 493. — Ouvrages à consulter, 494.

N

Nabi, mot hébreu qui répond à celui de *prophète.* — Racine de ce mot; étymologie qu'en donne Aben-Ezra, XVI, 428.

NABUCHODONOSOR, roi des Chaldéens. — Fait la conquête de l'Égypte, XV, 328. — Chasse de ses nouveaux États les Juifs réfugiés, *ibid.*

Naïf. — Ce que c'est que le naïf dans les beaux-arts, XII, 121. — La naïveté est de tous les états, 122.

NAIGEON (*Jacques-André*). — Accusé d'avoir altéré le texte de son édition des *OEuvres de Diderot,* a, au contraire, été un éditeur consciencieux et honnête, I, v. — Sa conduite présumée dans la publication de l'*Addition aux Pensées philosophiques* de Diderot, 157. — Éditeur du *Recueil philosophique* publié à Londres (Amsterdam, 1770), il y a d'abord inséré cette *Addition* sous le titre de *Pensées sur la Religion,* 158. — Avertissement qu'il met en tête de l'*Introduction aux grands principes,* ouvrage posthume de Diderot, II, 73. —

Extrait de son Avertissement publié en tête de la première édition des *Principes de politique des souverains*, 459. — Diderot lui dédie son *Essai sur les règnes de Claude et de Néron*, III, 9. — Sa Préface de la traduction de Sénèque par Lagrange, citée avec éloge, 346. — Renseignements qu'il donne sur les habitudes de travail de Diderot, IV, 3. — Avertissement pour la *Lettre de M. de Ramsay* sur le *Traité des délits et des peines* de Beccaria, 51. — Fait connaître comme étant de Diderot un morceau éloquent sur Fénelon, jusqu'alors attribué à Pezay, 105. — Son Avertissement pour la *Suite de la Religieuse*, V, 206. — Entre en discussion avec Diderot sur un passage de la sixième ode du troisième livre d'Horace, VI, 289. — La question est soumise à l'abbé Galiani, 290-302. — Lettre que Diderot lui adresse sur un passage de la première satire du second livre d'Horace, 303-314. — Ce que Diderot appelait son tic, 315. — Explique pourquoi le Salon de 1765, publié dans l'édition des *OEuvres complètes de Diderot* de 1798, diffère beaucoup de ce même Salon publié en l'an V par Buisson, X, 230. — Son entretien avec Diderot au sujet du peintre Lagrenée, XI, 78 et *suiv*. — A passé, comme Socrate, de l'atelier des beaux-arts dans l'école de la philosophie, 79. — Il est muet dans ses *Mémoires* sur la liaison de Diderot avec Mlle Volland, XVIII, 350. — Diderot rend compte à Mlle Volland d'une petite querelle qu'il a avec lui, XIX, 243. — Lettre que Diderot lui écrit sur J.-J. Rousseau, 466. — Autre lettre sur Voltaire, XX, 72.

* *Naître*. — Venir au monde, XVI, 138.

NARCÈS. — Portrait d'un homme faux, I, 246, 247, alinéa 48 et suiv.

NARCISSE, affranchi et favori de l'empereur Claude. — Seconde Messaline dans sa vengeance contre les dédains d'Appius Silanus, III, 37. — Ordonne la mort de Messaline, devenue la femme de Silius, 44. — Claude lui défère les honneurs de la questure, 45. — Jeté dans un cachot par ordre d'Agrippine, il se donne la mort, 61.

Narcisse dans l'île de Vénus, poëme de Malfilâtre. — Compte rendu de cet ouvrage, VI, 355.

NARISKIN (M. de), prince russe. — Accompagne, en 1773, Diderot qui, sur les instances de Falconet, entreprend un voyage à Saint-Pétersbourg, I, LII. — Reçoit dans sa maison, et environne des soins les plus obligeants Diderot, que la froide réception de Falconet a vivement blessé, *ibid*. — Ce prince est à Aix-la-Chapelle, et Diderot a souhaité voyager avec lui, XVIII, 331. — Ils sont tous deux sur la route de Pétersbourg, XIX, 344.

NASINODDIN DE TUS, philosophe musulman. — Présida sur toutes les écoles du Mogol, XVII, 51.

NASSAU-SARREBRUCK (la princesse de). — Diderot lui dédie son *Père de famille*, VII, 179. — Lettre de Voltaire à Palissot au sujet de cette dédicace, *ibid*. — Diderot invite Grimm à lui faire l'envoi du Salon de 1767, XI, 18. — Son entrevue avec Diderot, XIX, 158. — Portrait et caractère de cette princesse, *ibid*.

NASSÈS, officier de Mangogul. — Sa dispute avec un autre officier, IV, 329. — Comment le sultan vide leur différend, 330.

* *Natal*. — Se dit du temps ou du lieu de la naissance; exemples, XVI, 139.

* *Natif*. — Terme relatif au lieu où l'on a pris naissance, XVI, 139. — Sa distinction du mot *né*, *ibid*.

NATTIER (Jean-Marc). — Ce peintre expose, au Salon de 1759, une *Vestale*; ce tableau est un contre-sens, X, 94. — Expose, au Salon de 1761, un mauvais *Portrait de feu l'Infante*, 117. — Ce tableau est actuellement à Versailles, n° 3875 du Catalogue de M. Eudore Soulié, *ibid*. — Expose trois tableaux au Salon de 1763: *l'Auteur avec sa famille; un Chinois tenant une flèche; une Indienne*. Le portrait de sa famille est flou, c'est-à-dire fai-

ble et léché; tout cela n'a aucun mérite, 174.
* *Naturaliste.* — Acceptions de ce terme, XVI, 140.
Nature (la). — N'est qu'un seul et vaste système que tous les êtres composent, I, 26. — Elle est opiniâtre et lente dans ses opérations, II, 35. — Est le résultat général de la combinaison des éléments, 56. — A-t-elle toujours été telle que nous la voyons, n'est-elle pas sans cesse à l'ouvrage? 57.— Remarques de A. de Humboldt à ce sujet; conclusions à en tirer, 58. — Rien en elle ne se fait par saut, 372. — Écoutons sa voix; elle ne se contredit jamais, IV, 110. — Elle n'a point fait d'esclaves, VII, 182. — Ne fait rien d'incorrect, c'est-à-dire d'inconséquent, X, 461. — Est une; et il n'y a qu'une bonne manière de l'imiter, XII, 128.
Nature de l'homme. — Elle est opiniâtre, I, 44. — Elle s'afflige et s'irrite sous le joug, *ibid.* — La coutume et l'éducation se réunissent quelquefois pour dépraver le sentiment naturel de la droiture et de l'injustice, *ibid.* — Exemples tirés des différents systèmes concernant la divinité, 45.
* *Naturel.* — Acceptions de ce terme en métaphysique, XVI, 140-143.
Naucratès, orateur grec. — Parlant de la bibliothèque déposée à Memphis, dans le temple de Vulcain, il accuse Homère d'y avoir volé l'*Iliade* et l'*Odyssée*, XIII, 441.
Nausiphanès, philosophe grec. — Prétendait que l'on ne peut non plus démontrer l'existence que la non-existence des êtres, III, 257.
Navarre (*Marguerite*, reine de). — Son buste couronné de myrtes fait l'ornement de la bibliothèque de l'Allée des fleurs, I, 237, alinéa 7.
Navius (*Accius*), augure romain, contemporain de Tarquin l'Ancien, cinquième roi de Rome, I, 147. — Fait merveilleux de sa science, confirmé par Lactance, Denys d'Halicarnasse, et saint Augustin, *ibid.* — Les écrivains profanes le confirment également, *ibid.* — Les Pères de l'Église, ne pouvant nier le fait, ont attribué son art au diable, 148. — Cité, XV, 9.
* *Néant, Rien* ou *Négation.* — Emploi de ces termes qui sont synonymes, XVI, 143.
* *Nécessaire.* — En métaphysique, ce dont le contraire est impossible et implique contradiction, XVI, 143.
* *Nécessitant.* — En théologie, terme dogmatique qui contraint et qui ôte la liberté, XVI, 144.
Nécessité. — Ne jamais l'attendre; mais la prévoir et la prévenir, II, 468. — Quand elle s'impose, il est trop tard, *ibid.* — Celle des événements est égale sur tout; il faut savoir courageusement s'y soumettre, VII, 183.
* C'est en général ce qui rend le contraire d'une chose impossible, XVI, 144. — Différentes acceptions de ce terme, *ibid.* et suiv.
Necker (M.), directeur général des finances, cité, VIII, 383. — Comment il répond au mémoire de l'abbé Morellet contre la Compagnie des Indes, XIX, 315. — Lettre que Diderot lui adresse au sujet de son ouvrage *De la Législation et du Commerce des grains*, XX, 68.
Necker (*Suzanne* Churchod de la Nasse, dame), fondatrice de l'hôpital de Paris qui porte son nom. — Vœu exprimé par Diderot pour ajouter à l'utilité de sa généreuse fondation, III, 337. — Femme d'une grande finesse de goût; elle a parlé avec éloge des *Salons* de Diderot, VIII, 391.—Désire vivement voir Diderot chez elle, XIX, 170. — Ses courtisans; son caractère; mot de Diderot à son sujet, *ibid.* — Lettre que Diderot lui adresse pour la remercier de sa nouvelle édition de l'*Hospice*, XX, 76. — Autre lettre pour lui recommander Mme Pillain de Val du Fresne, 80. — Autre lettre pour lui recommander une jeune personne, 84.
Needham (*John Tuberville*), naturaliste anglais. — Collaborateur de Buffon, II, 51. — Pourquoi Voltaire l'avait surnommé l'*Anguillard*, 131. — Ses

travaux anatomiques le font accuser de matérialisme, IX, 437.

NÉLÉE, philosophe grec. — Vend à Ptolomée II, roi d'Égypte, les manuscrits d'Aristote, de Théophraste, qui passent à la bibliothèque d'Alexandrie, XIII, 441.

NÉMÉSIUS, évêque d'Emèse, en Syrie. — Philosophe chrétien du ve siècle, l'un des derniers adeptes de la doctrine des émanations, XV, 298.

NEMROD, petit-fils de Cham. — C'est à lui que l'on attribue le projet de la tour de Babel, XIII, 406. — Fut un grand chasseur aux yeux du Seigneur, qui le rejeta, XIV, 108.

Néologismes. — Manière dont ils s'introduisent dans une langue, XIV, 426.

NÉRESTON. — Nom d'un sceptique, I, 228, 230, alinéas 31, 38.

Nerfs. — Sont toujours dans un état d'éréthisme, IX, 316. — Tous émanent du cervelet, *ibid*. — Leur atonie cause la stupidité, leur éréthisme exagéré engendre la folie, 317. — Nulle sensation sans leur intervention, 318. — En quoi consiste l'ensemble du système nerveux, *ibid*. — Suite de questions à résoudre sur ce sujet, 319. — Du fluide nerveux, 320. — Vitesse extraordinaire de sa marche, 321. — Sont les organes de la sensation et du mouvement, *ibid*. — Examen physiologique de leurs fonctions, 322, 323 — Deux natures de nerfs, les uns président au mouvement, les autres au sentiment seul, 328. — Leur état après une secousse violente, 333.

NÉRON, empereur romain.— Ce monstre, caractérisé par les actes de sa vie: il fait périr Britannicus son frère, Agrippine sa mère, sa femme Octavie, sa seconde femme Poppée, Antonia sa belle-sœur, le consul Vestinus, Rufus Crispinus son beau-fils, et ses instituteurs Sénèque et Burrhus, auxquels il faut ajouter une multitude de crimes de toute espèce, I, 118. — Visions effrayantes dont il est sans cesse assiégé, *ibid*. — La luxure est la seule diversion qu'il trouve à ses tourments, *ibid*. — Agrippine, sa mère, le fait adopter par Claude au préjudice de Britannicus, III, 47. — Prend la robe virile avant l'âge, 52. — Est nommé Prince de la jeunesse, *ibid*. — Est proclamé empereur, 53. — Prononce l'oraison funèbre de Claude, 55. — Fait son entrée au Sénat, 58. — Expose son plan d'administration, *ibid*. — Trajan a fait l'éloge des cinq premières années de son règne, 60. — Était né méchant, 61. — Son insolente réponse à Tiridate, roi d'Arménie, 63. — Répudie Octavie, et se prend de fantaisie pour Acté, une affranchie, 72-75. — Sa mère, conseillée par Pallas, son amant et son confident, se sépare de lui, 76. — Les menaces d'Agrippine troublent son esprit, 80. — Fait empoisonner Britannicus, *ibid*. — Rend un édit pour excuser la précipitation des funérailles de son frère, 81. — Relègue sa mère dans un palais, où il ne la visite plus qu'entouré de centurions, 83. — Deux délateurs lui annoncent un projet de révolution conduit par Agrippine, en faveur de Rubellius Plautus, issu d'Auguste, *ibid*. — « Qu'elle périsse ! » dit-il, 84. — Désigne Sénèque et Burrhus pour instruire et interroger contre Agrippine, *ibid*. — Demandé par sa mère, il la voit; les délateurs sont châtiés et les amis d'Agrippine récompensés, 85. — Donne l'exemple d'une nuit de débauche et de pillage dans Rome, 86. — Est vivement repoussé par le sénateur Montanus, qui a l'étourderie de le reconnaître, et qu'il force à se donner la mort, *ibid*. — Trêve de courte durée entre lui et sa mère, 100. — Poppée le séduit et l'entraîne, et s'attache à lui rendre Agrippine odieuse et suspecte, 101. — Suétone atteste sa passion incestueuse pour sa mère, 103. — Discours qu'Acté lui adresse à ce sujet, *ibid*. — Évite désormais toute entrevue secrète avec Agrippine, dont la perte est résolue, 104. — Charge l'affranchi Anicet des préparatifs de sa mort, *ibid.* — Écrit à sa mère les lettres les plus tendres pour l'attirer à Baies durant les fêtes de Cérès, *ibid.* — Sa conduite odieuse dans cette rencontre, 105. — La terreur s'empare de lui à la nouvelle que le mécanisme infernal a manqué son effet, 106. — Il mande Sénèque et Burrhus, qui refusent le rôle d'assassins qu'Anicet accepte, *ibid.* — Sa lettre au Sénat, 117. — Sa rentrée dans Rome, 120. — Se montre en public sur un char qu'il conduit, et monte sur la scène, 122. — Avilit les familles romaines, *ibid.* — Ses mariages infâmes, 127. — Fait périr, à l'âge de vingt ans, Octavie, faussement accusée d'adultère, 129. — Incendie Rome, 131. — Son entretien avec Sénèque demandant sa retraite, 133, 134. — Embrasse traîtreusement Sénèque, 135. — Suit le cours de ses forfaits, 136. — Deux conjurations se forment contre lui : celle de Pison à Rome, celle de Vinicius à Bénévent, 137. — Il découvre la conjuration de Pison, elle échoue, 169. — Les conjurés périssent tous, *ibid.* — Vindex, propréteur des Gaules, excite un soulèvement contre lui, 170. — Perd la raison, et demande du poison; veut fuir, y renonce, songe à demander grâce, se couche, ses gardes l'ont abandonné, etc. Le Sénat l'a déclaré traître à la patrie, on le cherche pour le conduire au supplice; à l'aide d'Épaphrodite, son secrétaire, il s'enfonce un poignard dans la gorge; le monstre n'est plus, 171. — Singularité surprenante de son caractère, il supportait avec patience l'injure et la satire, 172, 173. — Faisait avec facilité des vers médiocres, 174.

NEUFOND (M. de). — Conduite qu'il tient à un dîner chez la sœur de Mlle Volland, XIX, 187.

NEVEU DE RAMEAU (le). — Voyez RAMEAU.

¶ *Neveu de Rameau* (le). — Dialogue posthume de Diderot, V, 359. — D'abord connu par la traduction allemande, faite en 1804, par Gœthe, 362. — Ensuite par une traduction de cette traduction, présentée, en 1821, par le vicomte de Saur comme le véritable original, 364. — Curieuse controverse soulevée par la publication du texte authentique, *ibid.*, 386.

NEWTON (*Isaac*). — En cachant ses découvertes, il a laissé à Leibnitz le droit de partager avec lui la gloire de l'invention du *calcul différentiel*, II, 38. — Cause présumée de l'obscurité qu'on remarque dans ses *Principes mathématiques, ibid.* — Fait l'application des signes à l'algèbre, 368. — Désigné sous le nom de CIRCINO l'Attractionnaire dans les *Bijoux indiscrets* IV, 138. — Ses principes sur la résistance de l'air au mouvement des pendules, IX, 168. — Mémoire sur ce sujet, 169-182. — Raison de préférence à accorder à sa chronologie, XII, 91. — Son sentiment sur l'origine de l'idolâtrie, XVI, 352.

Nez. — Origine des nez plats, IV, 387.

* *Ngombos.* — Prêtres imposteurs des peuples idolâtres du Congo, XVI, 146.

* *Niais.* — Se dit de quelqu'un qui ignore les usages les plus communs de la société, XVI, 146.

NICOLAÏ (M. de). — Son amitié touchante pour M. de La Fermière, XVIII, 282. — Fable qu'il raconte dans un dîner que lui et son ami offrent à Diderot, XIX, 74.

NIEWLAND, ministre protestant hollandais. — Voulait faire établir des censeurs d'ouvrages en Hollande, XVII, 441.

* *Nigro-mantie.* — Ce mot signifie à la lettre *divination noire;* son étymologie, XVI, 147.

NINON DE L'ENCLOS. — Nom qu'elle donnait au péché originel, I, 164. — Son portrait et ses mœurs, VI, 256. — Pratique et professe la morale d'Épicure, XIV, 526. — Rassemblait, dans ses salons de la rue des Tournelles, l'élite de la cour et de la ville, *ibid.*

NISARD (*Charles*). — Publie une lettre de Meister à Suard au sujet de la *Correspondance de Grimm,* I, XI.

NIVERNAIS (*Jules* MANCINI-MAZARINI, duc de). — Influence d'une conversation qu'il eut à Trianon en présence de Louis XV, sur le sort de l'*Encyclopédie*, XIII, 121, 122. — Rend visite au Dauphin, et est surpris de lui voir lire les ouvrages philosophiques de Hume, XIX, 209.

Nizolius (*Marius*), savant littérateur et philosophe du xvie siècle, né à Bersello. — Leibnitz se rend en 1670 éditeur d'un de ses ouvrages, XV, 441.

Noailles (le cardinal de), archevêque de Paris. — Rallume l'incendie mal éteint par la paix de Clément IX, XV, 263.

Noblesse. — Récompense d'un service ou marque d'une faveur accordée par le souverain, II, 444. — Cette distinction ne remonte pas plus haut que le gouvernement féodal, *ibid*.

Noblesse commerçante (la), titre d'un ouvrage de l'abbé Coyer, composé à la demande du contrôleur général des finances de L'Averdy, VI, 295.

Nocé (Mme de). — Diderot la rencontre aux eaux de Bourbonne, XVII, 343. — Est la voisine d'Helvétius. Ce qu'elle apprend à Diderot touchant la vie de ce philosophe à sa campagne, 344.

Nodier (*Charles*), littérateur français. — A fait, dans son *Histoire du roi de Bohême et de ses sept châteaux*, de légers emprunts à Sterne, VI, 7.

* *Noctambule et Noctambulisme*. — Étymologie de ces mots, XVI, 147. — Ces dénominations sont moins exactes et moins usitées que *somnambule*, *somnambulisme*, 148. — On peut être attaqué de somnambulisme pendant le jour; exemple, *ibid*.

Nodin (la), maîtresse de danse à Saint-Pétersbourg. — Anecdote à son sujet, V, 501.

Noé. — Est mis en réserve pour repeupler le monde, I, 201, alinéa 38.

Noltken (le baron de), ministre de Suède à Pétersbourg. — Sa conversation avec Diderot, au sujet de la supplique que celui-ci adresse à l'impératrice Catherine pour la prier de mettre des bornes à sa bienfaisance, XX, 56.

* *Nommer*. — Désigner une chose par son nom, ou l'appeler par le nom qui la désigne, XVI, 148. — Autres significations de ce terme, *ibid*.

* *Nonchalance, Paresse, Négligence, Indolence, Mollesse, Faiblesse d'organisation*. — Acceptions et emplois de ces mots, XVI, 148.

Nonnains. — Oiseaux, tous femelles, qui habitent de grandes volières (couvents); leurs occupations, I, 200, alinéa 32.

Nonnotte (*Donat*). — Simple mention du nom de ce peintre, comme exposant au Salon de 1765, X, 309. — Élève de Lemoine, il dirigeait à Lyon une école gratuite de dessin, lorsque en 1741, il fut nommé académicien, *ibid*.

Norbert (saint), fondateur de l'ordre des Prémontrés, VI, 180. — Politique singulière de cet ordre, 182.

Noris (cardinal). — Ses observations à propos de l'hérésie des *prédestinatiens*, XVI, 391.

¶ *Notes écrites de la main d'un souverain* (Frédéric II, roi de Prusse) *à la marge de Tacite*, II, 459.

¶ *Notice sur La Fontaine*, VI, 232.

¶ *Notice sur Clairaut*. — Cet article n'est qu'en partie de Diderot, VI, 473.

¶ *Notice sur Carle Van Loo*, XIII, 70.

¶ *Notices sur le peintre Michel Van Loo et le chimiste Rouelle*, VI, 405.

* *Nourrice*. — Femme qui donne à téter à un enfant, XVI, 149. — Conditions nécessaires à une bonne *nourrice*, *ibid*. — Si les mères nourrissaient leurs enfants, ceux-ci seraient plus forts, plus vigoureux, 150. — La mère d'un enfant, quoique moins bonne *nourrice*, est encore préférable à une étrangère, 151. — Loi, en Turquie, qui favorise l'allaitement des enfants par leur mère, *ibid*.

Noverre (*Jean-Georges*), chorégraphe célèbre, auteur des *Lettres sur la danse et les ballets*, V, 482.

Noviciat. — C'est le temps le plus doux de la vie monastique, V, 16. — Une mère des novices met tous ses soins à séduire par son indulgence, *ibid*.

* *Nu*. — Qui n'est couvert d'aucun vê-

tement, XVI, 151. — Exemples de l'emploi de ce mot, *ibid*.

Nuages. — Comment ils se forment et comment ils se dissipent, V, 335.

NUCH, soldat morave. — Offre le cas extraordinaire d'une grossesse contre nature, IX, 408. — Extrait d'une lettre à ce sujet adressée au docteur Lefebvre, à Paris, *ibid*. — La *Gazette des Deux-Ponts*, année 1775, n° XXVI, explique comment cet homme avait engendré, 409.

* *Nuire*. — C'est apporter un dommage ou un obstacle, XVI, 151. — Exemples de l'emploi de ce terme, *ibid*.

Nuisible (le). — Fait rire lorsqu'il ne l'emporte pas sur le défaut, IV, 471. — Est toujours l'idée principale et permanente du méchant, 472.

O

* *Obéissance*. — Devoir le plus indispensable des sujets, XVI, 152. — Elle ne doit point être aveugle; exemples remarquables de désobéissance légitime, *ibid*.

* *Objecter*. — C'est montrer le faux d'un raisonnement par la raison contraire qu'on y oppose, XVI, 153.

* *Obscène*. — Se dit de tout ce qui est contraire à la pudeur, XVI, 153.

* *Obscur*. — Privé de lumière, XVI, 153.

* *Obscurité*. — C'est la dénomination d'une chose obscure, XVI, 153.

¶ *Observations sur la sculpture et sur Bouchardon*, XIII, 40-47.

¶ *Observations sur la division des sciences du chancelier Bacon*, XIII, 159-164.

¶ *Observations sur l'extrait que le journaliste de Trévoux a fait de la Lettre sur les sourds et muets*, I, 411.

¶ *Observations sur l'Iphigénie en Tauride*, tragédie de Guimond de La Touche, VIII, 427.

¶ *Observations sur les Saisons*, poème de Saint-Lambert. — Voyez SAINT-LAMBERT.

¶ *Observations sur l'instruction pastorale de M*^{gr} *l'évêque d'Auxerre*, I, 441.

¶ *Observations sur la religion, les lois, le gouvernement et les mœurs des Turcs* (sur les), morceau inédit, IV, 78. — Voyez BERGIER et PORTER.

Observations sur le Fils naturel. — Article de l'abbé de La Porte, tiré de l'*Observateur littéraire*, VII, 11-18.

¶ *Observations sur l'église de Saint-Roch*, morceau inédit, XIII, 3.

Obstacles. — Physiques ou moraux, il faut s'attendre à en rencontrer; conduite à tenir quand ils se présentent, II, 51.

* *Obstination*. — Volonté permanente de faire quelque chose de déraisonnable, XVI, 154.

* *Obtenir*. — Terme relatif à *solliciter*, XVI, 154.

* *Obvier*. — C'est prévenir, empêcher, aller au-devant, XVI, 154.

OCCAM, cordelier anglais. — Chef de la secte des Nominaux, XIV, 286. — Philosophe scolastique, disciple de Scot, est surnommé le *Docteur singulier et invincible*, XVII, 106. — Ses querelles avec les papes Boniface et Jean XXII, *ibid*. — A écrit sur la logique, la physique et la théologie, *ibid*.

* *Occasion*. — Moment propre pour agir ou parler avec succès, XVI, 154.

* *Occurrence*. — Terme synonyme à *conjoncture*, XVI, 154.

OCELLUS, philosophe pythagoricien. — Principes de sa doctrine, XVI, 518.

OCTAVIE, fille de Claude et sœur de Britannicus. — Quoique fiancée à Silanus, Agrippine lui fait épouser Néron, III, 46. — Malgré ses aimables qualités, Néron la répudie, 72. — Britannicus étant mort, Agrippine se rapproche d'elle, 82. — Poppée veut amener son divorce, 102. — Est accusée d'adultère, 127. — Est exilée en Campanie, et bientôt rappelée, 128. — L'accusation d'adultère est reprise, *ibid*. — Est reléguée dans l'île de Pandataria; condamnée à mourir, on lui ouvre les veines; sa tête, séparée de son corps, est présentée à Poppée, 129.

Ode. — Réflexions sur ce sujet, VI, 412.
* *Odieux*. — Digne de haine, XVI, 154. — Voyez *Haine*.
* Odin, Othen ou Voden. — Le plus grand des dieux dans la mythologie des anciens Celtes, XVI, 155. — Dans le principe, c'est un prince scythe de ce nom qui vient conquérir leur pays, 156. — Histoire de ce conquérant, *ibid*. — Sa mort, *ibid*. — Qualifications qui lui sont données dans la mythologie conservée par les Islandais, 157. — Déesse qu'on lui donne pour femme, *ibid*. — Culte qui lui était rendu, *ibid*.
Odiot. — Le peintre Bachelier lui communique son secret sur la *peinture en cire*, X, 67. — Devient fort habile dans la manœuvre délicate de l'*inustion*, *ibid*.
Odon, abbé de Cluny. — Célèbre écrivain du xe siècle, XV, 301.
Odorat. — Le plus voluptueux de nos sens, I, 352. — Voyez *Sens*. — Examen physiologique de ce sens, IX, 339.
* *Odyssée*. — Poëme épique d'Homère, dans lequel celui-ci décrit les aventures d'Ulysse, XVI, 158. — But de l'*Odyssée*, d'après le P. Le Bossu, *ibid*. et suiv. — Voyez *Iliade*.
Œil. — Cet organe est susceptible de s'instruire, I, 320. — Le toucher contribue à son éducation, *ibid*. et 323. — Est le plus superficiel de tous nos sens, 352. — Physiologie de l'œil, IX, 341. — Cet organe a toujours été considéré comme le siège ou l'organe du maléfice, XVI, 55.
Œuvres choisies de Diderot, précédées de sa Vie, par F. Génin, XX, 144.
Œuvres morales de Diderot, contenant son Traité de l'Amitié et celui des Passions, ouvrage attribué à tort à Diderot, XX, 99.
* *Ofavai*. — Sorte de petite boîte très-vénérée des pèlerins japonais, XVI, 160. — Signification de ce mot, *ibid*.
* *Offense, Offenser, Offenseur, Offensé*. — Définitions de ces mots, XVI, 160.
* *Officiers généraux*. — Patriarches et prophètes, I, 195, alinéa 23.

Officiers subalternes. — Archevêques, évêques, I, 196, alinéa 25.
* *Officieux*. — Qui a le caractère bienfaisant, et est toujours disposé à rendre de bons offices, XVI, 161.
Oginski (*Michel-Casimir*, comte), général de Lithuanie. — Impression que son jeu sur la harpe produit à Diderot, XVIII, 438.
* *Oh*. — Interjection; exemples de son emploi, XVI, 161.
* *Oindre*. — Enduire d'huile ou de quelque autre substance, grasse et molle, XVI, 162. — Origine de cette coutume, *ibid*.
¶ *Oiseau blanc* (l'), conte bleu, IV, 379 — Composé vers 1748, ce conte fut alors l'objet des recherches du lieutenant de police Berryer, 380. — Imprimé pour la première fois en 1798, *ibid*. — L'allégorie de cette débauche d'esprit ne permet pas d'en faire l'analyse; il faut lire le conte en entier, 381-441.—Voyez *Pigeon blanc*.
Oiseaux de proie. — Leur organisation particulière, IX, 235, 236.
Oisif. — La demeure de l'homme oisif est un sépulcre, III, 255.
Oisiveté. — Elle engendre la débauche, et produit tous les désordres imaginables, I, 97. — Est contraire à une machine vivante, IV, 328.
Okam. — Voyez Occam.
Olavidès (don *Pablo*), Péruvien, oydor (*conseiller d'État*) à Lima. — Sa loyale conduite à la suite du tremblement de terre de 1748-1749 est désapprouvée par le clergé péruvien, qui le dénonce à Madrid, VI, 467. — Le jésuite Ravago, confesseur du roi Ferdinand VI, le présente à son maître comme un impie, un scélérat digne du dernier supplice, *ibid*. — Est mandé à Madrid pour y rendre compte de sa gestion, *ibid*. — Obéit à cet appel; mais à peine arrivé il est jeté en prison et soumis aux plus indignes traitements, 468. — Est mis en liberté sous caution, *ibid*. — Épouse à Leganez dona Isabel de Los Rios, déjà deux fois veuve, *ibid*. — Mis, par cette union, en possession d'une

immense fortune, il fait reconnaître son innocence et rentre dans tous ses droits, *ibid.* — Forme une société de commerce avec Miguel Gigon, fixé à Paris, et Joseph Almanza, résidant à Madrid, *ibid.* — L'association ayant prospéré, il tient un grand état de maison, *ibid.* — Fait chaque année un voyage à Paris, d'où il rapporte ce qu'il a recueilli d'intéressant, 469. — Traduit en vers espagnols *Mérope* et *Zaïre*, tragédies de Voltaire, et fait représenter ces ouvrages par des acteurs à ses gages, sur un théâtre construit dans son hôtel, *ibid.* — Met en espagnol et fait entendre chez lui des opéras-comiques de Grétry, de Duni, etc., *ibid.* — Les familles catholiques suisses qu'il a laissées s'implanter dans la Sierra-Morena conjurent sa perte, 470. — Zamora, nommé inquisiteur par le roi Charles III, en fait sa première victime, 471. — On visite sa bibliothèque et ses manuscrits : on y trouve les *OEuvres de Montesquieu*, de *Voltaire*, de *Jean-Jacques*, le *Dictionnaire de Bayle* et l'*Encyclopédie*, etc.; il est traîné dans les prisons; ses biens sont confisqués; est condamné à faire amende honorable et à être pendu. — Sa sentence est deux fois commuée, et enfin, à prix d'argent, il obtient la mainlevée de ses biens, sa réhabilitation et la liberté.

OLDECORN (HALL ou), jésuite anglais. — L'un des auteurs de la conspiration des poudres (1605); est mis à mort, XV, 279.

OLIBRI (*le Vorticose*). — Nom sous lequel Diderot désigne Descartes dans les *Bijoux indiscrets*, IV, 138. — Fondateur de la secte des Vorticoses (du système des tourbillons), 162. — Sa philosophie comparée à celle de Newton, 163.

* *Oligarchie, Oligarchique.* — Définition de ces mots, XVI, 162. — Le gouvernement, chez les Romains, a plusieurs fois dégénéré en *oligarchie*, *ibid.*

OLIGNY (Mlle d'). — Refuse les propositions que lui fait le marquis de Gouf-fier; est enlevée par lui; suite de cette affaire, XIX, 227.

OLIVET (l'abbé d'), V, 440.

OLIVIER. — L'un des héros du conte *les Deux Amis de Bourbonne*, V, 265. — Son étroite amitié avec Félix, 266. — Sa mort, 267.

OLIVIER ou OLLIVIER (*Michel-Barthélemy*), peintre du prince de Conti. — Expose, au Salon de 1767, quatre tableaux : le *Massacre des innocents*, XI, 323. — Un *Portrait*; une *Femme savante*, 324. — Une *Famille espagnole*, 325. — D'après le livret, il y avait encore à ce Salon plusieurs portraits d'Olivier que Diderot n'a pas décrits, *ibid.* — Talent estimable. Ne tient pas au Salon de 1769 les promesses de la précédente exposition, 447. — Expose, en 1771, sept tableaux dans le goût de Watteau et non dans sa manière; a besoin d'étudier beaucoup les grands maîtres, 521.

OLYMPIA. — Sacrifice auquel elle se résigne pour empêcher son amant de partir en campagne, IV, 362, 363.

OMAR (*Abou-Hafssah Ibn-al-Kallab*), second calife des Musulmans. — Donne à Amry (AMROU-BEN-EL-ASS) général des Sarrasins, l'ordre de brûler la bibliothèque d'Alexandrie, XIII, 442.

Ombre de Raphaël (*l'*) *à son neveu Raphaël*; analyse de cette brochure, XVII, 502.

* *Omphalomantie.* — Divination qui se faisait par le moyen du cordon ombilical, XVI, 162. — Étymologie de ce mot, 163. — Art des *omphalomantes*; son absurdité, *ibid.*

Onctions huileuses. — Leurs avantages hygiéniques, IX, 262.

Onéirocritique. — Celui qui déchiffre les songes, IV, 301. — Bloculocus occupe cet emploi à la cour de Mangogul, *ibid.*

ONÉSICRITE, philosophe cynique. — Comment il devint le disciple de Diogène, XIV, 263.

* *Onomancie* ou *Onomamancie*, ou *Onomatomancie.* — Divination par les noms, XVI, 163. — Le mot *onomancie*

devrait plutôt signifier *divination par les ânes, ibid.* — Était fort en usage chez les anciens, *ibid.* — C'est une observation fréquente dans l'histoire que les grands empires ont été détruits sous des princes portant le même nom que ceux qui les avaient fondés ; exemples, 164. — Une des règles de l'onomancie chez les pythagoriciens, 165. — Exemples de différents présages rapportés à ce genre de divination, *ibid.*

* *Ontologie.* — C'est la science de l'être considéré en tant qu'être, XVI, 166. — Descartes proscrit les termes *ontologiques* de la philosophie scolastique : conséquences, *ibid.* — Cette science prend une autre face entre les mains des philosophes modernes, 167. — Comment on peut définir l'*ontologie naturelle*, 168.

Opéra, Théâtres. — Établissements de l'*Allée des Fleurs*, I, 236.

Opéra-Comique. — Du *Peintre amoureux de son modèle*, ouvrage de Duni, date l'introduction de ce genre de spectacle, V, 461. — La pièce d'*Ernelinde*, opéra de Poinsinet (1767), corrigée par Sedaine (1773), mise en musique par Philidor, marque le progrès de l'art et en prédit le durable succès, VIII, 459.

* *Ophiomancie.* — Divination par les serpents, XVI, 168. — Était fort en usage chez les anciens, *ibid.* — Explication que donne Pluche sur l'origine de cette divination, 169. — Les Prylles, peuple d'Afrique, avaient la coutume d'exposer leurs enfants aux serpents pour savoir s'ils étaient légitimes ou adultérins, *ibid.*

Opinion. — Ce qu'est celle d'un homme, I, 22.

Opinions. — Voyez l'*Entretien des Philosophes* et l'*Allée des marronniers*, I, 215 à 235.

* *Opposer.* — Former un obstacle, XVI, 170. — Exemples de l'emploi de ce mot, *ibid.*

* *Oppresseur, Opprimer.* — Terme relatif au mauvais usage de la puissance, XVI, 170. — *Oppression* a un sens relatif à l'économie animale, *ibid.*

* *Oppression.* — Définition de ce mot en morale et en politique, XVI, 170.

* *Opprobre.* — C'est le mépris de la société dans laquelle on est, XVI, 171.

* *Opulence, Opulent.* — Termes qui désignent *la grande richesse*, ou celui qui la possède, XVI, 171.

Opuscules philosophiques et littéraires, recueil publié par l'abbé de Vauxcelles, II, 196. — Ouvrages de Diderot qu'on y trouve insérés, *ibid.* et 506.

Oraison de saint Julien. — Ce qu'on entend par cette locution, XIX, 248 (note).

Oraison funèbre. — La première qu'on entendit à Rome fut celle de Junius Brutus, prononcée par Publius Valérius Publicola, III, 56. — Souvent avilie depuis son institution, mieux vaudrait qu'elle n'eût jamais été inventée, *ibid.*

ORCOTOME, nom donné, par La Mettrie, au docteur Ferrein, IV, 164. — Son opinion sur une question délicate, 165, 177. — Siége qu'il assigne à l'âme chez les femmes, 225.

* *Ordonner.* — Diverses acceptions de ce mot, XVI, 171.

Organes. — Leur état sain ou maladif est le thermomètre de l'esprit, II, 406. — Tous ont leur poison, leur miasme qui les affecte, IX, 331. — On les accoutume à tout, *ibid.* — Des organes des sens, *ibid.* — Leur vie particulière, *ibid.* — Leurs sympathies, 332. — Considérés comme des animaux, *ibid.* — Les prescriptions du médecin faites en vue de cette idée, 333. — Comment ils prennent des habitudes, 334. — Nos vices et nos vertus sont dans leur dépendance, *ibid.* — Chaque organe a son plaisir et sa douleur particulière, 335.

Organisation. — Diderot la considère comme la base de la morale individuelle, XI, 124. — Propre à chaque espèce, 335.

ORGOGLI. — Voyez BARON.

Orgue d'Allemagne. — Travaux de Diderot pour le perfectionnement de cet instrument, IX, 77. — Mémoire sur ce sujet, 156-167. — Avantages de l'instrument proposé, 162. — Inconvénients qu'il présente, 164. — Observations sur le chronomètre, 165.

Orgueil. — Mauvaise passion ; elle rend méchante la créature qui en est affectée, I, 31.

ORIBAZE. — Nom d'un spinosiste désigné pour faire partie de l'assemblée générale des philosophes, I, 228, 229, 233, 234.

* Orientale (Philosophie), XVI, 172. — Origine des gnostiques, ibid. — Pourquoi ces philosophes prirent ce nom, 173. — Écrivains que l'on peut qualifier ainsi, ibid. — Époque à laquelle les philosophes orientaux prirent le nom de gnostiques, ibid. — Reproche qu'ils font à Platon, 174. — On reconnaît à travers leur système des vestiges du pythagorico-platonisme, ibid. — En quoi consistait le système de théologie des gnostiques, 175 et suiv.

ORIGÈNE, philosophe néo-platonicien. — Disciple d'Ammonius Saccas ; divulgue le secret de la philosophie éclectique, XIV, 319. — Cet Origène n'est point celui des chrétiens, ibid.

ORIGÈNE, célèbre docteur de l'Église au IIe siècle. — Ses maximes sur la religion, I, 487. — N'a pas eu , dit Voltaire, des idées bien nettes de la spiritualité, VI, 352. — Axiomes principaux de sa philosophie, XV, 293 ; XVI, 118.

* Origénistes. — Anciens hérétiques , XVI, 177. — Ce que la modestie permet de dire de leur doctrine, ibid. — Étaient, suivant l'histoire ecclésiastique, les sectateurs d'Origène, 178. — L'origénisme fut adopté principalement par les moines d'Égypte et de Nitrie ; bizarrerie de leurs opinions, ibid.

* Originaire. — Qui a pris son origine en quelque endroit, XVI, 178.

Original. — Ce qu'on doit entendre par ce mot en littérature, II, 331. — Collé, Rabelais, Aristophane, Molière, Shakespeare sont des écrivains originaux, ibid.

* Acceptions de ce mot en peinture, XVI, 179.
* Originalité. — Manière d'exécuter une chose commune, d'une manière singulière et distinguée, XVI, 179.
* Originaux, Écrits. — Différents sens dans lesquels ces termes peuvent se prendre, XVI, 178-179.
* Origine. — Commencement, naissance, germe, principe de quelque chose, XVI, 179.

ORLÉANS (Jean-Baptiste-Gaston, duc d'). — Fait, en 1660, le legs au roi de plusieurs volumes de plantes et d'animaux, miniatures magnifiques de Nicolas Robert, XIII, 472.

ORLÉANS (Louis-Philippe, 4e duc d') (1752-1785). — Diderot, qui a conçu le projet du Père de famille, songe à mettre cet ouvrage sous sa protection, VII, 167.

ORLOFF (Grigor-Grigorievich), prince russe. — Manière dont Diderot juge de son caractère, III, 535. — Amant de l'impératrice Catherine ; ce qu'il se promettait après la mort de Pierre III, XVII, 489.

ORMESSON D'AMBOILE (M. d'). — Diderot décrit sa maison et ses jardins. Son projet d'embellissement, XIX, 251.

ORMUSD. — Divinité de la doctrine des Parsis, XVII, 320. — Ce qu'il raconte à Zoroastre dans le Vendidad, ibid.

* Ornement. — Ce qui sert à parer une chose, XVI, 180.

OROSMADE, ou Horsmidas. — Divinité des Perses ; est l'auteur du bien, XVI, 263.

ORON. — Voyez AOTOUROU.

ORPHÉE. — Personnage de la philosophie fabuleuse des Grecs, est, selon la mythologie, un chantre ou poëte de la Thrace, XV, 49. — Disciple de Linus, ibid. — Aristote et Cicéron prétendent qu'il n'y a jamais eu d'Orphée, ibid. — Toute l'antiquité atteste son existence, ibid. — Son histoire selon la fable, ibid. à 54.

Orphelin de la Chine (l'), tragédie de Voltaire. — Mauvais effet du luxe des costumes déployé pour la représentation de cet ouvrage, VII, 375, 376.

Orpheline (l'), ou *le Faux Généreux*, comédie de Bret. — Episode remarquable de cette pièce, VII, 310, 311.

Orthographe. — Des moyens simples et raisonnés de diminuer les imperfections de l'orthographe française, VI, 432.

* Osée. — Le premier des douze petits prophètes, XVI, 180. — Il est pathétique, court, vif et sentencieux, *ibid.*

Osiris, dieu d'Égypte. — Doctrine des prêtres attachés à son culte, XIV, 388. — C'était le soleil, 391.

Osma (le Père), récollet espagnol. — Homme avare, ignorant, hypocrite, envieux, la sentine de tous les vices; se met à la tête des furieux qui conspirent la perte de Don Pablo Olavidès, oydor de Lima, VI, 470. — Sollicite la place d'inquisiteur général, 471. — Fait offrir cette place à l'évêque de Zamora qui, d'accord avec lui, doit la refuser, *ibid.* — Ses intrigues amènent Charles III à révoquer l'édit de 1760, et à rendre l'Inquisition plus féroce que jamais, *ibid.* — Fait arrêter don Pablo Olavidès, qui, convaincu d'esprit philosophique, est soumis aux plus indignes traitements, 472. — Vend aux amis de Don Pablo sa réhabilitation et sa liberté, *ibid.*

Ossat (*Arnaud*, cardinal d'). — Sa vie par Mme d'Arconville, IX, 453. — Ses *Lettres*, dont la meilleure édition a été donnée en 1697 par Amelot de La Houssaie, sont un ouvrage classique pour les diplomates, *ibid.*

Ostaluk, colonel de spahis. — Sélim devient amoureux de sa femme, IV, 342. — Son duel avec Sélim, 346. — Comment il traite sa femme, 347.

Osymandias, roi d'Égypte, le premier qui fonda une *bibliothèque*, XIII, 440.

Othon (*Marcus-Salvius*). — D'abord favori de Néron, à qui il cède sa femme Poppée, III, 72. — Il avait enlevé cette femme à Rufus Crispinus, chevalier romain, 101. — Manége qu'il emploie de concert avec elle pour exciter l'amour de Néron, 102.

Othon, savant chroniqueur, évêque de Freisingen. — Regarde Sénèque moins comme un philosophe païen que comme un chrétien, III, 187.

Otway, poëte tragique anglais. — Sa *Venise préservée*, mélange de tragique et de burlesque, rapprochement dangereux, VII, 137.

Oubli. — Terme relatif à la mémoire, XVI, 180.

* *Oublier.* — Perdre la mémoire, XVI, 181. — Exemples de l'emploi de ce mot, *ibid.*

Oudry (*Jacques-Charles*), fils de Jean-Baptiste Oudry, le célèbre peintre d'animaux. — Expose, au Salon de 1761, un *Retour de chasse*, et un *Chat sauvage pris au piège*, X, 132. — Anecdote relative à sa *Chienne*, vendue au baron d'Holbach, XI, 6.

Ouïe (l'). — Est le plus orgueilleux de nos sens, I, 352. — Voyez Sens. — Description de cet organe, IX, 339-340.

Ouvrages faussement attribués à Diderot, I, 6. — Voyez *Écrits apocryphes*, XX, 97.

Ouvroir (l'). — Chant perdu du poëme de *Vert-Vert*, de Gresset, VI, 3. — Démarches faites à ce sujet par l'Institut de France auprès du prince Henri de Prusse, *ibid.* — Lettre du prince, 4.

Overlaet. — Personnage d'Anvers qui copiait les tableaux de Téniers à la plume, XVII, 430.

Oxford (l'Académie ou Ecole d'). — Fondée par Alfred le Grand, XV, 301.

P

Paciaudi (*Paolo-Maria*), savant antiquaire italien. — Lettre que lui écrit le comte de Caylus au sujet d'une brochure de Diderot, X, 45.

* *Pacification.* — Action de rétablir la paix et la tranquillité dans un État, XVI, 181. — Édits de *pacification* rendus en France pour pacifier les troubles de religion, *ibid.* — Édit de pacification dit *Édit de Nantes*, 182. — Les protestants se sont plaints

avec amertume de sa révocation, *ibid.*
— Il est certain qu'on a violé à leur égard la foi des traités, 183. — Danger imminent pour l'État d'être divisé par deux cultes opposés; mais est-ce une raison pour exterminer les adhérents à l'un des deux, *ibid.*

* *Pacifique.* — Qui aime la paix; emplois de ce mot, XVI, 184.

Pacome (saint). — Instituteur de la règle des Cénobites, I, 129. — Ce que cette règle a d'antisocial, *ibid.*

Padilla (*Maria*), maîtresse, puis femme de Pierre le Cruel, roi de Castille. — Son histoire offre une sorte de conformité avec celle de Poppée dans son union avec Néron, III, 100.

* *Pain bénit.* — Pain que l'on bénit, le dimanche, à la messe paroissiale, XVI, 184. — Origine de cet usage, *ibid.* — Ce pain, dans les grandes villes, a été remplacé par du gâteau, *ibid.* — Ce que cet usage dispendieux coûte au pays tous les ans, 185. — Raison de s'épargner cette dépense, *ibid.* — Le préjugé et la coutume empêchent de supprimer le luminaire dans les églises, mais on pourrait épargner les trois quarts de ce qui se prodigue aujourd'hui, *ibid.* — Perte annuelle pour le royaume résultant des deux usages du pain bénit et du luminaire, *ibid.* — Combien de misérables à soulager avec tant de sommes prodiguées sans fruit et sans nécessité, 186.

* *Pain conjuré* — Pain d'épreuve, fait de farine d'orge, que l'on donnait à manger à un criminel non convaincu, XVI, 186.

* *Paix.* — C'est la tranquillité dont une société politique jouit, XVI, 187. — La guerre est une maladie violente du corps politique; il n'est en santé que lorsqu'il jouit de la paix, *ibid.* — Les passions aveugles des princes, allumées ou entretenues par des ministres ou des guerriers ambitieux, ont eu en tous temps les effets les plus funestes pour l'humanité, 188. — Dans les empires établis par les armes, les princes ou ministres pacifiques sont exposés aux censures et au ridicule, *ibid.* — Réponse de Gustave III à ce qu'on lui disait de ses glorieux succès, 189.

Paix (la) *de Clément IX.* — Ce qu'on appelle de ce nom, XV, 262. — L'incendie, mal éteint, se rallume sous le cardinal de Noailles, archevêque de Paris, 263.

Pajou (*Augustin*), statuaire. — Expose, au Salon de 1759, un remarquable *Buste de Le Moyne*, X, 102. — N'expose rien, au Salon de 1761, qu'on puisse comparer au buste de l'exposition de 1759; on y remarque néanmoins un *Ange* d'un très beau caractère, et *Deux Portraits* en terre cuite, 147. — Le *Portrait du Maréchal de Clermont-Tonnerre*, qu'il expose au Salon de 1765, mauvais, 433. — Au même Salon : le *Portrait de M. de La Live*, froid et plat, 434. — Le *Modèle de saint François de Sales*, lourd et maussade; que deviendra cette esquisse à l'exécution ? *ibid.* — Un *Bénitier*, pauvre de forme, *ibid.* — Un *Tombeau*, dessin sans caractère, *ibid.* — Une *Bacchante qui tient le petit Bacchus*, mauvais groupe, *ibid.* — *La Leçon anatomique*, dessin; enlevez le cadavre, mettez à sa place un grand turbot et vous aurez une estampe toute prête pour une édition de Juvénal, 435. — Au Salon de 1767, ses *Bustes de la famille royale*, de celui du *Maréchal de Clermont-Tonnerre*, ses *Enfants de M. de Voyer*, son *Buste de M. de Sainscey*, ses figures de la *Magnificence* et de la *Sagesse*; tout cela est d'une insupportable médiocrité, XI, 354. — Expose à ce même Salon un *Dessin de la mort de Pélopidas*. Cette composition ne peut soutenir la comparaison avec le *Testament d'Eudamidas* du Poussin, 355. — Son amour désordonné de l'argent a écrasé son talent, 356. — Le *Tombeau du roi Stanislas de Pologne*, un *Amour dominateur des éléments*, et quatre grandes figures, *Mars*, la *Prudence*, la *Libéralité* et *Apollon*, composent son envoi au Salon de 1769, 454. — Vassé lui sou fflentre-l'e prise du tombeau du roi Stanislas, 459. — Les divers morceaux qu'il expose au Salon de 1771, sont tous d'une belle exécution, 534, 535. — Expose, en 1781, une *Statue de Blaise Pascal* et un *Buste de Grétry*, XII, 65.

PALAFOX (don *Juan* de), prélat espagnol, VI, 458. — Don Carlos, roi de Naples, fait solliciter à Rome la canonisation de ce savant et pieux évêque, mort en Amérique martyr de la persécution des jésuites, *ibid.*

PALAVICINI (le cardinal), secrétaire d'État du pape Clément XIII ; nonce à Madrid près du roi Charles III. — Est mortellement frappé par l'ordre d'expulsion des jésuites de l'Espagne et des Indes, VI, 465.

* *Pâle, Pâleur.* — Acceptions de ces mots, XVI, 189.

* *Palinodie.* — Discours par lequel on rétracte ce que l'on avait avancé précédemment, XVI, 189. — Étymologie de ce mot, 190. — Son origine, *ibid.* — Palinodie attribuée à Orphée, *ibid.*

PALISSOT DE MONTENOY (*Charles*). — Jugement passionné de cet écrivain sur la traduction de l'*Essai sur le mérite et la vertu,* par Diderot, I, 8. — Fait représenter, le 2 mai 1760, sa comédie *les Philosophes*, IV, 473 ; V, 176. — Tirade injurieuse de cette pièce, dirigée contre Diderot, *ibid.* — Ses calomnies touchant Helvétius, d'Alembert et Duclos, *ibid.* — Continue dans *la Dunciade*, poëme satirique, ses injurieuses attaques contre les philosophes, *ibid.* — L'abbé Morellet lui répond par un pamphlet intitulé *la Vision de Charles Palissot*, V, 377. — Jugement de Gœthe sur sa personne et ses écrits, et plus particulièrement sur ses comédies *le Cercle* et les *Philosophes*, 378, 379. — Jugement que, selon Diderot, il doit porter sur lui-même, 401. — Devient le parasite de Mlle Hus, maîtresse du financier Bertin après la chute de sa *Zarès*, 439. — Doit au P. Bougeant la scène du colporteur dans les *Philosophes*, 440. — Ne manquait pas de talent à faire le fou, 443. — Rôle infâme qu'il se donne dans sa comédie de *l'Homme dangereux*, 451. — Rameau (le neveu) l'admire comme le parfait modèle de l'être abject et méprisable, 453. — Est traité, comme il le mérite, par le comte de Tressan, dans l'article *Parade* de l'*Encyclopédie*, VI, 382. — Revendique la comédie *le Cercle* et accuse Poinsinet de plagiat, *ibid.* — La pièce de Poinsinet, composée à la suite d'un défi, est applaudie à Paris ; celle de Palissot est sifflée à Nancy, 383. — Lettre que lui écrit Voltaire au sujet de la dédicace du *Père de famille*, de Diderot, VII, 179. — Ce qu'il dit au sujet du titre du *Fils naturel*, 337. — Réponse de Lessing à sa remarque, 338. — Ce qu'est devenue sa comédie des *Philosophes*, XVIII, 523. — Il est l'auteur du *Satirique*. Sentiment de Diderot sur l'auteur de cette comédie, XX, 11. — Critique de cette pièce, 12.

PALLAS, affranchi de Claude. — Il lui fait épouser Agrippine et adopter Néron, III, 46. — Amant d'Agrippine, ose proposer une loi contre les femmes qui s'abandonneraient à des esclaves, 51. — La loi passe, on lui décerne la préture avec une gratification de quinze millions de sesterces, 52. — Est disgracié, 79. — Amant et confident d'Agrippine, 80. — Accusé de conspiration, il est absous, 86. — Sa mort, 137.

PALLI. — Jeune Taïtienne, II, 220. — Le P. Lavaisse lui rend le même service que celui qu'il a déjà rendu à sa sœur, 239.

PAMÉLA, roman de Richardson. — Plus simple, moins étendu, moins intrigué que *Grandisson* et que *Clarisse Harlowe* ; est, comme ceux-ci, une œuvre de génie, V, 222.

* *Pammilies* ou *Pamylies.* — Fêtes en l'honneur d'Osiris, XVI, 190. — Leur origine, 191.

PAMPHILE, peintre grec, maître d'Apelles. — Peignit à l'encaustique, et donna des leçons de cette manière, X, 50.

Pamphlets. — Ceux publiés contre l'*Encyclopédie*, XIII, 121.

* **Pan.** — Dieu des bergers, des chasseurs, et des habitants des champs, XVI, 191. — Histoire et culte de cette divinité, *ibid.* et suiv.

Panard (*Charles-François*), poëte-chansonnier. — Ce qu'il dit à Marmontel au sujet de la mort du chansonnier Gallet, son ami, VI, 225.

Panckoucke, libraire, éditeur de l'*Encyclopédie méthodique*. — Diderot l'autorise à se servir de ses articles de philosophie, XIII, 127. — Ces articles forment, dans cette immense collection, trois volumes in-4°, sous le titre de *Philosophie ancienne et moderne*, *ibid.* — Diderot le congédie, XIX, 319, 320.

Pandours. — Voyez *Capucins*.

Panétius de Rhodes, philosophe stoïcien. — Sa réponse touchant l'amour du sage, III, 274. — Fut plus attaché à la pratique du stoïcisme qu'à ses dogmes, XVII, 227. — Quels hommes il eut pour disciples, 228.

Panin (le comte), personnage russe. — Son intimité avec la princesse Dashkoff était suspectée, XVII, 492.

Pantomime (de la), VII, 377. — C'est une portion du drame, 378. — Exemple pris de *l'Andrienne* de Térence, *ibid.* — Autre exemple tiré de *l'Héautontimoruménos* du même auteur, 379. — Il faut l'écrire, toutes les fois qu'elle fait tableau, *ibid.* — Molière n'a pas dédaigné de l'écrire, 380. — Térence, Plaute et Aristophane, ne l'ayant pas indiquée, ont souvent embarrassé les plus habiles interprètes, *ibid.* — Richardson en a habilement fait usage, *ibid.* — (Voyez *Sommaire*, p. 304.)

¶ **Pantomime dramatique.** — Essai sur ce nouveau genre de spectacle, VIII, 458. — C'est une langue commune à toutes les nations, 459. — Exemple tiré du *Démophon* de Métastase, 461, 462.

Pape (le), nom donné par les chrétiens au chef de l'Église. — Détails sur ses prérogatives et ses fonctions, I, 195, 196, alinéa 24, 25.

* **Papegai.** — Espèce d'oiseau en bois qui sert de but pour l'exercice de l'arquebuse, XVI, 193. — Avantage qu'il y aurait à supprimer cet exercice, *ibid.* — Les avantages faits aux rois de l'arquebuse pourraient être convertis en un prix annuel en faveur des laboureurs les plus laborieux et les plus habiles, 194.

Papin (*Denis*). — Ses découvertes en physique ont établi l'hétérogénéité de la matière, II, 68.

Papin, docteur en théologie, curé de Sainte-Marie à Bourbonne, V, 274. — Lettre qu'il écrit, en désaccord avec M. le subdélégué Aubert, au sujet d'*Ollivier et Félix* (les *Deux Amis de Bourbonne*), *ibid.*

Papinien (*Æmilius Papinianus*), le premier jurisconsulte de l'antiquité, comparé à Sénèque, III, 112. — Sa mort héroïque, 113, 377, 378.

Pâque, cérémonie religieuse des Juifs, I, 202, alinéa 40.

Paracelse (*Philippe-Auréolus-Théophraste* **Paracelse Bombart de Hobenheim**), célèbre médecin suisse. — Appartient à la secte des théosophes, XVII, 244. — Sa vie, 245. — Fut un homme d'un mérite éclatant et d'une vanité prodigieuse, 247. — Quels furent ses disciples, 248. — Principaux axiomes de sa doctrine, *ibid.* et suiv.

¶ *Paradoxe sur le comédien*, texte de 1773, VIII, 339. — Notice préliminaire, 341. — Le même ouvrage, revu vers 1778, publié pour la première fois en 1830, 361.

* *Paraître.* — Se montrer, se manifester; emplois de ce mot, XVI, 194.

Paralytique (le) *secouru par ses enfants*, tableau de Greuze. — Figure à l'Exposition de 1763, X, 143. — Description touchante de ce tableau, que Diderot appelle de la morale en peinture, 207, 208. — Fait aujourd'hui partie de la collection de l'Ermitage à Saint-Pétersbourg, 207.

Parallèle de la condition et des facultés de l'homme avec la condition et les facultés des autres animaux. — Remarques sur cet ouvrage, traduit de l'anglais par M. Robinet, IV, 94.

PERCEVAL (M. de). — Son fils se marie malgré lui; démarche de sa bru auprès de lui, XIX, 238.

* *Parcourir.* — C'est visiter rapidement, XVI, 194.

Pardon des offenses. — Cette vertu morale est d'une grande âme, II, 87.

* *Pardonner.* — C'est remettre le châtiment, promettre l'oubli d'une faute, XVI, 194.

* *Paréas, Perréas* ou *Parias.* — On désigne ainsi, dans l'Hindoustan, une classe d'hommes séparée de toutes les autres, et l'objet de leur mépris, XVI, 195. — Quelque abjects qu'ils soient, ils prétendent à la supériorité sur les *Scriperes*, 196. — Nom odieux que l'on donne à ces derniers, à Surate, *ibid.*

Paresse. — Mauvaise passion; elle rend méchante la créature qui en est affectée, I, 31.

PARIS (le diacre). — Illuminé, enterré au cimetière Saint-Médard, église du faubourg Saint-Marcel. Farces que les *convulsionnaires*, stimulés par l'abbé Bécheran, jouent sur sa tombe, I, 150. — Guérison miraculeuse de Philippe Sergent, 151.

* *Parler.* — Manifester ses pensées par les sons articulés de la voix, XVI, 196. — Acceptions différentes de ce mot, *ibid.*

PARMÉNIDE, philosophe éléatique. — Singularité de sa doctrine, III, 257. — A Zénon pour disciple, *ibid.* — Ses entretiens avec Socrate, *ibid.* — Sa doctrine et sa vie, XIV, 398; XVI, 196.

* *Parménidéenne (Philosophie)*, ou *Philosophie de Parménide*, XVI, 196. — Doctrine de Parménide, *ibid.* — Principes établis par Platon dans son dialogue le *Parménide*, 197-198. — La philosophie de Parménide est restaurée, au xvie siècle, par le philosophe napolitain Telesius, 199. — Notice sur la vie de ce dernier, *ibid.* — Principes de sa physique, 200-202.

* *Parole.* — Mot articulé qui indique un objet, une idée, XVI, 202.

* *Parole enfantine.* — Ce que l'on appelle par ce mot, XVI, 203.

PARR (*Thomas*). — Exemple de longévité; sa vie écrite par Harvey, IX, 395.

Parrains. — Nom des témoins obligés des enrôlements, I, 191, alinéa 6.

PARROCEL (*Charles*). — Expose au Salon de 1759 un mauvais tableau d'*Agar chassée par Abraham*, X, 101. — Faiblesse de son tableau de l'*Adoration des Rois*, exposé au Salon de 1761, 141. — Comparé à Vien, *ibid.* — Idée choquante dans son tableau de l'*Adoration*, *ibid.* — La *Sainte Trinité* qu'il expose au Salon de 1763, mauvais tableau, 220. — Expose, au Salon de 1765, deux tableaux : *Céphale qui se réconcilie avec Procris; Procris tué par Céphale;* anecdote à ce sujet, 341. — *Jésus-Christ sur la montagne des Oliviers*, et une *Esquisse* que ce peintre expose au Salon de 1767, deux mauvais tableaux, XI, 263-264. — Talent nul, 307. — Ne se relève pas au Salon de 1771, par son *Assomption de la sainte Vierge*, 518. — La *Pêche miraculeuse* qu'il expose en 1781 est une esquisse sans effet, XII, 55.

Parsis (Religion des). — Ses ministres se divisent en cinq ordres, XVII, 316. — Les Parsis sont divisés en deux sectes, animées l'une contre l'autre du zèle le plus furieux, 317. — Résultat de leur dispute sur le *penon*, *ibid.* — Anquetil en profite pour s'instruire et se procurer les ouvrages qui lui manquent, *ibid.* — Voyez ZEND-AVESTA et *Perses (Philosophie des).*

Parterre (le). — Est le seul endroit où les larmes de l'homme vertueux et du méchant soient confondues, VII, 313.

* *Particulier.* — Qui concerne l'espèce ou l'individu, emplois de ce mot, XVI, 203.

* *Partir.* — Différentes acceptions de ce mot, XVI, 203.

* *Partisan.* — Celui qui a embrassé le parti de quelqu'un ou de quelque chose, XVI, 204.

Partisans, I, 219, alinéa 11.

* *Parvenir.* — Arriver au lieu où l'on

se proposait d'aller; emploi de ce mot, XVI, 204.

PASCAL (*Blaise*), janséniste célèbre. — Avait de la droiture, mais il était peureux et crédule, I, 131. — A eu pour maîtres des hommes qui n'étaient pas dignes d'être ses disciples, *ibid.* — Une de ses pensées sur la religion, 167. — Avait trouvé plusieurs propositions d'Euclide à l'âge où l'on appelle un cercle un *rond*, une ligne une *barre*, III, 454.

PASQUIER (*Pierre*), peintre en miniature. — Expose au Salon de 1769 un *Portrait de Diderot*, peint sur émail, d'après Mme Therbouche, XI, 449, 450. — Expose au Salon de 1771 : *Portrait du Roi* (non ressemblant); *Portrait en émail de Mme la Dauphine* (ressemblance sans âme); *Portrait de Voltaire*, peint à Ferney (sans caractère); *Portrait de M. Cochin*; Portraits : de Mme Telluson, de Mme Nervo, de Lyon; de Mme *Dugas de Bois-Saint-Just*, de Lyon; de *M. et de Mme Terrasse*, de Lyon. Ce peintre a de la légèreté et de la finesse dans le pinceau; mais il est froid, 507. — N'expose rien qui vaille au Salon de 1781, XII, 46.

* *Pasquin*. — Statue mutilée, à Rome, XVI, 205. — Origine de son nom, *ibid*. — A Marforio pour interlocuteur, *ibid*. — Remontrances faites par un courtisan à Adrien VI, qui voulait faire disparaître cette statue, *ibid*.

* *Pasquinades*. — Nom que l'on donne, à Rome, aux épigrammes et aux bons mots, XVI, 205.

Passage de la mer Rouge, I, 200, alinéa 35.

* *Passager*. — Qui passe vite, qui ne dure qu'un instant, XVI, 206.

* *Passant*. — Acceptions diverses de ce mot, XVI, 206.

* *Passe-droits*. — Dans quelles circonstances les princes les commettent, XVI, 206. — Résultats de semblables injustices, 207.

* *Passionner, passionné*. — Acceptions diverses de ces mots, XVI, 221.

Passions. — Celles relatives à l'intérêt privé, telles que l'amour de la vie, le ressentiment des injures, l'amour des femmes et des autres plaisirs des sens, etc., renfermées dans de certaines bornes, ne sont, par elles-mêmes, ni injurieuses à la société, ni contraires à la vertu morale, I, 101. — L'excès seul les rend vicieuses, *ibid.* — Celles qui rendent l'homme vicieux sont pour lui autant de tourments, 120. — Elles sont dans la constitution de l'homme un élément dont on ne peut dire ni trop de bien ni trop de mal, 127. — Il en est qui élèvent l'âme aux grandes choses, *ibid.* — Sobres, elles font les hommes communs, *ibid.* — Amorties, elles dégradent les hommes extraordinaires, 128. — Fortes, mais réglées par une juste harmonie qui les met à l'unisson, elles sont un présent de la nature, *ibid.* — Se proposer leur ruine, c'est le comble de la folie, *ibid.* — Sont des effets du tempérament, II, 292. — N'en a pas qui veut, 293. — Il est rare qu'on n'ait pas une passion dominante, 379. — Elles détruisent plus de préjugés que la philosophie, VII, 126. — Étude physiologique des passions, IX, 351. — Volonté, liberté, *ibid.* — De la succession des passions diverses dans la même passion, 352. — Des idées des passions et des maux physiques, 354. — Correspondance des idées avec le mouvement des organes, *ibid.*

* *Penchants*, désirs et aversions poussés à un certain degré de vivacité, XVI, 207. — Comment sont les maladies de l'âme, *ibid.* — Le plaisir et la peine sont les pivots sur lesquels roulent toutes nos affections connues sous le nom d'*inclinations* et de *passions*, 208. — Ils sont liés intimement aux passions et naissent de sources que l'on peut réduire aux quatre suivantes: 1° Les plaisirs et les peines des sens, *ibid.* — 2° Les plaisirs de l'esprit ou de l'imagination, *ibid.* — 3° Les plaisirs ou les peines résultant de notre perfection ou de notre imperfection, 210. — 4° Les plaisirs ou les peines trouvés dans le bonheur et

le malheur d'autrui, 211. — Les sentiments qui nous portent vers les biens utiles peuvent se réduire sous trois chefs, 212. — L'admiration est la première et la plus simple de nos passions, 214. — Peut-on mettre la joie et la tristesse au rang des passions, *ibid*. — L'inquiétude, passion mixte qui nous fait souvent prévenir le mal et perdre le bien, 215. — Diverses passions que produisent la joie et la tristesse, *ibid*. — En quoi l'amour de soi-même diffère de l'amour-propre, 216. — Ce sont les passions qui mettent tout en mouvement, 217. — Elles ont toutes une sorte de douceur qui les justifie à elles-mêmes, 219. — Excitent dans le corps, et surtout dans le cerveau, tous les mouvements utiles à leur conservation, 220. — La passion nous fait abuser de tout, *ibid*.

Pasteur (*Louis*), chimiste. — Adversaire des partisans de l'hétérogenèse ou génération spontanée, II, 58.

Patagons. — Bougainville, qui les a vus à la Terre de Feu, a réduit à leur juste valeur les exagérations des voyageurs touchant leur taille colossale, II, 201, 211.

* Patience. — Vertu qui nous fait supporter un mal qu'on ne saurait empêcher, XVI, 221. — On peut réduire à quatre classes les maux dont notre vie est traversée, *ibid*.

Patriarches. — Voyez *Officiers généraux*, I, 195, alinéa 23. — Platon, dans le *Timée* et le *Critias*, établit que ce sont les mêmes hommes que les habitants de l'Atlantide, et que cette contrée n'est pas autre que la Palestine des Israélites, IX, 225, 226.

Patrice (*François*), philosophe pythagoréo-platonico-cabalistique. — Réduit son système au platonisme pur, XVI, 542. — Profite des idées de Télésius sur la réforme de la philosophie parménidéenne, 543. — Eut pour amie Tarquinia Molza, *ibid*.

Paul (saint). — Voyez Cordonnier ex-gentilhomme.

Paul (saint), citoyen romain, né à Tarse. Il porta d'abord le nom de Saul. — Ce qu'il écrivait aux Thessaloniciens, I, 486. — Pharisien, de la tribu de Benjamin, il respirait le carnage des disciples de Jésus-Christ lorsque, frappé d'une lumière soudaine sur le chemin de Damas, il se convertit et devint l'apôtre de l'Évangile, X, 282. — Ce sujet a fourni à Deshays le sujet de l'un de ses meilleurs tableaux, *ibid*. — Cet apôtre cessa d'être philosophe lorsqu'il devint un prédicateur, XV, 288.

Paul III (Borghèse), pape. — Promulgue, en 1540, la bulle d'institution des Jésuites, XV, 274. — Borne à soixante le nombre des profès, 275.

Pauline, seconde femme de Sénèque. — Veut mourir avec son mari, proscrit, III, 142.

Paulmy (*Antoine-René* Voyer d'Argenson, marquis de). — Ce qu'il a dit dans les notes jointes au catalogue de sa bibliothèque (*aujourd'hui Bibliothèque de l'Arsenal*), au sujet de l'ouvrage de Diderot, *de l'Interprétation de la Nature*, II, 5. — Note de son catalogue au sujet de Mme de Puisieux, IX, 77.

Pausias de Sicyone, célèbre peintre grec, élève de Pamphyle. — Acquit une grande réputation dans la peinture dite *encaustique*, dont il donna des leçons, X, 50.

Pavillon, évêque d'Aleth. — Se déclare contre le formulaire d'Alexandre, VII, 261.

Pays-Bas. — Voyez Hollande.

Pays-Bas autrichiens. — Recettes et dépenses de ce pays, XVII, 458. — Population et agriculture, 459. — Manufactures et fabriques, 462. — Navigation, 463. — Droits d'entrées, de sorties et autres, 465. — Jurisprudence et procédure, *ibid*. — Comparaison de la jurisprudence des faillites en Angleterre, 465. — Le luxe, 466. — Science du commerce, 467. — Absurdité dans l'administration des Pays-Bas autrichiens, *ibid*. — Valeur du florin de Brabant, 468.

Péché originel, I, 201, alinéa 38. — Nom

que lui donnait Ninon de Lenclos, 104. — Son châtiment, juste à l'égard d'Adam, l'est-il pour les générations à venir? II, 98.

* *Pécune.* — Saint Augustin en a fait une divinité réelle des Romains, malgré Juvénal, qui devait être mieux renseigné que lui, XVI, 222.

* *Pédaliens.* — Peuples anciens des Indes, XVI, 222.

* *Peine.* — Sensation qui rend notre existence désagréable, XVI, 222.

Peines à venir, I, 212-213, alinéa 63.

Peines et des Délits (Traité des), ouvrage de Beccaria. — Voyez BECCARIA.

Peines et Plaisirs. — Les peines profondes et les plaisirs violents sont muets, VIII, 386. — Le plaisir et la peine sont les pivots sur lesquels roulent toutes nos affections connues sous le nom de passions, XVI, 208. — Voyez * *Passions*.

Peintre (le) amoureux de son modèle, opéra-comique. — Voyez DUNI.

Peintres (les). — En quoi ils pourraient être très-utiles aux acteurs, VII, 335. — Ceux qui ne sont pas physionomistes sont de pauvres peintres, X, 484. — C'est à eux qu'il appartient d'éterniser les grandes et belles actions, d'honorer la vertu malheureuse et de flétrir le vice, 502. — Le travail du peintre d'histoire, infiniment plus difficile que celui du peintre de genre, 504. — Point de grands peintres qui n'aient su faire le portrait : témoin Raphaël, Rubens, Le Sueur, Van Dyck, 507. — Pourquoi le peintre est communément un mauvais portraitiste, XI, 152, 153. — Doivent réunir à une imagination grande et forte, un pinceau ferme, sûr et facile, XII, 88. — Sont encore plus sujets au plagiat que les littérateurs, 103.

Peinture (la), poëme didactique en trois chants, par Le Mierre, XIII, 78. — Examen de cet ouvrage, 79.

¶ *Peinture en cire (Histoire et secret de la)* ou de l'*encaustique* des Anciens, X, 43. — Diderot, auteur de ce traité, le publie en gardant l'anonyme, 45.

— Des essais d'application sont faits par Bachelier et par le comte de Caylus, 46.

Peinture et Sculpture. — Il est plus difficile de bien juger de la sculpture que de la peinture, X, 418. — Ce qui constitue la belle peinture, 482. — Il faut qu'elle ait des mœurs, 501. — Des différents genres, 507. — De l'art de draper, *ibid.* — Antagonisme des peintres de genre et des peintres d'histoire, *ibid.* — Distinction à établir dans la classification des peintres de genre, 508. — De la peinture et de la sculpture en portrait, 509, 510. Comme la poésie dramatique, la peinture a ses trois unités, XII, 89.

Peinture de genre. — Elle a sa loi, XII, 98.

Pèlerines. — Dangers d'une mauvaise rencontre qu'elles courent parfois dans l'*Allée des épines*, I, 198, alinéa 29.

PÉLISSON (Paul FONTANIER). — Voltaire le considère comme un hypocrite ambitieux, sans honneur et sans probité, VI, 353. — Cède à M. de Chyniac le manuscrit d'une partie inédite de l'*Histoire des Celtes* de Pelloutier, son oncle, 433.

PELLEGRIN (l'abbé). — Vers sur sa culotte, cités avec admiration par l'abbé de Canaye, VI, 305.

PELLOUTIER (*Simon*), historien français. — Auteur d'une *Histoire des Celtes*, imprimée à La Haye en 1740 ; réimprimée, plus correcte, à Paris, en 1771, par les soins de Chyniac de la Bastide, VI, 433.

PÉLOPIDAS, célèbre général thébain, I, 210, alinéa 59. — Sa belle sentence au lit de mort, III, 69.

Penchants. — En morale, les penchants intéressés peuvent devenir essentiels à la vertu, I, 72. — Dénaturés, ils sont le comble de la misère, 78. — Cas dans lesquels ils deviennent nuisibles tout ensemble à la créature et au bien général, 102. — Sont la passion dominante des tyrans, 114.

* *Pénétration.* — Facilité dans l'esprit de saisir promptement et sans fatigue les choses les plus difficiles, XVI, 223.

Pénétrer. — Terme relatif à l'action d'un corps qui s'insinue avec peine dans l'intérieur d'un autre, XVI, 223.

* *Pénible.* — Qui se fait avec peine, XVI, 223.

Pensée. — Modifiée par l'état physique de l'individu, le tour qu'elle prend dans la maladie devient un guide pour le pronostic du médecin, II, 379. — Est volontaire et involontaire, IX, 351.

¶ *Pensées*, morceau inédit, IV, 32.

Pensées bizarres sur le dessin, X, 461.

¶ *Pensées détachées sur la peinture, la sculpture, l'architecture et la poésie*, pour faire suite aux *Salons*, XII, 73.

¶ *Pensées philosophiques*, I, 123. — Notice préliminaire, 125. — Diderot compose, en l'espace de trois jours, cet ouvrage destiné à subvenir aux besoins de Mme de Puisieux, qui en tire cinquante louis, *ibid*. — Un arrêt du Parlement, en date du 7 juillet 1756, condamne le petit volume au feu, *ibid*. — Elles reparaissent, en 1757, sous le titre d'*Étrennes aux esprits forts*, *ibid*. — Sont traduites en plusieurs langues, *ibid*. — Donnent lieu à de nombreuses controverses, suscitées par le P. Senemand, jésuite, l'abbé Ilharat de La Chambre, Palissot, etc., 126.

¶ *Addition aux Pensées philosophiques*, publiée en 1770. — Dans le recueil publié à Londres (*Amsterdam*) 1770, par Naigeon, cette *Addition* porte le titre de *Pensées sur la religion*, 158.

¶ *Pensées sur l'interprétation de la nature.* — Diderot compose cet ouvrage en 1754, pour répondre à une demande d'argent que lui fait Mme de Puisieux, sa maîtresse, I, XLII. — Notice de M. Assézat sur cet ouvrage, II, 3. — Remarques du marquis de Paulmy, 5. — Jugement de M. Damiron touchant la marche de l'esprit philosophique de Diderot, 6. — L'auteur, aux jeunes gens qui se disposent à l'étude de la philosophie naturelle, 7. — Diderot ne suit dans cet ouvrage d'autre ordre que la succession de ses pensées, 9.

Pensions (les), onzième essai de l'anneau magique de Cucufa, IV, 232. — Placard de convocation affiché par ordre de Mangogul, 234. — Séance d'examen du droit des veuves postulantes, 235, 236. — Conséquences de cet examen, 237.

Pentimenti. — Mot dont les Italiens se servent pour parler des corrections qu'un maître fait à ses premières idées, XII, 123. — Ceux de Rembrandt ont enflé son œuvre de plusieurs volumes in-folio, *ibid*.

PERCELLIS, peintre hollandais. — Exécute, en une seule journée, une marine qui enlève tous les suffrages, XII, 128.

Perceptions. — Plusieurs nécessaires la fois ; sinon, impossible de raisonner et de discourir, I, 370.

PERDICCAS, général d'Alexandre. — Épouse Cléopâtre, sœur de celui-ci, II, 465.

* *Perdre.* — C'est le corrélatif de *conserver*, XVI, 223.

¶ *Père de famille* (le), comédie en cinq actes et en prose, VII, 169. — Imprimé en 1758, représenté, pour la première fois, en 1760, sur le théâtre de Marseille, et, le 18 février 1761, sur celui de la Comédie-Française, 171. — Acteurs qui ont créé les rôles de cette pièce, *ibid*. — Lettres de Voltaire au sujet de cet ouvrage, 172. — Est repris en 1769, *ibid*. — Son effet sur la marche générale du théâtre, 173. — Dénoncé par Fréron comme plagiat d'une comédie de Goldoni, 174. — Goldoni réfute lui-même cette accusation, 175, 176. — Obtient un succès complet à la reprise du 10 août 1769 à Paris, 177. — A un succès de larmes à Naples en 1773, *ibid*. — Sifflé à Paris en 1811 ; compte rendu de cette réaction par Geoffroy, critique du *Journal de l'Empire*, *ibid*. — Remis au théâtre en 1835, est applaudi, 178. — Distribution des rôles à cette époque, *ibid*. — Traduit en italien, en anglais, en allemand, en russe, *ibid*. — Remarquable dédicace de cet ouvrage à la princesse de Nassau-Sarrebruck, 179. — Genre dans lequel cette pièce est écrite, 308. — Analyse ou esquisse de cet ouvrage, conçu selon la poétique d'Aristote, 323-326. — Manière dont ce drame a été composé, 336. — Succès obtenu, VIII, 401. — Diderot annonce, dans une lettre à Mlle Volland, un grand bruit à la Comédie-Française à l'occasion de cette pièce, XIX, 312. — Détails sur sa représentation, 314. — Autres détails, 315, 320. — Scène sanglante qui arrive à la dernière représentation, 323.

PÉRÉGRIN, philosophe cynique. — Quelle est la plus louable action de sa vie, XIV, 266.

PEREIRE ((*Jacob-Rodrigue* PEREIRA, dit), premier instituteur des sourds-muets, cité, I, 403. — Succès de sa méthode sur le fils de M. d'Étavigny, directeur des fermes de la Rochelle, XIV, 441.

Pères de l'Église. — Ce qu'ils font, ne voulant pas se servir des principes de Cicéron, I, 148.

¶ *Pères* (les) *malheureux*, tragédie bourgeoise, en prose et en un acte, VIII, 18. — Diderot a emprunté l'idée et en partie la conduite de ce drame à Salomon Gessner, 20.

* *Perfection*. — Définition métaphysique de ce mot, XVI, 224. — Raison déterminante de la perfection, *ibid*. — Toute perfection a ses règles, 225.

* *Perfectionner*. — Corriger ses défauts, avancer vers la perfection, XVI, 226. — Exemples de l'emploi grammatical de ce mot, *ibid*.

* *Perfide, Perfidie*. — Est un mensonge de toute la personne, d'après La Bruyère, XVI, 227.

PÉRIANDRE, un des sept sages de la Grèce. — Ce titre lui est resté malgré les attaques dont il a été l'objet, XV, 62. — Meurt âgé de quatre-vingts ans, 63.

Péricarde. — Enveloppe cellulaire du cœur, IX, 289. — Ses utiles fonctions, *ibid*. — Plus fort dans les animaux privés de diaphragme, *ibid*.

PÉRICLÈS, célèbre Athénien. — Suit le conseil d'Alcibiade, son neveu, dans la guerre du Péloponèse, II, 475.

PÉRIGNON (*Nicolas*).— Les gouaches que ce peintre expose en 1775 ne sont pas sans mérite, XII, 20. — A l'exposition de 1781, ses gouaches se recommandent par des effets harmonieux et des détails bien naturels, 49.

¶ *Péril* (le) *du moment*, poésie, IX, 64.

Périnthienne (la), comédie de Ménandre, dont Térence a transporté l'intrigue dans *l'Andrienne*, VII, 317. — Voyez *l'Andrienne*.

* *Péripatéticienne* (*Philosophie*). — La proscription de la doctrine d'Aristote marqua la date de ses progrès pendant les XIIIe et XIVe siècles, XV, 301. — Prend alors le nom de *Scolastique*, 302. — Donne naissance au droit canonique, monstrueux assemblage de théologie et de philosophie, *ibid*. — De la vie d'Aristote, XVI, 227. — De la logique d'Aristote, *ibid*. — De la philosophie naturelle d'Aristote, 232. — Principes de sa psychologie, 237. — Sa métaphysique, 240. — De l'athéisme d'Aristote, voyez *Aristotélisme*. — Principes de la morale ou de la philosophie pratique d'Aristote, 243. — Ses successeurs, 245. — Principes de physique de Straton, 247. — Des philosophes récents aristotélico-scolastiques, 250. — Des philosophes qui ont suivi la véritable philosophie d'Aristote, 252.

* *Périr*. — Acception de ce mot, XVI, 253.

PÉRONNE. — Événements que cette ville rappelle à Diderot, XVII, 471.

* *Perpétuer*. — Rendre durable, XVI, 253.

* *Perplexe, Perplexité*. — État de l'esprit incertain, XVI, 253.

PERRAULT, exempt de police. — Son rapport sur Diderot au lieutenant de police, XX, 122.

PERRON (cardinal du). — Anecdote sur lui, III, 221 (note).

PERRONEAU (*Jean-Baptiste*), peintre et graveur, élève de Natoire et de Laurent Cars. — Se montre d'abord avec distinction comme pastelliste, et passe bientôt inaperçu, X, 204, 205. — Parmi ses portraits exposés au Salon de 1765, il s'en rencontre un qu'on peut regarder, 310. — Anecdote relative à un portrait du peintre La Tour, qu'il consentit à faire en 1750, portrait qui se voit aujourd'hui au musée de Saint-Quentin, XI, 152.— Expose, au Salon de 1767, un *Portrait de femme* bien traité dans plusieurs parties, 155. — Ses portraits sont généralement faits avec esprit, *ibid.* — Jugement sur cet artiste, 306.

Perronet (*Jean-Rodolphe*), célèbre ingénieur des ponts et chaussées. — Diderot se trouve avec lui à la Comédie, XIX, 315. — Il est très-malade, 318. — Diderot dîne chez lui, 320.

* *Persécuter, Persécuteur* et *Persécution*, XVI, 254. — La religion chrétienne persécutée par les empereurs romains, *ibid.* — A peine commence-t-elle à respirer que l'Église persécute à son tour, *ibid.* — La persécution, contraire à la douceur évangélique, n'est pas moins opposée à la raison et à la saine politique, 255.

Persée, philosophe stoïcien, disciple de Zénon, XVII, 224. — Se laisse surprendre dans l'Acro-Corinthe, qui était confié à sa garde, 225. — Quel fut son disciple, *ibid.*

* *Perses (Philosophie des)*, XVI, 256. — De Zoroastre, 257. — Sa vie, *ibid.*, 258 — Des Guèbres, *ibid.* — Des livres attribués à Zoroastre, 259. — Le Zend n'est point un ouvrage de Zoroastre, *ibid.*— Voyez Zend-Avesta. — Des oracles de Zoroastre, *ibid.* — Du mage Hystaspe, 260. — D'Ostanès ou d'Otanès, *ibid.* — Du mot *mage*, *ibid.* — De l'origine du magianisme, *ibid.* — Du caractère du mage, *ibid.* — Des classes des mages, *ibid.*— Des devoirs des mages, 261. — Des sectes des mages, *ibid.* — De leur philosophie, 262. — Des dieux des Perses, *ibid.* — Principes du système de Zoroastre, 263. — Ce que contient le *Sadder*, livre sacré, 265. — Des dieux et des temples des Perses, *ibid.* — Abrégé des prétendus oracles de Zoroastre, 266. — Philosophie morale des Perses, 268.

Pensiclo, membre de l'Académie de Banza, IV, 163. — Son avis sur le langage des bijoux, *ibid.*

* *Persister*. — C'est demeurer ferme, dans le même état d'âme, d'esprit et de corps, XVI, 269.

* *Personnage*. — Acceptions de ce mot, XVI, 269.

* *Persuasion*. — Définition grammaticale de ce mot, XVI, 269.

Pertinax, empereur romain. — Son élection à l'empire donne lieu à de grandes manifestations de joie, VI, 336. — Fragment de Lampride sur ce sujet, traduit par Diderot, *ibid.*

* *Pervers, Pervertir, Perversion, Perversité*. — Termes relatifs à la corruption de l'esprit ou du cœur au dernier degré, XVI, 269.

Pesanteur. — Expérience d'une boule suspendue par un fil; ce qu'elle prouve, II, 70. — En quoi elle diffère de la force d'inertie, *ibid.*

* *Peser les malades*. — Ancienne coutume, en Angleterre, de peser les enfants malades au tombeau de quelque saint pour les guérir, XVI, 270.

Petau (le Père), jésuite. — Son livre *Rationarium temporum*, le meilleur sur cette matière, III, 494. — Ses suppositions en matière de chronologie sacrée, XIV, 181.

Petit (l'abbé), curé du Mont-Chauvet, en Basse-Normandie, V, 496. — Auteur d'une tragédie, *David et Betsabé*, *ibid.* — Manière dont il démontre combien il est facile de conduire une pièce de théâtre, *ibid.*—Conduite inconvenante de J.-J. Rousseau à son égard, *ibid.*

Petit (*Antoine*), docteur en médecine. — Lettre à Diderot en réponse à une question d'anatomie et de physiologie, IX, 242.

* *Petit*. — Terme corrélatif et opposé de *grand*, XVI, 270. — Se prend au simple et au figuré, *ibid.*

* *Petitesse*, XIV, 271. — Voyez * *Petit*.

Petitot (*Jean*).— Notice sur ce célèbre peintre en émail, XIV, 411.

Petits-Maîtres. — Jeunes habitués de l'Allée des fleurs. — Leur portrait, I, 238, alinéa 11.

* Définition de ce mot, XVI, 270 —

Opinion de Voltaire sur les petits maîtres, 271. — Mot de Sénèque sur ceux de Rome, *ibid*.

PEUCHET (*Jacques*). — Publie, en 1799, le *Dictionnaire universel de géographie commerçante*, rédigé sur les matériaux fournis par l'abbé Morellet, VI, 393. — Compte rendu du prospectus de cet ouvrage, annoncé trente ans avant sa publication, *ibid*.

Peuple. — Il faut que sa vie soit simple et frugale, II, 477. — Plus il est occupé, moins il est factieux, *ibid*. — Moyen de l'appauvrir, en se donnant les apparences de le protéger, *ibid*. — Il faut lui permettre la satire et la plainte, *ibid*. — Pourquoi il aime à parler, et court aux exécutions, VI, 180. — Est avide de spectacles, *ibid*. — Est terrible en sa fureur; mais elle ne dure pas, *ibid*. — Sa misère l'a rendu compatissant, *ibid*.

Peuple de Dieu. — Entraîné par Moïse, I, 200, alinéa 35.

PEYRILHE (*Bernard*), célèbre médecin français. — Auteur d'une *Histoire de la chirurgie*, citée avec éloges, III, 337. — Ce qu'il rapporte dans cet ouvrage sur l'extirpation de la matrice, IX, 393. — Compte rendu de cette *Histoire*, commencée par Dujardin, IX, 470-476. — Son éloge de Galien est un modèle de grâce et d'élégance, 474.

PEZAY (*Alexandre-Frédéric-Jacques* MASSON, marquis de). — N'est point l'auteur d'un morceau éloquent inséré dans son *Éloge de Fénelon*; ce morceau lui a été fourni par Diderot, IV, 105. — Traducteur médiocre de Catulle et de Tibulle, VI, 424.

PHALARIS, tyran d'Agrigente. — Zénon engage la jeunesse à se délivrer de son joug, XIV, 399. — Les Agrigentins, indignés, se soulèvent brusquement et assomment de pierres le tyran, *ibid*.

PHANIAS DE LESBOS, philosophe péripatéticien, XVI, 249.

PHARAON, roi d'Égypte, père de Sésostris. — Est englouti avec son armée dans les eaux de la mer Rouge, I, 201, alinéa 35.

Pharisiens, secte juive. — Leur origine, XV, 341. — Leur doctrine, 342. — Leurs mœurs, 343. — Le Talmud les partage en sept ordres, *ibid*.

PHÉDIME. — Nom d'une femme galante, retirée avec Agénor dans l'Allée des fleurs, I, 240-241, alinéa 17, 18, 19, 20.

PHÉDON D'ÉLIS, disciple et ami de Socrate. — Sa doctrine fut celle de son maître, XV, 65.

PHÈDRE, fabuliste latin. — Ses fables n'ont eu d'abord qu'une publicité restreinte, III, 352.

PHÉNICE, veuve d'un pacha dans les *Bijoux indiscrets*. — Ce que dit son bijou lorsqu'elle sollicite une pension, IV, 235.

* *Phéniciens* (*Philosophie des*), XVI, 271. — Philosophes renommés qui appartiennent à ces peuples, 272. — Système de cosmogonie de Sanchoniaton, *ibid*. — L'esprit du commerce est contraire à la philosophie; en effet, que demande un commerçant qui descend sur un rivage inconnu? 273.

Phénomènes trompeurs, II, 42. — Leurs causes; manière de les étudier, 43.

PHÉRÉCIDE, philosophe grec né à Scyros. — Fut le maître de Pythagore, XVI, 493. — Est le premier qui ait entretenu les Grecs de l'immortalité de l'âme, *ibid*. — Comment commençait son ouvrage sur l'origine des choses, *ibid*.

PHIDIAS. — La *Vénus de Lemnos* est le seul ouvrage auquel ce célèbre sculpteur ait osé mettre son nom, XIII, 41.

PHILIDOR (*Fr.-André* DANICAN, dit), célèbre compositeur, non moins célèbre joueur d'échecs, V, 387. — Ce que le chevalier de Jaucourt rapporte de lui au mot ÉCHECS de l'*Encyclopédie*, 388. — Auteur de la musique d'*Ernelinde*, opéra de Poinsinet, VIII, 459. — Rend visite à Diderot. Ce qu'il lui dit de sa fille, XIX, 338. — Diderot lui écrit pour le dissuader de jouer aux échecs, XX, 79.

Philippe II, dit *Auguste*, roi de France.
— Part pour la Terre-Sainte avec Richard Cœur de Lion, roi d'Angleterre, XIV, 247. — Rentre en France, *ibid*.

Philipps (miss), célèbre courtisane. — Comment elle répare sa fortune en écrivant ses mémoires, XVIII, 526.

Philoctète. — Beauté de son discours à Néoptolème, qui lui rend les flèches d'Hercule, VIII, 405, 406.

Philolaus, philosophe pythagoricien. — Principes de sa doctrine, XVI, 523.

Philon, philosophe juif. — Ce qu'il rapporte de la secte des Esséniens, XV, 330.

Philopon (*Jean*), grammairien d'Alexandrie, l'un des écrivains du v⁰ siècle qui ferment l'ère de la philosophie platonico-origénico-alexandrine, XV, 298.

Philosophe sans le savoir (le), comédie de Sedaine. — De la première représentation de cette pièce, VIII, 352. — Cet ouvrage obtient un éclatant succès à la troisième représentation, 383.

Philosophes (les), comédie de Palissot, représentée pour la première fois le 2 mai 1760, IV, 473; V, 176. — Voyez Palissot.

Philosophes. — Habitués de l'Allée des marronniers, I, 215. — Gens graves et sérieux; raisonneurs de profession, leurs qualités, *ibid*. — Rôle du philosophe dans la société, III, 248. — Le philosophe doit pouvoir dire : *Je ne serai point esclave*, 250.

* Il n'y a rien qui coûte moins à acquérir que le nom de *philosophe*, XVI, 273. — Caractère du philosophe, 274 et suiv.

Philosophie. — Elle est aussi éloignée de l'impiété que la religion du fanatisme, I, 9. — Moyen de la rendre recommandable aux yeux du vulgaire, II, 19. — Les faits sont sa véritable richesse, *ibid*. — Elle est de deux sortes, expérimentale et rationnelle, 20. — L'une a les yeux bandés et marche en tâtonnant, l'autre observe et se recueille, afin de se former un flambeau, *ibid*. — Esquisse de la physique expérimentale, 21. — La philosophie expérimentale, étude innocente, ne demande aucune préparation de l'âme, 22. — La philosophie n'anéantit pas l'homme, III, 182. — Sénèque en offre la preuve, *ibid*. — Sa définition, 211. — Elle est la vraie noblesse; elle donne des aïeux, 222. — N'est point une science de mots, Sénèque le démontre, 250. — Lettre XCIV de Sénèque sur l'union de la philosophie parénétique, ou de préceptes, avec la philosophie dogmatique, 262.

* Ce mot, d'après son étymologie, signifie *amour de la sagesse*, XVI, 278. — Origine et différentes acceptions de ce terme, *ibid*. à 283. — Sens et définition de la *philosophie*, 283 à 287. — Est une science encore très-imparfaite, et qui ne sera jamais complète; pourquoi, *ibid*. — Un vrai philosophe ne voit point par les yeux d'autrui; le contraire est cependant un usage universel : raisons qu'en apporte le Père Malebranche, 288-291.

Philosophie positive (la). — Numéros de cette revue contenant *Diderot chez lui*, comédie par M. H. Stupuy, XX, 146.

Philoxène. — Nom d'un déiste; prend part à une discussion, en assemblée générale, entre Pyrrhoniens, Athées, Déistes, Spinosistes, Sceptiques et Fanfarons, I, 228, 229, 230, 231, 232, alinéa 31, 35, 38, 39, 40, 43, 45, etc.

Philoxène, écrivain grec. — A savamment traité la matière des songes, IV, 305.

Phlipot, concierge de l'Académie de peinture. — Son nom diversement orthographié, X, 413. — Signale à l'attention de Diderot quatre tableaux de Restout fils, revenu de Rome en 1765, *ibid*. — Introduit Diderot au Salon de 1775, XII, 3.

Phocion. — Homme d'État et général athénien; insulté par la populace d'Athènes, III, 330.

Phocylide, poëte gnomique, né à Milet, XV, 63. — Eut une grande influence sur le gouvernement de son pays, *ibid*.

Photius. — L'honneur de relever les lettres et la philosophie en Orient au

IXᵉ siècle était réservé à ce savant, deux fois nommé patriarche de Constantinople, et deux fois déposé, XV, 299. — Fut le précepteur de l'empereur Léon le Sage, *ibid.*

Physionomie. — Mot sans signification pour l'aveugle-né, I, 288. — On se la compose quelquefois à soi-même; exemples cités en preuve, X, 486. — Ce qu'on appelle la physionomie, XVI, 91.

* Est l'expression du caractère et celle du tempérament, XVI, 292.

Physique. — Esquisse de cette science au point de vue expérimental, II, 21. — Son étude devrait être le partage des hommes riches, 22. — Ses résultats, 23. — L'étude en est utile, agréable et facile, III, 401. — Est, en petit, une imitation des grands phénomènes de la nature, *ibid.*

* *Piaches.* — Nom sous lequel les Indiens de la côte de Cumana (Amérique) désignaient leurs prêtres, XVI, 292. — Leurs principales divinités, *ibid.* — En quoi consistait leur médecine, *ibid.*

PIBRAC (*Gui du Faur, seigneur de*). — Son célèbre quatrain sur la calomnie, souvent cité par le grand Condé, III, 13. — Ce magistrat a fait une exécrable apologie de la Saint-Barthélemy, 403.

PICCINI, compositeur italien. — Son parallèle avec Gluck donne lieu à des querelles entre les partisans de la musique allemande et ceux de la musique italienne, XII, 135.

PIC DE LA MIRANDOLE (*Jean*), célèbre savant italien. — Professe la philosophie de Platon, XVI, 336. — Est le père du système pythagoréo-platonico-cabaliste; ses sectateurs, 531.

PICART (*Étienne*), célèbre graveur. — Le tableau de Nicolas Poussin, *les Philistins frappés de la peste*, qui se voit au Musée du Louvre, a été très-bien gravé par cet artiste, XI, 171.

PICHON, jésuite sacrilège, XV, 280.

¶ *Pièce et le Prologue* (la), *ou Celui qui les sert tous et qui n'en contente aucun*, comédie en un acte, VIII, 69. — Cette pièce est celle dont Meister a parlé dans son écrit intitulé *Aux mânes de Diderot*, où il lui donne pour titre : *Est-il bon? est-il méchant?* 71.

Pièces relatives à l'arrestation de Diderot en 1749, XX, 121.

Pièces relatives à l'Encyclopédie, XX, 126.

PIERQUIN (*Jean*), jésuite, curé de Châtel (Ardennes). — Auteur de *Dissertations physico-théologiques sur la conception de la vierge Marie*, IV, 38.

PIERRE (saint). — Voyez VENDEUR DE MARÉE, I, 204.

PIERRE (*Jean-Baptiste-Marie*), chevalier de l'ordre de Saint-Michel, premier peintre du duc d'Orléans, professeur à l'Académie de peinture. — Expose au Salon de 1761 une *Descente de croix*, X, 113. — Une *Fuite en Égypte*, 115. — La *Décollation de saint Jean-Baptiste*, *ibid.* — Le *Jugement de Paris*, 116. — Ce dernier tableau pour le roi de Prusse. Toutes compositions d'une grande médiocrité, 117. — Verte remontrance que Diderot lui adresse, 175. — Prend pour sujet d'un de ses tableaux du Salon de 1763 : *Mercure amoureux qui change en pierre Aglaure, qui l'éloignait de sa sœur Hersé*; détestable composition, 176. — Ses autres tableaux exposés au même Salon : une *Scène du massacre des Innocents*; *l'Harmonie*; une *Bacchante endormie*, n'ont aucun mérite, 177. — Il ne faut plus compter Pierre parmi nos bons artistes, *ibid.* — N'envoie rien au Salon de 1767, et déclare qu'il n'exposera plus, XI, 4. — Admonestation que lui adresse Diderot sur sa jalousie envers Doyen, 177. — Sa coupole de Saint-Roch lui assigne une place parmi les grands peintres, 323.

PIERRE L'HERMITE, chef de la première croisade. — Comment il la suscite, XIV, 244. — A la tête de quatre-vingt mille brigands, il marche sur Constantinople, où il arrive ayant perdu les trois quarts de son armée,

245. — Prend pour renforts des vagabonds italiens et allemands qu'il trouve devant Constantinople, *ibid.*— Passe au delà du Bosphore, *ibid.* — Soliman, soudan de Nicée, anéantit son armée, *ibid.*

PIERRE D'APONO, ou D'ABANO, philosophe scolastique, XVII, 103.

PIERRE D'ESPAGNE, ou JEAN XXI, pape.— Fut philosophe avant d'être pape; entendait la médecine, XVII, 100.

PIERRE DE ASSIAC, théologien du XIVe siècle, défenseur de l'Immaculée-Conception, XVII, 108.

PIERRE DE TARENTAISE, ou INNOCENT V, philosophe scolastique; élu pape en 1284, XVII, 103.

PIERRE LE CRUEL, roi de Castille. — Comparé à Néron pour ses scandaleux mariages, III, 100.

PIERRE Ier, dit le *Grand*, czar de Russie. — Bannit, en 1723, les Jésuites dans toute l'étendue de ses États, XV, 280. — Anecdote sur son voyage à Amsterdam, XVII, 454. — Travailla sur les chantiers de Saardam, 455.

PIERRE III, empereur de Russie. — On est convaincu, en Russie comme en Europe, que sa mort a été violente, XVII, 488.

Piétistes. — Leur folle manie, justement appréciée par saint Augustin, I, 38, 39, à la note.

PIGAFETTA (*Francisco-Antonio*), voyageur italien. — A parlé avec exagération de la taille colossale des Patagons, II, 201.

PIGALLE (J.-B.), sculpteur célèbre. — N'envoie rien au Salon de 1761, X, 145. — Nom qu'on lui donnait à Rome, 426. — Mis en parallèle avec Falconet, *ibid.* — Son mot d'admiration à la vue du *Pygmalion* de Falconet, 427. — Son rival lui rend la pareille à l'exposition du *Monument de Reims*, au Louvre, *ibid.* — Défaut de ce monument, 500. — Donne sa nièce en mariage à Mouchy, son élève. Deux anecdotes à ce sujet, XI, 362. — N'expose rien au Salon de 1767, 348. — Reste stupéfait à la vue de la *Baigneuse* d'Allegrain, son beau-frère, 351. — Oblige l'Académie à couronner Moitte, son élève, 377. — Désagréments qu'il s'attire par cette injustice, 378. — Son *Portrait*, peint par Mme Roslin, 513. — Ce que Voltaire disait au sujet de sa statue, qui se voit aujourd'hui à l'entrée de la bibliothèque de l'Institut, XII, 68. — Son *Tombeau du maréchal d'Harcourt*, à Notre-Dame, cité comme exemple du galimatias en sculpture, 124. — Ce qu'il disait de la difficulté du portrait, 130. — Bouchardon le nomme pour lui succéder, XIII, 44. — Remarque sur son *Mercure*. 45. — Ce que raconte M. Walferdin, à propos de sa statue de Louis XV, XVIII, 156. — Ce que disait Pigalle à Le Moyne, à propos de son élève Moitte, 297. — Lettre que Diderot lui envoie au sujet du mausolée du maréchal de Saxe, XIX, 430. — Auteur d'un buste en bronze de Diderot, XX, 111.

PIGEON (*Marie-Anne-Victoire*), lectrice de la princesse Henri de Prusse, VI, 3, 70. — Auteur du *Mécaniste philosophe*, *ibid.* — Élève du mathématicien Prémonval, devient l'épouse de son maître, *ibid.* — Diderot lui dédie ses *Mémoires sur différents sujets de mathématiques*, IX, 79.

Pigeon blanc (le), conte de Diderot. — Cet ouvrage, que Diderot écrivait en 1749 et que la police faisait rechercher alors, n'a point été imprimé, I, XLIV. — C'est le même que l'*Oiseau blanc*. Voyez ce mot.

Pigeons. — Pourquoi ils ont la voix enrhumée et rauque, IV, 389.

PILES (*Roger* de), homme de lettres et peintre; traducteur du poëme latin de Dufresnoy, intitulé *de Arte graphica*, XIII, 78.

PILLAIN DE VAL DU FRESNE (Mme). — Diderot écrit à Mme Necker pour la lui recommander, XX, 80.

PILLOT, acteur de l'Opéra. — Mot plaisant, mais de mauvais goût, que lui adresse Sophie Arnould, VIII, 358 et 420. — Cité, XI, 66.

PINDARE, célèbre poëte lyrique thébain. — Cité, I, 210, alinéa 59. — Pourquoi ses imitateurs sont, en général plats et froids, II, 331. — Pour, quelles raisons ses poëmes sont difficiles, XVI, 293.

* *Pindarique*. — Se dit, en poésie, d'une ode à l'imitation de celles de Pindare, XVI, 293. — Par quoi se distingue le style pindarique, *ibid.* — Raisons pour lesquelles les poëmes de Pindare sont difficiles, *ibid.* et 294.

PINTO (*Isaac*), juif portugais. — Son aventure à Utrecht avec une courtisane charmante, V, 479. — Suites de cette aventure, *ibid.* — A affaire au bailli de La Haye, XVII, 405. — Ce que lui coûte le libertinage, 416.

* *Piquant*. — Qui a une pointe aiguë, XVI, 294. — Acceptions de ce mot au figuré, *ibid.*

* *Pire*. — Degré comparatif du mauvais, XVI, 294.

PIRON (*Alexis*). — Mot plaisant qu'il adresse à Robé de Beauves, après avoir entendu la lecture de son poëme sur *la Vérole*, V, 402. — Sa conversation avec l'abbé Vatry, VI, 192. — Maltraité par Voltaire, 353. — Aventure de sa jeunesse chez le commissaire de police La Fosse, X, 385-386. — Son mot plaisant sur l'aventure du prince de Beauffremont, XIX, 92.

PISISTRATE, tyran d'Athènes. — Fonda la première bibliothèque de la Grèce, XIII, 443. — On lui doit l'obligation d'avoir rassemblé en un seul volume les ouvrages d'Homère, *ibid.*

PISON (*C.-Calpurnius-Piso*), personnage consulaire. — Fabius Romanus, intime ami de Lucain, fils de Méla, les accuse tous de complot contre Néron, III, 22. — Devient le chef d'une conjuration formée à Rome contre Néron, 137. — La conspiration échoue par l'indiscrétion d'Épicharis, *ibid.*

Pitié. — Sentiment naturel donné comme appui de la raison, IV, 102. — Ce sentiment concourt à la conservation mutuelle de toute l'espèce, 103. — Dans l'état de nature, elle tient lieu de lois, de mœurs et de vertu, 104.

* *Pitoyable*. — Qui est digne de pitié, XVI, 294.

PITTACUS, de Lesbos, un des *Sept Sages* de la Grèce, XV, 61. — Affranchit sa patrie, *ibid.* — Sa vie, 62.

Placet des libraires de l'*Encyclopédie* au comte d'Argenson, XIII, 111.

Plagiat. — En peinture, rien de plus commun et de plus difficile à reconnaître, X, 392. — Possible en sculpture, il demeure rarement ignoré, 424. — N'est ni aussi facile à pratiquer, ni aussi facile à sauver qu'en peinture, *ibid.* — Moyen assuré de le découvrir, XI, 4. — Les peintres y sont encore plus sujets que les littérateurs, XII, 103. — Les plagiaires ont pour habitude de décrier le maître et le tableau qu'ils ont copié, *ibid.*

Plaies d'Égypte, I, 200-201, alinéa 35.

Plaisir. — Les plaisirs de l'esprit préférables à ceux du corps, I, 79. — En quoi consistent les satisfactions intellectuelles, *ibid.* — Marque certaine de la supériorité du plaisir intellectuel, 80. — Il n'en est point de plus grand que celui causé par une noble et vertueuse action, 81. — L'exercice des affections sociales est une source des voluptés intellectuelles, 82. — Rien de plus doux que les plaisirs de participation, 83. — Plaisirs du corps et des sens sont peu de chose, 94. — Plaisirs des sens, plaisirs de l'esprit, tous dépendent des affections sociales, 95.

* Sentiment de l'âme qui nous rend heureux, du moins pendant tout le temps que nous le goûtons, XVI, 295. — Différents genres de plaisir : 1° Agrément attaché à ce qui exerce les organes du corps sans les affaiblir, *ibid.* — 2° Les plaisirs de l'esprit, 297. — 3° Ceux du cœur, *ibid.* — 4° Plaisir attaché à l'accomplissement des devoirs envers Dieu, 298. — Il y a encore le plaisir qui naît de l'accomplissement de nos devoirs envers nous-mêmes, 299. — Les plaisirs de l'âme l'emportent-ils sur ceux des sens ? 300. — Comment les plaisirs

de l'esprit et du cœur sont supérieurs à ceux du corps, *ibid.* — Parmi les plaisirs, il y en a qui sont tels par leur jouissance que leur privation n'est point douleur ; exemples, 302.

Plaisir et douleur. — Principes des actions des hommes, II, 310.

Plaisirs et Peines. — Les plaisirs violents et les peines profondes sont toujours muets, VIII, 386.

Plan et du dialogue (du), VII, 319. (Voy. Sommaire, p. 302.)

Plan (du) de la tragédie et du plan de la comédie, VII, 327 et suiv. — (Voy. Sommaire, p. 302.) — D'un divertissement domestique, VIII, 59. — D'une comédie intitulée *le Train du monde*, 245, 256. — Des *Deux Amis*, drame, 257. — De *Madame de Linan* ou *l'Honnête Femme*, comédie, 261. — Du *Mari libertin puni*, divertissement, 265.

¶ *Plan d'une Université pour le gouvernement de Russie*, III, 409. — Quatre facultés en constituent l'essence, 422. — Voyez *Université*. — Plan général de l'enseignement d'une Université, 448 à 450. — Plan réduit de l'enseignement d'une Université, 451. — I. Faculté des arts, 452. — II. Faculté de médecine, 497. — III. Faculté de droit, 505. — IV. Faculté de théologie, 510. — La police générale et la police particulière d'un collége, 520. — Le manuscrit de cet ouvrage conservé par une sœur de Naigeon, V, 362.

* *Plastique, Nature plastique.* — Principe que quelques philosophes prétendent servir à former les corps organisés, et qui est différent de la vie des animaux, XVI, 302-306. — L'activité vitale des natures plastiques n'est accompagnée d'aucun sentiment clair et exprès ; raisons alléguées pour justifier cette hypothèse, 306-307. — Objections principales à cette hypothèse, 308, 311. — Réponses à Bayle, qui demandait si Dieu pourrait faire une nature aveugle qui écrivît tout un poëme sans le savoir, *ibid.*

PLATON. — Aspects divers sous lesquels il considérait la Divinité, I, 165. —
Nous appelons *Verbe* ce qu'il appelait λόγος, *ibid.* — Son buste orne le vestibule du philosophe Cléobule, 178. — Ses ouvrages, trop profonds, III, 481. — Sa conversation avec Mangogul, dans la région des Hypothèses, IV, 257. — Idée que se forme M. Baer, à la lecture de son *Timée* et de son *Critias*, de l'identité des habitants de l'Atlantide et des patriarches, IX, 225 et suiv. — Voyez BAER et ATLANTIDE. — A écrit deux dialogues sur le beau : le *Phèdre* et le *Grand Hippias*, X, 6. — Ce qui manque à la perfection de ces dialogues, 23. — Fonde la secte académique, XV, 65. — A bien connu la nature divine, 292. — Croyait au commerce des anges avec les filles des hommes, *ibid.* — Principes que Platon établit dans un dialogue intitulé le *Parménide*, XVI, 197. — Notice sur lui, 312-317. — Sa philosophie, *ibid.* — Sa dialectique, 318. — Philosophie contemplative de Platon, sa théologie, 320. — Sa physique, 321. — Sa psychologie, 322. — Morale de Platon, 323. — Sa politique, 325. — Ses successeurs, 326.

* *Platonisme* ou *Philosophie de Platon.* — Secte sortie de l'école de Socrate, XVI, 312. — Vie de Platon, 312-317. — De la philosophie de Platon, 317. — De la dialectique de Platon, 318. — De la philosophie contemplative de Platon, et premièrement de sa théologie, 320. — De la physique de Platon, 321. — De l'âme selon Platon ou de sa psychologie, 322. — De la philosophie pratique de Platon, et premièrement de sa morale, 323. — De la politique de Platon, 325. — De ses successeurs, 326. — De l'Académie première ou ancienne, ou des vrais platoniciens, *ibid.* — De l'Académie moyenne, 330. — Principes de la philosophie d'Arcésilas, 332. — De l'Académie nouvelle, ou troisième, quatrième et cinquième, 333. — Principes de Carnéade, 334.

Plèvre. — Membrane simple, qui recouvre les poumons, IX, 288.

PLINE *le Naturaliste* ou *l'Ancien.* — A

fait l'apologie de Sénèque, III, 157.— Passages divers dans lesquels il parle de la *peinture en cire* (ENCAUSTIQUE) chez les Anciens, X, 49-50. — Jugement injuste de Falconet sur Pline, XVIII, 113. — Observations de Diderot sur la critique de Pline par Falconet, 159.

PLOTIN, philosophe néo-platonicien. — Sa vie par Porphyre, son condisciple et son ami, XIV, 319. — Se rend à Rome à l'âge de quarante ans, et y professe publiquement l'éclectisme pendant dix ans, 320. — Effets prodigieux de son éloquence, 321. — Fut honoré de l'amitié de l'empereur Galien et de sa femme Salonine, *ibid.* — Sa rencontre avec Porphyre au promontoire de Lilybée, 323.

PLUCHE (l'abbé). — Ses ouvrages, *l'Histoire du Ciel* et le *Spectacle de la nature*, cités avec éloge, III, 494. — Comment jugé par frère Jacques, jardinier des Chartreux, pour ce qu'il a écrit sur le jardinage, IV, 23. — Fait naître la divination, chez les Égyptiens, de l'oubli des symboles dont on se servait pour annoncer les devoirs et les obligations, XIV, 291. — Qu'arriverait-il du *Spectacle de la nature* dont chaque partie serait jugée par un frère Jacques du métier? *ibid.* — Ce qu'il dit de l'ophiomancie, XVI, 169. — Son système sur l'origine de l'idolâtrie, 359-366.

¶ *Poésie dramatique (de la)*, ouvrage de Diderot, adressé à Grimm, VII, 299. — Sommaires où l'on trouve l'exposition des différents genres dramatiques, 301. — De la comédie sérieuse, 308. — D'une sorte de drame moral, 313. — D'une sorte de drame philosophique, 314. — Des drames simples et des drames composés, 316. — Du drame burlesque, 318. — Du plan et du dialogue, 319. — De l'esquisse, 322. — Des incidents, 326. — Du plan de la tragédie et du plan de la comédie, 327. — De l'intérêt, 340. — De l'exposition, 346. — Des caractères, 347. — De la division de l'action et des actes, 354. — Des entr'actes, 356. — Des scènes, 360. — Du ton, 362. — Des mœurs, 369. — De la décoration, 373. — Des vêtements, 375. — De la pantomime, 377. — Des auteurs et des critiques, 387.

Poésie lyrique. — Remarques sur ce sujet, VII, 157-165.

Poésie rhythmique. — Dissertation sur ce sujet par Bouchaud; compte rendu de cet ouvrage, VI, 334.

¶ *Poésies diverses de Diderot*, IX, 1. — *Le Code Denis*, 3. — Complainte sur les *Embarras de la royauté*, 5. — Vers sur le même sujet, 7. — *Les Éleuthéromanes*, dithyrambe, 9. — *La poste de Königsberg à Memel*, 20. *Le Trajet de la Duina sur la glace*, 28. — *Hymne à l'Amitié*, 32. — Chant lyrique, 36. — Traduction libre de la première satire d'Horace, 42. — Imitation de l'ode d'Horace *Audivere, Lyce*, 45. — Imitation de la satire d'Horace *Olim truncus eram*, 47. — Stances irrégulières pour un premier jour de l'an, 48. — Charade à Mme de Prunevaux, 50. — Vers pour un jour de fête : *Saint-François*, 53. — Mon portrait et mon horoscope, 56. — Vers aux femmes, 59. — Chanson dans le goût de la romance, 60. — Épître à Boisard, 63. — Le péril du moment, 65. — Le marchand de loto, 66. — Impromptu fait au jeu, 68. — Le Borgne, épigramme, 69. — Traduction d'un sonnet de Crudeli, 70.

Poésies pastorales, suivies de la *Voix de la nature*, poëme; des *Lettres de Sainville à Sophie*, et d'autres pièces en vers et en prose, par M. Léonard. — Critique de ce recueil, VI, 417.

Poëte et Orateur. — On naît poëte, on devient orateur; examen de cette maxime, II, 342. — Conditions à remplir pour être un grand poëte, III, 443, 444. — Histoire du poëte de Pondichéry, VI, 43-45. — Sa fonction; combien il diffère du versificateur, VII, 332. — Ne doit pas s'abandonner à toute la fougue de son imagination, 334. — Marche qu'il doit suivre en travaillant, 335.

Poëtes. — Leur action et leur réaction

réciproques sur le statuaire ou le peintre, X, 490. — Exemples concluants tirés de l'antiquité païenne, *ibid.*

Poétiques (les quatre). — Ce qu'en littérature on désigne sous ce titre, VI, 100.

Poilly (*Nicolas* de), célèbre dessinateur et graveur. — Remarque sur sa gravure du tableau d'*Esther et Assuérus* de Nicolas Poussin, X, 128.

Poils. — Naissent de la peau même et du tissu cellulaire, IX, 301. — Ils exhalent, ils excrètent, *ibid.*

Poinsinet (*Antoine-Alexandre-Henri*), auteur dramatique; cité comme parasite, V, 431. — Se fait protestant pour devenir précepteur du prince royal de Prusse, 450. — Ce que Jean Monet et Favart ont écrit à ce sujet, *ibid.* — Sa comédie *le Cercle* est applaudie à Paris, VI, 383. — Donne, en 1767, l'opéra d'*Ernelinde*, musique de Philidor, VIII, 459.

Poiret (*Pierre*), savant théologien lorrain. — Appartient à la secte des théosophes, XVII, 267. — A quelle circonstance on lui doit ses *Cogitationes rationales de Deo, anima et malo*, *ibid.*

Poissonnier (*Pierre*), savant médecin. — Bougainville, dans la relation de son *Voyage autour du monde*, assure qu'il a dû le salut de son équipage à l'usage de l'eau de mer distillée suivant sa méthode, II, 202.

Poitrine. — Organes qu'elle renferme : *Thymus, Poumon, Diaphragme*, IX, 304. — *Côtes, Trachée-artère*, 305. — *Larynx*, 307. — Description de chaque organe et de ses fonctions.

Poivre (*Pierre*), voyageur français. — Suivant lui, il est facile de conquérir la Chine et de changer la forme de son gouvernement, II, 327. — Examen de cette double proposition, 328.

Polémon, philosophe platonicien. — Notice sur lui, XVI, 329.

* *Poli, Civil, Honnête, Affable, Gracieux.* — Acceptions de ces mots, XVI, 336.

Police. — Nasse dont les fils imperceptibles enveloppent souvent les gens les plus honnêtes, XIX, 486.

Polignac (cardinal *Melchior* de). — Son apostrophe à un orang-outang, II, 190. — Auteur de l'*Anti-Lucrèce*, VI, 442.

* *Politesse.* — Ne s'apprend point sans une disposition naturelle, XVI, 337. — Ce qui doit faire croire que la politesse tire son origine de la vertu, 339. — S'exerce plus fréquemment avec les indifférents qu'avec les amis, *ibid.*

* *Politique.* — Philosophie qui enseigne à se conduire avec prudence, à la tête d'un État ou d'une famille, XVI, 340. — Auteurs qui se sont rendus les plus célèbres par leurs ouvrages sur la politique : Jean Bodin, ses ouvrages, 340-342. — Balthazar Gracian, 342. — Trajan Boccalin, 343. — Nicolas Machiavel, *ibid.*, ses ouvrages, 344. — Voyez *Machiavélisme*. — Auteurs et ouvrages antimachiavélistes les plus remarquables, 345-346.

* *Politique, Grâce.* — L'usage a fixé les différentes acceptions de ce mot, XVI, 346. — Ce qu'on entend par *faire grâce, ibid.* — Par *faire des grâces*, 347. — Biens et malheurs que les grâces peuvent produire, 348-349.

¶ *Politique des Souverains.* — Ses principes traduits en maximes, II, 457-502. — Fragments politiques, IV, 41.

Pologne. — Le partage de ce royaume, en 1772, a été une insulte à l'espèce humaine, III, 264.

* *Polyandrie.* — État d'une femme qui a plusieurs maris, XVI, 349. — Est une coutume encore plus impardonnable que la polygamie; pourquoi, *ibid.* — Existe chez les Malabares, 350.

Polybe, affranchi de Claude. — Notice sur un écrit que Sénèque lui adressa, III, 345-353. — Il est douteux que cet écrit soit de Sénèque, 352.

Polydore, jeune Athénien; l'un des principaux personnages du roman de l'abbé Barthélemy, *Carite et Polydore*, V, 491.

Polygnote, peintre grec. — Pline le

Naturaliste le place parmi les peintres à l'encaustique, antérieurs à Aristide et à Praxitèle, X, 50. — Diderot fait à Falconet la description de son tableau, d'après Pausanias, XVIII, 128 et suiv. — Réflexions qui tendent à prouver que ce tableau n'est point l'ouvrage d'un art naissant, 133 et suiv. — Suites de ces réflexions. Répliques de Falconet, 190. — Liste des sottises de Diderot, et des inadvertances de Falconet, 209.

Polymétis. — Titre d'un ouvrage anglais sur les beaux-arts, XIII, 37. — Ce que l'habile auteur de cet ouvrage s'est proposé de démontrer, mérite d'être connu, ibid.

Polythéisme. — En quoi il consiste, I, 21. — Est une opinion qui suppose la pluralité des dieux, XVI, 350. — Excès dans lesquels sont tombés ses sectateurs, ibid. — Origine de l'idolâtrie d'après les athées, 351. — Sentiment de Newton sur le même sujet, 352. — Culte rendu aux astres, 354-359. — Culte rendu à des hommes déifiés après leur mort, 360-363. — Système de Pluche, qui prétend que les divinités égyptiennes n'ont jamais existé, 364-366. — Le polythéisme, considéré en lui-même, est contraire à la raison, 367. — Ce que les plus sages des anciens pensaient du polythéisme, 370-379. — Réponse à une objection de Bayle, qui prétend que le polythéisme est aussi pernicieux à la société que l'athéisme, 381 et suiv.

Pommeraye (Mme de La). — Son histoire avec le marquis des Arcis, VI, 111. — — Vengeance qu'elle médite, 127. — Préceptes de conduite qu'elle trace à la d'Aisnon, 131. — Met en jeu ses grands ressorts, 134. — Ses questions insidieuses au marquis, 138. — Elle prépare une seconde entrevue, 145. — Adresse dont elle use pour irriter la passion du marquis, 146. — Fait appeler le marquis le lendemain de son mariage, 155. — Le marquis répond à l'invitation. Discours que lui tient Mme de La Pommeraye, 156. — Sa conduite justifiée, 162.

Pommyer (l'abbé), conseiller au Parlement de Paris, membre honoraire de l'Académie de peinture et de sculpture. — Ce qui lui arriva lors de la distribution des prix pour l'année 1767, XI, 377. — Achète le tableau de Chardin, les Récompenses accordées aux Arts, répétition, exposée au Salon de 1769, du même sujet peint pour l'impératrice de Russie, 408. — Comment le traitent les élèves de l'Académie de sculpture, XVIII, 298.

Pompadour (Jeanne-Antoinette Poisson, dame Lenormand d'Étioles, marquise de), désignée sous le nom de Mirzoza dans les Bijoux indiscrets, IV, 137. — Accorde une récompense à Mlle de La Chaux, pour son roman intitulé les Trois Favorites, V, 330. — Nouvelle gratification à la même, au même sujet, 331. — Voyez Mirzoza. — Protectrice des arts, elle aimait Carle Van Loo, Cochin, le graveur Guay, X, 245. — Meurt au moment où on la croyait hors de péril, 246. — Qu'est-il resté de cette femme, qui a épuisé la France d'hommes et d'argent? Réponse à cette question, ibid. — Sa naïve exclamation après avoir lu quelques articles de l'Encyclopédie, XIII, 123. — Lettre à elle adressée, attribuée à Diderot, et dont l'auteur est le comte Barbé-Marbois, XX, 100.

* Pompe. — Définition de ce mot, XVI, 382.

Pompée. — Mentait maladroitement, II, 465. — Sa visite à Posidonius, III, 225.

Pompignan (Lefranc de). — Coups de fouet qu'il s'attire de Voltaire, XIX, 77. — Voyez Lefranc de Pompignan.

Pomponius Méla, auteur à consulter pour l'étude de sa géographie ancienne, III, 494.

Ponçol (l'abbé). — Auteur anonyme d'une Vie de Sénèque, publiée en 1776, III, 114.

Ponctuation. — Il y a peu de différence entre l'art de bien lire et celui de bien ponctuer, XIV, 445.

Pondichéry. — Histoire d'un poète de Pondichéry, VI, 43.

Poniatowski (Stanislas-Auguste), dernier roi de Pologne. — Comment il pouvait arrêter le mouvement révolutionnaire de son pays, II, 449.

Pont-de-Veyle, neveu de Mme de Tencin. — Réputé son collaborateur dans la composition des *Mémoires du comte de Comminges*, X, 286.

Pope, poëte anglais. — A dit une absurdité en niant le mal, II, 85. — Description, tirée de son *Essai sur l'homme*, sur l'origine du culte rendu aux hommes, XVI, 362.

* *Poplicain, Populicain, Poblicain, Publicain*, manichéens, XVI, 382. — En 1198, leur chef, nommé Terrie, est convaincu d'hérésie et brûlé; réflexions à ce sujet, *ibid*, 383.

Poppée (*Sabina-Poppœa*), impératrice romaine. — Accorde ses premières faveurs au pantomime Mnester, III, 40. — Suilius l'accuse d'adultère avec Valérius, 41. — Noue une intrigue avec Néron, 100. — Épouse Rufus Crispinus, chevalier romain, 101. — Entretient un commerce de galanterie avec Othon, alors favori de Néron et depuis empereur, qui l'enlève et l'épouse, *ibid*. — Se montre éprise des charmes de Néron, et emploie auprès de lui toutes les ruses d'une courtisane consommée, *ibid*. — Conçoit le projet d'amener le divorce d'Octavie et d'épouser Néron, 102. — Ses machinations contre Agrippine, *ibid*. — Devient la concubine de Néron, *ibid*. — Ses statues sont renversées, 127, 128. — Obtient d'Anicet qu'il se dénonce coupable d'adultère avec Octavie, *ibid*. — Fait exiler et mettre à mort Octavie, 129. — La douceur de ses traits masquait une âme atroce; c'était une furie sous le visage des Grâces, *ibid*. — Sa mort, 136.

* *Populaires*. — Ceux que l'on nomme ainsi, XVI, 383.

Porée (*Charles*), savant jésuite, professeur de rhétorique au collége Louis-le-Grand. — Jugement qu'il portait sur le récit de Théramène dans la *Phèdre* de Racine, I, 383. — Homme d'esprit et de goût, 384. — Voltaire ne voyait en lui qu'un insipide rhéteur, VI, 353.

Porée (*Gilbert* de la), philosophe scolastique, XVII, 94.

Porphyre, philosophe néo-platonicien. — Écrit la *Vie de Plotin*, son condisciple et son ami, XIV, 319. — Pourquoi son récit mérite peu de créance, *ibid*. — Sa naissance, 233 ans après Jésus-Christ, 322. — Son apostasie, *ibid*. — Étudie à Athènes sous Longin, *ibid*. — Vient à Rome, à l'âge de vingt ans, pour étudier la philosophie sous Plotin, *ibid*. — Sa rencontre avec Plotin au promontoire de Lilybée, 323. — Exposé des principes de la philosophie morale éclectique recueilli dans ses ouvrages, 376, 377.

Port-Royal. — En 1709, la basse jalousie des jésuites détruit cette maison, sanctuaire du jansénisme, XV, 280.

Porter, ministre d'Angleterre en Turquie. — Voyez Bergier.

Porteurs d'eau. — Prêtres juifs, I, 202, alinéa 40.

Portier des Chartreux (le), ouvrage obscène, V, 429.

¶ *Portrait (mon) et mon Horoscope*, poésie, IX, 56.

Portraits et Bustes de Diderot. — Voyez Iconographie.

Posidonius d'Apanée, philosophe stoïcien, visité par Pompée à son retour de Syrie, III, 225. — Ses idées sur l'état social dans les siècles de l'homme innocent, 261. — Exerça à Rhodes les fonctions de magistrat, XVII, 228. — Eut son neveu pour successeur, *ibid*.

* *Possible* et *Possibilité*. — Acceptions de ces mots, XVI, 382.

¶ *Poste (la) de Kœnigsberg à Memel*, poésie inédite, IX, 20.

* *Postérité*. — Collection des hommes qui viendront après nous, XVI, 384.

Pot au noir. — Allusion à certaine proposition de saint Augustin, I, 205, alinéa 46.

Potamon, philosophe d'Alexandrie. — Fonde, à la fin du IIe siècle, la première école éclectique, XIV, 314.

Ce qu'on sait de son histoire, 315-316.
POUCHET (*Félix-Archimède*), naturaliste, défenseur convaincu de l'*Hétérogenèse* ou *génération spontanée*, II, 58.
POULET-MALASSIS (*Auguste*), éditeur distingué. — Abandonne à M. Assézat le fruit de ses recherches sur Diderot, II, VI. — Restitue à Diderot la paternité d'une brochure intéressante sur la *Querelle des Bouffons*, XII, 140. — Attribue au marquis d'Argens la paternité du roman *Thérèse philosophe*, XX, 97.
POULLE (l'abbé), célèbre prédicateur, IX, 366.
POULTIER (M.). — Voyez DUBUCQ.
Poumon. — Description de cet organe, IX, 306. — Un lobe peut se pourrir et l'autre rester sain, protégé par le médiastin, *ibid*. — Tout animal qui a un poumon et deux ventricules au cœur a le sang chaud, *ibid*.
POURCHOT (*Edme*). — Auteur d'un livre intitulé *Institutiones Philosophicæ*, ouvrage peu utile, I, 11.
Pourquoi (le), ou *l'Ami des Artistes*, intéressante critique du Salon de 1781, XII, 57.
POUSSIN (*Nicolas*). — Son tableau des *Bergers d'Arcadie*, exemple de contrastes habilement ménagés, VII, 353. — Beautés de son tableau du *Déluge*, X, 388. — Ce tableau, gravé par Audran, se voit actuellement au Louvre, *ibid*. — Faute capitale de son tableau de *Jupiter qui séduit Calisto*, 497. — Remarques sur la *Manne* et le *Jugement de Salomon*, tableaux de ce maître conservés au Louvre, XI, 41. — Sublime et touchant dans ses *Bergers d'Arcadie*, 161. — Conservé au Louvre, ce tableau a souvent été gravé, *ibid*. — Ses *Philistins frappés de la peste* (au Louvre), ont été gravés par Et. Picard, 171. — Remarque sur son *Testament d'Eudamidas*, XII, 102. — Réponse au reproche qu'on lui a fait de copier l'antique, 115. — Rapportait des campagnes voisines du Tibre des cailloux, de la mousse, des fleurs, etc.; à quelle intention, 131. — Ce qu'il disait de Raphaël, XIII, 38.

* *Pouvoir*. — Définition de ce mot en droit naturel et en politique, XVI, 385. — Quelque illimité que soit le pouvoir des souverains, il ne leur permet jamais de violer les lois, 386.
PRADES (l'abbé de), né en 1720 à Castel-Sarrasin, mort en 1782. — Soutient, en Sorbonne, le 18 novembre 1751, une thèse qui fait scandale, I, 431. — Censuré par l'archevêque de Paris, cet ouvrage est condamné au feu par le Parlement, *ibid*. — Diderot s'en fait l'apologiste, 432. — Auteur de l'article *Certitude* dans l'*Encyclopédie*, *ibid*. — Décrété de prise de corps, il s'enfuit à Berlin où, sur la recommandation de d'Alembert, il devient lecteur du roi de Prusse, *ibid*. — Interné à Magdebourg, il y meurt converti, 433. — Propositions extraites de sa thèse, 435. — Réponse à l'*instruction pastorale* de Mr de Caylus, évêque d'Auxerre, 441-484. — Compte rendu de son opinion sur la *Chronologie sacrée*, XIV, 169-172.
* *Prassat*. — Palais du roi de Siam, XVI, 386.
* *Pratiquer*. — Acception grammaticale de ce mot, XVI, 387.
PRAXITÈLE, sculpteur célèbre de l'antiquité, né dans la grande Grèce. — Ses deux *Vénus*, celle de *Cnide* (nue) et celle de *Cos* (drapée), sont rangées parmi ses chefs-d'œuvre; Cos acheta la seconde, qui n'eut point de réputation; Cnide fut célèbre à jamais par la première, XIII, 38.
* *Préadamite*. — Nom que l'on donne aux habitants de la terre présumés antérieurs à Adam, XVI, 387. — Idée générale du système de La Pereyre sur ce sujet, *ibid*., 388. — La Pereyre n'en est pas le premier inventeur, 389.
Préambules des édits. — Réflexions sur ce sujet, III, 264. — Erreur de Sénèque, sur cette matière, *ibid*.
* *Précaution*. — Acception de ce mot, XVI, 389.
* *Précieux*. — Qui est d'un grand prix XVI, 389.
Précurseurs (les) *de la critique mo-*

derne. — *Diderot*, par A. Philibert-Soupé. — Cette étude témoigne d'un ardent esprit de justice, XX, 145.

Prédécesseurs. lisez les *Premiers Papes*, I, 196, alinéa 24.

* *Prédestinatiens*. — Ceux qui admettent la doctrine de la prédestination absolue, XVI, 390. — Historique de cette hérésie, *ibid.* — Remarques du cardinal Noris, 391.

Prédicateurs. — Le plus souvent, tout leur mérite se réduit à répéter ce que mille ont dit avant eux, I, 198, alinéa 29.

Prédilection. — Noé sauvé du déluge, I, 201, alinéa 38.

* Définition de ce mot, XVI, 391.

PREISSLER (*Valentin-Daniel*), graveur. — Cause de l'infériorité dans laquelle il tombe après avoir été au premier rang, X, 320.

Préjugés. — En est-il dans lesquels il soit important d'entretenir le peuple? réponse à cette question, I, 182. — Engendrés par les prêtres, ils ont engendré les guerres, 183. — Ils dureront tant qu'il y aura des prêtres, *ibid.* — Sont fondés, pour la plupart, sur la faiblesse de nos organes, l'imperfection de nos instruments, et la brièveté de notre vie, II, 55. — Les axiomes de la sagesse populaire, préjugés pour la plupart, appellent le sévère examen du philosophe, *ibid.* — Comment ils naissent, comment ils s'établissent, et comment ils cessent, 288. — Moyens de les déraciner, *ibid.*

¶ *Préliminaire au Voyage en Hollande*. — Des moyens de voyager utilement, XVII, 365-368.

Prémontrés. — Histoire de Richard, jeune moine de cet ordre, VI, 182. — Saint Norbert en fut le fondateur, *ibid.* — Époque de leur établissement, *ibid.* — Leur politique singulière, *ibid.*

PRÉMONVAL ou PRÉMONTVAL (*Pierre* LE GUAY), de l'Académie de Berlin. — Ses aventures avec son élève, Mlle Pigeon, VI, 70. — *Voyez* PIGEON.

* *Prémotion physique*. — N'est autre chose que le concours immédiat de Dieu avec la créature, XVI, 391. — On distingue deux sortes de prémotions, 392. — Sources différentes d'où les Thomistes tirent sa nécessité, *ibid.* — Raisons qu'ils allèguent en sa faveur, *ibid.*, 393 et suiv. — Démonstration tendant à prouver que le système de la prémotion physique est contraire à la liberté, 396-398.

* *Préoccupation*. — Ote à l'esprit, selon Malebranche, ce qu'on appelle le *sens commun*, XVI, 398. — Se rencontre dans les commentateurs; pourquoi, 399. — Pourquoi les inventeurs de nouveaux systèmes sont sujets à la préoccupation, *ibid.* — Trait admirable de la comédie du *Tartuffe*, où Molière peint la préoccupation d'Orgon contre tous les gens de bien, pour avoir été dupé par un hypocrite, 400.

* *Prescience*. — On appelle ainsi toute connaissance de l'avenir, XVI, 401. — Examen philosophique de cette faculté, 401-405.

* *Présomption*. — Résulte du désir excessif de se faire estimer des autres hommes, XVI, 405. — Contrairement à ce que l'on croit, le présomptueux ne s'estime pas assez; pourquoi, *ibid.*

* *Présomptueux*. — Définition grammaticale de ce mot, XVI, 406.

* *Pressentir*. — C'est être sous cette espèce de pénétration ou de pusillanimité qui nous fait espérer ou craindre un événement possible, mais éloigné, XVI, 406.

Prêtre. — Lorsqu'il favorise une innovation, elle est mauvaise; bonne au contraire s'il s'y oppose, II, 484. — Rival dangereux du souverain, III, 490. — Sujet équivoque, 510. — Est intolérant et cruel, 511. — Le plus pernicieux des scandales est celui qu'il donne, *ibid.* — Le bon prêtre est nécessairement ou saint ou hypocrite, *ibid.* — Son maintien doit être grave, sa figure imposante, ses mœurs austères, 512. — Sera paisible s'il est stipendié par l'État, 517. — Motifs de le conserver, *ibid.* — Moyens d'en réduire le nombre, IV, 33. — Son emploi, 35. — Rôle odieux d'un mauvais prêtre, VI, 148-149. — Anecdotes sur un prêtre géomètre disant la messe, XIX, 139.

Prêtres ou Guides. — L'intérêt les a engendrés; ils ont engendré les préjugés, I, 183. — Il y en aura tant qu'il y aura de l'intérêt à l'être, ibid. — Ils sont toujours ce qu'ils étaient au temps de Paul, dans Éphèse, ibid. — Leur corps très-nombreux forme une espèce d'état-major, 195. —. Sont intolérants et cruels, III, 511.

*. Qui l'on désigne sous ce nom, XVI, 406. — Leur origine, ibid. — Comment ils établirent et assurèrent leur empire, 407. — Degrés par lesquels les prêtres du paganisme ont élevé leur puissance, 408. — Les prêtres de l'imposture n'ont pas seuls abusé du pouvoir que leur ministère leur donnait; ce qu'on a vu de prêtres de l'Évangile, ibid., 409.

Preuves.— Il en est de différents ordres, II, 81.— Physiques et mathématiques, elles doivent passer avant les preuves morales, ibid. — Ces dernières dominent les morales, ibid. — Les preuves historiques ont produit toutes les fausses religions, ibid.

* Prévaloir. — Définition grammaticale, XVI, 409.

Préville (P.-L. Dubus, dit), célèbre acteur comique. — Ses remarquables débuts en 1753, dans le Mercure galant, V, 416. — Entre en querelle avec Molé, et fait interrompre les représentations du Fils naturel de Diderot, VII, 8.

Préville (Mme), femme du précédent. — Actrice de peu de talent; interrompt le cours des représentations du Fils naturel, VII, 8. — Joue le rôle de Cécile dans le Père de Famille, XIX, 461. — Qualités qu'elle apporte sur la scène, ibid.

Prévost (Ant.-Fr. Prévost d'Exiles, dit l'abbé). — Sa traduction des romans de Richardson (Clarisse Harlowe, Grandisson, Paméla), V, 218. — Auteur du roman intitulé Cléveland, VI, 43.— Mot critique sur cet ouvrage, ibid.— Puissants effets de ses romans le Doyen de Killerine, l'Homme de qualité, Cléveland, VII, 313.

Prévost (B.-L.). — Grave, en 1772, le Frontispice de l'Encyclopédie, dessiné en 1765 par Cochin, X, 448.

Prévot (M.). — Son histoire avec Mlle Basse, danseuse de l'Opéra, XIX, 227.

Prexaspe. — Mot d'une basse flatterie, qu'il adresse à Cambyse, roi de Perse, III, 287.

Priam, dernier roi de Troie. — Grandeur et simplicité de ses discours dans Homère, VII, 339-340.

Prichard, anatomiste anglais. — Ses remarques sur le volume des cerveaux actuels, comparés à ceux d'une époque antérieure, II, 138, à la note.

Prière, II, 61. — Profession de foi de Diderot, III, 297. — Prière du philosophe musulman, XIX, 441.

Prince. — Diderot désigne sous ce nom Dieu, chef de l'empire dont nous sommes les sujets, I, 190, 191, 192.

* Principes (premiers). — Ce qu'on entend par premiers principes, XVI, 409. — On en distingue de deux sortes, ibid. — Ils ont des marques caractéristiques et déterminées, 410. — Ce que les philosophes entendent par premier principe de connaissance, ibid. — Ce premier principe peut être considéré de deux manières différentes, 411. — Conditions exigées du premier principe de la philosophie, 412. — Descartes n'a jamais cru que l'enthymème: Je pense, donc je suis, fût le premier principe de toute connaissance philosophique; son explication à ce sujet, ibid.

¶ Principes d'harmonie. — Voyez Bémetzriéder.

¶ Principes de la politique des souverains, II, 457. — Notice préliminaire 459.

Principes de philosophie morale.— Ouvrage attribué à Diderot, XX, 98. — La paternité en a été restituée à Étienne Beaumont, ibid.

¶ Principes philosophiques sur la matière et le mouvement, II, 64. — A quelle occasion cet ouvrage fut composé, ibid.

Principes philosophiques. — Compte rendu d'une compilation anonyme publiée sous ce titre, IV, 97-99.

Prisque, philosophe éclectique, ami et condisciple de Maxime. — Regardait la théurgie comme la honte de l'éclectisme, XIV, 332. — Sa vie retirée lui épargne les persécutions dirigées contre les éclectiques, *ibid.*

Privilége. — Tout privilége accordé par le souverain est une atteinte à la liberté générale, II, 471. — Comment les imprimeurs obtinrent un privilége exclusif pour leur entreprise, XVIII, 15. — Dans quelles conditions était délivré le privilége aux libraires, 20. — Influence des priviléges sur l'imprimerie, la librairie et la littérature, 28. — A quoi on proportionne la durée du privilége de librairie, 39.

* Distinction utile et honorable dont jouissent seuls certains membres de la société, XVI, 413. — Il y en a de deux sortes, *ibid.*, 414. — Utilité de ne conserver que les priviléges qui auraient des vues utiles au prince et au public, 415. — Inconvénients qui naissent de leurs abus, 416. — Ce que l'on entend par privilége exclusif, 417. — Leur origine, *ibid.* — On peut considérer comme telles les maîtrises les plus ordinaires, 418. — Leurs inconvénients, 419.

Privilégiés, écrivains de la Bible. — Les anciens, I, 191. — Les modernes, 201. — Noé sauvé du déluge, *ibid.*

Probabilités. — Science d'un immense usage dans les affaires de la vie, III, 456. — Observations de Diderot sur le *calcul des probabilités* de d'Alembert, IX, 292 et suiv.

Probité. — Devoir de tous; la nation qui en fait l'éloge dans un particulier, est dépravée, II, 398.

* Est un attachement à toutes les vertus civiles, XVI, 420. — Examen philosophique de cette qualité, 420-423.

Proclus. — Le plus fou de tous les philosophes éclectiques, XIV, 340. — Ses excentricités, *ibid.* — Marinus, son disciple, lui succède, *ibid.*

Proculéius. — Habileté de ce Romain, qui persuade le peuple de la disparition miraculeuse de Romulus, monté aux cieux, I, 148.

* *Production.* — Définition grammaticale de ce mot, XVI, 423.

* *Produire.* — Terme relatif de la cause à l'effet, XVI, 423.

Professeur de rhétorique, lisez SAINT AUGUSTIN, I, 205, alinéa 45.

Professeurs. — Leur situation dans les universités d'Allemagne, III, 426. — Ceux de chaque faculté forment un corps particulier, 427.

* *Proie.* — Pâture des animaux ravissants et carnassiers; se dit au simple et au figuré, XVI, 424.

¶ *Projets de tapisserie,* XIII, 10.

¶ *Projets de tombeau pour le Dauphin,* XIII, 72, et XIX, 219, 220, 223, 225.

¶ *Promenade (la) du Sceptique.* — Diderot a composé cet ouvrage en 1747, I, 173. — Curieuses particularités qui en ont empêché l'impression durant la vie de l'auteur, *ibid.* — Le manuscrit passe successivement de la bibliothèque de M. Berryer, lieutenant de police, qui l'avait fait saisir, dans celle de M. de Lamoignon, *ibid.* — Dans cet ouvrage, l'auteur donne aux divers personnages qu'il met en scène des noms et des qualités dont le lecteur trouve la clef, page 251. — Notice sur cet ouvrage, 173. — Discours préliminaire, 177. — Cette promenade est divisée en trois allées, 189. — I. L'*Allée des épines.* Elle est gouvernée par un être inconnu, qu'on suppose sage, éclairé, plein de tendresse pour ses sujets, 190. — L'expérience a démontré que ceux qui se disent inspirés de lui ont été et seront toujours des visionnaires ou des fourbes, *ibid.* — II. L'*Allée des marronniers,* séjour tranquille, qui ressemble à l'ancienne Académie, 215 à 235. — III. L'*Allée des fleurs,* 236 à 250.

* *Promesse.* — Définition de ce mot, XVI, 424. — Toute promesse, quand elle est sérieuse, attire un devoir d'équité, *ibid.* — Ce qu'on appelle promesse n'est souvent qu'un désir, 425.

— Défauts à éviter au sujet des promesses, 426.

PROMÉTHÉE, fils de Japhet. — Personnage important de la philosophie fabuleuse des Grecs, XV, 47. — Opinions diverses sur son existence, 48.

* *Promettre.* — Définition grammaticale de ce mot, XVI, 426.

* *Promission.* — Ne se dit guère que du pays que Dieu promit à Abraham et à sa postérité, XVI, 427.

Propagation de l'Évangile (Société pour la). — Société établie dans la Grande-Bretagne, XVI, 427. — Point important que les missionnaires devraient bien concevoir, *ibid.*

* *Prophète, Prophétie.* — Ce terme a plus d'une signification dans l'Écriture sainte et dans les auteurs, XVI, 427. — Prophète signifie une personne spécialement éclairée, 428. — Prophétie se prend pour une connaissance surnaturelle des choses cachées, 429. — On entend par prophète un homme que Dieu fait parler, *ibid.* — Est celui qui porte la parole au nom d'un autre, 430. — On appelle ainsi les poëtes et les chantres, 431. — Le mot prophète a été appliqué à ce qui était éclatant, merveilleux, 432. — On a donné le nom de prophétie à une sage prévoyance, *ibid.* — Signifie aussi prédiction certaine des choses futures, 433.

¶ *Prophète (au Petit) de Bœhmischbroda, au grand prophète Monet,* SALUT, XII, 152-156.

Prophètes, I, 193, alinéa 9, où ils sont nommés *Officiers généraux.*

* *Proposition.* — Est la première partie, ou comme l'exorde du poëme, XVI, 434. — Examen de son emploi dans l'*Iliade,* dans l'*Odyssée,* et dans l'*Énéide, ibid.* et suiv.

* *Propriété* (Métaphysique). — Ce que les philosophes ont coutume d'appeler ainsi, XVI, 437-439.

* *Propriété* (Droit naturel et politique). — Est le droit que chacun des individus dont une société civile est composée a sur les biens qu'il a acquis légitimement, XVI, 439.

Prosélyte. — Son langage touchant la révélation, II, 82. — Sa manière de croire en Dieu, *ibid.* — Ses idées sur le culte à rendre à la Divinité, 83. — Ne pouvant connaître l'âme, il n'en parle pas, 84. — Dans le doute où il est, il élève son esprit à l'Être suprême, *ibid.*

Prospectus d'un ouvrage périodique qui aura pour titre : « Encyclopédie militaire. » — Critique de ce projet, VI, 386.

¶ *Prospectus de l'Encyclopédie,* XIII, 129. — Explication détaillée du système des connaissances humaines, 145.

* *Prostituée, Prostitution,* terme relatif à la débauche vénérienne, XVI, 440. — Application de ces mots aux critiques qui prostituent leurs plumes à l'argent, à la faveur, au mensonge, *ibid.*

PROTAGORAS, philosophe éléatique, XIV, 406. — Disciple de prédilection de Démocrite, qui le tira de la condition de portefaix, *ibid.* — A écrit, sur la nature des dieux, un livre qui lui mérite le nom d'*impie, ibid.* — Ses ouvrages furent recherchés, brûlés et lus, *ibid.* — Ce qu'on connaît de sa philosophie n'a rien de particulier, *ibid.*

* *Protatique.* — Terme de poésie grecque et latine, XVI, 440.

* *Protection.* — Ce qu'on entend par ce mot en droit naturel et politique, XVI, 441.

Protestants. — Déserteurs de l'Allée des épines, I, 204, alinéa 44.

* *Provenir.* — Venir de, naître, tenir son origine, XVI, 442.

Proverbes dramatiques. — Voyez CARMONTELLE.

Providence. — Analyse du traité de Sénèque sur ce sujet, III, 294-298. — * Définition métaphysique de ce mot, XVI, 442. — En niant la Providence, les épicuriens dogmatisaient plus conséquemment que ceux qui la reconnaissaient, 444. — Raison qui aurait dû empêcher les anciens philosophes d'admettre une providence, 446. —

Quelle était l'espèce de providence que croyaient les philosophes théistes, 447. — Tous les peuples policés reconnaissent une providence, 449. — Si nous pouvions méconnaître la providence, nous la reconnaîtrions en nous, 451. — On la reconnaît aussi dans la nature, 454. — Dans l'amour d'un sexe pour l'autre, des pères pour leurs enfants, 455.

Proxénète. — Dans toutes les cours il y a plus de faveur à se promettre du métier de proxénète que des fonctions de grand ministre, III, 125. — Manière dont le neveu de Rameau s'acquittait de cet emploi, V, 405-407.

* *Prudence.* — Ce qu'elle est, XVI, 462. — Règles de prudence à observer par rapport à soi ou aux autres, 463, 464. — Principes de Socrate sur la prudence domestique, XVII, 162. — Ses principes sur la prudence politique, *ibid.*

Prudes. — Leur langage, I, 247, 248, alinéa 56.

* Acception de ce mot, XVI, 462.

PRUNEVAUX (Mme de), fille de Mme de Meaux. — Diderot lui rend visite durant son séjour à Bourbonne-les-Bains, V, 263. — Le conte de Diderot, *les Deux Amis de Bourbonne*, lui est attribué, *ibid.* — Charade en vers que lui adresse Diderot, IX, 50. — Lettre écrite par elle, XVII, 330. — Maladie qui occasionne son séjour à Bourbonne, 333. — Sa façon d'agir avec M. de Foissy, XX, 16. — Diderot se plaint d'être traité légèrement par elle, 17. — Si elle s'en va, il la perdra sans regret ; si elle revient, il la recevra avec transport, *ibid.* — En hâtant la déclaration de M. de Foissy, Diderot comptait qu'elle ferait une réponse claire qui finirait tout, 19. — Grimm a beau plaider pour elle, il ne mettra jamais son cœur à l'aise; pourquoi, 25.

Psaumes. — Vieilles chansons fort belles, I, 194, alinéa 18.

* *Psychologie.* — Partie de la philosophie qui traite de l'âme humaine, XVI, 464. — Fournit des principes à diverses autres parties de la philosophie, au droit naturel, à la théologie naturelle, à la philosophie pratique, et à la logique, 465.

PTOLÉMÉE. — Auteur à consulter pour l'étude de la géographie ancienne, III, 494.

PTOLÉMÉE LAGUS, l'un des généraux d'Alexandre le Grand. — Entre en Judée, s'empare de Jérusalem, et enlève du pays cent mille Juifs qu'il transporte en Égypte, XV, 329.

PTOLÉMÉE PHILADELPHE, roi d'Égypte. — Rend la liberté aux Juifs réfugiés à Alexandrie, XV, 329.

PTOLÉMÉE PHISCON, prince d'Égypte. — Sa passion d'enrichir la bibliothèque d'Alexandrie, XIII, 441.

* *Publicains.* — Fermiers des impôts chez les Romains, XVI, 465. — A qui on a encore donné ce nom, 466.

Publication (la) de la Paix en 1749. — Tableau de DUMONT *le Romain*, figure au Salon de 1761, X, 108.

Pucelage. — Comment Jacques le Fataliste perdit le sien, VI, 204.

Pudeur. — Sa cause première, II, 243.

* *Puérilité.* — Action ou discours d'enfant, XVI, 466.

PUFFENDORF (*Samuel*, baron de). — Son livre *de Jure naturæ et gentium*, traduit par Barbeyrac, sous le titre : *Les Devoirs de l'homme et du citoyen*, cité avec éloge, et recommandé, III, 492, 506. — Distinction dans cet ouvrage, qui peut jeter beaucoup de trouble dans une société civile, XIV, 192.

PUGET (*Pierre*), artiste et ingénieur, célèbre surtout comme sculpteur. — Anecdote relative à une statue de Louis XIV, que la ville de Marseille lui avait d'abord demandée, X, 440. — Mot malheureux de Louis XIV sur son *Milon de Crotone*, XIII, 44. — Veut briser ce chef-d'œuvre, *ibid.*

PUISIEUX (*Madeleine* d'ARSANT de), maîtresse de Diderot. — Va lui rendre visite en 1749, durant sa captivité à Vincennes, I, XLIV. — Diderot la surprend en promenade à Champigny avec un nouvel amant, *ibid.* — Dans le dessein de l'obliger; Diderot traduit l'*Essai sur le mérite et la vertu* de Shaftesbury, dont elle retire cinquante louis, XLII. — Pour satisfaire à une nouvelle exigence de sa part, Diderot écrit dans l'espace de trois jours ses *Pensées philosophiques*, qu'elle vend également cinquante louis, *ibid.* et 125. — Les *Bijoux indiscrets*, roman que Diderot composa en quinze jours, lui rapportent encore cinquante louis, *ibid.*—Les *Pensées sur l'interprétation de la Nature* lui procurent un nouvel avantage, *ibid.* — Diderot lui adresse l'Épitre dédicatoire des *Bijoux indiscrets* sous le nom de Zima qu'elle a dans le roman, IV, 139. — C'est lors du premier voyage de sa femme à Langres, que Diderot contracte sa liaison avec elle, XVIII, 340. — Pièce de vers dont elle est l'auteur, sur le bruit de l'embastillement de Diderot, XX, 125.

* *Puissance*. — Différents sens dans lesquels se prend ce mot, XVI, 466. — En quoi consiste celle d'un État, 467. — C'est de l'esprit dont un souverain sait animer ses peuples que dépend sa vraie puissance, 468.

Puissance temporelle et puissance spirituelle. — Réunies dans une seule main, elles offrent une situation pleine de dangers, II, 289.

PULLEYN (*Robert*), théologien anglais. — Ce qu'on remarque dans ses ouvrages, XVII, 94.

Punitions. — Leur équitable distribution, digue contre les complots des méchants, I, 55. — Le théiste admet les peines à venir, 60.

* *Puritains*. — Partisans d'une secte de la religion protestante, en Angleterre, XVI, 469.— Historique de cette secte, *ibid.* à 471.

Pyramides d'Égypte.— Conjectures sur leur construction, XIV, 385. — Peuvent être regardées comme les Bibles de l'Égypte qui, à cette époque, n'avait point encore d'écriture, *ibid.* — Sont des monuments durables de la prudence de ce peuple, 386.

PYRRHON, philosophe grec de la secte Éléatique, né à Élée. — Ses premiers maîtres, XVI, 472. — Ne retient de ses maîtres que ce qui favorise son penchant naturel; comment il débute, *ibid.*— Sa suprême tranquillité d'âme étonnait Épicure, 473. — Meurt à quatre-vingt-dix ans; les Athéniens lui élèvent une statue, *ibid.* — Ses différents sectateurs, *ibid.*, 474.

* *Pyrrhonienne* ou *Sceptique* (*Philosophie*), XVI, 471.—Notice sur Pyrrhon, 472. — Différents sectateurs de cette philosophie, 473-474. — Principes et doctrine du sceptique, 475-482. — Cette philosophie fait peu de progrès à Rome, 483.— Renaît au XVIe siècle, ses nouveaux sectateurs : François Sanchez, 483. — François La Mothe-le-Vayer, 484.— Huet, *ibid.*— Michel Montaigne, 485.— Bayle, 486 et suiv. — Conclusion de cet article, 491.

PYTHAGORE, célèbre philosophe grec. — Fondateur de la secte Samienne. Ses sectateurs, XV, 66. — Fut élevé par Phérécide, XVI, 493. — Il n'admettait pas dans son école toutes sortes d'auditeurs, 493. — Notice sur sa vie, 494. — Comment il professait, 495. — Il ne nous reste presque aucun monument de sa doctrine, 496. — Son arithmétique, 497.—Sa musique, 498. — Sa géométrie, 499.— Son astronomie, *ibid.* — De sa philosophie en général, 500. — Sa philosophie pratique, 502. — Sa philosophie théorétique, 506. — Sa théologie, *ibid.*— Sa médecine, 511. — Ses disciples et ses sectateurs, 512.

* *Pythagorisme*, ou *Philosophie de Pythagore*, XVI, 492. — S'appelle d'abord *Italique*; d'où elle tire ce nom, *ibid.* — Étude sur Pythagore, 493-496. — Principes généraux du pythagorisme, 497. — Arithmétique de Pythagore, *ibid.* — Musique de Pythagore, 498. — Sa géométrie, 499. — Son astronomie, *ibid.* — De la philosophie de Pythagore en général, 500. — Philosophie pratique, 502. — Philosophie théorétique, 506. — Théologie de Pythagore, *ibid.* — De la médecine de Pythagore, 511. — Disciples et sectateurs de Pythagore, 512. — Le pythagorisme fut professé deux cents ans de suite; quelles furent les causes de son extinction, 513. — Principes philosophiques d'Empédocle, 515-517. — Principes philosophiques d'Épicarme, 518-520. — Principes d'Archytas, 522. — Du pythagorisme renouvelé, 524. — Restauration de cette philosophie, *ibid.* et suiv. — Principes philosophiques d'Apollonius de Thyane, 527-529. — De la philosophie pythagoréo-platonico-cabalistique, 530. — Philosophes qui lui ont donné quelque crédit, 531 et suiv. — Principes de François-Georges, le Vénitien, 534. — Principes de la philosophie *occulte*, 536-542. — Sectateurs anglais du pythagoréo-platonico-cabalisme, 544.

Q

Qualités. — Dans la physique expérimentale, les qualités sont générales ou particulières, II, 21. — Qualités occultes dans la philosophie occulte, XVI, 537.

Queiros (*Pedro-Fernandez* de), célèbre navigateur portugais. — Fait, en 1606, la découverte de Taïti, II, 218.

Qu'en pensez-vous? Conte allégorique, composé à la même époque que les *Bijoux indiscrets*, *l'Oiseau blanc* et la *Promenade du Sceptique*, IV, 443. — Erreur de Mme d'Epinay qui, dans ses *Mémoires*, fait de ce conte une improvisation qu'elle attribue à J.-J. Rousseau, *ibid.* — Cet ouvrage est-il bien de Diderot? *ibid.*

Quérard (*Joseph-Marie*), bibliographe. — Attribue à un écrivain nommé Randon, un drame intitulé *l'Humanité, ou le Tableau de l'Indigence*, indûment inséré dans le recueil des *OEuvres de Diderot*, publié à Londres en 1773, VII, 6. — Il attribue les *Zélindiens* à une demoiselle Fauque ou Falques, XVII, 478.

Querelle des anciens et des modernes, IV, 296.

Querelle des Bouffons, XII, 137. — Diderot y prend une part active, 139. — Écrit trois brochures relatives à ce sujet : 1re, 143-151 ; 2e, 152-156 ; 3e, 157.

Quesnay (*François* de), célèbre économiste et médecin. — A droit aux plus grands éloges comme auteur principal de la science économique, IV, 81-82. — Cité comme habile chirurgien, IX, 214.

Quesnel (*Pasquier*), célèbre oratorien. — Son livre intitulé *Réflexions morales sur le Nouveau-Testament* est anathématisé par la bulle *Unigenitus*, publiée à Rome le 8 septembre 1713, XV, 264. — On donna alors à ses défenseurs le nom de *jansénistes*, *ibid.*

Questions naturelles (les). — Examen de cet ouvrage de Sénèque, dédié à Néron, III, 358.

Queverdo (*François-Marie-Isidore*), dessinateur et graveur. — Ses vignettes pour l'édition originale des *OEuvres de Dorat* contribuent à sauver ce livre de l'oubli, VI, 415.

Quiétistes. — Donnent des leçons de catalepsie à leurs dévotes, IX, 423. — But qu'ils se proposent, *ibid.* — Arrivent à leurs fins par degrés, 424. — Au IIIe siècle de l'ère chrétienne, la Chine est envahie par une secte de ce nom, XIV, 128.

Quinault (*Philippe*). — Déprécié par Boileau, relevé par Voltaire, VI, 353. — Poëte toujours tendre, facile et souvent élevé, VII, 152.

Quinault-Dufresne (*Abraham-Alexis*), acteur remarquable du Théâtre-Français. — Diderot envie son talent, VII, 108. — Ce qui lui arriva en jouant le rôle de Sévère dans la tragédie de *Polyeucte*, VIII, 353 et 387. — Orgueilleux par caractère, il représentait merveilleusement l'*orgueilleux*, *ibid.* — Jouait admirablement Orosmane, *ibid.* — Était d'une perfection sans égale dans *le Préjugé à la mode*, *ibid.* et 392.

Quinquertion. — Nom donné chez Grecs à ceux qui prétendaient exceller dans tous les exercices de la gymnastique, I, 363.

QUINTANO (don), inquisiteur, évêque de Pharsale. — Est éloigné de son siége par le roi d'Espagne Charles III, VI, 471. — Obtient son rappel à la suite de soumissions réitérées, *ibid.*

QUINTILIEN (*M. Fabius-Quintilianus*), célèbre rhéteur. — Remarque sur le jugement qu'il porte des œuvres de Sénèque, III, 188. — Son jugement opposé à celui de Saint-Évremont, 267, 268. — Réfutation de ses objections contre Sénèque, 369.— Manque de franchise dans sa critique, 370. — Ce qu'il dit de l'emploi du temps donné à l'étude, 524, 525.

Quiproquo. — La vie en est un composé, VI, 60. — La justice n'en est pas exempte, 64.

Quiproquo (le), comédie en un acte par l'acteur Molé. — Lue et reçue, cette pièce, jouée en 1781, n'obtint qu'un médiocre succès, VIII, 511. — — Elle n'a point été imprimée : l'analyse minutieuse qu'en fait Diderot, d'après le manuscrit, a un intérêt spécial, *ibid.* — C'est, dit le critique un joli petit rien, 515.

* *Quotidien, Journalier.*— Termes synonymes qui ont, selon leur étymologie, la même signification, mais ne s'emploient pas indifféremment; exemples, XVI, 545.

R

RABANUS MAURUS, savant écrivain chrétien du IXe siècle, XV, 300.

RABELAIS (*François*). — Cité I, 195, alinéa 21 ; II, 355.

RABIRIUS (*Caius*), poëte latin. — Beau mot qu'il met dans la bouche d'Antoine mourant, III, 307.

Rabrouer. — Vieux mot; sa signification, VI, 105.

Rabutinade. — Ce mot, forgé par Diderot, suffit à nous donner son opinion sur l'*Histoire amoureuse des Gaules*, III, 347.

RACHEL (*Élisabeth-Rachel* FÉLIX), célèbre tragédienne. — Sa retraite prématurée (en 1855, à l'âge de 34 ans), VIII, 138.

Rachitisme. — Étendant la capacité du crâne outre mesure, il rend précoce l'intelligence des enfants, II, 323.

RACINE (*Jean*). — Avait du génie, mais ne passait pas pour être bon, V, 395. — Comment il est jugé par Diderot, 397.

RACINE (*Louis*), fils du précédent. — Voltaire le relègue parmi les poëtes médiocres, VI, 353.

Radicaux. — Importance d'une méthode qui conduirait au moyen de les discerner, XIV, 435. — Marche à suivre dans cette recherche, *ibid.*

Raison. — La raison seule fait des croyants, I, 152. — Quand on y renonce on n'a plus de guide, 159. — Est incompatible avec la foi, *ibid.* — Celle de l'homme lui fait mépriser également le baptême et la circoncision, 163. — La perception des rapports est un des premiers pas de la raison, 405. — Tout a sa raison suffisante, 406. — Les déclarations de certains théologiens contre elle font injure à la religion, 448. — Est-le creuset qui sépare la vérité d'avec l'erreur, Ii, 96. — Elle rectifie quelquefois le jugement rapide de la sensibilité; elle en appelle, X, 520.

* Notions diverses que l'on peut se former de ce mot, XVII, 3-4. — Bornes qui se trouvent entre la foi et la raison, 5-6.

Raison d'Etat. — Question à étudier dans Tacite, qui la nomme les *Forfaits de la domination*, III, 483.

Raison perfectionnée. — Moyen employé dans ce but, I, 190, alinéa 1.

* *Raisonnement.* — Est un enchaînement de jugements qui dépendent les uns des autres, XVII, 6-11.

Raisonner, Discourir. — C'est comparer plusieurs idées, I, 370. — Nécessité, à cet effet, d'avoir plusieurs perceptions à la fois, *ibid.*

Raisonneur (le). — En quoi il diffère de l'homme raisonnable, XII, 79.

Rambouillet (l'hôtel de), centre de a société polie au XVIIe siècle, XIV, 526. — Noms des personnages qui l'abandonnent pour aller augmenter la société et écouter les leçons de l'*épicurienne* (Ninon de l'Enclos), *ibid.*

Rameau (*Claude*), frère du célèbre musicien, et père du héros du roman satirique de Diderot intitulé *le Neveu de Rameau*. — Était organiste et apothicaire à Dijon, V, 403.

Rameau (*Jean-Philippe*), célèbre compositeur français. — Son premier succès véritable est l'opéra d'*Hippolyte et Aricie*, joué en 1738, IV, 174. — Ses ouvrages font négliger ceux de Lulli, V, 390. — Son neveu le dit fort égoïste, 392. — La découverte de la basse fondamentale, son plus beau titre de gloire, 421. — Voyez Urémifasolasiututut. — Principe duquel ce savant musicien est parti dans sa *Génération harmonique*, IX, 114, 115.

¶ Rameau (le Neveu de), satire dialoguée. — Ouvrage écrit en 1762 ; revu en 1773 ; publié pour la première fois en français en 1823, V, 359. — Notice préliminaire par M. Assézat, 351. — N'est connu d'abord que par une traduction de Gœthe, faite en 1804, 362. — Voyez, Gœthe, Schiller, de Saur, Saint-Geniès, Brière.

¶ Rameau (*Jean-François*), héros du roman intitulé *le Neveu de Rameau*. — Note de Mercier sur ce personnage, V, 381. — Note de Cazotte, 382. — A composé sur lui-même un poëme intitulé *la Raméide*, 383. — Sa biographie, 384. — Le peintre Meissonier a fait de lui un portrait de fantaisie fort original, 385. — Son portrait physique et moral, par Diderot, 388. — Sa rencontre avec Diderot au café de la Régence, 390. — Son portrait par lui-même, 391. — Apologiste de tous les vices, 395. — Envieux et jaloux de de la gloire de son oncle, 398. — Plaisant soliloque mimé et chanté, 399. — Fait, de lui-même, un étrange panégyrique, 400. — Parasite du financier Bertin, il se fait mettre à la porte : récit de sa mésaventure, 402. — Fait une scène de proxénète, 405-407. — Musicien, il reprend son rôle, 408-411. — Sa vie durant quatre ans de ménage, 413. — Développe son système particulier d'éducation pour les jeunes filles, 414. — Se fait maître d'accompagnement sans en rien savoir, 416. — Manière dont il donnait ses leçons, *ibid.* et suiv. — Une fois connu, il change de méthode et gagne à peu près honnêtement son argent, 421. — Ce qu'il dit de la voix de la conscience et de l'honneur, lorsque les boyaux parlent, 422. — Quelle sera sa conduite s'il devient riche, *ibid.* — Trouvant son bonheur dans le vice, il y demeure, 427, 428. — Consent à être abject, mais ne veut pas être hypocrite, 429. — Ce qu'il nomme sa dignité 430. — Tableau d'intérieur ; son rôle de fou chez le financier Bertin et la Hus, 430. — Attitudes de son invention, 433-435. — Ses impertinentes appréciations du talent de la Dangeville et de la Clairon, qu'il met au-dessous de la petite Hus, 437, 438. — Jugement qu'il porte sur lui-même et sur divers personnages de sa société chez Bertin, 439. — Son aventure avec l'abbé de La Porte, 444, 445. — Quelles étaient les charges de son emploi de souteneur de Mlle Hus, 447. — Critique qu'il fait de la réunion des parasites composant la société Bertin-Hus, 449-451. — Fait le récit de l'histoire du renégat d'Avignon, 454-456. — Ce qu'il pense de Lulli, de Campra, de Destouches, de Mouret, et même de son *cher* oncle, 460. — Chante avec passion différents airs des opéras de Duni, 463. — Dit avec une précision, une vérité et une chaleur incroyables les plus beaux morceaux des *Lamentations* de Jomelli, 464. — Manière comique dont il contrefaisait les différents instruments, *ibid.* — Son état d'épuisement après un pareil exercice, 465. — Ses idées sur la poésie lyrique, 466. — Ses réflexions sur Duni, 467. — A un fils qu'il aime ; il n'en fera pas un musicien ; ses raisons, 471. — Fait le tableau de sa vie passée, 478. — Raconte la plaisante histoire du juif d'Utrecht, 479. — Joue admirablement une scène de pantomime, 482. — Ce qu'il pense des hommes en général, 483. — Fait le portrait de sa femme, qu'il a per-

due, qu'il regrette et pour cause, 486.
Raméide (la), poëme en cinq chants. — Autobiographie de Jean-François Rameau, V, 382, 383.
Raméide (la Nouvelle), poëme de Cazotte. — Espièglerie de ce poëte en faveur du plaisant personnage que Diderot a peint dans le Neveu de Rameau, V, 383.
RAMPONEAU (Jean), fameux cabaretier de la basse Courtille. — Tenait aux Porcherons la guinguette du Tambour royal, V, 176. — Son curieux engagement et son procès avec Gaulier dit Gaudon, entrepreneur de spectacle forain, ibid.
RAMSAY (Allan de), peintre du roi d'Angleterre. — Ses réflexions, adressées à Diderot, sur le Traité des délits et des peines de Beccaria, IV, 52. — Diderot dîne avec lui chez les Van Loo, XIX, 174. — Notice sur lui, ibid. (note).
RANÇONNIÈRES (Leclerc de), personnage du conte les Deux Amis de Bourbonne, V, 272. — Ses procès avec M. Fourmont, conseiller au présidial de Chaumont, ibid. — Fâcheuse rencontre qu'il fait en revenant de la chasse, 273.
RANDON DE BOISSET, receveur général des finances. — Choisit Diderot pour précepteur de ses enfants, I, xxxiii. — Avantages attachés à cette position, ibid. — Après trois mois de cette existence, Diderot demande à se retirer, ibid. — Les offres les plus séduisantes ne peuvent le retenir, ibid. — Dans le Salon de 1767, Diderot en parle comme d'un amateur original et distingué, xxxiv. — Le catalogue de la bibliothèque dramatique de M. de Soleinne lui attribue Zamir, tragédie bourgeoise en trois actes et vers dissyllabiques, VII, 6. — Grand amateur de tableaux, refuse, au Salon de 1767, l'exposition d'un paysage que Loutherbourg a fait pour lui, XI, 274. — Son caractère, ibid.
RAPHAËL (Sanzio). — Caractère de ses compositions, VII, 406. — Il n'y a pas eu peut-être un plus grand poëte que ce savant artiste, X, 515. — Jugement d'une femme du peuple sur deux de ses tableaux, XII, 89. — Diderot a vu de lui un dessin représentant Joseph expliquant son songe à ses frères; beau sujet qu'il propose, 99.
RAPSON, géomètre anglais. — Ce qu'il dit de la manière d'être de Dieu par rapport à l'univers, I, 294.
RASÈS, ou AL-RASE ou AUBUBÈCRE, célèbre médecin arabe, XVII, 42. — Ce que Arnauld de Villeneuve disait de lui, 43.
RASIS (Ibrin Al-Chatil), philosophe et médecin musulman. — Notice sur sa vie, XVII, 50.
RAUCOURT (Marie-Antoinette SAUCEROTTE), tragédienne. — Ses débuts, VIII, 337. — A offert le prodige d'une actrice, qui, à dix-sept ans, s'est montrée capable des rôles de Monime, de Didon, de Pulchérie et d'Hermione, 377.
RAUMER (Fr.), écrivain allemand. — Auteur de Diderot und seine Werke, XX, 142.
RAVAGO, jésuite, confesseur de Ferdinand VI, roi d'Espagne, VI, 467. — Ses odieuses menées contre le Péruvien don Pablo Olavidès, oydor de Lima, ibid.
RAVAILLAC (François), assassine Henri IV, XV, 279. — Les Jésuites restent sous le soupçon d'avoir dirigé sa main, ibid.
RAVENNES-FONTAINE (curé de). — Plaisante aventure dont il est le héros, XVII, 331. — Comment il plaisante le philosophe qu'il a gagné au jeu, 332.
RAYNAL (Guill.-Thom.-Fr.) — L'Histoire philosophique et politique de la découverte et du commerce des deux Indes, qui a fait sa réputation, est, en grande partie, l'ouvrage de Diderot, I, xvii; III, 393; IV, 107. — Copie les fragments que Diderot lui fournit, et en brûle ensuite les minutes, XX, 103, 104.
RÉAUMUR. — Ce célèbre physicien fait, sur un aveugle-né, l'opération de la cataracte, I, 279. — Refuse d'admettre Diderot, comme témoin; mais il admet Mme Dupré de Saint-Maur,

ibid. — Sa découverte du puceron hermaphrodite, II, 18. — Ce qu'il rapporte de la copulation du lapin avec la poule, mis en doute par Haller, 188. — Son *Traité des Insectes* cité, IX, 373. — Ses observations sur la manière de convertir le fer forgé en acier, XIII, 193-194.

¶ *Réception d'un philosophe.* — Voyez *Introduction aux grands principes.*

Recette à tous maux. — Manière de s'en servir à l'usage des *encaissés* (les confesseurs), I, 199, alinéa 3.

Réchabites. — Sectaires juifs, XV, 346.

¶ *Recherches philosophiques sur l'origine et la nature du beau*, X, 5-42.

Recherches sur les beautés de la peinture. — Ouvrage traduit de l'anglais de Webb, par Bergier, XIII, 33-39.

Recherches sur l'origine du despotisme oriental. — Ouvrage de Boulanger, dédié par son auteur à Helvétius, VI, 345. — Dangers auxquels l'eût exposé cet ouvrage, si une mort prématurée ne l'avait ravi à la fureur des intolérants, *ibid.*

Recherches sur le style (des), par Beccaria. — Appréciation de Diderot sur cet ouvrage, IV, 60.

Recherches sur les Ruines d'Herculanum. — Voyez Fougeroux de Bondaroi.

Récirroco. — Personnage des *Bijoux indiscrets*; membre de l'académie des sciences de Banza. — Son raisonnement, IV, 163.

Récompenses. — Leur équitable distribution, moyen sûr d'attacher les hommes à la vertu, I, 55. — L'approbation publique en fait l'avantage, 56. — Le théiste admet les récompenses à venir, 60.

Réconciliations. — Entre souverains et factieux, lorsque les haines ont éclaté, toutes les réconciliations sont fausses, II, 462.

Recrues singulières. — Dissidentes, manière dont le vice-roi (le Pape) en use avec elles, I, 196, alinéa 24.

Recteur. — Nom donné en Allemagne au chef suprême de l'Université, III, 425. — Rang distingué qu'il occupe dans l'État, *ibid.*

Recueils philosophiques et littéraires de la Société typographique de Bouillon (sur les). — Examen critique des pièces renfermées dans le *Recueil de l'année 1769*, IV, 73. — — 1° *Fragments sur le sort de la philosophie chez les Romains*, par M. Robinet, *ibid.* — 2° *Apothéose d'Homère*, par M. Castilhon, 74. — 3° *Projet pour diminuer le nombre des auteurs*, par M. Robinet, 75. — 4° *Extrait des Transactions philosophiques sur le serpent à sonnettes*, par M. Robinet, *ibid.* — 5° *Parallèle de Virgile et de Lucain*, par M. Castilhon, 76. — 6° *Éloge de Plutarque*, par M. Castilhon, *ibid.*

¶ *Réflexions sur la cohésion des corps*, et les phénomènes qui s'y rapportent, IX, 183.

Réflexions sur la jalousie, pour servir de commentaires aux ouvrages de Voltaire, brochure de Ch.-G. Le Roy, attribuée à tort à Diderot, XX, 99.

¶ *Réflexions sur un ouvrage publié à l'occasion de la renonciation volontaire de Rousseau au droit de citoyen de Genève*, IV, 70.

¶ *Réflexions sur le livre de l'Esprit*, ouvrage d'Helvétius, II, 267-274.

¶ *Réflexions sur Térence*, V, 228 et suiv. — Jugement de M. Villemain sur cet écrit, *ibid.* — Voyez Térence.

¶ *Réflexions sur l'ode*, VI, 412.

Réfutation du Dialogue sur le commerce des blés, par l'abbé Morellet. — Sentiment de Diderot sur cet ouvrage, XX, 8. — Comme censeur, il ne voit rien qui doive en empêcher l'impression, 10.

¶ *Réfutation de l'ouvrage d'Helvétius, intitulé de l'Homme*, II, 275. — Cet ouvrage, comparé aux *Essais* de Montaigne, 290.

Régamey (*Frédéric*), graveur. — Auteur de la gravure du buste de Diderot par Houdon, appartenant à la ville de Langres, XX, 111.

* *Regarder.* — C'est faire usage de ses yeux, XVII, 11. — Exemples de nombreuses acceptions simples et figurées, *ibid.*

Réginon, abbé de Prum. — Écrivain chrétien du ixe siècle, XV, 300.
Règles (les). — Ont fait de l'art une routine, XII, 76. — Ont servi à l'homme ordinaire, ont nui à l'homme de génie, 77.
Regnault, membre de l'Académie de peinture et de sculpture. — A gravé une collection de planches sur la botanique, VI, 375.
¶ *Regrets sur ma vieille robe de chambre*, ou Avis à ceux qui ont plus de goût que de fortune, IV, 1. — Notice de M. Assézat, 3. — Avis au lecteur mis en tête de la première édition, 5.
Régulus, tragédie de Dorat. — Diderot trace à l'auteur un plan différent de celui qu'il a suivi, VIII, 443-448.
Régulus (*M.-Atilius*), général romain. — Simplicité et force du discours qu'il adresse au Sénat et au peuple romain pour les dissuader de l'échange des captifs, VIII, 355-356.
Réhauts. — Ce que les peintres entendent par ce mot, XII, 111.
Reins, Vessie, Urine. — Remarques physiologiques sur ce sujet, IX, 390.
¶ *Religieuse* (la), roman historique, V, 1-210. — Notice préliminaire par M. Assézat, 3. — Composé en 1760, cet ouvrage n'a été imprimé qu'en 1796, *ibid*. — Ses nombreuses éditions, 4. — Traduit en allemand, en anglais, en espagnol, *ibid*. — Ce chef-d'œuvre, fidèle peinture de la vie des cloîtres, ne peut être touché sans perdre une partie de sa valeur, *ibid*. — Appréciation de ce livre par la *Décade philosophique*, 5, et par Jean Devaines, dans deux recueils différents, 6. — Date de la composition de l'ouvrage rendue certaine par une lettre de l'auteur à Mlle Volland, 10.
Un événement arrivé au couvent de Longchamp, en 1757 ou 1758, a donné à Diderot l'idée de ce roman, qui prend ainsi un caractère historique. — Voyez Simonin (*Marie-Suzanne*).
Religion (la). — Bien entendue, elle élève les vertus morales, I, 9. — Diffère essentiellement du fanatisme, *ibid*. — Considérée en général, on la regarde communément comme la compagne inséparable de la vertu, 17. — De nombreux exemples contredisent cette opinion, *ibid*. — A-t-elle une influence sur la probité, 18. — Est puissante à consterner le vice et à rassurer la vertu, 54. — Peut être poussée trop loin, 71. — Ne commande pas une abnégation totale des soins d'ici-bas, *ibid*. — Caractères distinctifs d'une religion vraie, 161. — Celle de Jésus-Christ, annoncée par des ignorants, a fait les premiers chrétiens ; prêchée aujourd'hui par des savants et des docteurs, elle ne fait que des incrédules, 162. — Est un sujet sacré auquel il n'est pas permis de toucher, 181. — *Suffisance de la religion naturelle*, 200. — La meilleure est celle qui s'accorde le mieux avec la bonté, et la justice de Dieu, 264. — Tous les hommes admettent sa bonté, 265. — Parallèle entre la religion naturelle et la religion révélée, 266 à 269. — Préférable à toutes les autres, la religion naturelle ne peut faire que du bien et jamais de mal, 270. — A l'encontre de la religion révélée, elle n'a pas coûté une larme au genre humain, *ibid*. — On peut dire avec raison que toutes les religions du monde ne sont que des sectes de la religion naturelle, 271. — Est la seule subsistante, *ibid*. — Démonstration de sa vérité, 272. — Soumis à ses lois, les hommes ne formeraient qu'une société de frères, 273. — Elle se persuade et ne se commande pas, 487. — Maximes d'Origène et de Minucius Félix à ce sujet, *ibid*. — Distinction entre celle de Jésus-Christ et celle du prêtre, II, 448. — Elle crée et perpétue la plus violente antipathie entre les nations, 512. — Elle fait les fous les plus dangereux, 513. — Elle peut changer de forme, mais elle ne périt jamais, IV, 34, 35. — Elle ne consiste pas à décorer des temples ; devoirs qu'elle nous prescrit, XVI, 186. — N'est point du ressort du magistrat ; pourquoi, XVII, 146 et suiv.
Religion chrétienne. — On peut l'appeler

la *Philosophie par excellence*, XV, 287.

Religionnaires. — Peu d'accord qui existe entre ceux de la religion révélée, I, 271.

¶ *Remarques* sur la tragédie du *Siége de Calais*, de M. du Belloy, VIII, 452.

REMBRANDT (*Paul*), peintre célèbre de l'école hollandaise. — Caractère particulier de son genre de peinture, X, 482. — Exemple pris de sa *Résurrection de Lazare, ibid.* — Son *Ganymède* est ignoble, XII, 106. — Ce qu'il aurait dû écrire au bas de toutes ses compositions, 109. — Ses *Pentimenti* ont enflé son œuvre de plusieurs volumes, 123.

RÉMOND DE SAINTE-ALBINE (*Pierre*), littérateur. — Note de Grimm sur cet écrivain, VIII, 358.

RÉMOND DE SAINT-MARD. — Cité, II, 300. — Auteur des *Nouveaux Dialogues des Dieux*, ou *Réflexions sur les passions*, VI, 307. — Espièglerie que lui fait l'abbé de Canaye, chez Mme Geoffrin, *ibid.*

Remords. — Il en est de plusieurs natures, II, 304. — Celui du scélérat, *ibid.*

Rendez-vous général, lisez *l'autre monde*, I, 191, 193, alinéa 5, 10.

Renégat d'Avignon (le). — Son histoire, V, 454-456.

RENOU (*Antoine*), élève de Vien et de Pierre, peintre du roi de Pologne. — Ses tableaux au Salon de 1767 : *Jésus-Christ, à l'âge de douze ans, conversant avec les docteurs de la loi*, XI, 325. — Une *Esquisse*, des *Études de têtes*, 334. — Auteur d'une tragédie intitulée *Térée et Philomèle*, composée à l'occasion d'un défi porté à Le Mierre, et jouée avec succès au Théâtre-Français, 335. — Passe inaperçu au Salon de 1769, 447. — Diderot n'a pas décrit ses tableaux exposés en 1771, 522. — La *Présentation au temple* et l'*Annonciation*, qu'il expose au Salon de 1775, mauvais rêve après un trop bon souper, XII, 23. — Auteur d'un *Éloge* de Le Prince, 41. — Envoi au Salon de 1781 deux tableaux d'un mérite contesté, 43.

RENOUARD (*A.-C.*), jurisconsulte, auteur d'un *Traité des droits d'auteur*. — Cite dans cet ouvrage un travail de Diderot sur la librairie, XVIII, 3.

Renvois. — Note de Naigeon sur l'usage qu'on peut en faire, XV, 287.

Répétitions théâtrales. — Pourquoi on doit les multiplier, VIII, 376.

Repoussoirs. — Le peintre habile doit les mépriser. Ce sont des intermédiaires postiches, des chevilles, des bouche-trous, X, 479. — Teniers en a fait la plus forte et la meilleure satire, XII, 100.

* *Représentants.* — Ce que sont les représentants d'une nation, XVII, 11. — Les représentants dans un État démocratique, 12. — Dans une monarchie absolue, le souverain est le seul représentant, *ibid.* — Les représentants dans les monarchies tempérées ; exemples tirés de l'Angleterre, de la Suède, de l'Allemagne, de la France, *ibid.* — Pourquoi dans les monarchies modernes ce sont les nobles, les grands, qui sont investis du droit exclusif de représenter les nations, 13 et suiv. — Les États despotiques comme la Turquie ne peuvent avoir de représentants, 16. — Il est de l'intérêt du souverain que sa nation soit représentée ; pourquoi, 17. — Les représentants supposent des constituants de qui leur pouvoir est émané, 21.

Requête présentée au Parlement de Grenoble. — Réflexions sur le duel à l'occasion de cette brochure, VI, 390.

RESNEL DU BELLAY (l'abbé *Jean-François* du). — Ses trois souhaits accomplis, X, 386.

Respiration. — Manière dont elle s'opère, IX, 306. — Variétés qu'elle peut éprouver, ses maladies, *ibid.*

RESSÉGUIER (M. de), chevalier de Malte; auteur du *Discours sur la satire des Philosophes* et de l'*Épître de Satan à Voltaire*. — Mis à la Bastille ; pourquoi, XVIII, 459. — Voir la note de la page 460.

Ressemblance. — Complète, elle n'existe pas dans l'espèce humaine, VII, 391.

— Chaque individu se modifie et diffère de lui-même aux différentes périodes de la vie, *ibid.* — L'âme même est sujette à des révolutions analogues, *ibid.*

Ressentiment (le). — Passion fort différente de la crainte est, dans un degré modéré, nécessaire à notre sûreté et utile à notre conservation, I, 104.

Restaurant. — Portrait de l'hôtesse du premier restaurant ouvert à Paris, XIX, 230. — Origine de ce mot et de ce genre d'établissements, *ibid.* (note). — Diderot a pris un goût infini pour le restaurant, 254.

Restif de la Bretonne (*Nicolas-Edme*). — Dit, dans la *Philosophie de M. Nicolas*, que des expériences en tout genre ont été faites à Postdam par Frédéric II, pour le mélange des espèces, II, 188.

Restout (*Jean*). — Trois tableaux de ce peintre exposés au Salon de 1759 : une *Annonciation*; un *Aman sortant du palais d'Assuérus*, et une *Purification de la Vierge*; tableaux médiocres, X, 92. — Peint à l'âge de quatre-vingts ans et expose au Salon de 1763 un *Orphée descendu aux enfers pour demander Eurydice*. Examen de cette grande et belle composition, 164. — Au même Salon : le *Repas donné par Assuérus aux grands de son royaume*, grande composition, faible de couleur, 166. — Un troisième tableau : *l'Évanouissement d'Esther*, se fait remarquer par sa faiblesse de composition, de couleur et de caractère, *ibid.* — Son portrait peint par La Tour, XI, 411.

Restout (*Jean-Bernard*), neveu du précédent. — Revenu de Rome en 1765, il expose, dans les salles de l'Académie, quatre tableaux, parmi lesquels son morceau de réception, X, 413. — Description analytique de cette dernière composition, *ibid.* et suiv. — Des quatre tableaux précédents, trois figurent à l'Exposition de 1767, savoir : les *Plaisirs d'Anacréon*, *Diogène demandant l'aumône à une statue*, un *saint Bruno*, XI, 301-303. — Talent encore indécis, il faut attendre, 307. — La *Présentation au Temple au moment où Siméon prononce le* Nunc dimittis, qu'il envoie au Salon de 1771, trop vaste machine au-dessus de ses forces, 508-510. — Ses autres tableaux du même Salon, mauvais, 511.

¶ *Résultat d'une conversation sur les égards que l'on doit aux rangs et aux dignités de la société*, IV, 13.

* Résurrection. — Ce qu'elle est, XVII, 22. — Elle peut être pour un temps ou perpétuelle, *ibid.* — Le dogme de la résurrection des morts est commun aux juifs et aux chrétiens, *ibid.* — Quel sera la nature des corps ressuscités, 23. — Ce que sera la résurrection des enfants, 24. — Les chrétiens croient la résurrection du même corps identique; objections que les philosophes opposent à cette opinion, 25-26.

Rétablissement de l'impôt dans son ordre naturel (du). — Voyez Boesnier de Lormes.

Réticences maladroites. — Exemple pris d'une édition de *la Religieuse*, publiée, en 1856, par M. Génin, V, 4.

Retraite du philosophe Cléobule, I, 178.

Retraite du Sage. — Analyse d'un traité de Sénèque sur ce sujet, III, 322-326.

Retz (*Pierre de Gondy*, cardinal de). — Sa laideur n'empêche pas ses succès auprès des femmes de la cour, II, 464; III, 71.

Reuchlin ou Capnion, philosophe suisse. — Notice sur sa vie, XVI, 531-533. — Professa la philosophie pythagoreo-platonico-cabalistique, 533.

¶ *Rêve* (le) *de d'Alembert*. — Dialogue entre d'Alembert, Bordeu et Mlle de Lespinasse, II, 101. — Notice préliminaire, 103. — Relation historique de la destruction du manuscrit autographe; sauvé de l'oubli par une copie du temps, 104. — Diderot annonce cet ouvrage à Mlle Volland, XIX, 318.

Rêves. — Ce qu'ils sont, comment ils se produisent, IV, 303. — L'état des fous n'est qu'un rêve continu, 304. — Remarques physiologiques sur cet état de l'animal, IX, 361. — Leur affinité avec le délire et la folie, 362.

Rêve (le) de Mangogul, IV, 255-259.

Rêve (le) de Mirzoza, IV, 293-298.

Réveillons. — Ce que les artistes peintres appellent de ce nom, XII, 104.

Révélation. — L'auteur de l'*Essai sur le mérite et la vertu* proteste de son respect religieux et de sa vénération profonde pour les mystères qu'elle a transmis, I, 15. — La religion de Confucius exceptée, il y a autant de révélations sur la terre qu'il y a de religions, II, 83. — Toutes se prétendent fondées sur des preuves incontestables, *ibid.*

Révéler. — Ce n'est pas assez que de révéler; il faut encore que la révélation soit entière et claire, II, 38. — Reproche adressé aux *grands maîtres* en général pour l'obscurité calculée qu'ils ont souvent laissée dans leurs ouvrages, *ibid.*

Révolutions. — Les prodiges sont rares sous les règnes heureux; les grandes révolutions ont des signes précurseurs, III, 169. — On touche, en France, à une crise qui aboutira à l'esclavage ou à la liberté, XX, 28.

REY. — Nom du propriétaire du café de la Régence, V, 387.

REYMER (Mme), Alsacienne d'une remarquable beauté. — Ses amours avec Tanié, V, 313. — Tanié s'en sépare par dévouement, et va à Saint-Domingue tenter la fortune à son intention, 314. — Sa conduite durant les neuf à dix ans d'exil de Tanié, 315. — Courtisane artificieuse et avare, elle pousse Tanié à aller lui chercher la fortune dans une expédition lointaine, 317.

REYNALD (H.). — La *Revue des cours littéraires* contient la *Jeunesse de Diderot et de Rousseau*, XX, 145.

RHADAMANTE, législateur des Crétois, XV, 58. — Minos son frère lui succède, 59.

Rhythme (le). — Ce qu'il faut entendre par ce mot, XI, 268. — Exemples du rhythme bien pratiqué, 269. — Est une sorte de chant, une espèce de musique, sans laquelle on n'écrit ni en vers ni en prose, 270. — C'est un instrument à mille cordes, sous les doigts du génie, *ibid.* — Sa puissance, 331.

RIBALLIER, syndic de la Sorbonne, XI, 304.

RICARIC. — Voyez HOUDARD DE LAMOTTE.

RICCI (*Laurent*), général des jésuites. — De Bonneval, officier français au service de l'Espagne au Paraguay, s'empare d'un plan d'opérations envoyé à ses coreligionnaires pour le succès d'un complot contre le gouvernement central, VI, 460. — Altamirano, procureur général de l'ordre en Espagne, autorisé à se rendre près de lui, est arrêté en route; ses papiers sont saisis, et les crimes de la société sont prouvés, 465. — Meurt en prison au château Saint-Ange, 464. — Caraccioli, et, de nos jours Ch. Sainte-Foy, ont écrit sa vie, *ibid.*

RICCIOLI (le Père), jésuite italien. — Auteur du *Nouvel Almageste*, traité d'astronomie, XIII, 284.

RICCOBONI (*Marie-Jeanne* LABORAS DE MÉZIÈRES, dame), auteur de romans estimés. — Actrice médiocre, malgré ses efforts et une étude intelligente de ses rôles, II, 332. — Sa lettre à Diderot sur le *Père de famille*, VII, 395 et suiv. — Réponse de Diderot, 397-409. — Ses ouvrages, ses talents, ses malheurs, VIII, 410, 411. — Son élégante traduction de diverses pièces du théâtre anglais, 465. — Ce qui la désole, XIX, 93.

RICCOBONI (*Antoine-François*), auteur et acteur. — Son ouvrage, intitulé *de la Réformation du théâtre*, cité par Grimm, VIII, 358. — Traite avec Rémond de Sainte-Albine la grave question de la sensibilité théâtrale, 410.

RICHARD, habile constructeur d'orgues d'Allemagne, cité, IX, 161.

RICHARD (l'abbé). — Sa *Description historique de l'Italie*, publiée en 1766, ouvrage sans mérite, XI, 221, 222.

RICHARD. — Prémontré novice, secrétaire du marquis des Arcis, VI, 182. — Sa famille s'oppose à ce qu'il s'engage par des vœux, *ibid.* — S'attache à l'abbé de l'ordre, 183. — Est institué commissaire dans une information contre le P. Hudson, supérieur d'une maison de prémontrés, 185. — Hudson l'attire dans un piége, 187, 188. — Est arrêté, et conduit en prison, 190. — Rendu à la liberté il rentre dans le monde, 191. — Sa rencontre avec le P. Hudson, *ibid.* — Leur curieux entretien, 192.

RICHARD CŒUR-DE-LION, roi d'Angleterre. — Passe en Terre-Sainte avec Philippe-Auguste, roi de France, XIV, 247. — Philippe revient en France; Richard battu, abandonne la croisade, et il est fait prisonnier en repassant en Allemagne, *ibid.*

RICHARDSON (*Samuel*), romancier anglais, V, 211. — Son *Éloge*, 212. — Caractère distinctif de ses ouvrages, 213. — A mis en action tout ce que Montaigne, Charron, La Rochefoucauld et Nicole ont mis en maximes, *ibid.* — Possède au suprême degré l'art de semer dans les cœurs des germes de vertu, 214. — Sait merveilleusement faire parler aux passions leur vrai langage, 215. — Estime due à ses ouvrages, 216. — Réponse à ceux qui l'accusent de longueurs, 217. — Effet produit par une lecture de ses ouvrages faite en commun, 219. — Est le peintre accompli de la nature, 221. — Sait tirer un admirable parti de la pantomime de ses personnages, VII, 380.

RICHELIEU (cardinal de). — Idée qui donne le plus beau caractère à son tombeau dans l'église de la Sorbonne, XIII, 9.

RICHELIEU (*L.-F.-Armand* DU PLESSIS, duc de), maréchal de France. — Figure dans les *Bijoux indiscrets* sous le nom de SÉLIM, IV, 138. — Ses aventures galantes, 219. — Ses idées sur le siége de l'âme, 247. — Une conversation avec Louis XV et Mme de Pompadour, 265. — Jugement sur les compositions dramatiques, 285. — Voyez SÉLIM.

RICHESSES. — De leurs avantages et de leurs inconvénients, dialogue, IV, 475 et suiv. — Constituent une dette envers le pauvre, *ibid.*

Rire (le). — Est la pierre de touche du goût, de la justice et de la bonté, IV, 468. — L'idée de nuisible suffit à l'arrêter, 470. — Réflexions sur ce sujet, 471. — Pourquoi le méchant ne rit jamais, 472. — Les mélancoliques et les amants sourient, 473.

Ris (le), synonyme de *Rire*. — Celui qui résulte d'un chatouillement prolongé devient un tourment, I, 108. — Il y a dans cette sensation un point où le plaisir finit et où la fureur commence, *ibid.* — Les penchants dénaturés produisent le même effet, *ibid.*

RIVARD (*Dominique-François*), mathématicien. — Ses efforts pour introduire dans les écoles publiques l'étude du droit civil et du droit des gens échouent devant l'opposition de la Faculté de droit, II, 452. — Cité avec éloge par Diderot, son élève, III, 436.

RIVIÈRE, jeune écrivain sans talent et sans pain. — Présente à Diderot une satire amère de sa personne et de ses ouvrages, I, XLVII. — Noble conduite de Diderot dans cette rencontre, XLVIII. — Odieuse ingratitude de Rivière, XLIX. — Son histoire complétée par celle des démarches de Diderot, en sa faveur, auprès d'un riche théologal, son frère, VIII, 384, 385. — Il est l'interlocuteur de Diderot dans *Lui et Moi*, XVII, 478. — Ouvrages dont il est présumé être l'auteur, *ibid.* — Diderot fait allusion à lui dans une lettre à Falconet, XVIII, 271.

RIVIÈRE, théologal, frère du précédent, I, XLVII; VIII, 384, 385.

Robe blanche, symbole d'innocence, I, 192 et suiv.; 202, 203, 212, alinéa 7, 40, 41, 63.

ROBÉ DE BEAUVESET. — Auteur d'un poëme sur *la Vérole*; mot de Piron après avoir entendu la lecture de l'ouvrage, V, 402. — Cité par Palissot dans la *Dunciade*, *ibid.* — Ses lectures graveleuses dans les réunions de Mlle Hus, 441.

ROBERT (*Hubert*). — Courte note biographique sur cet artiste, XI, 218. — Son œuvre a été gravée par Saint-Non, Châtelin, Janinet, Léonard, Martini,

Maugain, Le Veau, et par lui-même, *ibid*. — Ses nombreux tableaux exposés au Salon de 1767, mentionnés et décrits aux pages ci-après indiquées : I. Un grand *Paysage dans le goût des campagnes d'Italie*, 223 ; — II et III. Un *Pont sous lequel on découvre les campagnes de Sabine à quarante lieues de Rome*, et les *Ruines du fameux portique du temple de Balbec, à Héliopolis*, 226 ; — IV. *Ruines d'un arc de triomphe et autres monuments*, 227 ; — V. *Une Grande Galerie éclairée du fond*, 228 ; — VI. *Intérieur d'une galerie ruinée*, 231 ; — VII. *Une Petite Ruine*, 232 ; — VIII. *Un Grand Escalier*, 234 ; — IX. *Une Cascade tombant entre deux terrasses*, et une *Vue de la Vigne-Madame, à Rome*, 235 ; — X. *La Cour d'un palais romain*, 236 ; — XI. *Port de Rome* (tableau conservé au Louvre sous le n° 484. Gravé dans l'*Histoire des Peintres*), 237 ; — XII. *Écurie et Magasin à foin*, peints d'après nature, à Rome, 238; ce morceau, un des meilleurs de l'artiste, a été peint en une demi-journée! 240. — XIII. Une *Cuisine italienne*, 241 ; — XIV. *Esquisses*, 245 ; — XV-XXII. Huit tableaux de *Ruines*, 247-255. — Mis en parallèle avec Machy, sa grande supériorité, 256. — Grand artiste, excellent peintre de ruines, 307. — Quatorze tableaux envoyés à l'exposition de 1769 ont tous de l'effet, de la verve, et sont très-précieux, 429, 430. — Ceux, au nombre de neuf, qu'il envoie au Salon de 1771 se distinguent par les mêmes qualités ; leur description, 494-496. — Le Salon de 1781 reçoit de lui cinq tableaux, et neuf fort beaux dessins, XII, 45, 46.

Robert (*Nicolas*), peintre. — Ses magnifiques miniatures de plantes et d'animaux, peintes sur vélin pour Gaston d'Orléans, sont léguées par ce prince au roi Louis XIV, XIII, 472.

Robert (docteur). — Ce qu'il dit à propos de la grosseur et de la grandeur de l'homme, XVII, 444. — Son opinion sur les Hottentotes, 445. — Ce qu'il raconte à Diderot, sur une question de médecine que lui fait celui-ci, *ibid*. — Ce qu'il dit de la torpille, 447.

Robert, théosophe du XVIIe siècle, XVII, 258.

Robert d'Arbrissel, fondateur et premier abbé de l'abbaye de Fontevrault. — Genre de pénitence qu'il s'imposait pour mettre sa chasteté à l'épreuve, XIX, 253 (note).

Robin (*J.-B.-Cl.*). — Ce peintre, agréé depuis 1772, expose au Salon de 1775 la *Fureur d'Atys*, et un autre mauvais tableau : *les Enfants de M. le maréchal de Mouchy, jouant avec des raisins*, XII, 25. — Conseils que lui donne le peintre Saint-Quentin, *ibid*. — A l'exposition de 1781, détestable de tout point, 56.

Robinet. — Examen critique de divers de ses ouvrages, IV, 73-77. — Remarques sur une traduction de l'anglais, relative à la condition humaine comparée à celle des animaux, 94-96.

Rochebrune, commissaire de police. — Reçoit, du lieutenant-général d'Argenson, l'ordre d'arrêter Diderot et de le conduire à Vincennes, I, XLIII. — Cet ordre est exécuté le 24 juillet 1749, *ibid*.

Rochon de Chabannes. — Auteur du *Jaloux*, pièce dans laquelle l'acteur Molé fit preuve d'un prodigieux talent, VIII, 346.

Roemer (*Olaüs*). célèbre astronome danois. — Ses belles découvertes sur la vitesse de la lumière, II, 369.

Roettiers, graveur en médailles. — Ses *Médailles et Jetons*, envoyés au Salon de 1765, indignes d'attention, X, 450. — Se relève à l'exposition de 1771, 546.

Roi. — Ce qu'est un roi, suivant Frédéric II, roi de Prusse, II, 483. — Roi, même quand il dort, *ibid*. — Le supplice public d'un roi change l'esprit d'une nation pour jamais, 486.

Roland de La Porte. — Expose, au Salon de 1761, un *Crucifix* peint en bronze dont on fait cas, X, 144. — Ses tableaux de *fruits* sont d'une grande vérité et d'un beau fini, *ibid*. — Exposé, au Salon de 1763, un bas-relief d'un effet surprenant, mais dont la facile exécution ôte tout le mérite, 205. — Comparé à Chardin, 338. — Expose, au Salon de 1765, un *Médaillon du Roi*, *ibid*. — Plusieurs *Tableaux de genre*, 339. — Au Salon de 1767, il expose un *Crucifix en bronze sur un fond de velours*, trompe-l'œil d'un effet merveilleux, XI, 316. — Expose, au même Salon, des fruits et des portraits; les fruits sont beaux, les portraits sont mauvais, *ibid*. — Ce peintre ne manque pas de couleur, il peut aller loin, *ibid*. — Talent estimable, 306. — Le *Désordre d'un cabinet*, qu'il expose au Salon de 1769, a des parties bien rendues, 424. — Ses divers tableaux, au Salon de 1771, sont d'une touche facile, 491.

ROLAND GIRBAL, copiste ordinaire de Diderot. — Lettre dans laquelle celui-ci prie Meister de le lui envoyer, XX, 85.

ROLLIN (*Charles*). — Son *Traité des Études* ne vaut pas les *Institutions oratoires* de Quintilien, et son *Histoire ancienne* ne le place pas sur la ligne de Thucydide, de Xénophon, d'Hérodote, de Tite-Live et de César, III, 190. — Est à une grande distance de Voltaire, de Hume et de Robertson, *ibid*. — Recteur de l'Université de Paris, quel est, sous son administration, l'esprit dominant de l'instruction publique, 431. — N'est pour Voltaire qu'un bon pédagogue, VI, 354.

Romains. — Ils avaient un caractère féroce qu'ils tenaient de l'habitude des combats du cirque, III, 325. — Rome ancienne ressemblait à une grande boucherie où l'on donnait leçon d'inhumanité, 326. — En littérature ils ont été nos précepteurs, 477. — Leurs bibliothèques, XIII, 444.

* *Romains* (Philosophie des Étrusques et des Romains), XVII, 27-34.

* *Romance*. — Définition de ce mot, XVII, 34. — Modèles de récit, *ibid*.;

— de description, *ibid*.; — de délicatesse et de vérité, 35; — de poésie, de peinture, de force, de pathétique et de rhythme, *ibid*.

ROMANO, brigand sicilien. — Lieutenant, ami et confident du chef de bande Testalunga, V, 267. — Beau trait d'amitié pour son chef, *ibid*.

ROMANZOFF, général russe, que l'historien Karamsin nomme le *Turenne russe*. — Est comblé de gloire et de richesses par l'impératrice Catherine, II, 445.

ROMILLY, célèbre horloger, cité, II, 320.

ROMILLY (*Jean-Edme* de), pasteur. — Diderot le recommande à Falconet, XVIII, 321.

ROMULUS. — Frappé de la foudre ou massacré par les sénateurs, il disparaît d'entre les Romains, I, 148. — Le peuple murmure; Proculéius l'apaise par son habileté, en venant annoncer que le prince n'est pas mort, qu'il est monté aux cieux, où il est assis à la droite de Jupiter, *ibid*. — Le peuple croit le fait; on dresse des autels à Romulus, 149. — Bientôt, plus de mille personnes attestent l'avoir vu s'élever dans les airs, au milieu des éclairs et au bruit du tonnerre, *ibid*.

ROOSI, ou LI-LAO-KIUM, encore nommé LAO-LAM, roi philosophe chinois, né 504 ans avant Jésus-Christ, XIV, 125. — Conte ridicule touchant sa naissance, *ibid*.

ROSE-CROIX (*Société des*). — Par qui elle fut fondée, XVII, 267. — Quelle était la philosophie de ses membres, 268.

ROSENKRANZ (*Karl*), savant critique allemand. — Son jugement touchant les idées religieuses de Diderot, I, 7. — Cite le rêve de Mangogul, dans *les Bijoux indiscrets*, comme un chef-d'œuvre, IV, 135. — Attribue, mais sans preuve, à Diderot un premier ouvrage dramatique intitulé *l'Humanité, ou le Tableau de l'indigence*, VII, 5. — Auteur d'un ouvrage intitulé *Diderot's Leben und Werke*, XX, 143.

Rosière de Salency (*la*), opéra-comique

en trois actes, par Favart, représenté en 1769. — Analyse de cet ouvrage, VIII, 483-487.

Roslin (Marie-Suzanne Giroust, dame). — Expose, au Salon de 1771, un bon *Portrait*, fort ressemblant, *du sculpteur Pigalle* : on y voit encore d'elle plusieurs portraits d'une touche fine, et digne de son habile maître La Tour ; on remarque, entre tous, celui de l'*abbé Le Monnier*, XI, 513. — Reçue à l'Académie en 1772, elle meurt l'année suivante à l'âge de trente-cinq ans, *ibid*. — Comment elle agit après les éloges de Dumont donnés à l'un de ses pastels, XVIII, 323.

Roslin, peintre suédois. — Son *Portrait du roi* (Louis XV), *reçu à l'Hôtel de ville*, exposé au Salon de 1761, est la meilleure satire possible de nos usages, de nos perruques, et de nos ajustements, X, 135. — A la même exposition figure un *Portrait de M. de Marigny*, directeur des Académies de peinture, de sculpture et d'architecture ; tableau d'un mauvais effet, *ibid*. — Un *Portrait de Boucher et celui de sa femme*, cités avec éloge, 136. — Bon portraitiste ; il expose, au Salon de 1763, le *Portrait de la comtesse d'Egmont*, fille du maréchal de Richelieu, 205. — Expose, au Salon de 1765, un tableau représentant *M. de La Rochefoucauld arrivant à sa terre où il est reçu par sa famille*, 316. — Description de cette triste et sotte composition, 317 et suiv. — Greuze devait traiter ce sujet ; Watelet et M. de Marigny ont fait choisir Roslin, qui, pour cette croûte, a reçu quinze mille francs, 318. — Une *Tête de jeune fille*, peinte avec les nouveaux pastels préparés à l'huile, 320. — Divers portraits, parmi lesquels Mme *Adélaïde* et Mme *Victoire*, tous mauvais, 321. — Expose, au Salon de 1767, un *Portrait de femme en déshabillé*, bien traité dans plusieurs parties ; et un *Portrait de Marmontel*, d'un mauvais effet quoique ressemblant, XI, 155, 156. — Bon portraitiste, 306. — Au Salon de 1769, ses portraits de l'*Archevêque de Reims*, du ministre *Bertin*, du chevalier *Gennings*, de l'abbé *Gougenot*, et divers morceaux de genre, n'ajoutent rien à sa réputation, 417-419. — Le tableau de *Gustave, roi de Suède, dans son cabinet d'étude*, envoyé au Salon de 1771, admirable quant au *faire*, pitoyable quant à la mise en scène, 483, 484. — Ses portraits exposés au Salon de 1781 laissent beaucoup à désirer XII, 41.

Rosset (*Joseph*), connu sous le nom du *sculpteur de Saint-Claude*. — Auteur d'un buste de Diderot, XX, 111.

Rossi (*Prospezzia* de), l'une des femmes artistes les plus remarquables de l'Italie, XI, 457.

Rossignol, célèbre calligraphe. — On lui doit l'article *Écriture* de l'*Encyclopédie*, XI, 56.

Rotterdam, ville de Hollande. — Ce qu'on raconte de la tour de la grande église ; Érasme y possède une statue, XVII, 457.

Roubaud (*Pierre-Joseph-André*, abbé), économiste puis littérateur. — La hardiesse de ses *Représentations aux magistrats* ne lui fera pas obtenir un bénéfice, IV, 82.

Rouelle (*Guillaume-François*), savant chimiste né le 15 septembre 1703 à Mathieu, près Caen, mort à Passy le 3 août 1770. — Notice sur sa vie et ses ouvrages, par Diderot, VI, 405-410. — Reprend les expériences de Beccari sur le gluten, IX, 255. — Ses expériences sur le cobalt, XIII, 66.

Rouelle (*Hilaire-Marie*). — Succède à son frère en qualité de démonstrateur de chimie au Jardin du Roi, VI, 410.

Rouelle (Mlle), fille de Guillaume-François. — Épouse, en 1771, Jean Darcet, élève de son père, VI, 409.

Rouillé du Coudray, directeur des finances. — Lègue au roi Louis XV, pour sa bibliothèque, un précieux manuscrit, XIII, 475.

Rouillé (*Antoine-Louis*), comte de Jouy, ministre des affaires étrangères. — Diderot annonce sa mort à Mlle Volland, XIX, 52.

Rouillé (Mme), femme de l'intendant de Champagne. — Comment elle vient au secours des malheureux de Bourbonne, XVII, 343.

Rouquet, peintre français, né à Genève. — Son jugement, en ce qui regarde la peinture en émail, fait autorité, XIV, 412. — Ce qu'il a dit de Petitot, de Zink, etc., ibid. — Ses beaux portraits, ibid.

Rousseau (Jean-Baptiste). — Diderot s'autorise de la préface de ses œuvres pour justifier le cynisme de quelques pages de Jacques le Fataliste, VI, 222. — Jugement de Voltaire sur une partie de ses ouvrages, 354.

Rousseau (Jean-Jacques). — Son jugement sur Diderot vu à la distance de quelques siècles, I, xxiii. — Né pour le sophisme, la vérité s'évanouit entre ses mains, II, 292. — Vise plus à éblouir qu'à éclairer, ibid. — Helvétius ne croit pas qu'un seul de ses ouvrages aille à la postérité, ibid. — Comparé à Helvétius par Diderot, 316, 317. — Est la première dupe de ses sophismes, 412. — Sortie motivée contre son caractère et ses Confessions, III, 91 et suiv. — Une prédiction de Diderot à son égard s'accomplit, 96. — Ses contradictions, 97. — Doit à Sénèque la plupart des idées philosophiques et des principes de morale et de politique qu'on a le plus loués dans ses écrits, 196. — L'histoire de sa vie domestique a été écrite, mais supprimée, par Diderot, 405. — Sa renonciation au droit de citoyen de Genève, IV, 70. — De son aveu, Diderot lui a fourni un assez grand nombre de morceaux insérés dans ses écrits, 100. — Ce qu'il écrivait à ce sujet en 1770 au comte de Saint-Germain, ibid. — Rend à Diderot le Discours sur l'inégalité des conditions, dans son entier, 101. — Son inconvenante sortie contre l'abbé Petit, curé du Mont-Chauvet, en Basse-Normandie, V, 496. — Ses sophismes excitent la colère de Voltaire, VI, 354. — Est un fanatique dans son genre, X, 417. — Paris est le seul endroit qu'il voie dans sa solitude, ibid. — Est le paradoxe incarné; sa vie n'est qu'un tissu de contradictions avec ses principes, ibid. — Vers de Marmontel pour son portrait peint en 1753 par La Tour, 484. — Jugé comme musicien, XII, 138. — Ce que Diderot écrit de lui à Falconet, XVIII, 269. — Comment il remercie Mme Diderot, qui le retint souvent à dîner pendant la détention de son mari, 341. — Vacarme que cause à Genève sa Profession de foi du vicaire savoyard, XIX, 81. — Jugement sur cette Profession, 82. — Réflexions de Diderot au sujet de son arrivée à Paris, 210. — Lettre que Diderot lui adresse, 438. — Autre lettre, 440. — Autre lettre dans laquelle Diderot lui reproche son injustice et son indifférence, 441, 442. — Autre lettre dans laquelle il l'engage à accompagner Mme d'Épinay à Genève, 443. — Autre lettre. Diderot est toujours son ami. Pourquoi il lui a donné conseil. Il croit avoir encore le droit de lui dire ce qu'il lui vient en pensée, 444, 445. — Jugement que Diderot porte sur lui dans une lettre à Grimm, 448. — Horreur qu'il lui inspire, 449. — Lettre à Naigeon sur lui, 466.

Rousselot (X.), traducteur des Dialogues et de l'Amphithéâtre de l'Éternelle Providence, ouvrages de Vanini, I, 131.

Roussier (l'abbé Pierre-Joseph), auteur d'un Mémoire sur la musique des anciens. — Examen de cet ouvrage, IX, 443-450. — Ce qu'il dit au sujet de l'ancienneté de la connaissance de l'octave chromatique, XII, 232.

Rouvet (Jean). — Bourgeois de Paris, inventeur du flottage des bois de chauffage, XIII, 484.

Roux (Augustin), savant médecin et chimiste distingué; auteur du Journal de Médecine. — Sa mort est l'objet des regrets de Diderot, XI, 368.

Roy (P.-Ch.), poète satirique. — Est rudement traité par Voltaire, VI, 353.

Royllet, célèbre calligraphe, cité, XI, 56.

Royou (l'abbé *Thomas-Marie*), rédacteur du *Journal de Monsieur*. — Attaque Diderot avec violence à l'occasion de son *Essai sur les règnes de Claude et de Néron*, III, 4. — Marmontel le traite à ce sujet d'insolent personnage, 389.

Rozenkranz (*Karl*), critique allemand. — Voyez Rosenkranz.

Rubens (*P.-Paul*), célèbre peintre flamand. — Le mélange des êtres allégoriques et des êtres réels défigure une partie de ses compositions, X, 500, 516. — Faisait un cas infini des artistes anciens, qu'il n'imita jamais, XII, 114.

Rufus Crispinus, chevalier romain, mari de Poppée, III, 101.

Rufinus Crispinus, fils d'Othon et de Poppée. — Est noyé par ordre de Néron, III, 136.

Rulhières (*Claude-Carloman* de), littérateur, auteur des *Anecdotes sur les Révolutions de Russie* et de l'*Histoire de l'anarchie de Pologne*, ouvrages qui ne parurent qu'après sa mort. — Était un des habitués de la société de Sophie Arnould, VI, 312, 313. — Ses aventures galantes, *ibid.* — Jugement sur ses ouvrages, *ibid.* — Sa satire sur l'*Inutilité des Discours* n'obtient pas de l'Académie française le prix qu'elle méritait, en 1767, XI, 374. — Scène plaisante et vive, entre Marmontel et Chamfort, à l'occasion de cette injustice, 375. — La princesse Dashkoff avait quelque envie de le voir, XVII, 492. — Ce que Diderot écrit à son sujet dans une lettre à Falconet, XVIII, 255, 297.

Russie. — État des études en ce pays, III, 415.

S

Saardam, ville de Hollande. — Description de cette ville, XVII, 455. — Est un des chantiers de la Hollande ; Pierre Ier y a travaillé, *ibid.* — Costume des femmes, 456.

Sabatier de Castres (*Antoine*). — Voyez *Trois Siècles de la littérature*.

Sabbat. — Manière dont les Juifs le célébraient à jour fixe chaque semaine, I, 202, alinéa 40.

Sablier (*Charles*), littérateur. — Son livre intitulé *Variétés sérieuses et amusantes*, publié en 1769 et souvent réimprimé, VI, 362. — Examen critique de cet ouvrage, *ibid.* — Comment il le jugeait lui-même, 365.

Sablons (des), pseudonyme de l'abbé Chaudon. — Voyez Chaudon et Delandine.

Sabran (la comtesse de), maîtresse de Philippe d'Orléans, régent. — Anecdotes plaisantes, XI, 54, 55.

Sadi ou Saadi, célèbre poëte persan. — Beau mot de commisération qu'il rapporte, II, 408. — Auteur du poëme intitulé *le Gulistan* ou *le Rosier*, IV, 483. — Exorde de ce poëme, traduit par Diderot, *ibid.* ; XVII, 77. — Maximes générales qui servent de préliminaires à l'abrégé de son *Rosarium*, 79.

Sadder. — Ouvrage où la doctrine zoroastrique est exposée, XVI, 265.

Saducéens, secte juive. — Leur origine XV, 331. — Leur doctrine, 333. — Leurs mœurs, 337.

Sages de la Grèce (les sept). — Ce qu'on entendait par ce mot, XV, 59. — On est d'accord sur le nombre ; mais on varie sur les personnages, *ibid.* — Notices sur Thalès, Solon, Chilon, Pittacus, Bias, Cléobule et Périandre ; voyez ces noms.

Sagesse. — Réflexions sur celle des hommes qui n'ont plus le moyen d'être fous, XIX, 253. — Confession de Diderot à ce sujet, *ibid.*

Saint-Aubin (*Augustin* de), dessinateur et graveur célèbre. — Auteur de la gravure d'un profil de Diderot, dessiné par Greuze, XX, 116. — Est aussi l'auteur de l'eau-forte *Charles Panckoucke aux éditeurs de l'Encyclopédie*, 119. — Médaillons que contient cette eau-forte, *ibid.*

Saint-Aubin (Mme de). — Diderot la rencontre au Grandval, XVIII, 394.

Saint-Barthélemy (massacre de la). — Note sur les écrivains apologistes de cette exécrable journée, III, 402-403.

Saint-Chamond (*Claire-Marie-Mazarille*, marquise de la Vieuville de). — Auteur des *Amants sans le savoir*, comédie; compte rendu de cet ouvrage, VIII, 492-501.

Saint-Evremond (*Ch.-Marguerite* de Saint-Denys, seigneur de). — A légèrement parlé de Sénèque, qu'il n'avait pas lu, III, 266. — Ce que cet épicurien sensuel et bel esprit disait du philosophe et de lui-même, *ibid*. — N'a été que l'écho de Dion, de Xiphilin et de Suilius, *ibid*. — Diderot explique l'apostrophe qu'il vient de lui adresser, 270. — Voltaire a bien senti sa faiblesse, VI, 354. — Tient école d'épicuréisme à Londres : quels furent ses principaux disciples, XIV, 526. — Anecdote plaisante à son sujet, XVIII, 501. — Comment elle est reçue par Mme d'Holbach et Mme d'Aine, sa mère, *ibid*.

Saint-Fargeau (M. de), conseiller au Parlement. — Est le juge de l'affaire du garçon épicier et du colporteur Lécuyer, XIX, 298. — Anecdote à son sujet, *ibid*.

Saint-Florentin (*Phélypeaux* de la Vrillière, comte de) — Histoire de son intendant et d'une patissière de la rue de l'Université, VI, 96 et suiv. — Voyez Vrillière (de la).

Saint-Geniès (*Léonce* de), écrivain compilateur. — Tente, avec son collaborateur le vicomte de Saur, de faire passer leur traduction du *Neveu de Rameau* pour le véritable original de de Diderot, V, 304. — Ce genre de fraude était dans ses habitudes, *ibid*.

Saint-Germain (le comte de), aventurier célèbre. — Rousseau (J.-J.) lui adresse, en 1770, une lettre dans laquelle il reconnaît la coopération de Diderot, IV, 100.

Saint-Lambert (*H.-François* marquis de). — Sa lettre à J.-J. Rousseau à l'occasion de sa querelle avec Diderot, III, 8. — Remarques sur son poëme *Les Saisons*, V, 239 et suiv. — Ce qui lui manque pour être vraiment poëte, 246, 249, 250. — Ses *Contes*, 257. — Ses *Pièces fugitives*, 258. — Ses *Fables orientales*, 259. — Son conte *les Deux Amis* donne à Diderot l'idée des *Deux Amis de Bourbonne*, 263. — Fait exécuter par Le Prince les dessins de son poëme des *Saisons*, XI, 72. — Ce poëte est harmonieux, mais il est monotone, XIII, 96. — Ce que Diderot écrit de lui à Mlle Volland, XVIII, 409. — Huitain exquis fait par Mme d'Houdetot à l'occasion de son départ, 410. — Sa visite à la Chevrette, 451. — Mot charmant de lui, XIX, 210.

Saint-Marc (Colins de). — Visite que lui fait Diderot ; à quel sujet, XIX, 151. — Comment il est reçu, 152.

Saint-Mard (*Rémond* de), littérateur français, cité II, 360. — Anecdote sur lui et l'abbé de Canaye, VI, 307.

Saint-Norbert (le Père *Félicien* de), carme déchaux. — Se joint à l'abbé Berthier, pour ruiner le projet de Deparcieux concernant les eaux de Paris, IX, 441.

Saint-Ouin (le chevalier de), personnage épisodique du roman *Jacques le Fataliste*, VI, 226. — Conduit le maître de Jacques chez l'usurier Le Brun, 227. — Jacques le soupçonne d'intelligence avec une bande d'escrocs, 230. — Sa conduite tortueuse, 239-243. — Jacques persiste à ne voir en lui qu'un fripon, 244. — Rôle infâme qu'il joue pour tromper son ami, 246. — Fait l'aveu de sa perfidie et de sa trahison, 247-248. — Obtient un généreux pardon, 249. — Jugement qu'il porte sur lui-même, sur Agathe sa complice, et sur toute la famille d'Agathe, *ibid*. — Entre dans une nouvelle intrigue, 250. — Guet-apens qu'il prépare, 252 et suiv. — Son infâme conduite est démasquée, 272. — Est le père de l'enfant d'Agathe, mis au compte du maître de Jacques et élevé à ses frais, 273, 274. — Va avec Agathe voir son enfant chez le père nourricier ; s'y trouve en présence de Jacques et de son maître ; on met l'épée à la main, il est tué, 282. — Agathe se désespère ; le maître de Jacques prend la fuite, et

Jacques est conduit en prison, *ibid.*
SAINT-PIERRE, gouverneur de Québec.— Aventures de son fils, VI, 455.
SAINT-PIERRE (*Charles-Irénée* CASTEL de), dit *l'abbé de Saint-Pierre*. — Analyse d'un mémoire de cet homme de bien sur les *Avantages du mariage des prêtres*, XIV, 55.
SAINT-QUENTIN (*Jacques-Philippe-Joseph*), peintre, élève de Boucher, XII, 2. — Ses entretiens avec Diderot sur le Salon de 1775, 4-25. — Critique amèrement les tableaux de Hallé, 4 ; de Vien, 5 ; de Lagrenée, 8 ; se moque des compositions d'Amédée Van Loo, *ibid.* — N'est pas moins malveillant à l'égard de Lépicié, 9-11. — N'épargne pas Brenet, 12. — Loue, non sans rectriction, Chardin, 13. — Enrage de n'avoir que des éloges à donner à Vernet, dont il a tant à se plaindre, 14. — Est tout admiration pour Lépicié, 15. — Drouais, il faudrait n'en rien dire, 16. — De Francisque Millet ; ses *Paysages* bons à envoyer au Pont-Notre-Dame, *ibid.* — Machy, Bellengé, Guérin, Robert, nommés en passant, 17.
SAINT-RÉAL (*César* VICHARD, abbé de), historien. — Le roman d'Épicharis, que Diderot attribue à cet auteur, est de Le Noble, III, 366. — Tout ce que cet ingénieux et élégant écrivain a dit de Sénèque est destitué de preuves, *ibid.* — Sa *Conjuration des Espagnols contre Venise*, chef-d'œuvre de pathétique, VIII, 430.
SAINT-VINCENT (*Grégoire* de), savant géomètre. — Ses travaux infructueux pour résoudre le problème de la quadrature du cercle, II, 348.
SAINTE-BEUVE (C.-A.), illustre critique.— Comment il juge les lettres à Mlle Volland, XVIII, 348. — Passages consacrés à Diderot dans ses *Premiers Lundis*, XX, 144.
SAINTE-BEUVE (*Jacques* de), professeur de théologie à la Sorbonne. — Son ouvrage intitulé *Décisions de cas de conscience*, recommandé, III, 516.
SAINTE-CHRISTINE, supérieure du couvent de Longchamp, V, 43. — Prend en aversion toutes les favorites de la mère de Moni, qui l'avait précédée, *ibid.* — Introduit dans la maison une règle et une discipline de tous points opposée à celle qu'on y suivait avant elle, *ibid.* — Sœur Suzanne Simonin, (*la Religieuse*), lui est particulièrement antipathique, 44-45. — Soupçonne cette religieuse d'entretenir une correspondance au dehors, la fait épier, ne découvre rien, et, en désespoir de cause, l'interroge sur l'emploi du papier qu'elle a reçu, 50-52. — Fait enfermer Suzanne dans un cachot infect, 53. — Lui rend la liberté après trois jours de sévices, *ibid.* — Exige d'elle le serment de garder le secret sur les faits qui précèdent, 54. — Tempère sa cruauté, 59. — Est informée, par acte juridique, de la demande faite par Suzanne en résiliation de ses vœux, 61. — Sa conduite dans cette circonstance, 62-67. — Fait subir à Suzanne de nouvelles et atroces persécutions, 72, 73. — Donne avis à M. Hébert, grand-vicaire de l'archevêque de Paris, du désordre de la maison, *ibid.* — M. Hébert annonce sa prochaine visite, *ibid.* — Dans l'attente de cette visite, les favorites de Sainte-Christine redoublent de cruauté à l'égard de Suzanne Simonin, 75. — La visite a lieu, sœur Suzanne est interrogée, 78-85. — M. Hébert, accompagné de deux jeunes ecclésiastiques et de la supérieure, se rendent à la cellule de Suzanne, 85. — M. Hébert interroge la supérieure, qu'il déclare indigne de ses fonctions, 86.
SAINTE-CROIX (le baron de), IV, 118.
SAINTE-EUTROPE. — Voyez *Arpajon* (couvent d').
SAINTE-MARIE (le couvent de).— Suzanne Simonin (*la Religieuse*) est d'abord conduite dans cette maison V, 13.
Sainval à Rose, épître, VI, 436. — Conseil à l'auteur de cette pièce, *ibid.*
Saisons (les), poëme de SAINT-LAMBERT. — Voyez ce nom.
Salade de pissenlits sans huile, en usage chez les Juifs au temps de la Pàque, I, 202, alinéa 40.

SALGUES (*Jacques-Barthélemy*), littérateur. — Cinq volumes qu'il publie en 1812 sous le titre de deuxième partie de la *Correspondance de Grimm*, sont presque en entier l'ouvrage de Diderot, I, xi.

SALICA. — A des vapeurs; ce que dit son bijou, IV, 217.

Salive. — Excitants qui la produisent IX, 302.

SALLIER (l'abbé *Claude*), philologue français, garde de la Bibliothèque du roi. — Aide de tous ses moyens les recherches de Diderot pour l'*Encyclopédie*, XIII, 139. — Fait entrer dans la Bibliothèque du roi un grand nombre d'ouvrages achetés à la vente de Colbert, 473. — On ne rencontre guère que lui chez Mme Diderot, XVIII, 341. — Notice sur lui, 444 (note).

SALLUSTE. — Plan d'éducation qu'il attribue à Marius, rapproché de celui adopté par Catherine II pour la maison des cadets russes, II, 474. — A fait en quelques lignes l'histoire de toutes les nations, 501. — Affecte des mots surannés, III, 483. — Est un grand peintre; son style est rapide et serré, *ibid*. — Paroles remarquables qu'il met dans la bouche de Marius, *ibid*. — Dernier philosophe cynique, XIV, 266.

¶ *Salons*. — Ceux de Diderot cités avec éloge par Suard et Mme Necker, VIII, 391. — Notice préliminaire par M. Assézat, X, 87. — Exposition de 1759, 91-103. — Exposition de 1761, 107-150. — Récapitulation de ce remarquable Salon, 151-156. — Exposition de 1763, 159-226. — Exposition de 1765; notice préliminaire, 229. — Description des ouvrages exposés, 233-454. — *Essai sur la peinture*, suite du Salon de 1765, 455-520. — Exposition de 1767, le tome XI en entier. — Raison de la pauvreté de ce Salon, 4. — Nécessité de rendre obligatoires les envois à chaque exposition, 6. — Satire contre le luxe, 89. — État actuel de l'École française, 305. — Les sculpteurs, 347. — Les graveurs, 362. — Les deux Académies, 374. — Exposition de 1769; pauvre Salon ! 385. — Exposition de 1771, envoi à Grimm, 465. — Entretien entre Diderot et le peintre Saint-Quentin sur celui de 1775, XII, 3-25. — Exposition de 1781 : Peinture, 31-64 ; — Sculpture, 65-70 ; — Dessins, 71.

SALVERTE (*Eusèbe*), auteur d'un *Éloge de Diderot*, lu à l'Institut en l'an VIII. — Attribue à cet écrivain l'honneur d'avoir fourni à Haüy, à l'abbé de L'Épée et à Sicard, la première idée de leurs travaux philanthropiques en faveur des sourds-muets et des aveugles-nés, I, 346. — Anecdote qu'il raconte au sujet du *Père de famille*, VII, 178. — Lui et sa femme font des avances et des cajoleries à Diderot, XIX, 319. — Leurs portraits, 327.

SALVIEN, prêtre de Marseille. — Sa tolérance envers les sectateurs des premières hérésies, I, 488.

SAMBUCO, personnage des *Bijoux indiscrets*. — L'auteur a-t-il voulu désigner sous ce nom le maréchal de Villars ou bien Villeroy ? IV, 218.

SAMMONICUS (*Quintus-Serenus*), précepteur de l'empereur Gordien. — Lègue à son élève la magnifique bibliothèque qu'il tenait de son père, XIII, 446.

SAMOÏÈDE. — Anecdote d'une saltimbanque, II, 254.

SAMUEL, magistrat, prêtre et prophète des Juifs. — Coupe le roi Agag par morceaux, III, 511. — Par état, le prêtre ne s'est jamais dessaisi de la hache du sacrificateur, *ibid*.

SANCHEZ (le docteur). — Premier médecin de la czarine, juif de religion et Portugais d'origine; son portrait, XVIII, 532.

SANCHEZ, jésuite, casuiste. — Étranges combinaisons de débauches qu'il résolvait en latin, XIV, 36.

SANCHONIATON, philosophe phénicien. — Son système de cosmogonie, XVI, 272.

Sang (*cruor*). — Sa proportion dans le corps humain, IX, 291. — Exemple extraordinaire de l'abondance d'une perte périodique, et simultanément

SANLECQUE (*Jacques* de), imprimeur, graveur et fondeur en caractères, XIV, 27.
SANLECQUE (*Jacques II* de), fils du précédent. — Digne collaborateur et successeur de son père, était en 1614 le seul graveur en caractères qu'on eût à Paris, XIV, 27.
SANTERRE (*Jean-Baptiste*), peintre distingué, XI, 523. — Cet artiste, dont le coloris est si tendre et si vrai, n'employait que cinq couleurs, XII, 112.
SARISBERI (*Jean* de), philosophe scolastique ; notice sur sa vie, XVII, 95.
SARRASIN (*J.-Fr.*), poëte normand, né près de Caen en 1603, mort en 1654. — Citation empruntée à ce poëte pour établir la signification du vieux mot *duire*, VI, 119.
* *Sarrasins* ou *Arabes* (*philosophie des*), XVII, 35. — Voyez *Arabes*. — Son historique, 36, 40. — Le mahométisme est divisé en plus de soixante-dix sectes ; quelle en est la cause, 40. — Principaux philosophes musulmans, *ibid*. et suiv. — Ce qu'il faut savoir pour se faire une idée du droit mahométan, 47. — Autres philosophes moins célèbres que les précédents, mais qui se sont fait remarquer dans les siècles qui ont suivi la fondation du mahométisme, 51. — Conclusion de cet article, 52. — Théologie naturelle des Sarrasins, 53. — Leur doctrine sur les anges et sur l'âme, 58. — Leur physique et leur métaphysique, 59. — Physique et métaphysique de Thophaïl, 61. — Philosophie morale des Sarrasins, 75. — Préceptes de l'islamisme, 76. — Exorde du *Rosarium* de Saadi, 77. — Maximes générales de la morale des Sarrasins, 79. — Leur sagesse parabolique, 83. — Leurs fables, *ibid*. — Conversation au Grandval, sur l'histoire de la philosophie des Sarrasins, XVIII, 418. — Comment elle est entrecoupée par les interlocuteurs, 418 et suiv. — Dévots orientaux ; le saint vertige, 428. — Dogmes du saint prophète. Pratiques prescrites par lui aux musulmans, *ibid*. — Maximes, proverbes et fables des Sarrasins, 429.
SARRASINS D'ÉGYPTE. — Leurs mœurs et coutumes rapportées par le voyageur allemand Baumgarten, I, 45 (note).
SARTINE (M. de), lieutenant général de police. — Fait prévenir Diderot qu'un certain M. de Glénat, qu'il admet en confiance, est un espion, I, XLVII. — Exhorte Diderot à travailler pour le théâtre, VIII, 401. — La protection secrète qu'il accorde à Diderot permet à celui-ci de continuer l'impression de l'*Encyclopédie*, XIII, 121. — Note sévère qui semble émaner de lui sur la *Lettre sur le commerce de la librairie*, XVIII, 6. — Conversation que Diderot a avec lui, à propos de l'espion Glénat, XIX, 131. — L'arrêt que Sartine provoque dans l'affaire du garçon apothicaire et du colporteur Lécuyer soulève l'indignation générale, 284. — Lettre que Diderot lui adresse pour lui demander protection et justice pour le joaillier Belle, 463. — Autre lettre de Diderot sur les prétentions des libraires de l'*Encyclopédie*, XX, 6. — Autre lettre sur l'abbé Morellet et sa *Réfutation du Dialogue sur le commerce des grains*, 8. — Autre lettre sur l'auteur du *Satirique*, et critique de cette comédie, 10. — Sartine remplace M. de la Vrillière comme lieutenant de police ; cet événement va favoriser le projet de refaire l'*Encyclopédie*, 65, 67.
SATAN. — Ministre de la colère de Dieu, I, 185. — Les dévots se font volontiers les ministres du démon, *ibid*. — Son histoire a fourni des milliers de volumes, 213, alinéa 65. — Forme hideuse qu'on lui donne, *ibid*. — Sa toute-puissance et son dernier rôle, 214.
Satire contre le luxe, imitation de Perse, XI, 89.

Satirique (le), comédie attribuée à Palissot. — Sentiment de Diderot sur l'auteur, et critique de la pièce, XX, 11, 12.

Satisfactions. — Les satisfactions de l'esprit sont préférables aux plaisirs du corps; elles consistent surtout dans l'exercice des affections sociales, I, 79.

SAUL. — Voyez PAUL (saint).

SAUNDERSON (*Nicolas*), aveugle-né, de la province d'York (né en 1682, mort en 1739). — Inventeur d'une machine qui lui servait pour les calculs algébriques et pour la description des figures rectilignes, I, 295. — Ses *Éléments d'algèbre*, 300. — Sa méthode d'enseignement, 301. — Donne des leçons publiques, 302. — Justesse de ses idées sur l'infini, 305. — Son exemple prouve que le tact peut devenir plus délicat que la vue, *ibid.* — Privé non-seulement de la vue, mais de l'organe, il voyait par la peau, 306. — Son entretien sur l'existence de Dieu avec le ministre protestant Holmes, 307. — Ses idées sur la formation de l'univers, 308, 311. — Sa vie écrite par le docteur Incliff, son disciple, 312. — Récit de ses derniers moments, *ibid.* — Marié en 1713 à Mlle Dickons, il laisse en mourant un fils et une fille, *ibid.* — Réflexions sur le sentiment de Saunderson, XIX, 419-422.

SAUR (*Joseph-Henri*, vicomte de), maître des requêtes. — Publie, en 1821, le *Neveu de Rameau*, qu'il présente comme un ouvrage *inédit* de Diderot, V, 363. — C'était une traduction de la traduction allemande de ce dialogue, faite en 1804 par Gœthe, *ibid.* — La fraude est découverte par la publication du texte authentique faite par M. Brière dans son édition des *OEuvres complètes de Diderot*, *ibid.* — Une controverse sérieuse s'engage à ce sujet, 364.

SAURIN (*Bernard-Joseph*), auteur dramatique. — Auteur de *Beverley*, tragédie bourgeoise imitée de l'anglais, VII, 443. — Analyse de son *Spartacus*, XVIII, 436. — Ses lettres; sa déclaration à Mme d'Épinay, 458. — Il consulte Diderot sur le plan d'une pièce, 474. — Est amoureux de Mme d'Épinay. Ses manières d'être, XIX, 37. — Sa dispute avec Diderot et Helvétius; sur quel sujet, 40. — Ses contradictions sur le même sujet, 41. — Jugement sur lui, 48.

SAUTELET ET PAULIN. — Ont édité les œuvres de Diderot, en 1830, I, XVII. — Jeudy-Dugour vend à Paulin les manuscrits de Diderot qu'il a eu sa possession, XVIII, 351.

SAUTEREAU DE MARSY. — Voyez MARSY.

SAUVAGE (*Piat-Joseph*), peintre, élève de Renier Malaine et de Geeraerts. — Trois tableaux qu'il expose au Salon de 1781 sont d'une grande vérité et d'une belle couleur, XII, 62, 63.

Sauvages (Hommes). — Pourquoi ils sont cruels, II, 202. — Innocents et doux partout où rien ne menace leur repos et leur tranquillité, 211. — Essai sur leur caractère, VI, 454. — Leur vie plus courte que celle de l'homme policé, 457.

SAUVEUR (*Joseph*), géomètre français. — Ses remarquables expériences sur la détermination des sons ont puissamment contribué aux progrès de la science musicale, IX, 119. — Compte rendu de ses travaux par Fontenelle, 120-131.

SAUVIGNY (M. de). — Auteur d'une *Mort de Socrate*, jouée en 1763 à la Comédie-Française, VII, 316. — Cette pièce, en trois actes et en prose, ne réalise qu'incomplètement la belle esquisse de ce sujet, que Diderot a tracée dans son *Traité de la poésie dramatique*, *ibid.*

SAVAGE (*Richard*), poëte anglais, fils adultérin de lord Rivers et de la comtesse Macclesfield. — Son attachante histoire traduite par Le Tourneur, IX, 451.

SAVARY-DESBRULONS (*Jacques*). — Auteur d'un *Dictionnaire universel de commerce, d'histoire naturelle, d'arts et métiers*, VI, 393.

SAVARY (*Philémon-Louis*). — Publie, en

1723, le *Dictionnaire* préparé par Savary Desbrulons, son frère, VI, 393.

SAVILLE (*George*), marquis d'HALIFAX. — Motif qui lui faisait dire que les Français étaient inférieurs aux Anglais, II, 290.

Savon. — Synonymes : *Absolution, Dispenses*, etc. Les lieutenants du prince en tiennent magasin au rabais, I, 196, alinéa 24, 25.

SAXE-GOTHA (le prince de). — Visite Paris en 1768. Grimm rend compte de son voyage, XI, 381-382. — Se fait présenter à Diderot sous le nom de M. Ehrlich, jeune Suisse, *ibid.*

* *Scandaleux.* — Définition grammaticale et exemples de l'emploi de ce mot, XVII, 84.

SCARGIL, bachelier de l'Université de Cambridge. — Est poursuivi pour avoir inséré quelques propositions de la doctrine de Hobbes dans une thèse, et Hobbes est impliqué dans cette affaire, XV, 101.

Scène. — Le poëte ne peut commencer une scène s'il n'imagine pas l'action et le mouvement du personnage qu'il introduit, VII, 360. — Ce que l'on entend par scènes composées ; elles sont, ou parlées, ou pantomimes et parlées, ou toutes pantomimes, 361. (Voy. *Sommaire*, p. 303.)

Scepticisme (le). — Ne convient pas à tout le monde, I, 137. — Suppose un examen profond et désintéressé, *ibid.* — Est le premier pas vers la vérité, 140. — Un semi-scepticisme est la marque d'un esprit faible, 141. — Les dévots se déchaînent à tort contre les sceptiques, *ibid.* — Le doute appelle l'examen, et l'examen conduit à la découverte de la vérité, *ibid.* — Son inévitable raison d'être, 154. — Philosophie professée par Pyrrhon XVI, 472.— Ce qu'est le scepticisme, 474. — Avec quoi il ne faut pas le confondre, 477. — Cette philosophie fit peu de progrès à Rome, 483. — Elle n'eut jamais de plus redoutable adversaire que Bayle, 486.

* *Scepticisme* et *Sceptiques.* — *Sceptici*, secte d'anciens philosophes qui avaient Pyrrhon pour chef, XVII, 84.— Voyez * *Pyrrhonienne.* — Leurs différents noms, *ibid.* — Leur philosophie, 85-87.

Sceptiques.— Leur cri de guerre, I, 219, alinéa 11.— Leur conclusion en philosophie, XVI, 472.— Principes du sceptique, 475. — Il ne définit point son assentiment, 477.— Il admet le mouvement, 480. — Il compte dans la société, 481.— Il est sans passion, 482. — Les sceptiques ne retenaient leur doute que dans la spéculation, XVII, 85. — La fin qu'ils se proposaient, *ibid.* — En quoi ils diffèrent des académiciens de la nouvelle académie, *ibid.*, 86.

Sceptre.— Sa signification actuelle dans la main de celui qui le porte, II, 470.

SCHEVELING, village hollandais, situé près de la Haye, XVII, 448. — Usages des pêcheurs de ce village, 449.

SCHILLER (*J.-Fréd.-Christophe*), célèbre poëte allemand. — Communique à Gœthe le manuscrit encore inédit et resté inconnu d'un dialogue de Diderot intitulé *le Neveu de Rameau*, V, 362. — Gœthe traduit l'ouvrage, qu'il publie en 1804, 363. — Sa dernière lettre à Gœthe, datée du 24 avril 1805, est consacrée à l'examen des notes du traducteur sur *le Neveu de Rameau*, *ibid.* — Meurt peu de jours après, *ibid.* — A traduit, en 1785, sous le titre *Vengeance d'une femme*, l'épisode de Mme de La Pommeraye du *Jacques le Fataliste* de Diderot, VI, 3.

SCHISTRE (M.). — Son habileté à jouer de la mandore, XVIII, 508.

SCHOBERT, musicien allemand, cité XII, 180, 338.

SCHULLEMBERG DE WINTERTHOUR (M.), Suisse, du canton de Zurich. — Exemple extraordinaire de guérison qu'il a offert, après être demeuré sans connaissance durant six semaines, II, 162. — A laissé un ouvrage d'histoire naturelle, 163.

Science. — Pourquoi on la cultive, II, 11 — Pourquoi on l'abandonne, 12. — Son temple est situé au sommet d'un roc escarpé, III, 432. — Les sciences sont filles, les unes de la nécessité ou du besoin, les autres de l'aisance, peut-être même de la paresse, 518.

Scioppius (*Gaspard*), philosophe stoïcien moderne, XVII, 230.

* Scolastiques (*Philosophie des*), XVII, 87. — Origine du mot *Scolastique* ibid. — Les premiers scolastiques ne furent pas des hommes tout à fait inutiles, 88. — Origine de la théologie scolastique, 88. — Le règne de la philosophie scolastique peut se distribuer en trois périodes, 89. — Philosophes qui se sont distingués dans la première période, 89 et suiv. — Philosophes qui se sont distingués dans la deuxième période, 97 et suiv. — Principes philosophiques de Bonaventure le Franciscain, 98. — Philosophes qui se sont distingués dans la troisième période, 105 et suiv. — Résultats de la philosophie scolastique, 109.

Scoliastes (les). — Leurs charitables occupations, IV, 297.

Scot (*Jean Duns*), philosophe scolastique. — Chef de la secte des Scotistes, XVII, 102. — Passe pour avoir introduit dans l'Église l'opinion de l'immaculée conception de la Vierge, *ibid.*

Scott (*Jean*), savant moine irlandais. — Écrivain chrétien du IXe siècle, XV, 300.

Scriperes. — Classe de l'Inde encore plus abjecte que les Parias, XVI, 196. — Nom qu'on lui donne à Surate, *ibid.*

* Scythes, *Thraces*, et *Gètes* (*Philosophie des*), XVII, 110. — Ils ont joui d'un bonheur que les peuples de la Grèce n'ont pas connu; pourquoi, *ibid.* — Philosophes et législateurs scythes, 111-113.

Sectaires. — Ce sont des déistes hérétiques, I, 168. — Toutes les religions du monde ne sont que des sectes de la religion naturelle, 271.

Sectes *philosophiques des Grecs*. — Leurs fondateurs, l'enseignement qu'elles professaient, XV, 65.

Sectes *religieuses du Japon*, XV, 268.

Secundus *l'Athénien*, surnommé *Epiu-*

rus ou la *Cheville de bois*, philosophe pythagoricien. — Ses principes philosophiques, XVI, 529.

Sedaine (*Michel-Jean*), auteur dramatique. — Son *Philosophe sans le savoir* chancelle à la première représentation ; à la seconde, son succès va aux nues, VIII, 352. — Son exclamation à la vue de Diderot venu pour le complimenter, *ibid.* et 383. — Auteur de *Maillard* ou *Paris sauvé*, tragédie en cinq actes et en prose, non représentée, *ibid.* — Ce qu'il eût été, s'il n'eût pas voulu rester maçon, 384. — Retouche, en 1773, *Ernelinde*, opéra de Poinsinet, musique de Philidor, 459. — Mot heureux qu'il met dans la bouche d'une jeune fille échappée du couvent, X, 393. — N'était point plagiaire, *ibid.*—Éloge de sa pièce du *Philosophe sans le savoir*, XIX, 212, 360.

Segrais (*Jean* Regnault de). — Sa nullité reconnue par Voltaire, VI, 354.

Séguier (le chancelier), célèbre homme d'État. — Étend le privilége de la librairie, XVIII, 19.

Ségur (M. de). — Est blessé et fait prisonnier par le prince héréditaire, sous les murs de Wesel, en 1760; générosité de l'un et de l'autre, XIX, 6.

Séguy (l'abbé *Joseph*). — Appréciation du *Panégyrique de saint Louis*, qui lui ouvre la porte de l'Académie, XI, 327.

Seigneur de la paroisse, lisez Pharaon, I, 200, alinéa 35.

Séjour *du prince*. — C'est le rendez-vous où nous allons tous, I, 191, alinéa 5.

Sélim. — Nom donné au Maréchal de Richelieu dans les *Bijoux indiscrets*, IV, 138. — Histoire de ses voyages, 315. — Compliment que lui adresse Mirzoza (Mme de Pompadour), 318. — Résumé de sa vie galante, 319. — Sa première liaison avec Émilie, sa cousine, 320. — Se perfectionne à Tunis avec Elvire, femme d'un corsaire, *ibid.* — Passe à Lisbonne à bord d'un bâtiment marchand; dona Velina, femme du capitaine, continue son éducation, 321. — Arrive à Madrid où la belle Oropeza s'empare de lui, 322. — La prudence l'oblige à quitter l'Espagne, *ibid*. — Rentre en France, *ibid*. — Singulières questions que lui font les dames de la cour, 323. — Il ne compte plus ses nombreux succès, *ibid*. — A Londres comme à Paris, on s'aime, on se quitte, on renoue pour se quitter encore, *ibid*. — En Hollande, les femmes de condition exigent un siége en règle, 324. — Mêmes difficultés en Allemagne, *ibid*. — Les Italiennes sont plus faciles ; elles ont de joyeuses recettes qui leur sont particulières, 325. — Après ce récit, qui embrasse quatre années, Sélim, rentré en France, fait son début à Paris, *ibid*. — Une soirée au Palais-Royal, *ibid*. — Rendez-vous pour le lendemain chez la *Duchesse Astérie*, 326. — Comment finit l'aventure, 327. — Continuation de ses histoires galantes, 332-336. — Se marie; suite de son histoire, 341. — Séduit Cydalise, qui meurt assassinée par Ostaluk, son mari, 342-347. — S'attache à Fulvia, dont il garantit la vertu et la fidélité, 348. — Propose à Mangogul de faire sur Fulvia l'essai de l'anneau magique, 349. — Rendez-vous est pris pour la périlleuse épreuve, 351. — Révélations inattendues, 352, 353. — Rupture de cette intrigue qui fut pour Sélim la dernière, *ibid*.

* *Semi-Pélagiens* ou *demi-Pélagiens*. — Secte d'hérétiques, XVII, 113. — Leur doctrine, *ibid*. à 115.

Semi-Scepticisme. — Marque d'un esprit faible, I, 141. — Décèle un raisonneur pusillanime, *ibid*.

Sendosivistes, secte des Japonais. — Son unique principe est qu'il faut pratiquer la vertu, XV, 271. — Sa morale, *ibid*. — Eut beaucoup à souffrir de la persécution des chrétiens, 272.

SÉNÉCION, jeune Romain d'une rare beauté, favori de Néron, III, 72.

SENEMAUD (le Père), jésuite, auteur d'un opuscule intitulé *Pensées philosophiques d'un citoyen de Montmartre*, I, 126.

SÉNÈQUE, *le Rhéteur*, père de Sénèque le Philosophe. — Était de l'ordre des chevaliers, III, 16. — Doué d'une prodigieuse mémoire, il pouvait répéter jusqu'à deux mille mots, sans suite, prononcés une seule fois en sa présence, *ibid*. — Ses ouvrages en partie perdus, *ibid*. — Sa plaisante apostrophe au professeur en éloquence Cestius, *ibid*. — Sa réflexion sensée sur la dignité de l'art oratoire, 17. — Était cité parmi les bons déclamateurs, *ibid*. — Parle avec avantage d'Annæus Méla, son fils, 22, 23. — Juste Lipse dit qu'il a été le maître en éloquence de son fils le philosophe, 24.

SÉNÈQUE (*Lucius Annæus*). — Diderot traite un peu durement ce philosophe, I, 118 (note). — Naissance et famille de Sénèque, III, 15. — Son père se distingua par ses ouvrages, 16. — Helvia, sa mère, était Espagnole, 17. — Sous le règne d'Auguste, sa famille vient s'établir à Rome, 18. — Il était d'une constitution délicate, 19. — Caligula, jaloux de son talent, est tenté de le faire mourir ; sa mauvaise santé le protége, 20. — Ses études continues achèvent de détruire sa santé, *ibid*. — Avait un grand respect pour Gallion, son frère aîné, 21. — A parlé et entendu parler la langue latine dans sa plus grande pureté, 23. — Quitte le barreau et se livre à la philosophie, 24. — Se lie avec les personnages de son temps les plus renommés, 25. — Cite avec éloge le stoïcien Attale, le pythagorisant Socion, l'éclectique Fabianus Papirius et Démétrius le Cynique, 26. — Motif de cet éloge, 27. — Était stoïcien mitigé, 28. — Sur les instances de son père, il rentre au barreau, 29. — Le quitte de nouveau pour donner des leçons publiques de philosophie, 30. — Est fait préteur, 31. — Admis dans l'intimité de Britannicus, 38. — Sa perte est résolue par Messaline, *ibid*. — Accusé d'adultère avec Julie, il est envoyé en exil, 39. — Agrippine obtient son rappel, et lui fait décerner la préture, 48. — Ses occupations durant les huit années de son exil en Corse, 49 — Difficultés de sa position à l'avénement de Néron, 51. — Compose pour Néron l'oraison funèbre de Claude, 55. — Son portrait tracé par Tacite, 62. — Est nommé consul, 64. — L'instituteur devient ministre; les difficultés de sa position redoublent, 65. — Ses écrits, sa vie et sa mort sont d'un sage, 66. — Pensée qui le retient à la cour de Néron, 68. — Durant cinq ans il a emmuselé l'animal féroce, 69. — Favorise par prudence l'amour de Néron pour Acté, 72. — Défense de sa conduite dans cette rencontre, 76. — Son refus de contribuer au meurtre d'Agrippine, 109. — Est loué par Tacite, *ibid*. — Il veut mourir à son poste; admirable résolution, 110. — Examen sérieux de sa conduite, 111. — Comparé à Papinien, 112. — Il est faux qu'il ait consenti au meurtre d'Agrippine, 119. — A eu toutes les sortes de courage, 130. — Était encore à la cour lors de l'incendie de Rome, *ibid*. — Demande sa retraite, 132. — Son entretien avec Néron, 133. — Réponse hypocrite de Néron, 134. — Obtient sa retraite, 135. — Prévoit sa proscription, 136. — Ne vit plus que de fruits et d'eau, *ibid*. — On l'implique sans preuves dans la conjuration de Pison, 139. — Silvanus, tribun de cohorte, lui annonce sa proscription, 140. — Demande les tablettes de son testament; on les lui refuse, *ibid*. — Pauline, sa femme, veut mourir avec lui, 142. — On leur ouvre les veines, *ibid*. — Ses derniers moments; seul il succombe. *ibid*. — Avait été marié deux fois, 146. — Ce qu'il dit d'Helvia, sa première femme, *ibid*. — Son immense richesse, 148. — Calomnié par l'historien Xiphilin, 149. — Vers de Juvénal sur sa libéralité, 155. — Réponse aux reproches adressés à sa conduite, 174 et suiv. — Mal jugé par Diderot dans sa jeunesse, 176. —

Comparé par Dryden à Plutarque, 179. — Jugement de Quintilien sur sa personne et ses écrits, 188. — Diversement jugé comme homme et comme écrivain, 190. — Ses détracteurs s'autorisent de Suilius, un infâme délateur; ses partisans invoquent en sa faveur le témoignage du vertueux Tacite, 191. — Tous les bustes qu'on a de lui sont mauvais; sa véritable image est dans ses écrits, 192. — Ses poëmes, ses tragédies, ses discours oratoires ont été perdus, 193. — Est un écrivain de beaucoup d'esprit plutôt que de grand goût, 194. — L'antiquité ne nous a point transmis de cours de morale aussi étendu que le sien, 195. — Ses *Lettres à Lucilius*, au nombre de cent vingt-quatre, 201. — Loué par saint Jérôme pour la sainteté de sa vie, 214. — La Mettrie, auteur de l'*Anti-Sénèque*, a parlé de sa doctrine sans la connaître, 217. — Analyse et examen de ses ouvrages : *Consolation à Marcia*, 276. — *De la Colère*, 281. — *De la Clémence*, 289. — *De la Providence*, 294. — *Des Bienfaits*, 299. — *De la Tranquillité de l'âme*, 308. — *De la Vie heureuse*, 312. — *De la Retraite du sage*, 322. — *Consolation à Helvia*, 327. — *De la Brièveté de la vie*, 332. — *De la Constance du sage*, 341. — *Consolation à Polybe*, 345. — *Fragment*, 354. — *Les Épigrammes*, 355. — *L'Apocoloquintose*, 356. — *Les Questions naturelles*, 358. — Scène de morale, 363. — Son apologie, 371 à 379.

Sens (les cinq). — Supposition singulière d'un homme distribué en autant de parties pensantes que nous avons de sens, I, 399. — Ce qui arriverait pour chaque individu, *ibid*. et suiv. — Sont la source de toutes nos connaissances, II, 50. — Ceux d'un seul individu ne peuvent tout connaître, 51. — C'est manquer au genre humain que de vouloir tout observer indistinctement, *ibid*. — Nécessité d'admettre leur témoignage, 87. —

La concentration de leurs opérations en un centre commun engendre la mémoire, 169. — Dans chaque individu, le sens qui prédomine constitue son individualité, 170. — Effets qu'ils peuvent ressentir d'une cause accidentelle, 296. — Nouvel examen de l'homme composé de la réunion des cinq animaux imparfaits, 334-335. — L'image de la vertu arrive mieux par les yeux que par l'entendement, III, 260. — Raphaël est aussi éloquent sur la toile, que Bossuet dans la chaire, ibid. — Tous ne sont qu'un toucher, mais chacun d'eux touche à sa manière, VII, 162. — Étude physiologique des cinq sens : le *toucher*, IX, 336. — Le *goût*, 338. — L'*odorat*, 339.—L'*ouie*, 340.— La *vue*, 341. — Chimère d'un sixième sens pour juger du beau, XIX, 259.

Sens internes. — Entendement, IX, 346. — De l'origine du *sensorium commune*, 349. — Des sens en général, *ibid.* — Sensations, 350.

Sensations. — Étude physiologique de ces manières d'être de l'âme, IX, 355. * Examen métaphysique de leur impression sur l'âme ; leur distinction des idées, XVII, 115, 127.

Sensibilité. — En est-il une artificielle ? VIII, 392. — Ce qu'il faut entendre par ce mot, pris dans sa véritable acception, 393.— Celle du comédien, 398. — N'est ni la base du caractère, ni la raison du succès du comédien, 400. — Ses inconvénients et ses dangers, 408, 415. — Est de toutes les qualités de l'âme la plus facile à contrefaire, 418. — Celle de Diderot augmente avec l'âge, XIX, 352.

Sensier (*Alfred*). — On lui doit la communication bienveillante d'une lettre inédite de Diderot à l'abbé Le Monnier, XIX, 372. — On lui doit aussi celle de quelques billets à Suard, 500.

* *Sentiment.* — En matière de religion, c'est le sentiment dominant qui détermine l'état de l'individu, I, 22. — Quiconque voit dans l'univers moins d'ordre que de hasard et de confusion, est plus *athée* que *théiste*, *ibid.* — Quiconque y aperçoit des traces plus distinctes d'un mauvais génie que d'un bon, est moins théiste que démoniste, *ibid.*

* *Sentiment intime.* — Définition et examen métaphysique de ce mot, XVII, 127, 130.

Séraphin (le Père), feuillant, confesseur de Mme Simonin, mère de Suzanne (*la Religieuse*), V, 13. — Se rend au couvent de Sainte-Marie pour engager Suzanne à prendre l'habit, *ibid.* — Révèle à Suzanne l'irrégularité de sa naissance, 26. — Mme Simonin, au lit de mort, lui confie une lettre et cinquante louis à remettre à sa fille Suzanne, religieuse à Longchamp, 42.

Sérénité (la). — N'habite que dans l'âme de l'homme de bien ; il fait nuit dans celle du méchant, XII, 86.

Sérénus, ami de Sénèque. — Rôle singulier de ce personnage à la cour de Néron, III, 72. — Sa conduite ne peut-elle pas être justifiée ? *ibid.* — Pleuré par Sénèque, 238. — Sénèque lui adresse son *Traité de la constance du sage*, 341.

Sergent (*Philippe*). — Sa guérison miraculeuse sur la tombe du diacre Pâris, I, 151.

Serinettes ambulantes, lisez *Directeurs de nonnains*, I, 200. — Leurs occupations, *ibid.*

Serpent à sonnettes. — Dissertation de M. Robinet sur ce reptile dangereux, IV, 75.

Servan (*Joseph-Michel-Antoine*), avocat général au parlement de Grenoble à l'âge de vingt-sept ans. — L'altération de sa santé le force de quitter sa charge avant trente ans ; éloge de ce magistrat, VI, 388.

Servandoni (*J.-Jérôme*), célèbre peintre décorateur. — On cite avec éloge ses décors pour l'opéra d'*Armide*, I, 229, alinéa 33. — Son art tel qu'il suffirait à remplir une salle de spectateurs, VIII, 463.— Son goût excessif pour la dissipation, X, 304. — Expose au Salon de 1765 deux *Dessus de porte* du plus bel effet, *ibid.* — Expose encore au même Salon deux petits tableaux de *Ruines antiques*, 308.

Servir. — C'est la dernière des conditions, II, 429.

Seth, troisième fils d'Adam. — Dieu fait revivre en lui toutes les qualités d'Abel, XIII, 303. — La philosophie antédiluvienne en fait un grand astronome, *ibid*. — L'historien Josèphe fait un grand éloge des connaissances de ses enfants, *ibid*. — Moïse est muet au sujet de la science que Josèphe lui attribue, 304.

Sevin (*François*), philologue français. — Est chargé de dresser, conjointement avec l'abbé Fourmont, le catalogue de la bibliothèque turque à Constantinople, XIII, 474. — Suite donnée à sa mission, *ibid*.

Sexe féminin. — Ses avantages, I, 191, alinéa 7.

Sextus Empiricus, médecin et philosophe grec. — Fait d'énergiques déclamations contre l'astrologie judiciaire, XIV, 81.

Sextius (*Quintus*). — Examen quotidien de sa conduite qu'il faisait à la fin de chaque journée, III, 287. — Exemple cité par Sénèque, *ibid*. — Fonde une secte philosophique qui est un composé de stoïcisme et de pythagorisme, XVI, 525. — Quels furent ses disciples, 526. — Le centon des maximes qui portent son nom n'est pas de lui, *ibid*.

S'Gravesande (*Guillaume-Jacob*), savant hollandais. — Voltaire mettait en doute sa croyance en Dieu, VI, 353.

Shaftesbury (Ant. Ashley-Cooper, comte de) écrivain anglais. — Diderot traduit ou plutôt imite son *Essai sur le mérite et la vertu*, I, 7. — Ne peut supporter la confusion qu'on fait en anglais des termes de *déiste* et de *théiste*, 13. — Établit avec la plus grande exactitude l'opposition du *théisme* à l'*athéisme*, 14. — Sa profession de foi comme *théiste*, *ibid*., 15, — Son respect et sa vénération pour les mystères révélés, *ibid*. — Ses idées sur le *beau*, X, 20. — Défauts de son système, 23, 24.

Shakespeare, célèbre poëte dramatique anglais. — Sa tragédie d'*Hamlet* offre un dangereux mélange de tragique et de burlesque, VII, 137. — Admiration de Diderot pour lui, XIX, 465.

¶ *Shérif* (le). — En 1769, Diderot fait connaître le projet d'une tragédie bourgeoise qui aura pour titre *le Shérif*, VIII, 3. — Grimm reporte à l'année 1757 le plan de cet ouvrage, 4. — Ce plan, 5-15. — Détails complémentaires du plan, 395, 396.

Siaka ou Xékia, neuvième incarnation de Wisthnou, que les Japonais adorent comme un dieu, XV, 269.

Sibérine. — Son mariage avec l'aga Chazour est rompu, IV, 156. — Son bijou a parlé, 157.

Sibylle de Delphes. — Moïse ne lui cédait en rien pour le don de rendre des oracles, I, 202, alinéa 40.

Sicard (*Roch-Ambroise* Cucurron, abbé). — Instituteur des sourds-muets; cité, I, 346.

Siècles. — Ce qui fait les grands siècles, XIII, 37.

Siége de Calais (le), tragédie de Du Belloy. — Remarques sur cette pièce, VIII, 452.

Siége de Lille. — Belle réponse d'un soldat au maréchal de Boufflers, lors du siége de cette ville en 1708, II. 309.

Sigge, prince scythe qui prit le nom d'*Odin*, dont il était le pontife ; conquérant et législateur des peuples du nord de l'Europe, XVI, 156.

Signe de croix. — Puissance surnaturelle de ce geste symbolique, I, 213, alinéa 64.

Signes institués, I, 191, alinéa 7.

¶ *S'il est plus aisé de faire une belle action qu'une belle page*, morceau inédit, III, 535, 539.

Silana (*Julia*), fille du consul Appius-Julius Silanus. — Visite Agrippine tombée en disgrâce, pour jouir de son humiliation, III, 83. — Suscite contre elle des délateurs, *ibid*. — Ses griefs contre Agrippine, *ibid*.

Silanus (*Appius-Julius*), consul romain, beau-père de Messaline. — Son refus de répondre à la passion criminelle de cette femme lui coûte la vie, III, 40.

SILANUS (*L.-Junius*), fils du précédent. — Est fiancé à Octavie, fille de Claude, III, 46. — Agrippine le fait accuser d'inceste avec Junia Calvina, sa sœur, *ibid.* — Le projet de mariage est rompu; Silanus se donne la mort, *ibid.*

SILIUS. — Répudie Silana, sa femme, et épouse publiquement Messaline, femme de l'empereur Claude, III, 31, 37. — Cérémonie de ses noces, 43. — Claude le fait arrêter, *ibid.* — Claude visite sa maison, qu'il trouve remplie de meubles précieux, récompense honteuse de son déshonneur, 44.

SILVA (*J.-B.*), savant médecin. — Comment il guérit, comme par enchantement, les vapeurs et les maux de nerfs dont les femmes de Bordeaux se disaient tourmentées, II, 257.

SILVÉRIA (*Gonzalès*), jésuite espagnol. — Est supplicié, en 1560, au Monomotapa, comme espion du roi de Portugal et de la Compagnie de Jésus, XV, 278.

SIMÉON (saint), *le Stylite*, I, 129.

SIMÉON BEN JOCHAÏ, ou JOCHAÏDES, célèbre docteur juif. — S'applique à l'étude de la philosophie cabaliste, XV, 368. — Histoire abrégée de sa vie, 369, 371.

SIMION, femme d'intrigues. — Rôle que lui fait jouer le prémontré Hudson pour se tirer d'un mauvais pas, VI, 188.

SIMON, dit *le Magicien*. — Ce Samaritain tient une grande place dans l'histoire des Juifs, XV, 324 et suiv.

SIMON, sculpteur. — Comment on l'a dégoûté de la Russie, XVIII, 227. — Diderot le recommande à Falconet, afin de lui faire recouvrer ce qui lui est dû, du gouvernement de l'impératrice, 266. — Mauvaise nouvelle à annoncer à Simon au sujet de sa créance, 284, 286.

SIMON, philosophe grec. — Disciple de Socrate, XVII, 165. — Quelle était sa profession, *ibid.*

SIMON DE TOURNAI, philosophe scolastique. — Circonstance qui fit regarder sa mort comme un châtiment de son impiété, XVII, 103.

SIMONIN, avocat; père, *suivant la loi*, de Suzanne (*la Religieuse*). — Cette enfant excuse son défaut de tendresse à son égard par la pensée qu'elle lui suppose de l'irrégularité de sa naissance, V, 12. — Prend toutes les précautions possibles pour ôter à Suzanne les droits de sa naissance légale, 28. — Obtient de Suzanne le consentement de se faire religieuse, 32. — La fait conduire à l'abbaye de Longchamp, 33. — Sa mort, 41.

SIMONIN (Mme), mère de Suzanne (*la Religieuse*). — Sa conduite odieuse à l'égard de sa fille, V, 23-24. — Donne au Père Séraphin l'autorisation d'expliquer à Suzanne les motifs de sa sévérité, 26. — Son entretien avec Suzanne après les révélations du Père Séraphin, 28-29. — Ses aveux, ses supplications, 30-31. — Se refuse à un nouvel entretien, *ibid.* — Un billet de sa fille, tombé aux mains de Mme Simonin, fait que Suzanne est conduite au couvent de Longchamp, 33. — Assiste à la cérémonie des vœux prononcés par sa fille, 40. — Meurt dans la même année, 41. — Le Père Séraphin, son directeur, reçoit à ses derniers moments une lettre d'adieu et cinquante louis pour être remis à Suzanne, 42.

SIMONIN (*Marie-Suzanne*), religieuse de Longchamp qui réclamait juridiquement contre ses vœux, V, 178. — Intéresse le marquis de Croismare, qui, sans la connaître, sollicite en sa faveur, *ibid.* — Perd le procès dans lequel elle réclamait juridiquement contre ses vœux, *ibid.* — Diderot fabrique sous son nom une série de lettres adressées au marquis de Croismare, qui les prend au sérieux, d'où le roman de *la Religieuse*, 179. — Lettres apocryphes et réponses authentiques, 180, 204.

Héroïne du roman LA RELIGIEUSE. — Suzanne passe successivement sous le despotisme de cinq supérieures, dont l'une est artificieuse, la seconde enthousiaste, la troisième féroce, la quatrième dissolue, et la dernière superstitieuse, V, 6.—Sa famille, sa naissance, V, 11-12. — Est mise au couvent de Sainte-Marie, 13. — Sa mère la fait inviter à prendre l'habit, *ibid.* — Se laisse persuader par les caresses de la supérieure, 14. — L'évêque d'Alep lui donne l'habit, 15. — Son noviciat, 16. — Les persécutions pour sa profession commencent, 19. — Feint de céder à la volonté de ses parents, 20. — Jour est pris pour la cérémonie des vœux, 21. — Nuit terrible qui la précède, *ibid.* — Réunion à l'église, 22. — Répond aux questions qui lui sont adressées par M. Thierry, chancelier de l'Université, *ibid.* — Scène tumultueuse qui s'ensuit; on la reconduit à sa cellule, où on l'enferme sous clef, 23. — Un mois après, elle est rendue à ses parents, *ibid.* — Elle y demeure six mois dans la plus dure et la plus humiliante captivité, 24.— Ses plaintes au Père Séraphin, son confesseur et celui de sa mère, 25. — Elle apprend de lui l'irrégularité de sa naissance, 26. — Demande à sa mère un entretien secret, 28. — Détails à ce sujet, 29. — La venue de M. Simonin rompt la conférence, 31. — Demande, dès le lendemain, une nouvelle entrevue qui lui est refusée; elle écrit, *ibid.*— M. Simonin lui fait visite, et obtient son consentement d'entrer dans un couvent, 32. — Est conduite à Longchamp, 33. — Séance plaisante d'introduction, 34.— Mme de Moni, supérieure de cette maison, la prend en amitié, 35. — Prend l'habit, 36. — Fait sans dégoût ses deux années de noviciat, *ibid.* — Admirable conduite de Mme de Moni, 37-38. — Prononce des vœux sans avoir conscience de ce qu'elle fait : elle est religieuse, 40. — Perd dans l'année même de ses vœux sa mère, le mari de sa mère et la digne sœur de Moni, 41. — N'a jamais su ni le nom de son père, ni l'histoire de sa naissance, 42. — Sa mère étant morte, le Père Séraphin lui remet de sa part une lettre et le reste des économies qu'elle a faites à son intention, *ibid.*—Sœur Sainte-Christine succède à la mère de Moni comme supérieure de Longchamp, 43. — Suzanne devient un objet d'aversion pour la supérieure : ses actes les plus innocents et les plus raisonnables sont taxés de rébellion, 44. — On s'attache à lui rendre la vie de plus en plus dure, 45. — Détails navrants des mauvais traitements qu'on lui fait subir, *ibid.* — Tombe dans l'abattement, le chagrin et la mélancolie, 46.— A des pensées de suicide, *ibid.* — Pourquoi elle les abandonne, 47. — Songe à faire résilier ses vœux, *ibid.* — Devenue suspecte d'entretenir une correspondance au dehors, elle est soumise à une surveillance incessante, 48. — Une de ses compagnes, sœur Ursule, seconde son projet, 56. — M. Manouri, célèbre avocat, parent d'Ursule, se charge de sa cause, 60. — A la signification de l'acte juridique, la supérieure Sainte-Christine, effrayée, interpelle vivement Suzanne sur sa résolution, 61, 66. — Sa demande fait du bruit dans le monde, 67. — Est de nouveau livrée aux traitements les plus inhumains, 68, 73.— Est dénoncée à l'archevêque de Paris, qui fait visiter la maison par son grand-vicaire M. Hébert, 73. — Dans l'attente de cette visite, on la soumet à la torture, 75, 78. —Au jour annoncé la visite du grand-vicaire a lieu; il se fait présenter sœur Suzanne, qu'il interroge, 84. — L'archidiacre, édifié, la congédie et interroge la supérieure, 85. — Son procès se poursuit, 86. — Elle le perd, 89. — Reçoit la visite de son avocat, 92. — M. Manouri lui propose de la faire changer de maison, *ibid.* — Les persécutions à son égard recommencent, 94. — Sœur Ursule lui prodigue des marques de dévouement, 96.—Tombe malade, *ibid.* — Les soins du docteur Bouvard la rendent à la santé, 98. — Son amie tombe malade et meurt,

100, 101. — Le grand-vicaire fait une nouvelle visite à Longchamp, et lui annonce que M. Manouri a obtenu qu'elle soit transférée au couvent de Sainte-Eutrope, près d'Arpajon, 102. — Est conduite dans cette maison, 105. — La supérieure lui fait le plus bienveillant accueil, 107.— Soins minutieux apportés par la supérieure à son installation, 109. — Le premier soir, la supérieure vient à son déshabiller, 110. — Sœur Thérèse est jalouse de Suzanne, 114. — Leur conversation, 115. —La tendresse que la supérieure a conçue pour Suzanne croît de jour en jour, 120.— Comment elle le lui prouve, *ibid.* et suiv. — Questions de sœur Thérèse à Suzanne, 123.— Nouvelles preuves de tendresse de la supérieure; entretiens entre elle et Suzanne, 124 et suiv. — Une nuit, Suzanne reçoit la visite de la supérieure; quelles en sont les suites, 131 et suiv.— Elle intente aux religieuses de Longchamp un procès en restitution de dot, et le perd, 141. — La supérieure lui défend d'aller à confesse; elle y va cependant sur les instances du P. Lemoine auprès de la supérieure, 145. — Rencontre de Suzanne et de la supérieure dans l'église, où Suzanne passe la nuit d'après l'ordre du P. Lemoine, 147 et suiv. — Conseils que lui donne dom Morel, le nouveau directeur, 156. — Leur conversation, 157 et suiv.— Suzanne s'évade du couvent, 166. — Se recommande au marquis de Croismare, 170.

SINDOR.— Voyez *Gredins*.— Son mariage avec Haria, IV, 228. — Suite d'aventures singulières, 229 et suiv.

Singularité. — Son privilége, IV, 415.

SINSON (M.). — Donne, en 1771, sous le titre de *Soliloques ou Entretiens avec soi-même*, une traduction de l'ouvrage de milord Shaftesbury, intitulé *le Soliloque ou Avis à un auteur*, III, 193.

Sintoïstes. — L'une des sectes du Japon. Sa croyance religieuse, XV, 269.

SKERWIN, jésuite anglais. — Décapité en 1581 pour avoir conspiré contre Élisabeth, reine d'Angleterre, XV, 287.

SLEENHAUSEN, fille d'un médecin de Cologne, belle courtisane de La Haye.— Anecdote à son sujet, XVII, 404.

SLODTZ (*René-Michel*). — Notice sur cet habile sculpteur, mort en 1765, année dans laquelle il avait exposé un *Buste d'Iphigénie* et le *Mausolée de Languet*, curé de Saint-Sulpice, X, 439. — On vante de lui le *Tombeau du marquis Caponi*, à Florence, 440. — Ses *Bas-reliefs du portail de Saint-Sulpice* méritent d'être remarqués, *ibid.*

SMITH (*Adam*), philosophe et économiste écossais. — Erreurs de son système de philosophie morale, XI, 25.

SNYDERS (*François*), peintre flamand, né à Anvers. — Son tableau du *Sanglier*, qui se voit à Dusseldorf, est un chef-d'œuvre, XII, 122.

Sobriété. — Ses avantages, I, 109.

Société. — Le bonheur des individus est sa fin principale, I, 65. — La nature a rendu à cet effet l'intérêt particulier inséparable de l'intérêt général, 66. — L'homme insociable est un pervers, 67. — Égards qu'elle doit aux rangs et aux dignités; conversation sur ce sujet, IV, 13 et suiv. — Comment toutes les conditions s'entre-dévorent, V, 421. — Ce qu'elle est à vrai dire, 444, et XI, 152.

* Démonstration tendant à prouver que l'homme a été créé pour vivre en société, XVII, 130, 133. — Sentiment auquel les moralistes ont donné le nom de *sociabilité*, 134. — Aventure arrivée à Charles XII, 135. — Obligations imposées par la société à ses membres, 136 et suiv. — Les vices qui font tort au particulier sont pernicieux à la société, 140. — Preuves fournies par l'ivresse et l'incontinence 140-141. — Des devoirs envers la société, 143 et suiv. — En instituant la société civile, les hommes ont renoncé à leur liberté naturelle, et se sont soumis à l'empire du souverain civil, 145. — La doctrine et la morale, qui constituent ce que l'on appelle en général la *religion*, ne sont point du ressort du magistrat; pourquoi? 146. — Circonstances qui ont contribué à faire

croire que les soins du magistrat s'étendaient naturellement à la religion, *ibid.* et suiv. — But final de la société religieuse, 149-150. — Conclusion de l'article : la société religieuse n'a aucun pouvoir coactif semblable à celui qui est entre les mains de la société civile, 150-154.

Socin (*Lélio*), hérésiarque célèbre, I, 185.

Socrate, dit *le Scholastique*. — Ce qu'il dit au sujet de l'assassinat de la célèbre Hypathie, XIV, 344.

Socrate, philosophe grec. — Sa prodigieuse habitude de considérer les hommes et de peser les circonstances ; ce qu'il appelait son *démon familier*, lui donnait une étonnante supériorité de jugement, II, 24. — Sa religion durera jusqu'à la fin des temps, 81. — Fermeté de son caractère, 345. — Un mot sur sa mort, VI, 78. — Esquisse dramatique de ses derniers instants, VII, 381, 384. — Sa vie, XVII, 151, 158. — Ses sentiments sur la divinité, 158. — Ses sentiments sur les esprits, 159. — Ses sentiments sur l'âme, *ibid.* — Principes de sa philosophie morale, *ibid.* — Ses principes sur la prudence domestique, 162. — Ses principes sur la prudence politique, *ibid.* — Ce que font ses disciples après sa mort, 163.

* Socratique (Philosophie) ou *Histoire de la Philosophie de Socrate*, XVII, 151, 166. — Vie de Socrate, 152, 158. — Sentiments de Socrate sur la divinité, *ibid.* — Sentiments de Socrate sur l'âme, sur les esprits ; ses principes de philosophie morale, 159 et suiv. — Ses principes de prudence domestique et de prudence politique, 162. — Ses disciples, 163 et suiv. — Principes philosophiques de Cébès exposés dans son dialogue intitulé *le Tableau*, 165.

Soldat. — Le souverain maître du soldat est maître de la finance, II, 473. — Est notre défenseur pendant la guerre, notre ennemi en temps de paix, 483. — Réponse d'un soldat lâche à Auguste, 489.

Soldats. — Singulière manière dont on les enrôle, I, 191. — Leurs devoirs, 192. — Leur Soliloque leur habillement, leurs occupations, leur croyance, 194. — Tous les enrôlés se trouvent d'abord dans le sentier des épines, *ibid.*

Soleinne (M. de). — Le catalogue de sa bibliothèque dramatique, rédigé par le bibliophile Jacob (*Paul Lacroix*), cité, VII, 6.

Solignac (*Mélanie* de). — Traits remarquables de la vie de cette intéressante aveugle-née, I, 334. — Sa vie racontée par Mme de Blacy, sa mère, *ibid.* et suiv. — Passionnée pour la musique ; ce qu'elle en disait, 335.

Soliloque. — Diderot raconte qu'il s'est habitué de longue main à l'art du soliloque, VII, 320. — Avantage qu'on retire de cet examen secret, 321. *Soliloque (le), ou Avis à un Auteur*, ouvrage de milord Shaftesbury, traduit en français par Sinson, III, 193.

Soliman, soudan de Nicée. — Anéantit l'armée des Croisés que Pierre l'Ermite a conduite sous les murs de cette ville, XIV, 245.

Solimena (*Francesco*), peintre napolitain. — Le Musée du Louvre a deux tableaux de cet habile artiste, XI, 326, 327.

Solon. — L'un des *Sept Sages* de la Grèce, XV, 59. — Il descendait de Codrus, dernier roi d'Athènes, *ibid.* — Sa vie, 60. — Sa philosophie, 61. — Meurt en Chypre à l'âge de quatre-vingts ans, *ibid.*

Sommeil. — Étude physiologique de cet état de l'animal, IX, 361.

Somptuosité. — Combien elle est pernicieuse au corps ; quels sacrifices elle exige pour sa satisfaction, I, 107.

Son. — Ce que c'est par rapport à nous, IX, 87. — Sa propagation n'est pas instantanée, *ibid.* — Ne parcourt un espace déterminé que dans un temps fini, *ibid.* — Sa vitesse est constante et son mouvement uniforme, *ibid.* — Sa vitesse peut être exprimée en chiffres, *ibid.* — Son origine et ses espèces, *ibid.* — Ce qui fait les sons graves ou aigus, 98. — Tous les sons sensibles ou appréciables sont compris dans un intervalle de huit octaves, suivant les expériences d'Euler, 99. — Distinction des sons, 102. — Problème de la plus grande vitesse d'une corde, 108. — La force pulsante étant donnée, trouver le plus grand écart de la corde, 112. — Le bruit est un, le son est composé, 114. — Chercher le son d'une flûte dont la longueur et la capacité soient données, 125. — Observations de M. Sauveur, 126. — Manière de fixer le son, *ibid.*

Songes. — La divination par les songes, science importante, était fort cultivée il y a deux mille ans, IV, 305. — Voyez Rêves.

SOPATRE, philosophe néo-platonicien, disciple de Jamblique. — Sa fin tragique racontée par Eunape, XIV, 326.

SOPHIE ET ZÉLIDE ou les *Deux Dévotes*. — Voyez ZÉLIDE.

Sophiste. — Ce mot n'avait point, au temps de Sénèque, l'acception défavorable qu'on y attache aujourd'hui, III, 17.

SOPHOCLE, poëte grec. — Les tragédies de Corneille lui feraient honneur, I, 428. — Est simple et grand, III, 481.

SORBON (*Robert*), philosophe scolastique — Par qui il s'est immortalisé, XVII 103.

SORANUS, médecin. — Pourquoi il ne met pas la matrice au nombre des organes principaux du corps, IX, 393. — Son secret pour reconnaître si une femme est stérile ou féconde, 394.

SORLIÈRES (M. et Mme de). — Leurs portraits, XIX, 32.

SORNIN, vicaire de Saint-Roch. — Est désigné pour faire le sermon de prise d'habit de Suzanne Simonin (*la Religieuse*) au couvent de Sainte-Marie, à Paris, V, 21. — Suzanne remarque que, dans son long sermon, il n'y a pas un mot qui ne soit à contre-sens, en ce qui la concerne, 22.

SOSIPATRA. — Curieuse initiation de cette femme célèbre aux mystères de l'éclectisme, XIV, 329.

SOTION, philosophe romain. — Quelle fut sa doctrine, XVI, 526.

SOUBEYRAN (M. BOREL de). — La présente édition lui est redevable d'une lettre inédite de Diderot au docteur Daumont, XX, 87.

SOUFFLOT (*Jacques-Germain*), architecte. — Son projet d'une statue de Louis XV pour la ville de Reims est rejeté, XIII, 27-28.

¶ *Sourds et Muets* (*Lettre sur les*), I, 343-428.

Sous-Gouverneurs, I, 196, alinéa 25. — Voyez *Évêques*.

Souverain. — Le faible pense ce que le fort exécute, II, 477. — Exemples réduits en maximes tirées de la *Politique de Frédéric II, roi de Prusse;* maximes LXXIII à CXXI, 475 à 481. — Son plus dangereux ennemi, 439.

* *Souverains*. — Sont ceux à qui la volonté des peuples a conféré le pouvoir nécessaire pour gouverner la société, XVII, 166. — Dans l'état de nature, l'homme n'en connaît point, *ibid.* — La société ne s'est choisi des souverains que pour veiller plus efficacement à son bonheur et à sa conservation, 167. — Circonstances qui ont déterminé certains peuples à limiter les pouvoirs de leurs gouvernants, 168. — Obligations des souverains à l'égard de leurs sujets, 169. — Erreur funeste dans laquelle ils ne tombent que trop communément, 170.

Spahis, I, 196, alinéa 26.

Spartacus, tragédie de Saurin. — Critique qu'en fait Diderot, XVIII, 436.

Spectacles. — Effets du spectacle des Anciens, VII, 120. — Anecdote sur une de nos salles de spectacle, 122. — Les attaquer par leurs abus, c'est s'élever contre tout genre d'instruction publique; tout ce qu'on a dit à ce sujet est sans justice et sans vérité, 369.

Spéculations utiles et maximes instructives. — Examen de cet ouvrage de M. de Bignicourt, IV, 90. — Voyez BIGNICOURT.

SPERBER (*Jules*), théosophe allemand, XVII, 257.

SPEUSIPPE, philosophe platonicien. — Notice sur lui, XVI, 326.

SPHÉRUS *le Borysthénite*, philosophe

stoïcien. — Disciple de Zénon ; modifia ce principe des stoïciens que le sage n'opinait jamais, XVII, 226.

Sphincter. — Nom donné à divers muscles annéliformes, IX, 323. — État habituel de celui de l'urètre et de celui de l'anus, *ibid.* — Effets de la lâcheté et de la joie immodérée sur ces deux muscles, 324.

Spinosa (*Benoit* ou *Bénédict*), philosophe panthéiste, I, 218, alinéa 7. — A souvent jeté l'alarme dans l'Allée des épines (les chrétiens), *ibid.* — Ses idées touchant la liberté, XV, 480.

* *Spinosa (Philosophie de)*, XVII, 170. — Spinosa est le premier qui ait réduit l'athéisme en système, *ibid.* — Le dogme de l'âme du monde est, dans le fond, le sien, 171. — Analyse de son *Traité théologico-politique*, 172. — Dans son second ouvrage sur la morale, il plonge le lecteur au sein de l'athéisme, 173. — Personne n'a combattu le spinosisme avec autant d'avantage que ne l'a fait Bayle, *ibid.* — Exposé de la doctrine de Spinosa ; raisonnements que Bayle lui oppose, 174 et suiv. — Nouveaux coups portés par Bayle, que les spinosistes n'ont pu parer, 187 et suiv. — La définition de Spinosa sur le fini et l'infini n'est pas juste ; pourquoi, 194. — Les raisonnements sur l'infini ne sont pas plus justes, 195. — Ses axiomes ne sont pas moins faux que ses définitions ; exemples, 196. — Examen des propositions de son système, 197 et suiv. — Le principe sur lequel il s'appuie est obscur et incompréhensible ; quel est ce principe de son système, 201. — Raisons dont on peut encore se servir pour renverser ce système, 202 et suiv.

Spinosistes, les sectateurs de Spinosa. — Habitants de l'Allée des marronniers, dans la *Promenade du sceptique*, I, 218, alinéa 7. — Leurs étranges visions, *ibid.* — Comment on doit raisonner avec un spinosiste, XVII, 189.

Spizelai, pharmacien allemand. — Le célèbre chimiste Guillaume Rouelle fait ses premières études dans son officine, VI, 406.

Spleen, vapeurs qui affectent les Anglais. — Explication de cette maladie par l'Écossais Hoop, XVIII, 530. — Ce qu'en dit d'Holbach, XIX, 183 et suiv. — Voyez *Suicide*.

Squilaci (le marquis de), artisan sicilien, devenu seigneur espagnol. — Augmente les droits du fisc espagnol pour les possessions d'Amérique, VI, 462. — Les jésuites s'emparent de cette circonstance pour exciter une révolte contre la métropole, *ibid.* — Squilaci cause, en 1766 et 1767, une horrible disette par l'accaparement des grains, 463. — Provoque une émeute par des vexations ridicules, *ibid.* — Les jésuites prennent part à la révolte, *ibid.* — Sa maison est livrée au pillage, il s'enfuit vers l'Italie, 464.

Staal (Mme de). — Est enfermée à la Bastille avec la duchesse du Maine, sa maîtresse, à l'occasion de la conjuration du prince de Cellamare, II, 255. — Ce qu'elle fit en apprenant que la duchesse avait tout avoué, *ibid.*

Stahl (*Georges-Ernest*), célèbre médecin allemand. — Cause présumée de l'obscurité qu'on remarque dans ses ouvrages, II, 38. — Ses *Trecenta*, difficiles à comprendre, même pour les gens de l'art, 390. — Quelques-uns de ses ouvrages ont été traduits par le baron d'Holbach, *ibid.* — Sa doctrine sur l'âme humaine, IX, 378.

¶ *Stances irrégulières pour un premier jour de l'an*, poésie, IX, 48.

Stances sur l'industrie. — Petit ouvrage de poésie d'un mérite réel, VI, 437.

Stanyan (*Temple*), auteur anglais d'une *Histoire de la Grèce*. — Diderot a donné de cet ouvrage une traduction qui ne pouvait être comprise dans ses œuvres, I, xv. — Cette traduction, imprimée pour la première fois en 1743, à Paris, a été réimprimée à Londres en 1773, XI.

¶ *Statue (sur la) de Louis XV*, de l'École militaire, par Le Moyne; morceau inédit, XIII, 76.

Statue (la) de Diderot. — *Conférences de la mairie du III⁰ arrondissement de la ville de Paris*, par M. Hippolyte Stupuy, XX, 143.

Stérilité de la femme. — Voyez Ail. — Était en opprobre chez les Juifs, XIV, 504.

STERNE (*Laurent*), célèbre écrivain anglais. — Mauvais modèle à suivre, VI, 5. — Est rempli de longueurs, *ibid*. — A souvent été accusé de plagiat, 6. — Son *Voyage sentimental* a fait école, 7. — Manière dont il envisageait la vie future, 195. — Dante et Diderot ont reproduit sa pensée sur ce sujet, *ibid*. — Passage de son *Tristram Shandy* argué de plagiat, 284.

STÉSICHORE, poëte grec auquel on attribue l'origine de la *palinodie*, XVI, 190.

STICOTI (*Antonio-Fabio*), acteur. — Traducteur d'une brochure intitulée *Garrick ou les Acteurs anglais*, VIII, 343.

STILPON, philosophe stoïcien de Mégare. — Son impassibilité tenait de la férocité, III, 344. — Notice sur lui, XVI, 113.

* *Stoïcisme*, ou *Secte stoïcienne*, ou *Zénonisme*. — Origine de cette secte, XVII, 205. — Vie de Zénon, *ibid*. — D'où elle tira son nom de *stoïcienne*, 206. — Principes généraux de la philosophie stoïcienne, 208. — Logique des stoïciens, *ibid*. — Leur physiologie, 212, 218. — Leur anthropologie, 218. — Principes de leur philosophie morale, 219. — Disciples et sectateurs de Zénon, 224 et suiv. — Restaurateurs de la philosophie stoïcienne parmi les modernes, 228.

STRABON. — Auteur à consulter pour l'étude de la géographie ancienne, III, 494.

STRANGE (Sir *Robert*), graveur anglais, admis, en 1764, dans l'Académie de Paris avec le titre d'agréé. — Expose au Salon de 1765 ses gravures, la *Justice* et la *Mansuétude*, d'après Raphaël, X, 453. — Au Salon de 1767, ses gravures ne font aucune sensation, XI, 367.

STRATON, philosophe péripatéticien. — Ses principes philosophiques, XVI, 246-247.

STROGONOFF (le comte de). — Diderot reconnaît que ce personnage mérite tout le bien que lui en a dit Falconet, XVIII, 327.

STUPUY (*M. Hippolyte*). — Auteur des *Conférences de la mairie du III⁰ arrondissement de la ville de Paris*; la *Statue de Diderot*, XX, 143; et de la comédie en deux actes *Chez Diderot*, 146.

Style. — Simple, clair, sans figure, sans mouvement, sans verve, sans couleur: c'est celui de d'Alembert, et du géomètre; large, majestueux, harmonieux, abondant, noble, plein d'images: c'est celui de Buffon; un troisième est véhément, il touche, il trouble, il agite, il incline à la tendresse, à l'indignation, il élève ou calme les passions : c'est celui de Rousseau, II, 339. — Rien n'est plus rare que le style : là où il n'y a point de fond, il ne peut y en avoir, V, 235. — Quand le style est bon, il n'y a point de mot oisif, 236. — Comparaison tirée du texte de Virgile et de sa traduction par l'abbé Desfontaines,*ibid*.

SUARD (*J.-B.-Antoine*), littérateur. — Mot sanglant qu'il adresse à l'abbé Morellet, VI, 396. — A parlé avec éloge des *Salons* de Diderot, VIII, 391. — Brouillerie dont il paraît avoir été la cause, XIX, 78. — Sa conversation avec Diderot, aux Tuileries, 79 — Autre conversation, 92. — Mot de lui au président de Montesquieu sur la confession, 134. — Il obtient, avec l'abbé Arnaud, la rédaction de la *Gazette de France*, 140. — Son mariage. Son caractère, 217. — Il décrie la baronne d'Holbach dans l'esprit de son ami Digeon, XIX, 258. — Diderot lui envoie une lettre de réprimande. A quelle occasion, 271. — Lettre inédite de Diderot à lui adressée, 473. — Autre lettre inédite, 500.

Sublime. — Quels sujets le font naître, XI, 146.
* *Subvenir.* — Acception grammaticale de ce mot, XVII, 231.
Suétone, biographe latin. — Cité, III, 20, 27, 31, 33, 45, 52, 59, 131, 132, 170, 171, 172, 174.
Suffisance (de la), de la religion naturelle, I, 259. — Notice préliminaire, 260. — Cet ouvrage de Diderot, attribué à tort à Vauvenargues, 260.
Suicide. — Moyen efficace employé par les magistrats de Milet pour arrêter, chez les femmes, le penchant au suicide, II, 257. — Ses causes principales, III, 244. — Celui de l'homme de bien est un crime de lèse-société, 253. — Voyez *Spleen* et *Vie.*
* Ce qu'il est et ce qu'on entend ordinairement par ce mot, XVII, 231. — La moralité du suicide est contre la loi de la nature, et pourquoi, *ibid.* — Des différents cas dans lesquels le suicide est permis, 232. — Ce qu'on entend par suicide indirect, 233. — Le suicide a toujours été un sujet de contestation parmi les anciens philosophes, 234. — Il n'est point défendu dans l'Écriture sainte, d'après le docteur Donne, *ibid.* — Exemple d'un suicide mémorable à Londres, 237.
Suilius, amant de Messaline. — Contribue à l'exil de Sénèque par Claude, III, 39. — Se fait le dénonciateur de tous ceux qui, ayant dédaigné les faveurs de Messaline, ont encouru sa haine, 41. — Notice sur ce misérable détracteur de Sénèque, 86 et suiv. — Cité, 152, 153, 374.
Suisset (*Richard*), philosophe scolastique. — Mérite d'être nommé parmi les inventeurs de l'algèbre, XVII, 106. — Suivit la philosophie d'Aristote, 107. — Traite, dans son *Calculateur,* de l'intensité et de la rémission, *ibid.*
Suite de l'Apologie de l'abbé de Prades, en réponse à l'instruction pastorale de l'évêque d'Auxerre (Ch. de Caylus), I, 429. — Notice préliminaire, 431. — Avertissement de l'auteur, 439.
Sulamek. — Nom donné au cardinal Fleury dans les *Bijoux indiscrets*; on annonce sa mort, IV, 375. — Son caractère, *ibid.* — Ce qui arrive à son oraison funèbre, 376.
Sunni. — Notable chinois, neveu de Confucius; événement remarquable de sa vie, IX, 467, 468.
Superstitieux. — Ce qu'ils sont dans la société, VI, 368. — Le superstitieux est nécessairement fanatique, *ibid.* — C'est l'être le moins touché du vrai, du bon et du beau; il a la vue trouble, VII, 389.
Superstition (la). — Est plus injurieuse à Dieu que l'athéisme, I, 130. — Ce que dit Plutarque à ce sujet, *ibid.* — Le Dieu du superstitieux est un être d'imagination, *ibid.* et III, 490. — Est une des passions propres à l'espèce humaine, VI, 368.
Supplément au voyage de Bougainville, II, 193. — Notice préliminaire, 195. — Jugement sur cet écrit, 196-197. — Cette histoire *d'une nation,* ou pour mieux dire *d'une famille,* ne peut être l'objet d'une analyse; il faut la lire en entier, 195 à 250.
Sur la princesse Dashkoff. — XVII, 487.
Sussy (M. de). — Ce qu'on lui écrit de Lisbonne à propos des jésuites du Portugal, XVIII, 410.
Suvée (*Joseph-Benoît*), élève de Bachelier. — Expose, au Salon de 1781, une *Vestale qui rallume le feu sacré,* composition froide; un tableau allégorique sur *la Liberté accordée aux arts,* composition agréable, mais d'un faible effet; une *Visitation de la Sainte Vierge,* diversement jugée, XII, 50-51.
Suzanne (la chaste), sujet de tableau. — Traité par Carle Van Loo, X, 242. — Par de Troy, 244. — Par un grand nombre d'artistes, *ibid.* — Par Bourdon, avec une grande supériorité, 245. — Dans un tableau de Lagrenée, exposé en 1767, XI, 54.
Suzanne. — Ses amours avec Jacques le Fataliste, VI, 212.
Suzanne Saulier. — Voyez Simonin (*Marie Suzanne*).
Swift (*Jonathan*,) auteur des *Voyages de Gulliver.* — Jugement qu'il porte sur Asgil, Tindal et Toland, déistes ou

rénégats incrédules, ses contemporains, I, 15. — Le caractère philosophique de ses ouvrages n'est pas sans avoir des dangers pour l'auteur, 185. — Parmi les auteurs de sa nationalité, personne n'a eu de l'humour à un plus haut point que lui, XV, 147.

SYLLA. — Son indigence cause de sa fortune ; elle le rendit audacieux, II, 461.

Sylvain, opéra-comique de Marmontel. — Sujet emprunté à l'*Éraste* de Salomon Gessner, VIII, 20.

SYLVESTRE II, pape; d'abord archevêque de Reims sous le nom de Gerbert, XV, 301.

Sylvia et Molhésof, nouvelle publiée par Dorat à la suite de son drame *les Deux Reines*. — Grimm dit que Dorat a pris ce sujet à Diderot, VIII, 4.

Sylvie, tragédie en un acte et en prose, par Landois. — Ouvrage cité par Diderot, VII, 6.

Symétrie.— Ce qui la constitue, I, 405. — Dans les tableaux, la symétrie ne convient qu'aux grandes masses d'architecture, X, 367. — Est bannie de tous les genres de peinture, XII, 80.

Synésius, évêque de Ptolémaïs.— Lettre admirable de modestie, qu'il adresse à son frère, XV, 295. — Ses ouvrages se trouvent recueillis dans la *Bibliothèque des Pères de l'Église*, 298. — Quoique infecté de platonisme, il fut revêtu de la dignité épiscopale, en raison de la sainteté de ses mœurs, *ibid.*

SYN-MU.— C'est avec lui que commence l'histoire du Japon, XV, 266.

Synonymes français (les), ouvrage de l'abbé Girard. — Sont un chef d'œuvre original de finesse, de bon goût et de morale, III, 467. — La continuation de cet ouvrage serait bien digne de quelque membre de l'Académie, XIII, 269. — Observations sur ces nuances d'expression qu'on rencontre dans toutes les langues, XIV, 447.

Système figuré des connaissances humaines.—Arbre du chancelier Bacon, XIII, 165.

Système général de la connaissance humaine, suivant le chancelier Bacon, XIII, 160.

Système de la nature (le), ouvrage publié en 1770, sous le pseudonyme de Mirabaud, par le baron d'Holbach. — Est en grande partie l'œuvre de Diderot, I, XVII; II, 398.

Système de lecture (Nouveau) applicable à toutes les langues. — Analyse de cette méthode ; son résultat, VI, 435.

Systèmes de musique des anciens peuples. — Examen d'un mémoire de l'abbé Roussier sur ce sujet, IX, 443.

T

Tabernacle. — Moïse y renferme la loi écrite (*le Décalogue*), I, 202.

Table Isiaque. — Une des antiquités égyptiennes les plus remarquables qui existent encore; histoire de sa conservation, XIV, 394.

Tableaux sur le théâtre. — En quoi ils diffèrent des coups de théâtre, VII, 94.

Tableaux. — Du caractère que doivent avoir ceux dont on décore les temples, X, 390. — Ceux d'un mérite réel acquièrent avec le temps une immense valeur, XI, 5. — Les Boucher, J. Vernet, Casanove, Loutherbourg, Chardin, Corrége donnés en exemple, *ibid.* —Le dédain, que certains amateurs affichent pour la peinture historique, provoque la décadence de l'art, 8. — Se tenir aux sujets honnêtes, les tableaux licencieux ne durent pas ; que sont devenues les infâmes et belles estampes de Jules le Romain, d'après Arétin ? 189. — Avis aux artistes jaloux de leur réputation, *ibid.* — Idée d'une loterie de tableaux par souscription, 278. — Erreur de Webb touchant les sujets religieux, 344.

Tables de la Loi. — Voyez *Décalogue*.

Tablier (Prendre ou *Quitter le)*, termes de convention entre Grimm et Diderot. — Leur signification, IV, 84.

TABOUREAU, ou mieux TABOUROT (*Étienne*), seigneur des ACCORDS, auteur d'un livre fort original, intitulé *les Escraignes dijonnaises*, et d'un autre, non moins plaisant, ayant pour titre : *les Touches et Bigarrures du seigneur des Accords*, I, 163. — Le *Tu es Petrus*, etc., cité comme un calembour digne de lui, *ibid*. — Passage cité de son livre des *Bigarrures* sur l'étymologie du mot *Escraignes*, VI, 118. — Curieuse invention de cet écrivain pour apprendre au lecteur qu'il est l'auteur du livre des *Bigarrures*, publié anonyme, *ibid*.

TABOUROT (*Jehan*), oncle du précédent. — Ses ouvrages, VI, 118.

Tache noire. — Péché originel, I, 201. — Moyen employé pour l'effacer, 202. — Voyez *Péché originel*.

TACITE, historien latin. — Est celui de tous les auteurs que les *penseurs* estiment le plus, I, 302. — Diderot le blâme d'avoir loué le poëte Lucain, III, 20. — Tacite parle d'une manière équivoque d'Annæus Méla, père de Lucain, 21. — Cité, III, 21, 22, 23, 25, 35, 41, 42, 43, 44, 46, 48, 49, 51, 52, 53, 58, 59, 61, 62, 63, 71. — Portrait qu'il fait d'un stoïcien hypocrite, 77. — Sénèque est son héros, 79. — Son récit des miracles de Vespasien, 262-263. — Est un homme de génie, 536. — Est le Rembrandt de la littérature, XII, 105.

Tact. — Il y a un tact moral qui s'étend à tout et que le méchant n'a point, VII, 126.

TAÏTI ou OTAHITI, l'une des îles de la Société. — Bougainville y aborde, II, 203. — Effets de sa prise de possession, *ibid*. — Fête de l'émancipation des sexes, 230. — L'état de courtisane y est fort honoré, IV, 197.

Talents (les) considérés dans leurs rapports avec la société et le bonheur. — Pièce de vers de La Harpe, VI, 421. — Examen de cet ouvrage, couronné par l'Académie française, *ibid*.

Talmud. — Ancien recueil des lois, des coutumes et des traditions juives, XV, 300. — Quels en furent les auteurs, *ibid*. — Jugements divers portés sur cet ouvrage, 362.

TAMPONNET (l'abbé), pseudonyme de Voltaire. — C'est sous ce nom que le grand écrivain publia, en 1769, les *Lettres d'Amabed*, VI, 366. — Compte rendu de cet ouvrage, *ibid*.

Tancrède, tragédie de Voltaire. — Mlle Clairon joue mal à la première représentation, XVIII, 482. — Critique de cette pièce, XIX, 456. — Pathétique auquel atteint Mlle Clairon dans son rôle, 457.

TANIÉ. — Cité, II, 249. — Histoire de ce personnage, V, 313. — Son amour pour la belle Alsacienne, Mme Reymer, *ibid*. — L'abandonne par dévouement et part pour Saint-Domingue, 314. — Entre au Conseil souverain du Cap, et revient en France après une séparation de neuf à dix ans, *ibid*. — Ses envois annuels d'argent à Mme Reymer et ses présents au retour, *ibid*. — M. de Maurepas, ministre de la marine, le désigne pour un poste de confiance, 316. — L'artificieuse Reymer l'oblige à accepter, 317. — Il part, arrive à Saint-Pétersbourg, où il meurt au bout de trois jours, *ibid*.

Tanzaï et Néadarhé, histoire japonaise, d'abord publiée sous le titre de *l'Écumoire*. — Cette satire du cardinal de Rohan, de la *Constitution Unigenitus*, et de la duchesse du Maine, motive l'emprisonnement de Crébillon le fils, son auteur, I, 237, alinéa 7.

Tapisseries des Gobelins. — Un *Portrait du roi*, d'après le tableau de Michel Van Loo, exposé au Salon de 1763, y laisse une foule de spectateurs convaincus qu'ils voient un morceau de peinture, X, 225. — Au Salon de 1769, la même illusion se produit en voyant les *Portraits du roi et de la reine*, XI, 458. — Description de six projets conçus et proposés par Grimm et Diderot, XIII, 10, 12.

TARAVAL (*Hugues*). — Expose, au Salon de 1765, une *Apothéose de saint Augustin*, tableau bien dans quelques détails, mal dans l'ensemble, X, 411. — Une *Vénus et Adonis*, *ibid*. — Une *Génoise qui s'est endormie sur son ouvrage*, une *Académie*, plusieurs *Têtes*, le tout d'une grande médiocrité, 412. — Son tableau de *Vénus et Adonis* faisait l'admiration du comte de Creutz, XI, 95,-96. — Le *Repas de Tantale*, tableau que cet artiste expose au Salon de 1767, est un exemple complet du défaut d'unité, 298-299. — Ses autres tableaux, au même Salon, sont : *Vénus et Adonis*, 299 ; — Une *Jeune fille agaçant son chien devant un miroir*, ibid.; — Une *Tête de Bacchante*, ibid.; — *Hercule enfant étouffant des serpents*, 300. — Bon peintre, et dont le talent est à peu près ce qu'il sera, 307. — Le *Triomphe de Bacchus*, qu'il envoie au Salon de 1769, est aujourd'hui placé au Louvre, dans la galerie d'Apollon, 436. — N'expose pas en 1771, 532. — Une *Assomption de la Vierge*, qu'il expose en 1775, tableau sans effet, mal composé, mal colorié, XII, 18. — Six tableaux qu'il expose au Salon de 1781, tous mauvais, 40.

TARGET. — Diderot prie l'abbé Le Monnier de solliciter auprès de lui pour Vallet de Fayolle, XIX, 373.

TARQUIN L'ANCIEN, cinquième roi de Rome. — Croit à la science des augures, et se déclare leur protecteur, I, 147. — Fait élever une statue au devin Navius, *ibid*.

TARTINI (*Joseph*), musicien célèbre. — Compose dans un songe le morceau remarquable connu sous le nom de *Sonate du Diable*, II, 452.

Tartuffe (le), comédie de Molière, citée comme exemple de l'inutilité de l'exposition dans la comédie, VII, 346. — Dans toute pièce bien conduite, l'exposition se fait à mesure que le drame s'accomplit, *ibid*.

TASCHEREAU (*Jules-Antoine*), littérateur. — Insère, dans la *Revue rétrospective* de 1834, le texte définitif de la comédie de Diderot intitulée *Est-il bon ? Est-il méchant ?* VIII, 137. — Jugement qu'il porte sur cet ouvrage, 142-143. — Anecdote qu'il rapporte au sujet de l'acteur Molé, 346. — Est chargé par MM. Sautelet et Paulin de surveiller l'impression de leur édition des *Œuvres de Diderot*, XVIII, 351.

— Est interrompu dans cette publication, et prie M. A. Chaudé de la terminer, *ibid*.

TASSE (le), poëte italien. — Endroit de sa *Jérusalem* qui ne le cède en rien au XVIIe livre d'Homère, I, 424.

TASTE (dom *Louis* la), bénédictin. — Cité I, 439. — Note biographique sur cet évêque, VI, 268.

TATIEN, philosophe platonicien du IIe siècle. — Devenu disciple de Saint-Justin, il embrasse le christianisme, XV, 291. — Sa doctrine, mêlée de philosophie orientale et égyptienne, le fait rejeter comme hérétique, 292. — Système de cette hérésie dite des encratites ou des émanations, *ibid*.

TAYLOR (*Brook*), géomètre anglais. — Sa solution du problème des vibrations, IX, 87. — Cette solution repose sur deux faits d'expériences, 88. — Deux axes étant donnés, décrire sa courbe musicale, 92. — Cas où ses formules sont bonnes, 97.

Télémaque. — Citation empruntée à cet ouvrage, comme preuve de la facilité avec laquelle le romancier produit l'illusion, si difficile pour le poëte dramatique, VII, 331.

TÉLÉSIUS (*Bernardinus*), philosophe napolitain. — Notice sur lui, XVI, 199. — Principes de sa physique, 200.

Témoins. — Leur diversité, leur valeur, III, 465.

Tempérament. — Source des bons ou mauvais penchants de l'homme, I, 30. — Son influence sur tous les actes de la vie humaine, 86. — Les affections sociales le modifient, 87. — La religion lui est favorable ou contraire selon l'emploi qu'on en fait, *ibid*. — Son influence sur le caractère, II, 385.

Tempérance. — Ses avantages, I, 109.

Temple du bonheur (le), titre d'un ouvrage de Dreux du Radier, VI, 438. — La boutade de Diderot ne s'applique probablement pas à ce livre, *ibid*. (note).

TENCIN (*Claudine-Alexandrine* GUÉRIN de), mère de d'Alembert, II, 109. — C'est elle, croit-on, que Diderot nomme

Thétis dans les *Bijoux indiscrets*, IV, 218, 222. — Auteur des *Mémoires du comte de Comminges*; avait eu pour collaborateur d'Argental et Pont de Veyle, ses neveux, dans la composition de ce roman, X, 286.

Tendresse maternelle. — Elle a des bornes prescrites, au delà desquelles elle dégénère en vice, I, 31.

Téniers (David) le Jeune. — Les tableaux de ce peintre peuvent être mis sur des toiles de la plus grande dimension, XI, 460. — Rend la nature telle qu'elle est, *ibid.* — Ordonnance toujours vraie du nombre prodigieux de figures qu'il emploie dans ses *Kermesses*, XII, 97. — A fait la satire la meilleure et la plus forte des repoussoirs, 100. — La naïveté de ses compositions les sauve du dédain, 122.

* *Tenir*. — Acceptions diverses de ce mot, XVII, 237.

Terburg (Gérard), peintre hollandais. — Son tableau l'*Instruction paternelle*, admirablement gravé par Georges Wille, est représenté à l'exposition de 1767, XI, 365.

Térence, poëte comique latin. — Réflexions sur cet écrivain, V, 228 *et suiv.* — Jugement de M. Villemain sur l'écrit de Diderot, *ibid.* — Esclave du sénateur Terentius Lucanus, Térence fut un des plus beaux génies de Rome, *ibid.* — Ce qui lui arriva lorsqu'il alla présenter son *Andrienne* à l'édile Acilius, 230. — Toutes ses comédies applaudies, *ibid.* — Erreur de Montaigne à son égard, 231. — Tout l'honneur de ses comédies lui appartient sans partage, 232. — Est le premier des poëtes comiques pour les mœurs, *ibid.* — Parfait modèle à suivre, 234. — C'est une tâche hardie que la traduction de ses œuvres, 235. — Cicéron et Quintilien trouvent en lui toutes les délicatesses de la langue latine, *ibid.* — Colman, auteur comique anglais a donné, en 1735, une très-bonne traduction de son théâtre, 237. — Sa pièce intitulée *l'Hécyre*, caractérise *le genre sérieux* qui manque à notre théâtre, VII, 135. — Défaut de son *Héautontimoruménos*, 138, 317. — Voyez *l'Andrienne*. — Est unique dans ses récits, 367. — A des audaces que nos préjugés repoussent, *ibid.*

¶ *Térentia*, tragédie. — Plan de cet ouvrage, VIII, 285-336.

Ternate, l'une des îles Moluques. — Singulier culte de ses habitants dans les temps anciens, I, 169.

Terre. — Ce qu'elle est suivant Buffon, II, 27. — Conjectures proposées par Diderot, *ibid.*

Terre promise. — Le conducteur de ceux qui devaient l'occuper (Moïse) les abandonne, I, 203. — Recommandation qu'il fait avant de s'éloigner, *ibid.*

Tertullien, docteur de l'Église. — A loué l'éclatante piété de Sénèque, III, 187. — Erreurs dans lesquelles il est tombé touchant la nature divine, XV, 293.

Testalunga, brigand sicilien, V, 267.

Testament (Ancien). — Voyez *Bible*.

Testament (Nouveau). — Voyez *Évangile*.

Testament du curé Meslier. — Voyez *Bon Sens (le)*.

Testament d'Eudamidas (le), tableau de Nicolas Poussin, XI, 304. — Description de ce tableau, XII, 102.

Tête. — Son examen physiologique, IX, 308.

Thabit, philosophe musulman, XVII, 41.

Thalès, l'un des Sept Sages de la Grèce, XV, 59. — Fut le fondateur de la secte ionique, *ibid.* et 64. — Mérita entre tous d'être appelé *philosophe*, *ibid.* — Suite de ses successeurs, *ibid.* — Aristote le dit auteur de l'*Hylopathianisme*, XV, 148. — Cicéron, Diogène Laerce et Clément d'Alexandrie réfutent l'opinion d'Aristote, 149. — Notice sur sa vie et exposé de sa doctrine, 244-252.

Thamyris, poëte grec, né en Thrace, disciple de Linus, XV, 49. — Succède à Musée dans l'histoire fabuleuse, 54.

Théâtrale (action). — Son imperfection, VII, 95.

Théâtre. — Des tableaux et des coups de théâtre, VII, 94. — Paris n'avait, en 1757, que trois théâtres, 124.

Théâtre anglais. — Compte rendu d'un volume de ce théâtre, traduit par par Mme Riccoboni, VIII, 465.

Thébains. — Voyez Ménippe.

The Gamester. — Voyez *Joueur (le)*.

Théisme. — Est le fondement de toute religion, I, 14. — Il favorise la vertu, 52.

Théiste. — En quoi il diffère du déiste, I, 13. — Il croit en Dieu et est près d'admettre la révélation, *ibid.* — En anglais le mot *theist* désigne indistinctement *déiste* et *théiste*, *ibid.* — Cette confusion révolte milord Shaftesbury, qui ne peut souffrir qu'on donne à une troupe d'impies le nom de théistes, le plus auguste de tous les noms, *ibid.*, 14. — Le théiste n'est pas encore chrétien, mais il est sur la voie pour le devenir, *ibid.* — Sa croyance, 21. — Est fortement persuadé de la prééminence d'un Être tout-puissant, 52. — Ses motifs d'espérance d'une vie à venir, 60, à la note.

Thélis, personnage des *Bijoux indiscrets*, présumé Mme de Tencin, IV, 218. — Mangogul lui fait visite, *ibid.* — Subit l'essai de l'anneau magique; ses indiscrétions, 219. — Avoue et confesse Zermounzaïd, Cacil, Jékia, Almanoum, Jasub, Sélim, Manzora, Nereskim, *ibid.* — Tout cela pendant que Sambuco, son mari (Mme de Tencin n'ayant pas été mariée, l'auteur a-t-il voulu par ce moyen se défendre de toute application?) entièrement occupé des détails de la guerre, ne soupçonne nullement sa trahison, 220. — Suite non interrompue de ses aventures et de ses scandaleuses révélations, 221-222.

Thème et Version. — Note de M. Guizot sur ce sujet, III, 474. — Leur étude simultanée est obligatoire pour arriver à la connaissance d'une langue, 478.

Thémiseul de Saint-Hyacinthe. — Voyez Cordonnier.

* *Théocratie.* — Ce que l'on nomme ainsi, XVII, 238. — Le peuple hébreux nous fournit le seul exemple d'une vraie théocratie, *ibid.* — Peuples divers chez qui elle a été établie, 240. — Premier gouvernement que les nations aient adopté, 241.

Théocrite, poëte grec. — Place distinguée qu'il occupe dans l'estime de Diderot, XII, 75.

Théognis, poëte gnomique, né à Mégare, XV, 63. — Eut une grande influence sur le gouvernement de Thèbes, *ibid.*

Théologie. — En quelles limites peut se renfermer son étude, III, 513. — Ouvrages à consulter, *ibid.* — Il faut deux chaires de théologie dogmatique, 514. — Enseignement de chaque professeur, 515.

Théologie en Quenouille (la), ou la Femme docteur, comédie du Père Bougeant, V, 372 — Cet ouvrage a fourni à Palissot l'idée de sa comédie des *Philosophes*, *ibid.* et 440.

Théologiens (les). — Sont impuissants à accorder le dogme des peines éternelles avec la miséricorde infinie de Dieu, I, 165. — Définition du théologien, 159. — Sont ennemis de la plaisanterie, 186. — Voyez *Clergé, Guides, Prêtres*.

Théophile, évêque d'Antioche. — En quelle circonstance ce philosophe platonicien se convertit au christianisme, XV, 292. — Sa conformité d'idées avec Platon dans l'interprétation du mot λογος, *ibid.* — Consacre le mariage de Synésius, et le fait évêque de Ptolémaïs, 296, 298.

Théophraste, philosophe péripatéticien, successeur d'Aristote, XVI, 245. — Ses principes philosophiques, *ibid.* — Meurt à l'âge de quatre-vingt-cinq ans, 246.

Théophraste, La Bruyère, Molière. — Excellents livres; meilleurs qu'on ne pense; mais qui sait les lire? V, 442. — Ce qu'on y recherche et ce qu'on en retire, *ibid.*, 443.

* *Théosophes (Philosophie des).* — Ils se prétendent éclairés par un principe

intérieur surnaturel et divin, XVII, 242. — Un mot sur les pressentiments, ibid. et suiv. — Les théosophes ont tous été chimistes; s'appelaient les *philosophes par le feu*, 244. — Principaux sectateurs de leur doctrine, ibid. et suiv. — Principaux axiomes de la doctrine de Paracelse, 249 et suiv.— Principes de Boehmius, 258. — Principes de la philosophie de Van Helmont, 259 et suiv. — Les théosophes ne devaient leur pénétration extraordinaire qu'à quelque dérangement périodique de la machine, 265. — Quelle était la philosophie de la société des Rose-Croix, 268. — Conclusion de cet article, ibid.

Thérapeutes. — Nom donné à une secte de juifs Esséniens. — Leur vie contemplative écrite par Philon, XV, 352. — Considérés par Eusèbe, par saint Jérôme et le P. Montfaucon, comme les premiers instituteurs de la vie monastique, ibid.

THERBOUCHE (*Anne-Dorothée* LISIEWSKA, dame), peintre du roi de Prusse. — Son tableau de *Cléopâtre* fait l'admiration de Diderot, XI, 95. — Expose, au Salon de 1767, son tableau de réception à l'Académie de France comme peintre de genre. Description de ce médiocre morceau, conservé au Louvre sous le numéro 576 de l'École française, 256. — Un tableau de *Jupiter métamorphosé en Pan, qui surprend Antiope endormie*, qu'elle avait préparé pour ce Salon, est refusé par le comité, 258, 259. — Service que Diderot lui rend à cette occasion, ibid. — Les portraits qu'elle expose au même Salon sont froids et sans autre mérite que la ressemblance, celui de Diderot excepté, qui est d'un faire remarquable, 260. — Plaisante anecdote touchant ce dernier, ibid. — Se montre ingrate à l'égard de Diderot, 262. — Cette indigne Prussienne a la tête folle et le cœur dépravé, 263. — Jugement sur sa personne et son talent, 307. — Il faut compter comme ses meilleurs tableaux une *Femme de distinction qui secourt la peinture découragée*, et un *Grand Seigneur qui ne dédaigne pas d'entrer dans la chaumière d'un malheureux*, envoyés anonymes à l'Exposition de 1767, 344.— Ce que Diderot écrit à son sujet dans une lettre à Falconet, XVIII, 254-284. — Diderot écrit à Mlle Volland que cette femme le rendra fou, XIX, 296. — Elle est partie pour Bruxelles, 302. — Mauvais état de ses affaires, 305. — Auteur d'une miniature de Diderot, XX, 115.

THÉRÈSE (sainte). — Cause de son exaltation, II, 256.

THÉRÈSE (sœur), religieuse du couvent Sainte-Eutrope d'Arpajon, V, 112. — Ses alarmes à l'arrivée de Suzanne Simonin (*la Religieuse*), 113 et suiv. — Discours que lui tient la supérieure, 116. — Son entrée extravagante chez la supérieure, 118. — Ses aveux mêlés de réticences, 119. — Ses questions à Suzanne au sujet d'une longue visite chez la supérieure, 123. — Surprend la supérieure en visite nocturne chez Suzanne, 134. — La supérieure entre chez elle, et y passe le reste de la nuit, 135.

Thérèse philosophe. — Écrit attribué à Diderot, XX, 97. — Autres auteurs à qui l'on attribue la paternité de cet ouvrage, ibid.

Thèse de l'abbé de Prades. — Suspecte en raison des liaisons du soutenant avec les auteurs de l'*Encyclopédie*, I, 445. — Est considérée par ses adversaires comme le résultat d'un complot, ibid. — Apologie de cette thèse, 442-484.

THIA, jeune Taïtienne. — Sa rencontre avec le P. Lavaisse, aumônier de la frégate *la Boudeuse*, II, 221.

THIBAUT, comte de Champagne. — Part pour la Terre-Sainte, d'où il revient laissant prisonniers les chevaliers qui l'avaient accompagné, XIV, 249.

THIERS (baron CROZAT de), amateur de tableaux. — A sa mort, Diderot est choisi pour *expert* de la vente de son cabinet à l'impératrice Catherine II, VIII, 391. — Comment est composé son cabinet, combien il coûte à l'impératrice, XVIII, 328.

Thiriot, ami de Voltaire. — Son caractère, XIX, 35.
Thivet, village de la Haute-Marne, situé entre Chaumont et Langres, V, 282. — Ce qui arriva à Didier Diderot, père du philosophe, à la mort du curé de ce village, *ibid.*—Découverte d'un testament qui déshérite ses pauvres parents et institue légataire universel Frémin, riche libraire de Paris, 283.
Thograi, philosophe persan.— Sa vie et sa mort, XVII, 44,45.
Thomas (*Antoine-Léonard*).— De son *Essai sur les femmes*, II, 251. — Attachait le plus grand prix à la considération publique, 307.—Surnom que lui donnait Ducis, *ibid.* — L'homme de lettres le plus éloquent, l'âme la plus fière et la plus digne; dépassait souvent la mesure, soit dans l'éloge, soit dans le blâme, VI, 310. — Lettre de Diderot à Suard sur son *Éloge du Dauphin*, 347. — Son portrait peint par Duplessis est d'une remarquable beauté, XII, 42, 43. — Il va commencer son *Czar Pierre*, poëme épique, XVIII, 103. — Désespoir que lui cause l'indiscrétion du baron d'Holbach, au sujet de son *Éloge de Descartes*, XIX, 154.
Thomas d'Aquin, philosophe scolastique. — Professa la philosophie d'Aristote, XVII, 97. — Fondateur du *Thomisme*, 98.
Thomasius (*Jacques*), philologue allemand. — Leibnitz devient son disciple, XV, 437. — Ne doit point être oublié parmi les réformateurs de la philosophie, XVII, 268. — Quels furent ses professeurs, 269. — Études auxquelles il se livre, *ibid.* — S'attire des haines sourdes par sa liberté de penser, 270. — Ouvre une école à Halle, qui devient très-fréquentée, 271. — Ce qu'il expose dans ses différents ouvrages, *ibid.* — Devint théosophe, 273. — Fut un homme aussi estimable par ses vertus que par ses talents, *ibid.* — Où et quand il mourut, 300.
* *Thomasius* (*philosophie de*), XVII, 268. — Principes généraux de cette philosophie, 273.—Principes de la logique de Thomasius, 281. — Principes de sa pneumatologie, 285. — Principes de sa morale, 285.— Principes de sa jurisprudence divine, 290.
Thomistes, philosophes de la secte de Thomas d'Aquin.— Ont toujours soutenu le système de la prémotion, XVI, 392. — Pour quelles raisons, *ibid.*
Thomson (*James*) poëte anglais.—Auteur des *Nuits d'Young*, ouvrage traduit par Le Tourneur, IX, 451.
Thophail, philosophe musulman né à Séville, XVII, 46.— Admet les quatre qualités des péripatéticiens, 60. — Sa physique et sa métaphysique, 61.
Thor, divinité scandinave, fils d'Odin et de Frigga, XVI, 157.
Thou (*Christophe* de), premier président au parlement de Paris. — Excuse le massacre de la Saint-Barthélemy, III, 118.
Thys (*Antoine* de), philologue hollandais. — Auteur à consulter pour la connaissance de la législation de l'antiquité, III, 506.
Tibère, empereur romain. — Examen du règne de ce tyran, I, 118. — Fait violer par le bourreau la fille de Séjan, et appelle cela respecter la loi, II, 469. — Traits distinctifs de son caractère, 473. — Réponse judicieuse qu'il fait au Sénat, 475.— Sa position après la révolte de l'Illyrie, semblable à celle de Catherine de Russie après la révolution, 484. — Se joue audacieusement des lois, 500. — Garde le silence dans le Sénat discutant des questions qui l'intéressaient, *ibid.* — Défend par un sage édit l'usage du *baiser de cérémonie*, que les Romains se donnaient tous les jours, à leur première rencontre, III, 145, et IX, 473.
Tigellin (*Sofenius Tigellinus*), favori et ministre de Néron. — Méla lui laisse par son testament de grandes sommes pour assurer le reste de ses richesses à ses héritiers légitimes, III, 22.
Timée le *Locrien*, philosophe pythagoricien, XVI, 520.
Timocrate, philosophe grec. — Son exclamation à la vue d'un spectacle

d'où la sévérité de son caractère l'avait toujours éloigné, VII, 104, 105.

TIMON, misanthrope grec. — Les disputes de Xénophane de Colophone avec les philosophes de son temps ont servi d'aliment à sa mauvaise humeur, XIV, 396. — Disciple de Socrate, jugement sur lui, XVII, 166.

TIMON le Phliasien, philosophe sceptique, sectateur du Pyrrhonisme. — Notice sur lui, XVI, 474.

TINDAL (*Matthieu*) fameux déiste anglais. — Jugement porté sur ce ministre protestant, soit comme écrivain, soit comme philosophe, par Swift, l'auteur de *Gulliver*, I, 15.

TINTORET (*Jacques* ROBUSTI, dit le). — Manière dont cet artiste célèbre peignait, XII, 105.

TIRADES. — Très-applaudies dans les pièces de théâtre, elles sont souvent du plus mauvais goût, VII, 106.

TIRÉSIAS. — Personnage mythologique du poëme de Malfilâtre, *Narcisse dans l'île de Vénus*, VI, 355, 356, 357, 358, 359, 360.

TIRIDATE Ier, roi d'Arménie. — Vient à Rome demander la protection de Néron, III, 63. — Insolente réponse de l'empereur, *ibid.* et 64.

Tissu cellulaire. — Sa composition, ses fonctions, IX, 280, 281. — Toute nutrition tend à l'engendrer, *ibid.*

TITE-LIVE. — Est un bel et majestueux écrivain, mais n'est pas un homme de génie, III, 536.

Tocane, I, 219, alinéa 10. — Ce mot est synonyme de *Caprice, Boutade, Fantaisie*, etc.

Toilette. — Principale occupation des habitués de l'Allée des Fleurs, I, 238, alinéa 11.

TOINARD, fermier général; renommé pour son avarice, VIII, 389. — Anecdote tirée du *Journal* de Barbier, *ibid.* — C'était un avare, mais ce n'était pas *l'Avare*, *ibid.*

TOLAND (J.), célèbre incrédule irlandais, d'abord catholique. — Swift, l'ingénieux auteur des *Voyages de Gulliver*, le qualifie d'homme décrié dans son Église, et de misérable écrivain, I, 15

Tolérance. — Celle du Dauphin, père de Louis XVI, XIX, 210.

Tombeau des préjugés (le), titre donné par le marquis d'Argenson à un ouvrage resté inconnu que Diderot aurait écrit en 1749 : il est probablement question de la *Promenade d'un sceptique*, I, 278.

Tombeau de la Sorbonne. — Écrit attribué à Voltaire et désavoué par lui, I, 434. — Cet opuscule renferme des détails circonstanciés sur les persécutions dirigées contre l'abbé de Prades, *ibid.* — Citation empruntée à ce livre, 446.

Ton. — Il y a dans le drame un ton propre à chaque caractère, VII, 362 et suiv. (Voyez *Sommaire*, p. 304.)

TOOKE (*William*). — Auteur anglais qui traduit la discussion de Diderot et de Falconet sur le souci de l'immortalité, et la fait paraître à Londres, XVIII, 81.

TOPINAMBOUS. — Récit de Baumgarten sur les mœurs et coutumes de ce peuple sauvage, I, 45, à la note.

* *Torture* ou *Question*. — Quel est son but, XVII, 301. — Ce qu'elle est en Angleterre et en France, *ibid.* — Manière dont elle se donne, *ibid.* — Est, d'après La Bruyère, une invention sûre pour perdre un innocent à la complexion faible, et sauver un coupable robuste, *ibid.*

Toucher. — Voyez *Sens*.

Toucher (le). — Est le plus profond et le plus philosophe de nos sens, I, 352, 353. — Est plus fort que la vue, IX, 301. — Sa sensibilité explique le cas des chiennes qui allaitent des chats, *ibid.* — Divers exemples à l'appui de ce fait, *ibid.* — Étude physiologique de ce sens, 336-338.

TOURNEMINE (le P. de), jésuite. — Ses scandaleux sermons prêchés en 1730, à Caen, XV, 280.

TOURNEUR (*Pierre* LE), littérateur français. — Éloge de ses traductions des *Nuits d'Young* et de la *Vie de Savage*, IX, 451.

TOURNEUX (*Maurice*), bibliophile. — Fournit à M. Assézat d'utiles renseignements relatifs à Diderot, I, vi. — Seconde M. Assézat dans la publication de la présente édition, XVII, 1. — Continue l'œuvre après la mort de M. Assézat, *ibid.* — Ce qu'il se propose de faire pour la correspondance de Diderot, *ibid.* — Ne négligera rien pour que le complément de cette édition soit digne de l'homme qui l'a entreprise, 2. — Auteur des *Amours de Diderot*, XX, 143.

Toussaint (*François-Vincent*), littérateur. — Partage avec Diderot et Eidous la traduction du *Dictionnaire universel de médecine* du docteur anglais James (*Robert*), I, xl; XIII, 140.

Toustain, marquis de Limery, VI, 381.

Toutin (*Jean*), orfévre de Châteaudin. — Ajoute en 1632 de grands perfectionnements à la peinture sur émail, XIV, 409.

Toxaris, philosophe et législateur scythe. — Eut en Grèce la réputation de grand médecin, XVII, 112.

Traduction de l'allemand en français de diverses œuvres composées en vers et en prose, par M. Jacobi. — Critique de cet ouvrage, VI, 424.

¶ *Traduction d'un sonnet de Crudeli*, IX, 70.

¶ *Traduction libre* du commencement de la première satire d'Horace, IX, 42.

Traductions. — Un poëte ne peut être traduit par un autre poëte, I, 376. — Exemples pris d'Homère, de Virgile, de Pétrone, de Boileau, de La Motte, etc., 377 à 380.

Tragédie domestique ou bourgeoise. — Difficultés attachées à ce genre de composition, VII, 332. — Ne doit pas s'écrire en vers, *ibid.* — La tragédie appartient plus spécialement au génie républicain, et la comédie, gaie surtout, au caractère monarchique, 370. — La vraie tragédie est encore à trouver, VIII, 355 et 405.

Trahison. — Vice négatif, penchant dénaturé, I, 46.

¶ *Train du monde (le)*, comédie, plan de cet ouvrage, VIII, 245.

Traité des couleurs pour la peinture à l'émail et sur porcelaine, ouvrage posthume de Montamy, XIII, 48.

Traité des délits et des peines, par Beccaria. — Notes de Diderot sur cet ouvrage, IV, 63-69.

Traité du mélodrame, par le chevalier de Chastellux. — Lettre au sujet de cet ouvrage, VIII, 506.

Traité d'harmonie, ouvrage de Bemetzrieder. — Diderot l'a mis au net; c'est un bel et charmant ouvrage, XX, 21. — Voyez Bemetzrieder.

Trajan, empereur romain. — Fait l'éloge des cinq premières années du règne de Néron, III, 60. — Fonde la bibliothèque Ulpienne, XIII, 445.

¶ *Trajet de la Duina sur la glace*, poésie, IX, 28.

Tranquillité de l'âme. — Extrait analytique du Traité de Sénèque sur ce sujet, III, 308-311.

Transformisme. — Théorie moderne, II, 58.

Transpiration cutanée. — Elle est insensible; ce n'est pas de la sueur, IX, 293.

Transposition des organes. — Exemple cité du charpentier J.-B. Macé, mort à la Charité de Paris, II, 149.

Transsubstantiation (la), mystère, I, 182. — Elle établit, au moyen du bandeau (la Foi), que trois personnes n'en font qu'une, 203.

Tremblay (*Abraham*), naturaliste suisse. — Ses curieuses expériences sur les polypes d'eau douce, IX, 255.

Trembley (*Ambroise*), naturaliste. — Sa découverte du polype d'eau douce, II, 18.

Tremella. — Nom d'une plante aquatique, que ses singulières propriétés ont fait envisager comme une transition du règne végétal au règne animal, IX, 259. — Description de ses mouvements extraordinaires, 260-262.

Trempe de l'acier. — Description du procédé connu sous le nom de *trempe en paquet*, II, 37. — Voyez * *Acier*.

Tressan (*Élisabeth de Lavergne*, comte de), auteur de l'article *Parade* de l'*Encyclopédie*, VI, 382. — Manière dont il apprécie Palissot dans cet article, *ibid.*

Trévoux (Journal de), feuille dévouée aux Jésuites, XV, 284.

TRÉVOUX *(les Journalistes de)*. — Insultent périodiquement Diderot; réponses à leurs attaques dirigées, en avril 1751, contre la *Lettre sur les sourds et muets*, I, 411-428.

Trinité. — Platon considère la divinité sous trois aspects: *la Bonté, la Sagesse et la Puissance;* voilà la Trinité des chrétiens, I, 165. — On demande si l'initiation la plus complète à ce mystère peut rendre un homme meilleur citoyen, 182. — Ce qu'elle est, 203.

TRIPTOLÈME, police les villes d'Éleusine, XV, 58.

Tristram-Shandy, roman de Sterne, VI, 5. — Diderot s'est montré bien supérieur dans la situation qu'il emprunte à cet ouvrage pour l'introduire dans *Jacques le Fataliste*, 7.

¶ *Trois Chapitres (les), ou la Vision de la nuit du mardi gras*, XII, 157-170.

Trois Poëmes (les), par M. G.-D.-C. — Critique de cet ouvrage, VI, 411.

Trois Siècles de la littérature française (les), ouvrage de l'abbé Sabatier de Castres, V, 399. — La date de publication de ce livre (1772) sert à fixer celle de la révision définitive que Diderot fit du *Neveu de Rameau*, *ibid*.

TRONCHIN *(Jean-Robert)*, jurisconsulte genevois. — Sa brochure intitulée *Lettres écrites de la campagne* provoque la réponse de J.-J. Rousseau sous le titre de *Lettres de la montagne*, IV, 72.

TRONCHIN *(Théodore)*, célèbre médecin. — Passait pour charlatan, VI, 112. — Anecdote sur ses ordonnances, 113. — Ses expériences sur l'inoculation, IX, 208.

Troqueurs (les), opéra-comique de Dauvergne, V, 487.

Troupes auxiliaires, lisez *Chartreux, Missionnaires, Moines, Capucins, Inquisiteurs*, I, 197, 198.

Troupes séparées, lisez *Docteurs*, I, 197.

TRUBLET (l'abbé *Nicolas-Charles-Joseph*), auteur d'*Essais de littérature et de morale*. — Se montre, comme ses devanciers, pénétré d'un profond mépris pour l'espèce humaine, IV, 90.

TRUDAINE *(Daniel-Charles)*, conseiller au Parlement, intendant d'Auvergne. — La Faculté de droit de Paris fait exécuter, par le sculpteur Le Moyne, son buste en marbre, XI, 348.

TRUDAINE DE MONTIGNY *(Jean-Charles-Philibert)*. — Traduit, pour le théâtre particulier du duc d'Ayen, à Saint-Germain-en-Laye, le drame de Lessing, *Miss Sara Sampson*, VII, 17. — Diderot lui envoie, en 1762, un projet de préface pour sa traduction de Lessing, VIII, 434.

TUBALCAÏN, fils de Lamech. — Ne peut être mis au rang des grands philosophes pour avoir trouvé l'art de travailler le fer et l'airain, XIII, 304.

TULL *(Jethro)*, agronome anglais. — Son ouvrage sur l'agriculture a été le modèle du *Traité de la culture des terres* de Duhamel du Monceau, XIII, 256.

TURCS (les). — Récit de Baumgarten sur les mœurs de ce peuple, I, 45 (note). — Gardent fidèlement les pactes jurés, II, 497. — Observations sur leurs mœurs, leurs lois, par M. Porter, IV, 78. — Leurs bibliothèques, XIII, 453.

TURENNE *(Henri DE LA TOUR D'AUVERGNE*, vicomte de), maréchal de France. — Fait singulier qu'on trouve raconté dans sa *Vie* écrite par Ramsay, I, 162. — Louis XIV fait déposer ses restes dans les tombeaux de Saint-Denis, II, 445.

TURGOT *(Anne-Robert-Jacques)*, célèbre ministre. — Auteur d'un édit pour le rétablissement de la liberté du commerce des grains, II, 352. — Ce qu'il disait à Diderot apologiste de Sénèque, III, 70. — Motifs qui lui firent garder le célibat, 323.

TURPIN, auteur d'une *Histoire civile et naturelle du royaume de Siam*. — Examen de cet ouvrage publié en 1771, et supprimé par arrêt du conseil, VI, 420.

TURRETIN, citoyen de Genève, théologien protestant. — Preuves nombreuses qu'il apporte pour montrer la *liberté* comme prérogative de l'homme, XV, 478, 479.

Turselin, jésuite. — Son apologie de la Saint-Barthélémy, III, 402, 403.

Tyrannie. — Elle imprime un caractère de bassesse à toutes sortes de productions, III, 24. — La langue même n'est pas à couvert de son influence, *ibid*.

Tyrans. — Leur condition malheureuse, III, 84. — Ne peuvent se confier ni dans les gens de bien, qu'ils éloignent, ni dans les méchants, qui leur restent, *ibid*. — Sont les plus misérables des hommes, 292.
* Ce que les Grecs entendaient par le mot *turannos*, XVII, 302. — Il n'est point de fléau plus funeste qu'un tyran, *ibid*. — Rien n'est plus étonnant qu'un tyran qui meurt dans son lit, 303.

U

Ubbon (*Emmius*), philologue hollandais. — Auteur à consulter pour la connaissance de la législation de la Grèce ancienne, III, 506.

U-Kim. — Nom donné au recueil des plus belles maximes de rois de la Chine *Yao, Xum* et *Yu*, XIV, 125.— Est en Chine le monument littéraire le plus saint, le plus sacré, le plus authentique et le plus respecté, *ibid*.
* *Uléma*. — Nom que les Turcs donnent à leur clergé, XVII, 303.

Uniforme, I, 191, alinéa 7.

Unigenitus (bulle). — Voyez *Bulle* et *Jansénisme*.

Unité. — En peinture, il faut que le sujet soit un, X, 497. — Nicolas Poussin a manqué à cette règle dans son tableau de *Jupiter qui séduit Calisto*, *ibid*. — Rien n'est beau dans les arts d'imitation sans unité, XII, 80. — Son origine, *ibid*.— En quoi elle diffère de l'uniformité, *ibid*.

Unités (*les trois*). — Lois difficiles à observer, mais très-sensées, VII, 87. — Étude et remarque à ce sujet, 88.

Univers. — Sa constitution, bonne ou mauvaise, I, 20. — Conséquences de ce principe, *ibid*.

Université. — Détails sur les universités d'Allemagne, III, 424. — Nom donné au chef suprême de l'Université ; mode de son élection, 425. — Composition du conseil universitaire, *ibid*. — Droits qu'elle confère aux candidats qui ont subi ses examens, 426. — Qu'est-ce qu'une Université, 433.— État de celle de France, fondée par Charlemagne, 434. — Son état actuel, 435. — Faculté des arts, *ibid*. — Faculté de droit, 437. — Faculté de théologie, 438. — Faculté de médecine, *ibid*. — Plan pour l'établissement d'une nouvelle Université, 439. — Ordre des études, 442 et suiv. — Ce que doit être son chef, 520.

Uranie. — Nom donné à Mme Le Gendre par Diderot dans ses *Lettres à mademoiselle Volland*.

Urbain VIII (*Barberini*), pape. — Proscrit, en 1649, l'*Augustinus* de Corneille Jansénius, XV, 257.

Urémifasolasiutututut (*Rameau*), fameux compositeur, né à Dijon en 1683, mort en 1764. — La jeunesse et les virtuoses le plaçaient au premier rang, et fort au-dessus de son rival devenu vieux, IV, 174.

Ursule (sœur). — Digne religieuse du couvent de Longchamp, amie de Suzanne Simonin (*la Religieuse*), V, 49. — Aide Suzanne dans la poursuite qu'elle veut tenter pour la résiliation de ses vœux, *ibid*. et 55. — Son amitié et son dévouement pour Suzanne, 96. — Tombe sérieusement malade, 99. — Ses derniers moments, 100. — Sa mort, 101. — Était parente de M. Manouri, le généreux défenseur de Suzanne, 103.

Usuriers. — Histoire de leurs tours habituels, VI, 227 et suiv. — Le brocanteur Lebrun, intérieur de son habitation, 227. — Merval, 228. — Fourgeot, *ibid*.— Mlle Bridoie, marchande à la toilette, 233. — Leur conduite avec le maître de Jacques, 234 et suiv.

Utmiutsol (*Lulli*), musicien célèbre, né à Florence en 1633, mort en 1687. — Les gens de goût, jeunes ou vieux, en faisaient grand cas ; les ignorants et les barbons tenaient pour lui, IV, 174.

UTRECHT, ville de Hollande. — Ce qu'a de remarquable l'église Sainte-Marie, XVII, 454.

V

Vaisseaux, Artères, Veines. — Description anatomique de ces cylindres membraneux; dont l'ensemble constitue le système général de la circulation, IX, 295-297. — Vaisseaux du chyle, 297-299.

Vaisseaux lymphatiques. — Organes de la circulation, très-contractiles et très-irritables, IX, 293. — Communiquent avec les artères et les veines, et portent un fluide particulier, ibid. — Sont le chemin commun de la lymphe et du chyle, ibid.

VALADE (Jean). — Parmi les portraits que ce peintre expose au Salon de 1763, on remarque celui de M. Loriot, ingénieur mécanicien, inventeur d'un procédé de fixation du pastel, X, 205. — Trois portraits qu'il expose au Salon de 1765 ne méritent aucune attention, 321. — Une Allégorie en l'honneur du maréchal de Belle-Isle, qu'il expose au Salon de 1767, choque les yeux, XI, 156. — Jugement sur son talent; nul, 306. — Ses portraits exposés en 1781, vrais et d'une bonne couleur, XII, 43.

VALENCIENNES, ville de France. — Possède une mauvaise statue de Louis XV, XVII, 470. — Ce que Diderot y remarque, ibid.

Valentiniens (les), hérétiques du IIIe siècle, XV, 289.

VALÉRIEN, Père capucin, cité, I, 476.

Valets. — Quel rôle ils doivent avoir dans la comédie, VII, 90.

VALLAYER (Anne), dame COSTER. — Expose au Salon de 1771 : des Instruments de musique militaire, une Jeune Arabe en pied, une Jatte et un Morceau de pain, des Fruits et des Légumes, divers Morceaux d'histoire naturelle, un bas-relief imité : Jeux d'enfants, un Panier de prunes, un Lapin. Ses deux tableaux de réception à l'Académie, l'un représentant les Attributs de la Peinture, la Sculpture et l'Architecture, et l'autre des Instruments de musique militaire; tous ces tableaux sont de véritables chefs-d'œuvre dans leur genre, XI, 511-513. — Reçue académicienne à l'âge de vingt-cinq ans, ibid. — A l'exposition de 1775, elle soutient sa réputation, XII, 19. — Les tableaux qu'elle expose en 1781 sont relativement faibles, 47.

VALLET DE FAYOLLE, fils de Mme de Blacy et neveu de Sophie Volland, XVIII, 343. — Discours qu'il tient à Diderot à l'âge de vingt-deux ans, XIX, 373. — Passe à Cayenne avec une pacotille qu'on lui fait. Intelligence qu'il déploie; ses aventures; son indigence respectée de ses créanciers; ses mémoires sur l'amélioration de la colonie, 374. — Se concilie la plus haute estime du gouverneur. S'épuise de travail dans le cabinet de M. de Fiedmond, 375. — Jugement que ses ennemis portent sur lui, ibid.

VALMIRE (M. de), auteur d'un livre intitulé Dieu et l'Homme. — Examen de cet ouvrage, IV, 92.

VALTON (Charles), statuaire. — Auteur d'une statuette de Diderot, XX, 112.

VANBRUGH (le chevalier), Anglais, auteur de comédies fort plaisantes, V, 237. — Ses qualités et ses défauts comme écrivain, ibid.

VANDERVELD, particulier hollandais. — Anecdote à son sujet, XVII, 404.

VANDEUL (Marie-Angélique DIDEROT, marquise de), fille du philosophe. — Notice sur l'histoire de la vie et des ouvrages de son père, I, xxv. — Née en 1753, xxvii. — Pourquoi Diderot ne veut point encore la marier, XVIII, 265. — Son esprit précoce; conversations que son père à avec elle, XIX, 42, 307, 321.

VANECK, envoyé liégeois au Salon de 1767. — Sa plaisante querelle au sujet d'un tableau de Brenet, XI, 266.

VAN HELMONT (Jean-Baptiste), célèbre médecin flamand. — Appartient à la secte des théosophes, XVII, 259. — Principes de sa philosophie, ibid.

Van Helmont (*François-Mercure*), fils du précédent. — Acquit aussi une grande réputation dans la médecine ; devint un ardent théosophe, XVII, 267.

Vanini (*Lucilio*), philosophe, né en 1585 à Torozano, brûlé vif à Toulouse en 1619, I, 131. — Condamné comme athée, il n'était guère qu'un sceptique, *ibid.* — Ses *Dialogues* et son *Amphithéâtre de l'Éternelle Providence* prouvent qu'il a été sacrifié à une haine théologique, *ibid.*

Van Loo (*Carle*). — Son tableau exposé au Salon de 1759, *Jason et Médée*, mauvais de tout point ; au même Salon ses *Baigneuses* ne sont pas sans mérite, X, 93. — Au Salon de 1761, sa *Madelaine dans le désert* est un tableau très-agréable, 109. — Une *Lecture*, sujet peint pour Mme Geoffrin, mérite d'être remarqué comme une bonne toile, 110. — *La Première Offrande à l'Amour*, joli sujet, mal rendu, 111. — Le Salon de 1763 a deux tableaux de ce maître : *les Grâces enchaînées par l'Amour*, grande et mauvaise composition, 161 ; et l'*Aîné des amours qui fait faire l'exercice à ses cadets* : ce tableau, peint pour M. de Marigny, est mauvais de couleur, et l'idée en est maussade, 163. — Sa mort, le 15 juillet 1765, 237 et 254. — Laisse douze tableaux qui figurent à l'exposition de cette même année : *Auguste fait fermer le temple de Janus*, tableau inachevé et terminé par Louis-Michel Van Loo, son neveu, 238. — *Les Grâces*, 240. — *La Chaste Suzanne*, 242. — *Les Arts suppliants*, 245. — *Esquisses pour la chapelle de Saint-Grégoire aux Invalides*, 247. — Remarque sur son *faire*, 249. — Erreur touchant sa manière de *modeler*, 251. — *Une Vestale*, 252. — *Étude de la tête d'un ange*, 253. — Précis historique sur sa naissance, son éducation et ses premiers maîtres, *ibid.* et suiv. — Épouse la fille du musicien Somis, 254. — Est reçu à l'Académie ; devient professeur, cordon de Saint-Michel, premier peintre du roi, directeur de l'École de peinture, *ibid.* — Parmi ses tableaux de cabinet, on vante une *Résurrection*, son *Allégorie des Parques*, sa *Conversation espagnole*, un *Concert d'instruments*, et, parmi ses travaux publics, on distingue son *Saint Charles Borromée communiant les pestiférés*, et sa *Prédication de saint Augustin*, *ibid.* — Son portrait peint par Michel Van Loo, son neveu, 255. — Notice par Diderot, XIII, 70, 71.

Van Loo (*Charles-Amédée-Philippe*). — Le *Baptême de Jésus-Christ*, la *Guérison miraculeuse de saint Roch*, deux *Familles de satyres* ; de ces quatre tableaux, exposés au Salon de 1761, les deux de la mythologie païenne sont excellents, X, 126. — Son *Saint Dominique prêchant devant le pape Honorius III*, exposé au Salon de 1763, n'est pas un tableau sans mérite, X, 192. — Son *Saint Thomas inspiré du Saint-Esprit dans la composition de ses ouvrages* manque d'harmonie dans la couleur : il est terne, sec et froid, *ibid.* — Cet artiste est le plus faible de sa famille, 193. — Expose, au Salon de 1769, un *Portrait du roi de Prusse*, en pied, et un tableau de *l'Hymen allumant son flambeau à celui de l'Amour*, XI, 407. — Quatre tableaux qu'il expose en 1775 sont l'objet d'injustes critiques du peintre Saint-Quentin, XII, 8. — Sujets de ces tableaux destinés à être exécutés en tapisserie, *ibid.* — Examen critique de trois tableaux qu'il expose en 1781, 33. — Ce que Diderot dit de lui dans une lettre à Falconet, XVIII, 251. — Diderot annonce sa mort à Mlle Volland, XIX, 158.

Van Loo (*Jules-César-Denis*), fils de Carle. — Expose, au Salon de 1771, un tableau de *Vénus et l'Amour couronné par les Grâces*, mauvais dans le détail et dans l'ensemble, XI, 477. — Deux autres tableaux : une *Expérience de physique* et deux bons portraits, 479.

Van Loo (*Louis-Michel*). — Notice sur ce peintre célèbre, VI, 405. — A sa mort, arrivée le 20 mars 1771, le nombre des élèves de l'École française à Rome est réduit de six à deux, 410. — Expose, au Salon de 1759, le *Portrait du maréchal d'Estrées* et celui de *Madame de Pompadour*, X, 91-92.—Au Salon de 1761 on remarque son *Portrait du Roi*, beau, bien peint et très-ressemblant, 107. — Quitte la cour d'Espagne à laquelle il était attaché, 167. — Ce grand artiste expose, au Salon de 1763, *son Portrait, accompagné de sa sœur, et travaillant au portrait de son père*, toile remarquable, 168. — Termine le tableau d'*Auguste faisant fermer le temple de Janus*, encore inachevé à la mort de Carle Van Loo, son oncle, 238. — Au Salon de 1775, parmi les beaux portraits qu'il expose, on remarque celui de *Carle*, son oncle, 255. — Fait les portraits d'hommes largement et les dessine bien ; pour ceux de femmes, il est lourd et sans finesse de ton, 256. — Expose, au Salon de 1767, deux ovales représentant *la Peinture et la Sculpture*, XI, 18. — Au même Salon beaucoup de portraits parmi lesquels on remarque : le *Cardinal de Choiseul*, très-beau, 20. — *L'abbé de Breteuil*, très-ressemblant, ibid. — *Diderot*, qualités et défauts de ce portrait, ibid.; XIX, 263, et XX, 114. — *La Princesse de Chimay et le chevalier de Fitz-James son frère*, XI, 23. — *Cochin*, 24. — Un petit *Jeune Homme*, habillé à l'ancienne mode d'Angleterre; très-beau morceau, tout à fait la manière de Van Dyck, ibid. — Remarques sur cet artiste, ibid. — Jugement sur son talent, 305. — Le *Concert espagnol*, qu'il expose au Salon de 1767, est un très-beau tableau, 344. — Expose, au Salon de 1769, les *Portraits de M. et M*me *de Marigny*, 390; une *Allemande jouant de la harpe*, une *Espagnole jouant de la guitare*, 391; l'*Éducation de l'Amour*, 392; une *Femme représentant l'Étude* et plusieurs *portraits* parmi lesquels ceux de *Joseph Vernet* et de *Ménageot*, 393. — Tableau que le prince Galitzin lui commande pour l'impératrice, XVIII, 130. —Il a deux Vandermeulen que Diderot veut lui acheter pour l'impératrice, 321. — Liste des reproductions du portrait de Diderot dont il est l'auteur, XX, 114.

Van Spaendonck (*Girard*), célèbre peintre de fleurs. — Expose, au Salon de 1781, un tableau représentant *un Vase sculpté en bas-relief et rempli de fleurs et de fruits*, se détachant sur un *fond d'architecture*, XII, 54. — Curieuse anecdote du jeune duc d'Enghien à la vue de ce remarquable tableau, ibid. — A la même exposition : *Quatre dessins de fleurs et de fruits*, peints à la gouache et à l'aquarelle, parfaits de tous points, 55.

Vapeurs. — Indisposition particulière aux femmes, spirituellement nommée *Anarchie du cerveau* par Mlle de Lespinasse, II, 163.—Anecdote à ce sujet racontée par Bordeu, 164. — Autre exemple d'une guérison radicale, 165. — Maladie fort à la mode parmi les femmes du grand monde au temps de Louis XV, IV, 216. — Mangogul visite les plus célèbres qui en soient atteintes : Salica, Arsinoé, etc., 217.— Anecdotes sur les vapeurs, IX, 426.

Varadé, recteur du collège des jésuites à Paris. — Excite Pierre Barrière à assassiner Henri IV, XV, 279.

Variétés sérieuses et amusantes, titre d'un ouvrage de Charles Sablier, VI, 362. — Jugement qu'il portait lui-même sur son livre, 365.

Vassé, sculpteur. — Expose au Salon de 1758, une *Nymphe* de grandeur naturelle. Ce marbre se fait remarquer par de grandes vérités de détail, X, 102. — Huit ou dix morceaux qu'il expose au Salon de 1761 n'ont rien qui les recommande, 146. — Il faut cependant reconnaître que le *Buste du Père Le Cointe*, la *Nymphe qui se regarde dans l'eau*, etc., ne sont pas sans mérite, ibid. — Une *Femme pleurant sur une urne qu'elle couvre de sa draperie* figure avec distinction au Salon de 1763. Ce marbre, destiné au tombeau de la princesse Galitzin, soutiendrait la comparaison avec le tombeau du cardinal de Richelieu, par Girardon, 223. — La figure de la *Piété*, du même Girardon, qui, dans l'église Saint-Gervais de Paris, décore le tombeau du chancelier Séguier, peut également lui être comparée, 224. — Son *Portrait de Passerat* au Salon de 1765, est très-bien modelé, 433. — Une *Tête d'enfant* et une statue de *la Comédie*, au même Salon, morceaux médiocres, *ibid*. — Au Salon de 1767, on remarque une *Minerve*, XI, 352. — Une petite *Comédie*, une *Nymphe endormie*, le *Portrait*, en bas-relief, de *l'impératrice Élisabeth de Russie*, un médaillon du *Comte de Caylus*, 353. — Souffle à Pajou l'entreprise du tombeau du roi Stanislas, 459. — Divers dessins et modèles pour ce tombeau, en cours d'exécution, figurent à l'exposition de 1771, 533, 534.

Vastou. — L'Être des êtres dans la théologie des peuples du Malabar, XVI, 42.

Vatri (l'abbé). — Sa conversation avec Piron, VI, 192.

Vaucanson, célèbre mécanicien. — Anecdote sur sa jeunesse, II, 283. — Conteste à d'Alembert la pension vacante par la mort de Clairaut, XIX, 175.

Vauguyon (*Antoine-Paul-Jacques* de Quélen, duc de), précepteur du dauphin, petit-fils de Louis XV. — Fait exécuter par Lagrenée un mauvais tableau des derniers moments de la vie de son élève, XI, 71-72.

Vauquelin (*Nicolas*), sieur des Yveteaux, poëte normand. — Mort avant la fondation de l'*Académie des Arcadiens*, il aurait été bien digne de cette aimable société, XIII, 329.

Vauvenargues. — On lui attribuait l'opuscule de Diderot intitulée *la Suffisance de la religion naturelle*, I, 260.

Vauxcelles (*J. Bourlet*, abbé de). — On lui doit la conservation de l'ouvrage de Diderot ayant pour titre : *Supplément au voyage de Bougainville*, II, 196. — Circonstances dans lesquelles il le publie, *ibid*. — Un sermon le fait exclure de la société de Mlle de L'Espinasse, *ibid*. — Ce qu'il disait des deux contes de Diderot les *Deux Amis de Bourbonne* et l'*Entretien d'un père et de ses enfants*, insérés au milieu des *Idylles* de Gessner, V, 264.

Véda. — Livre sacré dans lequel est renfermé tout ce qui concerne la religion des bramines, XVI, 40. — Le Véda n'ordonne l'adoration que des dieux subalternes, 43.

Vèdes (*les Quatre*). — Livres qui contiennent la doctrine des Parsis, XVII, 318. — Noms donnés à chacun d'eux, *ibid*.

Végétaux. — Étude physiologique sur les végétaux, IX, 255.

Vélin. — Bulles, brefs, indulgences, actes de saint Pierre et saint Paul, I, 204.

Vendeur de marée, lisez Pierre (saint). — Ses actes comme apôtre, I, 204.

Vendidad-salé. — Un des livres de Zoroastre, XVII, 319. — Ce qu'il contient, *ibid*. — Est un dialogue divisé en vingt-deux chapitres, 320.

Venel et Monnet, chimistes qui ont fait l'analyse des eaux de Bourbonne. — Caractère du premier, XVII, 341. — Conformité de leurs rapports, 342.

Vengeance. — Effets de cette passion, I, 105. — Ses peines sont cruelles, *ibid*.

Venise (*carnaval de*), XIX, 123.

Venise préservée, tragédie d'Otway. — Mélange à éviter du tragique et du burlesque, VII, 137. — Voyez Otway.

Vénus aux belles fesses. — Statue antique, dont une copie décore l'un des bosquets du jardin de Versailles, XI, 190. — Pourquoi sans cesse barbouillée d'inscriptions infâmes, *ibid*.

Ver. — L'homme ne raisonne pas mieux que lui, I, 229, alinéa 37.

Verdier, chirurgien, professeur d'anatomie et de physiologie, IX, 240.

Vérité. — La présenter à de certaines gens, c'est introduire un rayon de lumière dans un nid de hiboux, il ne sert qu'à blesser leurs yeux et à exciter leurs cris, I, 181. — Mot du guet, 228, alinéa 31. — Est sans cesse confondue dans l'histoire avec l'erreur,

II, 96. — Ses avantages sont éternels, 177. — Manière dont le philosophe procède pour arriver à sa découverte, 371-372. — On la persécute, mais on ne la méprise pas; on la craint, 446. — Son empire est éternel, *ibid.*
* Définition et examen de ce mot en logique, XVII, 304-310.
VÉRITÉ (la), ouvrage anonyme. — Voyez BESCOUR.
Vérité (le Livre de). — Voyez VERNET (*Claude-Joseph*).
Vérité dans le vin (la), comédie de Collé, VI, 248.
VERNET (*Claude-Joseph*), célèbre peintre français, né à Avignon le 14 août 1714, mort à Paris le 4 décembre 1789. — Fait mention, dans son *Livre de vérité,* de deux tableaux qu'il a peints pour Diderot, IV, 6. — Une magnifique *Tempête* de ce peintre célèbre orne le cabinet de Diderot; description de ce tableau, 11. — Les *Marines* qu'il expose au Salon de 1759 sont toutes admirables, X, 99. — Deux *Vues de Bayonne,* qu'il avait exposées au Salon de 1761, font aujourd'hui partie de la Galerie du Louvre, 134. — Perfection de ses tableaux du Salon de 1763, parmi lesquels : *la Nuit par un clair de lune,* une *Vue du port de Rochefort,* une *Vue du port de la Rochelle,* 202-203. — Exécute pour Mme Geoffrin un tableau médiocre, *la Bergère des Alpes,* sujet tiré des *Contes moraux* de Marmontel, 203. — Le Bas et Cochin gravent de concert ses ports de mer, 204. — Beauté de ses tableaux, au nombre de vingt-cinq, réunis à l'Exposition de 1765, et parmi lesquels on remarque : *le Port de Dieppe* (aujourd'hui au Louvre n° 606), 312. — *Les Quatre Parties du jour,* 313. — Deux *Vues de Nogent-sur-Seine,* ibid. — Un *Naufrage* et un *Paysage,* ibid. — Un *Naufrage au clair de la lune,* 314. — Une *Marine au coucher du soleil,* ibid. — Sept petits paysages parmi lesquels pas un médiocre; le plus faible est encore beau, *ibid.* — Comparé à Claude le Lorrain, 315. — A fait, durant son séjour à l'École de Rome, pour se donner habit, veste et culotte, un paysage vendu, en 1767, au prix de 1,000 écus (au vrai 3,915 livres), XI, 5 et 141. — Ce qu'il disait aux élèves de l'École occupés de la caricature, 11. — Description détaillée de sept paysages qu'il envoie au Salon de 1767, 99 et suiv. — Joignait la plus grande modestie au plus grand talent, 143. — Jugement qu'il portait sur lui-même, *ibid.* — Homme excellent dans toutes les parties de la peinture, 306. — Exécute pour le banquier Laborde huit grands tableaux que celui-ci refuse de faire figurer à l'Exposition de 1769, 385. — Son *Portrait* par Louis Michel Van Loo, 393. — Une *Tempête* et un *Brouillard,* qu'il expose au Salon de 1769, sont d'un faire précieux et d'une extrême vérité, 415. — Curieuse anecdote au sujet d'un *Clair de lune* que Diderot avait d'abord mal jugé, 416. — Critique rétrospective d'un tableau qu'il a peint pour Diderot, 417. — Cinq marines qu'il expose au Salon de 1771, autant de chefs-d'œuvre, 482, 483. — Son exposition de 1775 excite la colère de Saint-Quentin, qui ne peut y trouver matière à critique, XII, 13, 14. — Ses tableaux au Salon de 1781, tous très-beaux, 40, 41. — Jugement qu'il porte sur lui-même, 128. — Comment il doit tout son temps à M. de La Borde, XVIII, 301.
VERNET (*Antoine-Charles-Horace*), fils du précédent. — Encore enfant (1767; il avait alors neuf ans), se distinguait parmi les faiseurs de pointes. Celle qu'il fit à la vue de deux tableaux de Hallé, XI, 26.
Vérole. — Discussion entre médecins et chirurgiens sur le droit qu'ont les uns ou les autres de s'attribuer le traitement de cette maladie, IX, 215.
Vérole (petite). — Voyez *Inoculation.*
Vers. — L'alexandrin trop nombreux et trop noble pour le dialogue, VIII, 406. — Celui de dix syllabes, trop futile et trop léger, *ibid.*
¶ *Vers après avoir été deux fois rei*

de la fève, poésie inédite, IX, 7.
¶ *Vers envoyés au nom d'une femme à un François le jour de sa fête*, poésie, IX, 53.
¶ *Vers aux femmes*, poésie, IX, 58.
Vers à soie. — Questions entre un déiste et un athée à leur sujet, I, 232, 233, alinéa 43 et 45.
Versac. — Nom d'un administrateur d'hôpital, IV, 464.
Version et Thème. — Voyez *Thème.*
Vert (l'abbé). — Voyez Fortia.
Vertu. — Ce que c'est que la vertu morale, I, 12. — Point de vertu sans la croyance en Dieu, 18. — Point de vertu morale, point de mérite sans quelques notions claires et distinctes du bien général, 35. — Dépend d'une connaissance de la justice et d'une fermeté de raison capables de nous diriger dans nos affections, 38. — Se partage en degrés inégaux chez les hommes, 40. — Ce qui suffit pour l'anéantir ou l'énerver, 41. — Ce qui contribue à accroître et à fortifier ses principes, 42. — Est la plus attrayante de toutes les beautés, la beauté par excellence, 121. — Est le chemin assuré du bonheur, II, 88. — Plus elle est rare, plus on a de vénération pour elle, 390. — Elle meurt de froid et de faim, mais on la loue, *ibid.* — Celle d'un siècle est-elle la même que celle d'un autre, III, 73. — Celle de la cour ressemble-t-elle à celle d'un cloître? *ibid.* — Elle songe au devoir et oublie la vie, 111. — Songe à la vie lorsque le devoir l'ordonne, *ibid.* — Ne s'obtient pas sans effort, 250. — Est un élan continuel de l'âme vers sa céleste origine, 254. — Exposons des tableaux de vertu, il se trouvera des copistes, 260. — Fait la vie heureuse; sans elle, point de bonheur, 312. — On s'y attache encore plus par les sacrifices qu'on lui fait que par les charmes qu'on lui trouve, VII, 69. — L'ennui de tout ce qui amuse la multitude est la suite d'un goût réel pour la vertu, 126. — Est le goût de l'ordre dans les choses morales, 127. — Celle d'un particulier peut se soutenir sans appui, il n'en est pas de même de celle d'un peuple, 183. — Elle est tout, la vie n'est rien, 184. — Est la seule habitude que l'on puisse contracter sans crainte pour l'avenir, *ibid.* — Chacun la définit à sa manière; discussion sur ce sujet, XI, 121. — Avantages de la vertu, XIX, 434. — Son apologie, 447.
Vertueux. — Qui mérite le nom d'homme vertueux? I, 64.
Verrue (Mme de). — Son cabinet et sa bibliothèque ont eu une grande réputation, IV, 266.
Verve. — Térence en a peu, V, 233. — L'écrivain qui possède cette qualité dédaigne les sentiers connus, 234.
Vespasien, empereur romain. — Ses miracles racontés par Tacite, III, 262, 263.
Vêtements (des). — Le faste gâte tout, VII, 375. — La comédie veut être jouée en déshabillé, *ibid.* — Plus les genres sont sérieux, plus il faut de sévérité dans les vêtements, *ibid.* — Le luxe déployé pour la représentation de l'*Orphelin de la Chine,* tragédie de Voltaire, a ôté à cet ouvrage une partie de son effet, 376. (Voyez *Sommaire,* p. 304.)
Vevenault, peintre en miniature. — — Expose au Salon de 1763, X, 196. — *Son Apothéose du prince de Condé,* qu'il expose au Salon de 1767, n'est qu'une froide et mauvaise miniature, XI, 154. — Artiste nul, 306. — L'*Annonciation à la Sainte Vierge*, miniature envoyée au Salon de 1771, sans valeur, 485.
Vice. — Ainsi que la vertu, il dispose de la conduite de l'homme, I, 40. — L'homme parfaitement vicieux, presque aussi rare que l'homme parfaitement vertueux, 41. — Son origine, 64. — Est contraire aux vrais intérêts de la créature, 119. — L'excuser est l'extrême de la bassesse, II, 398. — A des avantages évidents dans les sociétés corrompues, III, 252.
Vice-roi, lisez *Pape,* I, 195. — Son mode d'existence, 196. — Sa manière avec les opposants, *ibid.*

Victoire (Mlle), nom que Diderot donne à Mlle Collot dans ses *Lettres à Falconet.*

Vie. — Est quelquefois un malheur, I, 102. — Son amour excessif est contraire aux intérêts et au bonheur de la créature, 103, 104. — Sa durée moyenne, plus longue chez les peuples policés que chez les nations sauvages, II, 411. — Celle de l'homme de bien, toujours trop courte, III, 253. — Abrégée par le mauvais emploi qu'on en fait, 322. — Dialogues sur ses plaisirs et ses peines, IV, 449. — Les misères répétées la rendent amère et insupportable, 458. — Le dégoût de la vie est faux, et n'existe que dans une tête dérangée ou mal organisée, 460.

Vie du cardinal d'Ossat, par Mme d'Arconville. — Examen critique de cet ouvrage, IX, 453.

Vie et mort. — Sans la vie nulle distinction entre l'homme vivant et son cadavre, IX, 274. — Chaque organe a sa vie propre, *ibid.* — Mort successive de l'animal, *ibid.*

Vie heureuse (de la). — Examen analytique d'un Traité de Sénèque sur ce sujet, III, 312.

Vie illuminative. — Son charme et ses douceurs, I, 224, alinéa 21.

Vieillard ou Vielard, directeur des eaux de Passy. — Un des nombreux amants de Mlle Hus, actrice de la Comédie-Française et concubine de Bertin, trésorier des parties casuelles, chez qui Rameau (le neveu) avait fait quelque temps le métier de parasite, V, 403. — Son aventure avec Mlle Hus, XIX, 44.

Vien (*Marie-Joseph*). — Exécute en 1755, pour M. le comte de Caylus, une tête de *Minerve* peinte à l'encaustique, X, 49. — Le Salon de 1759 reçoit de cet artiste : *la Piscine miraculeuse*, grande et estimable composition ; *Jésus-Christ rompant le pain à ses disciples; Saint Pierre à qui Jésus demande s'il l'aime; la Musique*, 95. — Une *Résurrection de Lazare*, 96. — Mot plaisant de Sophie (Mlle Volland) à la vue du malade de ce tableau, *ibid.* — Ce peintre a une grande sagesse dans ses compositions, où il paraît s'être proposé Le Sueur pour modèle, 120. — Expose au Salon de 1761 : *Zéphyre et Flore*, morceau de plafond, *ibid.* — *Psyché et l'Amour endormi,* 121. — Une *Jeune Grecque qui orne un vase de bronze avec une guirlande de fleurs*, *ibid.* — Une *Hébé, la Musique,* un *Saint Germain qui donne une médaille à sainte Geneviève encore enfant,* ibid. (Ce tableau se voit dans l'église Saint-Louis de Versailles.) Il est peu de tableaux, au Salon de 1761, où il y ait autant à louer, 122. — Les tableaux qu'il expose en 1763 sont tous du même genre : presque tous ont un mérite égal, il n'y a qu'un seul éloge à en faire, 177. — On serait bien embarrassé de choisir entre sa *Marchande à la toilette*, sa *Bouquetière*, sa *Femme qui sort du bain,* sa *Prêtresse qui brûle de l'encens sur un trépied,* la *Femme qui arrose des fleurs*, la *Proserpine qui en orne le buste de Cérès, sa mère,* et *l'Offrande au temple de Vénus* ; tout cela sent la manière antique, 178. — Son tableau de *Marc-Aurèle faisant distribuer au peuple du pain et des médicaments dans un temps de peste et de famine,* exposé au Salon de 1765, est sans chaleur et sans verve; il manque de poésie et d'imagination, 270-271. — Exécute pour une des chapelles de l'église de Saint-Roch et expose, au Salon de 1767 ; *saint Denis prêchant la foi en France,* XI, 29. — Description de cette grande et belle composition, *ibid.* et suiv. — Vien et Doyen, comparés, l'un à Lucrèce, l'autre à Virgile, 33. — Sa manière de grouper, comparée à celle du Poussin dans ses tableaux de *la Manne* et du *Jugement de Salomon,* 41. — *César débarquant à Cadix, où il trouve dans le temple d'Hercule la statue d'Alexandre,* composition insignifiante, 43-45. — *Saint Grégoire,* pape. Qualités et défauts de ce tableau qui ne pourrait soutenir la comparaison avec le *Saint Bruno,* de Rubens, 45-47. — Mis en place à

Saint-Roch, son tableau de *Saint Denis prêchant la foi* subit plusieurs retouches, 180. — Est, pour le technique, le premier peintre de l'École française de son temps, 305. — Tableau qu'il exécute pour l'impératrice de Russie, 347. — Ce tableau est froidement accueilli à Saint-Pétersbourg, 398. — Envoie à l'Exposition de 1769 un seul tableau, *l'Inauguration de la statue de Louis XV*, destiné pour l'Hôtel de ville, *ibid.* — Ses tableaux de *Saint Thibault*, de la *Madeleine*, de *Vénus blessée par Diomède*, à l'Exposition de 1775, sont vivement critiqués par Saint-Quentin, XII, 4-6. — Examen critique du tableau de *Briséis emmenée de la tente d'Achille*, exposé au Salon de 1781, 29-30. — Il y a un tableau de lui à Saint-Roch, XVIII, 300. — Description du tableau que lui a commandé le prince Galitzin pour l'impératrice, 301.

VIEN (Mme). — Expose au Salon de 1759 des tableaux d'histoire naturelle d'un mérite réel, X, 100. — Peint à merveille les oiseaux, les insectes et les fleurs, *ibid.* — Au Salon de 1763, son *Émouchet qui terrasse un petit oiseau*, et ses *Deux Pigeons qui se baisent* touchent à la perfection, 206.— Ses bouquets sont ajustés avec élégance et goût, *ibid.* — Un *Pigeon qui couve* et trois autres miniatures qu'elle expose au Salon de 1765 sont d'une finesse et d'un précieux qui arrêtent et font plaisir, 323.— Quatre tableaux qu'elle envoie au Salon de 1767 sont d'une remarquable perfection, XI, 157-158. — Jugement sur son talent, 306.

VIGNERON (*Angélique*), mère de Diderot, I, XXXIX (note).

VIGNERON (le chanoine), oncle de Diderot. — Quel était son caractère, V, 302.

VIGNOLLES (M. de), colonel d'une troupe légère. — Reçoit une blessure mortelle, XIX, 52.

VILLEMAIN, écrivain français. — Jugement qu'il porte sur Diderot dans son *Tableau de la littérature au XVIIIe siècle*, V, 228.

VILLEMORIEN (LE GENDRE de), fermier général, gendre du financier Bouret. — Caractère de ses réunions littéraires, V, 440. — C'est dans cette société que Palissot conçoit le plan de sa comédie des *Philosophes*, *ibid.*

VILLENEUVE (M. de). — Son caractère; portrait de sa femme, XIX, 290.

VILLENEUVE (VALLET de). — Sa visite à la Chevrette, XVIII, 453, 454, 455.

VILLENEUVE (Mme de), sœur de Naigeon, V, 361. — Sa lettre à Mme de Vandeul, au sujet des manuscrits de Diderot, en partie inédits, qu'elle possède, 362. — A sa mort, en 1819, ces manuscrits sont achetés par M. Brière, *ibid.*

VILLE-SERRE (M. de). — Son tableau *le Fils puni*, acquis en 1820 par le Musée du Louvre, a été gravé par Robert Gaillard, X, 354.

VILLIERS (M. de) ou CHARLOT, avocat. — Note sur lui, XVIII, 302.

VINCENT (François-André), peintre, élève de l'École des protégés. — Concourt pour le prix proposé en 1767, ayant pour sujet le *Triomphe de David après la défaite du Philistin Goliath*, XI, 376.— Ayant obtenu la couronne, il est porté en triomphe par ses camarades, qui le déposent à la pension, 377. — Critique de son tableau le *Combat des Romains et des Sabins interrompu par les femmes Sabines*, exposés en 1781, XII, 57, 58.— Comment Diderot juge l'Académie, qui a couronné Vincent, XVIII, 297.

VINET (A). — Consacre un chapitre à Diderot dans son *Histoire de la littérature française au* XVIIIe *siècle*, XX, 144.

VINICIUS.— Meurt empoisonné; son crime est d'avoir dédaigné les faveurs de Messaline, III, 40. — Chef d'une conspiration formée à Bénévent contre Néron, 137.

Viol (le).— Peine dont il était puni sous le règne de Mangogul, IV, 237. — Histoire du jeune Kersael et de la vindicative Fatmé, 238-243.

Virafnama, histoire de la mission de Viraf, dans la religion de Zoroastre, XVII, 325.

Vision béatifique, I, 226, alinéa 27.

Vision de Charles Palissot (la), pamphlet de l'abbé Morellet, V, 377.

¶ *Vision de Mangogul*, prince du Congo. — Chapitre omis dans les premières éditions des *Bijoux indiscrets*, IV, 183.

VISSEN (M. de). — Ce que Diderot dit de lui à Mlle Volland, XVIII, 519, 527.

Visspered, second livre du *Vendidad*, de la doctrine de Zoroastre, XVII, 324.

VITRICHY, ou plutôt VILLIE, médecin prussien, XIX, 324.

VOIRIOT (*Guillaume*). — Son *Portrait de M. Gilbert de Voisins*, exposé au Salon de 1761, est cité avec éloges, X, 131. — Ses tableaux au Salon de 1763, n'attirent point l'attention de Diderot, 206. — Expose au Salon de 1767 un *Tableau de famille*, mauvais, et plusieurs portraits sous le même numéro, parmi lesquels celui de *l'Abbé de Pontigny*, plat et sale, et celui du libraire *Cailleau*, assez ressemblant mais toujours mauvais, XI, 163. — Talent nul, 306. — Les portraits qu'il expose en 1771, mauvais, sans vigueur, pires qu'au pont Notre-Dame, 487.

VOISENON (l'abbé de). — Sa fine plaisanterie à l'audition du *Don Carlos*, du marquis de Ximénès, X, 392. — Il se défend d'être l'auteur du conte *Tant mieux pour elle*, XVIII, 523.

Voix et Parole. — Comment elle se produit, IX, 307. — Ses modifications, 308. — Nature de ses organes, *ibid.* — Correspondance de la voix avec les organes de la génération, *ibid.* — Les maladies qui attaquent les parties génitales affectent aussi les organes de la voix, *ibid.* — La voix est le plus beau des instruments, XII, 235. — Son étendue ordinaire n'excède pas une octave et trois notes, 238. — On en distingue sept sortes, *ibid.* — Des signes de convention appelés *clefs*, 239.

* *Volage*. — Acceptions diverses de ce mot, XVII, 310.

VOLF. — Sa doctrine sur l'ontologie, XVI, 166.

Volières. — Couvent de filles, I, 200.

VOLLAND (*Jean-Nicolas*), père de Sophie Volland, XVIII, 342.

VOLLAND (Mme), épouse du précédent. — Diderot, dans ses *Lettres à mademoiselle Volland*, lui donne le nom de *Morphyse*.

VOLLAND (Mlle Sophie), amie de Diderot, citée par Mme de Vandeul, I, LX. — Diderot lui annonce qu'il a fait un nouveau dialogue entre d'Alembert et lui, II, 103. — En 1769, Diderot l'informe de la reprise du *Père de famille*, VII, 172. — Indices qui permettent d'établir la date à laquelle commencèrent les relations de Diderot avec la famille Volland, XVIII, 342. — A quelle famille Sophie appartenait, *ibid.* — Ce que Diderot écrit à Falconet au sujet de son amour pour elle, 344. — On n'a pu retrouver ses portraits, *ibid.* — Elle était spirituelle, instruite, 345. — Épître que lui envoie Grimm avec l'ouvrage de Boulanger, 345, 346. — Lettres que Diderot lui écrit, 352. — Voyez ¶ *Lettres à mademoiselle Volland*.

Volonté divine. — Difficulté où l'on est pour la mettre d'accord chez un Dieu en trois personnes, I, 165.

Volonté humaine. — Celle de l'individu est ambulatoire ; la volonté générale (origine des lois) est permanente, II, 442.

VOLTAIRE (*François-Marie* AROUET de). — Ce grand écrivain trouvait une double erreur dans le titre des *Pensées raisonnables* de Formey, I, 125. — Sa mort a laissé un vide immense dans presque tous les genres de littérature, III, 253. — Son éloge comme écrivain et comme homme privé, 342, 343. — A sa mort, les critiques le traitent d'*Idole à la mode*, 395. — Sa statue, exécutée par Pigalle en 1770, est placée dans une des salles de l'Institut, *ibid.* — Son buste est à côté de celui de Molière dans la galerie des séances de l'Académie française, *ibid.* — Le roi de Prusse Frédéric II, étant au camp de Schatzlar, a composé son éloge, *ibid.* — L'Impératrice Catherine de Russie acquiert sa bibliothèque, 396. — Propose de substituer le mot *impasse* au mot grossier *cul-de-sac*, VI, 88. — Examen critique d'un pamphlet du pseudonyme DES SABLONS (l'abbé CHAUDON) dirigé contre lui, 351. — Reproches que lui adresse l'auteur de cette diatribe, 352 - 354. — Publie sous le pseudonyme TAMPONET le roman intitulé *Lettres d'Amabed*, 366. — Compte rendu de cet ouvrage, 367. — Publie, en 1769, sous le nom de l'abbé Big... l'*Histoire du Parlement de Paris;* Examen de cet ouvrage, 402 - 404. — Ses lettres à Thiriot, à d'Argental, à Damilaville, à Mme d'Épinay, au sujet du *Père de Famille* de Diderot, VII, 172. — Veut prendre occasion du succès de cette pièce pour faire entrer Diderot à l'Académie, *ibid.* — Louis XV s'oppose à la réalisation de ce vœu, *ibid.* — Sa lettre à Palissot au sujet de la dédicace du *Père de Famille* à madame la princesse de Nassau-Sarrebruck, 179. — Son exclamation d'admiration en entendant la Clairon dans une de ses pièces, VIII, 393. — Analyse de sa tragédie *les Guèbres*, 455. — Publication anonyme de cette pièce qu'il veut faire attribuer à Desmahis, 456. — Le seul homme dont le goût soit resté pur et intact au milieu des barbares, X, 320. — Devient généreux et gai, à l'âge où les autres deviennent avares et tristes, *ibid.* — Réflexions de Diderot en réponse à Falconet sur la critique de Voltaire, XVIII, 168. — Il vient de faire ses pâques, 265. — Sa pièce de vers les *Il faut*, 433. — Analyse de *Tancrède*, 447. — Ce que sont les *Facéties* que Voltaire a fait imprimer à Genève, 523. — Voltaire se plaint à Grimm du silence de Diderot, XIX, 24. — Diderot se trouve dans la nécessité de lui envoyer ses observations sur *Tancrède*, 35. — Voltaire plaide pour les Calas, 97. — Plaisant éloge qu'il fait de Crébillon. Jugement de Diderot sur lui, 100. — Moyen qu'il aurait dû employer dans la défense des Calas, 141. — Trait qu'il décoche à La Bletterie, 274. — Sa fable *le Marseillais et le Lion* est charmante, 296. — Diderot reçoit sa comédie *le Dépositaire*, 317. — Lettre de Voltaire à Diderot pour le remercier de lui avoir envoyé la *Lettre sur les Aveugles*, 419 (note). — Réponse de Diderot à cette lettre, *ibid.* — Lettre de Diderot en réponse à la proposition de Voltaire de publier l'*Encyclopédie* à l'étranger, 451. — Autre lettre pour l'engager à envoyer ses articles, 453. — Autre lettre dans laquelle il lui communique ses observations sur *Tancrède*, 456. — Autre lettre sur la représentation du *Père de Famille*, 461. — Autre lettre par laquelle Diderot l'informe du tirage de l'*Encyclopédie*. Supériorité de la philosophie. Son admiration pour Shakespeare, 465. — Autre lettre de Diderot en réponse à Voltaire, qui lui conseillait d'éviter les persécutions du Parlement et de fuir à l'étranger, 485 et suiv. — Jugement que Diderot porte sur Voltaire dans une lettre à Naigeon, XX, 72.

Volupté. — Il est faux qu'elle consiste uniquement dans la satisfaction des sens, I, 106. — Toutes les ressources de l'opulence incapables de fournir à notre esprit un bonheur uniforme et constant, *ibid.* — Le voluptueux se fait tort à lui-même, 107. — La volupté a des limites qu'elle ne peut franchir sans danger, 108. — La nature détermine ces limites, 109. — Ce mot mal entendu a rendu Épicure odieux, III, 316.

VOUQUER (*Robert*), habile peintre en émail, XIV, 409.

¶ *Voyage à Bourbonne et à Langres*, XVII, 326-361. — Voyez BOURBONNE et LANGRES.

¶ *Voyage de Hollande*, XVII, 363-471. — Voyez HOLLANDE.

Voyage en Italie, par Cochin. — Examen de cet ouvrage, traité didactique de peinture, XIII, 12-15.

Voyage (Second) de Jacques le Fataliste et son maître, ouvrage attribué à tort à Diderot, VI, 8; XX, 100.

Voyages. — Réflexions sur ce sujet,

XI, 218. — Des moyens de voyager utilement, XVII, 373.

Vrai (le). — Rien ne prévaut contre lui, VII, 307. — Ce qu'au théâtre on appelle *être vrai*, VIII, 373.

* *Vraisemblance.* — Ce qu'en dit le P. Buffier par rapport à la vérité, XVII, 310. — Dans quelles occasions on peut appeler la chose vraisemblable, 311. — Circonstances qui rapprochent la vraisemblance du vrai d'autant plus qu'elles se rencontrent davantage, 312. — Circonstances qui rendent vraisemblable ce qui nous est rapporté, 313. — L'usage le plus naturel et le plus général du vraisemblable et de suppléer pour le vrai, 314.

VRILLIÈRE (duc de LA). — Diderot lui écrit pour une malheureuse que le duc a abandonnée, I, L. — Succès de cette lettre, XIX, 280. — Voyez SAINT-FLORENTIN.

Vue. — Étude physiologique de ce sens, IX, 341-346. — Voyez Sens.

W

WAILLY (Charles de), architecte. — Expose, au Salon de 1771, treize dessins d'architecture, décrits, XI, 516-517. — Au salon de 1781, ses dessins se font remarquer par la composition et produisent de l'effet, XII, 48.

WALCKENAER (Charles-Athanase, baron de). — Attribue à Diderot l'écrit publié, en 1768, sous le titre *Lettre de Thrasibule à Leucippe*, IV, 118. — De nombreuses autorités au contraire s'accordent pour reconnaître Fréret comme l'auteur de cet ouvrage, *ibid.*

WALFERDIN (*Hippolyte*), l'un des éditeurs des *Œuvres de Diderot* (1821). — A publié, en 1856, dans la *Revue de Paris*, plusieurs *Salons* encore inédits, I, LXVI. — Ses recherches à Saint-Roch touchant l'inhumation de Diderot dans cette église, demeurées sans résultat, *ibid.* — Extrait de l'*Avertissement* mis en tête du Salon de 1771, dont il a été le premier éditeur, XI, 464. — Note sur les terres cuites du sculpteur Houdon, 543. — Il insère, dans les *Mémoires et ouvrages inédits*, treize lettres de Diderot à Falconet, XVIII, 79. — Erreur que commet Diderot d'après lui dans la description du tableau de Polygnote, 137 (note). — Ce qu'il raconte à propos de la statue de Louis XV, de Pigalle, 156.

WALPOLE (*H.*), secrétaire d'ambassade anglais. — Diderot l'amène à lui faire des excuses parce qu'il avait mal parlé de la France, XVII, 491.

WANDALBERT, hagiographe du IXe siècle, XV, 300.

WATELET (M.). — Comment il est élu à l'Académie française, XIX, 39, 41.

WATELET (*Claude-Henri*), receveur-général des finances, peintre amateur. — Son portrait, par Greuze, exposé au Salon de 1765, est terne, X, 349. — Ce portrait, gravé par Lempereur, figure au Salon de 1767, XI, 365. — Auteur d'un poëme intitulé *l'Art de peindre*. Réflexions sur cet ouvrage, XIII, 16-26. — A été imité par Le Mierre, 78. — Ce poëte est instruit, mais il est froid, 96.

WEBB, écrivain anglais. — Ses idées erronées touchant les sujets de tableaux tirés des livres saints ou du martyrologe, XI, 344. — Extraits de son ouvrage intitulé *Recherches sur les beautés de la peinture*, XIII, 33-39.

WEIGEL (*Valentin*), théosophe du XVe siècle, XVII, 257. — Leibnitz lui reproche un peu de spinosisme, 258.

WENFRIDE (*Paule*) ou plus exactement WARNEFRIDE (*Paul*), souvent appelé *Paul Diacre*. — Figure avec distinction parmi les écrivains de la fin du VIIIe siècle, XV, 300.

WESSEL (*Jean-Gansfort*), philosophe scolastique. — Fut d'abord scotiste, puis occamiste, XVII, 109.

WEYLER (*Jean-Baptiste*), peintre en émail. — Expose, au Salon de 1781, les *Portraits de Gustave-Adolphe*, de *Turenne* et de *Catinat*; beaux émaux, touchés avec esprit, et d'une couleur vigoureuse, XII, 50.

WEYNACHT (M.). — Personnage qui se

charge d'une lettre de Diderot pour Falconet, XVIII, 324.

WHISTON (*William*), théologien et mathématicien anglais. — Ses idées sur le *Chaos*, bien différentes du langage de Moïse, ne peuvent être considérées que comme des songes, XIV, 90.

WICHERLEY, auteur comique anglais. — Ses qualités et ses défauts comme écrivain, V, 237.

WIELAND (*Christophe-Martin*), célèbre écrivain allemand. — Jugement sur son poëme les *Grâces*, traduit par Junker, VI, 426. — Le fragment intitulé *Psyché et les Grâces* n'est rien, du moins en traduction, 427.

WILKES (*John*), célèbre patriote anglais. — Ce qu'il dit un jour au chevalier de Chastellux, grand faiseur de pointes, XI, 26. — Son amour pour une courtisane de Naples ; comment il en est récompensé ; sa conduite généreuse envers elle, XIX, 202 et suiv. — Lettre de Diderot, qui le complimente sur son élection au parlement anglais, 498.

WILLE (*Jean-Georges*), célèbre graveur allemand. — Ses ouvrages exposés au Salon de 1761 contribuent à soutenir sa grande réputation, X, 149. — Ses gravures, la *Liseuse*, d'après Gérard Dow, et le *Jeune Joueur d'instruments*, d'après Schalken, exposées au Salon de 1762, sont les seules qui se soient fait remarquer, 225. — Est le premier graveur de l'Académie ; cause de sa supériorité, 320. — Son *Portrait* peint par Greuze, 351. — Est le seul graveur qui sache allier la fermeté avec le moelleux du burin ; on remarque, au Salon de 1765, ses *Musiciens ambulants*, 450. — L'*Instruction paternelle* d'après Terburg, et l'*Observateur distrait*, d'après Mieris, sont des planches précieuses, XI, 365. — Les *Offres réciproques*, estampe, d'après le tableau de M. Diétricy, qui se fait remarquer à l'exposition de 1771, 546.

WILLE (*Pierre-Alexandre*), peintre de talent, fils du précédent. — Expose, au Salon de 1781, la *Double Récompense du mérite*, tableau médiocre, XII, 56.

WINCKELMANN (*Jean*), auteur de l'*Histoire de l'art chez les Anciens*. — Son enthousiasme en faisait une sorte de fanatique dans son genre, X, 417. — Note de Grimm sur cet écrivain, *ibid*. — Meurt assassiné à Trieste, le 3 juin 1768, *ibid*. — Son *Histoire de l'art*, traduite en 1766 par Sellius, a été rédigée par Robinet ; Hubert en a donné une nouvelle traduction en 1781, traduction revue et corrigée (1790-91 et 1802) par Jansen, *ibid*.

WOLFF (*Jean-Chrétien*, baron de), célèbre philosophe allemand. — Manière dont il caractérise *le beau* dans sa *Psychologie* ou *Traité de l'âme*, X, 7. — Rien de plus exact sur la *logique* que les principes et les règles de cet écrivain, XV, 531.

WOOLSTON (*Thomas*), écrivain anglais. — Cité, I, 185.

WORONSOFF, chancelier russe. — Sa réponse à la proposition de faire asseoir le comte Orloff sur le trône ; conseils qu'il donne à l'impératrice Catherine à ce sujet, XVII, 489.

WOUVERMANS (*Philippe*), peintre hollandais. — La composition de cet artiste est poétique, XI, 460. — Comment il faut acheter ses tableaux, *ibid*.

X

XANTHUS. — Nom d'un athée, désigné pour faire partie d'une assemblée générale composée de Pyrrhoniens, de Déistes, de Spinosistes, de Sceptiques et de Fanfarons, I, 228.

XANTIPPE, femme de Socrate. — Son attitude au moment suprême, VII, 381, 382. — Ses humeurs capricieuses donnent un long exercice à la philosophie de son époux, XVII, 155. — Conversation dans laquelle Socrate exhorte Lamproche, son fils, à honorer sa mère Xantippe malgré ses défauts, *ibid*.

XAVIER (*François*), l'un des premiers jésuites, compagnon d'Ignace de Loyola. — Les merveilles de sa mission au Japon et aux Indes, mises en doute par Acosta, son contemporain, XV, 274.

XÉKIA. — Voyez SIAKA?

XÉNOCRATE, philosophe platonicien. — Notice sur lui, XVI, 327-329.

XÉNOPHANE, philosophe éléatique, XIV, 394. — Il n'eut point de maître, 395. — Notice de sa longue existence, ibid. et suiv. — Fondateur de la secte Éléatique; quels furent ses plus célèbres disciples, XV, 66.

XÉNOPHON, médecin de Rome. — Achève l'empoisonnement de Claude commencé par Locuste, III, 53.

XÉNOPHON, philosophe, général, et historien grec. — Son livre l'*Économique*; ouvrage à étendre et à approprier aux temps modernes, III, 494. — Ce qu'il raconte sur les sacrifices faits à Diane Agrotère, XIII, 265. — Comment il devint le disciple de Socrate, XVII, 163.

XI-HOAM-TI ou Y-WANG-TI, empereur de la Chine. — Jaloux de ses prédécesseurs, ennemi des savants, oppresseur de ses sujets; ce prince, qui régna trois siècles environ après celui de Confucius, fait brûler tous les livres qu'il peut recueillir, XIV, 127. — Fait périr dans les flammes ou dans les flots tous les savants de son empire; et proscrit l'étude des lettres sous les peines les plus sévères, ibid. — A fait bâtir la grande muraille de Chine, XIX, 12. — Sa logique, 13.

XIMÉNÈS (*Augustin-Louis*, marquis de), auteur d'une tragédie intitulée *Don Carlos*, VIII, 430. — Analyse de cette pièce refusée par les comédiens, ibid. et suiv. — L'auteur en appelle devant le public, ibid. — Cet ouvrage n'est pas sans mérite : on y voit un grand talent pour la versification; mais le sujet est au-dessus du génie du poète, 438. — Fine réponse que lui fait l'abbé de Voisenon à la lecture de *Don Carlos*, X, 392.

XIPHILIN (*Jean*), historien grec, neveu du patriarche de Constantinople. — Calomnie la mémoire de Sénèque, III, 150. — Auteur bizarre, abréviateur infidèle de Dion Cassius, 374.

Y

Yu, fils de Kang-hi, empereur de la Chine, IX, 467. — Beau trait de sa vie, 468.

YVETEAUX (VAUQUELIN des). — Voyez VAUQUELIN.

YVON (*Claude*), théologien français, né à Mamers le 15 avril 1714, mort à Paris en 1791. — Auteur des articles *Ame*, *Athée*, *Dieu*, dans l'*Encyclopédie*; est exilé comme ami de l'abbé de Prades, I, 433. — Ce que rapportent à ce sujet, le marquis d'Argenson, à la date du 12 février 1752, et Barbier, dans son *Journal* (janvier 1752), 433. — Comment Diderot apprécie sa logique et sa métaphysique dans l'*Encyclopédie*, XX, 132.

Y-WANG-TI, empereur chinois. — Voyez XI-HOAM-TI.

Z

ZABIENS. — Nom donné à une secte philosophique d'Arabes, adorateurs des astres, XIII, 318.

ZACHARIE le *Scolastique*, philosophe chrétien du ve siècle, XV, 298.

ZAÏD-AGA. — Directeur d'une imprimerie turque, établie en 1727 à Constantinople, XIII, 473. — Demandes que lui adresse l'abbé Bignon en faveur de la *Bibliothèque* du roi, ibid. et 474.

ZAÏDE. — Ce que dit son bijou, IV, 66.

ZALEUCUS, législateur grec. — Ses talents et son caractère, XV, 57. — Fait sur lui-même la rigoureuse application de ses lois, 58.

Zamir, tragédie bourgeoise en trois actes, en vers dissyllabiques, par M. R*** (Randon de Boisset?), VII, 6.

ZAMOLXIS, philosophe et législateur gète. — Fondateur de la philosophie chez les Scythes, XVII, 112.

ZAMORA (l'évêque de). — Osma, récollet espagnol, le présente au roi Charles III, comme le candidat le plus digne de la place d'inquisiteur général, VI, 471.

— Le roi le nomme, il refuse; motive son refus. Le monarque, intimidé, révoque son édit de 1760; Zamora accepte, et l'Inquisition, plus féroce que jamais, renaît de sa cendre, *ibid.* — Don Pablo Olavidès devient sa première victime, 472.

ZÉGRIS, courtisan de Mangogul. — Sa conversation avec Mirzoza, IV, 156.

ZÉLAÏS, ou *le Bijou suffoqué*, IV, 214. — Son aventure fait que les femmes renoncent aux muselières, 216.

Zélés (les). — Dans toute religion *le zèle* rétrécit le cœur et l'esprit; il constitue la *bigoterie*, tandis que la vraie piété l'agrandit, I, 53.

ZÉLIDE et SOPHIE, ou les Deux Dévotes des *Bijoux indiscrets*, IV, 208. — Leurs alarmes, *ibid.* — Appellent à leur secours le bijoutier Frénicol, fabricant de muselières, 211. — Leur plaisante conversation avec cet industriel, *ibid.* — Lui font une commande, 212. — Zélide essaye la muselière de son choix; elle se trouve de moitié trop petite, 214. — Inconsolable, elle prend son bramine en aversion, quitte son époux et s'enferme dans un couvent, *ibid.* — Sophie lève le masque et court les aventures du grand monde, *ibid.*

Zélindiens (les). — Ouvrage attribué par Diderot à son interlocuteur anonyme dans *Lui et Moi*. — Ce qu'en dit Grimm, XVII, 478, 483.

ZELMAÏDE, dame de la cour. — Confirme le malheur d'Alcine, dont le bijou a parlé, IV, 157. — Malheur terrible, dit-elle, puisque si les bijoux parlent il faut renoncer à la galanterie, *ibid.*

Zémire et Azor, opéra de Grétry. — Anecdote relative à une situation indiquée par Diderot, V, 459, 460.

Zend-Avesta, livre qui contient la religion des Parsis (*Persans*). — Cet ouvrage ne nous est connu que par les travaux de l'infatigable Anquetil du Perron, XI. — Est attribué à Zoroastre, XVI, 259.

* *Zend-Avesta*. — But de cet article dans l'*Encyclopédie*, XVII, 316. — Tous les ouvrages de Zoroastre sont compris sous ce nom; leur analyse, *ibid.*, à 326.

ZÉNO (*Apostolo*), poëte-lyrique italien, VIII, 458.

ZÉNOCLÈS. — Nom d'un Pyrrhonien, désigné pour faire partie d'une assemblée composée d'Athées, de Déistes, de Spinosistes, de Sceptiques et de Fanfarons, I, 228, 231, 232.

ZÉNON, fondateur du stoïcisme. — Belle maxime de ce philosophe, I, 352. — Dans son école, Sénèque a le rang de saint Paul dans l'Église chrétienne, III, 187. — Un amalgame de philosophie et de théologie a fait, de ses disciples, des moulins à sophismes et des *bluteurs* de mots, 222. — Son étrange doctrine, 257. — Sa vertu ombrageuse est celle d'un anachorète, 315. — Il n'est pas de doctrine plus éloignée de la nature que la sienne, 316. — Réponse de Diogène à sa négation du mouvement, VII, 308. — Sa doctrine, composée de pythagorisme, de platonisme, d'héraclitisme et de cynisme, fut le résultat de ses voyages, XIV, 305. — Disciple de Parménide, philosophe éclectique, 398. — Sa vie, diversement racontée, est remplie d'incertitudes, 399. — Grand dialecticien, il n'eut point d'autre métaphysique que celle de Xénophane, et sa physique fut celle de Parménide, 400. — Devient le chef du stoïcisme, XV, 65. — Ses nombreux sectateurs, *ibid.* et suiv. — Passe pour le fondateur de la *logique* ou *dialectique*, 526. — Sa vie, XVII, 205. — Ce qu'est sa doctrine, 207. — Ses disciples et successeurs, 224.

ZÉNON DE TARSE, philosophe stoïcien, successeur de Chrysippe, XVII, 227.

ZENOVIOFF (M. et Mme de). — Caractères de ces personnages, XVIII, 331.

ZÉPHIRINE. — Aveux de son bijou, IV, 161.

ZERMOUNZAÏD. — Personnage des *Bijoux indiscrets*, l'un des nombreux amants de THÉLIS (Mme de Tencin?) IV, 249. — Ses exploits, *ibid.*

ZIGUEZAGUE, premier secrétaire de Mangogul. — Sa disgrâce, IV, 254.

ZIMA. — Pseudonyme sous lequel Diderot adresse à Mme de Puisieux l'épître dédicatoire des *Bijoux indiscrets*, IV, 139. — Cette épître, *ibid.*

Ziméo. — Conte de Saint-Lambert, V, 258. — Cet ouvrage donne ouverture à une contestation entre l'auteur et Marmontel, *ibid.*

ZINK, peintre suédois. — S'est distingué dans l'art de la peinture sur émail; XIV, 442. — Son éloge par M. Rouquet, *ibid.*

Zinzolin (le), jeu frivole et moral. — Analyse de cette brochure de Luneau de Boisjermain, auteur-libraire, VI, 380, 381.

ZIRZIPHILE, jeune novice du couvent où Sélim s'introduit. — Leçons que lui donne celui-ci, IV, 334.

ZOBÉIDE. — Son bijou fait à son mari le récit prodigieux de ses aventures, IV, 271.

ZOÏLE, critique grec. — Caligula, jaloux du talent de Sénèque comme Zoïle l'a été d'Homère, lui est comparé, III, 20.

ZOROASTRE. — Ce nom désigne-t-il une personne ou une secte ? XVI, 257. — Vie de Zoroastre, 257.— Des livres qui lui sont attribués, 259. — Des oracles de Zoroastre, 259.— Principes de son système, 263.— Abrégé des prétendus oracles de Zoroastre, 266. — Les sectateurs modernes de l'ancienne doctrine de Zoroastre se divisent en cinq ordres, XVII, 316.— De quoi traite ce qui reste des ouvrages de Zoroastre, 318.— Ce que demande Zoroastre à Ormusd dans un *jeschts*, 325.

Zoroastre, opéra de Cahusac, mis en musique par Rameau, I, 409.

ZULÉIMAN, amant de Zaïde.— Mangogul envie son bonheur, IV, 366, 367.

ZWINGLE (*Ulric*), I, 185.

FIN DE LA TABLE GÉNÉRALE ET ANALYTIQUE.

TABLE

DU TOME VINGTIÈME.

CORRESPONDANCE GÉNÉRALE.

II

		Pages.
XLIV.	A l'abbé Gayet de Sansale. — Paris, 1er août 1768. (Inédite)	1
XLV.	Au même. — Paris, le 28 août 1768. (Inédite)	3
XLVI.	A Mlle Legendre. — Août 1769	6
XLVII.	A Sartine. — 13 octobre 1769	6
XLVIII.	A Luneau de Boisjermain. (1770)	7
XLIX.	A Sartine. — Paris, 10 mars 1770	8
L.	Au même. — Juin 1770	10
LI.	A Grimm. — Juin 1770	13
LII.	Au même. — 15 octobre 1770. (Inédite)	14
LIII.	Au même. — Au Grandval, 21 octobre 1770	16
LIV.	Au même. — Au Grandval, 2 novembre 1770	19
LV.	Au même. — Au Grandval, 10 novembre 1770	23
LVI.	A la princesse Dashkoff. — Paris, 3 avril 1771	26
LVII.	A Briasson et à Le Breton. — 31 août 1771	29
LVII bis.	A Mme M***. — Novembre 1771	35
LVIII.	A la princesse Dashkoff. — Pétersbourg, 24 décembre 1773	39
LIX.	A la même. — Pétersbourg, 25 janvier 1774	43
LX.	Au comte de Munich. — 31 janvier 1774. (Inédite)	45
LXI.	Au docteur Clerc. — La Haye, 8 avril 1774. (Inédite)	48
LXII.	A Mme Diderot. — La Haye, 9 avril 1774	51
LXIII.	A M. M*** à Paris. — La Haye, 9 avril 1774	57
LXIV.	Au général Betzky. — La Haye, 9 juin 1774 (Inédite)	59
LXV.	Au même. — La Haye, 15 juin 1774. (Inédite)	61
LXVI.	Au docteur Clerc. — La Haye, 15 juin 1774. (Inédite)	66
LXVII.	A Necker. — 12 juin 1775	68
LXVIII.	A Beaumarchais. — Sèvres, 5 août 1777	71
LXIX.	A Naigeon	72
LXX.	A Desessarts. — 28 octobre 1778	74
LXXI.	Au prince Galitzin. — 9 octobre 1780	74
LXXII.	A Mme Necker. — Paris, 1er mars 1781 (Inédite)	76
LXXIII.	A Catherine II. — Paris, 25 août 1781	78
LXXIV.	A Philidor. — Paris, 10 avril 1782	79

TABLE.

	Pages.
LXXV. A Mme Necker. — (Inédite)	80
LXXVI. Au chevalier de Langeac. (Inédite)	82
LXXVII. A L.-S. Mercier. (Inédite)	83
LXXVIII. A Mme Necker. (Inédite)	84
LXXIX. A Meister	85
LXXX. A***. (Inédite)	85
LXXXI. A***. (Inédite)	86
LXXXII. A Damilaville. (Inédite)	86
LXXXIII. Au docteur Daumont. — Paris, 8 janvier 1755. (Inédite)	87
LXXXIV. Au prince Galitzin. — Le jour de Sainte Catherine (Inédite)	87
LXXXV. Au général Betzky. — La Haye, 21 mars 1774. (Inédite)	88
LXXXVI. A Emmanuel Bach. (Inédite)	91

APPENDICES.

Notice préliminaire. 95

I. Bibliographie :
    I. Écrits apocryphes. 97
    II. Écrits perdus ou détruits 102

II. Iconographie :
    I. Bustes, statuettes, médaillons 109
    II. Peintures à l'huile, miniatures, dessins. 113
    III. Estampes d'après l'original et de fantaisie. . . 117
    IV. Représentations de Diderot avec d'autres personnages . 118
    V. Caricatures et allégories 120

III. Documents divers :
    I. Pièces relatives à l'arrestation de Diderot en 1749. . . 121
    I. Pièces relatives à l'*Encyclopédie* :
        Dialogue entre un colporteur et Diderot, dans la boutique d'un libraire, sur le *Dictionnaire de l'Encyclopédie*. . 126
        Extrait d'un mémoire présenté en 1768 à M. le chancelier, par MM***, libraires à Paris, pour obtenir la permission de faire une nouvelle édition de l'*Encyclopédie* en France 129
    III. Diderot peint par ses contemporains :
        Un monologue dans la rue 134
        Extrait des *Mélanges* de d'Escherny 136
    IV. Principaux écrits relatifs à la personne et aux œuvres de Diderot :
        Livres et brochures. 141
        Articles ou chapitres consacrés à Diderot. . . 143
        Romans et pièces de théâtre. 145

Table générale et analytique. 147

FIN DE LA TABLE DU TOME VINGTIÈME.

www.ingramcontent.com/pod-product-compliance
Lightning Source LLC
Chambersburg PA
CBHW070219240426
4361CB00007B/704